中国近代企业制度的生成、演变与终结

外商企业卷·西商

张忠民　主编

何兰萍　著

上海人民出版社

第三章

法律规制与西商企业制度的生成及演化 ……………… **133**

第四章 近代西商企业产权制度的生成与演化 ……… 201

第五章 近代西商企业治理结构与管理制度的演进 ………… 285

第六章　近代西商企业分配制度的演变

参考文献

第一章　　**绪论**

第一节　研究对象、概念和问题

一、研究对象及概念的界定

中国近代外商企业包括两大系统，即西商企业和日商企业。西商企业指的是西方人在华经营和管理的企业，与之相对应，日商企业指的是日本人在华经营和管理的企业。西商企业通常又被称为"欧美企业"，即以英美人为主体兼及法国、德国、意大利、葡萄牙、西班牙、荷兰、瑞典、瑞士、比利时、俄国等欧美人在华经营和管理的企业。

"中国近代西商企业"（以下简称近代西商企业或西商企业）通常指的是中国近代社会中存在的所有西方人经营和管理的企业，它至少包含六层意思：第一，从经营主体来看，它既包括西方商人（以下简称西商）经营和管理的企业，又包括非商人身份如传教士、领事、西方政府及在华机构等经营和管理的企业。"西商企业"一词实为"西方人经营和管理的企业"之统称，不局限于西方商人的企业行为。第二，从所有权来看，它既包括西方人投资、拥有所有权的企业，也包含西方人代为经营和管理的企业。至于"中西合办企业"是否包含其中，主要视这类企业的经营管理权而定。基于此，由西方人经营和管理的中西合办企业亦属于近代西商企业的研究范畴。第三，从企业制度来看，中国近代西商企业包括业主制、合伙制和公司制在内的所有西商企业。尽管近代意义上的企业制度是以公司制为核心内容，但公司制不足以涵盖全部的西商企业。学界在考察中国近代西商企业制度（以下简称近代西商企业制度）时，之所以将公司制作为近代西商企业制度考察的重点，原因在于近代西商企业作为首批外来经济力量，迅速在中国站稳脚跟并极速扩张，除仰仗西方国家坚船利炮提供的"治外法权"外，极具创新能力的企业制度起到了极为重要的作用。以公司制为核心内容的近代企业制度，一方面加速了西方在华经济势力扩张，另一方面推进了中国本土近代企业制度的生成与演变，对近代中国社会经济的变迁具有非常重要的意义。与其他类型的企业不同，近代西商工业企业的制度优势不仅体现在资本组织形式的公司制，生产组织方式的工厂制对于西方机器大工业在华生成以及西商工业企业的演变也具有非常重要的意义，故而中国近代西商企业制度研究的重点除公司制外，还应充分考虑到工厂制。第四，从空间范围来看，中国近代西商企业应包含中国辖区内的香港、台湾、澳门及大陆地区在近代历史上出现过的所有西商企业。近代英国占领下的香港、葡萄牙一度统治下的澳门、日据时代的台湾以及"伪满洲国"时期的东北都属于近代西商企业考察的空间范围。无论企业存在时间长短，资本与规模大小，最终是停业、破产还是被吞并，所有在中国版图内出现过的西商企业都应纳入考察范围。第五，从时间范围来看，中国近代西商企业并非鸦片战争后凭空而降的，它与前近代西方在华经济组织息息相关，甚至可以说，近代西商企业某种程度上是前近代西方在华经济组织的继承与演变，所以不能忽视前近代西方在华经济组织的存在，抑或人为割断历史的逻辑性而孤立地谈近代西商企业。第六，就研究视野而言，中国近代西商企业既是中国范围内的西商企业，也是近代西方国家在全球范围内经济扩张的产物。西方在华企业及企业制度一定程度上是同时期母国企业、企业制度、法律规制、对华政策的反映或折射。

在正式研究前，有必要对一些重要概念进行界定。经济学文献中关于企业理论的研究成果很丰富，但是各种理论在定义"企业制度"时侧重点不一。科斯主要着眼于交易费用，强调企业制度的导向功能；阿尔钦和德姆塞茨的理论着眼点则是团队生成的特殊性，强调企业制度的激励功能；詹森和麦克林的理论着眼点为契约关系，侧重分析企业的协调功能。迄今为止，海内外学者难以给企业制度下一个精准的定义，却都承认"企业制度就是对企业产权结构予以确立与保护的制度"。[①] 由此出发，可将"企业制度"定义为以企业产权制度为基础和核心、包括企业组织制度和管理制

---

① 黄明：《公司制度分析——从产权结构和代理关系两方面的考察》，中国财政经济出版社1997年版，第44页。

度在内的各种制度的总称。基于作为企业制度基础和核心的产权制度的变化会引发一系列的变化，故而又将企业制度简化为"以产权制度为基础和核心的企业组织和管理制度"。①

依照不同的标准，企业制度的分类也不尽相同。"从企业原始资产来源的性质考察，企业制度可分为个人业主制、合伙制和公司制。"②"从企业组成的方式考察，企业制度可分为工厂制和公司制两种类型。"③"从经营管理方式来考察，企业制度可分为传统国有制、承包制、股份制等。"④ 根据各国公司法所确认的法定分类标准及公司法理论研究中所公认的法理分类标准，公司分类如下：（1）按照公司及公司股东对公司债务所负责任，可分为无限公司、有限公司、两合公司和股份有限公司。这是大陆法系国家公司法的分类。（2）按照公司信用基础，可分为人合公司、资合公司、人合兼资合公司。这是大陆法系国家的公司法学者进行的一种学理分类。（3）按照公司股票掌握的对象及股票转让的方式，可分为封闭式公司（英称 Private Company，美称 Close Corporation）和开放式公司（英称 Public Company，美称 Share Corporation）。这是英美法系国家对公司的基本分类。（4）按照一个公司对另一个公司的控制与依附关系，可分为母公司和子公司。（5）按照公司的管辖系统，可分为本公司和分公司。（6）按照公司国籍，可分为本国公司、外国公司和跨国公司（或多国公司）。（7）按照所有制的形式，可分为国营公司、合营公司和私营公司。（8）依照我国现有《公司法》，可分为有限责任公司和股份有限公司。前者又可再细分为自然人独资、法人独资、自然人投资或控股、国有独资、外商投资、外商独资；后者可细分为上市和非上市。除此之外，尚有其他分类，此处不再列举。

二、问题的提出

综观已有中国近代西商企业制度的研究，主要呈现如下特点：对单个

---

① 宋克勤：《管理学》，首都经济贸易大学出版社 2018 年版，第 94 页。
② 张鑫：《现代企业制度教程》，同济大学出版社 1999 年版，第 38 页。
③ 张鑫：《现代企业制度教程》，同济大学出版社 1999 年版，第 43 页。
④ 孙睿：《现代企业管理学》，航空工业出版社 2008 年版，第 51 页。

企业的制度研究多于对企业制度的整体研究；对单个企业单方面或某一领域的制度研究多于对单个企业多方面或全面的制度研究；对知名企业、大型企业的制度研究胜过对中小企业制度的研究；对民国时期西商企业制度的研究多于对晚清的研究；对公司制度的研究较工厂制度的研究更深入；对公司制度的研究远胜于对业主制、合伙制企业的研究。尤为值得注意的是，对西商企业的研究远远超过对西商企业制度的研究，甚至很多时候以前者替代后者，使后者被前者淹没。另外，往往将西商企业制度与日商企业制度糅合在一起，故而对近代外商企业制度的整体研究多于对西商、日商的分别探讨，共性研究多于个性研究，导致西商企业制度与日商企业制度的差异性在一定程度上被掩盖。

此外，在以往对中国近代西商企业制度的研究中，通常将对近代中国西商企业制度生成源头的考察放在鸦片战争之后或者五口通商后中国境内出现的西商公司。事实上，早在鸦片战争之前的一口通商时期，西方经济组织已经在华经营多年。这些早期来华的西方经济组织已存在不同类型的企业制度，包括业主制、合伙制及特许公司制，这些企业制度对近代西商企业企业制度的生成究竟有何影响？后者与前者之间是否存在一定的继承关系？诸如此类的问题都值得进一步探讨。

众所周知，中国最早的近代企业不是中国传统社会企业组织的自然演化，而是西方近代企业的直接移植，故而中国最早的近代企业并非中国人所创办和经营的企业，而是外商企业，确切地说是西商企业。作为近代中国外商企业的另一大子系统的日商企业，其生成时间要比西商企业晚很多。近代以来，虽然西商企业与晚起的日商企业共同构成近代外商企业，但西商企业与日商企业在生成路径、企业文化、经营策略、企业制度及社会影响力等诸多方面存有不同程度的差异。西商企业作为最早在华生成的近代外商企业，早期它对中国本土企业的示范、刺激以及挤压效应更为突出，对近代中国工业化、近代化的推动与遏制效应亦更加明显。中国境内的西商企业制度伴随西商企业而来，其本质上是西方企业制度的移植与运用，只不过在制度变迁过程中，西方正式制度的移植与中国传统社会中非正式制度的添加同时进行，使得近代中国西商企业制度打上了"西化"与"本土化"的双重烙印。

正是基于上述理解和认识，本书的研究以"中国近代西商企业制度的生成、演变与终结"为题，在前人研究的基础上，以近代企业最具创新意义的公司制度和工厂制度为核心，从法律规制入手，以产权、治理结构、分配三个子系统揭示和分析近代一百多年西商在华企业长时段与整体性的制度变迁。

第二节　中国近代西商企业及企业制度研究述评

近代西商企业作为中国近代史、中国经济史和企业史的重要专题，自20世纪30年代伊始，海内外学者就对它展开了饶有成效的研究。作为近代西商企业的重要组成部件，西商企业制度研究亦随之萌芽。

20世纪30年代初，国内外经济学界掀起了一股对华经济统计调查热潮，其中"外国在华投资的历史沿革与现状"成为当中颇为引人瞩目的主题。上海的中国太平洋国际学会先后召开几届讨论会，出版了四部外国在华投资的著作，分别是刘大钧《外人在华投资统计》（中国太平洋国际学会，1932年）、谢家荣、朱敏章《外人在华矿业之投资》（中国太平洋国际学会，1932年）、日本学者金治井谷《日本对华投资》（中国太平洋国际学会，1932年）、美国学者雷麦（C. F. Remer）《外人在华投资论》（商务印书馆，1937年）。其中雷麦的《外人在华投资论》以1902、1914、1931年为时间点，对外国在华企业投资和政府债务的总量分别进行估计，从宏观的角度统计出外国对华投资的总体规模与阶段性发展，为近代西商企业研究提供了大量资料。在此前后，类似成果不断涌现，较有代表性的著作有吴承洛《今世中国实业通志》（商务印书馆，1929年）、杨大金《近世中国实业通志》（钟山书局，1933年）、高平叔、丁雨山《外人在华投资之过去与现在》（中华书局，1934年）、高平叔《利用外资问题》（商务印书馆，1944年）、侯刚《外人在华投资统计》（伪经济部油印本，1948年）等。《东方杂志》《经济周报》《银行周报》《中国经济》《新论坛》《世界知识》等杂志，也开始刊登一些以"外人在华投资""外人在华事业之现状""华商洋商设立之各种工厂比较表"等为题的著作或论文，如汪馥荪（汪敬虞曾用名）《战前中国工业生产中外厂生产的比重问题》（《中央银行月报》新 2 卷第 3 期，1947 年 3 月 ）。此类成果既保留了近代中国工业生产中外工厂的珍贵统计资料，又成为当下了解近代西商工厂制度阶段性发展的珍贵史料。

上述著述的学术特点、主要成就及研究方法，主要表现为整个研究与当时中国尤其是南京国民政府时期的国内经济建设、工业化建设相结合，运用西方国民经济理论和数理统计方法，对中国实施工业化的必要性、工业化的涵义、目标与基本原则、中国工业化的进程、阻碍和促进中国工业化的因素、工业化与农业的关系等问题展开讨论。这个时期近代西商企业的研究成果主要融合在西方国家对华投资中，多为实证性研究，主要围绕投资规模、行业与地区分布、国别差异等问题展开。基本的理论见解主要有两种：一种主张，外国在华投资帮助中国资本主义现代生产的发展，为中国经济的发展提供服务，使中国经济发展与世界经济发展形成合流，加速了中国近代工业化进程。此观点以刘大钧为代表，他认为直接投资对处于幼稚阶段的中国工业虽然有巨大压力，但是外商企业"在初颇有促进我国工业发展之功效，即在目前，如外人从事于某种生产，而其业为我国所素缺者，亦可发生同一之效力"。[①] 可见，刘大钧肯定外人最初在中国办厂以及经营新的产业对中国企业具有示范效应，所以他对外国投资持欢迎态度。另一种主张，外国在华投资具有侵略性与掠夺性，外商企业作为对华直接投资的重要载体，具有侵略性和掠夺性。如陈翰笙的专著《帝国主义工业资本与中国农民》(英文原版于 1939 年在美国纽约出版，复旦大学出版社 1984 年中文版)，以英美烟公司在华经营烟草活动为实例，重点阐释了帝国主义工业资本与中国农民的关系。陈翰笙的研究方法和理论观点对理解外商工业企业与近代中国农村经济、产业结构强制变迁、农民生存状况恶化等问题颇有启发。

新中国成立以前，除美国学者雷麦外，欧美学者涉及近代中国西商企业及企业制度的成果主要有英国梅辉立（William Frederick Mayers ）等

① 刘大钧：《工业化与中国工业建设》，重庆商务印书馆 1944 年版，第 51 页。

著的《中日商埠志》(The treaty ports of China and Japan, A complete guide to the open ports of those countries, 1990)、莱特（A.Wright）的《二十世纪之香港、上海及其他中国商埠志》(Twentieth Century Impressions of Hongkong, Shanghai and other Treaty Ports of China, London: Lloyd's Greater Britain Publishing Company, 1908)，这些成果对晚清西商企业的创办时间、创办人、注册情况、资本数量等均有不同程度的描述。此外，日本官方和民间数量可观的对华经济调查资料，也是研究近代西商企业及企业制度的重要参考文献。

综上所述，在新中国成立以前，海内外学者涉及近代西商企业制度的研究成果主要囊括在西商企业研究当中，而对西商企业的研究又主要附属于外国对华投资、中国工业化、中国经济与社会状况调查等专题。就研究方法而言，侧重实证调查，专题研究相对少，较有分量的理论研究成果更是少之又少，故而我们认为这个阶段对近代西商企业制度的研究尚处于萌芽阶段。

新中国成立伊始，为适应国内经济建设尤其是工业化建设和国际反帝斗争的需要，国家投入了大量的人力、物力和财力用于整理近代中国经济史、行业史资料，形成了近代西商企业及企业制度研究的第一批成果。这些成果主要分为三大类：

第一类是一大批学术价值较高的经典文献。其中以北京中国科学院经济研究所主编的"中国近代经济史参考资料丛刊"最具有代表性，包括严中平等编《中国近代经济史统计资料选辑》（科学出版社，1955 年），孙毓棠、汪敬虞编《中国近代工业史资料（1840—1914 年）》（科学出版社，1957 年），陈真、姚洛、逄先知编《中国近代工业史资料（1912—1949 年）》（三联书店，1957—1961 年），李文治、章有义编《中国近代农业史资料》（三联书店，1957 年），徐义生编《中国近代外债史统计资料（1853—1927）》（中华书局，1962 年），姚贤镐编《中国近代对外贸易史资料》（中华书局，1962 年），聂宝璋编《中国近代航运史资料》（上海人民出版社，1983 年）等。上述资料集或资料汇编保留了大量与近代西商企业及企业制度有关的史料，成为研究相关主题不可逾越的文献。20 世纪 80

年代开始，国内陆续出版了《中国工商经济史料丛刊》（文史资料出版社，1983年），各地方政协文史委编纂出版大量的文史资料，各类典型企业、海关、行业史、地方经济史、工人运动史等资料亦成批出版。

档案整理方面，以上海社会科学院经济研究所的成果最为丰硕。20世纪50年代以降，在张仲礼、丁日初、汪煦等老一辈学者带领下，上海社会科学院经济研究所搜集和整理了一大批近代西商企业档案，成为研究西商企业不可多得的原始资料。这批档案主要为五类：英美烟公司抄档、太古洋行档案、外资银行档案资料、美商上海电力公司档案及其他外商企业零散档案。同时期，上海、广州、天津、武汉等地组织力量集中采访了一批解放前供职于外商企业者，以回忆录形式形成一批珍贵的口述史资料，多用"近代的洋行与买办"命名，20世纪90年代后陆续出版，内容涉及车间管理、工资制度、买办制度等。此外，中国第二历史档案馆及上海、广州、天津、武汉、南京、香港、台湾等地方档案馆藏的部分西商企业档案亦付诸出版，其中以《上海外商档案史料汇编》（内部交流本，1987年）较为系统。

第二类成果为著作。代表性的有魏子初《帝国主义在华投资》（人民出版社，1951年）、《美帝在华经济侵略》（人民出版社，1951年）、《英国在华企业及其利润》（人民出版社，1951年），萍叶登《侵略中国的英美财阀》（三联书店，1956年），吴承明《帝国主义在旧中国的投资》（人民出版社，1955年），孙毓棠《中日甲午战争前外国资本在中国经营的近代工业》（上海人民出版社，1955年），丁名楠等著《帝国主义侵华史》（科学出版社，1958年），朱士嘉《十九世纪美国侵华档案史料选辑》（中华书局，1959年），蓝以琼《揭开帝国主义在旧中国投资的黑幕》（上海人民出版社，1962年），汪敬虞《十九世纪西方资本主义对中国的经济侵略》（人民出版社，1983年）等，这些著作着力研究近代西商企业制度中的投资额、资本来源、工人待遇、利润分配等问题。这一时期，研究近代西商企业及企业制度的机构主要为中国社会科学院和上海社会科学院，前者以整体性、宏观层面研究见长，后者侧重于个案研究。与此同时，一批经济史通史类著作问世。如严中平编《中国近代经济史（1840—1894）》（人民出版社，1989 年），汪敬虞编《中国近代经济史（1895—1927）》（人民出版社，2001 年），许涤新、吴承明编《中国资本主义发展史》（人民出版社，2003 年）等。

第三类为专题论文。代表性的有蓝天照《帝国主义在旧中国"投资"的特征》（《学术月刊》1958 年第 3 期）、魏永理《对一九一四年帝国主义在华投资额的辨误》（《学术月刊》1961 年第 11 期）、汪熙《从英美烟公司看帝国主义的经济侵略》（《历史研究》1976 年第 4 期）、张仲礼《旧中国外资企业发展的特点——关于英美烟公司资本的积累和超额利润》（《社会科学》1980 年第 6 期）、陈文瑜《上海开埠初期的洋行》（《经济学术资料》1983 年第 1 期）、何均《帝国主义在旧中国的资本积累》（《近代史研究》1985 年第 5 期）、陈正书《近代上海外资工业的起源及早期发展》（《上海社会科学院学术季刊》1988 年第 1 期）、薛毅《英商福公司与道清铁路》（《中州学刊》1984 年第 6 期）、王相钦《简论旧中国的外资企业》（《北京商学院学报》1987 年第 3 期）及聂宝璋、林庆元、黄国盛、庞玉杰等对 19 世纪洋行的研究、汪敬虞对 19 世纪外商银行的研究等。学位论文如游恒《论美孚石油公司的历史作用》（硕士学位论文，东北师范大学 1984 年）等。

以上著述的学术特点主要表现为，整个研究在当时的主流意识形态指导下，将近代西商企业及企业制度置于帝国主义经济侵华的视角下考察，宏观层面重点考察其概貌、发展阶段、政治经济特权、垄断地位、性质及外部关系等；微观层面重点研究其资本来源、华商附股、投资额、经营管理与买办制度、垄断利润、剥削率等。基本的研究方法大多是基于主流意识形态、经济和政治理论的非实证性推导研究。主要理论见解是，近代以来，中国人为实现民族独立和国家富强进行过艰苦卓绝的探索与努力，但囿于近代中国政治的失败和帝国主义的侵略，这条道路艰难而曲折。近代外商企业仰仗治外法权在华扩张，作为帝国主义的代言人对华经济侵略与掠夺，压迫和排挤民族企业，残酷地剥削中国工人，严重束缚了生产力的发展，并致使近代中国经济水平长期极端落后。简而言之，这一时期的研究受阶级斗争史学影响颇深，多从帝国主义经济侵略的角度考察近代西商企业的性质、作用与影响；西商企业制度方面更多以"特权"一语概之，较少从客观、正面视角展开理论研究。

　　同时期，海外学者的研究范式与国内迥异。受美国学者费正清"冲击——反应论"的深刻影响，海外学者多将近代在华外商企业纳入到现代化的解释体系中考察，重在解读外商企业与中国经济现代化的关系，其中以英国学者艾伦（G. C. Allen）、董育德（A. C. Donnithrone）、① 美国学者侯继明（Chi-Ming Hou）、② 帕金斯（Dwight H. Perkins）③ 及日本学者樋口弘 ④ 为代表。他们的基本结论是，近代外国对华投资及外商企业对中国经济现代化具有一定的促进作用，近代中国经济发展缓慢的主要原因是政治动荡，而非外国投资、外商企业或外国人。宏观研究得出的结论如此，微观的个案研究亦然。如勒费窝对怡和洋行的研究、⑤ 斯蒂芬·洛克伍德对琼记洋行的研究、⑥ 毛里斯、柯立斯对汇丰银行的研究、⑦ 刘广京对 19 世纪后半叶英美航运势力在华竞争的研究 ⑧ 等。受研究范式的影响，海外学者对买办的观点与国内学者亦有较大差异，以郝延平将买办视为近代中西方的"中介人"这一看法最为典型。郝延平认为，"总的来说，考察买办的所有活动，在十九世纪他们在经济上是必不可少的中介人，在文化上是有价值的引线人，而在二十世纪他们却越来越成为一种障碍"。⑨ 很显然，郝延平

---

　　① G. C. Allen & A. C. Donnithrone, Western Enterprise in Far Eastern: Economic Development of China and Japan, London: George Allen and Unwin Ltd, 1954.

　　② Chi-Ming Hou, Foreign Investment and Economic Development in China, 1840—1937, Cambridge: Harvard University Press, 1965.

　　③ Dwight H. Perkins, China's Modern Economy in Historical Perspective, California: Stanford University Press, 1975.

　　④ ［日］樋口弘：《日本对华投资》，北京编译社译，商务印书馆 1959 年版。

　　⑤ ［英］勒费窝：《怡和洋行：1842—1895 年在华活动概述》，陈曾年、乐嘉书译，上海社会科学院出版社 1986 年版。

　　⑥ ［美］斯蒂芬·洛克伍德：《美商琼记洋行在华经商情况的剖析（1858—1862）》，章克生、王作求译，上海社会科学院出版社 1992 年版。

　　⑦ ［英］毛里斯、柯立斯：《汇丰银行百年史》，李周英等译，中华书局 1979 年版。

　　⑧ ［美］刘广京：《英美航运势力在华的竞争（1862—1874）》，邱锡镕、曹铁珊译，上海社会科学院出版社 1988 年版。

　　⑨ ［美］郝延平：《十九世纪的中国买办——东西间桥梁》，李荣昌等译，上海社会科学院出版社 1988 年版，第 12 页。

主张客观公正地评价买办在近代社会经济发展中的地位与作用。除欧美学者外，同时期我国台湾学者也有一些成果，如林雅曾的硕士学位论文《近代中国工业化与外资的关系———一八四二——一九三六》(台湾大学，1953年)、罗志平对清末民初美国在华投资的研究、① 台湾"中央研究院"近代史研究所关于中国现代化的区域研究、② 林美莉对外商电力的研究，③ 等等。

　　20 世纪末 21 世纪初，受西方现代化理论的影响，加上中国改革开放的不断深化，国内学者开始从现代化的视角重新审视外商资本与近代中国经济现代化的关系。近年来，受海外学者的影响，国内学者转而借鉴制度经济学、计量史学、社会学、人类文化学、心理学等学科的理论与方法，将现代化的单一研究范式向多元化研究范式推进，由此涌现出一批优秀的成果，包括专著、专题论文及数量颇丰的硕博学位论文。这些成果的关注点主要集中在四方面：一是长时段的外商史与近代外国在华投资 ④ 的研究成果。如王渭泉对外商史的研究、⑤ 王垂芳对上海洋商史的研究、⑥ 郭小东对 19 世纪 30 年代广州口岸的西方投资的研究、⑦ 仇华飞对美国在华投资的研究、⑧ 徐继玲对德国在华投资的研究、⑨ 肖平、鲜于浩、田文秀对法国在华经济势力的研究、⑩ 姜良芹、陈谦平对英国对华直接投资的研究、⑪

　　① 罗志平：《清末民初美国在华的企业投资（一八一八——一九三七）》，(台湾)"国史馆"1983年版。

　　② 苏云峰：《中国现代化的区域研究（湖北省，1860—1916）》，(台湾)"中央研究院"近代史研究所专刊 1981 年版；张玉法：《中国现代化的区域研究（山东省，1860—1916）》，(台湾)"中央研究院"近代史研究所专刊 1982 年版；张朋园：《中国现代化的区域研究（湖南省，1860—1916）》，(台湾)"中央研究院"近代史研究所专刊 1983 年版。

　　③ 林美莉：《外资电业的研究（1882—1937）》，台湾大学硕士学位论文 1990 年。

　　④ 1994 年之前近代外商对华投资研究成果详见赵兴胜、傅光中：《近代国外对华投资研究述评》，《近代史研究》1994 年第 3 期。

　　⑤ 王渭泉等：《外商史》，中国财政经济出版社 1996 年版。

　　⑥ 王垂芳：《上海洋商史（1843～1956）》，上海社会科学院出版社 2007 年版。

　　⑦ 郭小东：《19 世纪 30 年代广州口岸的西方投资》，《中山大学学报（社会科学版）》1998 年第 4 期。

　　⑧ 仇华飞：《近代上海：美国的投资研究》，《学术月刊》2001 年第 3 期。

　　⑨ 徐继玲：《1860—1914 年德国对华投资研究》，华东师范大学博士学位论文 2013 年。

　　⑩ 肖平、鲜于浩：《近代法国对华经济述论》，《西南交通大学学报（社会科学版）》2002 年第 3 期；田文秀：《法国在华经济势力之全貌》，西南交通大学出版社 2006 年版。

　　⑪ 姜良芹、陈谦平：《近代英国在华直接投资评析（1895—1937）》，载吴景平主编：《近代中国的经济与社会》，上海古籍出版社 2002 年版。

王利华对外人在华投资动机的研究、① 梁华对外国直接投资环境、结果与效应的研究、② 石涛对外资与晚清工业化的研究，③ 等等。二是近代外商企业 ④ 的整体研究及行业、产业、地域、国籍、中外企业关系等领域的研究成果。如寿充一、寿乐英、仇华飞、李一翔、巫云仙、兰日旭、康晶晶、宋佩玉、姜建清、蒋立场等对近代外商银行的研究，⑤ 何兰萍对晚清外商工业的研究，⑥ 樊果、杨小燕、杨琰、梁春阁等对近代上海租界公用事业发展与监管的研究，⑦ 贺水金对近代上海外商企业投资特点与路径选择的研究，⑧ 穆丹萍对哈尔滨地区俄国企业的研究，⑨ 罗婧对上海开埠初期租地与洋行的

① 王利华：《近代中国外人投资动机分析》，《南开经济研究》1996 年第 3 期。

② 梁华：《外国在华直接投资与近代中国经济发展》，中国社会科学出版社 2011 年版。

③ 石涛：《外资与晚清工业化》，《内蒙古社会科学》2003 年第 5 期。

④ 中国近代企业史与外商企业史研究综述详见李玉：《中国近代企业史研究概述》，《史学月刊》2004 年第 4 期；皇甫秋实：《"网络"视野中的中国企业史研究述评》，《史林》2010 年第 1 期；王强：《近代外国在华企业研究的回顾与思考》，《中国矿业大学学报（社会科学版）》2011 年第 2 期；高超群：《中国近代企业史的研究范式及其转型》，《清华大学学报（哲学社会科学版）》2015 年第 6 期。

⑤ 寿充一、寿乐英：《外商银行在中国》，中国文史出版社 1996 年版；仇华飞：《近代外国在华银行研究》，《世界历史》1998 年第 1 期；李一翔：《外资银行与近代上海远东金融中心地位的确立》，《档案与史学》2002 年第 5 期；巫云仙：《论汇丰银行与近代中国的贸易融资和国际汇兑》，《北京联合大学学报》2006 年第 2 期；兰日旭：《汇丰银行与近代天津经济发展》，《理论与现代化》2004 年第 6 期；巫云仙：《汇丰银行与中国金融研究》，中国政法大学出版社 2007 年版；康晶晶：《外国银行在华投资问题研究——以晚清时期为中心》，河北经贸大学博士学位论文 2012 年；宋佩玉：《近代上海外商银行研究（1847—1949）》，上海远东出版社 2016 年版；姜建清、蒋立场：《近代中国外商银行史》，中信出版社 2016 年版。

⑥ 何兰萍：《动荡中的扩张——晚清外商在华工业之若干分析》，上海社会科学院博士学位论文 2010 年；何兰萍、王磊：《甲午战争前外商在华工业扩张及其效应分析——以上海为中心》，《郑州大学学报（哲学社会科学版）》2018 年第 4 期。

⑦ 樊果：《近代上海公共租界工部局的水费监管及特征分析》，《史林》2009 年第 5 期；与刘京合著：《1930 年上海公共租界工部局水费加价始末及分析》，《史林》2010 年第 5 期；《近代上海公共租界中的电费调整及监管分析（1930—1942）》，《中国经济史研究》2011 年第 4 期；《上海公共租界工部局电力监管研究》，《中国经济史研究》2014 年第 2 期；杨小燕：《近代上海公共租界工部局的自来水特许权监管》，《贵州社会科学》2015 年第 4 期；杨琰：《政企之间：工部局与近代上海电力照明产业研究（1880—1929）》，上海社会科学院出版社 2018 年版；梁春阁：《利益的守护人：工部局监管下的近代上海公共租界供水事业的发展（1868—1911）》，华东师范大学硕士学位论文 2015 年。

⑧ 贺水金：《略论近代上海外国企业的特点》，《史林》1998 年第 2 期；《论近代上海外资企业的路径选择》，《史林》2009 年第 3 期。

⑨ 穆丹萍：《近代哈尔滨地区俄国企业研究》，东北师范大学博士学位论文 2012 年。

研究，① 高海燕、杨玉洁、江满情对中外企业关系的研究，② 何世鼎对中外
工业企业科技进步的比较研究，③ 张侃、张徐乐、冯国磊、徐黎、张肖红、
宋佩玉、张旭东、马振飞、张文靖对建国初期外商企业的经营与改造等研
究，④ 等等。三是近代外商企业的个案研究。如王守谦对福公司矿案的研
究，⑤ 王强、仝群旺、李冠杰等对英美烟公司的研究，⑥ 王玉茹、梁华、张晓
峒、云妍对开滦煤矿的研究，⑦ 朱翔、孙昱晨对英商南京和记洋行的研究，⑧

---

　　① 罗婧：《上海开埠初期租界地区洋行分布与景观变迁：1843—1869》，复旦大学博士学位论文
2013 年；《上海开埠初期英租界洋行分布及景观复原初探》，《历史地理》第二十七辑，上海人民出版
社 2013 年版；《开埠初期的上海租地及洋行——基于 1854 年〈上海年鉴〉的研究》，《史林》2016
年第 3 期。

　　② 高海燕：《外国在华洋行、银行与中国钱庄的近代化》，《浙江大学学报（人文社会科学
版）》2003 年第 1 期；杨玉洁：《近代中外企业竞争对中国民族企业的促进——以英美烟公司与南洋
兄弟烟草公司竞争为例》，四川师范大学硕士学位论文 2007 年；江满情：《论近代民族企业对外资企
业的抗争》，《湖北社会科学》2009 年第 11 期。

　　③ 何世鼎：《中国近代民族工业企业的科技进步——与近代外国工业企业的比较研究》，天津古
籍出版社 2011 年版。

　　④ 张侃：《建国初期在华外资企业改造初探（1949—1962）：以上海为例》，《中国经济史研究》
2004 年第 1 期；《新中国成立初期上海外资企业改造中的转让》，《中共党史研究》2007 年第 6 期；张
徐乐：《1950 年代上海外商银行的结束与清理》，《社会科学》2010 年第 10 期；冯国磊：《建国初期中
国共产党外资政策研究（1949—1956）》，西南交通大学硕士学位论文 2012 年；徐黎：《新中国成立前
后党对在华外资银行的政策研究》，《西南交通大学学报（社会科学版）》2012 年第 2 期；《新中国成立
初期中共对在华外资银行的监管、利用和清理》，《中共党史研究》2013 年第 1 期；《建国初期上海外资
企业养老金制度变革研究》，《求索》2013 年第 4 期；《中国共产党对在华外资企业政策的研究》，西南
交通大学博士学位论文 2014 年；张肖红：《英国对中国征用在华英资企业的反应（1949—1952）》，华
东师范大学硕士学位论文 2013 年；宋佩玉：《新中国成立初期上海英资银行清理过程的历史考察》，《当
代中国史研究》2014 年第 2 期；张旭东：《二十世纪五六十年代英资企业在上海的衰退》，《安徽史
学》2016 年第 6 期；《外资企业改造过程中的清估工作——以英国亚细亚火油公司为例》，《中共党
史研究》2017 年第 10 期；《20 世纪五六十年代上海外资企业的改造历程》，东方出版社 2017 年版；
马振飞：《解放初期天津对外资企业的征税问题》，《中国经济史研究》2017 年第 2 期；张文靖：《新
中国对英国在华企业的改造（1949—1956）》，中共中央党校硕士学位论文 2017 年。

　　⑤ 王守谦：《煤炭与政治：晚清民国福公司矿案研究》，社会科学文献出版社 2009 年版。

　　⑥ 王强：《近代外国在华企业本土化研究：以英美烟公司为中心的考察》，上海人民出版社
2012 年版；仝群旺：《英美烟公司在华销售研究（1902—1952）》，合肥工业大学出版社 2017 年版；
李冠杰：《英美烟公司在华后期经营状况之考察（1937—1949 年）》，东华大学硕士学位论文 2007
年。其他成果不一一列举。

　　⑦ 梁华、张晓峒：《开滦煤矿利润影响因素的计量分析（1903—1940）》，《学术论坛》2003
年第 1 期；云妍：《近代开滦煤矿研究》，人民出版社 2015 年版。

　　⑧ 朱翔：《南京英商和记洋行研究》，南京师范大学博士学位论文 2013 年；孙昱晨：《南京和
记洋行的历史及保护策略研究》，东南大学硕士学位论文 2016 年。

陈宝云、陈碧舟对美商上海电力公司的研究，① 陈礼军、张小欣等对美孚、德士古石油公司的研究，② 方强对中比合办时期秦皇岛耀华玻璃公司的研究，③ 赵国壮对太古洋行的研究④ 及其他零散的洋行个案研究。四是近代企业制度方面的研究成果。近代外商企业史研究的深化大为促进了企业制度史研究，代表性的如刘佛丁、王玉茹、张东刚、左峰对近代制度变迁与中国工业化影响的研究，⑤ 王处辉对近代企业组织形态的研究，⑥ 吕铁贞对近代外商来华投资法律制度与涉外经济法律制度的研究，⑦ 魏淑君对近代公司法的研究，⑧ 张忠民、朱荫贵、李玉、豆建民等对近代公司制度、股份制度的研究，⑨ 李志英对早期外商股份公司制度与公司注册制度的研究，⑩ 陈谦

---

① 陈宝云：《中国早期电力工业发展研究：以上海电力公司为基点的考察：1879—1950》，合肥工业大学出版社 2014 年版；陈碧舟：《美商上海电力公司经营策略研究（1929—1941）》，上海社会科学院博士学位论文 2018 年。

② 陈礼军：《战后美孚石油公司在华经营探析：以梧州美孚公司为例》，《社会科学家》2009 年第 2 期；黄定天、段永富：《美孚石油公司在中国东北经营的历史考察》，《山西大学学报（哲学社会科学版）》2010 年第 2 期；张晓辉：《近代西方大公司的华南销售网：以石油、烟草业为例》，《广东社会科学》2011 年第 5 期；姜云：《美孚石油公司在旧中国的经营活动及其时代特征》，《河北学刊》2014 年第 4 期；何文利：《美孚石油公司在华活动初探》，中山大学硕士学位论文 1997 年；姜云：《浅析美孚石油公司在旧中国的活动》，山东大学硕士学位论文 2004 年；文阳林：《论亚细亚石油公司在近代中国的经销体系（1897—1941）》，广西师范大学硕士学位论文 2012 年；张小欣：《跨国公司与口岸社会：广州美孚、德士古石油公司研究（1900—1952）》，暨南大学出版社 2011 年版。

③ 方强：《中比合办时期秦皇岛耀华玻璃公司研究（1921—1936）》，河北大学博士学位论文 2015 年。

④ 赵国壮：《太古洋行糖品营销活动研究（1884—1941）》，《中国经济史研究》2018 年第 6 期。

⑤ 王玉茹、刘佛丁、张东刚：《制度变迁与中国近代工业化——以政府的行为分析为中心》，陕西人民出版社 2000 年版；左峰：《中国近代工业化研究：制度变迁与技术进步互动视角》，三联书店 2011 年版。

⑥ 王处辉：《中国近代企业组织形态的变迁》，天津人民出版社 2001 年版。

⑦ 吕铁贞：《晚清涉外经济法律制度研究》，知识产权出版社 2008 年版；《近代外商来华投资法律制度》，法律出版社 2009 年版。

⑧ 魏淑君：《近代中国公司法史论》，上海社会科学出版社 2009 年版。

⑨ 近代公司制度研究著述较多，代表性的有张忠民：《艰难的变迁——近代中国公司制度研究》，上海社会科学院出版社 2001 年版；《近代中国的企业、政府与社会》，上海社会科学院出版社 2008 年版；朱荫贵：《中国近代股份制企业的特点——以资金运行为中心的考察》，《中国社会科学》2006 年第 5 期；《中国近代股份制企业研究》，上海财经大学出版社 2008 年版；李玉：《晚清公司制度建设研究》，人民出版社 2002 年版；豆建民：《中国公司制思想研究（1842—1996）》，上海财经大学出版社 1999 年版。

⑩ 李志英：《外商在华股份公司的最初发展——关于近代中国股份公司制度起源的研究》，《北京师范大学学报（社会科学版）》2006 年第 1 期；李志英：《近代中国公司注册制度探源》，《北京师范大学学报（社会科学版）》2011 年第 1 期。

平对民国初期英国在华企业注册制度的研究，[①] 陈碧舟、龙登高对美商上海电力公司产权结构的研究，[②] 曹成建、何兰萍对法律规制及其与外商企业制度嬗变的关系研究，[③] 张秀莉对外商企业华董的研究，[④] 郭岩伟对外商企业股权分配制度的研究，[⑤] 王处辉、林金忠、王小嘉、王强、马军、高超群、郭莹、杨洋对工头制和包工制的研究，[⑥] 刘佛丁、王玉茹对近代工厂制度的研究，[⑦] 杨在军对英美烟公司劳资关系的研究，[⑧] 赵娟霞对知识产权制度的研究，[⑨] 宋美云对天津企业制度与治理结构的研究[⑩] 及诸多对买办制度研究的新成果，[⑪]

---

① 陈谦平：《民国初期英国在华企业制度的建立——以企业注册和英商公会为例》，载中国社会科学院近代史研究所民国史研究室、四川师范大学历史文化学院编：《一九一〇年代的中国》，社会科学文献出版社 2007 年版。

② 陈碧舟、龙登高：《近代在华外商企业产权结构研究——以美商上海电力公司为例》，《上海经济研究》2018 年第 9 期。

③ 曹成建：《试论近代中国公司法规对外资及中外合资公司之规范》，《四川大学学报（哲学社会科学版）》1998 年第 8 期；何兰萍：《1865 年香港〈公司条例〉与早期外商企业的设立》，《上海经济研究》2011 年第 4 期；《1865 年香港〈公司条例〉与近代外商在华企业制度的嬗变》，《上海经济研究》2013 年第 7 期。

④ 张秀莉：《19 世纪外商企业中的华董》，《史林》2004 年第 4 期；《上海外商企业中的华董研究（1895—1927）》，《史林》2006 年第 6 期。

⑤ 郭岩伟：《论民国时期本土企业与外商在华企业的红利》，《中国社会经济史研究》2014 年第 2 期；《论民国时期外商在华企业的股息》，《社会科学》2014 年第 5 期；《近代中国中外企业制度对比研究——以股权分配制度为中心的考察》，复旦大学博士学位论文 2014 年；《论近代外商在华企业的优先股制度——兼与华商企业比较》，《中国经济史研究》2016 年第 1 期；《试论近代中国外商企业债券的基本特征》，《史林》2019 年第 6 期。

⑥ 王处辉：《中国近代企业劳动组织中之包工制度新论》，《南开经济研究》1999 年第 5 期；林金忠：《企业组织的经济学分析》，厦门大学博士学位论文 2002 年；王小嘉：《近代中国企业包工制度新探》，刘兰兮编：《中国现代化过程中的企业发展》，福建人民出版社 2006 年版；王强：《"拿摩温"与近代外国在华企业工人管理制度本土化——以英美烟公司为中心的考察》，《安徽大学学报（哲学社会科学版）》2012 年第 4 期；马学军：《把头包工制：近代中国工业化中的雇佣和生产方式》，《社会学研究》2016 年第 2 期；高超群：《中国近代企业的组织形态初探——以包工制为中心》，《东南学术》2018 年第 3 期；郭莹、杨洋：《汉冶萍公司包工制及其变革述论》，《中国社会经济史研究》2018 年第 3 期。

⑦ 刘佛丁、王玉茹：《中国近代工厂制度的产生及其产权运作的特征》，《西安电子科技大学学报（社会科学版）》1999 年第 4 期。

⑧ 杨在军：《南京国民政府时期上海英美烟公司劳资冲突研究——劳方、资方与政府关系视角》，《社会科学》2018 年第 7 期。

⑨ 赵娟霞：《从英美烟公司对民族烟厂的侵权案件看近代中国知识产权制度的失效》，《江西财经大学学报》2004 年第 1 期。

⑩ 宋美云：《中国近代企业制度与公司治理结构——以天津为例》，《文史哲》2004 年第 3 期。

⑪ 最新的近代中国企业制度研究综述详见张忠民：《产权、治理结构：近代中国企业制度的历史走向》，（台湾）《成大学报》第 47 号，2014 年 12 月；张忠民：《思路与方法：近代中国企业制度研究的再思考》，《贵州社会科学》2018 年第 6 期。

等等。

最近二十多年，国内学界的研究范式受海外学者影响较大。20 世纪末以来，海外学者研究大胆借鉴其他学科的理论和方法，促使近代外商企业与企业制度研究逐步向制度变迁、社会关系网络、外商企业与中国传统商业文化的互动、中外企业竞争、企业家群体等领域拓展，代表性成果当属美国学者高家龙的《中国的大企业——烟草工业中的中外竞争（1890—1930）》（商务印书馆，2001 年）、《大公司与关系网：中国境内的西方、日本和华商大企业（1880—1937）》（上海社会科学院出版社，2002 年）。相关成果还有丹麦人白慕申·马易尔对慎昌洋行档案的梳理、① 以色列学者谢艾伦对新中国成立后英法企业的研究、② 英国学者霍华德·考克斯对英美烟公司香烟经销网络演变的考察（1902—1941）、③ 科大卫对公司法与近代商号的研究、④ 美国学者何思兵对旗昌洋行的研究 ⑤ 等。日本学者的研究成果以松浦章对英商麦边洋行长江航运业的研究 ⑥ 较为典型。

20 世纪末至今，我国学者对近代西商企业的研究成果主要集中在经营、管理、财务、利润、文化以及内外部关系等领域。近代西商企业制度研究则在前期基础上逐渐向企业制度的长时段变迁、法律规制与企业制度演化、产权结构、科层管理与法人治理结构、股权与债权分配制度、工厂制度、知识产权制度、企业家精神等方面持续深化。近年来，台湾学者的研究亦颇有成效，集中表现在林志龙对英日在长江航运业竞争的研究、⑦ 吴

---

① ［丹麦］白慕申·马易尔：《一位丹麦实业家在中国》，林桦译，团结出版社 1996 年版。

② ［以色列］谢艾伦：《被监押的帝国主义：英法在华企业的命运》，张平等译，中国社会科学出版社 2004 年版。

③ ［英］霍华德·考克斯：《学会在中国做生意：英美烟公司香烟经销网络的演变（1902—1941）》，皇甫秋实译，载《近代中国》（第十八辑），上海社会科学院出版社 2008 年版。

④ ［英］科大卫：《公司法与近代商号的出现》，《中国经济史研究》2002 年第 3 期。

⑤ ［美］何思兵：《旗昌洋行与 19 世纪美国对广州贸易》，《学术研究》2005 年第 6 期；Sibing He, Russell and Company in Shanghai, 1843—1891: U. S. Trade and Diplomacy in Treaty Port China, Paper presented to "A Tale of Ten Cities: Sino-American Exchange in the Treaty Port Era, 1840—1950—An Interdisciplinary Colloquium," Hong Kong University, 23—24 May 2011.

⑥ ［日］松浦章：《清末麦边洋行（McBain & Co.）长江航运业》，《史泉》第 79 号，1994 年 3 月。

⑦ 林文龙：《1903—1905 年英日航业长江航运竞争——以日本邮船收购麦边洋行事件为例》，《国立政治大学历史学报》第 26 期，2006 年 11 月。

翎君对美国大企业与中国近代国际化的关系以及美孚石油公司的研究、① 牛道慧对鸦片战争前旗昌洋行的研究、② 黄颂文对 1850—1870 年英商杜德与宝顺洋行的研究 ③ 等。香港的研究主要围绕近代在港外商企业展开，除香港通史类、经济史类的学术著作外，以李培德对 1934—2009 年香港厂商的研究、④ 冯邦彦对英资财团的研究、⑤ 钱华对于仁保险公司的研究 ⑥ 较有代表性。

近年来，国内外学者在深化近代西商企业史研究的同时，亦推进了西商企业制度的研究，且成绩喜人，但不足之处有：（1）研究的碎片化特征比较明显，较为缺乏对整个近代西商企业制度长时段、系统性、整体性的理论研究成果；（2）无意识地割裂传统中国与近现代的关系，西商企业制度的源头问题至今仍缺乏较有说服力的研究成果；（3）中外关系关注度不够，较少注意到同时期西方国家企业制度的发展情况及其向西商在华企业制度的传导问题；（4）大多将西商企业制度与日商企业制度糅合在一起进行考察，容易掩盖两者的差异性；（5）典型性、知名大企业的个案研究多于不知名的小企业，较难呈现西商企业制度的全貌；（6）对公司制度的研究远胜于工厂制度、会计制度、知识产权制度等研究；（7）对分配制度、剩余分配制度的研究多于产权制度；（8）定性研究多于定量研究；（9）历史脉络性考察多于制度经济学、现代企业理论的分析；（10）就制度研究制度的倾向比较明显，制度与技术、文化、工人、企业家、治外法权、母国依托等关系亟待深入分析。对上述诸多问题的剖析即是推进和深化近代西商企业制度研究的重要着力点。为此，如何在前人研究基础上，

① 吴翎君：《美国大企业与近代中国的国际化》，社会科学文献出版社 2014 年版；《美孚石油公司在中国（1870—1933）》，上海人民出版社 2017 年版。

② 牛道慧：《鸦片战争前美国在广州的普金斯洋行与旗昌洋行的重要领导人（1784—1844）》，《龙华科技大学学报》第 31 期，2011 年 2 月。

③ 黄颂文：《清季台湾开港前后英商杜德与宝顺洋行的崛起（1850—1870）》，东吴大学硕士学位论文 2012 年。

④ 李培德：《继往开来——香港厂商 75 年（1934—2009）》，商务印书馆 2009 年版。

⑤ 冯邦彦：《香港的英资财团（1841—1996）》，香港三联书店 1996 年版。

⑥ 钱华：《近代中国外商保险业研究——以于仁保险公司为考察中心》，载上海中国航海博物馆编：《上海：海与城的交融》，上海古籍出版社 2012 年版。

从企业制度变迁的视角和分析框架出发，系统考察近代西商企业制度的缘起、生成与演化过程，有助于进一步深化、全面认识近代西商企业制度的发展脉络以及这种发展对于近代西商企业、中国企业、中国经济社会、中外关系的历史影响，进而促进中国企业史、中国经济史和中国近代史学科发展。

第三节　思路、方法、内容和框架

一、思路与方法

本书是国家社会科学基金重大课题的最终成果之一，基本思路是：问题的提出——近代西商企业的生成与演变——法律规制与近代西商企业制度的生成及演化——近代西商企业产权制度的生成与演化——近代西商企业治理结构与管理制度的演进——近代西商企业分配制度的演变。

在研究方法上，本书以历史档案资料为基础，运用制度经济学和现代企业理论为基本分析工具，将历史过程叙述与现代经济学分析相结合，努力做到历史与逻辑相一致。既注意到企业制度变迁的一般意义及通常路径，又注重揭示近代一百多年来世界格局变迁及近代中国社会特有的经济、政治框架下西商企业制度变迁的特点和特有的社会经济意义。

二、内容与框架

本书以近代西商企业制度为中心，较为全面、系统地论述近代以来（含前近代）中国西商企业制度的缘起、生成与演变的大体过程及其特点。全书的内容和框架结构分为六章。

第一章为绪论。主要阐述五大问题，即研究对象及概念的界定、问题的提出、中国近代西商企业及企业制度研究述评、思路与方法、内容与框架。简要介绍研究对象及所涉概念的界定、研究的缘起、学术界已有的研究及全书的研究思路、方法、框架结构和基本内容。

第二章为近代西商企业的生成与演变。主要归纳和论述前近代西方在华经济组织与近代西商企业的缘起、五口通商时期近代西商企业的生成、

1858 年即《天津条约》签订至 1894 年中日甲午战争爆发前西商企业的发展、1895 年甲午战争结束至北洋政府时期西商企业的调整、南京国民政府时期西商企业的起伏。这是本书对近代西商企业制度展开系统、全面研究的前提和基础。

第三章为法律规制与西商企业制度的生成及演化。以香港《1865 年公司条例》的颁行、1913—1919 年英国《中国（公司）法》及其修正案的颁布实施、1922 年美国《中国贸易法案》的颁布、南京国民政府 1946 年《公司法》的颁行为四个时间节点，重点考察近代西商企业如何通过治外法权获得法人地位及企业财产权，令治外法权成为以公司制度和工厂制度为核心内容的近代企业制度生成与演变的保护伞。所揭示的是，西商企业如何在治外法权的保护下，以母国作为依托，排除中国政府的干扰，在一个相对封闭的环境中形成相对完善的产权制度。

第四章为近代西商企业产权制度的生成与演化。从西商企业资本来源的演化、产权制度的生成与演变及西商企业股权与债权制度的生成与演化三方面阐释近代（兼及前近代）西商企业产权制度的发展脉络。

第五章为近代西商企业治理结构与管理制度的演进。首先分析法人治理结构生成之前（早期）西商企业的传统治理结构特征，在此基础上从股东与股东会制度的生成、董事与董事会制度的生成、委托代理下的职业经理人的初步形成三个层面诠释近代西商企业法人治理结构的生成情况。之后论述近代西商企业法人治理结构的演进过程及管理制度的演化。

第六章为西商企业分配制度的演变。从前近代中国境内西商企业的分配、股份公司下近代西商企业分配制度的确立、跨国公司下西商企业企业分配制度的演化三方面论述西商在华企业的分配问题。

第二章 近代西商企业的生成与演变

中国最早的近代企业是外商企业，确切地说是西商企业，即以英美为主体的欧美企业。众所周知，中国近代西商企业的源头是以英美为首的西方国家，它是伴随近代西方国家对外扩张进入中国的。早在五口通商以前，以东印度公司和散商代理行号为代表的西方经济组织就已经以广州为基地开展经营，中国近代西商企业则缘起于此。五口通商后，散商代理行号直接演化为近代西商企业，标志着近代西商企业在华生成。到1894年甲午战争爆发前，西商企业在数量、经营类型、空间布局、国籍格局、企业制度等方面基本奠定了在近代中国的基本格局。1895年甲午战争结束后，随着西方国家对华侵略的加剧及西方在华势力的起伏，西商企业与企业制度逐渐演进，并呈现出阶段性特征。

第一节　前近代西方在华经济组织与近代西商企业的缘起

按照现代企业制度理论，从企业资产所有者形式来看，无论是西方还是中国社会的企业都先后出现过业主制、合伙制、公司制三种形态，其中公司制属于具有近代意义的企业制度形态。就世界范围而言，近代公司制度大多起源和脱胎于传统经济中的合伙制，但中国属于例外。中国近代公司制并非起源于传统经济中的合伙制，而是近代西方公司制度的移植与运用。换而言之，中国近代西商企业及企业制度的源头在西方，它起源于近代西方企业及西方企业制度对中国在内的东方世界的扩张与渗透。基于此，探究中国近代西商企业及企业制度的生成和演进，逻辑起点应该是前近代西方在华经济组织。事实证明，中国近代西商企业及企业制度正是缘起于前近代西方在华经济组织。

"起源"与"缘起"貌似一对近义词，其实内涵与外延差异很大。根据《辞海》的解释，"源"意为"源头""来源"，"起源"之意，为"事物发生的根源"；"缘起"的意思是"事物的由来"。就亲缘关系来说，"缘起"比"起源"要近一些。关于世界上近代公司制度的起源，海内外学者说法不一，[①] 但这并不影响"中国近代西商企业及企业制度起源于西方"这一共识。既然中国的西商企业及企业制度起源于西方，那么它是如何传入中国？又是如何演化为近代意义上的中国西商企业及企业制度的？或者说中国近代西商企业及企业制度缘起于何处？若要较好地回答上述问题，则有必要对前近代中国传统社会中的西方经济组织作一详细分析。

从时间先后顺序来看，前近代最早的西方在华经济组织是以东印度公司为代表的西方官方经济组织。以企业制度视之，东印度公司属于特许制下的股份公司，是近代准则制产生之前最具有代表性的公司形态。东印度公司在母国获取对华贸易垄断权以后，与中国政府开展官方贸易，将私商（自由商人）排除在外。在欧洲国家组建的若干个东印度公司中，英国东印度公司实力最强、表现最为抢眼。东印度公司在华扎根后，继而落户的是代理行号。以经营者的国籍来分，代理行号以英美居多。以经营者的主体来分，可分为散商和英国东印度公司经营，而散商代理行号的数量、规模、存在时间及影响远远大于后者。散商代理行号的生成与成长，直接促成了近代西商企业及企业制度的生成。前文已述，中国近代西商企业与企业制度缘起于前近代西方在华经济组织，更准确地说应该是缘起于五口通商前的散商代理行号。19世纪初，适应传教、贸易和在华西人生活所需，中国境内出现了西方人经营的金融组织、印刷机构、药品和食品商店、旅馆等。在五口通商之前，虽然这些经济组织数量和实力无法与东印度公司、散商代理行号相较，但它们蕴含的企业新形态与企业制度的新因素，一定程度上代表了西商企业与企业制度的发展方向。

---

① 关于西方公司制度的起源海内外至少有五种看法：（1）罗马共和国时期和罗马帝国时期的股份经济；（2）中世纪欧洲大陆地中海沿岸的家族企业；（3）中世纪的海上贸易，由船舶公有、康枚达等组织发展而来；（4）第二、三种起源兼而有之；（5）16—17世纪的特许股份公司。参见李玉：《晚清公司制度建设研究》，人民出版社2002年版，第4页；黄速建：《公司论》，中国人民大学出版社1989年版，第19页；[德] 卡尔·马克思：《资本论》（第一卷），人民出版社1971年版，第784页；[英] 里奇、威尔逊主编：《剑桥欧洲经济史》（第四卷），经济科学出版社2002年版，第200、227页。

一、英国东印度公司的崛起及对港脚商人的限制

明清时期，广州已是中国南方最大的港口。1685 年，清政府在江、浙、闽、粤设立四海关。次年，清政府设立广州十三行，广州由此成为五口通商前中国最重要的中西贸易口岸。1757 年，清政府将海路来的中西贸易限于广州一口，此后至 1842 年五口通商前的这段时间被称为"一口通商"时期。在一口通商的中西贸易体制中，广州扮演着极为重要的角色。一口通商的中西贸易体制共有四个环节：（1）粤海关负责征收关税，并管理行商；（2）十三行负责同外商贸易和约束外商；（3）广州黄埔作为外国商船的停泊处；（4）澳门作为西方各国商人共同的居留地。上述四个环节所形成的商业制度被称为"广州商业制度"。在广州这个特殊的商场中，欧洲各国的东印度公司一度扮演着重要角色。

（一）欧洲各国东印度公司来华与英国东印度公司的崛起

17 世纪后，新兴的西方国家将海外贸易与殖民掠夺作为资本原始积累的重要手段，故而纷纷授权本国商人组建特许公司，其中开展东方贸易的特许公司大多被命名为"东印度公司"，涉及国家有英国、荷兰、法国、瑞典、丹麦、普鲁士、西班牙、神圣罗马帝国等。这些不同国籍的东印度公司成为世界近代史上最早来华经营的西方经济组织，而实力最强、影响最大的当属英国东印度公司（British East India Company）。

英国东印度公司成立于 1600 年 12 月，成立伊始即被英国女王伊丽莎白一世（1533—1603 年）赋予好望角以东至麦哲伦海峡整个东方地区的贸易垄断权，在它享受贸易垄断权期间，任何人不得在东方开展贸易。1635 年英国东印度公司商船到达澳门，1699 年公司船只首次进入广州贸易。[①] 进入广州开展对华贸易并不意味已取得与中国建立稳固贸易关系的权利，直到 1715 年英国东印度公司在广州设立商馆，才算真正实现这一贸易诉求。经过数年发展，到 18 世纪中叶，英国东印度公司正式成为广州商场上一支重要力量。1761 年，英国东印度公司在印度殖民地的军队攻占法国对华贸易最重要的基地本地治里（Pondicherry）获胜，此后法国东印度公

---

① ［美］马士：《东印度公司对华贸易编年史（1635—1834 年）》（第一卷），区宗华译，广东人民出版社 2016 年版，第 5 页。

司一蹶不振。17—18 世纪，英国通过四次英荷战争彻底打败了被誉为"海上马车夫"的荷兰，成功夺取世界贸易霸权。英国攫取世界贸易霸权后，荷兰东印度公司于 1798 年宣告破产，同时其他欧洲大陆国家的东印度公司与商人对华贸易倍受压制，英国东印度公司因此垄断了英国国内茶叶市场，进而跃升为广州商场上最重要的力量。此前，为寻找更多的贸易机会，1773 年英国东印度公司正式在澳门设立商馆，澳门公司宣告成立。①

茶叶是鸦片战争前中西贸易的大宗商品之一，在中国出口西方贸易中占据首位。18 世纪后，英国东印度公司开展对华贸易的强烈诉求直接反映出英国国内市场对中国茶叶的需求。17 世纪中叶以后，茶叶进入英国，很快在英伦刮起一场经久不衰的饮茶之风。茶叶既深受英国社会各阶层的喜爱，又不影响英国本国产品的销售。正如英国人所言："茶叶是唯一能够成为普通消费品而不与本国制造品竞争的一种合用的物品。"② 更为重要的是，茶叶贸易可带来巨额利润。早在 1699 年，英国东印度公司进口每磅茶叶的费用为 2 先令 4 便士，伦敦市场的销售价格为 14 先令 8 便士。18 世纪 40 年代，每磅茶叶进口费用降至 1 先令，③ 销售价格不变，茶叶贩至英国销售所获利润较之前更高。18 世纪初，英国东印度公司开始垄断茶叶贸易，不允许任何散商（私商）染指。为维护茶叶贸易所得高额利润，18 世纪下半叶，英国东印度公司先后打败法国和荷兰公司，牢牢掌控住中国茶叶市场的出口垄断权。直到鸦片战争爆发，茶叶在广州出口商品中一直位居第一，在出口英国东印度公司的总值中所占比例更是居高不下。如图 2-1 所示，18 世纪后半叶，茶叶在中国出口英国东印度公司总值中所占比例最低为 1776—1780 年的 55%。在英国东印度公司打败法国和荷兰公司后的 18 世纪最后十年，茶叶出口在中国与英国东印度公司贸易中高达 80% 以上，1790—1795 年甚至达到 89%。1712 年英国茶叶进口量为 150000 磅，一个世纪后超过 21000000 磅。英国东印度公司销售收入达 3500000 英镑，进口茶叶的价值比其他所有货物加起来的总值少不了多

---

① 谭树林：《英国东印度公司与澳门》，广东人民出版社 2010 年版，第 111 页。
② ［英］格林堡：《鸦片战争前中英通商史》，康成译，商务印书馆 1961 年版，第 2 页。
③ 吴建雍：《18 世纪的中西贸易》，《清史研究》1995 年第 1 期。

少。[1] 在高额利润的诱惑下，英国东印度公司促使本国政府于 1783 年公布《抵代税条例》，将茶叶关税从 100% 减至 12.5%。[2] 此后，英国东印度公司开始专营茶叶贸易，而将其他对华商品贸易全部交由散商（私商）经营，这为港脚贸易和港脚商人的兴起提供了契机。

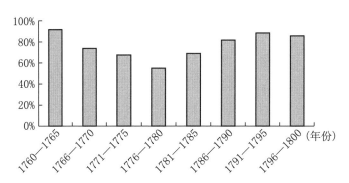

图 2-1　中国茶叶在出口英国东印度公司总值中所占比例

资料来源：龚缨晏：《鸦片的传播与对华贸易》，东方出版社 1999 年版，第 150—151 页。

（二）港脚贸易的兴起

在很长一段时期，英国东印度公司在对华贸易中处于支配地位，却做不到完全控制，但茶叶贸易除外。自 1600 年英国东印度公司成立以来，那些与它没有隶属关系的英国自由商人（又称为"散商"或"私商"，Private individual、Private People、Private trader、Private English）高举"自由贸易"的旗帜，屡次闯入其控制下的东方贸易中，从事走私活动。英国东印度公司视他们为"闯入者"（Interloper）或"闯入的竞争者"（Interloping competitor）。1757 年后，随着英国东印度公司征服印度，前来印度寻找发财机会的英国自由商人越发增多。

在整个 18 世纪，英国的对华贸易主要包括三部分：（1）东印度公司本身的对华贸易，主要经营英国与中国之间的进出口贸易；（2）个人贸易（the Private trade），即在东印度公司许可下，公司职员利用公司船只在中

---

① 姚贤镐：《中国近代对外贸易史资料》（第一册），中华书局 1962 年版，第 268 页。
② ［英］格林堡：《鸦片战争前中英通商史》，康成译，商务印书馆 1961 年版，第 3 页。

英之间或印中之间展开的贸易；（3）港脚贸易（the Country trade），即在印度与中国之间由自由商人（散商、私商）经营的贸易。从事港脚贸易者不隶属于英国东印度公司，但后来必须从东印度公司领取营业许可证（执照）。从17世纪末到19世纪中叶轮船问世，印度与非洲、亚洲其他地区间的海上贸易均被称作"港脚贸易"，区域包括好望角以东的整个印度洋和亚洲地区。在1682年之前，英国东印度公司独占港脚贸易，禁止他人染指。1682年以后，迫于各种压力，公司逐渐放松对港脚贸易的垄断，特别是对华港脚贸易。本书中的"港脚贸易"主要是指对华港脚贸易，也就是印度与中国之间的海上贸易。中文"港脚"一词为"country"的音译，从事港脚贸易的商人俗称"港脚商人"（Country merchant）或"私商"（Private merchant、Private trader），从事港脚贸易的船只被称为"港脚船"（Country ship），东印度公司的货船则被称作"公司船"。港脚商人分为两大类，一类是侨居印度的欧洲人，以英国人为主；另一类是印度籍商人，由巴斯人（Parsee，又译为"帕西"，印度祆教徒）、印度教徒（Hindu）和穆斯林（Muslim）组成。鸦片战争前后，巴斯人在印度籍商人中占据显著地位。"鸦片战争前广州口岸的Parsee商人约占来华'夷商'的三分之一，仅次于英国人，多于美国人。"①

对华港脚贸易主要是土货（杂货）贸易，先是将原棉、后是将鸦片从印度运到广州。18世纪初、中期，英国东印度公司几次尝试港脚贸易失败后，将它全部交给散商经营，以此作为公司在广州购买茶叶所需资金的供应手段之一，港脚贸易由此成为英国、印度、中国三角贸易关系中极其重要的一环。

19世纪以前，中国长期在中英贸易中处于优势地位。英国东印度公司大量从中国进口茶叶，但英国产品迟迟打不开中国市场，故而英国东印度公司长期处于贸易逆差的被动局面，导致公司在广州的大班无力筹集足够的白银购置茶叶。为解决资金问题，英国最终找到了一条"捷径"：英国的纺织品输入印度，印度的鸦片和原棉输入中国，中国的丝、茶、瓷器等

---

① 郭德焱：《清代广州的巴斯商人》，中华书局2005年版，第36页。

输入英国，从而形成一种新的英—印—中三角贸易关系。中英贸易关系的改变，很快扭转了原本的财富流向。英国用廉价的纺织品将印度的财富引入本国，再利用印度输入的原棉和鸦片换取中国白银，部分用于在广州的东印度公司财库购置中国茶叶，其余全部流入英国，英国无论在对印还是对华贸易中都处于顺差地位。在新、旧贸易关系的转变过程中，港脚贸易和港脚商人扮演着极为重要的角色。

最早经营鸦片贸易者为居住在澳门的葡萄牙人。1729 年，雍正皇帝颁布查禁鸦片的谕旨，将贩运鸦片进入中国定义为"非法行为"。此禁令一出，鸦片贸易一度停滞。随着英国东印度公司对华茶叶进口资金出现严重短缺，它开始铤而走险，鼓励港脚商人以走私方式继续进行鸦片交易。英国东印度公司非常清楚，它与中国的贸易属于官方贸易，而鸦片贸易属于"非法行为"，一旦被清政府发现公司从事鸦片贸易，则极有可能威胁到其对华贸易的支配权。为了在掌握对华贸易支配权的同时又不放弃鸦片贸易的高额利润，英国东印度公司转而谋求新策略。公司将自身活动限定在印度组织生产鸦片，由港脚商人负责对华销售。为鼓励鸦片贸易，公司暗地里动用自属船只帮助港脚商人运送鸦片，并答应他们将交易所得白银运至广州后，可交由公司广州财库换取伦敦票据，且不收取佣金。在英国东印度公司的极力怂恿下，鸦片贸易在港脚贸易中的占比快速上升，而港脚贸易则借助鸦片这一载体获得了发展"契机"。18 世纪下半叶，英国东印度公司对印度的控制程度加强，不仅完全控制住印度和孟加拉国的鸦片种植和制造，还间接控制了印度和孟加拉国的部分棉花生产，由此便利港脚商人将鸦片和棉花这"一黑一白"产品输往中国，促使港脚贸易兴盛。

（三）英国东印度公司对港脚商人的限制

起初，港脚贸易与英国东印度公司贸易互相补充、相得益彰，可随着时间的推移，二者的矛盾逐渐明朗化，特别是其中的英国散商与东印度公司之间的关系越发紧张。一方面，英国散商在印度积累了大量的财富，缺乏将在印财富运回英国的渠道，因为东印度公司垄断了英印贸易，在印英国散商欲把财富运回母国必须求助于东印度公司。另一方面，东印度公司拥有茶叶贸易的垄断权，英国散商在中国售出货物后，难以找到像茶叶这样投资回报率高的回程货，只能将多余资金放进东印度公司在广州的财库，缴纳资金汇划手续费。另外，英国散商不愿意将他们运往中国的货物和白银交由东印度公司大班代为经营管理，希望雇佣自己的大班。同时，英国散商还希望获取在广州的常驻权，效仿东印度公司在广州设立常驻代理行号（或称"代理行"，Agent house）。

为防范港脚商人，英国东印度公司在加强自身管理的同时，加大了对港脚商人尤其是英国散商的限制。首先，1758 年英国东印度公司在广州成立管理委员会，统一管理公司在广州的业务，由 10 名成员组成。① 其次，在给港脚商船颁发特许证时，英国东印度公司明确规定，港脚商人应遵守公司驻广州管理会的命令和规定，否则课以罚款。② 最后，英国东印度公司驻广州管理会开始驱逐擅自常年留居广州的英国散商。1761 年，广州管理委员会材料中首次记录了一份警告函，警告对象是未取得公司许可而擅自常年居留广州的英国私商。函件内容如是："（1761 年）9 月 8 日，公司送交船长罗伯特·杰克逊（Capt. Robert Jackson）、乔治·史密斯（George Smith）和斯潘塞（John Spencer）等人同一的函件原文如下：按照尊敬的东印度公司颁发的训令，我们特通知你们，公司规定，凡未经公司准假或命令的大不列颠臣民，不得常年留居广州。公司已令印度各地的管理会，凡从印度到广州者居留时间不得超过商船的返航期。至于现已留居广州，但因即行离去而对某种事务有妨碍，并经我们许可者，准予留居至下一季度，以免因本法令的执行，而招致怨恨。"③ 为防范英国散商，东印度公司不但禁止他们在广州常驻，而且禁止其在葡萄牙占领下的澳门常驻。

1759 年发生的"洪仁辉事件"，提升了清政府对外商的警惕性。同年，两广总督李侍尧（？—1788 年）制订"防范外夷规条"，此条例很快获得乾隆皇帝批示。"防范外夷规条"的重要内容之一是"澳门居冬"，意为九、

---

① [美] 马士：《东印度公司对华贸易编年史（1635—1834 年）》（第二卷），区宗华译，广东人民出版社 2016 年版，第 52 页。

② 龚高健：《港脚贸易与英国东印度公司对华茶叶贸易》，《福建师范大学学报（哲学社会科学版）》2005 年第 4 期，第 38 页。

③ [美] 马士：《东印度公司对华贸易编年史（1635—1834 年）》（第五卷），区宗华译，广东人民出版社 2016 年版，第 117—118 页。

十月份贸易季过后外国商人必须离开广州迁居澳门过冬。由此可知，清政府当时允许外国商人常驻澳门，可是英国东印度公司禁止英国散商留驻澳门，这就说明东印度公司对散商的规定比清政府更苛刻。为驱逐英国散商又尽量不激化矛盾，东印度公司希望由葡萄牙和清政府出面，不过下则材料表明其如意算盘落空了。"1772 年 11 月 9 日。管理会（广州）认为根据训令向中国人或澳门的葡萄牙政府申陈关于董事部禁止私人常年留居中国一事，会产生极其不良的后果，这无异于指示中国人叫管理会人和私商一起离开中国，因为在他们看来，两者都是讨厌的人物，他们亦不会分辨两者之间的异同。葡萄牙人对于涉及中国人或外国人的事情，尤其是会引起中国趁机干预，从中捞一笔钱之类的事，都是极其谨慎的。我们认识到，向他们申陈，是得不到应有的效果的。为今之计，最妥善的办法，可以跟去年一样，将命令在发交因私事留住此处的先生们的信函上示意一下。"①这则材料至少透露出两层意思：其一，如果清政府出面驱逐，则很可能会将英国东印度公司人员和英国散商一道扫地出门，原因是二者均不受中国人待见。其二，葡萄牙政府对干涉中国人或外国人之事非常谨慎，不会轻易答应东印度公司的请求。可见，东印度公司的如意算盘未能如愿。万般无奈之下，公司只好赤膊上阵，亲自出面驱逐在华英国散商。

针对广州管理会的驱逐令，散商有两种态度：一是遵守。如"1773 年 1 月 7 日，管理会致函莱尔德医生（Dr. John Laird）通知关于董事部的命令，2 月 13 日，就克赖顿和乔治·史密斯的继续居留中国提出正式抗议。1772 年 12 月 17 日，科萨尔乘船返回伦敦，而莱尔德医生则在 1773 年 1 月 11 日离去"。②二是找各种借口置禁令于不顾。如上文提及的乔治·史密斯，1761 年管理会执行驱逐令后，依然"陆陆续续在广州居留长达二十多年之久"。③

---

　　① ［美］马士：《东印度公司对华贸易编年史（1635—1834 年）》（第五卷），区宗华译，广东人民出版社 2016 年版，第 207 页。
　　② ［美］马士：《东印度公司对华贸易编年史（1635—1834 年）》（第五卷），区宗华译，广东人民出版社 2016 年版，第 207 页。
　　③ ［美］马士：《东印度公司对华贸易编年史（1635—1834 年）》（第五卷），区宗华译，广东人民出版社 2016 年版，第 118 页。

时至 19 世纪 70 年代末，英国散商滞留广州的问题不仅没有得到解决，反而愈演愈烈，问题的复杂性主要表现在三方面：一是散商与行商的商欠问题复杂化。伴随港脚贸易和港脚商人实力的增强，英国散商积累的财富也在增长。1773—1774 年间，英国东印度公司在欧洲的资金周转出现困难，只能开出少量的伦敦汇票，致使散商资金无法汇回母国。此时，中国行商出现资金紧张，受高利率的吸引，英国散商将大量剩余资金借给行商，从而引发中英之间旷日持久的商欠问题。"在 1777 年，十一个行商只有四个人还得起债。中国人举债的债款约有三百万元是属于港脚散商的。"[1] 为收回债款，散商拒绝离开中国。同时，商欠问题逐渐上升至中英两国外交关系层面。"这些散商诉请英国政府向北京政府交涉补偿。他们辩称这些债款都是在印度积蓄的财产，输往中国准备以公司汇票汇回中国，因为没有这种汇票，他们才不得不借给中国商人，而那种汇兑办法一直是对公司有利的。1779 年，由于在印度的这些私商债权人的请求，维农海军上将（Admiral Vernon）派出一条巡洋舰去要求当地总督对于'在中国受压迫的英皇陛下臣民予以公正处理'。"[2] 商欠问题险些酿成外交事件，引起中英两国最高层的关注。二是清政府海关官员对英国东印度公司的不满情绪加剧。前文已述，港脚商人在中国长期找不到合适的回程货，他们的船只将对华进口货的售货所得直接交付英国东印度公司广州财库后，空船驶离中国，导致粤海关税款收入下降。为此，清政府海关官员将这种不满转移到东印度公司身上。三是英国散商中不乏亡命徒。这些人在中国惹出不少麻烦，清政府要求英国东印度公司为之负责。例如，"一个叫做亚伯拉罕·莱斯利（Abraham Leslie）的人，他派武装的印度水手强占行商（鳌官）的房屋。孟加拉散商船'德达海号'（Dadabhoy）的船只麦克莱（Macclary）的半海盗行为也是同样令人不安"。[3] 诸如此类的英国散商在华不守法度的行为，清政府均向英国东印度公司问责。

迫于上述多重压力，东印度公司加大了对散商的约束力度。1780 年，

---

① ［英］格林堡：《鸦片战争前中英通商史》，康成译，商务印书馆 1961 年版，第 18 页。
② ［英］格林堡：《鸦片战争前中英通商史》，康成译，商务印书馆 1961 年版，第 18—19 页。
③ ［英］格林堡：《鸦片战争前中英通商史》，康成译，商务印书馆 1961 年版，第 19 页。

公司伦敦董事部要求广州管委会将商馆内不属于公司的英国臣民赶出中国。
1786 年，伦敦董事部通过英国议会颁布法令，肯定广州管委会"对于航行
于中国的领有执照的'港脚商'有充分的管辖权"。[①]为获取常驻广州的权
利，散商绞尽脑汁，最终催生了一种新型的经济组织——代理行号。

二、代理行号的生成与成长

（一）代理行号的生成

代理行号生成于 18 世纪 80 年代初。从经营主体来看，以英美商人居
多，其中英国散商为最。除英美商人外，部分印度商人亦参与其中，英国
东印度公司也曾在很短时期内经营过代理行号。

1. 英国散商代理行号的生成

1782 年现身于广州的英商柯克斯·里德行（Cox·Reid）是中国境
内首家英国散商代理行号，这家代理行号的创办与"打簧货"贸易有关。
"打簧货"属于洋泾浜英语中的一个名词，指的是"当时由北明翰和其他
地方专为东方市场制造的钟、表以及样式奇巧的机器玩具（例如藏着一只
宝石镶嵌的小鸟、盖子揭开就发出叫声的鼻烟壶）"。[②]这些玩具属于机
械时代以前西方制造中能够吸引东方社会的少数物品之一，行商通常购之
作为礼物送给中国官员。英国的主要供应商是伦敦的约翰·柯克斯（John
Cox）和克拉肯卫尔（Clerken Well）的弗兰西斯·麦尼尔（克）（Francis
Magniac）。约翰·柯克斯去世后，儿子约翰·亨利·柯克斯（John Henry
Cox）于 1782 年获得英国东印度公司伦敦董事会的批准前往中国销售存
货。[③]英国东印度公司允许其在广州居住 3 年。1782 年，柯克斯与约翰·里
德（John Reid）在广州合伙设立柯克斯·里德行。1783 年，英国东印度
公司驱逐广州商馆的散商时，唯独柯克斯获准再留一年，因为东印度公司
认为他对公司有利。"尤其是当我们离开广州时，他在某些方面对我们有

---

① ［英］格林堡：《鸦片战争前中英通商史》，康成译，商务印书馆 1961 年版，第 19 页。
② ［英］格林堡：《鸦片战争前中英通商史》，康成译，商务印书馆 1961 年版，第 20 页。
③ ［英］格林堡：《鸦片战争前中英通商史》，康成译，商务印书馆 1961 年版，第 20 页。

很大用处，否则我们会有很大的不便。"①行号的另一位合伙人约翰·里德之所以能够长期留驻广州，仰仗的是奥地利领事身份。1779年，苏格兰人约翰·里德在孟加拉国海军服役期间，意识到与中国开展贸易的可能性，随后他带着奥地利皇帝派为"领事和奥地利商馆主持人"的任命状来到广州。当东印度公司驱逐广州商馆的英国散商时，他拿出来奥地利的证件，大班们就决定"不应该对他有什么留难"。②八年后，奥地利商馆破产，约翰·里德为此离开中国。虽然约翰·里德去留对他本人来说意义不大，但对英国散商代理行号的发展来说意义非凡。此后，英国散商纷纷效仿，借用他国领事之名常驻广州并伺机创办代理行号，他国领事的旗号成为英国散商在华开设代理行号的外交保护伞。

柯克斯·里德行作为首家生成的英国散商代理行号，其意义至少体现在三方面：首先，它标志着英国散商的经济行为由个人向企业组织行为转变，预示着除东印度公司之外西方在华经济组织出现了第二种类型即代理行号。而新生成的代理行号特别是英国散商经营的代理行号，其发展方向即是近代西商企业。柯克斯·里德行不单单是第一家英国散商代理行号，经过数次的产权变迁，最终演化为著名的怡和洋行。可见，以柯克斯·里德行生成为标志，前近代西方在华经济组织的发展进入一个新阶段。其次，它开创了英国散商以其他国家领事之名留驻广州以及从事经济活动的先例，为后来者效仿。它也开创了西方商人与外交人员合二为一的先例，而且这种现象一直持续到五口通商以后，对中国近代初期社会产生了深刻的影响。最后，如果说港脚商人的出现使得英国东印度公司垄断的墙壁上"有了一道裂缝"，那么散商代理行号落户于广州，等于在英国东印度公司垄断的墙壁上凿开了一个洞，令东印度公司在对华贸易支配权中仅剩"茶叶"这一张王牌。

2. 美国商人代理行号的生成

前近代中国境内出现的第二家代理行号为美国自由商人所创办。美国

---

① [美]马士：《东印度公司对华贸易编年史（1635—1834年）》（第二卷），区宗华译，广东人民出版社2016年版，第407页。

② [英]格林堡：《鸦片战争前中英通商史》，康成译，商务印书馆1961年版，第22页。

作为后起的西方资本主义国家，没有经历欧洲大陆诸国大规模兴起特许制公司的阶段。美国商人来华不受任何约束，他们属于真正的自由贸易商，这个群体在华创办代理行号比英国散商要便利许多。

1783 年，英国承认美国独立。1784 年 2 月 22 日，美国商船"中国女皇号"（Empress of China）迫不及待地从纽约出发前往中国。同年 8 月 28 日，"中国女皇号"抵达广州黄埔。这艘商船由几名纽约和费城商人共同出资，雇请山茂召（Samuel Shaw）为船货管理员，旨在开启中美贸易关系。[1]1785 年 5 月 10 日，该船返抵纽约。这次航行的纯利估计为 30727 美元，约为投资额的 25%。[2]

"中国女皇号"航行成功的消息令美国国会非常满意，1785 年 5 月 19 日，纽约报纸对其作了长篇报道。[3]1786 年 2 月 4 日，组织首次航行的美国商人雇用山茂召与兰达尔（Randall）为船货管理员，开启美国商船的第二次中国航行。与第一次航行不同的是，这次山茂召被国会任命为美国驻广州领事。[4]同年，山茂召抵达广州。一到广州，他便同兰达尔合伙开办了一家行号（Shaw & Randall），从事代客买卖业务以及他们自己的单帮买卖。[5]这是继英商柯克斯·里德行之后广州出现的第二家西商代理行号，也是美商在华创办的首家代理行号。不久后，虽然这家行号因山茂召的逝世而倒闭，但它首开美商在华经营代理行号之先河。

3. 英国东印度公司自办代理行号与裁撤

1782 年英国散商代理行号的创办，让英国东印度公司进退两难。一方面，东印度公司对假借他国领事之名创办的英国散商代理行号感到不安，恐其威胁自身在华贸易垄断权。与此同时，广州商馆的大班们忙于承接私

---

①　Josiah Quincy, The Journals of Major Samuel Shaw: the first American consul at Canton. Boston, W. Crosby and H. P. Nichols, 1847, p.133; 212.

②　[美] 赖德烈:《早期中美关系史（1784—1844）》，陈郁译，商务印书馆 1963 年版，第 10—11 页。

③　Josiah Quincy, The Journals of Major Samuel Shaw: the first American consul at Canton. Boston, W. Crosby and H. P. Nichols, 1847, p.133; 337.

④　Josiah Quincy, The Journals of Major Samuel Shaw: the first American consul at Canton. Boston, W. Crosby and H. P. Nichols, 1847, p.133; 219.

⑤　[美] 泰勒·丹涅特:《美国人在东亚》，姚曾廙译，商务印书馆 1959 年版，第 61 页。

人委托业务，中饱私囊，为此影响到公司业绩。另一方面，港脚贸易属于东印度公司开展中英贸易的重要环节，其重要性不言而喻。一旦港脚贸易遭到遏制，势必影响东印度公司的生存和发展。据资料显示："1787年，就是丹尼尔·比尔（柯克斯·里德行第二代合伙人之一）来到的一年，散商贸易供应了广州'投资'所需资金的百分之五十三；同年，孟加拉总督沃利斯勋爵（Lord Cornwsllis）致函监理委员会说：'如果给它任何妨害，对于公司的后果……是不言可喻的。'"① 英国东印度公司不得不承认，"公司对补充广州财库的基金，主要是着重于散商的贸易……结算的进款（1787年），散商船只运来的印度产品不少于1750000两，除采购不大重要的回程货物外，几乎全部都纳入财库取回伦敦汇票。还有一些基金，是散商船从加尔各答或达曼载运鸦片到澳门所供应的"。② 可见，港脚贸易已经成为英国东印度公司广州财库资金的重要来源，也是它经营对华茶叶垄断贸易不可或缺的资金来源，东印度公司离不开散商经营的港脚贸易。

为打破僵局，英国东印度公司尝试自办代理行号，以抵消散商代理行号对公司业务带来的负面影响。1772年，英国东印度公司伦敦董事部要求广州管理会组建机构经营代理业务，承接散商委托业务并抽取佣金，这就是英国东印度公司创办的第一家代理行号。事实证明，这也是东印度公司在广州创办的唯一一家代理行号。

当时，"广州商馆的两个低级人员多林文（Drummond）和斯派克（Sparkes），被派去经营这个机构；赢利的一半由他们均分，另一半则由商馆其他人员分配，佣金率照买卖额抽收百分之三，金银及汇兑抽收百分之二"。③ 这家代理行号并没有因为英国东印度公司的庇护而生意兴隆。"1797年，委员会只赚到1160元。1796年，当多林文和斯派克辞去代理行经理职务的时候后，派莱（Parry）和威廉（Williams）好不容易才被说服去担任这一职务。不久，公司的代理行裁撤了，商馆人员又获准经营散商贸

---

① ［英］格林堡：《鸦片战争前中英通商史》，康成译，商务印书馆1961年版，第23页。
② ［美］马士：《东印度公司对华贸易编年史（1635—1834年）》（第二卷），区宗华译，广东人民出版社2016年版，第158页。
③ ［英］格林堡：《鸦片战争前中英通商史》，康成译，商务印书馆1961年版，第23页。

易。"① 由这段文字可知，英国东印度公司创办的这家代理行号之所以以失败告终，主要原因有四：第一，它极大侵蚀了公司大班的私人委托业务，触及大班们的经济利益，故而遭到这部分人的强烈反对。第二，它威胁到港脚产品印度运输船主的利益，这些船主更愿意将他们的船只委托给散商代理行号而非英国东印度公司经营的代理行号，为此联合起来实施破坏。第三，它的盈利能力不足，无人愿意继续经营。第四，它对英国东印度公司解决广州资金问题所起的作用微乎其微，公司亦无兴趣维系这家代理行号的业务。

英国东印度公司自办的代理行号被裁撤后，广州商馆大班重新获准经营港脚贸易。此后，英国东印度公司彻底放弃了这项业务，这样港脚贸易全部落入散商之手，而港脚贸易的兴隆，吸引更多英国散商前来广州开办代理行号。英国散商加之后起的美商在华创办的代理行号，成为 18 世纪 80 年代至 1834 年间与英国东印度公司并列的西方两大在华经济组织。

（二）代理行号的成长

自 18 世纪 80 年代初生成到 1842 年五口通商之前，代理行号大致经历了四个成长阶段：

1. 初步成长阶段

从 18 世纪 80 年代至 18 世纪末，属于代理行号的初步成长阶段。在这一阶段，广州先后出现了超过 24 家英美代理行号。② 虽然数量不少，但规模不大，而且大多存在时间较短。唯一延续下来的就是首家代理行号——柯克斯·里德行。从经营业务来看，这个阶段的代理行号大多单纯从事代理业务。

这一时期，最为引人注目的代理行号当属柯克斯·里德行。自 1782 年创办以来，它并不满足于代理港脚贸易，而是积极参与经营。合伙人之一的柯克斯购置"供应号"（Supply）和"进取号"（Enterprise）两条孟加拉国修造的船只，从加尔各答贩运棉花和鸦片。再后来，他转向英国东印度

---

① ［英］格林堡：《鸦片战争前中英通商史》，康成译，商务印书馆 1961 年版，第 24 页。
② John King Fairbank: Trade and Diplomacy on the China Coast, 1842—1954, Vol.1, Cambridge: Harvard University Press, 1953, p.60.

公司所忽视的太平洋皮货贸易。在柯克斯看来，"打簧货"具有不确定性，港脚代理业务获得的收入也是不可靠的，而冒险的皮货贸易在经济上是成功的，只不过需要较多的资本。因此，柯克斯和他的加尔各答伙伴于1785年创办了孟加拉皮货庄，先后几次派出远征队前往美洲为广州觅取皮货。① 为克服势单力薄的缺点，行号不断吸纳有实力的散商成为新的合伙人，并进行数次产权重要改组。为谋取高额利润，有人甚至脱离英国东印度公司转而加盟这家行号。

2. 快速成长阶段

1799年12月2日，清政府颁布出售鸦片禁令，内容如下："本官亦同样查究鸦片来源，发觉系由外国船只运入，是以即令驻澳门税口委员会，转知该处外国头目及各船指挥，饬谕彼等，本官决意禁止鸦片一物输入本口岸；假如发生此等事端，余等将按照接获之通告严行查缉。"② 为撇清与鸦片贸易的关系，1800年1月3日，英国东印度公司广州大班们特向伦敦董事部递交报告，声称："我们请求总办事处应颁布严令，禁止今后驶来中国的公司船只载运鸦片……七月初（去年），抚院给海关监督一份说帖，详述吸食这种毒品的毒害及其致命的后果，并以严厉的词句，通知其禁止再行运入。因此，海关监督颁发给行商一份同样内容的谕帖，禁止他们买卖鸦片并保证船只不再运入，凡违此令者予以当众处刑，而行商又将该谕帖通知此间的欧洲人。"③ 为尽可能"撇清"与鸦片贸易的关系，维护中英官方贸易，同年英国东印度公司宣布放弃港脚贸易业务，全部交由散商船只经营，但前提是散商必须领取公司颁发的执照，由此滋生的问题是，更多的代理业务需要广州代理行号承揽。正因为如此，19世纪头二十年，广州的散商代理行号进入快速成长阶段。

在港脚贸易丰厚利润的引诱下，许多英国东印度公司大班不再满足于

---

① ［英］格林堡：《鸦片战争前中英通商史》，康成译，商务印书馆1961年版，第20—21页。
② ［美］马士：《东印度公司对华贸易编年史（1635—1834年）》（第二卷），区宗华译，广东人民出版社2016年版，第381页。
③ ［美］马士：《东印度公司对华贸易编年史（1635—1834年）》（第二卷），区宗华译，广东人民出版社2016年版，第362页。

私人贸易所收取的运费和 2.5% 佣金，① 径直以"领事"之名在广州留驻，由随船人员摇身变为常驻代理人或代理行号主东，这就催生了不少新的代理行号或加速了已有行号的改组。代理行号的业务扩张，大大降低了英国东印度公司大班在对华贸易中原有的作用。1813 年，英国东印度公司被迫再次向自由资本主义势力让步，开放印度贸易，进一步刺激了英国散商代理行号在广州的发展。

在英国新设行号中，以 1807 年乔治·巴林（George Baring）在广州创办的巴林洋行（Baring & Co.）影响最大。这家洋行号称是当时广州第二家"真正的英国散商行号"，② 后来它发展为英商第一大行号怡和洋行最为强劲的对手。19 世纪最初的二十年，麦尼克洋行（怡和洋行的前身）以及巴林洋行加速了港脚贸易的兴盛。"大约从 1817 年起，港脚贸易就在广州提供了全部英国进口货的四分之三，这个比例一直维持到公司垄断权结束时为止，只有两年是另外。"③ 港脚贸易成为中—英—印整个贸易结构的"基石"。在此期间，代理行号不再满足于接受散商船只的委托，开始自行置办船只，直接参与对华贸易，甚至试探性地涉足从中国到欧洲之间的贸易，不过起初因为种种原因并没有成功。譬如，19 世纪初麦尼克洋行的前身比尔行"将中国的大黄、肉桂、樟脑等药材直接运往欧洲，但很快被公司所制止"。④1802 年，亚历山大·歇克（Alexander Shank）企图开设一家"药行"，将大黄等货物运销伦敦，但由于缺乏合法的航运而失败了。⑤

这一时期，英国已有代理行号的改组成为一种普遍现象。有的行号经过多次改组，既提升了实力又加速了企业制度的变革。首家英国散商代理行号柯克斯·里德行历经数次重要改组，于 1817 年易名，⑥ 或称"麦尼克

---

① ［美］泰勒·丹涅特：《美国人在东亚》，姚曾廙译，商务印书馆 1959 年版，第 15 页。
② ［英］格林堡：《鸦片战争前中英通商史》，康成译，商务印书馆 1961 年版，第 25、27 页。
③ ［英］格林堡：《鸦片战争前中英通商史》，康成译，商务印书馆 1961 年版，第 14 页。
④ 陈尚胜：《英国的"港脚贸易"与广州》，载《中外关系史论丛》（第四辑），天津古籍出版社 1992 年版，第 55 页。
⑤ ［英］格林堡：《鸦片战争前中英通商史》，康成译，商务印书馆 1961 年版，第 27—28 页。
⑥ 林庆元、黄国盛：《鸦片战争前广州英商洋行的起源与演变》，《中国社会经济史研究》1993 年第 1 期。

洋行"（又译为"莫克尼亚洋行 Magniac & Co."），英文名称中首现"Co."即"公司"。虽然此时的"公司"之名与近代意义上的公司相差甚远，但这种名称的出现意味着西方在华经济组织中传统的合伙制开始向近代公司制迈进，而这一转变早于同时期中国传统的合伙制经济组织，对近代西商在华公司制度的生成具有一定的铺垫作用。

在这个阶段，美商代理行号进入转型期。山茂召在广州创办的首家美商代理行号经营不久，因为创办人的逝世而关闭。继任领事的撒母耳·士那在 1800 年前后以"常驻代办商"身份在广州开业。1803 年，约翰·顾盛受波士顿的托马斯·普金斯公司委托，在广州设立一个分公司，主要经营普金斯的业务，却也从事委托代办贸易，[①]名为"普金斯行"或"珀金斯行"（J. & T. H. Perkins）。此后，美国不断有船货管理员以侨民身份出现在广州。1815 年以后，广州的美国船货管理员逐渐绝迹，其工作由常驻代办商取代。1818 年 12 月，撒姆耳·罗塞尔洋行（S. Russell & Co.）成立，共有五位合伙人，其中罗塞尔、安密顿被指定为这个行号驻广州代表，为期五年。[②]这个行号俗称"老旗昌洋行"，为旗昌洋行（Russell & Co.）的前身。

3. 突破性成长阶段

19 世纪 20 年代后，代理行号进入突破性成长阶段，主要体现在四个方面：

第一，麦尼克、巴林等老牌行号不断吸取新成员并改组，实力快速扩充。麦尼克洋行因为吸收了查顿（William Jardine）、孖地臣（James Matheson）等主要成员，1832 年正式改组为渣甸洋行（Jardine, Matheson & Co.），中文名为"怡和洋行"。从 1782 年创办之初的柯克斯·里德行到 19 世纪 20 年代的怡和洋行，这家行号通过不断的产权重组，最终演变为近代西商在华声名显赫的企业之一。同时期，英商巴林洋行的发展与前者类似，后文将详述。

---

① ［美］泰勒·丹涅特：《美国人在东亚》，姚曾廙译，商务印书馆 1959 年版，第 61—62 页。
② ［美］泰勒·丹涅特：《美国人在东亚》，姚曾廙译，商务印书馆 1959 年版，第 62 页。

第二，19 世纪 20 年代中后期，广州涌现出一批新行号。从表 2-1 可知，英国散商先后创办 5 家新行号，同时期美商行号的发展也很迅速。虽然 1821 年普金斯行在广州歇业，但丝毫不影响其他美商行号的创设。1823 年，撒姆耳·罗塞尔洋行改组为旗昌洋行，因兼并一些较小的行号逐渐在中国站稳了脚跟，取得堪与英国行号媲美的经济地位。1828 年，奥理芬洋行（Olyphant & Co，又名"同孚洋行"）成立，一段时期内地位仅次于旗昌洋行。此后，广州的美商洋行共有四家，分别是旗昌、奥理芬、赫尔德、卫特摩。①

表 2-1　1820 年代中后期广州新设的英国散商代理行号

年份	英文名	中文名	创办人英文名	创办人
1825	Robertson, Cullen & Co.	罗伯森·克伦洋行	Alexander Robertson	罗伯森
1825	Whiteman & Co.	怀特曼洋行	John C. Whiteman Richard Brown	怀特曼、布朗
1826	Turner & Co.	丹拿洋行	Richard Turner	丹拿 / 单拿
1826	Iblrry, Fearon & Co.	夜比厘洋行	Iblrry；Christopher Fearon	夜比厘、费伦
1829	Rawson & Co.	罗森洋行	Rawson	罗森

资料来源：林庆元、黄国盛：《鸦片战争前广州英商洋行的起源与演变》，《中国社会经济史研究》1993 年第 1 期。

第三，鸦片贸易成为代理行号的主营业务。东印度公司购置广州茶叶的资金主要依赖于港脚贸易供应，而港脚贸易的两种大宗商品是印度原棉和鸦片。直到 1823 年，棉花的进口在价值上才被第二种大宗货物——鸦片所压倒。鸦片之所以取代棉花跃居大宗商品首位，主要因为广州对印棉的需求经常受到南京棉产供应的限制。1819 年以后的十年间，广州的印棉市场长期萧条。1820 年棉花贸易甚至"完全限于停顿"；1821 年更是"无可挽救的萧条"。② 詹姆士·孖地臣对棉花危机解释道："棉花似乎在一种无

① ［美］泰勒·丹涅特：《美国人在东亚》，姚曾廙译，商务印书馆 1959 年版，第 63 页。
② ［英］格林堡：《鸦片战争前中英通商史》，康成译，商务印书馆 1961 年版，第 81 页。

可挽救的恐慌之下，我疑心这同英国制造品大量进口妨碍了本地制造业有关系。"他的这种猜测被英国东印度公司监理委员会的一份议事录所证实。"据我们所知，外国（即印度）棉花主要是在广东省内消费的，因而这个市场当然要大大受到英国输入的棉制品和棉纱的影响。"① 棉花贸易的萧条反而刺激了鸦片贸易。"十九世纪二十年代广州行号找来的很多新往来户和代理人，特别是在孟买的，都是鸦片货主。"②1823 年以后，鸦片进口的价值一直超过棉花。在棉花和鸦片交易对比中，代理行号发现了鸦片交易的"益处"：棉花是在以物易物条件下分别卖给行商，而违禁品的鸦片却几乎经常在现款交易的基础上偷运给行商以外的掮客。因此，所有与茶叶贸易有关的人都对推广鸦片贸易极有兴趣，包括东印度公司。在暴利的驱动和各方的推动下，詹姆士·孖地臣和威廉·查顿在中国的头几年中所经营的全部是鸦片贸易，达卫森行的主持人也声称，"他的代理行的生意十分之九是棉花和鸦片"。③ 印籍港脚商人亦是如此。鸦片战争前后著名的鸦片贩子，几乎都是在 19 世纪 20 年代产生的。

第四，行号的经营范围扩大。其一，代理业务不局限于传统的代销和代购，渐次向代收、代汇及其他业务扩展，具体内容详见本节第三部分。其二，代理行号自备船只、参与港脚贸易的活动较前期更为活跃。1829 年，全部英国商船共 47 艘，其中 28 艘为散商所有，有一艘 393 吨的三桅帆船"詹姆西纳号"是马格尼亚克（麦尼克洋行）所有及委托的，此船专门从事鸦片贸易。④ 从表 2-2 可知，麦尼克洋行和颠地洋行共有 17 艘船只，占散商总数的一半以上。与英国东印度公司相比，散商拥有的船只数量占其59.57%，其发展速度颇为惊人。

其三，港脚贸易呈现出对外发展的态势。它逐渐突破东印度公司对其经营范围的限制，将拉丁美洲、澳大利亚、爪哇、暹罗同港脚贸易联系起

---

① ［英］格林堡：《鸦片战争前中英通商史》，康成译，商务印书馆 1961 年版，第 84 页。
② ［英］格林堡：《鸦片战争前中英通商史》，康成译，商务印书馆 1961 年版，第 85 页。
③ ［英］格林堡：《鸦片战争前中英通商史》，康成译，商务印书馆 1961 年版，第 97 页。
④ ［美］马士：《东印度公司对华贸易编年史（1635—1834 年）》（第四卷），区宗华译，广东人民出版社 2016 年版，第 219 页。

表 2-2　1829 年英国在华散商拥有的船只数量

洋行或商人名称	拥有船只数量	洋行或商人名称	拥有船只数量
麦尼克洋行	10	里查德·特纳	1
颠地洋行	7	沃尔波特	1
罗伯森·卡伦洋行	1	佩雷拉	1
伊尔贝里·费伦洋行	1	几名巴斯商人	5
因义士	1	总　计	28

资料来源：［美］马士：《东印度公司对华贸易编年史（1635—1834 年）》（第四卷），区宗华译，广东人民出版社 2016 年版，第 219 页。

来。南美洲需要中国丝绸，其提供中国所需金属品，尤其是铜和秘鲁银子，代理行号则将这些作为运回印度的回程货。19 世纪 30 年代，代理行号与智利的小额贸易开始有起色。大行号专注于鸦片贸易，根本无暇多同瓦尔帕莱索（Valparaiso）往来。在这种情况下，孖地臣则租了一条船常年往来于广州和墨西哥。① 对植物湾和梵·得曼等新兴的澳大利亚殖民地，英国东印度公司曾经一度允许发照给英国散商船只开往那个地区。为发展与澳大利亚的贸易关系，广州代理行号悄悄地把他们的外国证件搁到一边，重新拾回英国真实身份。"1819 年，新到中国的詹姆士·孖地臣，就从广州向新南威尔士的杰克逊口岸（Port Jackson）放出一条第一次装载茶叶的船只'哈斯丁侯爵号（Marquis of Hasting）'，这是条从加尔各答开来的鸦片船，正苦于找不到一种运回印度的有利的回程货。"② 此外，广州代理行号还经营仰光栗木、毛利西亚（Mauritius）黑檀、暹罗米等生意，在爪哇和马尼拉的经营更是司空见惯。"有一次，麦尼克行曾从荷兰人那里买进他们整个季度的日本铜，作为向印度运回资金的最重要的手段。1823 年，孖地臣听说'在巴达维亚的荷兰佬中'来了一个苏格兰老乡，他就写信竭力劝他做中国的生意。"③ 为发展爪哇与马尼拉之间运米业务，"在（19 世纪）三十年代，查顿·孖地臣行竟在马尼拉设置了一个实际上专门经营

---

① ［英］格林堡：《鸦片战争前中英通商史》，康成译，商务印书馆 1961 年版，第 86 页。
② ［英］格林堡：《鸦片战争前中英通商史》，康成译，商务印书馆 1961 年版，第 86 页。
③ ［英］格林堡：《鸦片战争前中英通商史》，康成译，商务印书馆 1961 年版，第 87 页。

这项业务的机构。马尼拉除米之外，还供应糖、烟和大麻——特别是糖对于从广州调回印度资金很有用处"。① 值得注意的是，这一时期英国代理行号获得了与欧洲的贸易机会。1802 年，"药材商行"因航运受阻无疾而终；1819 年 5 月，英国占领新加坡并很快辟之为自由贸易港，令代理行号重新燃起了直接开展中英贸易的希望。东印度公司禁止英国散商从中国装运货物到英国，随着自由港新加坡投入使用，"从伶仃岛或澳门的放洋的货载在新加坡起卸上岸；岸上给伦敦收货人开出新提单，而货物再装到原船驶往英国"。② 通过新加坡的转运，代理行号巧妙地规避了与英国东印度公司的正面冲突，成功实现了中欧贸易。代理行号通过新加坡建立起中欧贸易关系后，来自中国的商品已不是药材，而是丝织品。英国输入的商品为洋红、紫色染料、英国铜以及最重要的英国棉制品。英国棉制品输入中国，是代理行号与英国国内新兴工业资产阶级建立起直接关系最为关键的载体。

4. 空前繁荣阶段

鸦片战争前夕，即从 1833 年英国东印度公司对华贸易垄断权被取消到 1842 年五口通商之前，西方在华代理行号呈现出空前发展之态势。这种发展势头至少可以从以下四方面管窥：

一是代理行号数量的增长。从表 2-3 可知，1832—1838 年间，代理行号从 22 家左右增至 55 家，净增 150%。③ 从所属国籍来看，英国商人位列首位，占外商在华总行号的 56.36%。紧随其后的是印度和港脚商人，美商位居第三。除英国外，德国、荷兰、瑞典、丹麦、法国、西班牙、意大利等欧洲国家的商人也纷纷入列。虽然这些国家经营的代理行号数量有限，但由此反映出西方国家较前期更为重视对华经济关系的发展。代理行号的增加与外侨数量的增长相辅相成，1832—1838 年间，广州外侨数量从 165 人增至 307 人，净增长 142 人，增幅达 86.06%，这些外侨包括英国东印

---

① ［英］格林堡：《鸦片战争前中英通商史》，康成译，商务印书馆 1961 年版，第 87—88 页。
② ［英］格林堡：《鸦片战争前中英通商史》，康成译，商务印书馆 1961 年版，第 88 页。
③ 另一说法为：仅英国行号就从 1833 年的 66 家增加到 1837 年的 156 家。参见［英］格林堡：《鸦片战争前中英通商史》，康成译，商务印书馆 1961 年版，第 170 页。

度公司的职员、英印散商、美国以及其他西方国家商人。在 1833 年之前，英国东印度公司职员在广州外侨中占比较高。以 1831 年为例，是年"除了东印度公司的官员和职员以外，（广州）还有英国商人二十六人，美国商人二十一人，帕西人二十六人"。[①]

表 2-3　1832 年、1838 年广州外侨及代理行号的数量

国　籍	1832 年		1838 年	
	行号数	人数	行号数	人数
英国	10	88	31	158
印度港脚商人	?	31	{— / 11}	4 / 62
美国	7	20	9	44
葡萄牙	—	11	1	28
德国	—	—	1	4
荷兰	1	3	1	3
瑞典	1	3	1	2
丹麦	—	4	—	1
法国	1	1	—	1
西班牙、意大利	—	4	—	—
合　计	22+?	165	55	307

资料来源：［美］马士：《中华帝国对外关系史》（第一卷），张汇文等译，商务印书馆 1963 年版，第 82 页。

　　从 1838 年到第一次鸦片战争期间，英商创办代理行号的步伐并没有因为战争而停止。相反，一批英商抱着抢占经济先机的心理，迫不及待地在广州开设新行号。从图 2-2 可知，除 1840 年第一次鸦片战争刚刚爆发当年没有新设的英商行号外，其他年份均有增加，其中 1841 年新设英商行号多达 7 家。

---

①　聂宝璋：《中国近代航运史资料》（第二辑），上海人民出版社 1983 年版，第 14 页。

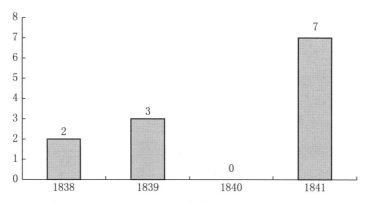

图 2-2　1838—1841 年英商在广州新设的行号数量

资料来源：林庆元、黄国盛：《鸦片战争前广州英商洋行的起源与演变》，《中国社会经济史》1993 年第 1 期。

　　二是代理行号在中西贸易中的地位得到提升。前文已述，在 1833 年英国东印度公司对华贸易垄断权被取消之前，茶叶贸易属于前者的专利，港脚商人及其所经营的代理行号无权经营茶叶贸易。但在高额利润的引诱下，19 世纪 30 年代初，部分代理行号开始试图染指茶叶贸易。"大约从 1831 年起，就有广州'英国散商'用不属于英国的船只向欧洲各地——汉堡、波尔多、里斯本——输运茶叶的例子。到 1833 年，'查顿混合茶'就已经在英国成了一种名牌货。"[1] 由此可见，在英国东印度公司对华贸易垄断权被取消的前夕，英国散商以及类似于怡和洋行的这种代理行号已经开始经营茶叶贸易。1833 年东印度公司对华贸易垄断权被取消后，中英大部分正常贸易落入代理行号之手，包括散商渴望已久、利润丰厚的茶叶贸易。

　　代理行号数量增长以及在中西贸易中地位的提升，一段时期内加速了中西贸易的增长。1830—1834 年间，英国每年平均从中国进口茶叶 32000000 磅，生丝 132000 磅；1835—1939 年间，每年平均进口茶叶 40000000 磅、生丝 963000 磅。[2] 如图 2-3 所示，英国机制棉布和棉纱对华出口也呈现快速增长之势。但需要注意的是，英国不断增长的对华棉纺织品出口依然无法扭转中英贸易不平衡的局面，唯有靠鸦片贸易来"拯救"。

① ［英］格林堡：《鸦片战争前中英通商史》，康成译，商务印书馆 1961 年版，第 90 页。
② 姚贤镐：《中国近代对外贸易史资料》（第一册），中华书局 1962 年版，第 79 页。

正如詹姆士·孖地臣所言："在东印度公司的特许状期满以后，各类投机商人单单为了汇划而不是为利润，似乎就要大量经营鸦片贸易。"①1830—1834 年间，输往中国的鸦片每年平均为 17000 箱；1835—1839 年间，每年平均为 26000 箱。1834—1845 年，输往中国的印度货品平均值略少于 4000000 英镑，其中鸦片占三分之二，其余大部分为棉花。②

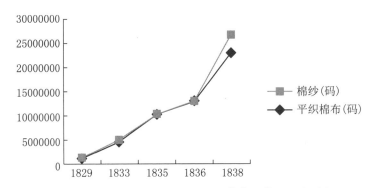

图 2-3　1829—1838 年间英国平织棉布和棉纱输华增长

资料来源：严中平：《中国棉纺织史稿》，科学出版社 1955 年版，第 8 页。

　　三是代理行号经营业务的拓展。英国散商代理行号成立之初，大多替印度方面的港脚船只充当船大班或常驻代理人，从业主处取得佣金，"出口货运是百分之五，进口货运是百分之一，在广州代售或代租一条船只的佣金稍高一些"。③美商代理行号通常是替美国本国商人从事商品销售和进口业务。随着代理行号实力以及在中西贸易中地位的提升，其业务范围也得到拓展，特别是鸦片贸易的发展，驱使代理行号充当活跃的船主角色。"它必须成立一支具有飞剪船、趸船、沿岸船、供应船的特殊船队。这些船只常常是广州代理行和供应鸦片的主要印度委托户的共有财产。"④如表 2-4 所示，早在 1828 年，克里夫顿行号（Capt W. Clifton）就自拥船只。此后，一些大的代理行号如颠地洋行、怡和洋行、旗昌洋行等陆续拥有自己的船

①　[英] 格林堡：《鸦片战争前中英通商史》，康成译，商务印书馆 1961 年版，第 127 页。
②　姚贤镐：《中国近代对外贸易史资料》（第一册），中华书局 1962 年版，第 279 页。
③　[英] 格林堡：《鸦片战争前中英通商史》，康成译，商务印书馆 1961 年版，第 159 页。
④　[英] 格林堡：《鸦片战争前中英通商史》，康成译，商务印书馆 1961 年版，第 159 页。

只，并在中印之间从事鸦片运输业务。大约从 1830 年起，中国沿海出现了第一批飞剪船，这是中国最早的鸦片飞剪船。[①]拥有自有船只最多的是颠地洋行和怡和洋行，到鸦片战争爆发前夕，怡和洋行拥有船只已达 12 艘，[②]这充分显示了怡和洋行的实力。

表 2-4　代理行号自身拥有船只的时间

行号中文名	行号英文名	自拥船只的年份
克里夫顿	Capt W. Clifton	1828
颠地	Dent	1831
柯瓦斯济	R. Cowasjee	1831
怡和	Jardine Matheson	1833
旗昌	Russell	1836
弗巴斯	Capt. H. Phbus	1836
格兰特	A. Grant	1838
麦凯	Donald C. Mackey	1839
拉士担治	H. Rustomjee	1840
太平	Gilman & Co.	1842

资料来源：姚贤镐：《中国近代对外贸易史资料》（第一册），中华书局 1962 年版，第 436 页。

当时有西方人这样描述道，"虽然怡和洋行和宝顺洋行的股东中没有职业海员，但是在那早期日子里无论是洋行还是船主并不总象（像）这两家洋行那样。几乎每一名船长最终都拥有几条船，有些人甚至积累了一支相当可观的船队"。[③]除备受关注的英商洋行外，英属印度商人及其组建的贸易船队也非常活跃。"根据外籍居民的调查，广州有二十一名帕栖（西）商人以及五名职员和十五个仆人。帕栖商人中最重要的人物可能就是加尔各答巨商斯唐姆吉·卡洼斯吉（R.Cowasjee）之子，达达波伊·鲁斯唐姆吉

---

① G. Lanning & S. Couling: The History of Shanghai. Shanghai: Kelly & Walsh, Limited, 1921, p.120.

② [英] 格林堡：《鸦片战争前中英通商史》，康成译，商务印书馆 1961 年版，第 203 页。

③ 聂宝璋：《中国近代航运史资料》（第一辑），上海人民出版社 1983 年版，第 15 页。

（Dadabhoy Rustomjee），前者拥有最大一支印度外贸船队，其中包括一些最有名的（飞剪）快艇……1834 年著名的达达波伊-曼欧克吉·鲁斯唐姆吉洋行就在广州成立。"① 可见，当时的船队组建主要两种方式：一种是先有行号再组建船队；另一种是先有船队再组建行号。

四是代理行号对西方国家对华政策的影响增大。这一时期，以英国散商代理行号为代表的"自由商人"开始制约英国的对华政策，甚至左右中英关系并最终引发了第一次鸦片战争。1830 年 12 月，包括船长在内的 47 名英国旅华散商联名向英国下议院递交请愿书，宣称"尽管中国方面的限制重重，可是对华贸易已经增长到了这样的规模，可以烦请贵院将她放在已持久的、体面的基础上；两次遣使北京的完全失败，大概贵院也不会不了解任何高尚的外交手段在中国是不会有什么收获的"。② 他们建议英国国王派代表常驻北京，以保护侨民利益。此外建议英国政府直接干涉对华贸易，并希望取得临近中国沿海的一处岛屿。③1834 年，英国在华散商起草并向国王递交了一份请愿书："请求委派一位全权公使，在三艘战舰的支持下，提出下列要求：（1）赔偿停止贸易的损失；（2）开放北方各口岸；（3）结束公行的垄断权。以维护安全和持续的对华通商所能给予英国税收以及英国工艺和制造业方面有利害关系的各重要阶层的利益。"④ 此番言论表明，广州的英国散商已经公然站出来片面强调英国工业资产阶级的利益。1836 年，曼彻斯特商会草拟并向外交大臣递交的"我国对华贸易的无保障状况"呈文，就是源自怡和洋行重要合伙人之一威廉·查顿的倡议。随后，利物浦和格拉斯哥也有类似的呈文，尝试论证对华贸易对于英国商业、工业和航运业的重要性，以及作为贸易媒介的在华英商的处境。1836 年，英国国内工业界的力量被投入对华激进政策之际，威廉·查顿已然成为英国商界的知名人物，而怡和洋行另一合伙人詹姆士·孖地臣更是将他对华激进观点全部融入一本名为《对华贸易的当前处境与未来展望》

---

① 聂宝璋：《中国近代航运史资料》（第一辑），上海人民出版社 1983 年版，第 15 页。
② ［英］格林堡：《鸦片战争前中英通商史》，康成译，商务印书馆 1961 年版，第 163 页。
③ ［英］格林堡：《鸦片战争前中英通商史》，康成译，商务印书馆 1961 年版，第 164 页。
④ ［英］格林堡：《鸦片战争前中英通商史》，康成译，商务印书馆 1961 年版，第 177 页。

（The Present Position and Prospects of the British Trade with China）的小册子，并于 1836 年在英国出版。"东印度公司在对华贸易中的裁撤已经养成了一支攻打广州城堡的新的劲旅。"①英国商人"对华开战"的叫嚣声充斥着当时在华出版的《广州纪事报》（Canton Register）。1839 年 5 月，孖地臣从广州写回英国的信中说道："战争似乎不能避免，希望它的结果是，除去在中国各大商埠能够得到安全和无限制的自由贸易而外，我们还能得到我们自己的一个居留区，以便在英国国旗之下安家立业。"②这番话与第一次鸦片战争后英国要求在华辟设租界的侵略行径不谋而合。1842 年，巴麦尊（1784—1865）得知《南京条约》签署后，他立即写信给约翰·亚贝尔·斯密斯，肆无忌惮地宣称："关于我国在华的海、陆军以及外交事务，我们之所以能发生详细训令，导致如此圆满的结果，主要是由于你和查顿先生惠予协助和供应情报。"③此话一语道破英国代理行号的主东们与鸦片战争爆发之间的关系。

（三）代理行号的制度特征

在鸦片战争爆发之前的中国传统社会，代理行号是除东印度公司外西方在华最为重要的经济组织。它的重要性不仅体现在数量、规模、实力、存在时间较长以及在中西贸易中的作用上，更体现在制度的影响力，即已经在中国传统社会存在、经营多年的代理行号与近代西商企业具有不可割裂的关系，其以代理制度为核心的经营制度及其以公司制度萌芽为代表的企业制度对近代西商企业的生成起到了极为重要的作用。

1. 经营制度特征

代理行号，顾名思义即是从事代理业务，其经营制度的核心为代理制度。代理制度是特定历史条件下的产物，"主要是资本的老家与资本发生作用的地区之间地理上的距离的产物，也是两种不同经济水平的技术上的差别的产物"。④这说明，西方代理制度产生的根源是中西方不同商品的

---

① ［英］格林堡：《鸦片战争前中英通商史》，康成译，商务印书馆 1961 年版，第 178 页。
② ［英］格林堡：《鸦片战争前中英通商史》，康成译，商务印书馆 1961 年版，第 193 页。
③ ［英］格林堡：《鸦片战争前中英通商史》，康成译，商务印书馆 1961 年版，第 195 页。
④ ［英］格林堡：《鸦片战争前中英通商史》，康成译，商务印书馆 1961 年版，第 131 页。

技术差异即工业水平问题。18世纪后半叶至19世纪初，代理制度对西方国家尤其是英国来说意义非同寻常。英国是世界上首个完成第一次工业革命的国家，大机器生产代替手工业，产能飞速提升与英国国内市场狭小形成一对尖锐的矛盾，而解决这一矛盾的最佳办法就是将剩余产品运往外国销售，由此滋生了"代销贸易"。代销贸易产生后，英国新兴的工业资产阶级特别是棉纺织资本家，将过剩的存货交由国外代理行委托销售，收回长期汇票，再将汇票拿到伦敦金融市场上贴现，代理制度因之成为英国特别是曼彻斯特与东方主要的贸易方式，而连接东西方之间的纽带就是代理行号。

代理行号虽然"主要是一个贸易行，但是也作银行家、票据掮客、航主、运商、保险代理人、代办商等业务。在商业和财务方面，它同它分布在全世界的分支行或代理行维持着密切的联系。它是一个媒介，通过它就将中国这类'落后'地区拉进英国的经济关系之中"。① 之所以说近代西商企业缘起于五口通商前的代理行号，从经营角度视之，主要原因有三：

其一，代理行号经营业务的延展路径与近代西商企业的生成路径很相似。代理行号始于贸易代理业务，主营业务亦是贸易，与近代中国第一批西商企业的经营类型相吻合。值得注意的是，在代理行号的演进过程中，其经营业务朝两个方向发展：一是直接贸易。代理行的主要业务是代他人买卖收取佣金，如果自己独立开展贸易则称为"投机生意"或"冒险生意"。前文已述，首家代理行号柯克斯·里德成立伊始就积极参与港脚贸易，19世纪20年代后，代理行号成为港脚贸易的主力。1833年，英国东印度公司对华贸易垄断权被取消，代理行号迫不及待地强占贸易先机，大规模地开展对华直接贸易，由此部分发展成为近代第一批西商贸易类企业，如怡和洋行、颠地（宝顺）洋行、太古洋行、旗昌洋行等。二是由贸易代理向服务于贸易的其他代理业务延伸，代理业务由一元向多元演化。代理行号最初的代理业务即为简单的代销和代购，随着时间的推移，代理业务逐渐拓展。从1825年3月1日广州代理行号举行的会议可知，此时代理

---

① ［英］格林堡：《鸦片战争前中英通商史》，康成译，商务印书馆1961年版，第131页。

行号的业务至少包含表 2-5 所涉的 16 大项。为规范服务收费，代理行号特意召开会议，确定代理佣金，并规定自 1831 年 11 月起实施。①

表 2-5　广州代理行号代理佣金一般费率表

序号	内　　容	费率	序号	内　　容	费率
1	代销鸦片、棉花、洋红、水银及宝石等	3%	11	了结保险赔款	1%
2	代销或代购其他一切货物	5%	12	代办汇票	1%
3	发回金银或汇票	1%		船货抵押借款	2%
4	代销、代购或代运金银条块	1%	13	处理必需诉诸法律或仲裁的债款	2.5%
5	承保票据、证券或其他契约	2.5%		收回债款	5%
6	船只的代付款	2.5%	14	代管他人财产	2.5%
7	保险	0.5%		代收房租	
8	代他人租船	2.5%	15	充任去世的人的财产执行人	5%
9	代收进口运费	1%	16	转运货物	1%
10	代取出口运费	5%			

资料来源：［英］格林堡：《鸦片战争前中英通商史》，康成译，商务印书馆 1961 年版，第 136 页。

由表 2-5 可知，时至 19 世纪 20 年代中期，除传统的代购代销外，代理行号新增代理业务含金融、航运、转运货物等，上述许多新代理业务发展为代理行号的直接投资项目。当西商着手在中国直接投资，代理行号则演化为近代西商企业，其主东（行东）随之演化为近代首批在华的西商企业家。正是从这个意义上说，代理行号即是近代西商企业的前身，或者说近代西商企业缘起于五口通商前的代理行号。这里需要说明一点，前近代代理行号的直接投资规模较小，而且零散地分布在保险、航运等行业中，故而这些投资新建的企业只能算是西商企业的雏形，真正成规模的直接投资要到五口通商之后。但是不可否认，代理行号直接投资的行业演进路径

---

① ［英］格林堡：《鸦片战争前中英通商史》，康成译，商务印书馆 1961 年版，第 136 页。

与近代早期西商企业如出一辙。近代西商企业的生成路径正是从贸易行业开始，同时向服务于贸易的航运、银行、保险、船舶修造工业、仓储以及服务于侨民生活所需的食品、药品、文化等行业延伸的，而这些行业在五口通商之前代理行号也已有所涉及，且已有直接投资。

其二，代理行号是近代中国第一批西商企业的重要来源。五口通商后，之前已经在华经营的代理行号从广州转战香港以及其他四大新开口岸，成为近代第一批西商企业。先前从事贸易的代理行号成为近代最早的西商商贸企业，这部分企业也是19世纪特别是近代早期 [①] 西商企业的主体。代理行号代理及直接投资的保险机构演化为近代最早的西商保险企业，而从事航运代理的行号则催生了近代最早的西商专业航运企业，此前流产的银行业在五口通商后得以在华扎根。从这个意义上说，代理行号即为近代西商企业的前身，近代西商企业缘起于前近代的代理行号。

就单个企业而论，对近代早期知名的、产生重要影响的西商企业，如英商怡和洋行、宝顺洋行，美商旗昌洋行、奥利芬洋行（后称"同孚洋行"）等，均是在五口通商后转战香港或其他新开通商口岸，摇身变成中国近代首批知名甚至影响至今的西商企业。如前文所述，五口通商后，当西方商人企图在中国进行直接投资时，代理行号自然演化为西商企业，其行号主东（行东）则成为企业家。

其三，代理行号的经营者国籍分布奠定了近代很长一段时间里西商企业国籍分布的基本格局。英国最早在中国境内经营代理行号，且发展速度最快。到五口通商前夕，英国代理行号规模和实力最多，印商经营者次之，美商位列第三。据史料记载，1832年常年在华活动的美国商人有20人，到1841年增至41人。 [②] 囿于印度长期为英国殖民地，故而学术界通常将印商经营的代理行号算作英国代理行号。即便不计算在内，英国也稳居首位。近年来，有学者认为，一口通商时期"许多悬挂欧洲旗帜的船只，其出资者却是穆斯林、印度人、巴斯人、希腊人、犹太人、亚美尼亚人和东

---

① 本书"近代早期"专指1840年到1894年中日甲午战争爆发以前。
② ［美］赖德烈：《早期中美关系史》，陈郁译，商务印书馆1963年版，第76页。

南亚人"，① 但是究竟这些人是否在广州开设代理行号，我们不得而知。或者说，即使他们开设代理行号也是以英美等欧美国家之名出现，还应视其为欧美行号，故而不影响代理行号的国籍分布。前近代西方国家在华代理行号的分布，深刻影响了近代西商企业的国籍分布格局。从五口通商到1937 年抗日战争全面爆发，近百年间英商企业一直稳坐中国西商企业的第一把交椅，甚至很长一段时间内位居外商在华企业的首位。除 1937 年卢沟桥事变日本全面侵华至 1945 年抗战结束日商企业一家独大及抗战胜利后美商企业独领风骚外，其他时期英商企业都处于在华领先地位。

2. 企业制度特征

在 18 世纪后半叶即代理行号的生成与早期成长阶段，此时行号的组织形式均为业主制和合伙制，与中国传统社会的企业制度差异甚小，加之行号的数量、规模和实力较小，故而对中国传统社会的影响非常有限。19世纪初，代理行号进入快速发展阶段，在数量、规模和实力得到提升的同时，企业制度也在革新，部分代理行号开始以"Co.（公司）"命名。这些以"公司"命名的代理行号可分为两大类：一类是之前已经在广州经营多年、产权改组后重新命名的代理行号。如首家代理行号柯克斯·里德行，经过多次产权改组后于 1817 年重新命名为"麦尼克洋行（Magniac & Co.）"。经过长达三十五年的在华经营，此行号从最初的贸易代理向直接经营港脚贸易转变，代理业务也从简单的贸易代理向航运、保险等多元代理转变，实力和规模大增。正是在业务扩容的推动下，企业制度实现由合伙制向公司制转变。另一类是新创办的代理行号，直接以"公司"命名。如 1807 年（或 1808 年）新成立的巴林行（Baring & Co.），自行号成立伊始即以"公司"之名示人。这些以"公司"命名的代理行号，即是除东印度公司外中国境内最早由西商经营的公司制企业，也是西商公司制度的缘起。19 世纪 20 年代，代理行号进入突破性发展阶段，以"公司"命名的代理行号日益增多，尤其是新创办的行号。如前表 2-1 所示，新创办的 5

① 范岱克：《广州贸易中的模糊面孔：摩尔人、希腊人、亚美尼亚人、巴斯人、犹太人和东南亚人》，载《海交史研究》（第十辑），社会科学文献出版社 2017 年版，第 457 页。

家英国代理行号有 4 家以"Co.（公司）"命名，可见公司制度发展势头之猛。

这里需要特别指出的是，尽管代理行号中出现了以"公司"命名的行号，但总体来看，在五口通商之前合伙制仍是代理行号主要的资本组合方式。受缺乏统计数据所限，笔者难以掌握五口通商前代理行号中各类型企业制度所占比重，只能根据有限的资料进行推测。但有一点可以肯定，这个阶段即便以"公司"命名的代理行号，与近代意义上的公司制亦相差甚远，其本质更接近合伙制。基于上述分析，笔者认为代理行号的企业制度特征是以合伙制为主体，不过出现了公司制的萌芽，而公司制的萌芽对于近代西商公司制度的生成具有重要意义。前近代西方在华经济组织中，存在两种公司制：一种是以英国东印度公司为代表的特许公司制度，这种公司制度产生较早，并伴随着欧洲各国东印度公司的东来传入中国，最后随着英国东印度公司的解散而消失，这类特许公司与近代中国西商公司制度的关联性不大。另一种是代理行号中出现的公司制，这类公司制的早期形态为私人公司（Private Company）（或称"封闭公司"，Closed Company），比较接近于合伙制，但是这些私人公司逐渐演化为近代意义上的股份公司，并促使近代西商公司由特许阶段向准则阶段迈进，在近代中国企业制度史上占据重要地位。

综上笔者认为，近代中国西商企业缘起于前近代西商在华代理行号，其依据主要有二：一是代理行号以代理制度为核心的经营制度及其业务的演化滋生了近代不同类型的西商企业；二是代理行号中萌生的私人公司为近代西商公司制度的生成作了重要的铺垫。

三、其他经济组织的酝酿或生成

鸦片战争前很长一段时间里，除东印度公司外，散商代理行号是西方在华经济的主体。伴随西方对华经济渗透力度的加深，传统中国出现了有别于东印度公司和散商代理行号的经济组织。虽然在鸦片战争之前这些经济组织的规模、实力和影响力不及前两者，但是五口通商后部分近代西商企业缘起于此。

金融机构方面，1830 年前后，一些老牌的代理行号试图组织一个"以银行为主体的商业银行联合机构"，① 但以破产告终。随后，英国本土出现了一些旨在拓展东方银行业的计划，也以失败告终。类似经济行为表明，这个时期英国迫切需要在包括中国在内的东方发展金融业，而这些金融机构的创办成为鸦片战争后首批西商银行入华的先声。在远洋贸易中，贵重船货如鸦片和金银以及海盗、风浪、战事等不可预测的风险，使得海上保险不可或缺。19 世纪初，一些大的代理行号开始承担保险代理业务。如 1805 年成立的广州保险社，② 由当时最大的两家英国代理行号"达卫森·颠地行和比尔·麦尼克·查顿号更迭经营，每隔五年解散一次并且成立一个新社。这个企业有很多股份，通常是六十股，在每一个五年期中由在广州经营它的代理行号和他们在加尔各答和孟买的'朋友们'所持有……每一个股东所负责任是无限的"。③ 在 1830 年以前，除广州保险社外，广州还出现了一家保险机构。即 1829 年查顿开办的"查顿及友人号"。④ 广州保险社原本属于较为松散的企业组织，到 1835 年，"广州保险社将要结束的时候，颠地设立他们属于自己的'中国保险公司'；这个'广州社'就永远保持在查顿·孖地臣行的手中了"。⑤ 这里的"中国保险公司"是 1835 年颠地洋行在澳门开设的于仁洋面保安行（Union Insurance Society of Canton，又称"保安保险公司""友宁保险公司"），而查顿·孖地臣行接管的广州保险社"于 1836 年改组并易名为'谏当保险公司'（Canton Insurance Company，或称'谏当保安行''广东保险公司'）。同年，英国利物浦保险公司在台湾设立保险代理处。1838 年，……外籍成年男性约 307 名。其中 20 名为保险代理商，代办外国保险公司（如伦敦保险公司、联盟海险公司、海上保险公司）在华保险业务"。⑥ 由此说明，

① 汪敬虞：《十九世纪西方资本主义对中国的经济侵略》，人民出版社 1983 年版，第 196 页。

② ［英］格林堡：《鸦片战争前中英通商史》，康成译，商务印书馆 1961 年版，第 156—157 页。

③ ［英］格林堡：《鸦片战争前中英通商史》，康成译，商务印书馆 1961 年版，第 157 页。

④ ［英］格林堡：《鸦片战争前中英通商史》，康成译，商务印书馆 1961 年版，第 158 页。

⑤ ［英］格林堡：《鸦片战争前中英通商史》，康成译，商务印书馆 1961 年版，第 158 页。

⑥ 颜鹏飞等主编：《中国保险史志（1805—1949）》，上海社会科学院出版社 1989 年版，第 14—15 页。

19 世纪 30 年代西商经营的保险代理业务及保险直接投资均得到一定的发展。

　　工业方面，中国境内已出现西方传教士经营的印刷机构。1814—1815 年间，英国东印度公司为印刷马礼逊的《英汉字典》设立了一家印刷厂。1825 年，英国人又在广州开办了一家印刷厂，以印刷《广州纪事报》。① 截至 1833 年 5 月，"外人所办的英文印刷所增至 5 家，其中 2 家在澳门，3 家在广州。这 5 家中 3 家来自英国，2 家来自美国。1834 年减至 4 家，1 家在澳门，3 家在广州。上述这几家是从事铅印的印刷所，不包括 2 家在广州的石印印刷所以及 1 家葡萄牙人在澳门经营的印刷所"。② 由上可见，1834 年中国境内存在 7 家西方人经营的印刷所。1835 年 9 月，从澳门迁来广州的一家印刷所开始印《广州报》(Canton Press)。③ 时至鸦片战争前夕，《中国丛报》《广州纪事报》《广州报》三种英文报刊仍然正常出版。虽然这些印刷所的投资规模相当有限，其中印行《广州纪事报》和《广州报》两家印刷所的"创办资本各约为 2000 元，每年发行报刊的经营成本约为 4700 元"，④ 但它们预示着一种新型企业类型的始现。除印刷机构外，服务于侨民生活的药品和食品业也开始萌芽。1828 年，一位杨医生（Dr. G. Young）在广州创办"广东大药房"（Canton Dispensary）。1832 年，英商屈臣氏（Alexander S. Watson）在广州开办中国首家汽水厂。⑤ 根据 1837 年《中国丛报》记载，这个阶段还出现了一家法国人里昂纳德·加斯特（Leonard Just）经营的手表和精密计时器制造机构（Watch and Chronometer Maker）。⑥

---

　　① 郭小东：《19 世纪 30 年代广州口岸的西方投资》，《中山大学学报（社会科学版）》1998 年第 4 期。

　　② European presses in China, The Chinese repository, Vol.3 (1834—1835), pp.43—44.

　　③ European presses in China, The Chinese repository, Vol.4 (1835—1836), p.270.

　　④ 郭小东：《19 世纪 30 年代广州口岸的西方投资》，《中山大学学报（社会科学版）》1998 年第 4 期，第 92 页。

　　⑤ 陈乔之主编：《港澳大百科全书》，花城出版社 1993 年版，第 211 页；薛理勇：《上海掌故辞典》，上海辞书出版社 1999 年版，第 198 页；朱盛山等：《岭南医药文化》，中国中医药出版社 2012 年版，第 272 页；赵粤：《香港西药业的故事：从跨国鸦片中转站到屈臣氏大药房全球化》，商务印书馆 2017 年版，第 16 页。

　　⑥ Commercial Houses, Agents, & c., The Chinese repository, Vol.5 (1836—1837), p.430.

在服务业领域，1837 年，西人 F. 斯坦福、J.R. 麦克斯已在华经营着一家 "英国旅馆"（British hotel）。①

总之，在五口通商以前，西方在华经济组织的主体是英国东印度公司及散商代理行号。但 19 世纪后，服务于贸易的金融业、服务于传教的印刷业以及服务于侨民生活的药品、食品、商业等领域零星出现了西方人经营的经济组织。这些经济组织的数量和投资规模虽有限，却是近代西商同类企业的先导。

第二节　五口通商时期近代西商企业的生成

根据《南京条约》和《五口通商章程》，1842 年清政府开放五个通商口岸，此后到 1858 年《天津条约》的签订，这段时期史称 "五口通商时期"。五口通商时期，近代西商企业陆续生成。

一、近代西商企业的生成路径

西方列强用坚船利炮撕开清政府构筑的防线后，西商便开始在英国控制下的香港和五个通商口岸登陆，并迫不及待地从事企业经营活动。综合来看，近代西商企业的生成路径主要有四条：西商在华经济组织的转化；境外西商企业的直接移植；境外企业来华设立的分支机构；西商在华创办的新企业。这四条路径在不同时期扮演的角色不尽相同。五口通商初期，第一条路径占据主导，此后第三和第四条路径成为近代西商企业的主要生成方式。

（一）西商在华经济组织的转化

前文已述，五口通商之前，西商在华经济组织共有三大类：第一类以英国东印度公司为代表；第二类是散商代理行号；第三类为西人直接投资创办的经济机构如保险机构、印刷所、药房、食品厂、旅馆等。英国东印度公司与近代西商在华企业的生成没有直接关联，后两者才是近代第一批

---

① Commercial Houses, Agents, & c., The Chinese repository, Vol.5 (1836—1837), p.431.

西商企业的重要来源，尤其是散商经营的代理行号。

1. 代理行号的转化

根据 1842 年《南京条约》有关条款，广州、厦门、福州、宁波、上海五处被辟为通商口岸，允许外商在当地自由行商，史称"五口通商"。自此，广州一口通商和行商把持对外贸易的局面宣告结束，外商可在中国直接从事商贸活动，此前集中于广州一地的代理行号可到广州之外的其他四个口岸城市及英国控制下的香港直接开展商贸活动，由此生成中国近代第一批新式商贸企业，也是中国近代最早的西商企业。综合来看，五口通商时期代理行号向近代西商企业的转变可分为三种情况：

一是将总部迁至香港。一口通商时期，广州是中国唯一的通商口岸，故而广州成为代理行号的汇集地。五口通商后甚至在鸦片战争前夕和战争期间，部分代理行号特别是英商经营的代理行号已经将总部迁至香港，成为当地首批近代西商企业。

1841 年 1 月 26 日，英军占领香港岛，随后，英商纷至沓来，或将已经开办的行号总部迁至这里，或开办新洋行，怡和洋行即为捷足先登的洋行之一。1839 年，清政府禁烟力度加大，散商开展鸦片贸易的难度增加。与此同时，英国人在广州和澳门遭到清政府驱逐，从事鸦片贸易的英国散商甚至住在停泊于香港海港内的船上办理业务。1840 年 11 月，中英《穿鼻草约》开始谈判，英国人获许使用香港，但不包括占有权。尽管如此，土地买卖已经在港兴起。"1841 年 6 月，义律在香港第一次公开拍卖土地，该行（怡和洋行）率先竞投，并在这幅土地上兴建货仓，建立办事处。1843 年，其总部由澳门迁至香港。"[①]1844 年，怡和洋行完成总部搬迁的全部工作，此时公司总部有 20 名职员。1844 年，怡和洋行在上海设分公司，作为华中贸易的中心。[②] 其后，怡和洋行在广州、天津、汉口等各地先后开设了 15 家分公司，成为近代最具影响力的外商企业之一。怡和洋行的上述做法为其他西商行号纷纷效仿，譬如仁记洋行（Gibb. Livingston & Co.,

---

① 张晓辉：《香港近代经济史（1840—1949）》，广东人民出版社 2001 年版，第 55 页。
② ［美］费正清等著：福建省历史学会福州分会编：《外国学者论鸦片战争与林则徐》（下），福建人民出版社 1991 年版，第 294 页。

又称"劫行"），"1836年由东印度公司的几个职员在广州创立，后来发展至澳门，香港开埠后，由澳迁港"。[①]1835年，宝顺洋行在广州创办的保险机构——于仁洋面保安行1839年5月迁至澳门，1842年再转到香港。[②]这是香港第一家专业的保险企业。19世纪40年代初，太平洋行（Gilman & Co.）的创始人基尔曼亦将洋行从广州迁到香港。[③]同时期将总部迁至香港的还有义记洋行、森和洋行。1841年英国占领香港后，洋行将总部由澳门迁至香港，并在外埠扩建分支机构，这些企业成为近代香港地区第一批西商企业。

五口通商后，英国行号更愿意将总部迁至香港的原因主要有四：其一，根据1842年中英《南京条约》，英国政府享有该地区使用权、控制权和管理权。英国行号迁至香港可减少政策风险，以鸦片贸易为主业的大行号如怡和、宝顺而言更是如此。将鸦片走私的总指挥部设在香港，便于鸦片船只往来于印度、香港和五个通商口岸。其二，1841年1月26日，英国占领香港，是年6月，英国宣布香港为自由港，这些恰恰迎合了代理行号开展业务所需。英国宣布香港为自由港后，外国商船可自由出入，来港的商船和商人快速增长，这为商贸企业发展创造了得天独厚的条件，而商贸企业正是1895年之前西商在华企业的主体。其三，香港被宣布为自由港后，港英当局的诸多措施营造出相对较好的营商环境。为发展贸易，港英当局尽可能地保障香港四周海面的平静与安全。华南沿海海盗出没由来已久，1839—1846年，海盗活动随着鸦片走私的猖獗而加剧，香港鲤鱼门劫匪尤多，帆船若非顺风结伴，不敢单独成行。1845年，香港政府依靠中国商人出资，装备两艘巡逻艇在香港附近海面巡逻。1847年，改由水上警察负责。次年，水上警察抓获300名海盗送交清政府。[④]海上的安静无疑有助于香港帆船贸易的发展。在打击海盗的同时，港英当局着手建设海港城市、仓库、码头、道路等，标售地皮供商民、传教士等建造房屋，香港的营商环

---

① 陈乔之主编：《港澳大百科全书》，花城出版社1993年版，第75页。
② 钱华：《近代中国外商保险业研究——以于仁保险公司为考察中心》，载上海中国航海博物馆编：《上海：海与城的交融》，上海古籍出版社2012年版，第120页。
③ 张晓辉：《香港近代经济史（1840—1949）》，广东人民出版社2001年版，第56页。
④ 余绳武、刘存宽主编：《十九世纪的香港》，中华书局1994年版，第238页。

境得以改善。对英国行号来说，迁至香港也是摆脱在澳门、广州"居人篱下"困境的上选之策。"据统计，1843 年底，香港有 12 家规模较大和 10 家规模较小的英国商行，6 家印度商行，以及来自新南威尔士的一批商人。不久，在近代香港经济中地位显赫的洋行基本都已建立。"①实力雄厚的洋行落户香港后，很快控制住香港的商业贸易，并提升了香港的贸易地位。1843 年，上海、福州、厦门、宁波刚刚开埠之际，香港的贸易可谓一枝独秀。"1843 年 1—3 月，进入香港的货船为 80 艘；而在同年最后 6 个月中，进入上海的货船为 7 艘。"②

二是在广州经营一段时间后将总部另迁他处。鸦片战争期间，美商旗昌洋行利用英国人暂时退出广州贸易的机会，进一步扩大经营规模，趁机发展为仅次于英商怡和洋行的第二大外国在华商行。"1842 年旗昌洋行拥有广州和澳门两处商馆，当年的利润为 13 万元。在 1843 年又在香港设立商务代理。"③随着上海贸易地位的上升，旗昌洋行的业务重心逐渐转移至此。1843 年，旗昌洋行大班吴利国（Henry G. Wolcott，? —1852，又译"华尔考脱"）来到上海。④1846 年 6 月，旗昌洋行在上海开设分行，业务随即拓展到各通商口岸。1852 年，旗昌洋行将总部迁到了上海。⑤

许多行号将总部迁至香港或上海后，很快将分支机构伸向其他口岸。五口通商之初，将总部迁往上海的行号总数不及香港，但分支机构较多。1843 年 11 月 27 日，上海开埠，首批在此租地的洋行共六家，分别是 1 号地块的怡和洋行、3 号地块的仁记洋行、4 号地块的义记洋行（Holliday Wise & Co.）、5 号地块的森和洋行（Wolcott, Bates & Co.）、8 号和 9 号地块的颠地洋行（Dent Beale & Co.）⑥以及广源洋行（J.Mackrill Smith）。⑦

---

① 李谷城：《香港中文报业发展史》，上海古籍出版社 2005 年版，第 89 页。

② 李谷城：《香港中文报业发展史》，上海古籍出版社 2005 年版，第 89 页。

③ 何思兵：《旗昌洋行与 19 世纪美国对广州贸易》，《学术研究》2005 年第 6 期，第 114 页。

④ 吴成平主编：《上海名人词典（1840—1998）》，上海辞书出版社 2001 年版，第 194 页。

⑤ 何思兵：《旗昌洋行与 19 世纪美国对广州贸易》，《学术研究》2005 年第 6 期，第 115 页。

⑥ G. Lanning & S. Couling: The History of Shanghai. Shanghai: Kelly & Walsh, Limited, 1921, p.282.

⑦ 《上海对外经济贸易志》编纂委员会：《上海对外经济贸易志》(第二卷)，上海社会科学院出版社 2001 年版，第 69 页。

前五家均为总部在香港把分支机构设在上海的，最后一家总部在广州。可见，五口通商之初第一批落户上海的西商企业，都是总部在香港或广州的西商企业在沪设立的分支机构。上海情况如此，其他三个新开口岸情况类似。

三是继续将总部留在广州。部分行号为降低经营风险，选择继续将总部留在广州，同时将分支机构设到新开口岸，上文提到的广源洋行即是一例。旗昌洋行在 1846 年将总部迁往上海以前，也是采取这种经营策略。这些继续留在广州的行号，成为广州第一批近代西商企业。

2. 其他经济组织的转变

前文已述，五口通商前，顺应贸易、传教以及侨民所需，西方人在金融、工业以及其他领域出现一些零星的直接投资，这些经济组织在五口通商后或停业，或直接转化为近代西商企业。就影响力而言，以印刷和医药企业最为典型。

五口通商之前，西方人经营的印刷机构集中在广州和澳门。五口通商后，顺应传教所需，这些印刷机构慢慢转移到新开口岸，业务范围也逐渐扩大。如前文提到的《广州纪事报》，"1827 年 11 月 8 日在广州创刊，1839 年迁往澳门出版。1843 年 6 月该报刊迁往香港以后，改称《香港纪录报》(HongKong Register)，一直办到 1863 年停刊。该报业主是怡和洋行股东，大鸦片商马地臣"。[1] 报刊发行地的迁移引发西商印刷机构在华分布地的调整。

前文提到，1828 年一位杨医生在广州创办"广东大药房"，1841 年迁至香港改名为"香港药房"(Hong Kong Dispensary)。1858 年，早年在广州经营汽水厂的英商屈臣氏来港接办了这家药房，并改名为"屈臣氏药房"(Watson & Co. A. S.)，从事进口、销售西药、制药、汽水生产、医疗器材贸易等多种经营。[2] 屈臣氏药房总部设在香港，在沪、津、穗等地设分支行

---

① 余绳武、刘存宽主编：《十九世纪的香港》，中华书局 1994 年版，第 321 页。
② 陈乔之主编：《港澳大百科全书》，花城出版社 1993 年版，第 211 页；薛理勇：《上海掌故辞典》，上海辞书出版社 1999 年版，第 198 页；朱盛山等：《岭南医药文化》，中国中医药出版社 2012 年版，第 272 页；赵粤：《香港西药业的故事：从跨国鸦片中转站到屈臣氏大药房全球化》，商务印书馆 2017 年版，第 16 页。

号，成为近代西商医药企业的先驱，也是极少数延续至今的西商在华企业。

保险机构的情况与印刷、医药企业类似。1835 年成立于广州的于仁保险（Union Insurance Society），1838 年林则徐禁烟时，奉命迁澳门，后由澳门迁港，① 成为香港首家专业保险公司。

（二）境外西商企业的移植

五口通商后，早先在中国境外营业的西商企业迫不及待地将经营场所转到中国境内，其中以印刷企业比较典型，如上海第一家西商工业企业——墨海书馆。

五口通商后，涌入新开通商口岸的西方人主要有两大类：商人和传教士。商人以聚敛财富为目的，传教士则以传播上帝福音为终极目标，两者貌似"道不同不相为谋"。但是，西方国家借助坚船利炮打开中国国门之后，西商和西方传教士怀揣不同目标却在在华活动中出现了交集。五口通商后，为扩大在华传教业务，此前在中国境外及龟缩在澳门的传教士纷纷在通商口岸登陆，将传教所需的印刷机构移植而入，这促进了近代首批西商印刷企业的生成。在它们当中，上海的墨海书馆较有典型性。1822 年，基督教传教组织之一伦敦布道会（简称伦敦会）的英国传教士麦都思（Walter Henry Medhurst，1796—1857）在爪哇创办巴达维亚印刷所，印刷作品涉及中文、英文和马来文。1843 年上海开埠后，伦敦会决定将这家印刷所搬到上海，并由原印刷所负责人麦都思与同属伦敦会的传教士雒魏林（William Lockhar，1811—1896）共同负责。②1843 年，巴达维亚印刷所迁至上海，中文命名为"墨海书馆"，这是沪上第一家西商工业企业。再如香港英华书院（Anglo-Chinese College）内的教会印刷所，原先这家书院及印刷所都设于马六甲，香港割让给英国后，由院长里雅各迁到此处。③

（三）境外西商企业来华设立的分支机构

五口通商后，境外西商企业纷纷将触角伸到中国，其中最为重要的方式就是在香港和五个通商口岸设立分支机构，这些分支机构也成为近代早

① 张晓辉：《香港与近代中国对外贸易》，中国华侨出版社 2000 年版，第 18 页。
② 叶再生：《中国近代现代出版通史》（第一卷），华文出版社 2002 年版，第 103 页。
③ 苏精：《清季同文馆及其师生》，福建教育出版社 2018 年版，第 224 页。

期西商企业的重要来源。整体来看，五口通商时期以分支机构的形式进入中国的西商企业，大多出现在投资金额较大的行业中，如新兴的航运业和银行业。

以航运业为例，近代中国最早的轮船航运企业为西商在香港所经营。1820 年，英国首次成功使用蒸汽机动力行船，并成立半岛汽轮公司。1837 年，该公司获得特许权后开始向印度等处行驶。1840 年，公司更名为"半岛东方轮船公司"（大英火轮船公司、铁行火船公司、大英轮船公司，简称 P. & O.），这是轮船在欧洲与远东行驶之开端。1843 年，大英轮船公司在香港设立分公司，① 这是中国近代第一家西商轮船企业。这就说明，中国近代西商轮船企业的生成方式即为境外西商企业在华设立分支机构。

五口通商时期，西商银行的生成路径与轮船航运企业颇为相似。银行投资大、风险高，故而最早进入中国的西商银行均为境外银行在华设立的分支机构。

早在一口通商时期，西商就尝试在华设立银行，不过以失败告终。五口通商后，洋行代理汇兑等业务难以跟上快速发展的贸易所需，亟待在华设立专业性银行。近代早期中国境内的外商银行主要有三大特征：一是所有外商银行均为西商所经营；二是英商银行占据主导地位；三是所有外商银行都是境外银行所设的分支机构。

中国境内首家外商银行为英商丽如银行，这也是近代中国第一家新式金融机构。丽如银行于 1842 年 10 月在印度孟买创办，原名为"英印合资西印度银行"（Bank of Western India，简称西印度银行），又名"申打刺银行"。1845 年 4 月，西印度银行在香港设立分行，在广州设立代理处，成为最早进入中国的外商银行，自此开始以"丽如银行"的名号活跃于中国。②1847 年，丽如银行在上海开设分理处。③1850 年《北华捷报》创刊号上可看到该银行上海经理 E. Langley 及助理 B. E. Hancock 的名

---

① 余绳武、刘存宽主编：《十九世纪的香港》，中华书局 1994 年版，第 321 页。
② 宋佩玉：《近代上海外商银行研究（1847—1949）》，上海远东出版社 2016 年版，第 17—18 页。
③ 汪敬虞：《外国资本在近代中国的金融活动》，人民出版社 1999 年版，第 18 页。

字。[1]19 世纪 50 年代，又有 4 家英商银行相继来华设立分行，分别是汇隆银行（Commercial Bank of India，印度商业银行）、阿加剌银行（Agra and United Service Bank Ltd）、有利银行（Mercantile Bank of India, London and China，印度、伦敦、中国商业银行）和麦加利银行（The Chartered Bank of India, Australia and China，印度、澳大利亚和中国特许银行）。[2]从 1854 年到 1858 年，上述五家英国银行共设立 14 个分支机构，计上海 5 个、香港 5 个、广州 4 个。[3]19 世纪 60 年代前期，又有 5 家英商银行和 1 家法商银行在中国出现。[4]

除轮船航运企业和银行外，一些早年在印度经营、从事进出口贸易的洋行陆续来华设立分支机构。如著名的沙逊洋行，原系沙逊家族在印度的殖民机构，1845 年英籍犹太人爱德华·沙逊（Edward David Sassoon）到上海设行，贩运鸦片、棉布，并从事地产投机，俗称"老沙逊洋行"。[5]

（四）西商在华创办的新企业

五口通商时期，近代西商企业的生成除上述三条路径外，还有一种是直接在华创办新企业，这条生成路径广泛存在于西商涉足的大多数行业。

在商贸领域，代理行号转化而来的西商商贸企业，大多以"洋行"命名，如怡和、宝顺、琼记、旗昌、广隆等。这些洋行以鸦片进口、丝、茶、白银出口为主营业务，兼及棉花、棉纱进口。新创办的西商商贸企业多为与英国国内纺织业集团相结合、以经营纺织品为主的小企业，如公平、元芳、公易、祥泰、泰来、泰和、丰茂、和记、李百里、惇信等。这类商贸企业规模不大，但数量众多，它们并不热衷于鸦片贸易，而是"以承办制造品输入为特点的商人"自居。[6]新创办的西商商贸企业还有一种为专门从事苦力贸易的洋行，如德记洋行（Tait & Co.）、合记洋行（Syme, Muir & Co.）。德记洋行为"厦门英商贸易行。1845 年后由西班牙、法国、葡萄

---

① The North-China Herald《北华捷报》，1850 年 8 月 3 日，第 1 页。
② 宋佩玉：《近代上海外商银行研究（1847—1949）》，上海远东出版社 2016 年版，第 20 页。
③ 洪葭管编著：《金融话旧》，中国金融出版社 1991 年版，第 12 页。
④ 洪葭管编著：《金融话旧》，中国金融出版社 1991 年版，第 4 页。
⑤ 夏征农、陈至立主编：《大辞海（中国近现代史卷）》，上海辞书出版社 2013 年版，第 41 页。
⑥ 陈文瑜：《上海开埠初期的洋行》，《经济学术资料》1983 年第 1 期。

牙及荷兰驻厦门领事德滴（James Tait）个人开办，是最早从事苦力出口的商行之一"。① 除耳熟能详的洋行外，这一时期西商开始在中国着手创办专业的百货公司，如香港的连卡佛公司（Lane Carwford）。该公司"创办人连（T. A. Lane）是一家船务公司负责人，1848 年抵达香港，与卡拉佛（Ninian Crawford，又译克劳福德）合作经营，于 1859 年建立本公司，经营百货业，之后发展为香港高级大型百货公司"。②

　　在工业领域，创办新企业是近代西商工业企业生成的主要方式。五口通商前，西商除涉足印刷业外，较少涉猎其他工业部门。五口通商后生成的近代西商工业企业，绝大多数属于新办。即便是原先已有基础的印刷业，适应传教所需，也出现了数家新企业。如香港的啰郎也印字馆（Noronha & Sons Printers and Stationers），1844 年由澳门葡人啰郎也（Delfins Noronha）创办。1858 年开始承印《香港政府先报》。翌年，正式成为政府刊物承印人，该馆运作长达一个多世纪。③ 再如花华圣经书房，它是美国来华传教士在华设立的第一个翻译出版机构，其前身为美国长老会原设在澳门的印刷所，创办于 1844 年 1 月 23 日。1845 年 7 月 19 日，印刷所从澳门迁至宁波，易名"花华圣经书房"（The Chinese and American Holy Classic Book Establishment）。④ 五口通商时期，西商新创办的工业企业以船舶修造企业的数量、规模和影响力最大。1842—1858 年，香港、上海、广州、福州共出现 28 家西商经营的船舶修造企业，其中香港 7 家、上海 15 家、广州 5 家、福州 1 家。⑤ 在食品业中，西商陆续在侨民比较集中的上海和香港创办了一些新企业，以满足西方侨民生活所需。以上海为例，截至 1855 年，西商办了霍尔——霍尔茨和埃凡两家面包房。⑥ 在药品业中，

---

① 黄光域：《外国在华工商企业辞典》，四川人民出版社 1995 年版，第 754 页。
② 张晓辉：《香港近代经济史（1840—1949）》，广东人民出版社 2001 年版，第 57 页。
③ 陈乔之主编：《港澳大百科全书》，花城出版社 1993 年版，第 75 页。
④ 高黎平：《美国传教士与晚清翻译》，百花文艺出版社 2006 年版，第 53 页。
⑤ 何兰萍：《晚清外商资本与中国近代的船舶修造业》，《上海经济研究》2008 年第 7 期，未刊表。
⑥ G. Lanning & S. Couling: The History of Shanghai. Kelly & Walsh, Limited, 1921, pp.470—471.

适应侨民和医药传教所需，医药企业开始生成。最先出现的是专营西药销售、兼营制药的西药房，1858 年以前西商在沪创办了 4 家药房，其中最为著名的是 1853 年开业的英商老德记药房（J. Llewellyn & Co.）。[①]

受统计资料所限，笔者无法将五口通商时期西商企业的生成方式作一个具体的量化分析，无法得知上述四条生成路径的占比，但是可以大致推断出以下两点：一是，在五口通商初期，第一条路径即代理行号的转化与其他路径相比更为重要。原因在于代理行号已经在华经营数年，占据近水楼台之便利，而境外西商企业的移植与在华设立分支机构、在华创办新企业均需要时间衡量风险，考察投资场所与行业，交易成本较前者更高。二是，境外西商企业的移植与其他三条路径相比，比重要低一些。从现有资料看，只有印刷企业存在个案。

二、生成阶段西商企业的空间分布

在近代西商企业的生成阶段即五口通商时期，英国控制下的香港以及广州、厦门、福州、宁波、上海五个通商口岸成为西商企业的聚集地，其中以香港、上海最为集中。

（一）香港：英国政府保护下西商企业的首选之地

从时间上看，近代西商企业的生成以香港最早。鸦片战争期间，英国政府攫取香港控制权后，这里便成为近代西商企业的生成和聚集地。1841 年 1 月，英国占领香港，不久后宣布香港为自由港，西方商船和商人纷纷闻讯赶来。《南京条约》签订后，英国政府取得香港的管理权，来港西商在母国及港英当局的庇护下不断发展壮大，商人成为港岛西方人社会的主体，以英商为多。在香港开埠最初的十四年，市区面积不断扩大。在此期间，大批商行与店铺兴建起来，人口增长尤为显著（详见表 2-6）。1844—1858 年间，外国人净增 1008 人，中国人口净增 55032 人，虽然中国人口净增长数量较大，但是外国人口的增幅要高于前者。

---

① 上海市医药公司等编著：《近代上海西药行业史》，上海社会科学院出版社 1988 年版，第 22—23 页。

表 2-6　香港早期人口统计

年份	外国人	中国人	年份	外国人	中国人
1844	454	19009	1852	1541	35517
1845	1043	23114	1853	1481	37536
1846	1368	20449	1854	1643	54072
1847	1406	22466	1855	1956	70651
1848	1502	22496	1856	2479	69251
1849	1210	28297	1857	1411	75083
1850	1305	31687	1858	1462	74041
1851	1520	31463			

资料来源：张晓辉：《香港近代经济史（1840—1949）》，广东人民出版社 2001 年版，第 82 页。

与人口增长相适应，西商企业快速生成与发展。最早赴港经营的是林赛洋行（Lindsay & Co. 或称广隆洋行），怡和洋行紧随其后。香港最早的建筑是林赛洋行的雅宝利仓库（Albany Godowns）（在春园 Spring Gardens 附近），其次是怡和洋行在东角所建的建筑物。[①] "1841 年 6 月 14 日香港首次正式拍卖土地，这些地皮的买主，可视为香港的第一批殖民者，他们是怡和洋行、颠地洋行、林赛洋行、义记洋行、贾米森—豪公司（Jamieson and How & Co.）、英尼斯、弗莱彻公司（Fletcher & Co.）、丹拿洋行、琼记洋行，等等。"[②] 由此可见，1841 年香港已出现至少 8 家英国商行。1842 年年初，英国驻华商务监督署由澳门迁往香港，一些外国商行也把自己的总部迁到香港，如 1843 年怡和洋行把总部由澳门迁至香港。[③] "1843 年底，香港有 12 家规模较大和 10 家规模较小的英国商行，6 家印度商行，还有来自新南威尔士寻求发财致富的一批商人。零售业一般均由华人经营，建

---

① [英] 詹姆士·奥朗奇：《中国通商图：17—19 世纪西方人眼中的中国》，何高济译，北京理工大学出版社 2008 年版，第 327 页。

② [英] 詹姆士·奥朗奇：《中国通商图：17—19 世纪西方人眼中的中国》，何高济译，北京理工大学出版社 2008 年版，第 235 页。

③ 张晓辉：《香港近代经济史（1840—1949）》，广东人民出版社 2001 年版，第 55 页。

成两幢西式旅馆；一切必需品和大部分奢侈品都可买到，香港市场已初具规模。"①1845 年 8 月 13 日，由英国商人署名向英国殖民部大臣递交的土地租用权限抗议书上，署名的英国商行共有 18 家，分别是：怡和洋行、颠地洋行、麦克威克洋行（Macvicar & Co.）、福克斯—罗森公司（Fox, Rawson & Co.）、丹拿洋行（Trannack & Co.）、林赛洋行、仁记洋行、贾米森—豪公司、格默尔公司（W. & T. Gemmell & Co.）、弗莱彻公司、丽如洋行（Thos, Ripley & Co.）、默罗代理公司（Per pro Murrow & Co.）、琼记洋行（Heard, Augustine & Co.）、义记洋行、R. 奥斯瓦尔德公司（R. Oswald）、修斯东公司（Hughesdon & Co.）、伯德—兰格公司（Burd, Langer & Co.）、福特公司（M. Ford & Co.）。②可见，在近代香港经济中地位显赫的西商洋行此时已基本落户。

　　五口通商时期，西商在香港经营的企业主要有以下类型：商贸企业、轮船航运企业、船舶修造企业、金融企业、食品企业和医药企业。商贸企业出现最早、实力最强，属于香港近代西商企业的主体，对香港社会经济影响最大，其生成情况前文已有描述，此处不再赘述。最先落户香港的西商轮船企业是 1848 年英商创办的省港快轮公司，创办时"计 120 股，每股 250 英镑。这家公司的股东'代表绝大部分或全体穗港的主要商行'"。③航运业与船舶修造业如影随形，西商轮船航运企业的生成直接诱发船舶修造企业的发轫。"1843 年，英商榄文（J. Lamont）在香港造了一只八十吨的小商船。"④榄文船坞开香港近代西商船舶企业之先河。1842—1858 年，香港出现了 7 家西商经营的船舶修造企业。⑤五口通商期间，香港出现的第四类西商企业是以保险企业和银行为核心的金融企业，如由广州迁来的于仁保险、丽如银行、有利银行、麦加利银行，英国控制下的香港开始成为近代早期西商银行的汇集地。上述四类企业主要服务于香港地

---

　　①　余绳武、刘存宽主编：《十九世纪的香港》，中华书局 1994 年版，第 249—250 页。

　　②　[英] 詹姆士·奥朗奇：《中国通商图：17—19 世纪西方人眼中的中国》，何高济译，北京理工大学出版社 2008 年版，第 328 页。

　　③　余绳武、刘存宽主编：《十九世纪的香港》，中华书局 1994 年版，第 242 页。

　　④　孙毓棠：《中日甲午战争前外国资本在中国经营的近代工业》，人民出版社 1955 年版，第 8 页。

　　⑤　何兰萍：《晚清外商资本与中国近代的船舶修造业》，《上海经济研究》2008 年第 7 期，未刊表。

区及中国内外贸易的发展，而第五类企业——食品与药品企业则是外侨生活所需的产物。英国控制香港后，来华西人特别是英国人将香港作为定居地的首选，从而出现了表 2-6 所示外侨人数的激增。适应侨民生活需要，香港较早出现了近代西商经营的食品企业和西药房。这个时期，此类企业的规模、实力、地位与作用比较有限，无法与前几类企业相比拟。

（二）上海：备受西商企业的青睐

五口通商时期，上海发展成为与香港并列的近代西商企业的聚集地。上海之所以备受西商青睐，至少有两大原因：

其一，上海的区位优势。上海属于河口海港，地处中国南北海岸线中点与"黄金水道"长江所形成的"T"字形交叉点上，发达的水网通向中国最富庶的苏、松、杭、嘉、湖等地以及更广阔的腹地，这里具有发展对外贸易的先天区位优势。如此优越的地理位置，令英国人早早对上海垂涎欲滴。"1756 年（乾隆二十一年），英商东印度公司中人有名毕古（Pigou）者，建议英政府，请进取上海，以作华北通商的枢纽。数年后，又派人到上海一带从事调查，并探察中国官吏意见，但一无结果。1793 年（乾隆五十八年）和 1806 年（嘉庆十一年），英国政府特地派使到中国，一再提出上海开港的要求，均被驳斥。后因华南的英国商品市场渐渐发生动摇，出路的需要非常急切，于是，在 1832 年（道光十二年），东印度公司又派胡夏米（Hugh Hamilton Lindsay，又名'林赛'），带了翻译员、医疗传教士郭士立（Charles Gutslaff，又名'郭实腊'），坐商船'安麦思特爵士'号（Lord Amherst）向上海进发。"[1] 英商将目光由广州转向上海，主要看中了当时上海在中国东南沿海乃至整个中国海外贸易中的地位与发展前景。鸦片战争前夜即嘉庆初年至道光十九年（1839 年），上海地区的对外贸易较此前有所恢复和发展。尽管当时清政府只允许广州一口对外通商，上海尚未与西方国家正式建立通商关系，但江南地区社会经济的发展使得上海与南洋、朝鲜和日本的贸易呈现扩大之势。可见，早在鸦片战争之前，以英国为首的西方势力对上海的商业地位已经探知得一清二楚，故而处

---

[1]　蒯世勋等编著：《上海公共租界史稿》，上海人民出版社 1980 年版，第 301 页。

心积虑地想把它作为入侵长江流域、东南沿海乃至广大华北地区的据点，以及中国对外贸易的主要港口。正是基于此，鸦片战争后西方列强在签订《南京条约》时，强迫清政府将上海连同广州、厦门、福州、宁波一起开辟为商埠。1843 年 11 月 13 日，钦差大臣耆英向道光皇帝禀报云："通商事宜业已告竣，统计五口，应以广州为首，上海为尾，将来贸易，似亦惟该二口为最旺。"①1844 年，英国驻华公使兼商务监督德庇时（John Francis Davis，1795—1890）第一次巡视广州之外的四口时一针见血地指出："凡商务成功之要素，上海、厦门二埠皆具有之，故其贸易之发达，可操左券，而以上海犹善。"②

其二，上海的人文环境较广州宽松很多。在西方人看来，"上海有广大的空间足供愉快的生活，又没有商馆的限制，并且还有前往四乡去的充分自由。在广州的外国商人只有冒着不断的挑战式的侮辱，才能越出商馆限定范围之外，只有冒着被殴打和可能受伤的危险，才能到甚至极短距离的乡村里去；在上海，虽然是一个外夷，但是在他的每天生活中都可以作一些增进健康的散步并不对他的四肢和感情上有什么危害，并且他还可以带着枪和他的猎犬在一个钟头的散步里捉一只雉鸡，或十分钟内捉一只鹬鸟。传教士不像在广州时那样要自己冒着自己生命的危险向中国兄弟宣讲福音"。③租界辟设后，上海西人的生活与广州西人的局处一隅相比，更是舒适许多，这一点从当时西人的文字描述中可窥一二。据载，"夏天的傍晚，乘牛头小车，来往于宽阔的黄埔滩头，是那时外侨的乐事。村民和平成性，上海近郊的行猎更是最好的享乐。其后，在 1850 年（道光三十年），外人购得田地八十亩，建造公园，位于今南京路之北、河南路之西；最初的赛马，便在这里举行，每逢春秋赛马之期，西洋士女如云而集。爱美的戏剧团体，在 1850 年（道光三十年）已有组织，公演处在今广东路与北京路之货栈中"。④

---

① 《筹办夷务始末》（道光朝）（第七十卷），中华书局 1964 年版，第 2769—2770 页。
② 唐振常：《上海史》，上海人民出版社 1989 年版，第 153 页。
③ ［美］马士：《中华帝国对外关系史》（第一卷），张汇文等译，商务印书馆 1963 年版，第 400—401 页。
④ 蒯世勋等编著：《上海公共租界史稿》，上海人民出版社 1980 年版，第 318 页。

上海被强辟为商埠后，西商兴奋不已。璞鼎查代表英国同清政府签订《南京条约》后，随即向英国资产阶级表示，"这个条约将给英国开辟一个广大的市场，即使开动兰开夏（Lancashire）的全部纺织工厂，也不足以供给中国一省的需要"。① 在璞鼎查的强烈鼓动下，英商涌向中国从事商业活动。继英商之后，法国商人接踵而来，美国商人亦不甘示弱。上海开埠后不久，美商吴利国就代表美国商行到上海经商。② 上海开埠后仅一年，已有 11 个英国和美国商行，另有两个英国籍的基督教传教士，1 个英国籍的专任领事。1846 年有 108 人。1847 年共有 108 个外侨，其中英国人 17 名，4 个港脚商人，17 个美国人。1850 年共有 149 人，有 2 名专任领事，英、法各 1 人（美国仍然是由 1 个商人兼任），这两个领事馆有 6 个职员；商业团体有 11 名共 119 人；另有 5 个开业医生；并且有 17 个基督教传教士。1854 年达 243 人。1855 年外侨增至 243 人，其中 30 个基督教传教士。1860 年更是增至 569 人。③

在沪西方侨民的增长与西商企业的落户相辅相成。前文已述，1843 年即上海开埠当年，就有 5 家西商企业在此落户。此时上海租界尚未成型，商业环境称不上理想。1845 年 11 月 29 日《上海租地章程》签署，辟设英租界协议达成，英租界设立后便启动基础设施建设，西商企业的创设与经营环境得到很大改善。"1847 年，租界内开设起 24 家进出口洋行、5 家洋商店铺、1 家旅馆和俱乐部。"④1850 年，上海不仅增加了许多适应进出口贸易而设立的拍卖行、仓栈以及海船用品和伙食供应等商店，而且创办了英文《北华捷报》、大英医院（药房）（Shanghai Dispensary）、丽如银行（Oriental Bank）、大英轮船公司（P. & O. S. N. Co.），以经营进出口贸易为主的洋行增加到 32 户。同年，英商在上海成立商会。1852 年，上海洋行数量增至 41 家，其中英商有 27 家，占总数的三分之二。从属于英帝国

---

① 丁名楠等著：《帝国主义侵华史》（第一卷），科学出版社 1958 年版，第 50—51 页。

② G. Lanning & S. Couling: The History of Shanghai. Shanghai: Kelly & Walsh, Limited, 1921, p.282.

③ ［美］马士：《中华帝国对外关系史》（第一卷），张汇文等译，商务印书馆 1963 年版，第 399—400 页；上海市文献委员会编印：《上海人口志略》，1948 年，第 25—26 页。

④ 陈文瑜：《上海开埠初期的洋行》，《经济学术资料》1983 年第 1 期。

的帕西洋行 8 家，英商 5 家，法商 1 家。[1]依照 1854 年《上海年鉴》记载，是年上海共有洋行或洋商 75 家，涉船业务 7 家、医疗 5 家、仓储 4 家、丝绸 2 家、饮食 2 家、票据代理 2 家、宗教 2 家、木匠 2 家、银行 1 家、保险 1 家、拍卖行 1 家、钟表店 1 家、印书馆 1 家、娱乐业 1 家、建筑师 1 家、工程师与机械师 1 家。[2]1854 年《上海年鉴》只统计到 34 家商号，还有 41 家商号在《上海年鉴》里并没有注明，而这些未注明经营业务的洋行大部分从事鸦片和纺织品贸易，且属于在沪较大的洋行，如宝顺、怡和、旗昌、公易、祥泰等。1856 年，上海登记在册的外国侨民 336 人，除了外交人员（含各国领事馆以及外国在华海关从业者）30 人外，其余 306 人皆为 83 家商号从业人员，这些商号包括企业、个体商人、医院诊所等，[3]名单详见表 2-7。就经营业务而言，1854 年外国在沪商号与 1852 年相比变化较小，仅新增加"裁缝"一项。

表 2-7　1856 年外商在沪商号名录

序号	中文名称	英文名称	西人数	主营业务
1	天长	Adamson, W. R	1	
2	架记	Alladinbhoy Hubibbhoy	1	
3	祥记	Ameeroodeen & Jafferbhoy & Co.	5	
4	晏治	Angier & Co.	2	
5	名利	Aspinall, Mackenzine & Co.	3	
6	惇信	Barnet, Geo. & Co.	2	
7	祥泰	Birley, Worthington & Co.		
8	备商	Bishop, J.	1	裁缝
9	和记洋行	Blenkin, Rawson & Co.	5	
10	惠兴	Bohstedt & Co.	1	
11	宝文	Bowman, Jas. & Co.	2	

---

[1]　陈文瑜：《上海开埠初期的洋行》，《经济学术资料》1983 年第 1 期。

[2]　罗婧：《开埠初期的上海租地及洋行——基于 1854 年〈上海年鉴〉的研究》，《史林》2016 年第 3 期。

[3]　Shanghai almanac and directory, 1856. Shanghai: J. H. De Carvalho, pp.107—113.

（续表）

序号	中文名称	英文名称	西人数	主营业务
12	白蓝	Brine, Robt. A. & Co.	1	拍卖
13	中和	Broughhall, W.	1	生丝经纪人
14	泰昌	Buissonnet, E.	1	
15	同珍	Bull, Nye & Co.	4	
16	复升	Camajee, R. H. & Co.	1	
17	复原	Burjorjee, D.	1	
18	望益纸馆	不详	1	印刷
19	架记	Cassumbhoy, Nathabhoy & Co.	2	
20	汇隆	Commercial Bank of India	2	
21	义利	不详	2	交易委托
22	公利	Connolly, A.	1	
23	广昌	Cowasjee Pallanjee & Co.	3	
24	华盛	Cramptons, Hanbury & Co.	6	
25	裕泰	Dallas & Co.	2	
26	宝顺	Dent, Beale & Co.	8	航运
27	泰昌	Dimier, Brothers & Co.	2	
28	瑞麟祥记	Dhurumsey Poonjabhoy	2	
29	广昌	Ednljee, Framjee, Sons & Co.	1	
30	丰裕	Foggs, H. & Co.	6	船务、仓储
31	仁记	Gibb, Livingston & Co.	4	
32	太平	Gilman, Bowman & Co.	8	
33	福利	Hall & Holtz	3	船务、仓储
34	恒吉	Hancock, H.	1	汇票经纪
35	公和	Hardy, T. W.	1	汇票经纪
36	裕盛	Hargreaves & Co.	4	
37	琼记	Heard, Augustine & Co.	6	航运
38	礼记	Hobson, Rev. J.	1	
39	义记	Holliday, Wise & Co.	2	

（续表）

序号	中文名称	英文名称	西人数	主营业务
40	合巴	Hooper, J.	2	
41	怡和	Jardine, Matheson & Co.	8	航运
42	查敦	Jordan, V. P.	1	汇票经纪人
43	广源	King & Co.	2	
44	长脚医生	Kirk, T.	1	诊所
45	泰兴	Kupferschmid & Dato	3	钟表制造与仓储
46	雷蒙	Lamond, M. & Co.	1	船舶修造
47	广隆	Lindsay & Co.	6	
48	陆先生	Lockhart, W.	1	诊所
49	长利	MacDonald, J.	3	汇票经纪人、仓储
50	架记	Mahamedbhoy, Thoverbhoy & Co.	3	仓储
51	有利	Mercantile Bank of India, London, and China	2	银行
52	蜜腊（密勒）	Miller, J.	1	
53	指望	Moncreiff, Grove & Co.	3	
54	外虹口	Mottley, G.	1	诊所
55	字林	"North-China Herald" Office	3	印刷发行
56	柯化威	Overweg & Co.	1	
57	火轮船公司行	P. & O. S. N. Company Office	4	航运
58	顺章	Pestonjee Framjee Cama & Co.	4	
59	新裕记	Potter & Co.	1	修船
60	外虹口船厂	Potter & Co.	1	船舶修造
61	利荣	Pustan, Wm. & Co.	1	
62	泰和	Reiss & Co.	3	
63	利名	Remi, Schmidt & Cie.	4	
64	夜冷	Reynolds, E. A.	1	拍卖
65	隆泰	Richards & Co.	10	船务、仓储
66	旗昌	Russell & Co.	10	

（续表）

序号	中文名称	英文名称	西人数	主营业务
67	沙逊	Sassoon, David, Sons & Co.	3	
68	公平	Schwabe, G. C. & Co.	4	
69	阿花威	Scholefield, C.	3	品茶与配茶
70	海员医院	Seaman's Hospital	3	医院
71	大英医院 （药房）	Shanghai Dispensary	1	诊所、药房
72	李百里	Shaw, Bland & Co.	3	
73	指望医生	Sibbald, F. C.	1	诊所
74	洋文书馆	Shanghai Library	1	
75	浩昌	Sillar, Brothers	4	
76	新德记	Smith, E. M.	1	汇票经纪人
77	公易	Smith, Kennedey & Co.	6	
78	丹拿	Trannack & Co.	1	修船
79	华记	Turner & Co.	4	
80	昇泰	Ullett, R. B.	1	
81	丰茂	Watson & Co.	5	
82	华地玛	Wetmore	6	
83	墨海书馆	London Missionary Society Press	1	印刷

资料来源：Shanghai almanac and directory, 1856. Shanghai: J. H. De Carvalho, pp.107—113。

（三）厦门：西商企业落户较晚

厦门作为福建的商业中心，加上优越的航运和港口优势，早在鸦片战争之前西方殖民者就对之垂涎欲滴，并将它列为用武力侵占和谋取通商的重点目标之一。鸦片战争前夕，英国人已派遣人员至厦门考察贸易状况，其中以1832年胡夏米和郭士立的调查活动影响为巨。据《厦门志》记载："道光十二年三月，英吉利夷船一只，遭风到厦。船式与吕宋甲板船相似，船头有一木镌作和尚形，其色白，炮械整齐。通船七十余人，载货七八千布。译讯据供：欲往日本贸易，亦应就厦销货。船主名胡夏美（米），圆目高鼻，睛光带绿，能通汉语，人甚狡猾，见官吏两手以布套之。船中役使之人，多黑色。文武会商堵逐，越三日乃去。嗣后，乘风驶至福州、宁波、上海、山东等处游弋，特旨严行驱逐。"①清政府地方官员对胡夏米等人心存警惕，而胡夏米的随行者郭士立则对厦门赞誉有加。郭士立在《中国沿海三次航行记》中描述道："厦门的面积相当大，居民至少有二十万。街道狭窄，庙宇众多，有几座大房子都是富商的产业。由于港口优良，厦门早就成为中华帝国最大的商业中心之一，又是亚洲最大的市场之一。船只可以开到门口，其卸货物极为便利；既可躲避台风，进出港口又无搁浅之虞。"②1835年7月24日，胡夏米在致英国外交大臣巴麦尊（Henry John Temple Lord Palmerston，1784—1865）的私人信件中，一针见血地道出中国沿海贸易对清政府的重要性，建议英国政府在中英敌对行动开始时采取如下措施："单纯地只对沿海进行封锁，在广州、厦门、上海、天津四个主要港口附近各驻以小型舰队。英国人一般很少认识到沿海贸易对于中国人有巨大的意义，更不知道中国某些地区的人的生活必需品整个儿是仰仗沿海贸易供应……当我们一八三二年四月泊在厦门港的时候，我每天看见有一二十艘三百至五百吨的帆船进港，装载大米和糖。我又令人计算船数，在七天内进口一百至三百吨不等的帆船共不下四百艘，其中大部分是从满洲来的沿海商船，装载各种谷物，也有不少是从（麻六甲）海峡来的，装有值钱的货物。"③由此可见，鸦片战争前以英国为首的西方国家对厦门的商业和贸易地位、发展潜力以及它对中国的重要性已了如指掌。基于此，鸦片战争后，厦门被列入《南京条约》作为新开设的四个通商口岸之一。1843年10月26日，英国派遣记里布（Henry Gribble）抵达厦门，作为领事。同年11月2日，厦门正式开埠。

在新开四个通商口岸中，厦门的贸易发展速度仅次于上海，较宁波和

---

① 福建师范大学历史系、福建地方史研究室编：《鸦片战争在闽、台史料选编》，福建人民出版社1982年版，第26页。

② 福建师范大学历史系、福建地方史研究室编：《鸦片战争在闽、台史料选编》，福建人民出版社1982年版，第89页。

③ 福建师范大学历史系、福建地方史研究室编：《鸦片战争在闽、台史料选编》，福建人民出版社1982年版，第120页。

福州都要快。"自厦门开埠以来，若干外商已在此开业。这里贸易比起北方口岸上海来，虽然很小，但仍然可观。主要进口货为印度棉花、棉线、英美制造的细布和鸦片。自英国领事到厦门后，鸦片剪船已移至港外停泊，中国走私犯可以大胆前往交易。"① 在贸易的推动下，厦门的外侨和外商企业数量得以增长。"1850 年，外侨共有 29 名成年男子；1855 年共有 34 名，其中 5 名是英国领事馆的人员，22 名是商人（全是英国人）以及 7 名是传教士（4 名是英国人、3 名是美国人）。"② 可见，早期来厦门的外侨均为西方人。据资料记载："道光二十五年（1845 年），英商德记、和记两家洋行就开始在厦门'安营扎寨'，随后又陆续开设了汇丰、裕丰、振记、怡记（义和）、宝顺、水陆、协隆、台湾记、广顺、德建、新钦兴、利记、丰记、福昌、成记、麦南美、福士特、嘉士、查士、约翰斯顿、利伯恩、威尔逊与厦门船坞等 20 多家，还办了龙头酒店及屈臣氏、主利两家药房。同时，英属印度也设立裕记、安记、庆记、英印轮船公司等 4 家。道光三十年（1850 年），德国先后设立宝记、新利记两家洋行和一家铁锅厂。"③ 与侨民的国籍相对应，早期厦门的外商企业均为西商企业。在这些西商企业中，包含一些工厂如两家英商船坞——厦门船坞公司（Amoy Dock Co.）与白拉梅船坞（Bellamy Dock）、④ 一家美商船坞、一家英商鸦片制造厂、一家德商铁锅厂。⑤ 在上述外商工业企业中，影响最大的当属厦门船坞公司。该公司始建于 1858 年，⑥ 经过五年的发展，其所建船坞能修理长度 300 英尺以内的船舶，同时公司还在添设其他各种修船设备。⑦ 西商船坞企业的生成是厦门开埠后船运和往来船舶吨位增长的产物。"1864 年，有

---

① 姚贤镐：《中国近代对外贸易史资料》（第一册），中华书局 1962 年版，第 584—585 页。

② ［美］马士：《中华帝国对外关系史》（第一卷），张汇文等译，商务印书馆 1963 年版，第 409 页。

③ 洪卜仁：《厦门洋行初探（一）》，《福建史志》2014 年第 1 期。

④ A. Wright: Twentieth Century Impressions of Hongkong, Shanghai and other Treaty Ports of China, Lloyd's Greater Britain Pub. 1908, p.820.

⑤ 彭景元：《厦门开埠五十年略述》，载厦门博物馆编：《厦门博物馆建馆十周年成果文集》，福建教育出版社 1998 年版，第 52 页。

⑥ A. Wright: Twentieth Century Impressions of Hongkong, Shanghai and other Treaty Ports of China, Lloyd's Greater Britain Pub. 1908, p.826.

⑦ 孙毓棠：《中国近代工业史资料》（第一辑，上册），科学出版社 1957 年版，第 39 页。

661 艘船只进入本港（厦门），登记吨位为 210539 吨。而 1865 年，不少于 802 艘船进入本港，登记吨位为 276319 吨。增加了 141 艘、66280 吨。离港船只则增加了 125 艘、70693 吨。以上数字包括 265 艘轮船。其中除了一些船只是偶然从其他中国口岸抵达本口岸外，有 6 艘轮船形成一条往返于香港、汕头、厦门和福州间的定期航线。"①

（四）福州：西商企业生成迟缓

福州位于闽江下游，与上游武夷山产茶区相距不远，交通运输十分便利。鸦片战争前，西方人对福州的情况知之甚少，福州也是四个新开口岸中唯一未被英国侵略过的地方。西方人认为，"福州开辟为对外通商口岸具有伟大的前途，因为福建省是素称为一个广大的产茶中心，当时中国又是唯一的茶叶供应地，大家都期待着在不久时间，出口贸易就会大大的发展"。②可见，西方人非常看好福州的贸易前景，这一点与清政府的想法相左。1842 年 8 月 17 日中英谈判时，道光帝谕令称："其福州一处，内地系属陆路，且山径丛杂，商旅不变，闽省既有厦门通市，自不得复求福州。著耆英等再行商酌，将福州一地撤去，即万不得已，或于闽省泉州附近酌与通商，均著妥行定议。"③五日后，道光皇帝再次发布谕令称："其前请之通商贸易五处，除福州地方万不可予，或另以他处相易外，其广州、厦门、宁波、上海四处，均应准其来往贸易，不得占据久住。"④清政府之所以不愿意开放福州，表面上是因为福建已开厦门一口，外国不应要求一省开放二口，实则因为福州属省会城市，作为通商口岸的负面影响会比其他地区更大。可是，中英反复谈判的结果是英国人坚决不肯放弃福州，称倘若不开此口就要调换天津，而天津距离北京只有一步之遥，道光皇帝百般

---

① 厦门市志编纂委员会、《厦门海关志》编委会编：《近代厦门社会经济概况》，鹭江出版社 1990 年版，第 2 页。

② [英]卫京生：《福州开辟为通商口岸早期的情况》，载福建政协文史资料编辑室编：《福建文史资料》（第一辑），刘玉苍译，福建人民出版社 1964 年版，第 138 页。

③ 中国第一历史档案馆藏军机处上谕档，道光二十二年七月十二日。转引自徐晓望编：《福建通史》（第五卷，近代），福建人民出版社 2006 年版，第 36 页。

④ 中国第一历史档案馆藏军机处上谕档，道光二十二年七月十七日。转引自徐晓望编：《福建通史》（第五卷，近代），福建人民出版社 2006 年版，第 36 页。

无奈下勉强答应了英国开放福州的要求。1844年7月1日，英国驻香港总督兼驻华商务监督（Superintendent of Trade）德庇时派遣李太郭（George Tradescant Lay，约1800—1845年11月6日）充任福州领事。同年7月3日，福州宣布开埠通商。按照福州建造房屋的地区面积估计，大约比宁波大一倍，比上海大两倍，比厦门大四倍，福州人口最低在500000以上，可能为600000左右。①

在五口通商的最初十年，福州贸易发展缓慢，远低于西方人的预期，而发展缓慢的贸易自然无法带动福州当地外侨数量的快速增长。"1850年，那里（福州）的外国人口只有10人，其中7人（1个英国人和6个美国人）是传教士……在该口岸的历史上，第一年中没有外国船只进口；第二年，即1845年，有765吨的航运进口，贸易价值是375000元；但是在第三年和第四年就没有一只船了。"②1848年1月10日，福州英国领事若逊致德庇时的报告称，"去年（1847年）下半年，这个港口的商业形势丝毫未有改变，同外国的来往也未增加。没有一艘英国或其他外国的船只曾经为贸易的目的而来到这个港口，也没有一个企图了解商业情况的外国人曾经到这里……在这里的英国人现在只剩了领事馆的人员"。③福州贸易的暗淡，让英国人认为这是一个没价值的口岸，应该放弃。德庇时称："必须承认，这个最后的一个口岸（福州），经过七年多的试验以后，已经证实是确定的失败了。"④有人建议用温州来替代，1850年又有人建议用福州和宁波来交换杭州、苏州和镇江三个"内地"口岸。迟至1853年5月，对于福州口岸的放弃，西方人还在郑重考虑之中。⑤

福州开埠后，对外贸易停滞不前的原因有四：一是英国人入城后长时

① 姚贤镐：《中国近代对外贸易史资料》（第一册），中华书局1962年版，第594页。
② ［美］马士：《中华帝国对外关系史》（第一卷），张汇文等译，商务印书馆1963年版，第405—406页。
③ 姚贤镐：《中国近代对外贸易史资料》（第一册），中华书局1962年版，第606页。
④ ［美］马士：《中华帝国对外关系史》（第一卷），张汇文等译，商务印书馆1963年版，第406页。
⑤ ［美］马士：《中华帝国对外关系史》（第一卷），张汇文等译，商务印书馆1963年版，第406页。

间遭到福州民众的强烈抵制，中国民众攻击外国人的事件屡见不鲜，外商的人身和财产安全得不到保障，令西方人望而却步或另投他处。二是当时中国法律禁止茶叶由海船运输出口。福建所产茶叶无法从海路出口，必须由陆路通过江西运到有需求的市场。倘若要出口，须送到广州装运。至于运往北方，则需要通过鄱阳湖转入扬子江航运。因此，福建产茶区茶叶的陆路运输时间和成本较其他地区高出许多。当时清政府禁止茶叶由海船出口，若违背禁令，外商的财产及人身安全可能难以保证。三是福建全省沿岸海盗猖獗，航运极不安全。在早期来福州的传教士的通信中，记载了诸多当时骚扰福建沿岸的海盗案件，成群的海盗严重阻碍了福州海上贸易的发展。四是沿海各地用现银购买走私鸦片导致白银外流，使正常商业与本地制造业受到诸多限制。"福州每年要输入价值2000000元的鸦片，以前主要是来自福州以南140英里的泉州，而近来也有从闽江口（刚在领事管辖范围以外）新近为鸦片走私船设立的窑口贩来的。目前大量鸦片由福州运入内地各处，福州城内每日零售约4—8箱。据说福州居民一半以上都染上了鸦片嗜好，甚至最下层的苦力和乞丐，有时也要牺牲一部分生活必需品来享受这种贵重的奢侈品。福州城内共有烟馆百余家，其外表为私宅，里面则备有吸食鸦片的一切陈设及烟具……"① 福州民众的鸦片消费耗费了诸多白银，致使当地经济萧条，进而严重影响到贸易发展。

　　贸易停滞不前严重制约外商前来福州。在五口通商的前十年，福州只来过两个外商——康普登和记连（Glen），皆因无法经营而返回，这种情况直到1853年方有所改变。1852年，太平天国运动向江西全省蔓延，该省境内一切贸易和交通等活动限入中断，使得原本通过江西陆运至广州、再由广州装船运去欧洲的福建茶叶无法运抵广州市场。当时在广州最早掌握情况的外国商行是美国旗昌洋行。旗昌洋行认为，外商可以到福州去购买茶叶，因为福州这时已成为与各产茶区维持交通的唯一口岸。于是，旗昌洋行率先派遣代理人进入武夷山茶区收购茶叶，经闽江顺流而下运至福州，就地装船出口。旗昌洋行的首次尝试获得了巨大成功。1853年9月，美国

---

　　① 姚贤镐：《中国近代对外贸易史资料》（第一册），中华书局1962年版，第594页。

冒险家华尔克（1824—1860）给香港总督报告称："大人阁下：当你知道福州府除了被当地无政府状态所干扰之外，可列入中国实际上进行贸易的口岸之中的美好前途的时候，你一定会感到愉快。这要归功于美国人的进取胆略和航运技巧。他们已经有两只船满载茶叶离港，继之，第三只几天内也要开驶。"①旗昌洋行经营茶叶成功的先例，在外商中引起很大反响，各大洋行群起仿效，诸多外国商船争先恐后地驶闽运茶，福州由是成为驰名海内外的茶叶集中地。

　　在茶叶贸易的强力拉动下，西商以及西商企业络绎不绝地来到福州。"1854 年，商港的贸易有了巨大的进展。那年茶叶出口的数量，按海关统计是 13 万担，这是比实际数量要少得很多的数字……为运输这些茶叶，55 艘船开来福州，其中 37 艘是英国的，14 艘是美国的。1854 年 6 月，在商港开设的商行增加 7 个，新来的是来士洋行（Reis & Co.），太平洋行（Gilman & Co.），捷逊洋行（R. Jackson），以上是英国的；还有隆顺洋行（Heard & Co.）是美国的，同时旗昌洋行和怡和洋行的外国职员分别都增加到三人。那一年美国第一次由国家正式派员在福州作代表，旗昌洋行为首的克拉克先生（Mr. D. O. Clerk）被委任作美国代理领事。"②"在 1855 年有不下 15739700 磅茶由五个经营茶叶的外国商行（三个英国商行，两个美国商行）运往外国市场；在 1856 年其数量增加到 40972600 磅；其后三年的平均数是 35476900 磅。"③茶叶贸易既抬升了福州在中国内外贸易以及通商口岸中的地位，也催生了这里的近代西商企业。1858 年，福州的英商洋行增至 21 家。④1859 年，又新增了几家外商商号。⑤

---

①　［英］卫京生：《福州开辟为通商口岸早期的情况》，载福建政协文史资料编辑室编：《福建文史资料》（第一辑），刘玉苍译，福建人民出版社 1964 年版，第 155 页。

②　［英］卫京生：《福州开辟为通商口岸早期的情况》，载福建政协文史资料编辑室编：《福建文史资料》（第一辑），刘玉苍译，福建人民出版社 1964 年版，第 157—158 页。

③　［英］卫京生：《福州开辟为通商口岸早期的情况》，载福建政协文史资料编辑室编：《福建文史资料》（第一辑），刘玉苍译，福建人民出版社 1964 年版，第 155 页。

④　［英］卫京生：《福州开辟为通商口岸早期的情况》，载福建政协文史资料编辑室编：《福建文史资料》（第一辑），刘玉苍译，福建人民出版社 1964 年版，第 164 页。

⑤　［英］卫京生：《福州开辟为通商口岸早期的情况》，载福建政协文史资料编辑室编：《福建文史资料》（第一辑），刘玉苍译，福建人民出版社 1964 年版，第 160 页。

（五）宁波：西商企业生成较少

1843 年 12 月，英国领事到达宁波，宁波正式对外通商。在开埠后相当长的时期里，宁波的贸易增长速度远不及西方人的预期。1844 年，宁波的贸易总值达 500000 元，这个数额不但没能保持下去，五年后反而减少至其十分之一以下。[①]1846 年 1 月 10 日，英国驻甬领事罗伯聃致德庇时的报告中提到上述问题的原因，"上海把一切东西都吸引到它那儿去了，把过多的进口货涌送到这里，同时还把原来准备到宁波来的茶商吸引到它那儿去了"。[②] 宁波距离上海太近，不具备与上海同等的区位优势，随着上海在中国贸易地位的提升，宁波作为通商口岸的地位越发难以凸显，反而更似上海的腹地。为此，在五口通商早期，宁波的外商人数屈指可数，而且绝大多数都是过客。1846 年，宁波唯一的外商麦肯齐（Mackenzie）舍弃此地，到上海去参加他兄弟的事业。1847 年前后，同和洋行（Blenkin, Rawson and Co.）和同孚洋行曾派人到宁波考察过，但最终还是没有选择在甬设立分支机构。[③] 直到 1853 年，宁波方有外国男子 19 人。1855 年增至 22 人，其中 14 人（英国人 4 个，美国人 10 个）是传教士、5 人为商人、3 人为英国领事馆人员。[④] 长时期贸易的严重萎缩致使宁波不具备近代西商企业生成和经营的肥沃土壤，西方人在此地仅有的经营活动为传教士的出版印刷。前文已述，花华圣经书房由澳门迁至宁波，这是西商在甬开办的首家企业。史料有载："道光二十四年（即西历一八四四年），美国长老会设花华圣经书房于澳门，以美国人谷玄（Richard Cole）主其事。谷玄以印书之需要，乃以台约尔之字模继续镌刻，广印书籍，更作小学及数目等共数种。是时他处印书购用华文铅字，悉于此取给。当时刻成之字，其大小与今之四号字等。因其制于香港，故又称之谓'香港字'。翌年，花华圣经书房迁至宁波，并改名为'美华书馆'。一八五八年美国长老会遣姜别

---

① ［美］马士：《中华帝国对外关系史》（第一卷），张汇文等译，商务印书馆 1963 年版，第 405 页。

② 姚贤镐：《中国近代对外贸易史资料》（第一册），中华书局 1962 年版，第 619 页。

③ 姚贤镐：《中国近代对外贸易史资料》（第一册），中华书局 1962 年版，第 619—620 页。

④ ［美］马士：《中华帝国对外关系史》（第一卷），张汇文等译，商务印书馆 1963 年版，第 404 页。

利（William Gamble）来华主持宁波花华圣经输光印刷事务。"①直到19世纪80年代中期，除花华圣经书房外，宁波连一家洋行都没有。

（六）广州：西商企业发展滞缓

1843年，广州作为条约口岸对外通商，但是广州百姓对西方人不可调和的仇视态度短期内并没有改变，致使外商继续限制在一口通商时期的旧商馆中。在西方人眼中，广州的人文环境比新开商埠上海要差得多。"在上海的外国人，数目虽然还不到一百，却得到180英亩的面积以供居住，后来扩展到470英亩，这还只是英国居留地，法国和美国的居留地还不计算在内；在广州的外国人数目多了三倍以上，却被限制在大约21英亩的一个区域里，其中的17英亩到末了都已经盖满了房屋，另外所给过的惟一方便，就是在现有的十三行之外加建了三所商行……许多外国人都试图从他们那禁锢的和不卫生的环境中逃脱出来，但每一次的努力都立刻遇到附近中国人的坚决抗阻，并且都造成了刊贴煽动性告白的机会。"②五口通商后的很长一段时间里，外国领事、商人以及传教士无法进入广州城。外商在广州的生活环境不佳，加之上海、香港等地贸易发展，使得广州在中国内外贸易中的地位快速下降。以当时中国最大的对外贸易国英国为例，根据英国领事馆的统计报告，1844—1852年间广州对英贸易总值一直呈下降趋势。如表2-8所示，1844—1852年间，广州对英贸易进口货值下降了31.36%，1848年贸易最低点时甚至只及1842年的38.66%，缩减近三分之二。出口货值九年间最低点为1848年，只及1844年的45.49%，较进口货值下降速度稍慢。

在贸易衰落的背景下，广州的外侨人数时增时减，且始终保持在较低水平。1838年，驻穗外侨307人，1845年减少到256人，1850年增至324人（包括11名传教士，其中4个英国人、7个美国人），1859年减至172人。外侨人数增长最快的上海，从1842年的25人增至1859年的408

---

① 贺圣鼎：《三十五年来中国之印刷术》，载张静庐：《中国近代出版史料初编》，上海书店出版社2003年版，第259—260页。

② ［美］马士：《中华帝国对外关系史》（第一卷），张汇文等译，商务印书馆1963年版，第415—416页。

表 2-8　1844—1852 年粤埠对英贸易总值

年　份	进口货值（镑）	出口货值（镑）
1844	3451312	3883828
1845	2321692	4492370
1846	2213116	3222021
1847	2085581	3406420
1848	1334147	1766661
1849	1646301	2392903
1850	1638489	2355717
1851	2481505	3247535
1852	2368830	1566614

　　资料来源：姚贤镐：《中国近代对外贸易史资料》（第一册），中华书局 1962 年版，第 549 页。

人。同时期，宁波、福州、厦门的外侨总数也由 1850 年的 30 人增至 1859年的 408 人。香港的外国人从 1841 年的 230 人增至 1854 年的 1643 人。由此可见，广州外侨人数的增长明显低于其他四个通商口岸的增长水平，[1]更不及英国控制下的香港。驻穗外侨数量整体减少，其实是外商行号转移的结果。鸦片战争前，广州是外商行号也是西商行号的大本营。1838 年，广州外商行号已达 55 家。[2] 这里的"外商行号"均为西商和英商殖民地印度商人所经营。1830 年，在英国下议院关于对华贸易极为重要的审查委员会会议中，几乎所有出席的证人都承认，在广州做生意比在世界上任何其他地方都更加方便和容易。广州行商的诚实和商业道德在伦敦的街谈巷议中、在孟买的生意场中是有口皆碑的。正如一位与行商做过二十年生意的外国人写道："作为一个商人团体来说，我们觉得他们在生意中是能干而可靠的，对于自己的诺言很守信，而且胸襟开阔。"[3] 鸦片战争后情况大变，

---

　　[1]　［美］马士：《中华帝国对外关系史》（第一卷），张汇文等译，商务印书馆 1963 年版，第389—390 页。
　　[2]　［美］马士：《中华帝国对外关系史》（第一卷），张汇文等译，商务印书馆 1963 年版，第 82 页。
　　[3]　［英］格林堡：《鸦片战争前中英通商史》，康成译，商务印书馆 1961 年版，第 82 页。

广州的开放程度赶不上后起的上海及英国占领下的香港，导致大多驻穗西商行号将总部迁移至沪港，留在原地的多为小行号或行号的二级或三级分支机构，为此促进了沪港两地近代西商企业的生成。

三、生成阶段西商企业的总量与类型

（一）西商企业的总量

"1842 年，通商口岸的商行总数为三十九家，其中英商二十四家、港脚人和其他来自英属印度人所属四家、美商十一家家。"[1] 剔除非英美商人经营的商行，英美商行共 33 家。"1844 年，通商口岸外国行号增至九十四家。"[2] 这里我们很难分辨出哪些为西商所经营，但是有一点是肯定的，即早期外商行号均为西商及英国殖民地印度商人所经营，其中以西商为主体。19 世纪 50 年代初，"约有 200 家外国行号……巴斯人或英属印度商人约占四分之一"。[3] 剔除巴斯人或英属印度商人所占比重，西商行号约为 150 家。"在 1855 年，倘使把所有的支店和代理店分别计算，那么在香港和五个条约口岸共有二一九个商行，其中——一个英国人的，四十五个是港脚人和其他印度人的，二十三个是美国人的，七个是德国人的，六个是葡萄牙人的（在澳门的不包括在内），五个是丹麦人的，二个是秘鲁人的。"[4] 剔除港脚商人和其他印度人的 45 家行号，欧美行号约为 174 家。根据聂宝璋先生对各口岸洋行的统计，"1872 年共 343 家，1875 年同，1878 年 351 家，1881 年略增，计 422 家，1884 年复降至 380 家，1894 年也不过 552 家"。[5]

---

① ［美］马士：《中华帝国对外关系史》（第一卷），张汇文等译，商务印书馆 1963 年版，第 389 页。

② John King Fairbank: Trade and Diplomacy on the China Coast, 1842—1954, Vol.2, Harvard University Press, 1953, p.159.

③ John King Fairbank: Trade and Diplomacy on the China Coast, 1842—1954, Vol.2, Harvard University Press, 1953, pp.159—160.

④ ［美］马士：《中华帝国对外关系史》（第一卷），张汇文等译，商务印书馆 1963 年版，第 389—390 页。

⑤ 聂宝璋：《1870 年至 1895 年在华洋行势力的扩张》，《历史研究》1987 年第 1 期。

以上海为例，1843 年有洋行 5 家，①1844 年有洋行 11 家，②1847 年
"有 24 家进出口洋行、5 家洋商店铺、1 家旅馆和俱乐部"，③1850 年有洋
行 32 家，④1852 年增至 41 家，⑤1854 年发展到 75 家，⑥1856 年有 83 家。⑦
由此可见，1843—1856 年，外商洋行净增长 78 家。

（二）西商企业的类型

按照经营业务来分，五口通商时期中国境内生成的西商企业主要有四
大类型：商贸企业、工业企业、交通运输企业和金融企业。

1. 商贸企业的生成

商贸企业指的是"在社会再生产过程中专门从事有形的和无形的商品
交换活动的独立的经济组织。如工业品采购供应企业、农副产品收购企业、
粮食企业、供销社、物质企业、进出口企业、饮食服务企业、仓储企业、
运输企业、零售企业、咨询企业等等"。⑧

鸦片战争前，农业和家庭手工业相结合、自给自足的自然经济在中国占
据统治地位。清政府对商品贸易的遏制政策严重阻碍了商品经济的发展。鸦
片战争后，由于西方资本主义入侵，中国传统的经济和商业结构发生改变。
1842 年五口通商后，西商开始在中国直接从事商贸活动，中国出现最早的新
式商贸企业是西商经营的、进出口贸易的洋行，亦称为"外国商（行号）"。

在相当长的时间里，中西贸易基本上由洋行经手。早期洋行的经营方
式有两种：一是从西方国家订货运到中国后，卖给通商口岸的华商，再由
华商销售。二是在门市定期拍卖，在上海被称为"叫庄洋行"。早期洋行活
动一般限于通商口岸，就近与通商口岸的华商进行交易，利用华商的贸易
网络推销进口商品和收购出口商品，这种特殊的经销方式滋生了近代中国

---

① G. Lanning & S. Couling: The History of Shanghai. Shanghai: Kelly & Walsh, Limited, 1921, p.282.

② ［美］马士：《中华帝国对外关系史》（第一卷），张汇文等译，商务印书馆 1963 年版，第
389 页。

③ 陈文瑜：《上海开埠初期的洋行》，《经济学术资料》1983 年第 1 期。

④ 陈文瑜：《上海开埠初期的洋行》，《经济学术资料》1983 年第 1 期。

⑤ 陈文瑜：《上海开埠初期的洋行》，《经济学术资料》1983 年第 1 期。

⑥ 罗婧：《开埠初期的上海租地及洋行——基于 1854 年〈上海年鉴〉的研究》，《史林》2016
年第 3 期。

⑦ Shanghai almanac and directory, 1856. Shanghai: J. H. De Carvalho, pp.107—113.

⑧ 陈己寰主编：《商贸企业管理学》，广东高等教育出版社 1995 年版，第 4 页。

一个特殊的阶层——买办。

2. 工业企业的生成

西商工业企业中，最先生成的是适应传教所需的西商印刷企业。这类企业生成时间早，分布范围相对较广。除福州和厦门外，香港、上海、宁波、广州都相继出现了西商经营的印刷企业，且数量不少。相比其他类型的企业，西商印刷企业对近代中国社会经济的影响相对要小一些。

与印刷企业近乎同时生成的是西商船舶修造企业，这类企业是近代早期西商工业企业的主体，在近代中国经济史、工业史上占据极为重要的地位。西商船舶修造企业主要生成于四个地区：香港、广州、上海、福州。19世纪40年代初，大英轮船公司的轮船及鸦片飞剪船大批闯入中国海面后，西商就萌发了经营船舶修造业的企图。五口通商后，西商迫不及待地在华创办船舶修造企业。前文已述，1842—1858年，香港、上海、广州、福州共出现28家西商经营的船舶修造企业，其中香港7家、上海15家、广州5家、福州1家。① 在以后的市场竞争中，虽然这些船舶修造企业或停办或被吞并，但是它们代表了近代新式工业生产力和生产组织方式，在近代中国经济史、工业史上产生了非常重要的影响。

近代西商工业企业中第三类是适应外侨生活需要的食品和医药企业。1842年，中国境内西方侨民为259名，1859年达2148名。② 为满足西方侨民对食品、药品所需，西商开始创办食品加工企业和药品销售与制造企业。其中，食品类企业有上海的霍尔——霍尔茨面包房（1850年）、从事面包烘烤和啤酒制造的埃凡洋行（1855年）；药品类企业有上海的老德记药房（1853年）、香港的屈臣氏药房（1858年）。这类企业的数量、规模和影响力有限，在西商企业的生成阶段并不占据重要地位。

3. 交通运输企业的生成

近代西商最早的航运企业诞生于香港。前文已述，1843年，大英轮船

---

① 何兰萍：《晚清外商资本与中国近代的船舶修造业》，《上海经济研究》2008年第7期，未刊表。

② ［美］马士：《中华帝国对外关系史》（第一卷），张汇文等译，商务印书馆1963年版，第389页。

公司在香港设立分公司，这是首家入驻中国的西商航运企业。1848 年，建也洋行以 3 万两的资本创办"省港轮船公司"（Hong Kong Canton Steam Packet & Co.），拥有"广州"和"香港"号两艘轮船。① 这是西商在华新办的第一家专业轮船公司。虽然这家公司于 1853 年破产，但西商轮船航运业的发展势头并未就此停歇。

4. 金融企业的生成

五口通商时期生成的近代西商金融企业有两类：保险企业和银行。最先生成的是保险企业，保险与航运如影随形，哪里有航运哪里就有保险。前文已述，早在鸦片战争前广州已经出现了洋行附属的保险机构，分别是1835 年颠地洋行开设的于仁洋面保安行和 1836 年怡和洋行开办的谏当保险公司。1841 年，于仁洋面保安行在香港注册，并将总公司从澳门迁往香港，成为近代西商首家保险企业。此后很长时间里，并未出现西商经营的专业保险公司，中国境内的保险业务主要由两类保险机构承担：一类是洋行附设的保险机构；另一类是境外西商保险企业。

1841 年，英商仁记洋行在香港设立经营机构，兼营保险代理业务。②1846 年，英商永福（Standard）、大东方（Oriental）两家保险公司进入中国保险业市场。营业规模较小，被保人大多是外国人。营业范围局限于我国南方城市。承保险种均为人寿保险。③ 据统计，1844 年中国各通商口岸和香港共有保险公司的代理机构 25 个，其中怡和与宝顺两家占了11 个。④1853 年，旗昌洋行最先深入福建武夷山茶区采购茶叶，1855 年又把一艘"孔夫子"号开进闽江。1856 年即在福州开办"中国互助保险公司"的代理业务。1857 年，谏当保险公司在上海和香港两地开设分行，并采取大量吸收华商股份的措施。1859 年，上海琼记洋行（A. Heardand Co.）成

---

① 聂宝璋：《中国近代航运史资料》（第一辑），上海人民出版社 1983 年版，序言第 7 页。

② 颜鹏飞等主编：《中国保险史志（1805—1949）》，上海社会科学院出版社 1989 年版，第15 页。

③ 颜鹏飞等主编：《中国保险史志（1805—1949）》，上海社会科学院出版社 1989 年版，第18 页。

④ John King Fairbank: Trade and Diplomacy on the China Coast, 1842—1954, Vol.2, Harvard University Press, 1953, p.238.

立，其额定资本为 71500 两，并附设保险代理处。[①]

除保险企业外，五口通商时期西商银行亦已生成。第一次鸦片战争后数年内，走私鸦片仍属于非法行为，但在巨额利润的诱导下，加之新开通商口岸提供的更为广阔的市场，鸦片贸易日益扩大，甚至遏制住正常的商品贸易。鸦片贸易滋生了越来越多的汇兑、承兑以及资金周转等金融业务，进而刺激了西方银行家在华设立银行。五口通商时期，中国出现了数家西商银行。"纵观从 1845 年到 1858 年的 13 年间，是清一色的英国银行在中国设行时期。5 家英国银行这一时期在中国共设立了 13 个机构，计上海 5 个、香港 4 个、广州 4 个，上海已成为以推进商品输出为任务的外资银行最令人瞩目的城市。"[②]

五口通商时期，西商银行的主要特点有三：首先，从国籍来看，都是清一色的英商银行。其次，从企业组织形式看，大多为特许制银行，真正的商业股份制银行较少。再者，从集中地来看，以上海和香港最为集中，紧随其后的是广州。

上述四类西商企业，按照功能又可分为三类：一类是从事商业和贸易活动的商贸企业；一类为服务业商贸的金融、航运企业以及工业中的船舶修造企业；还有一类即服务于传教和侨民生活所需的印刷企业、食品企业和医药企业。

第三节　1858 年至甲午战争前西商企业的发展

根据 1858 年《天津条约》，清政府开放牛庄（后改营口）、台湾府（台南）、潮州（汕头）、登州（烟台）、淡水、琼州、汉口、九江、南京、镇江共十个通商口岸。根据 1860 年《北京条约》，清政府增开天津和塘沽。根据 1876 年《烟台条约》，宜昌、芜湖、温州、北海开放。根据 1890 年新订《烟台条约续增专条》和 1893 年《中英藏印议订附约》，重庆、亚东

---

① 颜鹏飞等主编：《中国保险史志（1805—1949）》，上海社会科学院出版社 1989 年版，第 20、21、22 页。

② 丁日初主编：《上海近代经济史》（第一卷），上海人民出版社 1997 年版，第 96 页。

分别开放。从 1858 年到 1894 年甲午战争爆发前，中国先后增开了 18 个
通商口岸，西方国家对华侵略由沿海向沿江、由内地向边疆推进。在西方
国家用坚船利炮不断撕裂清政府的防线过程中，西商企业的总量、类型、
空间分布、企业组织形态等也在快速扩张。

一、企业总量的增长

1858—1894 年，西商企业的总量呈现快速增长的态势，主要表现在企
业数量的增加及投资总额的增长。

（一）西商企业数量的增长

19 世纪 60 年代至甲午战争爆发前，西商企业的数量已达到一定规模。
以商贸类企业为例，1842 年，中国境内有外国商行 39 家，4 家属于港脚
商人和印度商人。[1] 也就是说，英美商行 35 家。1844 年增至 94 家。[2]19
世纪 50 年代初，"约有 200 家外国行号……巴斯人或英属印度商人约占四
分之一"。[3] 剔除巴斯人或英属印度商人所占比重，西商行号约为 150 家。
"在一八五五年，倘使把所有的支店和代理店分别计算，那么在香港和五
个条约口岸共有二一九个商行，其中——一个英国人的，四十五个是港脚
人和其他印度人的，二十三个是美国人的，七个是德国人的，六个是葡萄
牙人的（在澳门的不包括在内），五个是丹麦人的，二个是秘鲁人的。"[4]
剔除港脚商人和其他印度人的 45 家商行，西商商行约为 174 家。根据聂
宝璋先生对各口岸洋行的统计，"1872 年共 343 家，1875 年同，1878 年
351 家，1881 年略增，计 422 家，1884 年复降至 380 家，1894 年也不
过 552 家"。[5] 根据上述统计资料，选取 1842 年、1850 年代初、1872 年

---

[1]　[美] 马士：《中华帝国对外关系史》(第一卷)，张汇文等译，商务印书馆 1963 年版，第
389 页。

[2]　John King Fairbank: Trade and Diplomacy on the China Coast, 1842—1954, Vol.2, Harvard
University Press, 1953, p.159.

[3]　John King Fairbank: Trade and Diplomacy on the China Coast, 1842—1954, Vol.2, Harvard
University Press, 1953, pp.159—160.

[4]　[美] 马士：《中华帝国对外关系史》(第一卷)，张汇文等译，商务印书馆 1963 年版，第
389—390 页。

[5]　聂宝璋：《1870 年至 1895 年在华洋行势力的扩张》，《历史研究》1987 年第 1 期。

以及 1894 年为坐标，绘制成图 2-4。从中很明显地看出，1842—1894 年近五十年间，西商企业数量呈现直线上升的发展势头，从最初的 33 家增至 552 家，净增为 519 家。即使刨去 1872 年、1894 年统计数据中非西商经营的部分，也足以看出西商企业快速增长的势头。从中还能发现，到 1894 年甲午战争爆发前，西商企业达到 552 家，已形成一定的规模效应。

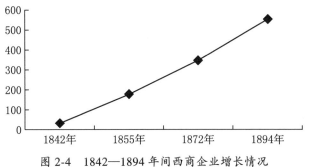

图 2-4　1842—1894 年间西商企业增长情况

在西商商贸企业数量快速增长的同时，工业企业的增幅也很大。"自鸦片战争至甲午战争的 55 年中，在各口投资创办的各类工厂企业共计 191 家。其中 1870 年以前创办的计 75 家，1870 年以后创办的计 116 家。"[1]

与五口通商时期所不同的是，这一时期西商企业的进入路径主要有两种：一是境外西商企业在华设立分支机构；二是西商在华创办新企业。以鸦片贸易和房地产投机著称的英商沙逊洋行为例，这家洋行原系沙逊家族在印度的殖民机构，1845 年英籍犹太人爱德华·沙逊到上海设行，贩运鸦片、棉布，并从事地产投机，俗称"老沙逊洋行"。1872 年，其子艾利阿斯·沙逊（Elias David Sassoon）在印度孟买开办另一家商行，在上海设立分行，称"新沙逊洋行"。[2]老沙逊洋行属于上述提到的第二条路径，即总部设在境外、在中国设立分支机构。而新沙逊洋行则属于第一条路径，即直接在华创办新企业。再如美最时洋行（Melchers Co.），1806 年创办，本部位于布莱梅，是德国一个历史悠久、规模较大的贸易公司。1866 年，在

---

① 聂宝璋：《1870 年至 1895 年在华洋行势力的扩张》，《历史研究》1987 年第 1 期。

② 夏征农、陈至立主编：《大辞海》（中国近现代史卷），上海辞书出版社 2013 年版，第 41 页。

香港设立分行。① 同年，在上海设立分行。② 嗣后陆续在汉口、广州、天津、
汕头、镇江、宜昌等口岸设立分支机构，在英美洋行垄断的早期中国对外
贸易中成功取得一席之地。

（二）西商企业资本总额的增加

在投资额上，截至 1894 年，外商在华企业资本总额为 1.09 亿美元。③
虽然很难厘清其中哪些属于西商，哪些属于日商，但有一点是肯定的，那
就是西商企业在其中占据绝大多数，所以这个数据可以作为衡量甲午战争
前西商企业资本总额的参考。以工业为例，甲午战争前，外商在华工业投
资额约 2800 万元，各行业投资情况如表 2-9，从中可以看出船舶修造业
在外商对华工业投资中占比最高，而外商在华船舶修造工业均为西商所
经营。

表 2-9　甲午战争前外商在华工业投资情况

类　别	资本（元）	投资额（元）	占比（%）
船舶修造业	4943000	8112000	29.20
砖茶制造业	4000000	5600000	20.16
机器缫丝业	3972000	5173000	18.63
出口加工业（砖茶制造业除外）	1493000	1938000	6.98
其他各种轻工业	3793000	4910000	17.67
公用事业	1523000	2045000	7.36
共　计	19724000	27778000	100

资料来源：孙毓棠：《中日甲午战争前外国资本在中国经营的近代工业》，人民出
版社 1955 年版，第 63 页。

二、趋于完善的西商企业类型

近代西商企业类型主要有商贸企业、工矿企业、交通运输企业、金融
企业、农业企业以及其他。甲午战争爆发前，西商企业基本上出现了上述

① 李少鹏：《清末民初洋行老商标鉴赏》，古吴轩出版社 2018 年版，第 192 页。
② 黄苇：《上海开埠初期对外贸易研究》，上海人民出版社 1979 年版，第 117 页。
③ 许涤新、吴承明主编：《中国资本主义发展史》（第三卷），人民出版社 1993 年版，第 133 页。

六大类型，与前一时期相比有所增加。

（一）商贸企业的转型与发展

1870 年至甲午战争爆发前，在通商口岸开放数量增长的刺激之下，中国进出口贸易额上升非常明显。从表 2-10 可见，1894 年相比 1870 年，中国进口贸易净增长 98410 千海关两，增长了 154.51%；出口额增长 72810 千海关两，增长了 131.68%。

表 2-10　1870—1894 年中国进出口贸易额

（单位：千海关两）

年份	进口	出口	进出口总额
1870	63693	55295	118988
1873	66637	69451	136088
1883	73568	70198	143765
1894	162103	128105	290207

资料来源：姚贤镐：《中国近代对外贸易史资料》（第三册），中华书局 1962 年版，附表一。

中国进出口贸易的增长为西商商贸企业的发展注射了强心针。这个时期，西商商贸企业以英商实力最强，大企业最多；美商次之；法商第三；德商第四；意大利等其他欧洲国家商人最少。较著名的企业有英商怡和洋行、宝顺洋行、太古洋行，美商旗昌洋行、同孚洋行、老晋隆，德商鲁麟洋行、禅臣洋行、礼和洋行、美最时洋行。

1869 年苏伊士运河通航、1871 年上海至伦敦电报线架通及银行业的发展，引发西商商贸企业经营方式的变革，也为小企业的涌入创造了条件。在市场相对饱和的情况下，企业利润下降，规模大的西商商贸企业纷纷将资本转向与商贸有关的交通运输、金融以及工业等领域，为此加速了西商其他类型企业的成长。

（二）交通运输企业的勃兴

这一时期，西商交通运输企业的发展以轮船航运企业最为典型。1862 年，美商在上海建立旗昌轮船公司（Shanghai Union Steam Navigation

Company），① 专营长江及中国沿海客货业务，兼营码头、仓栈、保险等业务，一度成为长江上的霸主。"一八六五年英商又有广东香港澳门轮船公司（省港澳轮船公司）之设立，而开香广澳及西江间之航行路线。"②1876年旗昌被招商局盘购后，1872 年创办的太古轮船公司和 1881 年创办怡和轮船公司分别坐上中国船舶运输业的第一、第二把交椅，并垄断中国内河、近海及远洋运输业长达半个多世纪。

轮船航运业的勃兴催生了拖驳业。1863 年，英商在上海创办会德丰公司（Wheelock & Co.），从事上海港及长江、近海的拖驳航运。同年，会德丰公司组建的上海拖驳公司（Shanghai Tug and Lighter Company）及其后组建的黄浦拖驳公司，基本上垄断了上海的拖驳业。③1864 年，英商在天津创办大沽驳船公司（Taku Tug Lighter Co.）。④

到 1894 年甲午战争爆发前，西商先后在中国经营的交通运输企业至少有 19 家之多（详见表 2-11），主要分布在上海、香港。

表 2-11　1858—1894 年西商创办的航运企业

序号	年份	地点	企业名称	国别	开创资本实缴	备　注
1	1862	上海	旗昌轮船公司（Shanghai Union Steam Navigation Company）	美国	100 万两	由旗昌洋行代理，1876 年被招商局盘购。
2	1863	上海	会德丰（Wheelock & Co.）	英国	不详	1933 年有船 11 艘，51401 吨。
3	1863	上海	上海拖驳公司（Shanghai Tug and Lighter Company）	英国	不详	由会德丰代理，1903 年改为股份公司。

① ［美］刘广京：《英美航运势力在华的竞争（1862—1874）》，邱锡镕、曹铁珊译，上海社会科学院出版社 1988 年版，第 3 页。

② 漆树芬：《经济侵略下之中国》，光华书局 1925 年版，第 245 页。

③ 薛理勇：《上海掌故大辞典》，上海辞书出版社 2015 年版，第 258 页。

④ 夏东元编著：《盛宣怀年谱长编》（上册），上海交通大学出版社 2004 年版，第 7 页。

（续表）

序号	年份	地点	企业名称	国别	开创资本实缴	备　注
4	1863年后	上海	黄浦拖驳公司	英国	不详	由会德丰代理。
5	1864	天津	大沽驳船公司（Taku Tug Lighter Co.）	英国	不详	仁记洋行等发起，专营大沽口到天津的驳运业务。1889年收买华商白河驳船公司，改组为股份有限公司。执掌近代天津驳运业之牛耳。
6	1865	香港	省港澳轮船公司（Hong Kong Canton & Macao S. B. Co, Ltd.）	英国	不详	怡和、太古等洋行合资创办。
7	1866	上海	北德路易轮船公司	德国	不详	由美最时洋行代理。
8	1867	上海	公正轮船公司	英国	17万两	由轧拉佛洋行代理，1872年被太古轮船公司购买。
9	1868	天津	北清轮船公司	英国	19.4万两	由惇裕洋行代理。
10	1871	不详	黑龙江轮船公司	俄国	不详	由俄商组织，成立后获得特权保护20年，政府予以补助。
11	1872	上海	麦边洋行	英国	不详	20世纪初停业。
12	1872	港沪等地	太古轮船公司（China Steamship Navigation Co., Ltd）	英国	36万镑（97万两）	直译为"中国行业公司"。由太古洋行创办，1873年开始长江航运。
13	1873	上海	华海轮船公司（China Coast S. N. Co.）	英国	32.5万两	由怡和洋行代理，1881年被怡和洋行收购。
14	1879	上海	扬子轮船公司（Yangtze Steamers Co.）	英国	30万两	由怡和洋行代理，专营上海与汉口，1881年被怡和洋行收购。
15	1881	港沪等地	怡和轮船公司（Indo-China Steam Navigation）	英国	44.98万镑（137万两）	直译为"印中航业公司"。怡和洋行将旗下的华海轮船公司、扬子江轮船公司以及从事香港—加尔各答航运的船队合并成立，于1883年正式开业。

（续表）

序号	年份	地点	企业名称	国别	开创资本实缴	备　注
16	1883	香港	道格拉斯轮船公司（Douglas Steamship Co., Ltd）	英国	不详	主营华南沿海线。
17	1890	香港	鸿安轮船公司（Hunug An S. N. Co.）	英国	不详	有华商股份，主营长江线。
18	1890	上海	汉美轮船公司（Hamburg American Line）	德国	不详	也译"亨宝轮船公司"，由瑞记洋行代理。
19	1892	海兰泡	黑龙江贸易轮船公司	俄国	233.3万卢布	俄亚银行为最大股东，公司从松花江经由尼古拉耶夫斯克向欧洲运输大豆，从事贸易。

　　资料来源：［美］刘广京：《英美航运势力在华的竞争（1862—1874）》，邱锡镕、曹铁珊译，上海社会科学院出版社 1988 年版，第 3 页；《中国经济发展史》编写组编：《中国经济发展史（1840—1949）》（第一卷），上海财经大学出版社 2016 年版，第 55—56 页；黄苇：《上海开埠初期对外贸易研究（1843—1863 年）》，上海人民出版社 1961 年版，第 117—118 页；孟宪章主编：《中苏贸易史资料》，中国对外经济贸易出版社 1991 年版，第 312 页。

（三）金融企业的崛起

　　适应贸易发展所需，1858 年后，西商纷纷在华设立银行和保险公司，金融企业在这一时期扮演着重要角色。

1. 银行

　　19 世纪 60 年代前期，中国已有西商银行 11 家，其中英商 10 家、法商 1 家，汇丰银行是唯一总部设在中国的西商银行。"汇丰银行创办于清同治三年（1864 年），香港总行于同治四年 3 月开业，上海分行于同治四年 4 月开业。"①1866 年，上海发生金融风潮，大部分外商银行倒闭，仅存丽如、有利、麦加利、阿加剌、汇丰 5 家英商银行及法商经营的法兰西银行。

---

　　①　洪葭管主编：《上海金融志》，上海社会科学院出版社 2003 年版，第 192 页。

进入 19 世纪 70 年代，中西交通方式变革以及由此带来的贸易方式的改变，加之银价下跌形成的杠杆作用，促进了国际贸易与金融业的扩张。为扩大贸易融资，西商银行进一步加强与中国钱庄的合作，同时拓展对在华外商企业的投资。投资领域的拓展，加大了西商银行对中国金融市场的控制能力。19 世纪 70 年代后，以汇丰银行为代表的英商银行实力不断增强。与此同时，除英、法外，其他欧洲国家纷纷来华创办银行。

汇丰银行的崛起，标志着英国海外银行经营方式发生重大转变，即改变过去将银行总行设在英国本土或老殖民地印度的惯例，转设到香港，以中国作为主营基地。时至 1894 年，在华经营的英商五家银行实力对比发生巨变，汇丰银行拥有 160 万英镑资本，麦加利、阿加剌拥有 100 万英镑资本，有利银行为 75 万英镑，丽如为 60 万英镑。① 汇丰银行成为中国境内最大的外商银行，且这种行业霸主地位一直维系到新中国成立之前。1870—1890 年间，英商创办了两家新银行。一家是上海工部局储蓄银行（Shanghai Savings Bank），1865 年提议建立，迟至 1867 年成立，1868 年关闭。另一家是 1875 年 5 月 15 日在上海成立的德丰银行，这是一家总行在印度的英商银行在中国设立的分支机构。其总行成立于 1863 年的加尔各答，故取名为“加尔各答银行公司”（Callcutta Banking Corporation）。1866 年，总行迁至伦敦。1883 年，这家上海分行被撤销。②

19 世纪 70 年代以后，后起的欧洲资本主义国家德国开始运用国家力量支持本国银行资本对华渗透。1870 年 3 月，德意志银行创立。作为德国四大银行巨头，1872 年 6 月 1 日它在上海设立分行，成为该银行在远东的首家分行。③1872 年上半年，鲁麟洋行、顺章洋行、同孚洋行、元芳洋行、履泰洋行的负责人试图联合在上海集股欲于次年创办华利银行。④ 同年 5—8 月，《申报》连续发布华利银行募股广告，声称“闻英国贸易之道不平，有巨贾闭门罢市，众商咸生疑惑，而银根亦因之紧。前举设华利银行之董事，

---

① 宋佩玉：《近代上海外商银行研究（1847—1949）》，上海远东出版社 2016 年版，第 71 页。
② 宋佩玉：《近代上海外商银行研究（1847—1949）》，上海远东出版社 2016 年版，第 70 页。
③ 宋佩玉：《近代上海外商银行研究（1847—1949）》，上海远东出版社 2016 年版，第 73 页。
④ 《华利银行告白》，《申报》1872 年 5 月 18 日第 6 版。

现已拟展缓开行之期矣，俟有定时再当登报奉闻也"。① 虽然宣传势头很大，但最终因市场萎靡、银根吃紧，这五家洋行合力创办银行的计划破产。

1875 年，德意志银行上海分行歇业。1887 年，德国政府又开始筹建以中国市场为主要目标的德华银行。同时期，俄国开始筹划在中国设立银行。1876 年，总行设在彼得堡的俄国对外贸易银行（Russian Bank for Foreign Trade）在上海建立分支机构，1883 年裁撤。②1870—1880 年，不断有西商银行在中国生成，也不断有银行撤离，但英商银行在华垄断地位始终没有改变。

19 世纪 90 年代前期，英商有 2 家新银行创办。一家是大东惠通银行（Bank of China, Japan and the Straits, Ltd），"为原英商大东惠通公司改组而成，总行设在伦敦，资本 200 万英镑，上海分行于清光绪十七年（1891 年）7 月 9 日开业，光绪二十八年（1902 年）停业"。③ 另一家是中华汇理银行（National Bank of China, Ltd），"总行在香港，资本 50 万英镑，上海分行于光绪十七年（1891 年）10 月在沪开业，宣统三年停业"。④ 在新行设立的同时，老牌银行丽如、阿加剌在华机构停业清理，分别于 1892 年、1893 年退出中国市场。

汇丰银行的快速发展很快吸引住德国商人的目光，有德商决定仿效汇丰模式设立一家总行在中国境内的银行，以加强对华经济的控制。"光绪十五年（1889 年）5 月 15 日成立在上海德国领事馆作商业登记的德华银行（Deutsche Asiatishe Bank），次年 1 月 1 日正式开业……该行把总行设在上海。"⑤

总之，到甲午战争爆发前，中国境内先后出现过 18 家西商银行，其中英商 14 家，法商 1 家，德商 2 家，俄商 1 家。甲午战前依旧在中国营业的西商银行共有 7 家，英商 5 家为汇丰、有利、麦加利以及 19 世纪 90 年代

---

① 《华利银行改期》，《申报》1872 年 8 月 28 日第 3 版。
② 宋佩玉：《近代上海外商银行研究（1847—1949）》，上海远东出版社 2016 年版，第 74 页。
③ 洪葭管主编：《上海金融志》，上海社会科学院出版社 2003 年版，第 193 页。
④ 洪葭管主编：《上海金融志》，上海社会科学院出版社 2003 年版，第 193 页。
⑤ 洪葭管主编：《上海金融志》，上海社会科学院出版社 2003 年版，第 203 页。

初新成立的大东惠通和中华汇理，法商 1 家为法兰西银行，德商 1 家为德华银行，俄商 1 家为华俄道胜银行。无论是以数量还是资本实力来论，英商银行都占据行业优势地位。甲午战争前，外商银行虽以沟通中外贸易和国际汇兑为主营业务，但对中国经济的掌控作用已有所反映。

2. 保险企业

西商保险企业起步早、发展快，五口通商时期多为洋行附设的保险机构，专业保险公司较少。19 世纪 60 年代，西商航运企业的发展催生了一大批保险企业。1862 年，美商旗昌洋行在上海创办扬子江保险公司，从承揽旗昌轮船公司所运货物开始，以上海为中心迅速延至香港及中国其他主要口岸，成为外商在华首屈一指的大保险公司。据不完全统计，从 19 世纪 60 年代到甲午战争前，西商在中国境内新办的保险企业至少有 9 家（详见表 2-12）。从空间分布来看，以香港和上海为最；从国籍分布来看，绝大多数为英商所经营；从经营主体来看，以大洋行为主。

表 2-12　1858—1894 年西商创办的保险企业

年份	创办地	企业名称	经营者
1862	香港	香港水险公司（Hongkong Marine Ins.Co.）	广隆洋行
1862	上海	扬子江保险公司（Yangtze Insurance Association, Ltd）	旗昌洋行
1863	上海	保家行（North-China Insurance Company）	祥泰、履泰、太平、沙逊、汇隆
1864	香港	泰安保险公司（China Fire Insurance Co.，又名"中国火烛保险行"）	不详
1865	上海	保宁保险公司（British Traders' Insurance Company）	琼记洋行
1866	香港	香港火烛保险公司（Hongkong Fire Insurance Co.）	怡和洋行
1870	香港	中华保险公司（China Fire Insurance Co., Ltd）	不详
1870	上海	宝裕保险公司（China and Japan Marine Insurance Company，又名"中日保险公司"）	宝裕洋行
1873	香港	怡和保险公司	怡和洋行

资料来源：赵兰亮：《近代上海保险市场研究（1843—1937）》，复旦大学出版社 2003 年版，第 33—34 页；丁日初：《上海近代经济史》（第二卷），上海人民出版社 1994 年版，第 239—242 页。

（四）工业企业的增长

甲午战争爆发前，西商尚未独立涉足矿业，因而西商工矿企业中只存在工业企业，而无矿企。19世纪60年代后，西商工业企业的数量及所涉业务快速增加。

总体而言，西商投资最多、实力最强的工业企业仍是船舶修造企业。1843—1894年，中国境内先后出现西商经营的66家大小不一的船厂，共造船91艘。[①] 这些船厂主要分布在三个地区：以广州和香港为核心的华南地区；上海；厦门和福州。除此以外，汕头、烟台和天津也有一些小规模的西商船舶修造企业。这个时期，特别值得注意的是，西商船舶修造企业中出现了垄断性企业，如香港的香港黄埔船坞、上海的祥生船厂和耶松船厂。19世纪70年代后，上海的祥生和耶松船厂控制了沪上船舶修造业，香港黄埔船坞也于19世纪80年代后在当地船舶修造业中形成了二十年独占的局面。从国籍来看，英商企业实力最强，其在船舶修造行业的优势地位在甲午战争前已经奠定，并一直维系到新中国成立之前；其次是美商企业。更为重要的是，西商船舶修造企业中出现了最早的工厂制及工业公司，对近代西商企业制度的生成具有非常重要的意义。

1858年后，西商加工类企业开始生成，且发展速度很快。早期来华经营的洋行开始投资设厂，以方便在华掠夺原料、利用中国廉价劳动力服务于贸易。这类西商工业企业主要有蛋品厂、砖茶厂、制革厂、缫丝厂、轧棉（花）厂以及打包厂等，"在总数191家企业（1895年前的外商创办的工厂企业）中，出口加工一项增速最快：1870年前不过六家，1870年后增至44家"。[②] 甲午战争爆发前，西方国家对华经济侵略主要是通过贸易收购原料、销售本国产品，而进出口加工企业的功能恰恰为服务于贸易所需，故而加工类企业成为这一时期西商工业企业的重要组成部分。

西商轻工业企业出现早于加工企业，如印刷企业、食品和医药企业早在五口通商时期就已出现，1858年后，陆续生成的有制冰厂、家具厂、建

---

① 参见汪敬虞：《关于十九世纪外国在华船舶修造工业的史料》（续），《经济研究》1965年第5期。

② 聂宝璋：《1870年至1895年在华洋行势力的扩张》，《历史研究》1987年第1期。

材厂、酿酒厂、制糖厂、火柴厂、砖茶厂、鸦片制造厂、榨油厂、豆饼厂、
造纸厂、卷烟厂、制皂厂、卷烟厂、火油池等。轻工业企业大多面向原料
产地设厂，分布较广，成为西商在华拓展空间的重要载体。在门类众多的
轻工业企业中，数量最多的当属印刷企业。从表 2-13 可见，19 世纪 60 年
代至甲午战争爆发前，外商在华创办印刷企业共 13 家，从国籍看，日商 2
家，西商 9 家，国籍不明者 2 家，西商占据绝对优势。从分布地看，上海
有 11 家、天津有 2 家，以上海最为集中。

表 2-13　甲午战争前外商在华创办的印刷企业

年份	地点	企业名称	创办人	国籍	备　注
1868	上海	晋元印书馆	才克尔 J. G. Thirkel	英国	承印书报，1869 年售予文汇报馆。
1870	上海	别发印书馆	别发洋行	英国	印刷出版书籍，兼营文具。
1876	上海	点石斋印书局	美查洋行	英国	印刷出版，属申报馆，但独立经营。
1882	上海	鸿文五彩书局	不详	不详	专印彩色钱票等。
1883	上海	修文书馆	松野植之助	日本	主营中西文活字及活版材料，兼营印刷业务。1900 年停业，售予商务印书馆。
1884	上海	图书集成局	美查洋行	英国	印书，属申报馆，但独立经营。
1885	上海	乐善堂书药局	岸田吟香	日本	经营眼药水、药材，出版图书。
1886	上海	同治印书馆	不详	不详	承印市价单及各种印件。
1886	天津	天津印刷公司	德璀琳	英国	印刷中文《时报》，1889 年出售与天津印字馆。
1889 前	天津	天津印字馆	肯特	英国	承印《京津泰晤士报》，1941 年太平洋战争后下落不明。
1889 后	上海	伊文思图书有限公司	伊文思	英国	代售英美各国教科书，兼营印刷业务。
1890	上海	上海五彩画印有限公司	不详	英国	印书。
1894	上海	法兴书局	不详	法国	印刷。

资料来源：万启盈编：《近代印刷工业史》，上海人民出版社 2012 年版，第 143—156 页。

　　五口通商后，西方国家在上海、天津、汉口、牛庄、镇江、九江、厦门、广州等地辟设租界。适应西方侨民生活需要，自19世纪60年代伊始，西商便开始尝试在租界内经营公用事业。上海租界发展最早、最快，这里的西商企业和西侨人数最多，为此公用事业最先发展起来。19世纪60年代，大英自来火房和法商自来火行建立，租界开始供应煤气。之后，上海租界又建立了电报公司、电厂、自来水厂。与此同时，天津租界内西商经营的公用事业开始起步，出现了一家英商经营的煤气灯公司。这个时期西商经营的公用事业企业特别是大英自来火房和上海自来水公司，属于西商工业企业中资本和规模较大者，成为除船舶修造企业外最为引人注目的工业企业，其资本募集方式、经营策略以及企业制度对近代中国社会经济产生了非常重要的影响。

表 2-14　甲午战争前西商创办的公用事业企业

年份	地点	企业名称	国籍	经营业务	备 注
1864	上海	大英自来火房（Shanghai Gas Co., Ltd.）	英国	煤气	1861年筹建，1864年建成，1865年初开始供应煤气。
1865	上海	法商自来火行（Compagnie du Gaz de la Concession Francaise de Changhai）	法国	煤气	1864年筹建，1865年注册，1866年开始供气。
1870	上海	大北电报局	丹麦	电报	外商资本最早在中国铺设海底电缆的电讯企业，与后起的英商大东电报公司、美商太平洋电报公司合为外商在华三大电报公司。
1881	上海	上海自来水公司（Shanghai Waterworks Co., Ltd）	英国	自来水	19世纪70年代初酝酿筹办，1881年召开第一届股东大会。1881—1883年购地建厂、安装机器及铺设水管。1883年3月8日始供水。
1881	上海	英商中国电话公司	英国	电话	1881年工部局与大北公司达成协议，成立英商中国电话公司，后改名为上海德律风公司。

（续表）

年份	地点	企业名称	国籍	经营业务	备　注
1882	上海	上海电光公司 （Shanghai Electric Co.）	英国	电力	1888 年改组成立新申电气公司（New Shanghai Electric Co.）。1893 年被工部局收购。1899 年中标经营租界电话。
1889	天津	天津煤气公司 （Tientsin Gas Co., Ltd）	英国	煤气	1889 年公司成立，建造厂房，翌年开始营业。
1893	上海	工部局电气处	英国	电力	收购新申电气公司后成立，由工部局经营。1929 年被美商摩根财团收购改为上海电力公司。

资料来源：孙毓棠：《中国近代工业史资料》（第一辑，上册），科学出版社 1957 年版，第 174—200 页；丁日初：《上海近代经济史》（第二卷），上海人民出版社 1997 年版，第 381 页；勒维柏主编：《鼓浪屿地下历史遗迹考察》，厦门大学出版社 2014 年版，第 138 页。

（五）其他企业

除上述四类企业外，在服务性行业中还存在一些西商经营的企业，如最先在租界发展起来的房地产企业。19 世纪 70 年代，西商为逐利开始经营房地产租赁业务，并逐步发展为专业房地产公司。其中规模最大的业广地产公司创设于 1888 年的上海，[①] 自成立起就频繁展开房地产买卖活动。与此同时，一些实力雄厚的商贸企业也开始涉足房地产市场，如沙逊洋行、哈同洋行，成为该行业的生力军和实力派。甲午战争爆发前，西商经营的农业企业数量和规模有限，此处不作过多论述。

三、企业空间分布的延展

近代西商企业的空间布局经历了点、线、面的演进脉络，这种空间布局在甲午战争爆发前已经雏形初具。这一空间布局的形成与中国通商口岸的增设、不断扩大的特权紧密相连。

五口通商以前，西商来华经济组织集中在广州，从空间上看属于"一

[①] 丁日初：《上海近代经济史》（第二卷），上海人民出版社 1997 年版，第 360 页。

点分布"状。五口通商时期，西商企业的空间布局开始从广州这一个点向香港以及四个新开口岸共五个点扩散，呈现出"数点分布"状，并具有将沿海连成一线的趋势。在这种"数点分布"状态之下，上海、香港、广州三地的西商企业最为集中。第二次鸦片战争后，中国新开通商口岸数量大增，西商企业的空间布局也随之由"数点状"演化为"线状"分布。这里包含两条线：沿海线与沿江线，而这两条线的交汇点即为上海。因此，自19世纪60年代开始，西商企业的空间布局逐渐呈现出以上海为中心的沿海通商口岸一线（包括香港在内）和沿江通商口岸一线。在沿海一线中，除上海外，香港、广州以及新进城市天津成为西商企业重要的汇集地。天津成为中国北方西商企业最集中的城市。在沿江一线中，除上海外，吸引西商企业最多的城市当属汉口。"到1866年天津已有英行9家、俄行4家、英美义行各1家，总数已达16家之多。"[1]武汉号称"九省通衢"，汉口是国内最为重要的内地商业枢纽，承担着物质集散和贸易中转的重要角色。汉口开埠后，西商纷纷在汉口开办商贸企业、工厂以及航运企业等。1865年，上海洋行从1845年的11家，增加到88家。[2]1870年以后，西方国家要求清政府开放更多的沿海、沿江口岸，到甲午战争爆发前中国沿海、沿江以及内陆边疆的重要通商口岸基本上全部对西方国家开放，使得西商企业从沿海、沿江向内陆渗透并连成片。如此一来，西商企业的空间分布由前一段时期的"线状"走向"面状"，而西商企业的这种空间分布一直延续到新中国成立之前。

四、多国格局的形成

从西商企业的国籍分布来看，甲午战争前英商企业的数量和实力位居第一，美商随后，法德位列第三，其他欧美国家排在最后。这种国籍分布格局既是五口通商时期的继承，也是欧美国家国际地位变迁的表现。

首先，从西商企业的数量来看符合上述分布格局，前文已述，1842年通商口岸外商行号总数为39家，其中英商24家、美商11家。英商行号

---

[1] 聂宝璋：《十九世纪六十年代外国在华洋行势力的扩张》，《历史研究》1984年第6期。

[2] 聂宝璋：《十九世纪六十年代外国在华洋行势力的扩张》，《历史研究》1984年第6期。

占 61.54%，美商占 28.21%，其余为英属印度商人经营的行号。19 世纪
50 年代初约有 200 家外商行号，英商占了近一半。1855 年，香港和五个
通商口岸增加到 219 家西商行号。其中英商 111 家、美商 23 家，其余为
德商 7 家、葡萄牙人所属 6 家（不包括澳门在内）、荷兰商人 2 家、丹麦
商人 3 家、秘鲁商人 2 家。① 这里英商行号占总数的 50.68%，美商行号
占 10.50%，其他西方国家行号占比很低。此后，西方国家在华商号数量增
长更为迅猛。1872 年达 343 家，1877 年达 349 家，1882 年增至 440 家，
1892 年高达 579 家。其中英国商号占总数的三分之二之多。西方国家在华
商号的增长促进了西人的增长。其中英国在华人数最多，美国次之。②

其次，从重要通商口岸西商企业的国籍企业分布来看亦然。以上海为
例，1844 年即上海开埠后一年，有 11 家英、美商行。③1852 年，沪上外
国商行增加到 41 家，其中英商 27 家，占据三分之二；从属于英帝国的
帕西洋行 8 家、美商 5 家、法商 1 家。1848 年法商利名洋行是一家钟表
商，德商直到 1855 年开设一家鲁麟洋行（Wm. Pustan & Co.），1858 年开
设一家禅臣洋行（Seimssen & Co.）。④ 前文提到，1865 年上海有洋行 88
家，其中英商最多，包括孟买商人的 7 家行号在内共计 58 家，约占总数
的 65%。其余美籍商行 6 家，德、荷籍商行 15 家，法商（包括瑞士）计 8
家。⑤ 香港更是英商企业开办和经营的首选地。"1843 年底，香港有 12 家
规模较大和 10 家规模较小的英国商行，6 家印度商行。"⑥ 由此说明，1843
年年底，香港共有 28 家外国商行，其中英国共 22 家，另外 6 家是英属殖
民地印度的商行，本身就属于英帝国体系之内。19 世纪 60 年代后，其他
西商行号陆续来港，如德商禅臣、礼和、美最时等洋行，但是英商大洋行
如怡和、太古、沙逊、泰和、仁记、太平等已经借助资本优势、先发优势

---

① ［美］马士：《中华帝国对外关系史》（第一卷），张汇文等译，商务印书馆 1963 年版，第
389—390 页。
② 姚贤镐：《中国近代对外贸易史料》（第二册），第 1000 页。
③ ［美］马士：《中华帝国对外关系史》（第一卷），张汇文等译，商务印书馆 1963 年版，第 399 页。
④ 陈文瑜：《上海开埠初期的洋行》，《经济学术资料》1983 年第 1 期。
⑤ 聂宝璋：《十九世纪六十年代外国在华洋行势力的扩张》，《历史研究》1984 年第 6 期。
⑥ 余绳武、刘存宽主编：《十九世纪的香港》，中华书局 1994 年版，第 249—250 页。

和政治优势控制住香港大部分经济领域，如商贸、航运、金融、交通运输、制造业、公用事业、不动产等。特别是怡和、太古，在香港经济活动非常活跃，对香港及近代中国经济社会影响非同一般。

第三，从各国企业的影响力来看，位居前列的亦是英美企业。19世纪60年代后，虽然法德等西方国家加大了对华侵略力度，但英美企业特别是英国企业的先发优势依然突出。甲午战争前，英商企业的影响力仍为最大，包括整体影响力和知名企业的影响力两方面。

甲午战争爆发前，西商企业国籍格局的基本特点为以英美企业为主体、法德企业次之、其他西方国家居后，这就奠定了近代西商企业国籍分布的基本格局。甲午战争结束后，在西商企业的演变过程中，虽然英美企业之间的地位在抗战胜利后一度有所调整，由生成阶段的英国企业为首转变为以美国企业为首，但是英美企业在西商企业中的主体地位并没有改变。

第四节　甲午战争后至北洋政府时期西商企业的调整

甲午战争爆发前，西商企业主要集中在贸易、金融、航运等行业及船舶修造、进出口加工等工业领域。甲午战争结束后，帝国主义对华侵略步伐加快，加速了中国市场的开放，西商企业的类型、资本、数量以及空间等各领域均得到很大发展。

一、商贸企业的发展与转型

甲午战争结束后，外国在华商户数仍然呈现上升的势头。商户指的是商贸企业，包括从事贸易活动的洋行及从事商品流通的商业企业。这类企业最先进驻中国，也是甲午战争前外商企业的主体。如表2-15所示，1893年外商在华商户数为580家，1928年增至12293家，净增数量为11713家。从增长幅度看，1920—1928年间新增外商商户4918家；1893—1903年增幅较小，其间仅增加了712家。从国籍看，日本在华商户数量增长最快，从1893年的42家增至1928年的8926家，增长了211.52倍。日本商贸企业虽然入华最晚，但发展最为迅猛。与此同时，俄商企业的增长也很明显，1928 年俄商在华商户数量仅次于日本。后起的德商企业在 1893 年时仅为 81 家，远低于当时居首位的英商企业，但是 1903 年时与英商企业的差距大为缩小。第一次世界大战（以下简称一战）爆发后，德国商户数大为减少，20 世纪 20 年代后又得到恢复和发展。法国在华商户数一直在增长但速度缓慢，1903 年尚排在美、俄之前，1913 年后却被所有西方大国甩在后面，一战结束后虽一度领先德国，但 1928 年再一次被德国反超。

表 2-15　1893—1928 年各国在华商户数统计

年份	英国	美国	法国	德国	日本	俄国	其他各国	总计
1893	354	30	33	81	42	12	28	580
1903	420	114	71	159	361	24	143	1292
1913	590	131	106	296	1269	1229	184	3805
1920	679	409	180	9	4278	1596	224	7375
1928	682	574	181	319	8926	1112	499	12293

说明：1917 年后俄国的数据为苏联所取代。

资料来源：汪敬虞主编：《中国近代经济史（1895—1927）》（上册），经济管理出版社 2007 年版，第 101 页。

除新设商贸企业外，已有商贸企业不断在各地增设分支机构，西商商贸企业地域分布由之前的沿海、沿江口岸向内地及中国边疆深入。清末民初，外商在甘肃、青海、宁夏、蒙古等地设立分支机构的洋行约有二十多家。[1] 甲午战争前，西商商贸企业主要分布在上海、香港以及天津等地，甲午战争后，汉口的地位开始上升。以百货业为例，1882 年，汉口只有外商 45 家，1914 年，汉口有外商 183 家，到 1916 年，又发展到 221 家，其中日商 64 家，英商 64 家，美商 19 家，德商 32 家。有的外商还深入宜昌、沙市、老河口、武穴等中小城镇。外商全部经营进出口业务。经营日用百货、文化用品进口业务的以英商、日商占多数。[2]

---

[1]　汪敬虞主编：《中国近代经济史（1895—1927）》（上册），经济管理出版社 2007 年版，第 101—102 页。

[2]　湖北省商业厅主编：《湖北省商业简志》（第 2 册，百货商业志），武汉大学出版社 1991 年版，第 4—5 页。

　　甲午战争后，商贸企业的发展不仅体现在数量与地域的扩张，还表现在企业组织的升级。一些老牌洋行经过长时间的发展，开始由单个企业向集团企业转变。如号称"洋行之王"的怡和洋行，从贸易行业起步，持续向金融、航运、铁路、房地产、棉纺织、缫丝、制糖、蛋品加工、啤酒制造、码头仓栈等多个领域拓展。19世纪60年代进入中国的太古洋行，以航运业起家，不断向保险、制糖、船舶修造、码头仓栈、制漆等领域拓展，成为名副其实的"太古集团"。沙逊洋行以鸦片贸易起家，经过长期经营发展为近代重要的对华贸易垄断组织之一。在印度开办纺织厂以及其他企业，在中国不仅从事贸易活动，还不断向金融、房地产、啤酒制造等领域扩张。到20世纪30年代初，沙逊集团在华投资范围涉及13个行业的40家企业。[①]

　　甲午战争后，洋行在中国市场上开始充当外国厂家的代理，负责销售外商产品。与此同时，境外跨国公司开始进入中国。一方面，制造业跨国公司直接进入中国市场，自己设立商业销售机构。中国的石油市场几乎被亚细亚、美孚、德士古三家世界石油巨头所垄断。另一方面，跨国公司在华设立分公司或分支机构，形成完整的产销网络。英美烟公司控制了中国80%的烟草市场，卜内门公司垄断了化工产品。美国钢铁公司、福特汽车公司、通用汽车公司、西屋电气公司及欧洲的利华兄弟公司、西门子公司、巴斯夫公司、英荷皇家壳牌石油公司等纷纷来华。同时期，外国著名的商业企业也来华从事门市销售，如英商惠罗公司。

　　在营销方式上，甲午战争前已经形成的"洋行—买办—华商"型商贸网在甲午战后进一步扩大。随着中外经济关系的发展，20世纪后，买办制度走向衰落，为高级职员制和经销制渐次取代。高级职员制通过取消保证金、佣金等买办内容，使外商与买办之间的关系由雇佣和商业代理人的双重关系转变为单纯的雇佣关系。华籍高级职员俗称"华经理"。跨国公司在华设立的分公司或分支机构较多采用经销制，实行产销结合，促进了"洋商—华商"新型中外商贸方式的形成。

---

　　① 张仲礼、陈曾年：《沙逊集团在旧中国》，人民出版社1985年版，第178—180页。

二、金融企业的大规模发展

以 1845 年丽如银行进入为起点到 1895 年以前，西商银行已在华存在了半个世纪。其间进入的西商银行包括英、法、德、俄，其中以英国银行实力最强。值得注意的是，这个时期只有汇丰银行将总部设在中国，以中国为主阵地。1895—1927 年是西商银行发展的黄金期，在此期间西商在华新创办的银行达 24 家，数量超过近代史上任何时期。

这一时期，美商银行开始强势进入中国。如表 2-16 所示，1895—1927 年间美商在华新开银行 9 家，含 1 家合办银行，而 1928—1949 年间只有 2 家。① 一战结束后，美商在华企业骤增，其中银行发展最快。1913 年美国颁布《联邦准备法》(Federal Reserve Act)，取消联邦注册银行在海外经营的限制，规定资本和公积金在 100 万美元以上者，可在其 10% 限度内投资于海外。在美国政府的鼓励下，美国经营海外业务的银行由 1914 年的 6 家增至 1920 年的 12 家，海外分行由 26 所增至 181 所。② 中国即为美商银行海外扩张的重心。

同时期，之前实力不济的俄、法在华创办银行的步伐加快，形成英、法、德、美、俄五强鼎立的局面。与此同时，荷兰、比利时、挪威、意大利等西方小国家也不同程度地涉足银行业。从空间格局来看，上海已然成为西商银行的汇聚地。值得注意的是，这一时期首次出现了合办银行，包括西商之间合办以及西商与中国合办。

表 2-16　1895—1927 年西商在华新设银行

序号	中文名称	英文名称	国籍	备　注
1	汇源银行	Cathay Trust, Ltd	英国	1902 年在上海开业，1920 年停业。
2	大英银行	P. & . O. Banking Co, Ltd	英国	大英轮船公司创办，1923 年上海分行开业，1939 年业务并入上海麦加利银行。

①　参见洪葭管主编：《上海金融志》，上海社会科学院出版社 2003 年版，第 194—197 页。
②　中国人民银行金融研究所编：《美国花旗银行在华史料》，中国金融出版社 1990 年版，第 605 页。

（续表）

序号	中文名称	英文名称	国籍	备　注
3	花旗银行	The National City Bank of New York	美国	1902 年在上海设立分行，之后相继在香港、广州、北京、汉口、天津、哈尔滨设立分行，1950 年停业。
4	大通银行	Chase Bank	美国	1921 年在上海开业，1950 年停业。
5	美国信济银行	Thriftcor Bank	美国	1927 年创办，总行设于哈尔滨，后在呼伦贝尔、上海设分行。
6	美丰银行	American Oriental Banking Co.	美国	1918 年在上海成立，30 年代倒闭。
7	美国运通银行	American Express Co.	美国	1918 年在上海设立分行，1949 年停业。
8	友华银行	Asia Banking Co.	美国	1919 年在上海成立分行，1924 年由花旗银行接管。
9	菲律宾银行	Philippine National Bank	美国	1916 年创办，总行在马尼拉，为菲律宾国家银行。1919 年在上海开办分行，两年后倒闭。
10	汇兴银行	Park-Union Foreign Banking Corporation	美国	1919 年在上海设分行。两年后歇业，分行由友华银行接收。
11	中华懋业银行	Chinese American Bank of Commerce	中美合办	1919 年成立，总行在北京。次年开业，在上海、汉口、天津、哈尔滨等地设分行。
12	东方汇理银行	Banque de L'indo-Chine	法国	1898 年在上海设立分行，1955 年停业清理。
13	中法实业银行	Banque Industrielle de Chine	中法合办	1913 年成立，总行在巴黎，在北京、上海、天津等地设分行。1925 年改组后复业，改名为"中法工商银行"，1950 年停业。
14	汇源银行	Union Mobiliere Societ Franc Aise de Banque Palcement	法国	1926 年创办，总行在上海，其他地方无分支机构。1941 年停业。
15	中法实业银行	Banque Franc-Chinois Pour le Commerce L'Industrie	中法合办	1921 年创办，总行在北京，次年在沪设分行。1924 年停业。

（续表）

序号	中文名称	英文名称	国籍	备 注
16	华俄道胜银行	Russo-Chinese Bank	中法俄合办	1895 年创办，总部在圣彼得堡。名义上为三国合办实为俄国所控制。1896 年上海分行营业，在中国其他地方设立代理处。1921 年总行迁至巴黎。1926 年停止营业。
17	远东银行	Far Eastern Bank	苏联	1923 年开办，总行初设于赤塔，后迁至哈尔滨。1929 年宣告清理。
18	义丰银行	Societa Coloniale Indian	意大利	总行在米兰，1905 年在上海设立分行，1912 年已不存在。其间在广州设立了分行。
19	华义银行	The Italian Bank for China	中意合办	1920 年在意大利天津总领事署注册，总行设在天津，同年在上海设分行。后中国股份退出。1945 年结束。
20	华比银行	Banque Belge Pour L'Etranger	中比合办	1902 年创办，总行在布鲁塞尔，同年在上海设分行，并在天津、北京、汉口、香港等地设分支机构。1956 年停业。
21	义品放款银行	Credit Foncier d'Extreme-Orient	法比合办	总行在布鲁塞尔，1907 年在天津设分行，1912 年在上海设分行。二战结束后停业。
22	荷兰银行	Netherlands Trading Society	荷兰	1903 年设立上海分行，1953 年停业。
23	安达银行	Netherlandsch Indische Handels Bank	荷兰	1920 年上海分行开业，1949 年申请停业清理。
24	华威银行	Sino-Scandinavian Bank	中挪合办	1921 年向北京政府注册，总行设于北京。1922 年成立，次年开设上海分行。1926 年停业。

资料来源：洪葭管主编：《上海金融志》，上海社会科学院出版社 2003 年版，第193—207 页；宋佩玉：《近代上海外商银行研究（1847—1949）》，上海远东出版社 2016 年版，第 92—105、126—142 页；《银行新开》，《申报》1898 年 7 月 3 日。

20 世纪初，香港的金融地位也开始凸显。此时进入的西商银行有美国国际银行公司（年份不详）、荷商小公银行（1906 年）和要达银行（1906

年）。① 这些银行的出现，一定程度上削弱了英商洋行在港势力。

三、交通运输企业的壮大

甲午战争后，西商交通运输企业可分为两类：一类是新兴的铁路公司。甲午战争前，西商已有尝试，但以失败告终。甲午战争后，这类西商企业的资本、规模及影响力颇为引人注目。另一类为航运企业。这类企业在前一阶段已有较大发展，在这个阶段其实力仍在增长。

1895 年 5 月，清政府宣布借债修路，揭开了西方国家在华争夺路权的序幕。西方国家争夺中国路权的方式有三种：一是大规模向中国政府贷款，以获取铁路权利并控制中国政府。二是资本巨头大举对华投资，承包铁路工程。1916 年美国裕中公司与段祺瑞政府签订承造铁路合同，获得 7 省建造 1500 英里铁路的权益。② 三是以"合办"之名在中国成立铁路公司，直接投资建设铁路。著名的西商铁路公司有 3 家，分别是经营中东铁路的俄商东省铁路公司、经营胶济铁路的德商德华山东铁路公司、经营滇越铁路的法商滇越铁路公司。另外，经营南满铁路的日商"南满洲铁路有限公司"（以下简称"满铁"）更是赫赫有名。③ 虽然英商未成立专门的铁路公司，但以"承办"之名让英、意合办、从事矿产开采的福公司管理经营道清铁路。④ 这些名义上中外合办的铁路公司，实由外商全权控制。

与其他经营类型的外商企业不同，铁路公司不是单一的经济组织，而是逐步发展为行使殖民权力的政权机构，铁路所经过的地区成为企业所属国的势力范围。1908 年，俄国指使中东铁路公司在哈尔滨策划成立"自治会"，要求各国侨民向"自治会"纳税。⑤1905 年日本投资建立的"满铁"，从名义上的铁路公司发展为包括铁路、工场、航运、矿业、旅馆、电力等跨领域的垄断机构。

---

① 彭连港：《新编中国近代经济史》，吉林教育出版社 2002 年版，第 240 页。
② 王铁崖：《中外旧约章汇编》（第三册），生活·读书·新知三联书店 1962 年版，第 1194 页。
③ 许涤新、吴承明主编：《中国资本主义发展史》（第二卷），人民出版社 2005 年版，第 547 页。
④ 汪敬虞主编：《中国近代经济史（1895—1927）》（上册），经济管理出版社 2007 年版，第 493 页。
⑤ 王方中：《中国近代经济史稿（1840—1927）》，北京出版社 1982 年版，第 371 页。

甲午战争后，中国航运权逐步丧失殆尽，西商航运企业由江海渐次向内河、内港扩张，并在中国水域开展新一轮的争夺战。长江航线是各国争夺的重点，前期占绝对优势的英商航运企业地位依旧，老牌的太古和怡和轮船公司早已稳居长江和南北沿海航运的垄断地位，另外两家英商经营的麦边洋行与鸿安轮船公司只能唯前两者马首是瞻。就在日商加强与英商争夺长江航线主导权之际，德商与法商迫不及待地参与进来。1898 年，亨宝轮船公司与瑞记洋行合作，在上海定制以柴油为燃料的新式江轮，航行于上海和汉口。亨宝轮船公司与美最时洋行合作，建造 4 艘轮船航行于上海与汉口、汕头与汉口之间。1902 年，法商组织东方轮船公司（Compaignie Asia-tique de Navigation），资本 500 万法郎，交由法商立兴洋行（Pacine Ackermann & Co.）代理。连同日商的日本邮船会社、大阪商船公司以及中国的轮船招商局，长江航线出现"五国九公司"的混战局面。① 经过十余年的混战，德商与法商退出，英商和日商二强称霸长江航线。

甲午战争前，沿渤海、黄海各口的北方航线原本已被英商太古、怡和所垄断，德国、挪威、俄国等商人虽有少量船只航行于此，但影响力微不足道。1897 年，德国强租胶州湾，德商捷成洋行开始增设上海经青岛、烟台到天津的定期航线，1901 年这条航线改由亨宝公司承办。1897 年，俄商在中东铁路公司船舶部航线扩展到渤海、黄海沿岸。② 德商和俄商在北方航线的势力增长显著。

在南方航线，英商占据四分之三，其中太古、怡和两大轮船公司长期垄断汕头与北方港口、上海与广州、香港的航线。英商德忌利士轮船公司控制着福州、台湾与香港的航运，德商捷成洋行、法商孖地洋行早已控制香港与广州之间的航运。19 世纪末，德商美最时洋行、北德意志轮船公司、利嘉茂洋行（Rickmers & Co.）以及英商英印轮船公司一度加入争夺。1910 年法商设立法亚轮船公司（Compagnie I'Est Astiatique Francaise），使得法商航行于香港、海防之间的轮船公司增加到 2 家。③

---

① 樊百川：《中国近代轮船航运业的兴起》，四川人民出版社 1985 年版，第 348—351 页。
② 樊百川：《中国近代轮船航运业的兴起》，四川人民出版社 1985 年版，第 358、560 页。
③ 樊百川：《中国近代轮船航运业的兴起》，四川人民出版社 1985 年版，第 365、368—370 页。

1907 年西江开放，这里演变为西方航运角逐的第四个战场。英商省港澳轮船公司、太古和怡和共同组织一个代理处，开设梧州与香港之间的直达线。1903 年，三公司合组西江轮船英公司（West River British Steamship Co.），新增香港与江门航线。1905 年英商天和洋行（Banker & Co.）设立，成为唯一通航西江上下游的轮船公司。1900 年法国驻广州领事馆发起创办了法华省港梧邮船公司（Messageries Cantonese），集中于广州至香港和梧州两线。到 1909 年，这条航线成为英法公司的天下。①

俄商借助 1858 年《瑷珲条约》和 1881 年《改订条约》大肆发展在黑龙江、乌苏里江和松花江的航运。1897 年，俄商组织中东铁路公司并设立河川船舶部，购置船只在松花江航行。时至清末，所有黑龙江干支流的航运全部为俄商所垄断。② 日俄战争中俄国战败，日商航运企业迅速取代俄商在东北原有的地位。

随着西方国家在华侵略势力的扩张，西商航运企业不但大肆在中国沿海和沿江扩张，而且将触角伸向各支流及不通商地区。1896 年，美商汇利洋行将轮船航行于上海、苏州之间，其后各西商航运企业争相将船只从上海驶往苏、杭以及不通商的内地。③

辛亥革命后，西商在华远洋航运发展迅速。一战期间，英商航运受战争影响不大，实力犹存。一战后，英商航运迅速恢复后进一步拓展。据统计，1921 年英国在中国的远洋航运中有 11 个大集团，21 家公司，拥有 30 余条航线，231 只轮船，共约 150 余万吨，位列外商首位。与此同时，经营中国国内航线的太古、怡和轮船公司依旧保持高速发展，新入列的祥泰木行以及原本就存在的大英轮船公司的代理行隆茂洋行（Mackinon, Mackenzie & Co.）、西江轮船公司、德忌利士轮船公司、开滦矿务公司、德记洋行、天和洋行等基本上保持原有规模，英商航运企业仍占据首位。法商受一战影响较大，只剩下孖地洋行在经营。④ 这个时期，美商航运势

① 樊百川：《中国近代轮船航运业的兴起》，四川人民出版社 1985 年版，第 372—373 页。
② 樊百川：《中国近代轮船航运业的兴起》，四川人民出版社 1985 年版，第 374—375 页。
③ 樊百川：《中国近代轮船航运业的兴起》，四川人民出版社 1985 年版，第 377—378 页。
④ 樊百川：《中国近代轮船航运业的兴起》，四川人民出版社 1985 年版，第 546—555 页。

力崛起。一战期间，为供应战时所需船只，美国国内造船工业发展迅猛。一战结束后，美国政府将战时定造的运输舰改作商船，刺激了美商轮船公司的在华扩张。首先进来的是已有基础的花旗邮船公司，其次是 1918 年创办的丹波公司（Tampa Juter-Ocean S. S. Co.），再是 1919 年的福来洋行（Struthers & Dixon, Inc.）来上海设分行以及提督轮船公司（Admiral Line, Pacific S. S. Co.）。与此同时，美商来华广设航运企业，仅 1920 年就有 4 家，1921 年又有至少 1 家。[①] 西商航运业再次形成英美旗鼓相当的局面，与同时期的日商共同构成三强鼎立之势。

四、工矿企业的爆发式增长

通过 1895 年中日《马关条约》，西方国家获得了梦寐已久的在华设厂权。尽管此前各通商口岸已经出现了数量可观、门类较多的西商工业企业，它们当中部分带有资本输出性质，但大多还是服务于商品输出，西方国家真正大量对华资本输出要到 1895 年之后。甲午战争前，西商虽然屡次试图染指采矿业，但均被清政府制止。甲午战争后，西商开始以中外合办的形式经营采矿，而且发展势头迅猛。综合来看，这个时期西商工矿企业出现爆发式增长。

（一）工业企业的迅猛发展

甲午战后，以资本输出为目的的西商在华设厂活动颇为引人注目，西商工业企业在投资总量、行业分布、地区分布、企业制度等方面均有很大突破，具体体现在以下四方面：

首先是工业门类的拓展。前文已述，甲午战争前西商工业企业主要分为三类：第一类是服务于贸易所需的船舶修造企业、进出口加工企业及轻工业企业；第二类是服务于传教所需的印刷企业；第三类为服务于租界侨民生活所需的公用事业企业，以水电煤气为典型。到 1927 年，西商经营的工业企业遍及 15 大行业，包括木材、机械、金属品、电器用具、交通用具、建筑材料、水电煤气、化学品、纺织品、服装用品、胶革制品、饮食

---

① 樊百川：《中国近代轮船航运业的兴起》，四川人民出版社 1985 年版，第 569—570 页。

品、制纸印刷、饰物仪器、杂项物品。[1] 此外还形成了以纺织工业中的棉纺织、机械工业中的船舶修造、饮食品工业中的卷烟及公用事业中的水电煤气为核心的四大支柱工业。这四大支柱工业中形成了众多资本雄厚的西商企业。

20 世纪开始，适应租界发展所需，租界公用事业发展迅猛。从地域分布看，主要集中在上海、汉口、天津等重要的通商口岸，内地相对较少。从经营国籍来看，以英商资本为主。这个时期著名的西商公用事业企业有：香港电灯公司（1889 年）、工部局电气处（1893 年）、上海法商电车电灯公司（1902 年）、北京电灯公司（1903 年，初为德商后为英商经营）、比商天津电车公司（1904 年）、英商汉口电灯公司（1904 年）、上海英商电车公司（1905 年）、[2] 香港电话公司（年份不详）等。

其次是投资规模的扩大。甲午战争前，外商在通商口岸设立的厂矿（主要是工厂）规模资本在 10 万元以上者约 23 家，资本总量为 7600 万元。甲午战争后至一战，同样规模的厂矿达 136 家，资本超过 1 亿元。[3] 甲午战前开设的工业企业大多因规模较小，持续经营者较少，这些实力雄厚的工厂大多为后来新创办。

再次是出现了数个资本和企业制度优势明显的工业企业。这些企业可分为三类：第一类是实力雄厚的单个工业股份公司。19 世纪 60 年代后，西商企业中工厂制度与股份公司制度出现融合，经历甲午战前三十年的发展，甲午战争后特别是 20 世纪初以后，西商在数个行业出现了实力雄厚的工业股份公司，如 1900 年合并成立的耶松船厂有限公司，资本达 557 万两，完全垄断了上海船舶修造工业。[4] 第二类是跨国公司在中国的分公司、子公司或投资创办的工业企业。如 1902 年创办的英美烟公司，开办十年后资本由 10.5 万元猛增至 1100 万元，成为中国卷烟工业中的霸主。跨国公司投资的工业企业还有：1909 年英国利华兄弟公司在华创办的中国肥皂公司；法国液化气体公司于 1918 年创办的东方修焊厂；1925 年美国通用

---

① 汪敬虞主编：《中国近代经济史（1895—1927）》（上册），经济管理出版社 2007 年版，第 386 页。

② 祝慈寿：《中国近代工业史》，重庆出版社 1989 年版，第 73—74 页。

③ 汪敬虞：《中国近代工业史资料》（第二辑，上册），中华书局 1962 年版，第 1 页。

④ 汪敬虞：《中国近代工业史资料》（第二辑，上册），中华书局 1962 年版，序第 5 页。

电气公司创办的慎昌机器厂。① 第三类是集团企业下属的工业企业。这个时期，先前主营进出口贸易的大型洋行如怡和、太古，中型洋行如瑞记、仁记、美查等，逐渐发展为包括工业的多种经营，实现投资的多元化。

最后是由通商口岸向内陆的扩张。甲午战争前，西商工业企业主要分布在通商口岸及英国控制下的香港；甲午战争后，西商工业企业以通商口岸为基地向内陆拓展。一段时期内，东北地区作为日俄在华角逐的主战场，这里虽然通商口岸不多，却集中了数量可观的俄商工业企业。1911 年，俄国在此经营的面粉、酿酒、啤酒、皮革、肉类加工、肥皂、豆油、制糖等企业达 63 家之多。② 美、法、德等国商人也不甘落后，纷纷在这里设立面粉厂、制糖厂等，跨国公司如亚细亚石油公司、英美烟公司、西门子公司等将分支机构延伸至此。

（二）矿业企业的兴盛

甲午战争后，西方对华资本输出取代商品输出的突出表现有三：一是铁路公司的兴起；二是大规模在华设厂；三是大肆开采矿产特别是煤矿。在当时的生产技术条件下，煤炭是近代工业和航运业赖以生存和发展的能源基础，以煤矿为中心的矿业投资成为这个时期西商企业投资的重要内容。

中国采矿权的丧失始于 1898 年 2 月 14 日中德签署的《胶澳租借条约》。条约第二章第四款规定："于所开各道铁路附近之处，相距三十里内，如胶北路在潍县博山县等处，胶沂胶南路在沂州府莱芜县等处，允准德商开挖煤斤等项，及须办工程各事。亦可德商华商合股开采，其矿务章程，亦应另行妥议。"③ 该条约既授权德国在山东修筑铁路的权利，又授予它在铁路沿线享有采矿权。早在该条约签署之前，1896 年美商已经在直隶宛平经营一家"通兴煤矿"企业。④《胶澳租借条约》签署后，西方国家迫不及待地在华开采矿产。1896—1913 年间，西商在华独自经营以及以"中外合办"之名经营的矿企共 27 个，占全部外商矿企（32 个）的 84.38%，另外 5 家为日企。其中英商 9 家、俄商 7 家、德商 4 家、美商 2 家，其余

---

① 祝慈寿：《中国近代工业史》，重庆出版社 1989 年版，第 74 页。
② 汪敬虞：《中国近代工业史资料》（第二辑，下册），中华书局 1962 年版，第 792—794 页。
③ 王铁崖：《中外旧约章汇编》（第一册），生活·读书·新知三联书店 1962 年版，第 739—740 页。
④ 汪敬虞：《中国近代工业史资料》（第二辑，上册），中华书局 1962 年版，第 12 页。

为意大利、比利时所创办。①这些矿企主营煤矿，兼营金矿、铁矿等，大肆掠夺中国矿产资源。

在上述西商经营的矿企中，最为著名的是英商经营的开平矿务局和福公司。开平矿务局发展为近代北方最大的煤矿企业，而福公司则为在华经营时间最长、经营多元化的英商著名企业。福公司以办煤矿起家，不断向铁路、铁矿、桐油以及特种矿产等领域拓展，经营地也从山西向河南、河北渗入。1914年福公司与中方中原公司合并成立福中总公司，②负责按比例销售福公司和中原公司的煤炭，实为这两家公司的专销机构。此后，这两家公司的煤炭产量稳步上升（详见表2-17）。

表2-17　1912—1927年福公司、中原公司历年煤炭产量统计表

（单位：吨）

年份	福公司	中原公司
1913	421803	—
1914	252767	—
1915	425942	—
1916	449242	416627
1917	506087	340385
1918	627927	431635
1919	494742	832762
1920	561834	734895
1921	648716	245290
1922	505109	391847
1923	694143	568404
1924	670835	949339
1925	338877	564200
1926	116673	54000
1927	—	83000

资料来源：汪敬虞主编：《中国近代经济史（1895—1927）》（上册），经济管理出版社2007年版，第464页。

---

① 汪敬虞：《中国近代工业史资料》（第二辑，上册），中华书局1962年版，第12—13页。

② 薛毅：《英国福公司在中国》，武汉大学出版社1992年版，第112页。

第五节　南京国民政府时期西商企业的起伏

从 1927 年南京国民政府成立到 1949 年新中国成立，西商企业的发展可分为三个阶段，即 1927—1936 年抗战全面爆发前十年的大发展；1937—1945 年抗战时期从破坏到有所恢复再到被军管；1945—1949 年的恢复。在不同阶段，西商企业的发展情况亦不同。

一、抗战前西商企业的发展

（一）商贸企业的增长

1927—1936 年，南京国民政府名义上实现中国的统一，国内统一市场有所扩大，大城市作为商业中心的地位更加突出。在国际上，西方发达国家经济恢复与发展程度不一。与之相适应，这些国家在对华贸易中的地位发生重要改变，其中以德国对华贸易的快速复苏与增长最为明显。1929 年，德国直接对华进出口贸易总值达 8953 万海关两，占全国进出口贸易总值的 3.9%。1929—1933 年资本主义世界经济危机期间，除德国外，其他各国对华贸易普遍下降。经过经济大危机期间对华贸易的逆势上升，1936 年德国对华贸易总值达到 12160 万海关两，占中国进出口贸易总值的 11.5%，超过英国，成为仅次于美国的第二大对华贸易进出口国。[①]

上海作为西商洋行汇集地的地位没有改变。英商洋行数量最多，其次是美商和德商洋行。1936 年，上海的西商洋行约为 559 户，占全国西商洋行总户数 919 户的 60.8%。其中英商洋行在上海西商洋行中占 31.5%，美商洋行占 25%，德、法、瑞、意、荷 5 国洋行占上海西商洋行总户数的 18.8%。西商洋行数量仅次于上海的是天津 124 家，再次是北京 36 家，紧随其后的是汉口 35 家。其余分布在青岛、南京、烟台、重庆、长沙、镇江、汕头、济南、福州、厦门、九江以及其他地区。[②] 这里未把香港、台

[①]　上海社会科学院经济研究所，上海市国际贸易学术委员会编著：《上海对外贸易》(上册)，上海社会科学院出版社 1989 年版，第 213 页。

[②]　上海社会科学院经济研究所，上海市国际贸易学术委员会编著：《上海对外贸易》(上册)，上海社会科学院出版社 1989 年版，第 216 页。

湾、澳门统计在内。

甲午战争前，西商洋行特别是老牌洋行大多从事进出口综合贸易，经营多种商品，贸易对象遍及世界各地。甲午战争后，随着世界工业发展及中国本土企业的发展，西方厂商在华开设分支机构增多，中国境内出现了大批经营专项商品的专业性洋行。以上海为例，1936年专业性洋行占西商洋行总数的20%，包括专营石油、烟叶、汽车、飞机、无线电等专业进口商，以及经营蛋制品、丝、茶等专业出口商。[1]

表2-18　1927—1937年上海从事进口的典型西商洋行

商品名	中文名	英文名	国籍
石油	美孚石油公司	Standard Vacuum Oil Co.Inc.	美国
	德士古石油公司	Texas Co. China Ltd.	美国
	友联洋行	Union Oil Co. Of California	美国
	亚细亚石油公司	Asiatic Petroleum Co. (North China) Ltd.	英国
烟草	美盛烟叶公司	Carolinc Leaf Tobacco Co.	美国
	中美烟叶公司	China American Tobacco Co. Ltd. Inc. U.S.A.	美国
	美迪洋行	Dibrell Bros. Inc	美国
	花旗烟叶公司	Lewis & Son's Inc.W.B.	美国
	联华烟叶公司	Lien Hwa Leaf Tobacco Co. Ltd.Inc. U.S.A.	美国
	协祥烟叶公司	Miller Tobacco Co.Inc.Jas.1	美国
	华明烟叶公司	Monk & Co. A. C	美国
	天胜烟叶公司	Pacific Leaf Tobacco Co.	美国
	美益烟公司	Pemberton & Penn Inc.	美国
	联益烟叶公司	The Tobacco Trading Crop. Fed. Inc.U.S.A.	美国
	美国烟叶公司	Universal Leaf Tobacco Co.	
	合众烟公司	United Tobacco Store	希腊
汽车	美通汽车公司	Bills Motors Fed.Inc.U.S.A	美国
	中国汽车公司	China Motors Fed.Inc.U.S.A	美国

---

[1]　上海社会科学院经济研究所，上海市国际贸易学术委员会编著：《上海对外贸易》（上册），上海社会科学院出版社1989年版，第219页。

（续表）

商品名	中文名	英文名	国籍
汽车	马迪汽车公司	Mooddy Mark L Fed.Inc.U.S.A	美国
	信通汽车公司	Reliance Motor Fed.Inc.U.S.A	美国
	康太汽车公司	Continental Motor	德国
	亚德洋行	Hartzen bush.Motor	德国
	利威汽车公司	Auto Place Co. Ltd	英国
	美国通用汽车制造总厂	General Motors China Ltd.	加拿大
	德南汽车公司	Continental Sales Co.	捷克
肥皂	中国肥皂有限公司	The China Soap, Co.Ltd	英国
	驻华祥茂肥皂有限公司	Gossage & Son China Ltd. Wm.	英国
	驻华和兴肥皂有限公司	Joseph Crosfield & Son China Ltd.	英国
	驻华利华肥皂有限公司	Lever Bro's, China Ltd.	英国
	驻华白礼氏肥皂有限公司	Prices Soap Co.China Ltd.	英国
	上海棕榄公司	Colgate- Palmotive- Peet Co.	美国
影片	米高梅影片公司	Motor-Goldwyn-Mayer of China	美国
	二十世纪福斯影片公司	Twentieth Century-Fox Fed.Inc.U.S.A	美国
	环球影片公司	Universal Picture Corp. of China	美国
	华纳影片公司	Warner Bro's. First National Picture Inc.U.S.A	美国
	法兰西影片公司	Ballandras ch	法国
	飞马影片公司	Filmos Co.Ltd	西班牙
	金城影片公司	Metropotitan Film Distribution Co.	埃及
无线电	飞歌公司	Philco Sale Coro.Fed.Inc.U.S.A	美国
	亚尔西爱胜利公司	R.C.A. Victor. Of China	美国
	美国无线电公司	American Radio Equipment Co.	美国
	美品洋行	Langdon & Co.Fed.Inc.U.S.A	美国
	中华无线电公司	Chinese National Wireless Telegraph Co.	英国
	英国通用电器有限公司	General Elec, Co. Of China Ltd.	英国
	电器音乐实业有限公司	Elec. & Musical. Inc. China Ltd.	英国
	飞歌公司	Philo China Co.	荷兰

（续表）

商品名	中文名	英文名	国籍
飞机	联洲航空公司	Inter-Continent Corp.	美国
	合众航空机器公司	Union Aircraft Exp.Co.	美国
	道格拉斯飞机公司	Douglas Aircraft Co.	美国
	环球飞机公司	Aircraft China Ltd.	英国
	德国荣格赐飞机制造厂驻沪代表	Junker Flug-zeng-Motoren-Werke A-G Dassau Germany	德国

资料来源：上海社会科学院经济研究所、上海市国际贸易学术委员会编著：《上海对外贸易》（上册），上海社会科学院出版社 1989 年版，第 219—221 页。

（二）金融企业的消长

整体来看，这个时期外商银行得到很大发展。截至 1936 年，外商在华银行总分支机构达 114 家，其中 33 家外商银行的资本总数达 19 亿元，同年华商资本经营的 69 家商业银行资产总额为 14.3 亿元。[1] 其中西商银行总行达 18 家，分支机构共 64 家。[2]

在西商银行中，英商银行的整体实力有所削弱。前期已经创办的英商银行此时尚余 4 家，分别是汇丰、麦加利、大英、有利银行，实力最强的两家当属汇丰和麦加利，特别是汇丰银行一直操纵着中国的外汇市场。1935 年中国币制改革前，中国的外汇汇率不是由中国人自己的银行公布，而是由汇丰银行上海分行每日挂牌决定，中国各地的汇率由各地的汇丰银行参照上海的挂牌价并结合当地外汇供求定价。1935 年币制改革后，名义上中国外汇牌价由中央银行公布，但仍被汇丰银行操纵。这个时期，新增两家银行分别为沙逊银行（E. D. Sasson Banking Co.）和达商银行（Finance Banking Co.）。沙逊银行为沙逊集团所设，总部在香港，1930 年在上海设立分行。达商银行 1931 年创办于上海，资本为 20 万两白银。[3] "外商银行主宰了中国金融市场，不仅因为它们为外贸提供周转资金，以及在 1911 年后保管从

---

[1] 陆仰渊、方庆秋主编：《民国社会经济史》，中国经济出版社 1991 年版，第 331 页。

[2] 吴承明、江泰新主编：《中国企业史》（近代卷），企业管理出版社 2004 年版，第 519 页。

[3] 宋佩玉：《近代上海外商银行研究（1847—1949）》，上海远东出版社 2016 年版，第 169—170 页。

中国关税等来源支付外债和赔款的政府公款，还因为它们成了政客和军阀的私款存放库。从根本上说，外国银行的地位建立在它们对外汇和国际收支业务的垄断上面，有时它们竟持有上海白银库存总额的一半。"①

　　这十年中，西商银行最为显著的特征是美商银行的快速崛起。20 世纪初，美商银行开始进驻中国，此后发展势头颇为强劲。到 1936 年，英商银行有 5 家 26 处，美商有 4 家 17 处。②1930 年，英、美两国银行资本分别为 1.6 亿美元、2830 万美元，1936 年增加到 16921.2 万美元、3682.7 万美元。③两者分别净增长 921.2 万美元和 852.7 万美元，英商银行幅度稍大，但就增长速度而论美商银行资本更胜一筹。美国对华贸易的增长为美商银行势力扩张创造了条件。这个时期，增设的美商银行有 3 家，倒闭 2 家。④到 1937 年抗战全面爆发前，中国境内只剩下 4 家美商银行，分别是花旗（1902 年）、运通（1918 年）、大通（1921 年）、友邦（1930 年）。⑤

　　长期以来，上海和香港是外商保险企业的汇集地。1927 年后，广州的外商保险企业实力大为增强。1929 年登记的外商保险企业共 22 家，其中沙面租界约 14 家。1922 年美商创办的友邦人寿保险公司，总公司在上海，这个时期在广州设有分公司。⑥

（三）交通运输企业的发展

　　1929 年 6 月蒋桂战争结束后，南京国民政府以实现孙中山《实业计划》中在全国修建十万英里铁路的设想为目标，制定了"铁路建设计划"。西方国家以与中国政府"合资"修路为名，巩固在华已有优势，同时争夺新阵地。这个时期，西方国家争夺铁路权的重要方式为母国垄断资本向国民政府贷款，投资修路。1936 年 12 月 5 日，德商奥托·华尔夫公司、爱森钢铁公司、克虏伯钢铁厂、联合钢铁出口公司与国民政府铁道部签订国

---

①　[美] 费正清：《美国与中国》（第四版），张理京译，世界知识出版社 1999 年版，第 245 页。

②　吴承明：《帝国主义在旧中国的投资》，人民出版社 1955 年版，第 40 页。

③　吴承明：《帝国主义在旧中国的投资》，人民出版社 1955 年版，第 155—156 页。

④　宋佩玉：《近代上海外商银行研究（1847—1949）》，上海远东出版社 2016 年版，第 171 页。

⑤　中国人民银行金融研究所编：《美国花旗银行在华史料》，中国金融出版社 1990 年版，第 605 页。

⑥　张晓辉：《民国时期广东社会经济史》，广东人民出版社出版 2005 年版，第 376 页。

币为 4000 万元的材料借款，用于修理京汉线黄河铁桥与兴建湘黔铁路，后者因抗战爆发半途而废。1937 年 7 月 30 日，英商中英银公司与中国建设银公司在伦敦签署广梅铁路借款合同。1936 年，比利时铁路电车公司与国民政府签署 45000 万法郎的宝成铁路借款合同。① 南京国民政府原本将铁路计划寄希望于美国资本的支持，后来因为抗战的全面爆发只好作罢。

除前期已经大规模兴起的铁路和航运企业外，航空公司的创办是这个期间西商交通运输企业发展的最大亮点。民用航空企业所需经费巨大，西商经营此类企业主要采取中外合办的方式，如中美合资的中国航空公司资本 1000 万元，美方占 45%；中德合作的欧亚航空公司资本为 300 万元，德方占三分之一。②

（四）工矿企业的发展

从表 2-19 可知，截至 1936 年，外商在华经营的工矿企业共 697 家，除日商经营的 449 家外，其余 248 家绝大部分为西商所经营。从数量上看，

表 2-19　各国在华工矿企业家数分类统计表

	业　别	英国	美国	法国	德国	日本	其他	总计
工业	机器金属	20	10	2	5	99	7	143
	化学	20	16	3	1	72	4	116
	窑业	1	—	—	—	26	3	30
	纺织	13	13	—	3	19		48
	食品烟草	29	9	6	9	79	13	145
	皮革木纸	6	2			59	7	74
	其他	10	9	—	3	84	3	109
	合计	99	59	11	21	438	37	665
	公用事业	9	3	2	1	3	1	19
	矿业	3	—	—	1	8		13
总　计		111	62	13	23	449	39	697

资料来源：祝慈寿：《中国近代工业史》，重庆出版社 1989 年版，第 598 页。

---

① 宓汝成：《帝国主义与中国铁路（1847—1949）》，经济管理出版社 2007 年版，第 226—228、231 页。

② 吴承明、江泰新主编：《中国企业史》（近代卷），企业管理出版社 2004 年版，第 488 页。

日商企业占据绝对优势。在西商内部，英商经营的工矿企业数量仍占据首位，约占西商工矿企业的 44.76%。美商位列第二，在西商中约占 25%。

与前期相比，西商工业企业还是集中在棉纺织、船舶修造、卷烟以及水电煤气四大领域。除棉纺织企业外，另外三个行业也是西商工业的优势部门，日商在这三个部门中不占据优势地位。怡和纱厂是西商亦是英商在棉纺织业中唯一可以与日商棉纺织业一较高下的企业。在船舶修造业中，英商企业继续保持优势地位。1936 年，英商耶松有限公司与德商瑞镕船厂合并成立英联船厂，成为上海最大的船厂。该厂额定资本为 14000000 港币，实收 7875000 港币。① 公用事业中，英商企业资本实力最为雄厚，但后起的美商在电力工业中开始占据优势地位。

表 2-20　1936 年英美法德比在华公用事业资本统计

（单位：千元法币）

国　别	企业名称	实缴资本	设备资本	资产总值
英国	北平电灯公司	450	4329	5325
	天津英租界煤气公司	——	2232	2505
	汉口电灯电力公司	1202	350	430
	上海自来火公司	5600	5889	12212
	上海自来水公司	23160	47467	58384
	天津自来水公司	7500	3226	3968
	天津英租界水道处	——	——	51
美国	上海电力公司	56502	150645	175918
	沪西电力公司	1301	2497	4415
法国	上海法商电灯电车自来水公司	13333	18052	22569
	天津法租界电灯房	250	1995	2362
德国	美最时洋行发电厂	——	6000	7380
比利时	天津电车电灯公司	625	9609	14287
总　计		109923	252291	309806

资料来源：祝慈寿：《中国近代工业史》，重庆出版社 1989 年版，第 602 页。
说明：这里未将香港地区的西商公用事业纳入。

---

① 陈真等编：《中国近代工业史资料》（第二辑），三联书店 1958 年版，第 161 页。

工矿企业中资本集中程度较高的当属大股份公司、企业集团以及跨国公司。如英商工业企业中，怡和洋行下属的工业企业就涉及啤酒制造、打包、蛋品加工等多个领域，投资参与的工业企业更多。太古洋行下属的工业企业涉及制糖、船舶修造等。美商在公用事业方面主要由两大跨国公司——美商电气债券公司和国际电报电话公司所掌握。英美烟公司对烟草的垄断地位以及通用电气、西屋电气、福特汽车公司等多家跨国公司在工业领域的优势地位一旦形成，几乎很难改变。

二、抗战期间西商企业的发展困境

1937 年抗战全面爆发后，一段时期内西商企业遭受到很大的破坏。为保护西商利益，西方国家不惜出动军队。如"八一三"淞沪抗战爆发后，西方国家出动军舰保护水电煤气企业。"上海电力公司某职员昨日清晨宣称，江滨电力厂乏职员，现仍正常工作，以电流供给公共租界，非至不得已时决不退出。美军舰'萨克里孟十一'号现泊该厂附近江中，并派兵一队驻厂保护。法租界当局因徐家汇观象台与南市自来水厂为法人在华界两种贵重产业，已派水兵前往保护。"[1]

淞沪抗战结束后，上海的西商工业企业部分得到恢复。以上海的英商纱厂为例，到 1939 年 5 月为止，"英商在沪原有各厂今已完全恢复开工。㈠怡和纺织公司、怡和、公益、杨树浦纱锭四万零九百七十六枚，布机二千一百三十五台。㈡纶昌纺织漂染印花有限公司线锭三千六百四十枚，布机一千一百三十台"。[2]英商棉纺织厂虽然织布产能得到恢复，但因原料为日商掌控，棉纱供不应求。据载："英商出纱之厂仅公益一家，其所产之纱尚不足其他三厂织布之用，而须购买中日纱厂之纱线。至于纶昌纺织公司，闻已装有纱锭四万四千枚，竭力设法扩充，以求实行自纺自织自染之政策，垄断原料订购外棉。日本以其全力搜集我国沦陷区域棉花运日充作工业及军火原料后，于是运日棉花数量激增，去年出口棉花值

---

① 《极力保护水电》，《申报》1937 年 8 月 19 日第 5 版。
② 《纱厂萃集沪市》，《申报》1939 年 5 月 13 日第 9 版。

国币一万零一百万零零三千二百二十四元，今年第一季棉花出口值国币三百五十二万七千零二十一元。上海各纱厂因棉花为日方所垄断，以致发生原料缺乏恐慌，不得已向印度、埃及、美国、巴西等处订购外棉运沪接济。去年全年棉花进口为一千二百七十三万五千零四十四元，今年第一季棉花进口竟增至二千六百五十七万九千一百十三元。"①1937—1941 年间，西商在上海的其他工业企业面临困境与棉纺织厂类似，日本虽未侵吞这些西商企业的产权，但沦陷区的原料、动力来源及产品销售市场严重受到日方节制，加上日本大量侵占华商工厂后不断新建工厂，组成垄断性的株式会社，致使西商工业企业不断走下坡路。

以英美烟公司为例，尽管这家西商公司资力雄厚，但 1938—1941 年间的实际产量均低于 1937 年产量。据统计，1937 年英美烟公司在华各厂总产量为 436 亿支，1938 年为 304 亿支，1939 年为 320 亿支，1944 年为 344 亿支。上海英美烟总产量 1937 年为 185 亿支，1938 年为 115 亿支，1939 年为 178 亿支，1940 年为 172 亿支。②无论是总产量还是上海的地区产量，战时英美烟公司都没有超越 1937 年的水平。

花旗银行作为美商在华第一大银行，抗战期间它在上海的业务受影响不大。据 1939 年 7 月该银行的《业务月报》记载："我行过去几个月来的顾客人数一直保持未减。6 月份 25 个工作日中共计有顾客 36759 人，平均每日约 1470 人。6 月 30 日一天即达 2820 人。7 月份 24 个工作日，共计44029 人，平均每日 1834 人，7 月 31 日一天即达 2796 人。"③此后，花旗银行的顾客数量一直呈上升趋势。为减轻日常柜台业务量的压力，该行特增设一支行。"1940 年 5 月 6 日，座落在法租界中心茂名西路 121 号一所非常现代化大楼内的我行支行正式开业。"④1941 年 12 月太平洋战争爆发，日军随即占领租界，上海租界的大部分西商银行被日军接管清理，仅剩下

---

① 《纱厂萃集沪市》，《申报》1939 年 5 月 13 日第 9 版。
② 陈真等编：《中国近代工业史资料》（第二辑），三联书店 1958 年版，第 103—104 页。
③ 中国人民银行金融研究所编：《美国花旗银行在华史料》，中国金融出版社 1990 年版，第486 页。
④ 中国人民银行金融研究所编：《美国花旗银行在华史料》，中国金融出版社 1990 年版，第486 页。

2 家意商和 1 家德商银行。①

于上海的西商商贸企业而言，主营贸易的许多洋行因受战乱及"孤岛"的影响，加上日商洋行的挤压，数量不断减少，业务亦大为缩小。1939 年9 月，第二次世界大战（以下简称二战）全面爆发，"孤岛"上的西商洋行或奉命收缩，或人员回国服兵役参战，留沪继续经营的数量锐减。从表2-21 可知，1939 年上海的西商洋行较上年减少 120 户，减幅达 16%。

表 2-21　二战全面爆发前上海西商洋行户数增减表

年份	总数	国籍（户数）									
		美	英	法	俄	德	瑞士	荷兰	印度	犹太	其他
1938 年底	750	214	150	32	3	89	11	7	45	122	77
1939 年底	630	199	130	35	6	53	18	9	49	105	26
两者比较	-120	-15	-20	+3	+3	-36	+7	+2	+4	-17	-51

资料来源：上海社会科学院经济研究所、上海市国际贸易学术委员会编著：《上海对外贸易》（下册），上海社会科学院出版社 1989 年版，第 43 页。

1941 年 12 月"珍珠港事件"发生后，日本接收了所有在沪西商企业，其他日占区的西商企业也被日本军管或接收。如 1938 年尤其是太平洋战争爆发后，汉口的英、美商行或歇业或先受日军统制后被接收，外商剩下的只是日、德、意三国，共计 81 家。②

三、抗战胜利后西商企业的恢复与扩张

1945 年抗战胜利后，就国籍来看，中国境内的西商企业出现三种情况：一是战败国德国、意大利的在华企业销声匿迹；二是战败国日本所经营的企业或被发还，或被没收；三是以美国为首的战胜国加速对华扩张，美商企业异军突起，开始取代英商企业在华首席地位。从企业经营类型来看，大致表现在以下方面。

① 洪葭管主编：《中国金融通史》第四卷，中国金融出版社 2008 年版，第 473 页。
② 湖北省百货公司编：《湖北省商业简志》（第二册，百货商业志），武汉大学出版社 1991 年版，第 4—5 页。

（一）商贸企业的恢复

以商贸企业较为集中的上海为例，从表 2-22 可知，1939 年年底上海有西商洋行 630 户，1946 年春季为 491 户，相当于 1939 年年底的 77.93%，与 1937 年淞沪抗战爆发前相比尚有一定的距离。可见，战后上海西商洋行虽有一定程度的恢复，但数量始终没有达到 1939 年水平。同时汉口情况类似，战后日、德、意三国商人的资产被国民政府没收，英美商行复业者不多，汉口外商总计 37 家，经营百货的仅 2 家。1950 年，汉口外商剩下 10 家，经营百货的仍是 2 家。这些外商陆续歇业，最终于 1952 年绝迹。①基于此，这个时期西商商贸企业只能算是"有限恢复"，谈不上大发展。

表 2-22　上海西商洋行户数对比

年　份	总数	国籍（户数）							
		美	英	法	俄	德	瑞士	荷兰	其他
1939 年底（二战爆发前）	630	199	130	35	6	53	18	9	180
1946 年春季	491	231	79	22	42	6	17	6	88
1946 年冬季	523	256	90	35	8	17	3	3	95
1947 年	370	182	73	25	11	6	14	1	58

资料来源：上海社会科学院经济研究所、上海市国际贸易学术委员会编著：《上海对外贸易》(下册)，上海社会科学院出版社 1989 年版，第 149 页。

就西商洋行内部来看，美商洋行较前期相比实力大有增长，这与 1946 年美国与国民政府签订的《友好通商航海条约》密切相关。为方便美国商品进入中国市场，1946 年美国与南京国民政府订立《友好通商航海条约》，该条约规定："任何种植物、出产物或制造品之输出、销售、分配或使用，或对输往缔约彼方领土之任何物品之输出，不得加以任何禁止或限制。"②1947 年，中美订立《中美国际关税与贸易一般协定》，对 110 项美

---

① 湖北省百货公司编：《湖北省商业简志》(第二册，百货商业志)，第 4—5 页。
② 王铁崖：《中外旧约章汇编》(第三册)，生活·读书·新知三联书店 1982 年版，第 1439—1440 页。

国货物减免进口税，部分货物实行免税，从而为美国商品涌入中国创造了优先条件。在这种有利形势之下，从事进出口贸易的美商洋行大肆在华扩张，美商洋行数量首次超越英商洋行，成为外商在华洋行之翘楚。

（二）银行格局的演变

与商贸企业类似，抗战胜利后在华西商银行的格局发生重大改变。美商银行恢复迅速，实力大增。随着中国内战的深入，西商银行业务紧缩，只能惨淡经营。

接收敌伪银行时，国民政府财政部规定，凡属盟国银行一切原有资产账册等，均由财政金融特派员接收，然后查明原主，如数归还。按照这一规定，国民政府接收完后发还原主，西商银行纷纷复原。1945 年 12 月 10 日即"珍珠港事件"四周年纪念日时，美商花旗、大通、友邦，英商汇丰、麦加利、有利以及比商的华比共 7 家银行在旧址复业。继后法商东方汇理、中法，荷商安达，苏商的莫斯科银行先后复业。据国民党中央银行稽查处统计，1947 年 10 月 31 日，上海外商银行总资产为法币 143488321000 元，当时上海所有金融机构的总资产为 507641413000 元。[①] 外商银行占比为 28.26%。1948 年 8 月 31 日，同一来源的统计数据显示，此时上海外商银行在上海金融机构中的占比提升至 36%。[②] 从吸收存款来看，1945 年 12 月，上海外商银行的存款占当地金融机构总存款的 11%；1947 年 10 月增至 17%；1948 年 5 月为 20%。放款在 1945 年为 4%；1947 年 10 月为 31%；1948 年平均为 25%。[③] 无论存款还是放款业务，上海外商银行都在增长。上海作为外商银行的中心，这里外商银行的实力和经营状况很大程度上反映了战后外商银行在华经营情况，而这个时期的外商银行全部为西商所经营。

抗战胜利后，美商银行在华发展最快。战前已经在华经营的 4 家美商

---

① 厦门大学经济系财政金融教研室编：《近代中国金融史参考资料》（第三辑，下册），厦门大学出版社 1980 年版，第 205—206 页。

② 厦门大学经济系财政金融教研室编：《近代中国金融史参考资料》（第三辑，下册），厦门大学出版社 1980 年版，第 206 页。

③ 厦门大学经济系财政金融教研室编：《近代中国金融史参考资料》（第三辑，下册），厦门大学出版社 1980 年版，第 206 页。

银行全部复业，并新增一家银行——美国商业储蓄银行（Bank of America N.T. & S. A., Shanghai，又名"美洲银行"）。1949 年 1 月 28 日，这家银行在上海开业，属于新中国成立前最晚在上海设立的外商银行。① 花旗银行作为最早进入中国、影响最大的美商在华银行，战后发展进入加速期，其在上海的业务几乎与汇丰银行相当。

与美商银行加速扩张形成鲜明对比的是，英商银行衰退明显。二战后，世界政治经济格局发生巨变，西方在华实力对比随之出现深刻变化。早在二战期间，中国海关税务司的控制权就由英国人之手转移到美国人手中。中国收回租界后，英国在华势力和影响力越发下降。表现在银行业中就是战前 6 家英商银行在 1946 年仅有 4 家复业。② 作为近代长期在外商银行中扮演主角的汇丰银行，1947 年上海分行外籍职员为 24 人、总人数 291 人，与 1941 年外籍员工 34 人、总人数 625 人相比，缩减幅度非常明显。③

（三）交通、工矿与其他企业的恢复与发展

抗战胜利后，美商在工矿与交通运输企业中表现最为抢眼，这也是战后美国对华资本输出的重要表现之一。

在交通运输方面，首先在轮船航运业中，美国在华轮船的吨位由战前占各国在华总吨位的 3.9% 到 1948 年上升至 27.5%，英国则由 58.6% 下降至 33.7%。美国在中国航空公司投资达 5 亿元，占该公司总资本的 20%。④ 在铁路运输业中，美商莫里孙鲁生公司获得修建铁路、港湾、河运以及长江航运的技术监督特权与物质供应特权。美国投资粤汉铁路 6100 万美元，占这条铁路总投资的三分之二。⑤

在工矿企业中，美商经营的跨国公司占据非常突出的位置。洛克菲勒财团控制下的上海美商电力公司继续保持在上海电力行业中的垄断地位，盈利能力有增无减。1948 年 10 月，公司月收入为 8432717545 元，提取折

---

① 洪葭管主编：《上海金融志》，上海社会科学院出版社 2003 年版，第 195 页。
② 宋佩玉：《近代上海外商银行研究（1847—1949）》，上海远东出版社 2016 年版，第 238 页。
③ 宋佩玉：《近代上海外商银行研究（1847—1949）》，上海远东出版社 2016 年版，第 239 页。
④ 陆仰渊、方庆秋主编：《民国社会经济史》，中国经济出版社 1991 年版，第 783 页。
⑤ 祝慈寿：《中国近代工业史》，重庆出版社 1989 年版，第 858 页。

旧金 937500000 元。① 与此同时，美商企业不断向采矿、电气设备、烟草等行业扩张。尤其值得注意的是，抗战胜利后，美商企业开始向台湾投资。

　　其他行业如西商房地产业在这个时期得到很大发展。截至 1950 年，"外商在中国各地的企事业单位经营房地产产业的有 64 家，其中英商 29 家，美商 14 家，法商 8 家，比利时和苏商各 3 家，分布在上海的有 44 家，在天津的有 20 家"。②

---

①　陈真等编：《中国近代工业史资料》(第二辑)，三联书店 1958 年版，第 939 页。

②　王渭泉等编著：《外商史》，中国财政经济出版社 1996 年版，第 241 页。

第三章 法律规制与西商企业制度的生成及演化

近代外商企业的法律规制问题是一个非常棘手而且特别复杂的问题。作为最先在华生成的西商企业，其法律规制问题不仅涉及近代非常重要的治外法权，还与西商企业制度的生成及演化密切相关。正是仰仗治外法权，西商企业"成功"解决了表面上的法律规制问题，得以在一个相对不受到干扰和管制的空间里落户、生根、发芽，并在短期内快速发展为近代中国社会经济中一支极其重要的力量。毫不夸张地说，治外法权为近代西商企业制度的生成和演化提供了一把强有力的保护伞。对西商企业而言，治外法权除表现为一般意义上的领事裁判权、协定关税权、片面最惠国待遇等外，还体现在通过依照境外法律注册登记而获得外国政府的庇护，借此逃脱中国政府的监管。

近代西商企业特别是公司制企业的法律规制问题，是一个非常复杂却又极为重要的问题。关于此问题，有三个需要特别注意的时间节点：香港《1865年公司条例》的颁布、民国初年英美国内公司法建设及对中国境内英美企业管辖权的设置、1946年南京国民政府颁布《公司法》。这三个重要的时间节点，对探讨近代西商企业注册登记的历史脉络及由此引出的企业制度生成与演化等问题，对深化近代中国经济史、中外关系史、外商企业史及外商企业制度史等都具有极其重要的意义。

第一节　近代西商企业制度的生成与香港《1865年公司条例》的颁行

1865年港英当局颁布的《公司条例》(以下简称《1865年公司条例》)，既是香港地区出现的第一部公司法，也是近代外国政府颁布的第一部专门针对中国境内西商企业的公司法。与普通公司法不同的是，这部公司法并不出自西商企业经营所在地的管辖者清政府之手，而是来源于当时的港英当局。《1865年公司条例》的颁行对于近代很长一段时期内中国境内的西商企业、日商企业甚至华商企业的注册登记、西商企业制度的生成、西商企业资本与产业扩张乃至近代中外关系等产生了十分深远的影响。

一、《1865年公司条例》颁行的历史条件

香港《1865年公司条例》的颁布，既是当时中国相关法律缺失背景下西商企业特别是西商公司在华发展的必然要求，也是西方国家尤其是英国国内《公司法》成型后产生的溢出效应，更与香港在英国海外殖民体系中的地位变迁有关。

（一）西商公司的进入与中国境内相关法律规制的缺失

从世界范围内法制建设的历程来看，法律规范往往滞后于行为发生，故而世界上绝大多数国家都是先出现某种经济组织，然后颁布约束它的法律法规。公司是世界经济史上形成最晚的经济组织，生成与约束公司行为的"法"的建设并非完全同步。绝大多数国家的公司法都是在公司发展到一定阶段时才出现，这也符合法制建设的历史和规律。但是当公司创立依据由特许阶段向注册阶段迈进之后，公司的生成就应以依法注册为前提，而未依法注册的公司则不能视为真正意义上的公司。

西商公司是中国境内最早的近代意义上的公司，它萌芽于五口通商以前西商经营的代理行号。前文已述，19世纪初代理行号中出现了以"Co."（公司）命名者，这些以"公司"命名的代理行号，一部分是已经在广州经营多年、经产权改组后重新添加"公司"之名的；另一部分则是新创办的、直接以"公司"命名的。从数量看，以"公司"命名的代理行号不占多数。从经营类型上，这些经济组织大多从事代理业务，直接投资较少。从企业制度看，此时的公司属于私人公司（Private Company）或称"封闭公司"（Closed Company），更接近于合伙制，或者更确切地说是股份合伙，故而只能算是西商公司的萌芽。五口通商后，通商口岸出现了更多西方人开办和经营的公司，这些西商公司多为从事进出口贸易的洋行，它们的来源有三：一是五口通商前已经进入中国、以"公司"命名的代理行号的演化；

二是新开办的公司；三是经营一段时期后再以"公司"命名的西商企业。就数量而论，公司已经在西商企业中占据很大比重。以 1852 年为例，当时上海 41 家外国洋行中，英美洋行有 33 家，英文名称中有"Co."（公司）字样的英美洋行有 26 家，[①] 占英美洋行总数的 78.79%。据 1854 年《上海年鉴》中《在沪外国行号名录》(List of Foreign Hongs at Shanghai) 记载，当年上海外国行号共 75 家，其中以"Co."（公司）命名的 38 家，[②] 占行号总数的 50.67%。这里的外国行号包括企业组织、非企业组织及个体商人。根据 1856 年《上海行名录》记载，如第二章表 2-7 所示，1856 年上海共有外国行号 83 家。这 83 家外国行号分为如下几类：第一类是外商经营的企业，包括以经营进出口贸易的洋行为主体的商贸企业、金融企业、航运企业、船舶修造企业等；第二类是医疗类组织，包括药房、医院及私人诊所；第三类是个体商人或商店如票据经纪人、生丝经纪人、裁缝、钟表制造、品茶或配茶者等。在这 83 家外国行号中，含有"公司"字样的有 44 家，占 53.01%。如果不将第二类及第三类非企业性质的行号统计在内，公司制企业占比还会更高。

同时期，香港的西商企业中公司制也占据多数。前文提到，1845 年 8 月 13 日，由英国商人署名向英国殖民部大臣递交的土地租用权限抗议书上，署名的英国商行共有 18 家。这 18 家英国商行的中英文名称分别是：怡和洋行（Jardine, Matheson & Co.）、颠地洋行（Dent, Beale & Co.）、麦克威克洋行（Macvicar & Co.）、福克斯—罗森公司（Fox, Rawson & Co.）、丹拿洋行（Trannack & Co.）、林赛洋行（Lindsay & Co.）、仁记洋行（Gibb, Livingston & Co.）、贾米森—豪公司（Jamieson and How Co.）、格默尔公司（W. & T. Gemmell & Co.）、弗莱彻公司（Fletcher & Co.）、丽如洋行（Thos, Ripley & Co.）、默罗代理公司（Per pro Murrow & Co.）、琼记洋行（Heard, Augustine & Co.）、义记洋行（Holliday, Wise & Co.）、R. 奥斯瓦尔德公司（R. Oswald）、修斯东公司（Hughesdon & Co.）、伯

---

① 陈文瑜：《上海开埠初期的洋行》，《经济学术资料》1983 年第 1 期。
② 罗婧：《开埠初期的上海租地及洋行——基于 1854 年〈上海年鉴〉的研究》，《史林》2016 年第 3 期。

德—兰格公司（Burd, Langer & Co.）、福特公司（M. Ford & Co.）。① 在这
18 家英国商行中，有 17 家以"Co."（公司）命名，唯一一家不以"Co."
命名的"R. 奥斯瓦尔德公司（R. Oswald）"在中文名称中也出现了"公
司"字样。可见，公司制企业在当时香港英商企业中的占比之高。

　　19 世纪 60 年代之前，公司制企业已经在西商企业中占据主体地位。
当大量西商公司进入中国时其至经营很长一段时间后，中国境内根本找不
到相应的法律对它们进行规范，而对公司进行法律规制，最核心的问题就
是公司的准入问题，或者说是公司的合法性问题。五口通商后进入中国的
这些西商公司，其合法性问题或许对清政府来说可能并不那么重要，但对
西商公司本身而言却至关重要。从世界经济史来看，企业设立一般都经历
了一个由自由放任向法制化、规范化、程序化、制度化的发展历程，最终
建立企业设立的注册登记制度。按照惯例，一个企业的经营业务主要在哪
个国家，就应该在哪个国家依法注册登记，接受注册登记所在国家法律与
政府的监督管理。近代西商公司在华经营，理应依照公司经营所在国中国
的法律进行注册登记，取得法人资格后方可营业，并接受中国法律与政府
的监督与管理。可问题是，当时乃至整个 19 世纪，中国始终未建立起企业
依法注册登记制度。在漫长的封建社会中，中国虽已形成一定的契约传统
特别是在土地交易领域，明清时期书面契约已经得到广泛的使用，但这些
契约行为和契约关系主要存在于私人领域，一直未能形成现代意义上的商
业法律。明清时期行会扮演着商业仲裁者的角色，而非衙门即政府部门，
中国传统社会的商事诉讼依附于刑事诉讼，较少发现不涉及刑事犯罪的商
事纠纷案件。这主要因为官府对民事与商事纠纷的重视程度远远低于直接
牵涉社会稳定的刑事案件。一旦发生民事与商事纠纷，官府通常不分青红
皂白，先各打五十大板，导致民事与商事纠纷常常以私了告终，除非别无
他法才会告官。"当契约破坏的时候，人们可能会提起诉讼，但是明清和
民国时期的大部分契约都是靠个人信用维持的。约束着人们行为的并不是

---

① ［英］詹姆士·奥朗奇:《中国通商图: 17—19 世纪西方人眼中的中国》，何高济译，北京理
工大学出版社 2008 年版，第 328 页。

世俗的法律，而是带有信仰色彩的道德和良心。"① 为此，近代以来直到 19
世纪末，清政府一直沿用清初订立的"诸法合体、民刑不分"的《大清律
例》，始终缺乏近代意义上的《民商法》，更没有专门的《公司法》。在这
种历史背景下，近代早期在华经营的西商企业处于"无法可依"的经营状
态，公司制企业更找不到获取法人资格的公司法。

对于清政府而言，规范和管理西商公司亦属职责范围却为何无动于衷
呢？原因至少有四：

其一，"习惯成自然"。就外商公司的身份来论，不仅鸦片战争后进入
的西商公司身份不合法，鸦片战争后中国境内存在的所有非公司制的经济
组织也是非法的。虽然《南京条约》及其附件规定"五口通商"，并且允许
英人居住和派设领事，但从未赋予西方人在通商口岸开设行号、开办企业
的权利。再往前追溯，鸦片战争前西方人在广州设立的代理行号，本身也
没有任何条约作为依据，这些代理行号与东印度公司的身份迥异，因为东
印度公司是获得中英两国政府认可的、合法的贸易组织。在 1834 年东印
度公司对华贸易垄断权取消之前，代理行号虽然获得东印度公司颁发的营
业许可证、有权从事中印贸易，但无权直接与中国人开展贸易，更不能在
广州或澳门长期停留。即使 1782 年以后港脚商人找到以他国领事身份长
期停留广州的办法，但从本质上来说，这些代理行号还是非法的。英国东
印度公司对华贸易垄断权被废除后，于英国而言，英国散商代理行号在华
经营已属合法，但从中国方面来说，代理行号存在的合法性问题仍然没有
解决。五口通商后，持"非法"身份的代理行号演化为近代第一批西商企
业，其中包含不少公司制企业。从 1782 年广州首家散商代理行号的出现
到五口通商后西商企业的大量涌入，西方经济组织从未离开过中国境内，
清政府及中国社会对这些持"非法"身份甚至来路不明的西方经济组织早
已习以为常，甚至可以说是"习惯成自然"。正因为如此，五口通商后当大
量西方企业进入中国时，中国政府见怪不怪，自然不会想到要制定专门的

---

① ［英］科大卫：《近代中国商业的发展》，周琳、李旭佳译，浙江大学出版社 2010 年版，第
16 页。

法律去约束它们。

其二，"无知"。18 世纪西方工业革命兴起之后，中西方的差距逐渐拉大。在西商公司进入中国之时及其后很长一段时间里，面对"公司"这个具有重大创新意义的企业组织形态，清政府一无所知。对清政府来说，外商公司、外商非公司制企业及中国传统的企业究竟有何差别、对中国社会影响怎样等类似问题很难有相对清晰的认识，故而很难想到制定专门的法律法规对其加以约束。清政府真正花时间和精力去了解公司是在洋务运动前后。

其三，认为"没有必要"。近代中国本土公司生成于洋务运动时期的官督商办企业，是西商公司制度示范下的产物，较西商公司在华生成要晚二十多年。加之官督商办企业属于西方公司制度的早期形态即特许公司，距离当时西方普遍盛行的注册公司有很大差距。近代西商公司进入中国之际及其后相当长的时间里，中国并没有自动生成类似于西商注册公司的公司制度。既然中国企业没有依法注册之需求，清政府自然难以想到要制定专门的法律法规用于监管外商公司。

其四，"无暇顾及"。近代以来，清政府备受内忧外患的困扰，两次鸦片战争加上轰轰烈烈的太平天国运动，19 世纪 40 年代之后近二十年的时间里，清政府一直处于风雨飘摇之中。1864 年，太平天国虽然被镇压下去，但由于地方督抚崛起，清政府的地方控制力明显下降，反之对西方发达资本主义国家的依赖程度逐步上升。对于西方在华经济组织的存在，清政府的底线是不涉及"改造土货"不威胁到自身的统治基础，只要不超出这个底线即可。至于其他，清政府根本无暇顾及。

正是基于上述四大原因，清政府对外商公司（"改造土货"除外）的创设与经营通常视而不见，故而也就没有制定专门的法律对其加以约束。即便 1904 年清政府颁布了近代中国第一部公司法——《公司律》，也只字未提对外商公司的管理与规范问题。

由此可见，近代西商企业进入中国之后，虽然从理论和实践操作层面来说都应依照中国法律进行注册登记，西商公司更应该依照中国法律注册登记以获取法人资格，并接受中国法律和政府的监督管理，但是当时中国根本没有可以适用规范西商企业特别是公司制企业的法律，这就为西商公司到中国政府管辖范围之外寻找适合自身经营的法律依据提供了可能性，甚至是必要性。

（二）英国国内公司法的成型

对长期在华经营的西商公司来说，它们始终受到"非法"身份的困扰，因为一旦公司卷入经济纠纷，后果不堪设想。19 世纪 60 年代之前，在华经营的西商公司资本和规模有限，中西方关系不确定性又非常大，加之经营者大多抱着"冒险家"心态鲜有打算长期经营者，对西商公司来说，法人身份很重要但并非迫在眉睫。19 世纪 60 年代后，情况发生重大改变：其一，中西关系朝着有利于西商的方向发展。一方面，中外势力相勾结成功剿杀了太平天国，清政府对西方国家的依赖性和信任度提升，两者关系拉近了许多。中西政治外交关系的改善，有助于西商公司在华经营。另一方面，首批来华从事进出口贸易的大洋行资金积累及资产得到快速增长，而且这些大洋行大多采取公司制，为规避风险，它们对"合法"身份的渴求超过了此前。再者，19 世纪 60 年代后，大洋行纷纷打造贸易产业链，转向贸易所需的航运、金融、进出口加工、船舶修造等，这些行业催生了数量可观的工厂，孕育出实力不菲的工业公司。这些企业与清政府禁止外商"改造土货"相冲突，它们更加需要一个"合法"身份。在上述因素的影响下，西商企业急于寻找更有利的法律庇护。恰好此时，以英国为首的西方发达资本主义国家公司法渐趋成型，具备向海外输出的能力和水平。

众所周知，近代中国西商企业及企业制度是西方直接移植的产物。在西商公司入华之前，其母国的公司已初具规模，具有一定的经济和社会影响力。适应本国公司制度发展需要，以英法为首的发达资本主义国家率先颁布公司法，以规范本国企业特别是公司制企业的创办与运作。以英国为例，自 18 世纪下半叶到 19 世纪上半叶，英国率先开始第一次工业革命。在第一次工业革命的进程中，英国国内企业组织的主体力量并不是公司，而是家族合伙制企业。随着第一次工业革命的完成，家族合伙制企业难以适应机器大工业条件下技术创新和资本扩张的新要求，故而公司制度创新被提上日程。近代公司制度创新主要体现在公司法人制度的形成以及有限责任原则的确立。1844 年英国颁布《合股公司法》(The Joint Stock

Company Act, 1844, 又译为《合作股份公司法》或《股份公司法》), 正式确立了设立公司法人的登记注册制度, "公司法人由'国家之子'转变为'法律之子'。这标志着公司法人设立制度从特许主义转向了准则主义"。① 近代早期, 只有英国国王或议会才能设立公司法人, 为此公司法人被誉为"国家之子"。1844 年颁布的《合股公司法》, 虽然确定了公司独立法人地位, 但有限责任并未获得认可, 这就意味着公司股东仍要对公司的债务负有无限责任。为了规避无限责任, 许多英国公司跑到法国注册, 原因在于法国早在 1807 年颁布的《商法典》中就确立了股东的有限责任。西方学者认为, "有限责任是现代最重大的发现。即使蒸汽机和电力, 也不如有限责任公司那样重要"。② "我们通常所说的'公司'的学名是'有限责任公司', 美国英语是'incorporation'。"③1851 年英国立法机构提出《有限责任法案》(the Limited Liability Bill), 几年争论后该法案在两院获得通过, 并于 1855 年 8 月最终获得英国皇室的批准。④《有限责任法案》将公司法人制度与有限责任原则结合起来, 最终确立了现代公司制度。不过, 此法案对公司创立资本要求较高, 因而不利于公司的发展。在此基础上, 1856 年英国通过了新《合股公司法》(Joint Stock Company Act)。新《合股公司法》允许企业凭借许可证获得有限责任, 但是银行和保险业者被排除在外; 不再有最低资本要求, 仅要求 7 个人签署公司章程以及公司对外自称为"Ltd"。以这部法案为基础, 经过修改后即进入综合性的《1862 年公司法》。⑤ 这是世界上第一部现代意义上的公司法。此后, 英国虽然多次小修小补, 但未进行大幅度变动, 英国的公司法也为世界其他国家所模仿。法国的公司法建设稍晚于英国, 1807 年法国《商法典》规定了股份有限公司的股东以出资额为限对公司债务承担有限责任, 但是在公司设立问题上规定公司发起人必须预先获得政府的批准, 而非通过公司契约方式设立。

---

① 张乃和：《近代英国文明转型与公司制度创新》,《史学集刊》2018 年第 4 期。

② Janet Dine, Company Law, 4th edition, New York: Palgrave, 2001. p.1.

③ 朱伟一：《美国公司法判例解析》, 中国法制出版社 2000 年版, 第 1 页。

④ L. B. Cower, The Principles of Modern Company Law, 2nd Edition, London: Stevens & Sons Limited, 1957. p.47.

⑤ 仲继银：《公司治理机制的起源与演进》, 中国发展出版社 2015 年版, 第 45 页。

英美两国虽然民商法的共性较多，但在公司法方面不同，原因有二：一则美国独立之前英国尚无公司法，为规制国内迅速发展的公司，美国特赶在英国前面制定公司法。二则美国公司立法权在各州。1807 年，纽约州颁布了第一个关于公司的法律，允许私人组织公司，但有关公司方面的法律规范主要来源于法院的判例。[①] 同时期，法国的公司法发展也很快。19 世纪中后期，法国工商业快速发展，大型工商企业崛起，急需大量资本从事工商业经营活动，降低股份公司设立门槛、简化其设立程序成为时代需求。受英国《1862 年公司法》的刺激，1867 年法国颁布法律，允许股份公司在不经政府批准的情况下自由设立。[②]

（三）香港在英国海外殖民体系中的地位变迁

19 世纪 60 年代初，中国境内的西商企业特别是西商公司对公司法的渴求与中国国内尚无相关法律已然形成一对矛盾。与此同时，以英国为代表的西方国家国内公司法已经成型，足以向海外输出，唯一需要解决的问题即是如何将其国内公司法用于规制远在中国经营的西商企业。此时，英国殖民统治下的香港为解决这个问题提供了"契机"。

自 1841 年英国占领香港到 19 世纪 60 年代初，英国在港影响力伴随控制地域的扩大而增强。第二次鸦片战争清政府战败，英国割占中国领土由香港岛扩大到九龙半岛，"九龙半岛今界限街以南部分的面积为 7.18 平方公里，昂船洲的面积为 0.75 平方公里，合计 7.93 平方公里"。[③] 作为英国在港所辖范围由香港岛拓展至中国大陆一隅。港英当局在尖沙咀开辟新市区，将之打造成与维多利亚城隔海相望的双城，港岛与九龙之间的海域从此成为香港的"内湖"，英国完全控制了维多利亚海港。香港作为英国在远东的优良转口港和军事基地，其重要性随着九龙被侵占愈加提高。割占九龙后，港英当局成立城市设计委员会，积极策划道路、码头等市政基础设施建设，这些成为吸引外商尤其是西商投资的重要筹码。在英国统治香港初期，落户于此的多为英商企业，19 世纪 60 年代后其他西方国家的企业

① 崔璨主编：《公司法辞典》，北京工业大学出版社 1994 年版，第 54 页。
② 张民安、蔡元庆主编：《公司法》，中山大学出版社 2003 年版，第 30 页。
③ 余绳武、刘存宽主编：《十九世纪的香港》，中华书局 1994 年版，第 97 页。

纷纷前来，以美、德为最。

香港在英国远东战略地位提升之际，经济逐渐由衰转旺。第二次鸦片战争后，中国被迫开放更多的沿海口岸和部分沿江口岸，香港借助区位和港口优势进一步确立了自身的中转贸易港地位。19世纪60年代，中国境内航运业开始从帆船向轮船过渡，原先从事鸦片及其他贸易的一些洋行纷纷投资于运输业、金融、进出口加工及其他行业，其中以英商为最。巨额的资本投资需要股份公司这种创新型公司制度相适应，但是股份公司对法人地位的渴求在当时的中国客观上无法得到满足，如何将英国国内成熟的公司法用于保护中国境内英商企业的利益成为英国政府不得不正视的问题。

英国占领香港后，着手运用法律手段治港。1843年4月，港英当局组织立法局和行政局。同年英国政府规定，香港有权制定地方性法规，但其制定的"条例"不能违反英国女皇关于香港地位的《英皇制诰》和《皇室训令》有关规定。自19世纪60年代起，港英当局加强法制建设，逐步制定了一套适用香港殖民统治的、较为详细周密的成文法，旨在通过法律手段强化统治及促进各项事业的发展。《1865年公司条例》就是其中一部重要的法律。

于长期在中国经营的英商企业而言，它们更愿意接受香港的法律规制，选择在近距离的香港注册登记而非英国本土。在这种情况下，为保护在华英商企业的利益并将英国法系全盘引入香港以加强对港控制，英国政府很快将国内新颁布的《1862年公司法》移植到香港。

综上所述，《1865年公司条例》的诞生是特殊历史背景的产物，它既体现了近代早期西商企业通过注册登记取得"合法身份"的现实诉求，也暴露出清政府法制建设严重滞后的制度弊端。同时，以英国为首的西方发达资本主义国家公司法的成型及英国对香港控制力、影响力的增强为《1865年公司条例》的颁布创造了现实条件。《1865年公司条例》的颁行，对近代西商制度的生成具有极其重要的意义。

二、《1865年公司条例》的颁行及主要内容

关于香港《1865年公司条例》的中文译名，学术界尚无统一说法。有

的直接称为《公司条例》"或"1865 年香港《公司条例》",有的称之为
"1865 年香港《公司法》",还有的称其为"1865 年《公司组织条例》"及
"1865 年《公司组织法》"。目前看到的英文版本见 1865 年 3 月 18 日《香
港政府公报》(The Hongkong Government Gazette) 第 103—141 页,英文
全称为 "An Ordinance for the Incorporation, Regulation, and Winding-up of
Trading Companies and Other Associations", 英文简称为 "The Companies
Ordinance 1865"。英文全称直译就是 "《贸易公司及其他组织的设立、归管
与清盘条例》",英文简称则直译为 "《1865 年公司条例》"。为了更好地突
显此公司法颁布地,按照惯例特在前面补充"香港"二字,故称之为"香
港《1865 年公司条例》"。按照规定,此条例应颁布于 1865 年 3 月 15 日,
自当年 5 月 1 日起实施生效。① 这是香港地区出现的第一部公司法,它与
英国《1862 年公司法》大同小异,可以称其为英国《1862 年公司法》的翻
版。其后香港 1911 年《公司条例》因袭了英国 1908 年的《公司法》;香港
1932 年《公司条例》则是紧随英国《1929 年公司法》修正的。直到 1984
年以后,香港才改变了跟进英国公司立法的做法,开启相对独立的立法进
程。可见,《1865 年公司条例》对香港公司立法影响之大。

　　《1865 年公司条例》包含七节文字内容和两张附表。文字内容分别
是:(1)公司与其他经济组织的设立;(2)公司与其他经济组织中资本分
配及各成员的责任;(3)有关银行责任的特殊条款;(4)公司与其他经济
组织的管理规则;(5)公司与其他经济组织的解散;(6)注册登记机构;
(7)本条例的废止问题。附表包括股份公司管理细则,对股份公司发行的
股份、公司增资、表决权、股东会议、董事会、股息发放、公司账目、公
司通告的发布等,以及股份公司注册登记的四个范本。条例中涉及公司部
分的内容② 主要为五个方面:

---

① 　An Ordinance for the Incorporation, Regulation, and Winding-up of Trading Companies
and Other Associations, Hongkong: Hongkong Government Gazette, March 18th 1865. p.103.
② 　本书涉及《1865 年公司条例》的内容均出自: An Ordinance for the Incorporation,
Regulation, and Winding-up of Trading Companies and Other Associations, Hongkong: Hongkong
Government Gazette, March 18th 1865. pp.103—141。下文不再另行标注出处。

一是有关"公司的创办与注册"的条款。

《1865年公司条例》规定：任何七人及七人以上、合法经营的经济组织，可登记注册为有限或无限责任公司。有限责任公司指的是持有公司购票者如果遭遇公司清盘只需以已付款进行责任承担，而不牵涉其他财产。这类公司名称中要包含"有限"一词……若某公司成立之时，对公司成员的责任未作限制，则视为无限责任公司。依照《1865年公司条例》，公司在创办之初在合同上签名的不少于七人，合同中必须注明公司名称、创办原由、设立时间和地点、营业范围、出资人的责任（有限或无限）、注册资本、股份总数以及每股股金。合同签订之后，必须制定公司章程，章程中须写明九项事务：（1）如何发放股票；（2）依法收集资本的方式，即是一定时间内全部收齐还是随时续收；（3）转卖股票的方法；（4）持股人若无能力付清股金，准许主办人注销其股票，另售他人；（5）股东大会召开的确切时间；（6）股东大会召开时，股东应陈述自己的意见以确定公司经营方针；（7）推举公司经理并规定经理的权限；（8）结账和利润分配等；（9）指定专人查账。该章程经创办人签名后注册立案，方可发给经营执照，允许开办。随后创办人可招募员工、出售股份。若公司章程确实有妨碍公司经营的地方，允许修正，但须取得持股人四分之三同意，方可开会讨论。经变动的章程须报告主管官方报备。

二是关于"股东权益与股金缴纳"的条款。

《1865年公司条例》规定：公司应建立一份记事档案清册，清册内容如下：一是股东姓名；二是股东认股数额以及已付股金；三是首次报请主管官方注册的日期；四是某股东退股的确切时间；五是新股东的信息。股票转让的实现以新持有者名单在注册处登记为实。股东的权益均以此清册为准。所有信息登记在册后，须送交一份到注册登记机构保存。若未在规定的时间内上交，注册登记机构将对它处以每天不超过100美元的罚款。如欲查阅，只需酌情付给抄写的人一点费用，无论是摘抄其中一节，或誊抄全部清册，都可以。公司分配利润时，应遵照股份数来分配。若公司亏欠，也须按照股份数来垫付。直到限用额用完为止。根据附录《股份有限公司管理与规范》第4条：董事会可以在他们认为合适的时机要求股东缴纳剩余股金，但是通知必须提前 21 天发布。股东应在董事会规定的时间和地点缴纳剩余股金。

三是关于"股票交易与公司增资"的条款。

《1865 年公司条例》规定：在征得股东大会许可的前提下，股东才能把股票投放交易所进行交易。在公司增资方面，须征得股东大会批准方可增加资本，否则视为无效。新增股份均视为原始股的一部分，须遵守相关的集股协议。

四是关于"公司业务经办"的条款。

《1865 年公司条例》规定：创办人可担任公司经理，亦可在股东大会上另推举他人担任经理。小型贸易机构的股东总数不过四五人，各股东本身都可以参与业务经营，且无需签订详细章程。如果创办大公司，股东人数多达一两千人，至少要选定 7 人组成董事会，每位董事至少须持股10%—20%。每年至少召开一次股东大会，每半年召开一次亦可。经理必须把一年或六个月的全部经营状况告之股东。若股东认为公司经营不善，可在股东大会上协商派人核查；在非股东大会召开期间，须五分之一持股人联名报告主管政府，由政府派人核查。经理确有徇私舞弊之处，一经查实，则按该条例处置。

五是关于"公司清盘"的条款。

公司清盘有两种方式：一是自愿清盘，即公司不愿意经营此前的业务，自行解散。二是强制性清盘。公司一旦出现以下情形之一者，将被强制性清盘：（1）公司通过特别决议并按照高等法院的要求进行解散；（2）公司自成立之日起一年内未开展业务或停止经营活动超过一年；（3）公司成员总数降至 7 人以下；（4）公司不能偿还其债务；（5）高等法院认为该公司应该解散。这时，经理须把权利交付代为善后之人，代为善后之人将一切库存货物变卖成现金，现金到手后，先提取善后工作之人的薪水，再偿还小额债务如房租、工人工资，然后清偿其他债务。若有剩余，则按股份多少分配与各股东。

实际上，上述有关公司的条款主要针对的是贸易组织，该条例对非公司组织包括业主制和合伙制企业、银行另有专门条款。

三、《1865 年公司条例》实施的效应

《1865 年公司条例》的颁行对于近代特别是晚清西商企业的创办与运作、西商企业制度的生成与演化产生了较为深远的影响。

（一）客观上有助于规范近代西商企业的创办及运作

《1865 年公司条例》最大的贡献在于，一定程度上有助于规范近代早期中国境内外商企业特别是西商企业的设立和运营，为西商公司的注册登记提供了法律依据，从而为西商公司法人地位的生成提供了可能性。"由于缺乏'当地'注册的办法，当时在华外商都感觉不便，后来外商公司都到香港按照直辖殖民地（Crown Colony）的放任法律去注册，因此不便情形为之大减。非英籍的在华外国商人也可以到香港注册，丝毫不生问题，英国官府也不在国籍上严立限制。"[①] 雷麦此番话很显然在为外商公司注册登记问题所产生的治外法权问题开脱，但也道出了部分实情。《1865 年公司条例》颁布实施很长一段时期内，香港成为中国境内西商企业特别是西商公司注册登记的首选地。对那些长期在中国境内营业的西商企业尤其是英商企业来说，依照此条例创办无疑是最为便捷的方式。综合来看，《1865 年公司条例》颁行后，中国境内西商企业的注册登记出现四种情况：

一是在香港注册登记。香港《1865 年公司条例》颁布后不久，不少在中国境内营业的西商企业把香港作为注册登记的首选地，以取得"合法身份"。英商企业首当其冲，其次是美商企业，后起的德商、日商企业也不乏在港注册登记者。在香港注册登记的西商企业主要分为三类：

第一类是《1865 年公司条例》颁行后立即注册登记。这里面又可分为两种情况：一种是在本条例颁行前创办的企业，之前没有公司法可依故而迟迟未能注册者，《1865 年公司条例》颁行后立刻依此注册。1853 年创办的英商于仁船坞公司（Union Dock Company）于 1865 年 7 月 31 日依照《1865 年公司条例》在香港注册登记，这是第一家依照《公司条例》登记注册的公司。[②] 另一种是在本条例颁行后创办的企业，它们就是依照此条例创办的。

[①] ［美］雷麦：《外人在华投资》，蒋学楷、赵康节译，商务印书馆 1959 年版，第 236 页。
[②] E. J. Eitel, Europe in China, Oxford University Press, 1983, p.453.

如英商公和祥码头有限公司、老公茂纱厂、中国公共汽车公司、怡和纺织有限公司、正广和有限公司、南京和记洋行及日商上海纺织株式会社等。

　　第二类是《1865年公司条例》颁行一段时间后没有立即注册登记的。这类企业又可分为两种情况：第一种是创办于《1865年公司条例》颁行之前的企业。如成立于1863年的香港黄埔船坞公司（Hong Kong and Whampoa Dock Company），经营三年之后于1866年10月11日在香港注册登记。[1] 再如汇丰银行。作为第一家将总部设在中国境内的西商银行，它的创办恰逢此条例颁行前夕。"临时委员会于1864年8月6日开会后，发出了计划书，1865年初完成了筹备工作。"[2] 此时公司法尚未颁行，为获得法人资格，1864年12月临时委员会写信给港督罗便臣爵士"要求对汇丰银行发给特许证，程序是由有权制定殖民地法律的机构即香港立法会议通过一项法令；并经英国政府批准。特许状是对一个公司善意的保证。只要它根据特许证，保证按照一定规章办事，并在政府监督之下进行业务，就可以使一个银行得到它所需要的东西，即公众的信任。港督复称，他将为发给特许证着手采取必要的行动，同时不反对汇丰银行作为一个未经立案注册的机构先行交易"。[3] 由此可见，汇丰银行起初试图通过特许获得法人资格赢得公众信任，但是香港殖民政府同意汇丰银行在立案注册之前先行交易。获此答复后，"在1865年3月2日，临时委员会提名现有成员作为新的管理机构的成员。这个机构仿照东印度公司所用名称，命名为董事院，就此结束了临时委员会的工作。新的董事院立即决定第二天银行就开始营业"。[4]1865年3月3日，汇丰银行在香港开始营业，承办票据贴现及抵押贷款。虽已开始营业，但是银行的法人身份仍未得到解决。"汇丰银行董事们渴望银行注册以及港督保证让立法会议及早通过必要法令的事，多少受到下列一些因素的影响，即与英国殖民大臣通过海路往来函件所需的时间，每个阶段发生的问题都必须呈报给皇家财政委员会；再加上怡和

---

[1]　E. J. Eitel, Europe in China, Oxford University Press. 1983, p.453.
[2]　[英] 毛里斯、柯立斯：《汇丰银行百年史》，李周英等译，中华书局1979年版，第5页。
[3]　[英] 毛里斯、柯立斯：《汇丰银行百年史》，李周英等译，中华书局1979年版，第5—6页。
[4]　[英] 毛里斯、柯立斯：《汇丰银行百年史》，李周英等译，中华书局1979年版，第6页。

洋行在香港和伦敦的干预反对。虽然在这段拖延过程中，汇丰银行的业务开展有相当大的成就，但直到 1866 年 8 月 14 日有了香港殖民政府特别制定的第五号法令，它才成为正式法人组织。"① 这里的"第五号法令"指的就是《1865 年公司条例》。由上可知，汇丰银行原本期望通过香港殖民政府的特许状获得法人资格，成为特许银行，以在港英当局的庇护下更好地发展，这也是早期英商银行首选的创办方式。可惜汇丰银行的愿望落空了，不得不依照《1865 年公司条例》注册登记，成为股份公司制银行。第二种情况为创办于《1865 年公司条例》颁行之后的企业。不过这类企业并非一创办就注册，而是经营一段时间后选择在香港注册。如 20 世纪初英商在中国筹建成立的中国肥皂公司（China Soap Co., Ltd），1925 年在上海杨树浦路建造的中国肥皂厂竣工，四年后该厂方选择在香港注册。②

二是在母国注册登记。此类注册形式亦可区分为两种企业：一种是创办多年后重新在母国注册，一般为创办时间早于 1865 年。如英商谏当保险公司。1836 年怡和洋行在广州创办的谏当保险行，成立时间仅次于 1835 年宝顺洋行成立的于仁洋面保安行，1882 年重新改组，并在英国注册为股份有限公司。有史料为证："英国谏当保险行根据英国有限公司法，于去年（1880 年）年底关闭后，业已改组为股份有限公司，专营水运保险业务，今天重新开业。"③ 这说明，谏当保险行此前已经依据英国的公司法注册。另一种企业为创办之时就在母国注册。如著名的英商上海自来水公司，就是在 1880 年取得工部局在上海开办给水事业的特许权后，于 1881 年依照英国《1862 年公司法》在伦敦注册登记的。④ 成立之初，公司总部亦设在伦敦，并在伦敦召开第一届董事会会议。在英国本土登记注册的公司还有惇裕洋行（Ttautmann & Co.）、太古轮船公司、上海电车公司、开平煤矿公司等。成立于 1890 年的上海制冰公司（Shanghai Ice Co. Shanghai Eris

---

① ［英］毛里斯、柯立斯：《汇丰银行百年史》，李周英等译，中华书局 1979 年版，第 7 页。
② 徐新吾、黄汉民主编：《上海近代工业史》，上海社会科学院出版社 1998 年版，第 184 页。
③ 颜鹏飞等主编：《中国保险史志（1805—1949）》，上海社会科学院出版社 1989 年版，第 64 页。
④ A. Wright: Twentieth Century Impressions of Hongkong, Shanghai and other Treaty Ports of China, Lloyd's Greater Britain Pub. 1908, p.262.

Actien Gesellschaft），就是按照德国法律注册登记的。①1901 年，德商胶州华德缫丝公司在德国柏林注册登记，并于 1902 年至 1903 年青岛沧口开办一家大规模的蒸汽缫丝厂。② 法商电车电灯公司于光绪三十三年（1907 年）设总公司于巴黎，且依照法国《公司条例组织》注册。③ 近代外商在电讯器材行业最重要的美商中国电气股份有限公司（China Electric Co., Ltd），也是在美国本土注册的。"1918 年由中国交通部与美国西电公司及日本电气株式会社共同出资组建，在美国注册，设总管理处于北京（后改设上海），分公司于上海、天津，并设制造厂于上海以后又在广州、汉口设立分公司。"④ 另外，西商银行多在母国登记，之后将分支机构进驻中国。

三是在西方国家驻华领事馆注册登记。按理来说，这种注册登记方式不正规，但是在当时中国政府对西商企业没有任何法律可以规制的情况下，部分西商企业还是选择了这种较为简便的注册登记方式，如在上海法租界经营煤气工业的法商自来火行。法商自来火行之所以急于在法国领事馆注册登记，主要因为这家企业是法租界与公共租界竞争下的产物。1862 年 4 月，上海法租界脱离公共租界工部局，单独成立法租界公董局。此时，恰逢大英自来火房向社会招股。1864 年，公董局在法租界内建设几条主要马路时，向大英自来火房提出向法租界供应煤气解决路灯照明的申请。大英自来火房表示，要等到英租界布置完备后方能顾及法租界。公董局认为，英商不但缺乏诚意，而且有蔑视意味，所以决定自行筹建自来火行，解决法租界的公灯照明。1861 年 1 月 16 日，法商自来火行在法国领事馆备案，公董局董事会成员大多数兼任自来火行的股东及管理人员甚至负责人。⑤除法商自来火行外，1889 年创办、总行设在上海的德华银行，也是在上海德国领事馆登记的。⑥ 此后，不少西商企业选择在领事馆注册，特别是法商企业。据 1930 年的统计数据显示，在上海领署注册的法商企业投资金

---

① North-China Herald（《北华捷报》），1890 年 7 月 11 日，第 35 页。

② 汪敬虞编：《中国近代工业史资料》（第二辑，上册），中华书局 1962 年版，第 281 页。

③ 汪敬虞编：《中国近代工业史资料》（第二辑，上册），中华书局 1962 年版，第 276 页。

④ 沈祖炜主编：《近代中国企业：制度和发展》，上海社会科学院出版社 1999 年版，第 266 页。

⑤ 王垂芳：《洋商史：上海（1843～1956）》，上海社会科学院出版社 2007 年版，第 294 页。

⑥ 洪葭管主编：《上海金融志》，上海社会科学院出版社 2003 年版，第 203 页。

额达到 1500000 元（表 3-1），占当时法商在华投资总额的 4.52%。

表 3-1 1930 年法商在华企业投资

企业类型	投资金额（华币）
滇越铁路	11625000
银行保险公司等	6500000
进出口公司	6388165
地产公司	4200000
轮船公司	1748040
其他在上海领署注册者	1202188
北京、天津、上海外的企业估计	1500000
共　计	33163393

资料来源：刘大钧：《外人在华投资统计》，中国太平洋国际学会发行 1932 年版，第 36—38 页。

四是根本不注册登记。这是近代尤其是 19 世纪西商在华企业存在的一种特殊现象。个别外商企业利用当时中国无相应的法律条文加以监管的"空档期"，根本不在任何地方注册登记，不领取营业执照却在中国正常营业。如著名的美商旗昌轮船公司，自创办之日到宣布停业，均未注册登记。类似旗昌轮船公司这种具有股份公司的特征，但又未真正注册登记的西商股份公司还不在少数，由此构成近代早期西商公司的一大重要特征。

相比较而言，上述四种情况以第一种居多。值得注意的是，《1865 年公司条例》对于近代中国来说是一把双刃剑。一方面，它有助于规范早期中国境内西商企业的创办和运营。另一方面，它带来了一个非常棘手的问题即外商企业的治外法权。"此种公司在本国之营业，仅挂一照牌，专在外国设立分公司营业之办法，实渊源于英国之香港政府之香港条例，其用意在奖励英国人在外国营业赚钱，在本国既不营业，可以免除公司所得税，及股东个人所得税等之利益。"[①] 由此造成三种后果：其一，外商企业特别是外商公司通过公司法注册取得法人身份，在中国享受与外国人同样的领

---

① 马寅初：《〈新公司法〉与官僚资本》（1946 年 2 月），选自徐汤莘、朱正直编选：《马寅初选集》，天津人民出版社 1988 年版，第 234 页。

事裁判权和治外法权。其二，英国首开先例后，20 世纪 20 年代伊始，美国、法国、葡萄牙、意大利等西方国家纷纷仿效英国，通过出台国内法保护在华经营的本国公司，这显然严重损害了中国利益。"此种公司在其注册之本国，皆不必营业，在中国借助不平等条约为护符，享受种种特权，中国国民经济所遭受之牺牲极大。"① 更为重要的是，为维护既得利益，西方国家往往联合起来抵制中国政府制定公司法规制外商公司。其三，它诱使中国公司争相效仿。为取得与在华外商公司同等待遇，中国公司特别是一些大公司纷纷选择在依照《1865 年公司条例》，"上海先施、永安等百货公司皆在香港注册，即利用此种办法而成立者"。② 不仅如此，抗战胜利后官僚资本经营的很多企业也采取这种办法，躲避中国政府的监管。

（二）促成近代西商企业制度的最终生成

近代企业制度指的是以近代公司制度、工厂制度为核心内容的近代经济意义上的企业制度。③ 由此观点出发，近代西方企业制度的生成脉络大致有三：一是近代公司制度的生成，特别是近代股份公司制度的生成；二是近代工厂制度的生成，即以机器大生产为标志的近代工厂取代传统手工工场；三是近代工厂制度与近代公司制度的融合，这以工业公司特别是工业股份公司的生成为标志。

《1865 年公司条例》对近代公司制度生成的意义主要体现在两方面：一是公司制度的生成，二是公司种类的生成。

前文已述，近代西商公司制出现较早，其萌芽于五口通商之前，初步形成于五口通商时期，最终形成要到 19 世纪 60 年代以后，即西商股份公司大规模兴起为标志。由此说明，近代西商企业与近代西商企业制度的生成并非完全同步，后者稍晚于前者。

近代第一家西商股份公司是创办于 1862 年的美商旗昌轮船公司。虽然

---

① 马寅初：《〈新公司法〉与官僚资本》（1946 年 2 月），选自徐汤莘、朱正直编选：《马寅初选集》，天津人民出版社 1988 年版，第 232 页。
② 马寅初：《〈新公司法〉与官僚资本》（1946 年 2 月），选自徐汤莘、朱正直编选：《马寅初选集》，天津人民出版社 1988 年版，第 234 页。
③ 张忠民：《思路与方法：中国近代企业制度研究的再思考》，《贵州社会科学》2018 年第 6 期。

旗昌轮船公司自始至终都没有依法注册登记，未获取法人资格，严格来说不属于真正意义上的股份公司，但它却是第一家具有股份公司特征的西商企业。以旗昌轮船公司的创办为起点，西商股份公司开始大规模兴起，并逐渐发展为西商公司制企业的主流。从企业制度发展史看，公司制是最具创新意义的企业制度，而股份公司又是公司制度中最具有核心意义的内容，所以只有在大规模股份公司兴起后，近代西商公司制度才算得上真正生成，而这仅仅是近代西商企业制度生成的一个面向。

《1865 年公司条例》的颁行，对近代西商公司制度的最终生成具有极为重要的意义，它极大地促进了西商股份公司的快速发展。一方面，自 19 世纪 60 年代起，上海、天津等商埠西商公用事业兴起，这些煤气公司、自来水公司、电力公司等对资本需求量较大，募集资本的范围较广，它们一开始就是以股份公司形式组织起来的。另一方面，早期以私人公司或封闭公司组织起来的西商企业，经过多年积累后，改组为股份公司，才正式在香港依此法注册或重新注册登记，如厦门船坞公司、大英自来火房、平和洋行、扬子保险公司等。

《1865 年公司条例》将公司分为两类：一类是私人公司或封闭公司，指的是以个人或家族为基础，吸收一些合伙人的股份组织起来的公司；另一类是公开的股份公司（公众公司），指的是向社会发行股票，股票的持有者分布广泛的公司，而且随时可以被某集团所控制。控制集团可以是家庭成员、雇员或某些管理团体。作为 1862 年英国《公司法》移植而来的结果，《1865 年公司条例》自然属于英美法系。"英美法按公司股份掌握对象的不同，将公司分为封闭公司和开放公司。封闭公司的特点，是股票全部由建立该公司的股东占有，股票不能在股票市场上自由流通，所以也称'不上市公司'。开放公司的特点，是股票可以在证券市场上挂牌交易，所以也称'上市公司'。有限责任公司相当于英美法中的封闭公司，股份有限责任公司相当于英美法中的开放公司；而无限责任公司则不被英美国家的公司法所承认。"①《1865 年公司条例》的颁布适应了当时西商股份公司大

---

① 马洪：《经济法概论》，上海财经大学出版社 2017 年版，第 100 页。

规模兴起的需要，这种现实需求主要体现在两方面：一是早期来华西商企业业务拓展的需要。受平均利润率规律的支配，19世纪60年代后对外贸易的利润率下降。为此，早期来华的大洋行开始将注意力转移到之前被清政府禁止触碰的工业领域。作为西商铤而走险经营的船舶修造行业，此时市场也出现饱和，新建的船厂若欲在市场中占据一席之地，必须依靠资金和技术上的优势。在20世纪初以前，西商并不具有天生的资本优势，企业创建及运作的资本募集需要依靠中国市场。资本需求对西商企业的组织形式提出了更高要求，原有的封闭公司亟需为公开的股份公司所取代。二是新兴行业对股份公司的需求日盛。19世纪60年代，适应外侨生活需要的西商公用事业兴起。此行业自一开始便采用近代先进的生产技术和生产方式，以符合新生产技术、新生产要素的要求。股份公司作为一种新的企业制度，在这些经济领域中更易于被采纳和接受，并体现出其强大的制度优势。同时，这些新创办的西商企业为了最大限度地占据市场，维护自身在市场中的优势地位，一开始便采取股份公司制。事实证明，公开的股份公司较之封闭公司拥有更多的市场机会，更大的垄断力量，可在短期内获取传统企业较难获得的超额利润。

根据《1865年公司条例》注册的股份有限公司分为两种：私人公司和公众公司。私人公司是指合伙人成立的，股票不能公开上市买卖，股权转让受限制，股东人数在2人以上、50人以下的股份制组织。公众公司是指股东人数在50人以上，股票公开发行，股权可以转让的股份制组织。这类公司分上市公司和非上市公司两种。公众公司的一般特征：（1）公司的所有资本划分为股份，股东就其所持有的股份，对公司负责并享有权益，而股东个人的资产不对债权人负责。（2）公司可实行所有权与管理权分离，所有权归公司股东共同拥有，管理权则由董事会聘请的专家和董事执行。由于大股东在控股权上占优势，管理权往往控制在大股东手里。（3）股权面前人人平等，各股东在公司中享有的权益大小，与其所持的股份多少成正比。权益包括表决权、股息与红利、认购新股、股东被清盘后分得剩余财产，等等。（4）股权可以自由转让，在理论上只要愿意支付股金，任何人都可以获得股票而成为股东。公司不受股票转移及股东死亡的影响，具有永久延续性。（5）公司账目公开，公司的财务状况一般以董事会的年度报告之形式公布，以接受股东监督、证监机构的管理，便于投资者选择。①

《1865 年公司条例》颁行后，许多西商企业借此升级自身的公司形态，这其中有两种情况：一种是此前并未注册，经营一段时间后注册登记为有限公司以规避风险。如 1858 年已经开始经营的厦门船坞公司（Amoy Dock Co.），在华经营多年却迟迟没有注册登记。直到 1892 年，方以资本 67500 元在香港注册登记，登记名为"厦门新船坞公司"（The New Amoy Dock）。②类似情况还有厦门机器厂（Amoy Engineering Company），经营几年后于 1893 年在香港注册为有限公司，资本 30000 元。③另一种情况是，之前为私人公司经营一段时期后重新登记为股份有限公司。如 1863 年创办的上海英商自来火房，1901 年才在香港注册为有限公司。1862 年成立的祥生船厂，起初为私人公司，1891 年改组为股份有限公司。④1891 年在沪外商股票掮客公司组建"上海股份公所"（Shanghai Sharebrokers' Association），直到 1904 年在香港注册为有限责任公司，同时更名为"上海众业所"（The Shanghai Stock Exchange）。⑤再如英商平和洋行（Liddell Bros & Co. Ltd）1870 年已来中国，主营棉花包装业，兼营皮毛、皮革、羊毛等输出业，总店设在上海，天津、汉口均有分店。英文原名为"Birt & Co."，1890 年改组，改名为"Liddell Bros & Co. Ltd"（中国行名未变），1919 年在香港注册为有限公司。⑥1906 年，在华经营多年的怡和洋行依照香港法律重新注册为一家有限责任公司。⑦1896 年由怡和洋行在上海开办

① 祝春亭：《香港股市风云录——激荡的百年史》，广州出版社 1997 年版，第 18 页。

② A. Wright: Twentieth Century Impressions of Hongkong, Shanghai and other Treaty Ports of China, Lloyd's Greater Britain Pub. 1908, p.826.

③ A. Wright: Twentieth Century Impressions of Hongkong, Shanghai and other Treaty Ports of China, Lloyd's Greater Britain Pub. 1908, p.827.

④ 孙毓棠：《中国近代工业史资料》（第一辑，上册），科学出版社 1957 年版，第 26 页。

⑤ 刘逖等：《上海证券交易所史（1910—2010）》，上海人民出版社 2010 年版，第 28—29 页。

⑥ 孙毓棠：《中国近代工业史资料》（第一辑，上册），科学出版社 1957 年版，第 102 页。

⑦ ［美］费正清等著，福建省历史学会福州分会编：《外国学者论鸦片战争与林则徐》（下），福建人民出版社 1991 年版，第 296 页。

的外商第一家纱厂——怡和纱厂，1911 年改组为怡和纱厂股份有限公司。1921 年怡和洋行将其旗下的杨树浦纱厂、公益纱厂与怡和纱厂合并，这才正式在香港注册。①

五口通商时期，西商已经开始在中国境内从事工业活动，开设了一些印刷企业、船舶修造企业、食品企业等。受动力所限，这些西商工业企业仍停留在手工工场阶段，与中国传统手工业企业相比仅有技术上的差异，而无企业组织方式的本质区别。以近代上海首家西商工业企业——墨海书馆为例，这家传教士经营的印刷企业 1843 年创办，1844 年开始印书。"等到英国圣公会购赠的滚筒印刷机于 1847 年 8 月抵达上海，同一年底开工，生产能力惊人，才半年间墨海书馆即印了 55000 余册、近 340 万页，远超过初期各年的产量。"②可见，墨海书馆使用的已经是当时最先进的机器，但是在动力方面，直到 19 世纪 50 年代依然使用人力或畜力。正如王韬所描述，"以印书车床，长一丈数尺，广三尺许，旁置有齿重轮二，一旁以二人司理印事……推送出入。悬大空轴二，以皮条为之经，用以递纸，每转一过则两面受印，甚简而速，一日可印四万余张。字用活板，以铅浇制。墨以明胶、煤油合搅煎成。印床两头有墨槽，以铁轴转之，运墨于平板，旁则联以数墨轴，相间排列，又揩平板之墨，运于字板，自无浓淡之异。墨匀则字迹清楚，乃非麻沙之本"。③可见，墨海书馆虽有车床和最先进的印刷机器，但未解决近代机器大工业所需的动力问题，故而与传统的手工工场差异不大，只能算是工厂的雏形。

近代西商工厂出现在供气或供电之后。上海开始使用煤气是在 1865 年年初，④最初只能解决租界内侨民日常生活所需，真正为工业供气还要晚一些。由于史料的缺乏，无法判断上海西商工厂工业用气的具体年份，但至

---

① 《中国近代纺织史》编辑委员会编著：《中国近代纺织史》（下册），中国纺织出版社 1997 年版，第 218 页。

② 苏精：《初期的墨海书馆（1843—1847）》，载日本关西大学文化交涉学教育研究中心、出版博物馆编《印刷出版与知识环流——十六世纪以后的东亚》，上海人民出版社 2011 年版，第 169 页。

③ 王韬：《瀛壖杂志》，上海古籍出版社 1989 年版，第 118 页。

④ A. Wright: Twentieth Century Impressions of Hongkong, Shanghai and other Treaty Ports of China, Lloyd's Greater Britain Pub. 1908, p.139.

少可以推断出是在 1865 年以后，上海以外的其他大部分地区比这个时间
更晚。这里需要注意的是，这些提供动力的西商企业本身就是近代工厂制
度与公司制度融合的产物。前文提到，自 19 世纪 60 年代伊始，西商公用
事业兴起，西商创办的煤气公司、自来水公司、电力公司既是股份公司大
规模兴起的表现，也是近代工厂制度兴起的标志，更是近代工厂制度与公
司制度融合的体现。在 1895 年《马关条约》签订之前，西商经营的工厂
主要出现在四大部门：水电煤气、船舶修造、进出口加工、轻工业。其中
前两者的实力最强，而且在中国近代经济和外商工业中始终占据行业优势
地位。据统计，"1933 年，中国共有外商自来水厂 7 家，工人 1974 个，供
水量 266.7 亿加仑，占 50.7%；华商自来水厂 17 家，有工人 3079 人，供
水量 259.2 亿加仑，占 49.3%"。① 这里日商所占比重并不大。华商自来水
厂是在以西商为代表的外商自来水厂刺激和示范下起步的，虽然数量很多，
但是单个企业的工人规模和产能均无法与外商企业相较。自来水厂作为外
商公用事业的组成部分之一，其工人和产能规模一定程度上说明外商工厂
制度的发展程度。19 世纪 60 年代后西商经营的水电公用事业，不仅为近
代工厂制度的生成提供了能源、动力基础以及其他基本条件，而且这些企
业本身就是近代工厂制度的典型案例。此外，这些企业在创办之初以及以
后的经营过程中，又将工厂制度与股份公司融合起来生成了一批实力雄厚
的工业公司以及工业股份公司，成为影响近代中国社会经济的重量级企业。
1950 年的统计数据表明，当时上海 9 家外商公用企业占上海全部外商资产
总额的 45%，职工占上海全部外商企业的 27%。② 除公用事业外，在其他
西商经营的工业领域如船舶修造企业、进出口加工企业、各类轻工业企业
等，也先后出现了近代工厂制度和工业公司及工业股份公司。这是《1865
年公司条例》颁行后近代西商企业制度生成的第三个面向，即近代工厂制
度与股份公司的融合产生了资本和规模雄厚的工业公司及工业股份公司。

　　《1865 年公司条例》对于近代西商企业制度生成的重要意义主要体现

---

　　①　王渭泉等编著：《外商史》，中国财政经济出版社 1996 年版，第 241 页。

　　②　上海市档案馆、财政部财政科学研究所编：《上海外商档案史料汇编》(7)，内部发行 1987
年，第 11—13 页。

在两方面：其一，它客观上有助于规范早期西商企业的创办与运作，为西商公司获取法人地位提供了便利和可能，使得西商企业能够在一个相对封闭、不受干扰的环境中形成较为完善的产权制度、治理结构、分配以及剩余分配制度。其二，它加速了近代西商企业制度的最终生成。此条例的颁行，首先加速了西商公司制度由私人公司或封闭公司向股份公司的转变与升级，促使西商公司制度最终形成。其次，它推进了水电煤气大型工业企业的创办与扩容，既为其他工业企业向手工工场向近代工业迈进提供了动力，有助于推动近代工厂制度的生成。与此同时，这些水电煤气企业自身所建立的工厂制度，本身就是近代西商工厂制度生成的重要标志。水电煤气企业以及其他工业企业在创办和经营过程中，进一步将近代工厂制度与公司制度融合，催生了近代第一批颇具影响力的工业公司和工业股份公司如船舶修造业中的香港黄埔船坞公司、耶松船厂、祥生船厂以及两者合并后的耶松股份有限公司；公用事业中的大英自来火房及其改组后的上海煤气公司、英商上海自来水公司、天津气灯公司等；加工工业中的平和洋行、礼和洋行、美最时洋行；其他工业中的老德记药房、屈臣氏药房、江苏药水厂、福利公司、正广和公司、美查兄弟有限公司等。这些工业公司和工业股份公司所彰显的企业制度优势以及强大的工业生产能力，对近代中国社会经济产生了非常重要的影响。

（三）加速近代西商企业组织形态的演化

通常来说，企业组织形态的演变路径为个人业主制——合伙制——公司制。但是，现实中企业形态的发展还存在另一条路径：单个企业——集团企业——跨国公司。相比较而言，学术界对前者的研究胜过后者。近代西商企业组织形态的演变也经历了从单个企业——集团企业——跨国公司这一路径。在五口通商时期，以单个企业为主。19世纪60年代至甲午战争前，早期的大洋行逐渐发展为集团企业。19世纪末20世纪初，跨国公司逐渐在西商企业中扮演核心角色。香港《1865年公司条例》的颁行以及此后的修正条例，加速了近代西商企业组织形态从单个企业向集团企业、跨国公司的演变。

近代西商集团企业出现于19世纪60年代，《1865年公司条例》的颁行加速了西商集团企业的生成。何谓"集团企业"？目前学术界尚无权威统一的说法。有的将"集团企业"等同于"集团公司"，也有的将"集团企业"等同于"企业集团"，持后一种说法者较多。但是"集团企业"与"企业集团"还是有区别的，"'企业集团'更强调具有法人资格的企业的联合体（Group），而'集团企业'更强调集团公司（母公司）对分子公司的管理与控制作用"。① 本书采用"集团企业"的概念，重点考察集团企业对下属企业的集约化掌控，以实现集团企业的资源优化配置和效益最大化。虽然近代西商集团企业与现代意义上的集团企业在产权特性、组织结构等方面还有很大的距离，但它相对于单个企业来说是一种巨大的进步，对于近代西商企业的资本扩张、资产提升以及行业拓展等都具有重要意义。

近代西商集团企业的生成路径主要有两种：一是早期贸易洋行转型发展和业务拓展的产物，属于单个企业不断演化的结果。如著名的怡和洋行，19世纪60年代初就开始投资设厂，涉足出口加工工业。1861年在上海开办怡和纺丝局。这是怡和洋行独立设立的第一家企业。1872年后，因鸦片进货价格抵不过在印度有深厚基础的沙逊集团，遂放弃对华鸦片贸易，逐步向与贸易有关的行业转向。先后创设上海公和祥码头公司（1872年）、香港火险公司（1873年）、怡和轮船公司（1882年）、怡和丝头厂（1882年）、香港—九龙码头货栈有限公司（1886年）、怡和棉纺厂（1895年）、中英银公司（1898年，与汇丰银行合资）、怡和冷气堆栈（1902年）、怡和机器有限公司（1923年）、怡和麦酒酿造厂（1930年）、怡和药厂（1939年）以及沪上成立时间不详的怡和打包厂等。除在香港设立总行外，还在上海、广州、汕头、福州、汉口、重庆、青岛、天津、台北设立分行；在北京、昆明、厦门、镇江、南京、芜湖、九江、宜昌、沙市、长沙设立代理行。营业范围除上述提到的之外，还涉及航空、保险、工程、机械、冷藏、蛋品、包装、茶叶加工、房地产、电灯、电车等，是英商在华最大的集团企业，被誉为"洋行之王"。英商沙逊集团亦是如此。1832年老沙逊洋行设立，五口通商后进入上海发展。1872年新沙逊洋行创办，除经

① 张旭梅：《集团企业集约化经营管理》，重庆出版社2013年版，第3—4页。

营鸦片业务外，开始向上海的房地产业进军，成为上海的"房地产大王"。1920 年以后，开始广泛投资于工业。1919 年在香港设立信托公司，并收购上海英商祥泰木行，在上海设立新沙逊银行和若干直属公司，进行工业投资和金融垄断活动，成为英商在华四大著名的垄断企业之一。二是 19 世纪 60 年代后新成立的洋行，自成立之初就不断向集团企业演化。如美查洋行，19 世纪 60 年代初来华经营茶叶、洋布贸易，随后创办制酸厂、申报馆、申昌书室、点石斋石印局、肥皂厂和燧昌自来火局共六家企业。与美查洋行类似，1866 年 11 月，英商老斯怀尔（Swire）建立太古洋行。次年 1 月 1 日，太古洋行在上海正式开业，主营业务为接收和销售英国的纺织品，同时负责把中国的丝茶、棉花、糖等运往英国，但是此项业务非常艰难。1870 年，太古洋行在香港设行。19 世纪 60 年代以后，太古洋行不断向航运、保险、制糖、榨油、驳船、造船、油漆制造等行业迈进（详见表 3-2），逐步发展成为著名的西商集团企业。除上述洋行外，近代英商在华声名显赫的集团企业还有太古洋行。

表 3-2　太古洋行关系企业一览表

创办年份	企业中文名称	企业英文名称	所在地	备 注
1861	郎卡邑保险公司	London & Lancashire Ins, Co.	伦敦、上海、香港	中文原名不详。
1865	保宁保险公司		香港	
1871	省港澳轮船公司	Hong Kong Canton & Macao S. B. Co., Ltd.	香港	与怡和等合资。
1872	太古轮船公司	China Steam Navigation Co., Ltd.	上海	
1875	海洋保险公司		上海	
1882	太古车糖股份有限公司	Tai-koo Sugar Refining Co., Ltd	香港	
1896	太古元油坊		营口	机器榨油厂。
1900	太古造船所	Taikoo Dock-yard & Engineering Co. of Hongkong, Ltd.	香港	

（续表）

创办年份	企业中文名称	企业英文名称	所在地	备注
1904	天津驳船股份有限公司		天津	
1904	西江轮船公司		香港、梧州	与怡和等合资。
1912	联汽船公司		香港	与怡和等合资。
1912	东方保险公司		上海	
1930	太古兴记轮船公司	Taikoo Chinesr Navigation Co., Ltd.	香港	
1930	永光油漆股份有限公司	Orient Paint Colour & Varnish Co., Ltd.	上海	

资料来源：聂宝璋：《中国近代航运史资料》（第一辑），上海人民出版社 1983 年版，第 515 页。

除英商集团企业外，法商企业中也出现了集团企业，如著名的永兴洋行。"这是法国在华较早的贸易商行，也是法国在华最大的商行，该行创于1847 年，总店在巴黎，1869 年（一说 1888 年）在我国上海和宁波设立分行，当时资本为归银 50 万两……在抗日战争前后，与该行有往来的外国厂商数达 100 余家，而与中国有往来的厂商在 1948 年时有 50 余家。该行除经营进出口外，还在天津、汉口等地设有蛋粉厂、肠衣厂，在上海设有打包厂。此外并兼营仓库、保险及在各大埠设有码头等。"①

近代西商企业的第三种组织形态是跨国公司，它出现于 19 世纪末 20世纪初。跨国公司主要是指"以本国产业为基地，通过对外直接投资，在世界各国设立分支机构或子公司，从事国际化生产和经营活动的垄断企业"。② 近代世界上跨国公司最早生成于 19 世纪 60 年代资本主义最发达的欧洲，1865 年德国拜尔化学公司投资购买了美国纽约州艾尔班尼的苯胺工厂的股份，不久后将它吞并为自己的工厂，成为世界首家跨国公司。1866年，瑞典阿佛列·诺贝尔公司在德国汉堡开了一家炸药工厂。1867 年，美

---

① 陈真等编：《中国近代工业史资料》（第二辑），三联书店 1958 年版，第 736 页。
② 沈桂龙、张晓娣：《贸易强国与跨国公司发展》，上海社会科学院出版社 2016 年版，第 67 页。

国胜家缝纫机公司在苏格兰设立缝纫机装配厂。此外，英国的帝国化学公司、联合利华公司、美国杜邦公司、爱迪生电器公司、瑞士雀巢公司等都属于早期跨国公司。19 世纪末 20 世纪初，西方很多大企业跨国经营，纷纷在海外设立工厂和销售机构，其中包括美国的美孚石油公司、福特汽车公司、通用汽车公司、西屋公司以及欧洲的西门子、巴斯夫公司、英荷皇家壳牌石油公司等。①

　　通过 1895 年中日签署的《马关条约》，外国获得在华开厂采矿特权，西方国家对华经济侵略由商品输出为主转为资本输出。19 世纪末 20 世纪初，西方跨国公司如英美烟公司、美孚公司等开始进入中国，之后来华跨国公司的数量不断攀升。西方在华经营的跨国公司有两种类型：一类是专为进入中国市场成立的跨国公司，如英美烟公司。英美烟公司号称"万国公司"，"盖该公司股票售于各国，各国市场无不有该公司股票出售。各国人士皆得购入股票而于股东之列"。②另一类是早先成立于西方，后以子公司形式来华经营。如近代中国的石油市场几乎被亚细亚、美孚和德士古三家石油公司垄断。"美孚公司在 1915 年前后于汉口、南京、青岛、沈阳等大城市建立分公司，在苏州、郑州等 20 多个城市建立支公司，在中小城市有 500 多个经销店。亚细亚火油公司于 1907 年在上海设立机构自行负责销售，1908 年其在华机构分为华南和华北两个公司……亚细亚火油公司在中国各大城市都设有办事处，各有油库、油栈、油罐、装听间、加油站等设备，其在中国直接管理的商业销售机构所雇用的华籍员工达数千人之多。"③以上海为例，英国跨国公司在上海设立的子公司有卜内门洋碱公司、中国肥皂公司、亚细亚火油公司、密丰绒线厂、平和有限公司、业广地产有限公司。美国跨国公司在上海设立的子公司也不少，如洛克菲勒财团设立的三大油公司、摩根财团等投资成立的上海电力公司、沪西电力公司、上海电话公司、中国电气公司、慎昌洋行、奇异安迪生电气公司，以及花旗银

　　① 郭焱编：《跨国公司管理理论与案例分析》，中国经济出版社 2007 年版，第 2—3 页。
　　② 上海社会科学院经济研究所编：《英美烟公司在华企业资料汇编》（第一册），上海社会科学院出版社 1983 年版，第 1 页。
　　③ 吴申元主编：《中国近代经济史》，上海人民出版社 2003 年版，第 378 页。

行上海分行等。法国跨国公司 L'Air Liquid、德国西门子公司、瑞典的世界火柴托拉斯瑞典火柴公司、英荷皇家壳牌石油公司（Royal Dutch/Shell）等也纷纷落户上海。与此同时，日商八大纺织系统（或称"九大纺织系统"）及三井、三菱集团亦在上海设立了一系列的企业。跨国公司除在上海设立子公司外，还在中国其他城市设有分支机构，在中国近代外商企业中占据重要地位，对近代中国经济、政治、社会以及外交等诸多领域的影响颇大。

（四）治外法权与近代西商企业优势地位的形成

对近代西商企业来说，《1865 年公司条例》相当于一把无比强大的保护伞。与中国而言，它却滋生了颇为复杂的治外法权问题。在近代中国境内经营的外商企业却注册于中国政府力所不及的香港或其他国家，既不向中国政府纳税，也不接受中国政府的管辖。对西商公司来说，依照《1865 年公司条例》或其他国家公司法注册登记即可获取法人资格，据此享受与外国自然人相同的治外法权，不受中国政府的监管，公司更无需向中国政府缴纳营业税，公司股东也不用缴纳所得税。西商公司开此先河后，日商公司与华商公司纷纷效仿。西商公司作为最先进入中国的外商公司，凭借治外法权、母国依托以及先发优势，迅速彰显出强大的扩张能力并很快在中国各经济领域占据领先地位，包括时间领先、行业领先、资本领先、技术领先、管理领先以及企业制度领先，令后起的中国本土企业只能仰其鼻息。这就是《1865 年公司条例》对西商企业优势地位形成的重要影响所在。

西商企业优势地位形成后，对于后起的中国本土企业无疑是强大压力，这种压力首先体现在资本竞争上。《1865 年公司条例》的颁行，加速了西商股份公司的成长。股份公司制度在西商企业中的广泛运用，令西商企业在资本筹集过程中成功突破了之前将出资者定位于外籍人士和母国资金的限制，将目光转向中国本土的有产者，华人附股成为 19 世纪中国境内的普遍现象，使得中国原本短缺的资本市场变得更为短缺，中国本土企业融资越发困难。这里需要强调的是，近代西方企业制度输入中国与西方资本的输入并非同步。19 世纪西方资本主义国家向全世界扩张主要以商品输出为主，资本输出出现于 19 世纪末 20 世纪初。19 世纪西方公司制度对华渗透之时，并未伴随大规模的资本输出，中国境内的外商公司特别是西商公司绝不是依赖中国境外资本投入开拓业务，而是依靠华商附股，后文将专门论述。外商公司在治外法权的保护下，利用企业制度优势不断吸纳华商资本快速地发展壮大，对后起的中国本土企业形成强大的挤压效应。

近代西商公司扩张的主要路径是利润再投资。西商公司成立之初，大都尽可能不分配现金红利，而是不断地将利润进行再投资，公司依靠自身的积累实现迅速扩张。1863 年成立的香港黄埔船坞公司，在成立之初的注册资本为 240000 元。两年后，它的资本就增加到 750000 万元。1870 年吞并于仁船坞之后，资本增至 1000000 元。①短短七年时间，其资本增加了316.67%。仰仗资本和规模优势，到 19 世纪 80 年代，这家公司确立了在香港船舶修造业中的垄断地位。由于利润的丰厚，在条件允许的情况下，西商公司大都选择增加投资以扩大规模，进而确立它们在行业中的优势地位。

（五）对维新派的触动

至于《1865 年公司条例》的颁行对清政府是否有触动，目前尚未找到相关证明资料。但是对于维新派的触动比较大，其中以郑观应为代表。

郑观应在代表作《盛世危言》卷五"户政"之"商务二"中，专门谈及他对《1865 年公司条例》的看法。郑观应云："今欲整顿商务，必须仿照西例，必须仿照商贾公司条例（各国皆有商贾条例。其属埠各例，由官商公定。香港条例甚繁，共计一百五十八条。兹将英领事哲美森所译简明公司条例，附刊本论五篇之后，以备当道采择施行。惟东西国例：公司虽助厚资而成，亦无官督商办之例），请盛杏荪京卿奏议，并咨取各国商律（中国只有刑律，无民律、商律、报律、航海诸律，故商民讼事律多未载，地方官与胥吏随意判断，商民负屈甚多。国家非有商律，如篇中所论，商务必不能旺），择其善者编定若干条，颁行天下。凡创商贾公司，必须具禀，列明股董何人，股本若干，所办何事，呈请地方官注册。如不注册，有事官不准理。庶几上下交警，官吏不干剥削，商伙不敢舞弊。"②《盛世危

---

① A. Wright: Twentieth Century Impressions of Hongkong, Shanghai and other Treaty Ports of China, Lloyd's Greater Britain Pub. 1908, pp.197—198.

② （清）郑观应著，辛俊玲评注：《盛世危言》（卷五，户政，商务二），华夏出版社 2002 年版，第 3111 页。

言》成书于 1894 年，恰逢维新变法的前夕，郑观应倡导颁行民法、商法、公司法等思想对 1904 年中国第一部《公司法》的生成有一定的促进作用。

第二节 英国《中国（公司）法》的颁行与英商企业制度的演化

进入民国后，世界格局及中国境内的西方国家实力对比发生重大变化。以英国为首的西方发达资本主义国家为扩大自身在华利益及打压后起国家，多次出台国内法规制在华企业。这种做法对西商特别是英商企业制度的演化产生了一定影响。

一、英国对在华外商企业的政策调整

自《1865 年公司条例》颁布到 1915 年之前，英商在华从事经营活动的通常做法是在香港注册一家公司，最初依据的法律是香港《1865 年公司条例》，之后是香港 1911 年修订的《公司条例》（Hongkong Companies Ordinance of 1911，简称《1911 年公司条例》）。对在华经营的英商企业来说，在港注册不失为最便捷的路径。可问题是，甲午战争后清政府鼓励民间设厂，不仅英商企业以及其他外商企业选择在香港注册登记，接受香港法律的规制，大量的中国企业也效仿此法。按常理，"无论国籍如何，无论其生活在英国或是香港，所有人都应屈服于英国法院的司法管辖权。母国或其属地的立法机关没有必要对试图在那些地区经营的有限公司的组建人和控制人的国籍作出任何限制。由此造成的结果是，很多人尤其是大量的中国人能够在香港组建有限公司。虽然作为个人他们都是中国人，但是他们的公司却是一个享受英国权利和特权的英国法人组织。比如这些公司有权拥有英国轮船并悬挂英国国旗"。[1] 大量中国人创办的公司在香港注册，成为名义上的"英国公司"（British Company），但它们的经营活动并不局限于香港，由此带来的麻烦是，"当这些名义上的英国公司在中国经营时，

---

[1] J. F. Brenan: British Company Registration in China-Notes on the Special Provisions Applying to British Companies Working in China, British Chamber of Commerce of Journal, Vol. VI, No.3, March 1921, p.78.

其法人资格理应受到英国的保护与支持。一旦作为个人违反英国法律时却不受英国管辖权的控制。再者，事实上这些公司至少名义上来自香港，这就使得中国境内的英国机构对其施加影响变得更难"。①

一战前后，随着中国本土民营企业的兴起，越来越多的中国企业在香港注册登记为公司，仅挂一注册牌照，就能转变为在中国设立分公司营业的"外国公司"。如此一来，这些注册在香港、名义上的"外国公司"在中国境内的营业活动受到领事裁判权的保护，可免除公司所得税、股东个人所得税等。如著名的上海先施、永安等百货公司，皆采取这个办法。另外，部分华商直接向外国领事馆申请加入外籍，挂"外国洋行"的招牌以方便经营并逃避中国政府的苛捐杂税，这种现象在厦门较为突出。1906年"厦门的中国商家挂有英、美、荷兰、德、法、日、西班牙、葡萄牙等国洋牌的竟有340家之多"。②可见，当时中国本土民营企业不仅冒英商之名，而且也冒其他西方国家之名在华经营。这种情况愈演愈烈，招致英国领事当局和英国在华商会诸多责难，从而引起英国政府的重视。

一战结束后，欧美列强及日本、俄国迅速在中国开展新一轮竞争，各国争相填补德国留下来的势力"真空"。日本以军事进攻的方式扩大在华影响力；俄国输出革命；美国一以贯之地高举"门户开放"，试图通过和平的商业手段实现利益最大化；英国的策略与美国如出一辙。正因为如此，英国对美国在华商业利益的增长尤为警惕。为遏制中国境内美商企业势力膨胀，英国找准了一个切入口——美商企业的法律规制问题。

近代以来，美商企业一直是中国境内仅次于英商的第二大西商企业群体。不过，美国国内一直未出台专门用于规制美商在华企业的法律，其一贯做法是将美商在华企业与美国国内企业"平等"对待，使得前者根本无法享受到作为在华经营企业的任何优待。在这种情况下，大多数美商在华

① J. F. Brenan: British Company Registration in China-Notes on the Special Provisions Applying to British Companies Working in China, British Chamber of Commerce of Journal, Vol. VI, No.3, March 1921, p.78.

② 《时报》1906年2月28日。转引自吴承明、江太新编著：《中国企业史》(近代卷)，经济管理出版社2004年版，第9页。

企业不愿意向美国政府注册，而更倾向于在香港注册登记，成为名义上的"英国公司"。一战后，美国的世界地位和国际影响力提升明显，反之英国的国力和对世界的控制力下降，两国在世界范围内的较量日趋明朗化。中国作为西方列强的重要角逐场，英国既不肯让出既得利益，还要防范后起国家美、日对其造成的威胁。

　　受上述两大因素的影响，民国初年，英国政府着手颁布并及时修正国内法，趁中国政府未制定有效法律监管外商企业之际，抓住时机通过国内立法为在华英商企业提供支持和保护。

二、《中国（公司）法》及修正案的颁行

　　1913—1919年，英国枢密院先后四次颁布或修改国内法，其中以1915年《中国（公司）法》[China（Companies）Order-in-Council of 1915]的影响最大。这部公司法主要涉及以下三部分内容：

　　一是将所有依照香港《公司条例》组建的在华英国公司分为两大类："一类是'中国公司（China Companies）'。这些公司的运作受中国某个地方（总公司）的指挥和控制，必须依照该法令在上海注册。另一类是'香港中国公司（Hongkong China Companies）'。这些公司的运作受香港指挥和控制，但是它们的生意在中国某些区域开展。这些公司必须在香港注册登记。除'中国公司'和'中国香港公司'外，当然还有在英国以及其他地方组建并在华经营的公司，这些公司不受1915年《中国（公司）法》的影响。"①

　　二是将"中国公司"的财产全部并立即置于英国的管辖之下。这部公司法规定："（1）'中国公司'董事会成员的大多数必须是居住在中国的英国国民。（2）审计员和清算人必须是英国国民。（3）由中国公司发行的所有股票必须在配给的三个月内全部付清（也就是说要将公司的所有财产应毫无延迟地置于英国的司法管辖权之下）。（4）受到保证人限制或在1915

---

　　① J. F. Brenan: British Company Registration in China-Notes on the Special Provisions Applying to British Companies Working in China, British Chamber of Commerce of Journal, Vol. VI, No.3, March 1921, p.78.

年《中国（公司）法》颁布后创办的中国公司，未经英国公使同意不得在中国经营。同意条件是，公使可提出如是要求：只有英国国民方能成为公司的成员，或非英国国民必须为其保证数额存足担保金。"①

　　三是对在上海的"中国公司"注册作了规定。这部公司法规定："本公司法为上海的'中国公司'提供注册地。英国驻上海总领事被任命为'注册管理人（Registrar）'，被赋予与香港的注册管理人同样的权力和责任。副领事实际负责公司注册，被称为'代理注册管理人（Deputy Registrar）'。"②关于公司注册的管理，这部公司法规定："香港《公司条例》要求公司注册所需的所有文件和报告书由'中国公司'呈交给上海注册管理人；'香港中国公司'同时向香港、上海两地的注册管理人提交上述文件，旨在让注册管理人拥有所有当地公司的完整记录。'中国公司'在上海付费；'香港中国公司'在香港付费。两地支付的费用标准都一样，'中国公司'要求在每年一月份交纳年费除外。'中国公司'缴纳年费的标准是每100元实收资本交纳4分钱，这笔钱相当于在香港转让财产时缴纳的印花税以及立遗嘱人死后的动产税，而'中国公司'对这两种税享有特别豁免权。"③从表面上看，这项规定大大强化了英国对"中国公司"的控制权，但真实情况并非如此。在实际操作中，往往出现如是情况："公司的确是依照香港《公司条例》注册的'中国公司'，但大多数英籍董事都是挂名而已，而公司的实际管理权则掌握在外国人手中。另外，即使完全在中国经营的公司亦可注册为'香港中国公司'。通常的方法就是在香港租用一间办公室，并在此设立一个挂名的董事会，因为'香港中国公司'的注册

---

① J. F. Brenan: British Company Registration in China-Notes on the Special Provisions Applying to British Companies Working in China, British Chamber of Commerce of Journal, Vol. VI, No.3, March 1921, p.78.

② J. F. Brenan: British Company Registration in China-Notes on the Special Provisions Applying to British Companies Working in China, British Chamber of Commerce of Journal, Vol. VI, No.3, March 1921, p.78.

③ J. F. Brenan: British Company Registration in China-Notes on the Special Provisions Applying to British Companies Working in China, British Chamber of Commerce of Journal, Vol. VI, No.3, March 1921, p.79.

对国籍并没有限制。"① 为了克服上述弊端，1919 年英国枢密院颁布《中国（公司）法修正案》[China（Companies）Amendment Order-in-Council of 1919]。此修正案规定，"所有依照香港《公司条例》运作、由居住在中国的居民实际控制的公司（不论其董事会在哪里召开）都属于'中国公司'。这些'中国公司'必须由居住在中国的英国国民担任总经理或类似总经理职务"。②

三、《中国（公司）法》及修正案颁行产生的效应

1913—1919 年，英国政府颁布的《中国（公司）法》及修正案对英商和其他西方国家在华企业的注册登记、企业制度产生了很大影响。综合来看，主要体现在四方面：

一是提出"英商"这一概念。为识别英国人开设的"中国公司"和英国人开设的"中国公司"，上海英商公会（the British Chambers of Commerce）提出"'英商'（British）一词应该通过法律形式使其成为'中国公司'名称的一部分，以区别于其他国籍的公司"。③ 对于这项提议，英国内部分歧很大。争论在于"对于依照此法令运行的'中国公司'和'香港中国公司'毫无疑问是必要的，但是不适用于那些在英国组建而不在中国经营的英国公司。这类公司原本无须贴上'英商'标签，而其他公司贴上'英商'标签后反倒令人误以为它们不是英商公司"。④ 尽管英商内部存在不同意见，但此后大多数在中国经营的英国公司都会在其公司名称前加

①　J. F. Brenan: British Company Registration in China-Notes on the Special Provisions Applying to British Companies Working in China, British Chamber of Commerce of Journal, Vol. VI, No.3, March 1921, p.79.

②　J. F. Brenan: British Company Registration in China-Notes on the Special Provisions Applying to British Companies Working in China, British Chamber of Commerce of Journal, Vol. VI, No.3, March 1921, p.79.

③　J. F. Brenan: British Company Registration in China-Notes on the Special Provisions Applying to British Companies Working in China, British Chamber of Commerce of Journal, Vol. VI, No.3, March 1921, p.79.

④　J. F. Brenan: British Company Registration in China-Notes on the Special Provisions Applying to British Companies Working in China, British Chamber of Commerce of Journal, Vol. VI, No.3, March 1921, p.79.

上"英商"二字，以示区别，这逐渐成为一种约定俗成的做法。这种做法既是英商国籍意识强化的体现，也促使其他外商增进了国籍意识，为后来美、法等国出台针对本国在华企业的法律作了铺垫。

二是将"领事注册"方式作为英商企业注册登记的硬性条件。前文已述，《1865年公司条例》颁布后，中国境内外商企业的登记注册有四种方式，其中一种为"领事注册"。虽然这种注册方式不太规范、真正在领事馆注册的外商企业也不多，但这毕竟是外商企业取得"合法"身份的渠道之一。1913、1914年英国枢密院连续颁布《中国（修正）案》[China（Amendment）Orders-in-Council]，提出"除以上所述'中国公司'和'中国香港公司'的注册方式外，还有另一种注册方式——公司领事注册（Consular Register of Companies）。这就要求所有在中国从事经营活动的英国公司，不论之前在哪儿组建（都应向所在地英国领事馆注册登记）"。①这是英国历史上第一次规定在华经营的英国公司可以且必须在英国驻华领事馆注册，即便在香港或其他地方注册后仍必须到英国驻华领事馆注册登记。由此可见，"领事注册"不仅属于英商企业新增的注册方式，而且成为英商企业在华经营的必要条件。此前，西商企业中虽有在领事馆注册登记的，但大多为德商和法商企业。依照此法案，今后在华经营的英商公司必须到领事馆注册，方可在华从事经营活动。这一新规无疑有助于进一步规范英商在华企业的经营活动，尤其有利于强化对英商公司法人资格的审核，进而推进企业制度建设。对于英商企业来说，这属于额外程序，故而招致不少英商的质疑。英商布伦南（J. F. Brenan）认为，"这项规定旨在为英国在华领事当局了解辖区内英国公司运作的可靠信息，但对于公司注册毫无意义。这与公司注册管理人员的权力毫无关系，除非后者是领事官员。但是这两套制度在上海同时存在必然给有关人员带来一定的困惑"。②尽管部

---

① J. F. Brenan: British Company Registration in China-Notes on the Special Provisions Applying to British Companies Working in China, British Chamber of Commerce of Journal, Vol. VI, No.3, March 1921, p.79.

② J. F. Brenan: British Company Registration in China-Notes on the Special Provisions Applying to British Companies Working in China, British Chamber of Commerce of Journal, Vol. VI, No.3, March 1921, p.79.

分英商强烈抗议新增"领事注册"的不合理性，但无济于事。因为一旦他们不遵守这项新规，将会丧失英国政府的保护，当时英商布伦南就一针见血地指出了这个问题。他曾言："对于特定公司的在华代理机构来讲，领事注册必须向离其最近的领事馆提交一套包括公司章程以及其他信息在内的文件、备忘录的复印件，且每年呈交一份董事会成员名单。虽然法令并没有明文规定违背要求可能会遭受罚款，但公司很可能就此丧失英国政府的保护。"① 由此可见，"领事注册"对于英商在华公司来说属于硬性规定。此后，治外法权在英商企业身上体现得更加明显，英国在华领事机构不仅处理外交事务，也被赋予了英商企业管理者的角色。这是近代中国一个非常特殊的现象，也是治外法权增强的体现。

三是增加了英国驻华领事馆的经济收益。英国政府要求所有已注册的英商公司在驻华领事馆重新注册登记，表面上好像增加了驻华领事馆的负担，实际上也为驻华领事馆带来一大笔额外收入。上海作为英商企业的聚集地，驻沪领事馆倚靠注册费更是赚得盆满钵满。据史料记载，"在上海收到的所有注册费都转交给在香港的财政局，每年移交两次。1920年，（香港）殖民政府从这项收入所得的税金，合计达到墨西哥银元123492元。作为报答，香港政府每年给上海总领馆3000港币来支付所有的注册费用，其中包括薪水"。② 为转移所得，英国政府以香港为基地，将驻沪领事馆获取的注册费用全部转到港英政府的财政局名下。

四是刺激了1922年美国《中国贸易法案》的出台。一则，英国政府要求所有在华经营的英商公司无论在香港注册与否均要在英国驻华各领事馆注册并缴税，这对于美商公司而言无疑是当头一棒。美商公司之所以选择在香港注册，就是为了逃避美国国内企业税以及股东所得税，这才甘愿成为名义上的"英国公司"。《中国（公司）法》及修正案一出台，使得美

---

① J. F. Brenan: British Company Registration in China-Notes on the Special Provisions Applying to British Companies Working in China, British Chamber of Commerce of Journal, Vol. VI, No.3, March 1921, p.79.

② 陈谦平：《民国初期英国在华企业制度的建立——以企业注册和英商公会为例》，载中国社会科学院近代史研究所国史研究室编：《"1910年代的中国"国际学术研讨会论文集》，社会科学文献出版社2007年版，第256页。

商公司及公司股东逃税的企图破灭。二则，前文已述，1919 年英国枢密院颁布的《中国（公司）法修正案》规定，"所有依照香港《公司条例》运作、由居住在中国的居民实际控制的公司（不论其董事会在哪里召开）都属于'中国公司'。这些'中国公司'必须由居住在中国的英国国民担任总经理或类似总经理职务"。① 也就是说，无论是真正的英商公司还是美商公司，抑或是中国人的公司，都必须由居住在中国的英国国民担任总经理或类似总经理职务。"英国的这项规定严重打击了美国商家在中国的商贸活动，几家美国大企业只得在香港注销，另寻生存空间。其中有闻名上海滩的著名美国木材商人、中国美商总会领袖蔡士（Carl Seitz），他辞去了一手创办的木材进出口贸易公司'祥泰木行'总经理职务；另一位著名美商莫顿（Captain H. E. Morton）也辞去了上海饭店（Shanghai Hotels）的经理职务"。② 由此可见，这项规定对于美商公司来说造成两大后果：一是在香港注册的美商公司无法再以英商名义正常在华经营，不得不在香港注销公司另谋他处注册。二则，美商无法继续担任任何在港注册、在华营业公司的总经理或类似总经理职务，只能辞职。很显然，这项新规章的出台不仅保护了英商及英商在华企业利益，还起到排挤和打压美商及美商企业的作用。在这种背景下，在华美商及美商企业只好寻求美国政府的保护，为此催生了 1922 年美国《中国贸易法案》。③

第三节　美国 1922 年《中国贸易法案》与美商企业制度的演化

　　1922 年美国颁行《中国贸易法案》，主观上是为保护在华美商及美商企业，以反击英国政府对美国在华商业势力的排挤，但客观上推动了近代

---

① J. F. Brenan: British Company Registration in China-Notes on the Special Provisions Applying to British Companies Working in China, British Chamber of Commerce of Journal, Vol. VI, No.3, March 1921, p.79.

② 马建标：《TPP 不是美国的阴谋，是 150 年前就有的"帝国梦"》，澎湃新闻：2015 年 11 月 19 日。https://www.thepaper.cn/newsDetail_forward_1398617.

③ 目前学术界对这个法案的出台时间观点不一，有的学者认为是 1921 年，有的主张是 1922 年，本书以此法案获批的时间为准，即 1922 年。

美商企业制度的演化。

一、"太平洋商业帝国"战略与 1922 年《中国贸易法案》的颁行

1922 年美国颁行《中国贸易法案》（China Trade Act, 1922）的导火索是英国颁行《中国（公司）法》及其修正案排挤美国在华商业势力，深层次的原因却是美国自建国以来始终心怀"太平洋商业帝国"战略。

"太平洋商业帝国"战略是指美国的扩张方向由大西洋转向太平洋、扩张方式由领土转变为商业的战略。核心内容是在太平洋地区建立商业帝国，控制太平洋市场，通过世界贸易最终建立世界性的帝国。很显然，"太平洋商业帝国"战略的本质是美国的对外扩张战略，它是美国自建国以来强烈对外扩张意识的表现之一。而这种强烈的扩张意识来源于英国，因为美国本身就是英国商业扩张的产物，扩张意识早已深入至美利坚民族的骨髓。美国建国后，历任总统继承并将这种扩张意识付诸实施，最终形成了"太平洋商业帝国"战略。

建国初期的托马斯·杰斐逊总统（1743—1882，1801—1809 年任美国第三任总统）早早地继承了上述扩张意识，并尝试使用"小战争和大购买"政策，首度开启美国的"太平洋之梦"。杰斐逊倡导开辟横越北美大陆的商路，并通过大陆向西即太平洋扩张。基于这种扩张理念，他首先主导了购买路易斯安那州。1800 年，拿破仑·波拿巴从西班牙手中夺得路易斯安那州和在北美大陆具有重要战略地位的密西西比河，1803 年杰斐逊派罗伯特·R. 利文斯顿（Robert R. Livingston）谈购买事宜。甚至在这次购买之前，"杰斐逊还曾命令他的秘书梅里韦瑟·刘易斯上尉和威廉·克拉克中尉这两个正规军军官，去领导进行一次探险远征，他们的一个目标，乃是要在合众国领土内寻找横贯本大陆的水道"。[1]1805 年 11 月 7 日，当他们克服了险岩和急流的重重难关到达密苏里河的潮水区时，克拉克在他的日记里写道："宿营地上群情欢腾，我们望见了……这么长久以来我们一直渴

---

[1]　[美]塞缪尔·埃利奥特·莫里森等：《美利坚共和国的成长》（第一卷），南开大学历史系美国史研究室译，天津人民出版社 1975 年版，第 341 页。

望看到的、这个雄伟的太平洋。"①此前，杰斐逊就一直坚信"该河的主要河道由于它与太平洋水域有水路相连，可以为我们商业的目的提供横越大陆的最直接和最有效的水路通道"。②"杰斐逊对于他们的报告、行动和带回华盛顿来的实物感到高兴，随即任命梅里韦瑟·刘易斯为路易斯安那领地的总督。他们并未找到横贯落基山脉的水道，因为根本没有那样一条水道。但是，他们所发现的那些陆上的和河上的通道，对日后的拓荒者们很有帮助，他们在处理与印第安人的关系方面，则是令人赞誉不尽的。"③之后，杰斐逊计划从圣路易斯到太平洋海岸设置军事据点。虽然该计划因为种种原因最终落空，但是诱发了此后美国对加利福尼亚和俄勒冈地区的占有权要求。正因为如此，杰斐逊被视为美国历史上第一位将视线射向太平洋的总统。当时从表面上看他是农业主义和大陆主义，但背后隐喻的却是商业主义和海洋主义。

继杰斐逊之后，门罗总统（1758—1831，1816—1823年任总统）的国务卿约翰·昆西·亚当斯较早规划了"两洋帝国"的蓝图并付诸行动，为美国向太平洋扩张巧妙地披上了"反帝国主义"的外衣。1819年，他同西班牙签订了《横贯大陆条约》，将西班牙势力赶出佛罗里达州。这一行动不仅使美国获得了东、西佛罗里达地区，令美国的西部边界延伸到落基山脉以西的太平洋沿岸，为美国"太平洋商业帝国"的建立铺平了道路，还为美国发展远东贸易创造了条件。之后，他利用门罗主义（Monroe Doctrine）挑战英国在拉美的帝国贸易垄断和特权。"只要逮住机会，他就告诉英国人快滚出美国，比如1821年他与英国驻美大使斯特拉福·坎宁（Stratford Canning）交流时，首先向坎宁保证他绝对不敢对英国在月球上宣称领土主权这件事有任何异议，然后谦虚地表示英国就不迁往月球了，只在地球上活动，最后宣传无论英国喜欢与否，美国有权利扩张到'南海

---

① [美]塞缪尔·埃利奥特·莫里森等：《美利坚共和国的成长》（第一卷），南开大学历史系美国史研究室译，天津人民出版社1975年版，第688页。

② Norman A. Graebner, Ideas and Diplomacy: Readings in the intellectual Tradition of American Foreign Policy, New York: Oxford University Press, 1964, pp.81—82.

③ [美]塞缪尔·埃利奥特·莫里森等：《美利坚共和国的成长》（第一卷），南开大学历史系美国史研究室译，天津人民出版社1975年版，第689页。

的所有海岸'（这里的南海指太平洋）：'留着你们自己的，但是把剩下的留给我们。'"①

受亚当斯影响，越来越多的美国人意识到美国向太平洋扩张的重要性和必要性。19世纪40年代，随着工业资本的不断增长及交通运输业的突飞猛进，美国国内各地区的利益集团制定了统一的奋斗目标——向太平洋进军。南部种植园主迫切希望向西部纵深地区拓殖，以满足棉植业对土地的需求；东北部工商业集团渴望获取能与亚洲进行贸易往来的太平洋港口，与英国争夺太平洋商业霸权。虽然各利益集团扩张目的不同，同时存在着北部资本主义和南部奴隶制度矛盾不断加深的现实，但在大陆扩张的方向上非常一致，那就是向西部扩张、向太平洋进军。迎合现实需求，19世纪30至50年代，美国海洋边疆的拓荒者们持续展开太平洋探险活动。与此同时，"天定命运"论和"青年美国"思潮的产生更是加快了美国人向太平洋进军的步伐，进而推动了威廉·亨利·西沃德（1801—1872）"太平洋商业帝国"思想的形成。西沃德"太平洋商业帝国"思想的形成是美国"太平洋商业帝国"战略初步成熟的标志，而西沃德本人的外交实践更是加速这一战略实施的重要表现。

在西沃德看来，军事征服和土地兼并不是扩张的最佳手段，美国的真正目标是"世界贸易，即（建立）世界性帝国"，商业是美利坚民族的"最伟大的事业之一"，是"发展文明和扩张帝国的主要力量"。② 西沃德提出要建立"海洋帝国"，这个海洋帝国的重心就是太平洋与东亚。1852年7月29日，他在参议院演说时谈道："欧洲的商业、欧洲的政治、欧洲的思想和活动虽然实际上还拥有较大实力，欧洲之间也较此前更加紧密，但是又有谁不会看到今后其重要性将逐年下降，太平洋及其海岸、岛屿和周围的广大地区将要变成世界的主要舞台呢？"③ 西沃德"太平洋商业帝国"思

---

① ［美］布鲁斯·卡明思：《海洋上的美国霸权（全球化背景下太平洋支配地位的形成）》，胡敏杰、霍忆湄译，新世界出版社2018年版，第90页。

② Ernest N. Paolino, The foundations of the American Empire: William Henry Seward and U. S. Foreign Policy, New York: Cornel University, 1973, pp.26—28.

③ George E. Baker, ed., The Works of William H. Seward, Boston: Houghton, Mifflin and Company, 1884, Vol.4, pp.249—250.

想的具体实施方案包括：以中美地峡为交通枢纽，在加利福尼亚建立贸易集散地，沿太平洋南北两路建立贸易站，构筑太平洋贸易通道；修建联结欧亚美三洲的电报网，建立世界统一的金融体系；修建横贯大陆的太平洋铁路；与英俄竞争。① 西沃德"太平洋商业帝国"思想对 19 世纪后期美国对外扩张产生了非常深刻的影响。此后，美国在太平洋地区的扩张大致可分为五步：第一步，美国征服太平洋及其沿岸地带如加利福尼亚入邦，为进入东亚铺平道路。第二步，购买阿拉斯加，意味着美国"向亚洲伸出了一只友谊之手"。② 第三步，1852 年美国人佩里远征日本并打开日本门户。第四步，对朝鲜的炮舰政策，先后派商船和军舰试图威胁朝鲜与美国订立通商条约。第五步，从 19 世纪 60 年代的对华"合作政策"到 20 世纪初提出"门户开放"政策，以确保中国主权完整为前提，实行各国在华"公平贸易与自由竞争"，掌控中国这个亚洲最大的市场，同时寻求商业利益的最大化。由此可见，西沃德"太平洋商业帝国"思想的核心在于通过掌控太平洋上的商业贸易，实现美国在远东利益的最大化，进而称霸亚太地区，这就是西沃德"太平洋商业帝国"的宏伟蓝图。近代美国的外交政策特别是远东政策本质上就是美国"太平洋商业帝国"战略的历史缩影。

在整个 19 世纪里，美国的国力不足与西欧老牌的资本主义国家相抗衡。在这种实力对比之下，西沃德的"太平洋商业帝国"思想不但符合美国国情，而且可为美国在东亚获得相应的特权和利益，尤其是商业利益。一战后，西欧老牌资本主义国家消耗很大，而美国大发战争财，成为世界上经济实力最强的国家，已具备与西欧老牌资本主义国家特别是与英国较量的资本。经济实力的增长加速了美国实施远东扩张政策以及"太平洋商业帝国"战略的步伐，其中最好的例证就是 1921 年美国为解决巴黎和会的遗留问题，策划了美、英、法、意、日、比、荷、葡以及中国等九个国家参加的"华盛顿会议"，抢夺在中国以及远东问题上的主导权。19 世纪20 年代初，美国出台保护美商在华公司的专门法律，表面上看是英国排挤

---

① 参见王静：《威廉·亨利·西沃德"太平洋商业帝国"思想评析》，《历史教学》2013 年第22 期。

② 王玮：《美国对亚太政策的演变（1776—1995）》，山东人民出版社 1995 年版，第 88—89 页。

和遏制美商在华企业的结果，但本质上却是自建国以来美国"太平洋商业帝国"思想及其战略的呈现。正如有学者所言，"美国不是被动地卷入到世界大国的行列，而是由于在世界大势发生时代性转变的历史关头，适时地提出了先进的世界秩序理念，主导了世界发展潮流的方向，从而攀升到世界大国地位的"。[①] 从历史发展来看，美国的对外政策从来都不是被动应对而是主动迎接外部世界的挑战，1922 年《中国贸易法案》的颁行亦是如此。

二、鲍威尔的游说活动与《中国贸易法案》的最终成型

1913—1919 年，英国先后四次颁布《中国（公司）法》及修正案，引起在华美商的极大关注和警惕。为应对英国新法令对美国在华公司带来的冲击，上海美商总会、中国美国协会等美国在华利益集团代表发起了一场游说运动，旨在推动促进美商在华发展的法案在国会获得通过。

为赢得美国政府的支持，1920 年上海的美国商会派《密勒氏评论报》主编鲍威尔回国活动，积极游说和促进国会制定美国对华贸易法案。《密勒氏评论报》（英文）于 1917 年 6 月由美国人密勒（Thomas F. Millard）在上海创办，约翰·本杰明·鲍威尔（John B. Powell）任主编。创办两年后，密勒退出，鲍威尔续办并担任经理兼主编。该报创办时间早于美国国内的《新闻周刊》《时代周刊》《读者文摘》等。这份周报主要介绍中国情况以及远东局势，内容包括政治、经济、文化、社情和国际关系等，并在重要问题上发表评论。从创办到 1953 年 6 月停刊，该刊物历时三十六年整，《密勒氏评论报》的主编鲍威尔在华生活长达二十五年（1917—1942 年）之久。其间，他广泛涉足民国初年以及抗战时期中国社会的政治和民生等重要问题，包括采访孙中山、张勋复辟、蓝辛石井事件、游说哈定总统通过《中国贸易法案》（The China Trade Act）、采访日本侵占沈阳、被日本逮捕入狱等。上海的美国总商会之所以选中鲍威尔回国游说，与鲍威尔的政治理念以及《密勒氏评论报》的编辑政策有关。鲍威尔曾在《密勒氏评论报》的编辑政策宣言中指出，"本报历来主张中国为独立自主国家，而不为西欧

---

① 夏正伟编：《全球视域下的美国研究》，商务印书馆 2014 年版，第 526 页。

或东瀛之附属品。这种主张，与美国政府对中国之主张，也是一致的。美国主张门户开放主义，与中国关税自主，取消外人之领事裁判权。美国对于中国，一向主张政治经济工业之改造，俾与欧美列强立于并驾齐驱的地位。要解决远东问题，唯一的途径即在于此。因为如果中国柔弱无能，即将引起列强侵略之野心，反之，如果中国强盛，即可平稳世界之局势"。①此则宣言既表明了《密勒氏评论报》的办刊理念，也透露出该报主编鲍威尔的对华主张。

面对英国试图排挤美国在华势力的不利形势，1919 年《密勒氏评论报》发起了《美国如何能助中国》的征文竞赛。1920 年秋，《密勒氏评论报》在上海已经具有一定影响力，为给报刊拉赞助广告，鲍威尔打算回国一趟。"临行出发前几天，美国多拉尔航运公司远东区代表 J. 哈罗德·多拉尔（J. Harold Dollar），邀请我（鲍威尔）到美国总会共进午餐，为我饯行。多拉尔时任上海美国商会主席。我感到十分惊讶，不知道这些杰出的美国人葫芦里卖的什么药。午餐会快要结束时，著名的木材商卡尔·塞茨（Carl Seitz）站起来说了几句客套话，然后话锋一转，对我说：J. B.，我们希望你到华盛顿去一趟，设法让国会通过一项中国贸易法案，以联邦政府的力量和名义，保护美国企业在远东的经营活动。他接着说明，如果我愿意去华盛顿活动，敦促国会通过这项议案，上海美国商会将担负我的住宿费用，他相信，只要很少几个星期，就能使国会认识到这项议案不仅极其重要，而且实属必需。"②出于对首都华盛顿以及美国快速发展的好奇，鲍威尔欣然接受了这个"使命"。

返回美国后，鲍威尔通过麦考密克上校（Colonel Robert R. McCormick）获得拜访新当选的美国总统哈定（Warren Gamaliel Harding，1865—1923，美国第 29 任总统）的宝贵机会。据《鲍威尔回忆录》所载，"我（鲍威尔）把一本有关中国贸易法案的小册子呈送给哈定总统，这是我在上海动身前赶写的。接着，我向他说明美国商务在远东日益增加的重

---

① 陈其钦：《在风雨中成长》，上海三联书店 2012 年版，第 333 页。

② ［美］约翰·本杰明·鲍威尔：《在中国二十五年——上海〈密勒氏评论报〉主持人鲍威尔回忆录》，尹雪曼等译，上海书店出版社 2010 年版，第 55 页。

要性，新法案对美国贸易发展的影响，以及恢复美国商业信誉的作用。要知道，由于一些冒险家和无赖们的胡作非为，美国在远东的商业信誉受到极大的损害"。①鲍威尔的言论说服了哈定总统，但是法案通过必须经过国会。为促使国会通过这个议案，鲍威尔马不停蹄地拜访国会议员及其他能够提供帮助的人。之后，国会举行听证会。为促使该法案在国会胜利通过，鲍威尔前往波士顿会见一名曾经来华且对对华贸易很感兴趣的银行家，后者邀请驻波士顿各大公司的外贸代表以及波士顿市长彼得（Mayor "Andy" Peters）参加午宴。鲍威尔再次重申"中国贸易法案如获通过，对美国在华商业活动的便利和权益，都十分有益。彼得市长听后，立刻叫人拿来电报纸，给国会中所有马萨诸塞州议员们发了电报，要求他们全力支持这一议案"。②由此可见，波士顿官员以及议员都对这个议案都非常感兴趣。

在鲍威尔的不懈努力下，众议院通过议案后，再经国会讨论议案最终于1922年获得通过。"该议案就成为美国第一个有关公司企业的联邦议案。"③表面来看，这个议案"旨在授权在中国境内设立企业从事经营活动。1915年英国政府授权在中国境内开展业务的英国公司减税，美国政府亦为根据《中国贸易法案》成立的美国公司提供类似的福利"。④但是，从国家战略层面来看，这是美国自建国以来始终怀抱"太平洋商业帝国"战略的具体表现之一。

三、1922年《中国贸易法案》的主要内容

《中国贸易法案》（以下简称《法案》）于1922年9月19日获得美国国

---

① ［美］约翰·本杰明·鲍威尔：《在中国二十五年——上海〈密勒氏评论报〉主持人鲍威尔回忆录》，尹雪曼等译，上海书店出版社2010年版，第56—57页。

② ［美］约翰·本杰明·鲍威尔：《在中国二十五年——上海〈密勒氏评论报〉主持人鲍威尔回忆录》，尹雪曼等译，上海书店出版社2010年版，第60页。

③ ［美］约翰·本杰明·鲍威尔：《在中国二十五年——上海〈密勒氏评论报〉主持人鲍威尔回忆录》，尹雪曼等译，上海书店出版社2010年版，第60页。

④ U. S. Department of Commerce, Records Related to China Trade Act. p1. https://www.archives.gov/files/records-mgmt/rcs/schedules/departments/department-of-commerce/rg-0151/nc1-151-81-01_sf115.pdf.

会批准通过。《法案》全文共 28 条、24 页，包括法规以及附表两部分。①
作为核心内容的法规由两部分组成。

（一）相关概念的界定

《法案》第 2 条对所涉术语进行了界定：（a）"人"（person）包括个体、
合伙、公司以及协会。（b）"中国"的意思包括台湾、西藏、蒙古以及中
国租借给其他任何政府的地区，香港和澳门。（c）"中国贸易法案公司"和
"公司"指的是根据本法规定特许成立的公司。（d）"联邦地区法院"指的
是联邦地区法院，美国中国法院（the United States Court for China），哥
伦比亚特区最高法院。（e）"秘书"指的是商务秘书。（f）"注册官"指的是
《中国贸易法案》任命的注册官，见下文第 3 条。

（二）关于公司注册、创办等条款

《法案》第 3 条为"注册官"，对注册官的任命及权限作了具体规定。

《法案》第 4 条为"公司"：（a）5 个或者更多个体（这里在这部《法
案》中指的是"公司创办人"），其中大多数为美国公民则可根据此法案的
要求组成一家哥伦比亚特区公司，以在中国从事商业活动。（b）公司创办
人可采纳"法人"条款（这些由哥伦比亚特区当地办公室秘书归档）并可
向秘书申请法人证明，从而形成规章制度。公司章程应包括：（1）"《中国
贸易法案》拟成立公司"的名称；（2）总部的位置，而且应该位于哥伦比
亚特区；（3）公司即将从事的业务；（4）法定股本的数额、每种股票的名
称、将要发行的种类、每种股票的数量和价值；（5）公司持续时间，通常
不超过 25 年；（6）个人的姓名和地址，要求多数为美国公民且至少有 1
人是哥伦比亚特区居民，此人须被合办人指定为临时董事；（7）25% 的法
定股本需支付现金。"《中国贸易法案》公司"不得参与贴现票据、吸收存
款、买卖汇票、签发票据、其他形式的债券；不得参与任何形式的银行业
务；不得参与任何形式的保险业务。由此可见，依据 1922 年《中国贸易
法案》成立的美国公司，对创办人身份以及经营业务都有严格的规定。

---

① United States. Bureau of Foreign and Domestic Commerce, China trade act, 1922: with
regulations and forms. Washington: G.P.O., 1922, pp.1—24. 下文有关这部《法案》的内容均出自
于此。

《法案》第 5 条为"公司注册证书"，规定公司注册所需的费用以及所需材料。第 6—21 条为对公司股票、股东大会、董事会、剩余分配、税收、审计等方面的规定。第 22—28 条是对《法案》修正等的规定。关于美国在华公司的税收，《法案》规定，"除对在华营业的公司免课所得税外，并无其他的豁免。决定豁免的重要依据，为股东的居所。凡是住在美国的美国人或设在美国的美国公司对于在华企业所投的资本，不能享受豁免的待遇"。[①] 由此可见，凡是要获得税收豁免的公司必须将总公司设在中国，分公司不享有豁免权，等于鼓励美国公司将总部设在中国。

四、1922 年《中国贸易法案》与美商企业制度的演化

1922 年《中国贸易法案》颁行后，美国商务部即刻在上海设立办事处，同时将驻北京的商务代表迁到上海，以表明美国政府对在华商务问题的重视。此法案为美国历史上第一个专门针对美商在华公司的法规，它的颁行至少在四方面产生了重要影响。

一是提升了美国政府对中国问题的重视程度，加速了美国在华拓展商务的步伐，为美国企业快速占领中国市场奠定了政策基础。正如鲍威尔所言，"《中国贸易法案》对于美国较小的工商企业极有帮助，而且意外地符合胡佛先生在战后积极拓展美国在华商务的计划。商务部先前在华仅有一名代表常驻北京，此人名叫朱利恩·阿诺德（Julean Arnold）。《中国贸易法案》通过后，商务部增派了很多各方面的专家到中国，彻底调查中国的经济状况。美国对华贸易的迅速扩大，以及我们在中国市场上赢得的领导地位，均是在这一阶段打下了坚实的基础"。[②] 由此可见，1922 年《中国贸易法案》的颁行，加速了美国在华商务扩张，有助于美国中小企业进入中国市场，从而为美国企业占据中国市场提供了法律和政策保障。"1913 年前美国总共在华开设 17 家工厂，1913—1931 年又增设 55 家工厂，主要投资于毛纺织、化学、饮食品和电力工业……1930 年，美国对华总投资为

---

① ［美］雷麦：《外人在华投资》，蒋学楷等译，商务印书馆 1959 年版，第 240 页。

② ［美］约翰·本杰明·鲍威尔：《在中国二十五年——上海〈密勒氏评论报〉主持人鲍威尔回忆录》，尹雪曼等译，上海书店出版社 2010 年版，第 60 页。

19682.4 万美元，其中直接产业投资为 15511.2 万元。"① 仅次于英国和日本位列第三。

　　二是有助于规范美商在华企业的创办与运作。此后所有重要的美国公司在华营业，都受到 1922 年《中国贸易法案》的约束。虽然这部法案对以前已经在华的美国企业没有约束力，但此后进入中国的美国公司都要受其约束，这无疑有助于规范美国在华企业的创办与运作。根据 1922 年《中国贸易法案》注册的公司"必须向美国商务部提交年度活动报告，包括资产负债表和损益表。此类报告将于每年的 3 月 15 日到期，但通常会提供延期。正是基于这些报告以及确凿的材料，才有了为这些公司授权的美国所得税减免"。② 正如鲍威尔所言："我不知道在对华贸易过程中，究竟有多少百万美元的资本，在 1922 年《中国贸易法案》的特许下，投入到中国市场，但数量巨大自是不言而喻，在 1922 年《中国贸易法案》实施前，国会要干涉像特罗威公司（Delaware Company）这样著名的企业是不可能的。现在各公司在亚洲享有更大的特权，但都受到该法案的约束。"③ 这部法案在谋求国会通过时，曾遭到已在美国注册但在中国经营的美国大企业如标准石油公司和美国钢铁公司的反对，这些公司负责人原本以为他们的利益将受到损害。"事实上，在《中国贸易法案》中，我们从不感兴趣于像标准石油公司这样的企业，因为他们已经在美国法律下登记。当然，我们也无意于进行改换。相反，1922 年《中国贸易法案》的原意，倒是帮助那些较小的公司，特别是那些在远东刚刚从事商务活动的新公司，它们需要某些特权和安全，而这正是《中国贸易法案》所能给予的。"④ 此话的言下之意非常明显，1922 年《中国贸易法案》就是为美国在华小企业提供保

　　① 陆仰渊、方庆秋：《民国社会经济史》，中国经济出版社 1991 年版，第 151—152 页。
　　② U. S. Department of Commerce, Records Related to China Trade Act. p.2. https://www.archives.gov/files/records-mgmt/rcs/schedules/departments/department-of-commerce/rg-0151/nc1-151-81-01_sf115.pdf.
　　③ [美] 约翰·本杰明·鲍威尔：《在中国二十五年——上海〈密勒氏评论报〉主持人鲍威尔回忆录》，尹雪曼等译，上海书店出版社 2010 年版，第 60—61 页。
　　④ [美] 约翰·本杰明·鲍威尔：《在中国二十五年——上海〈密勒氏评论报〉主持人鲍威尔回忆录》，尹雪曼等译，上海书店出版社 2010 年版，第 61 页。

护，此前已经创办的美国大企业所受影响不大。

三是使得美商在华公司享受与英商公司同等待遇，加快了美商企业特别是跨国公司进驻中国的步伐，促进了美商企业制度的升级。1922 年《中国贸易法案》颁行后，美商在华企业与英商企业获得了"同等待遇"即受到美国政府保护并享受捐税豁免权，而这种待遇就是英商在华企业所享受的特殊待遇。鲍威尔曾言，"英国公司可以在香港的法律之下登记，这一点就能使英国公司逃避沉重的战争赋税，而在英国登记的企业就要困难得多。这正是英国企业与美国企业在远东的竞争中占有优势的地方"。① 这种优势使得英国企业在中国市场中占有较其他国家企业更多的优势，而当时美国一些议员对此一无所知。1922 年《中国贸易法案》实施后，既是对美商在华小企业的约束，更是一种保护。此后，在华新创办的美国企业由之前选择在香港注册转为依照此法案在美国注册，寻求美国政府的保护。如美国地产商雷文在沪经营地产发财后建立了一系列的机构，其中四个最重要的是：普益信托公司（1914 年）、美丰银行（1916 年）、普益地产公司（1922 年）和美东银公司（1925 年）。在这四个企业中，银行是依据康纳提克州的法律组成的，其他三个则是依据 1922 年的《中国贸易法案》设立的。截至 1932 年，这四个公司共同的资产已达到 6500 万元。② 据美国商务部档案所载，"1949 年中华人民共和国成立前，许多美国公司根据《中国贸易法》在那里开展业务。自 1922 年以来，约有 250 家公司被纳入该法，但除四家以外，所有公司因其章程到期而变得不活跃，已正式解散，或已不再存在"。③ 不仅如此，此后美国的跨国公司或跨国公司投资的企业纷纷进驻中国。如德士古石油公司、中美火油公司、上海电力公司、沪西电力公司、上海电话公司、中国电气公司、亚尔西爱胜利公司、柯达公司、

---

① ［美］约翰·本杰明·鲍威尔：《在中国二十五年——上海〈密勒氏评论报〉主持人鲍威尔回忆录》，尹雪曼等译，上海书店出版社 2010 年版，第 62 页。

② 中国人民银行总行参事室编：《中华民国货币史资料》（第一辑，1912—1927），上海人民出版社 1986 年版，第 1119 页。

③ U. S. Department of Commerce, Records Related to China Trade Act. p.2. https://www.archives.gov/files/records-mgmt/rcs/schedules/departments/department-of-commerce/rg-0151/nc1-151-81-01_sf115.pdf.

远东合义公司、美国永备股份有限公司、大通银行、永邦银行、美光公司、古绅洋行天津毛织厂等。上述公司大多属于著名的跨国公司或跨国公司在中国境内投资创办的公司，很多自创办之日便处于在华行业垄断地位。跨国公司的大规模进入，大大提升了美商企业在华地位。美国三大石油巨头之一的德士古在中国的全盛时期（1927—1941年），在上海、天津、青岛、大连、南京、汉口、香港等地设立分公司，分公司下设支公司，支公司下设经销店，截至1948年，德士古在华设立7家分公司、30多家支公司以及遍及全国的销售管理网。[①] 而先于德士古进入中国的美孚石油公司，借助先发优势和跨国公司资本、技术等优势，到1949年以前，建立的油栈储量共有32.4万立方米，占外商石油公司在华所建油栈65.6万多立方米中近乎一半强，其中亚细亚石油公司有17.9万立方米，德士古公司有15.3万立方米。[②]

工业作为外商在华投资风险较大、资本需求量较大的行业，上述提到的跨国公司或跨国公司投资创办的企业大多属于工业企业。1922年《中国贸易法案》的颁行，不仅加速了美商跨国公司在华发展，而且加快了美商在华工业投资的步伐以及工厂制度的演化。该法案颁布实施后的十年间，美商在华设立的工厂数量超过近代史上任意时期，包括甲午战争后中国境内外商在华设厂的高潮期。由表3-3可知，1922—1931年间美商在华设厂共33家，而且这个时期创办的工厂多跨国公司在华投资所建，属于工业公司以及工业股份公司。这些工业巨头一进入中国，就在行业中占据垄断地位，涉及行业包括新兴的电力、电气、化学等代表20世纪前半叶较高科技水平的行业。这个时期美商大规模在华设厂，与《中国贸易法案》颁行对美商企业保护程度的增强密切相关。

1922年《中国贸易法案》的有效性一直延续到新中国成立以后。虽然新中国成立后大陆的美商企业陆续撤离，但香港和台湾地区的美商公司照旧经营，该法案在很长时间里对这些地区的美商企业依然有效。

---

① 吴翎君：《美孚石油公司在中国（1870—1933）》，上海人民出版社2017年版，第171页。
② 吴翎君：《美孚石油公司在中国（1870—1933）》，上海人民出版社2017年版，第31页。

表 3-3　美商各时期在华创办的工厂统计

（单位：工厂家数）

时间（年）	工业类别											
	纺织	食品	印刷	木材	化学	土石器	金属	机械	电器	电力	杂项	总计
1895年前	2	1	2	—	1	—	—	3	—	—	2	11
1896—1902	2	1	—	—	1	—	—	—	—	—	—	4
1903—1913	—	—	1	1	—	—	—	—	—	—	—	2
1914—1921	2	4	2	—	5	—	2	2	2	—	3	22
1922—1931	4	6	—	1	6	1	2	1	5	1	6	33
1932—1936	1	2	1	—	2	—	1	1	1	—	—	9
1941—1948	—	1	—	—	1	—	—	—	—	—	—	2

资料来源：陈真等编：《中国近代工业史资料》（第二辑），三联书店 1958 年版，第277 页。

四是引得其他西方国家纷纷效仿。英国最先运用治外法权，通过在香港颁行《1865 年公司条例》为英商在华企业提供庇护，使得英商企业特别是英商公司在中国境内迅猛发展，并促使西商企业制度在华生成。英国首开先例后，美国、法国等西方国家争先仿效。1922 年，美国效仿英国颁行《中国贸易法案》，旨在为美商在华企业撑腰以扩大在华势力，结果加速了美商在华企业的发展，美国大公司争先恐后地进驻中国。此外，法国、葡萄牙、意大利等西方国家亦仿效英美，由此形成了一大批名义上注册于母国、实际上在中国经营的西商企业。这些企业既不向中国政府登记，也不受中国公司法规制。这就是近代外商在华企业享受治外法权（特权）的重要表现之一。

第四节　南京国民政府 1946 年《公司法》的颁行

民国初年，北洋政府曾为关税自主、取消领事裁判权、废除外国租界等作出过较大努力，其中包括在华外商企业的规范与管理问题，但收效甚微。直到 1946 年南京国民政府颁行新《公司法》，中国政府才得以将外商公司名义上置于中国公司法的管辖之下。

一、北洋政府对外商企业法律规制的数次尝试

中华民国建立后，北洋政府多次试图将在华外商企业纳入其法律管辖范围，这种尝试与取消协商关税、领事裁判权、废除外国租界等外交努力近乎同步。

在 1921 年美国主导召开的"华盛顿会议"上，中国代表提出了九项要求。包括尊重中国领土完整和政治独立，各国相互之间停止缔结有关中国的条约，尊重中国在未来战争中的中立权，废除在政治、司法、行政管理方面对中国的限制，审查外国在中国的所有特权、治外法权和租界等。1922 年 2 月，九国政府代表签署公约表示：签约国同意尊重中国领土完整和政治独立、放弃在中国进一步追求势力范围的企图、尊重中国在战时的中立、尊重所有国家的平等商业机会、各参会国政府同意关闭在租界地以外的在华邮政机构、允许中国政府提高关税税额比例。华盛顿会议虽取得了一些成果，但治外法权问题并没有得到根本解决。

1927 年南京国民政府成立后，不断采取宣传、立法、外事活动等举措，希望能取消外国在华领事裁判权和治外法权，旨在赢得民众的支持和拥护，这种意图和行动鲜明地表现在外商公司的设立和登记管理方面。

1929 年 12 月，南京国民政府外交部长王正廷发表宣言，宣布废除领事裁判权。值得注意的是，当时很多人也意识到两个问题：一是自近代外商公司进入中国境内营业，从未向中国申请注册登记。"自通商以来，各国

在华所设立公司从未向我国官厅注册。"① 二是中国法律一直没有规定外商公司应向中国注册登记，甚至有人认为，既然以前没有依法在中国注册那么中国也就没有必要制定此项法律。"曩者外国商民之居留我国者类皆享有领事裁判权而不服从中国之法律，故外国公司在中国经营事业鲜愿依中国法律请求认许者，而我国亦复无制定此项法律之必要。"②

1929 年 9 月 24 日，南京国民政府公布《民法总则施行法》，规定外国法人需要经过中国法律认许之后才能成立，经认许的外国法人与同类的中国法人有同等的权利能力。外国法人在中国设事务所需要依据民法总则法人部分的规定予以登记，如果外国法人的设立目的或行为，有违反中国法律、公共秩序或善良风俗者，法院可以依照主管机关、检察官或利害关系人的请求，解散其组织。③ 由此不难推断，凡在中国未设立事务所之外国法人，自难认许为法人。至于以营利为目的的外国社团法人取得法人资格须 "依特别法之规定，则外国公司在十八年（1929 年）十二月二十六日公布之公司法未定期施行以前应依照公司条例暨公司注册暂行规则及公司注册暂行规则补充办法向注册所注册，经注册所核准后即认为法人成立无须向法院申请登记"。④ 但是 1929 年 12 月 26 日、1931 年 7 月 1 日实施的《公司法》仍然对外商公司无任何规定。在此期间发生了著名的 "三井洋行案"，⑤ 随后各国商会开始讨论外商公司注册问题，并呈请各国使馆，致电各国政府。1930 年 7 月 5 日，国民政府训令行政、司法两院 "对于外国公司注册，除有法令限制者外，应依照相互原则，以对方国家允否我国同类公司在彼国注册为先决条件。"⑥1930 年 10 月 20 日，中国外交部通知各驻华使领馆 "司法院以取消领判权问题，国府前已正式宣布，在原则上

---

① 作者不详：《外商在华设立公司注册问题》，《工商半月刊》1930 年第 13 期。

② 桂裕：《外国公司认许问题之商榷》，载陈志武、李玉主编：《制度寻踪》公司制度卷，上海财经大学出版社 2009 年版，第 350 页。

③ 参见《民法总则施行法》第 11—14 条，《行政院公报》1929 年第 86 期。

④ 司法院指令：《解释外国法人注册办法令》，《法令周刊》1930 年第 22 期。

⑤ 详见韩业斌：《南京国民政府时期公司法律制度研究》，中国政法大学出版社 2016 年版，第 294—296 页。

⑥ 南京、重庆、北京市工商行政管理局编：《中华民国时期的工商行政管理》，工商出版社 1987 年版，第 54 页。

我国久已不承认外人在华享有治外法权，现所须与各国讨论者，如公司注册，外人自卫抢领照等，均不遵守，揆之不受法律裁判者，不得享受法律保护之公例，中国法院自无保护之义务，特于十月二十日函外部转知各国使领，嗣后外国法人如公司商店等，不依法向中国主管官厅注册，并遵守中国法令者，如与华人发生诉讼案件，中国法院概不受理"。① 很明显，南京国民政府外交部要求外商公司依法向中国政府注册登记，否则一旦发生诉讼案件，中国法院概不受理。1931 年 6 月 30 日国民政府公布与 1929 年《公司法》配套适用的《公司登记规则》，其中第 43 条规定："本店不在中华民国境内之公司在中华民国境内设立第一支店时，其呈请书内所列事项应由所在地该国领事证明，并附具公司章程，惟添设立第二支店时不在此限。"② 虽有此规定，但是具体操作起来困难重重。正如 1944 年 7 月 25 日重庆国民政府经济部发给重庆社会局的饬令所言，"查《公司登记规则》第四十三条规定本店不在中华民国境内之公司，在中华民国境内设立第一支店时，其呈请书所列事项，应由所在地该国领事证明。历经办理在案。惟各国公司登记法例未尽相同，登记事宜完全由公司所在地地方政府所经办之登记事件出具证明，事实上或有困难之处。如美国公司登记系由各州政府自行订颁法令办理。又美国驻外领事对于美国公司呈请登记文件，无权出具任何证明，曾准美国驻华大使转据美国国际贸易协会向部陈明有案，亦有变通办理之必要。重庆为战时陪都所在，外商登记事件较多，为顺利推行起见，兹特变通规定；凡美商在我国境内设立支店呈请登记时，关于呈请书所载本店之名称、所在地、资本总额、设立年月及执照号数等事项，准由该商本店所在地之州政府予以证明。该项证明文件，如因交通邮递困难未便呈送原本者，并准其摄制影片呈验。其他外商呈请支店登记，倘若不能取具领事证明时，应由该局斟酌情形量予变通办理，并将变通办理情形随时呈部备查。《公司登记规则》第四十二条第二款关于外商支店经理人之国籍，如不能取具领事所出之证明书，准以其他关于证明国籍之证件

---

① 作者不详：《司法院主张外商应依法注册》，《工商半月刊》1930 年第 21 期。
② 南京、重庆、北京市工商行政管理局编：《中华民国时期的工商行政管理》，工商出版社1987 年版，第 53 页。

（如入境护照等）替代。至办理外商登记，贵能普遍切实。该局所定外商登记期限如已届满，仍可酌为宽展，以利推行"。① 由上可知，无论是南京国民政府还是重庆国民政府，它们试图管辖外商公司的努力均以失败告终。受不平等条约保护，"外人居留我国，享受特权，任何违法行为，我国法律不得予以制裁。外国法人亦然，既不必向我国行政机关登记，复不受我国司法机关审判，所以我国法律无外国法人之规定"。②

抗战接近尾声，重庆国民政府对外商企业的管理是从保险公司开始的。1945 年 5 月 23 日，重庆国民政府财政部致电重庆市政府，对外商保险公司规定三项处理办法"（一）外商保险公司战前在华设有分支机构，因战事停业现在请求复业者，限于文到三个月内依法呈部补行注册。逾期未遵办者，予以停业处分。（二）外商保险公司战前在华未设有分支机构，仅用代理人名义办理保险业务现仍开业者，限于文到三个月内依法呈请登记领证。逾期未遵办者，勒令停止执行业务。（三）外商保险公司在华签发保险单，一律以国币为限，不得签发外币保险单。"由此可见，重庆国民政府试图从外商保险公司入手对外商公司进行规范管理，但实施起来困难重重。

抗战胜利后，情况发生改变。一方面，外国在华不平等条约废除，许多国家取消在华领事裁判权，治外法权随之消失，外商公司自然就要接受中国法律约束。另一方面，抗战结束后，南京国民政府在不违背节制资本的原则下，鼓励民营资本和外商资本，以适应战后经济重建之需。"参考外国公司法设外国公司之规定，依照国际平等互惠之原则，于不损主权之范围内，予外国公司最高限度之便利，俾其投资生产，助我建设，有相当之自由与保障。"③ 在外部环境允许及内部需求的相互作用之下，1946 年 4 月 12 日，国民政府公布施行新《公司法》。此前的 1945 年 5 月，国防最高委员会通过《修正公司法原则》，"该原则共计 29 条，其中外国公司部分有

---

① 南京、重庆、北京市工商行政管理局编：《中华民国时期的工商行政管理》，工商出版社 1987 年版，第 53 页。

② 张肇元：《论新公司法中之外国公司》，载张肇元编：《新公司法解释》，立信会计图书用品社 1946 年版，第 314 页。

③ 张肇元：《新公司法之特征及其要义》，载张肇元编：《新公司法解释》，立信会计图书用品社 1946 年版，第 4 页。

15 条之多"。① 涉及外商公司的大部分内容体现在 1946 年《公司法》条文之中。

二、1946 年《公司法》与外国公司 ② 的规制

1946 年颁行的《公司法》共八章，其中第 291 条至第 305 条专门针对外国公司，而在其他部分也掺杂不少外商公司"准用"条款。主要包括以下内容。

（一）外国公司的界定

1946 年《公司法》第 7 条指出："本法所称外国公司，谓以营利为目的，依照外国法律或经外国政府特许组织登记，并经中国政府认许，在中国境内营业之公司。"③ 一般而言，界定本国和外国公司往往采用属地原则，1946 年《公司法》在最初的修订草案中，也试图采用这个世界上较为通行的原则。"外国公司被规定为在本国除设立登记外，还必须实际营业。其用意是企图改变在以前的治外法权下，外国公司凭借本国的公司法案，注册于本国但在本国又不进行任何营业；其全部营业都在中国境内发生，而又不受中国《公司法》管辖的既成事实。"④ 这种设想虽然不错，但是在征求意见时遭到以美国商人以及美国政府为首的西方势力的强烈反对。美方提出三点反对理由，要求修改："（1）妨碍美国人在华之投资与对华贸易之发展；（2）美国企业家受影响，而以保险新闻等事业无实际物品买卖者所受之打击为最大；（3）与 1945 年 6 月 18 日中国国防委员会通过之第 1 期经济建设原则不合。"⑤ 这里所谓的"中国国防委员会通过的第 1 期经济建设原则"指的是"外国公司须在中国境内以外设立本公司，方得在中国设

---

①　韩业斌：《南京国民政府时期公司法律制度研究》，中国政法大学出版社 2016 年版，第 298 页。

②　遵照 1946 年《公司法》原文，此处使用"外国公司"一词。

③　1946 年《公司法》中关于"外国公司"的法律条款全部引自南京、重庆、北京市工商行政管理局编：《中华民国时期的工商行政管理》，工商出版社 1987 年版，第 68—115 页。

④　张忠民：《艰难的变迁——近代中国公司制度研究》，上海社会科学院出版社 2001 年版，第 351 页。

⑤　马寅初：《〈新公司法〉与官僚资本》（1946 年 2 月），载徐汤莘、朱正直编选：《马寅初选集》，天津人民出版社 1988 年版，第 232 页。

立分公司"。①

　　在马寅初看来，美方提出的理由完全不能成立。"就妨碍中美投资与贸易一点来说，此次美国秉正义立场，帮助中国战胜侵略国，并对毅然废除不平等条约，订立平等的新约，对于美国商人过去的在华借不平等条约所享受的种种特权和利益，绝不合理，应完全放弃，不应偏听本国商人之偏见，对于中国提出不合理要求。况且中国修正公司法对于美国人在华设立分公司者，必须本国有营业，盖美国人在本国营业有营业之经验来华投资，只有利益，绝无害处，今反谓为妨碍投资，殊所不解。"② 真正原因在于，这条修正案直接影响到此前已经在中国境内开设和营业的外国公司在中国的地位和实际利益。正式颁行的《公司法》对"外国公司"的界定一旦删除原来"必须在本国营业"之规定，"这就保证了那些长期以来只是名义上注册于本国，但在本国没有任何营业，而只是在中国境内营业的外商，在以分公司的名义向中国政府登记后，仍然得以以外国公司的名义在中国境内继续经营"。③ 由此造成的后果是，尽管抗战胜利后西方国家取消了在华领事裁判权和治外法权，但之前已经在中国经营的外国公司依旧部分享受事实上的治外法权，从而造成外国公司与中国公司事实上的不平等，外国公司在中国仍然占据优势地位。

　　如果没能引起当时政府的重视，学者再强烈的反对声音都是徒劳。除西方势力主张对"外国公司"的界定删除"必须在本国营业"之规定外，中国官僚资本组建的公司同样持反对意见，而后者代表的是南京国民政府的权力阶层。至于中国官僚资本公司为何与西方势力站在统一战线上，马寅初亦有颇为深入的分析。他撰文称："中国官僚资本其始大抵皆借为官之搜刮，或侵蚀国营事业之本利以自肥，若将来完全以其资本组织中国公司，亲自出面，恐遭国人之白眼，若组织外国公司，在外国亦须要营业，将完

---

　　① 马寅初：《〈新公司法〉与官僚资本》(1946 年 2 月)，载徐汤莘、朱正直编选：《马寅初选集》，天津人民出版社 1988 年版，第 234 页。

　　② 马寅初：《〈新公司法〉与官僚资本》(1946 年 2 月)，载徐汤莘、朱正直编选：《马寅初选集》，天津人民出版社 1988 年版，第 232—233 页。

　　③ 张忠民：《艰难的变迁——近代中国公司制度研究》，上海社会科学院出版社 2001 年版，第 352 页。

全受外国公司法之约束，于交纳公司的盈利所得税外，更须以股东个人的地位交纳个人所得税，不能享受特殊利益，虽有利用外国公司名义，在外国登记而不营业，在中国则设立分公司，外国政府既为奖励此种公司有优待办法，对此种公司之盈利及其股东个人所得均不征税，中国政府则视其为外国公司之分公司，只就分公司之盈利所得税以外，不明其股东身份并不征收个别所得税（以为他的股东住在外国），因此可以逃避国税，且此种公司既享受种种优势，中国将来的企业恐将会为此等公司所控制，因为他们的负担轻，而真正中国公司则负担重，绝难与之竞争，则中国将来不仅不能打倒官僚资本，且为官僚资本开辟新途径，便利其发展，此岂中国国民经济之福，故新公司法规定外国公司必须在本国营业以杜流弊，中国官僚资本家甚感不快，宜乎多方予以破坏者也。"①可见，中国官僚资本从自身的利益出发亦反对在新《公司法》中加入"必须在本国营业"字样。为维护自身利益，部分中国政府官员操纵立法院，以达目的。"国防委员会某专门委员会主任委员徐堪氏坚持异议，当审议修正公司法时，徐氏力主取消第七条及第二九二条中之'营业'字样，虽经其他专门委员会一直反对再修改，徐氏仍力主其议，始决定提出国防委员会大会讨论。在国防委员会大会开议时，徐堪氏乃又首先起立发言，谓领袖之意要删去'营业'二字，其他委员因亦无一发言者，此案遂再送立法院审议。"②徐堪氏把"领袖"蒋介石抬出来，国防委员会其他成员自然不敢再反对，修正案再送到立法院，其结果可想而知。

在阶级社会，法律体现的是统治阶级意志，《公司法》也不例外。1946年《公司法》明显反映的是国家垄断资产阶级以及背后的支持者即西方势力的意志和利益诉求。1946年《公司法》的修正过程体现了国民政府国防委员会、经济部、立法院、西方势力以及民间资本等各种力量的博弈与碰撞。抗战期间统制经济的强化以及战后接收敌伪资产促使中国国家垄断资

---

① 马寅初：《〈新公司法〉与官僚资本》（1946年2月），载徐汤莘、朱正直编选：《马寅初选集》，天津人民出版社1988年版，第230—231页。

② 马寅初：《〈新公司法〉与官僚资本》（1946年2月），载徐汤莘、朱正直编选：《马寅初选集》，天津人民出版社1988年版，第235页。

本不断膨胀，所以国家垄断资本及其背后的西方势力的胜出本身就在情理之中。新《公司法》对"外国公司"的界定属于规制外国公司的核心问题，在这个问题上的妥协和退让，意味着新《公司法》的颁行起不到真正对外国公司进行规制的作用，反而使其朝着有利于外商公司和官僚资本的方向发展，这就决定了后续对外国公司的规制条款形同虚设。

（二）外国公司的认许

"认许"意为"允许认可"。新《公司法》较多使用"认许"二字而非"注册登记"，恰恰与此法对"外国公司"的定义相吻合。在新《公司法》颁布之前，大量已经在母国或其他国家、地区注册登记的外国公司，即使在新法颁行后也无需依法重新登记，只需以分公司的名义获得中国政府的"认许"即视为"登记"。

1946年《公司法》中有关外国公司的专门条款，其核心内容就是外国公司的认许问题。而外国公司认许问题的核心又是外国公司的法人地位问题。在新《公司法》中，关于这个问题主要涵盖以下内容：

一是关于外国公司的认许条件。第291条规定："外国公司之名称，除标明其种类外，并应标明其国籍。"对于外商公司国籍的规定有助于清晰显示出外商公司与中国本土公司之区别，便于中国政府认知和管理。第292条规定："外国公司非在其本国设立登记者，不得声请认许；非经认许给予认许证者，不得在中国境内营业或设立分公司。"由此可见，"此种限制规定之办法，采属地主义，在外国登记营业之公司，不问其股东为中国人或外国人，皆为外国公司法之约束，在中国设立分公司时，则受中国公司法约束，反之，依中国法律在中国设立之公司为中国公司，股东是否为中国人或外国人在所不同，须受中国公司法之约束"。[①] 这种属地主义令两种公司获益：一种是大量已经在母国或其他地区注册却在中国经营的外国公司；另一种是已注册在香港的中国公司。这两类公司根据此法规定的属地主义原则，以分公司的名义在中国经营，正如前文所述，成功降低了公司所得税且完全逃避了股东所得税。

---

① 马寅初：《〈新公司法〉与官僚资本》（1946年2月），载徐汤莘、朱正直编选：《马寅初选集》，天津人民出版社1988年版，第230页。

新《公司法》第293条规定："外国公司有左列情事之一者，不予认可：一、其目的或业务违反中华民国法律，公共秩序或善良风俗者；二、其设分公司之地区限制外国人居住，或其业务限制外国人经营者；三、专为逃避其本国法律者，或利用第三国法律取得法人地位向中国请求认许、企图享受第三国人民权利者；四、第294条所列各款事项有虚伪情事者。外国公司所属国家对于中国公司不予认许者，得不予认许。"第294条的内容为："外国公司声请认许时，应报明左列各款事项：一、公司之名称，种类及其国籍；二、公司所营之事业及在中国境内所营之事业；三、股本总额及种类、每股金额及已缴金额；四、本公司所在地及中国境内设立分公司所在地；五、在本国设立登记之年月日；六、董事及其他公司负责人之姓名、国籍、住址；七、在中国境内指定之诉讼及非诉代理人之姓名、国籍、住址。"这些内容貌似对外商公司要求甚严，实则不然。单就"逃避其本国法律者"一条就足以否定新《公司法》颁行前已在中国营业且注册在他国的所有外国公司。

除在华经营的外国公司外，还有不在中国境内营业却与中国有联系的外商公司，新《公司法》第305条也有规定称："外国公司因无意在中国境内经常营业，未经声明认许偶派其代表人在中国境内为法律行为时，得报明左列各款事项，声请中央主管官署备案：一、公司之名称、种类、国籍及其所在地；二、公司资本总额及在本国设立登记之年月日；三、公司所营之事业及其代表人在中国境内所为之法律行为；四、在中国境内指定之诉讼代理人之姓名、国籍、住址。前项声请备案文件，应由其本国主管官署或其代表人法律行为所在地之领事官签名证明。"

二是关于外商公司的认许程序。首先，由外商公司声（申）请。第353条规定："外商公司声请认许，由其本公司执行业务之股东或董事或其在中国之代表人或经理人或上列人员之代理人为之。前项呈请人应呈送证明其国籍之证件及本公司之授权证书或委托证书。"其次，外商公司提交各项文件及费用。第354条规定所需文件如下："一、公司章程及其在本国登记证件之副本或影本、其无章程或登记证件者，其本国主管官证明其为公司之文件；二、在其本国依特许而成立者，其本国主管官署特许文件之副本或影本；三、依本国法令其营业须经特许者，其特许之间之副本或影本；四、在中国经营之业务计划书；五、股东会或董事会对于请求认许之决议录；六、无限公司、两合公司、股份两合公司或其他类似公司之全体无限责任股东之姓名、国籍、住所及所认股份、已缴股款；七、董事、公司其他负责人及在中国境内指定代理人之名单；八、在中国境内指定代理人为公司收受诉讼或非讼事件通知之授权证书。上述各件除第六款外，均须附具中文译本。"至于设立分公司或其他事项，第 355 条规定："由中国境内指定之代表人或分公司经理或其代理人呈请之。"至于所需费用，《公司法》第 316 条也有详细规定。"外国公司认许之登记，应随文缴纳登记费一千元，并缴纳执照费五百元。"第 318 条规定："公司或外国公司设立分公司呈请登记者，应随文缴执照费五百元。"再次，中国主管部门公示认许结果。第 313 条规定："中央主管官署发给或换发登记执照后，应登载政府公报公布之。前项规定，于外国公司之认许准用之。"最后，外商公司认许获批后，须将章程无限责任股东之名册备于中国境内。第 295 条规定："外国公司应于认许后，将章程及无限责任股东之名册，备置于中国境内之分公司。公司负责人违反前项规定，不备置章程及无限责任股东之名册于中国境内之分公司，或所备章程及无限责任股东之名册有不实之记载时，得各科一千以下之罚金。"第 296 条规定："外国公司经认许后在中国境内设立分公司者，应于设立后十五日呈由所在地主管官署转呈中央主管官署声请登记。公司负责人违反前项声请登记期限之规定时，得科五百元以下之罚金。"

三是关于外商公司认许后中国政府的权限。第 302 条规定："外国公司经认许后，主管官署于必要时得查阅其有关营业之簿册文件。"新《公司法》颁布后，很快解放战争爆发，国民政府根本无暇顾及此事，上述条文形同虚设。

（三）外商公司的经营

关于外商公司在华经营问题，新《公司法》主要有以下三部分内容：

一是规定外商公司与中国公司权利义务等同。第 297 条规定："外商公司经认许后，其法律上之权利义务及主管官署之管辖，除法律另有规定外，与中国公司同。"事实上，法律条文与实际情况相差甚远。自对外国公司的界定偏离正常轨道开始，新《公司法》就注定起不到真正规制外国公司的作用。正如马寅初当时所言："什么叫外国公司呢？这并非是指外国人组织的公司，而是指凡在英美等国政府注册的公司。如外人依照中国法律注册的则叫中国公司。现在如中国人，或中外人联合一起在美国注册后其本公司设于美国，而来华设分公司，也算外国公司。假如它的总公司资本一亿美金，而分公司资本没有规定，则中国的分公司盈利时可随便呈报资本，以减轻或逃避纳税。如赚得四百万元，按资本额二千万元，须抽税百分之二十；如报四千万，则抽百分之十；报八千万，仅抽百分之五。再说股东红利所得税，因外国公司股东都在美国，亦都逃掉。不过它本公司如在美管业，亦须纳税给美国政府，尚有可说。但公司法规定不必定须营业后，它的总公司可能是一个空头公司，美国的捐税亦可逃掉。我们将来做生意还能与之竞争？"[1] 从上述言论可知，新《公司法》对外国公司的实际利益并没有丝毫实质性的触动和影响。"新《公司法》在规定外国公司经营内容的同时，却没有对外国公司在中国境内经营的营业税和所得税的交纳作出相应的规定，这就给外国公司逃避在中国境内的营业税和所得税提供了可能。它们在注册国可以因为没有营业，而不必向政府纳税，在中国又因为仅是分公司，也只须按分公司的规格纳税，而股东所得税则因为属地原则完全可以规避交纳。"[2] 这就造成中外公司特别是外国公司与依照中国政府法律注册的中国公司事实上的不平等。外商公司以及注册在香港的官僚资本公司税赋轻，而依照中国政府法律注册的中国公司赋税重，且后者股东还须上交个人所得税，二者的市场竞争力孰强孰弱可想而知。

二是规定外商公司购置地产的手续。第 298 条规定："外国公司经认许后，得依法购置因其业务所需要之地产，但须先呈请地方主管官署转呈中央主管核准，并依其本国法律准许中国公司享受同样权利为条件。"其他方

---

①　马寅初：《新公司法》及《银行法》（1946 年 5 月 17 日），载周永林、张廷钰编：《马寅初抨官僚资本》，重庆出版社 1983 年版，第 177 页。

②　张忠民：《艰难的变迁——近代中国公司制度研究》，上海社会科学院出版社 2001 年版，第 352 页。

面的规定与中国公司相同，如第 299 条规定："本法第十五条、第十六条、第十八条至第二十七条、第三十条及第三十一条，于外国公司准用。"

三是禁止外商公司在中国境内募集资本。第 302 条规定："外商公司不得在中国境内募股募债，但其股东私人买卖股份债券不在此限。"此条款表面上是为了阻止外国公司从中国有限的资本市场上募集资金，从而确保中国民营企业的资本募集通道畅通，但实际操作中很难实现。外国公司不得在中国境内募股募债，完全可以通过股东私人买卖股份进行，故而这一条款属自相矛盾，根本起不到限制外国公司在华募集资本的作用。再者，二战结束后，美国成为世界最大的资本输出国，在华美商公司资本雄厚，无需在中国市场募资募债。二战后西方在华公司资本募集方式与 19 世纪不可同日而语，这种规定实际上意义不大。有学者认为，"又规定股东或股份有限公司的董事、常务董事，只'须有半数以上在国内住所，总经理没有国籍限制，仅规定董事只需为华人'，实际上是使外国独占资本完全掌握中国的公司……毫无疑问的是为美国独占资本的输入中国而安排下的温床"。① 从美国当时的国际地位以及在中国的影响力视之，上述评论完全站得住脚。

（四）外商公司的撤回、撤销与登记变更

一是外商公司无意在中国经营，主动撤回。第 300 条规定："外商公司经认许后无意在中国境内继续营业者，应撤销原认许证件，向主管官署声请撤回认许；但声请撤回以前所负之责任或债务，须履行完毕。"第 357 条规定："公司解散后不向主管官署声请撤销登记者，或有第十六条情事时未经主管署撤销其登记者，利害关系人得声请撤销其登记。主管官署于前项声请时，应定三十日之期间催告公司负责人声明异议，若逾期不为声明或声明理由不充分者，即撤销其登记。"

二是外商公司不符合在华经营要求，中国政府对其进行撤销。第 301 条规定："有左列情事之一者，主管官署应撤销其认许：一、声请认许时所报事项或所交文件经查明有虚伪情事者；二、其公司已解散者；三、其

---

① 方克编著：《蒋介石卖国真相——美帝国主义侵略下急剧殖民化的中国》，东北书店 1947 年版，第 50 页。

公司已受破产之宣告者。前项撤销认许不得影响债权人之权利及公司之义务。"

三是关于外商公司的登记变更。关于外商公司代理人更换的程序，第304条规定："代理人在更换或离境前外国公司应另指定代理人，呈请主管官署登记。前项代理人之姓名、国籍、住址及其为公司收受诉讼或非诉讼事件通知之声明书，应于呈请登记时附具。"关于其他变更后的声请，第357条规定："公司及外国公司登记事项如有变更时，应于变更后十五日内向地方主管官署转呈中央主管官署声请为变更之登记。"第309条规定："地方官署对于公司设立、解散、增资、减资、设立分公司及外国公司认许、撤销认许、变更代表人及分公司之设立及变更之登记，应于收文后十日内转呈中央主管官署核办。其他事项之登记，每月汇报中央主管官署一次。"

1946年《公司法》是中国历史上由中国政府颁行的第一部设有外国公司专门章节和条款的法律，在近代中国经济史上具有特殊意义。该《公司法》对外国公司的界定、认许、经营权限、撤回与撤销等方面作了相关规定，将近代以来逍遥法外近百年的外国公司首度纳入中国政府和法制的管理轨道。这是1946年《公司法》最大意义之所在。但囿于西方势力的强大压力以及国民政府自身的腐败，新《公司法》对外国公司的约束力极为有限，并未起到真正维护主权、保护中国资本以及促进中国社会经济发展等作用。

三、1946年《公司法》的实施情况

因为1946年《公司法》对外国公司的利益丝毫未有实质性的触动，所以外国公司均能按照中国政府要求声请认许，从而使得这部公司法中关于外国公司的条款从面上看实施情况较好。一种说法是："从1947年《经济部公报》来看，外国公司的注册总数达到272家，如果再加上1947年2月份设立分公司35家，总数达到307家。"[1]另一种说法是："1947年度外

---

[1] 韩业斌：《南京国民政府时期公司法律制度研究》，中国政法大学出版社2016年版，第294—296页。

国公司核准认许者计 387 家，多设在上海、天津、厦门、汕头、广州、汉口等地，其国籍以属于英、美两国者占大多数。"① 张忠民先生的专著《艰难的变迁——近代中国公司制度研究》采取第二种说法。这两种说法的误差在于，第一种说法的统计数据来源于对 1947 年《经济部公报》第 2—12 期的汇总，但是因为此公报中间缺少第 7 期，② 这就很有可能出现统计遗漏。基于此，笔者的推断是，1947 年外国公司核准认许数量要超过 307 家，第二种说法更接近真实数据。1947 年各时间段外国公司核准认许情况详见表 3-4。

表 3-4　1947 年《经济部公报》所载外国公司核准认许情况

年　　期	登记月份	数　　量	备　　注
1947 年第 2 期	不详	50	
1947 年第 3 期	不详	23	
1947 年第 4 期	1947 年 2 月	40	另设分公司 35 家
1947 年第 5 期	不详	24	
1947 年第 6 期	不详	30	
1947 年第 8 期	1947 年 6 月	32	
1947 年第 9 期	1947 年 7 月	26	
1947 年第 10 期	1947 年 8 月	17	
1947 年第 11 期	1947 年 9 月	19	
1947 年第 12 期	1947 年 10 月	11	

资料来源：韩业斌：《南京国民政府时期公司法律制度研究》，中国政法大学出版社 2016 年版，第 301 页。

1946 年《公司法》有利于美国对华资本输出，也是抗战胜利后美国对华扩张及其影响力快速增长的重要体现之一。在这种大环境下，1946 年《公司法》颁行后，美商公司的响应速度最快。"自新公司法颁布后，美国

---

①　南京、重庆、北京市工商行政管理局编：《中华民国时期的工商行政管理》，工商出版社 1987 年版，第 68 页。

②　韩业斌：《南京国民政府时期公司法律制度研究》，中国政法大学出版社 2016 年版，第 301 页。

公司商号在沪开设分支店号者，迄一九四六年七月已达一百一十五处，其中有美国总公司分设者四十处，委托设立代办所者七十五处，大部分均系经营进出口业者。"①

　　总而言之，1946 年《公司法》颁行后，中国政府认许的外国公司数量增速明显，其中以美商公司为最。据史料记载，截至 1948 年底外商依法登记的公司及分公司共有 311 家，其中以经营进出口贸易者占绝大多数，以美英较多。②

---

　　①　方克编著：《蒋介石卖国真相——美帝国主义侵略下急剧殖民化的中国》，东北书店 1947 年版，第 50 页。
　　②　《一周要闻》，《经济周报》1948 年第 6 卷第 4 期。

第四章　近代西商企业产权制度的生成与演化

产权制度是企业制度的核心内容。与近代中国本土企业相较，西商企业的最大优势在于其相对完善的产权制度。得益于治外法权的庇护，近代西商企业在一个相对封闭、不受干扰的空间里较早形成了相对完善的产权制度，并伴随着企业类型、企业组织形态的发展而演化。近代西商企业产权制度的生成与演化，既是西方产权制度移植的产物，也是西商企业进入中国后本土化的重要体现。

第一节　西商企业资本来源的演化

前近代及近代西商的资本来源大致分为三个阶段：在五口通商前即西商企业的起源阶段，以西商资本为主、华商资本为辅；五口通商时期至甲午战争前，以华商资本为主、西商资本为辅；甲午战争后，以西商资本为主、华商资本为辅。这种资本来源的演化过程对西商企业产权制度的演化产生了一定的影响。

一、西商资本为主、华商资本为辅阶段

在五口通商前，西方在华经济组织的资本来源主要为西商自有资本。前文已述，五口通商前中国境内存在的西商经济组织主要有三种类型，即东印度公司、散商代理行号及19世纪后西方人直接投资创办的经济组织如保险机构、印刷机构、旅馆等。其中前两者所占分量最重。

东印度公司属于特许股份公司，总部和董事会均设于伦敦。1715年，东印度公司在广州设立商馆，只与清政府特许的广州行商打交道，并不直接与民间华商进行贸易。东印度公司广州商馆是该公司派驻中国的管理机构与决策执行机构，最高决策机构为伦敦董事部。广州商馆人员多由东印

度公司商船大班充任。在 18 世纪前期，东印度公司的大班属于商船职员，其职责是管理货载以及在航程中的商业往来。后来，"商船大班"用于泛指商业代理人。自 1770 年起，东印度公司的大班"不再派回与他们特别有利害关系的那些船上，却让他们自己组成一个单独的团体，年复一年地留驻中国。平常大约有十二个大班，并且逐渐有了这样一种惯例，即由三四个资格老的人员组成一个主任和监管委员会——被散商们讽刺地叫做'监委'——充任公司在中国业务的管理机关，执行伦敦董事会的指示"。① 由此可见，18 世纪后半叶，东印度公司广州商馆大班的职能限制在管理公司在广州业务方面，虽有执行监管之责却没有资产所有权与处置权。东印度公司的股金筹措、盈利分派以及公司重大事项的决策全部掌握在伦敦董事部，广州商馆没有募股的权力，更无权吸收资本。从这个意义上说，东印度公司作为五口通商前西商企业缘起阶段西方在华重要的经济组织之一，其资本主要来自西商，与华商关系不大。

散商代理行号的资本来源与东印度公司有所不同，它们的创办和经营成本大部分来自西商，但与华商资本也有关联，可以说是以西商资本为主、华商资本为辅。之所以出现这种资本结构，主要原因有四：

首先，代理行号对资本的需求量不大，西商自有资本可满足行号大部分所需。五口通商前，代理行号主要靠发货人的资本维持经营，无需大量的创办资本与经营资金。代理行号的盈利模式主要是代他人买卖以获取佣金。在经营过程中，代理行号通常与一个或者两个主要客户关系密切，保持相对稳定的合作关系，以维系正常运作。就新开以及规模较小的代理行号而言，它们更愿意专注于抽取佣金的代理业务，因为"不必打听作中国生意的安闲路道，收入就源源而来"。②

其次，代理行号对华商资本的吸引力有限。随着代理行号资本与实力的增强，其中规模较大的行号开始从事以鸦片贸易为主体的"投机贸易"或"冒险贸易"，这类直接贸易相对单纯的代理业务来说所需资本大为增

---

① ［英］格林堡：《鸦片战争前中英通商史》，康成译，商务印书馆 1961 年版，第 16 页。

② ［英］格林堡：《鸦片战争前中英通商史》，康成译，商务印书馆 1961 年版，第 136 页。

多，为筹集所需资本，它们开始尝试吸收华商资本，其办法有二：一是吸纳华商的长期存款；二是吸纳华商入股。就前者而言，需要具备两个条件：一是中国具有一定容量的资本市场，具备贷给代理行号所需的资本；二是西商与华商之间关系融洽，华商愿意将存款交给西商。从已有材料可知，真正能够吸纳到华商长期存款的代理行号屈指可数，比较具有代表性的就是美商旗昌洋行。从这个意义上说，吸纳华商的长期存款不足以成为代理行号大量吸收华商资本的重要方式。在吸纳华商入股方面，这种尝试的确存在，但这个阶段总量不大。早在19世纪初，西方商人就已经动了利用华商资本的念想。如"1806年11月，比尔和麦尼克租了'安娜·菲利克斯号'（Anna Felix）船，大概是悬挂西班牙旗，同一个居住在广州的泉州商人合伙装载一船印度原棉到厦门，'这个泉州商人指望在他的一个（住在厦门的）亲戚经营之下，这会是一笔很有赚头的买卖。'预料中的价格大大超过广州的行市；但是在厦门有种种困难，那里的官员需索一笔很大的规费，于是这条船没有作成一笔买卖就回航了"。① 这则史料说明，早在19世纪初，代理行号就曾试图吸收华商资本入伙以解决资本短缺问题，但未能成功。至于其中缘由，我们无从知晓。

再次，代理行号主要资本来源是利润、佣金以及增资扩股。代理行号多采用合伙制，合伙人按年度分配利润，分得利润后往往继续投资以实现利润的累积。当合伙人永远离开中国时，行号拆伙，而拆伙后的行号往往更名却不解散，"留下的合伙人被允许享有行号的财源和所树立的信用的利益，行号变成了一种世袭的事业，一个商业的皇朝"。② 在行号合伙人更替过程中，行号鲜见资本短缺。"除了银根奇紧时期，例如1830—1833年的加尔各答的情况之外，这些行家并不曾因为合伙人拆伙抽出资本而感到困难。"③ 这也说明，代理行号整体上资本运作比较健康。当然这与代理行号的资本需求量有限密切相关。倘若对资本需求量较大，不可避免会出现资本紧张的情况。

---

① ［英］格林堡：《鸦片战争前中英通商史》，康成译，商务印书馆1961年版，第44页。
② ［英］格林堡：《鸦片战争前中英通商史》，康成译，商务印书馆1961年版，第134页。
③ ［英］格林堡：《鸦片战争前中英通商史》，康成译，商务印书馆1961年版，第134页。

最后，更为重要的是当时中国资本市场尚未发展起来，难以大量提供西商企业所需资本。19 世纪初，广州资本市场上资金短缺非常严重，贷款利息很高。为了赚取高额利息，不少西商将闲散资金贷给中国行商。"行商平常所付利息是月利百分之点五；在银根紧急时候他们还不得不付出更高的利率，在 1803 年一度几乎达到年利百分之四十。"① 在如此高利息的引诱下，许多在印度积累到财富的英商将私人财产交给广州的英商打理，直到他们回英国甚至死亡为止。这就反过来证明，在中国资本市场资金严重短缺的情况下，绝大多数华商不具备向西商企业提供大量资本的能力，伍家向旗昌洋行提供的长期贷款实属特例。

由上可知，五口通商前，作为西方在华经济组织影响最大的东印度公司，其资本主要来自境外，与华商无关。早期代理行号的资本来源主要倚靠境外资本输入以及利润积累。进入 19 世纪后，虽然代理行号尝试将资本募集目光投向华商，但成功案例并不多见。基于此，笔者认为，这个阶段西商经济组织的资本来源特征是"以西商资本为主、华商资本为辅"。

二、华商资本为主、西商资本为辅阶段

五口通商后，近代西商企业陆续生成，西商企业的资本来源也悄然发生改变，即由前期的西商资本为主、华商资本为辅演化为华商资本为主、西商资本为辅。西商企业资本来源方式的转变，主要是因为新式融资方式的大规模采用。五口通商后，特别是 19 世纪 60 年代后，股份公司制度的生成使得华商附股成为西商企业重要的融资方式。

何谓"华商附股"？在弄清楚这个概念之前，有必要先对"附股"一词进行界定。"附股"又称之为"附本"，全称为"附股搭办"，它是中国传统社会一种较为普遍的投资方式。"华商附股"又称"华人附股"，专指中国近代出现的一种特殊经济现象。为了与"外商企业""外商资本"以及"西商企业""西商资本"相对应，本书使用"华商附股"之称谓。从"附股"的定义出发，"华商附股"的基本内涵即是"华商附股搭办外商企业"，这

---

① ［英］格林堡：《鸦片战争前中英通商史》，康成译，商务印书馆 1961 年版，第 140 页。

种经济现象不仅大量存在于近代以后，早在近代以前的外商企业中就已经出现。前近代及近代外商企业进入中国之后，华商以"附股"形式将资本投资入股外商企业或持有外商企业股票。西商企业属于外商企业中最早生成的，因而它最先出现了华商附股。

　　19 世纪 30 年代中期，西商直接投资的新式保险机构出现了中国境内最早的华商附股。1835 年英商宝顺洋行在澳门开设的于仁洋面保安行，学界一般视其为华商附股的起源。有资料显示，这家保险机构由"广东省城商人联合西商纠合本银"共同创设。① 于仁洋面保安行首开先例后，次年怡和洋行在广州创办了中国境内第二家西商保险机构——谏当保险行，这家保险机构自创办伊始即有华商资本加入，"买办何东早在 1844 年就出任该公司中国经理处代表及公司董事"。② 从企业制度角度视之，于仁洋面保安行并非真正意义上的股份公司制企业，只能算是一家股份合伙制企业。前文已述，早期西商创办的保险机构大多如此。即使经营很长时间后仍然保留着合伙的企业制度特征。以于仁洋面保安行为例，1835 年至 1871 年间，它始终保持着"每三年结算一次的惯例……几乎是自愿承担保险风险的临时的商人互助组织"。③ 早期西商经营的保险机构主要从事海运保险，对资金需求量较大，故而开始向更大社会范围募集资本，使华商附股在经历尝试失败后转化为现实。19 世纪 30 年代末至 19 世纪 50 年代前期，受鸦片战争影响，中外关系持续紧张，刚刚起步的华商附股陷入沉寂。时至 19 世纪 50 年代中期，西商经营的轮船航运业出现了西商与华商共同出资、共同所有、共同参与利润分配的社会经济现象。轮船航运业中最初的华商附股与 19 世纪 60 年代后大规模兴起的华商附股不同，前者的合伙性质明显，主要表现为华商对某一艘由西商洋行经营的航运轮船拥有所有权，并非对企业本身的"附股"。1862 年旗昌轮船公司创办，此后随着西商专业

---

　　① 《汇报》1874 年 7 月 4 日。

　　② 颜鹏飞等主编：《中国保险史志（1805—1949）》，上海社会科学院出版社 1989 年版，第 64 页。

　　③ 钱华：《近代中国外商保险业研究——以于仁保险公司为考察中心》，载上海中国航海博物馆编：《上海：海与城的交融》，上海古籍出版社 2012 年版，第 120 页。

轮船公司以及股份公司的大规模兴起，华商附股迈入一个新阶段，成为西商吸收华商资本的利器。

之所以说从五口通商到甲午战争前西商企业的资本来源是"以华商资本为主、西商资本为辅"，依据有五：

其一，华商附股的西商企业资本总量占所有西商企业资本总量的一半左右。根据汪敬虞先生的初步估计，在整个 19 世纪中，所有华商附股的外国企业资本累计在 4000 万两以上。[①] 汪先生的数据虽然所指的是整个 19 世纪，但是此数据可作为五口通商至甲午战争前西商企业中华商附股之参考，原因在于：第一，从时间上看，虽然上述数据的统计时间为 19 世纪，但是在 19 世纪 60 年代之前以及甲午战争后至 19 世纪末这两个时间段，华商附股在西商企业中所占的资本比重与西商资本相比差距较大。五口通商前，华商附股的企业数量非常有限，除前文提到的两家西商保险机构外，尚未发现其他企业。自 1895 年甲午战争结束至 1899 年，清政府鼓励民间设厂，从而掀起中国人自办企业的第一股热潮。在资本非常有限的中国市场，中国人自办企业的热潮对华商附股冲击较大，这期间华商附股的西商企业资本数量按理会有所下降。第二，从外商企业的分类来看，甲午战争前日商企业数量和资本投资额有限，外商企业的主体为西商企业。甲午战后，日商企业大规模入华，但此时恰逢世界发达资本主义国家海外殖民进入资本输出阶段，后起的日商企业对华商资本需求远不及甲午战前的西商企业。由此可推断，甲午战后日商企业的华商附股比较有限。综上可知，汪先生对整个 19 世纪华商附股的外国企业资本统计数据完全可作为西商企业的重要参考。那么，华商附股的外国企业资本在所有外商企业资本中占多大比重？据估计，从鸦片战争到 1894 年，外国在华企业资产总额约 1.09 亿美元。[②]1894 年美元对银元的汇率为 0.77，[③] 这里 1.09 亿美元相当于 8393 万两白银。这表明，华商附股在西商企业资本总量中约占整个西商企业总资本的 50%，故而笔者认为，在西商企业的生成阶段，其资本来

---

① 汪敬虞：《十九世纪外国侵华企业中的华商附股活动》，《历史研究》1965 年第 4 期。
② 吴承明：《帝国主义在旧中国的投资》，人民出版社 1955 年版，第 52 页。
③ 潘序伦：《美国对华贸易史（1784—1923）》，立信会计出版社 2013 年版，第 22 页。

源以华商资本为主、西商资本为辅。正如《海关十年报告》所描述，"中国的资本不但大量投资于上述那种纯属本国人的企业，而且也投资于外国人建立和在外国董事会领导下的公司……有些外国企业的股份至少有 40% 是由中国人持有。本地银行中相当大部分的存款……也属于中国人所有"。[①]

其二，华商附股在单个西商企业中比重很大。据汪敬虞先生估计"不少企业的'华股'，占公司资本的 40%。琼记洋行、旗昌、东海等轮船公司以及金利源仓栈和上海自来水公司中，'华股'都占一半以上；烟台、怡和等林厂和华兴玻璃厂中的'华股'，都在 60% 以上，而在大东惠通银行和中国玻璃公司中，甚至达到 80%"。[②]更有甚者，个别 100% 华商资本创办的企业，不仅以西商名义创办和经营，还由西方人担任最高管理者。

其三，西商所有类型的企业都离不开华商资本。从大规模开始吸收华商附股的西商轮船航运业到整个交通运输企业，再到金融企业、工业企业、公用事业企业、商贸企业等，都存在大量的华商附股行为。

关于中国资本对于西商企业的重要性，1891 年 12 月 31 日，海关税务司英国人裴式楷（R. E. Bredon）明确指出："中国的资本不但大量投资于上述那种纯属本国人的企业，而且也投资于由外国人建立和外国董事会领导下的公司。我得知，有些外国企业的股份至少有 40% 是由中国人持有。本地银行中相当大部分的存款——我不敢冒昧地猜测有多大比例——也属中国人所有。我已经说过，悬挂外国旗的轮船有中国资本的投资，当然中国资本也大量地投资于招商局的股份……总而言之，我认为上海的未来要靠中国、中国人和他们的利益，外国人跟着他们跑将是明智的。"[③]此番言论再次证明，在西商企业生成阶段，其资本来源以华商资本为主、西商资本为辅。

其四，华商附股出现在西商企业存在的大多数空间。西方商人吸收和

① 徐雪筠等译编：《上海近代社会经济发展概况（1882—1931）——〈海关十所报告〉译编》，上海社会科学院出版社 1985 年版，第 35 页。

② 汪敬虞：《十九世纪外国侵华企业中的华商附股活动》，《历史研究》1965 年第 4 期。

③ 徐雪筠等译编：《上海近代社会经济发展概况（1882—1931）——〈海关十所报告〉译编》，上海社会科学院出版社 1985 年版，第 34—36 页。

利用华商资本最早出现在一口通商时期的广州。广东行商作为最早接触西方商人的华商群体，自然成为西商吸纳中国本土资本重点依赖的对象。五口通商后，买办商人在上海兴起，西商企业吸纳中国本土资本由行商转向买办商人，上海随之成为华商附股的中心。与此同时，香港由于其特殊身份，华商附股亦很活跃。此后，伴随西商企业在其他通商口岸的进入与发展，华商附股在空间上得到快速蔓延。简而言之，华商附股成为近代中国尤其是 19 世纪后半叶一个非常普遍的经济现象。

以保险企业为例，华商附股始现于西商保险企业，前文多次提及的于仁洋面保安行和谏当保险行，最先在广州营业，成立之初就吸收了华商资本。1882 年，谏当保险行将资本扩充为 250 万元，[1] 大买办何东在 1884 年担任该企业董事和中国经理处的代表。[2] 在 1891 年该公司股东代表大会的名单中，有 8 个中国大股东。[3] 可见，华商附股在这家企业中所占分量不小。

广州的西商保险机构自成立伊始就吸收华商资本，上海也不例外。1863 年，旗昌轮船公司创办的扬子保险公司，主营长江航运的保险业务。这家保险公司自创办伊始就有"中国资本的参加"，1878 年资本扩充后附股华商越来越多，华商股东经常出现在公司股东代表名单中。[4] 同时期在上海组建旨在与扬子保险公司相抗衡的保家行（North-China Insurance Co.），1865 年在招股章程中直截了当地表示，"华人如要搭股合做（作）者，不论股份多寡"。[5] 随着华商入股人数的增加，19 世纪 70 年代初保家行的老板提出限制入股，"对申请入股者分配股份的多寡，以申请人能给公司经手保运多少货物为转移"。[6] 可见，华商入股竞争之激烈。1871 年，"欲买股份而不得"[7] 的华商另外组建了一家保险公司——华商保安公司

---

① North-China Herald（《北华捷报》），1882 年 12 月 6 日，第 623 页。

② North-China Daily News（《字林西报》），1884 年 11 月 10 日，第 456 页。

③ North-China Daily News（《字林西报》），1891 年 10 月 31 日，第 419 页。

④ 参见汪敬虞：《十九世纪外国侵华企业中的华商附股活动》，《历史研究》1965 年第 4 期。

⑤ 《上海新报》1865 年 8 月 8 日。

⑥ North-China Herald（《北华捷报》），1871 年 4 月 5 日，第 247 页。

⑦ 《上海新报》1871 年 3 月 14 日；North-China Herald（《北华捷报》），1871 年 4 月 5 日，第 247 页。

（The Chinese Insurance Co., 又名"华商保险有限公司"），这家保险公司明明所有资本来自华商，却邀请同孚洋行总经理为业务总管，公司董事会主席聘请外国人担任。① 这则材料不仅说明华商附股竞争之激烈，更反映出甲午战争前华商资本为逃避清政府的监管不惜自动放弃管理权甚至部分产权，同时证明治外法权是西商企业产权制度确立的前提和保障，没有治外法权保护的华商企业只能仰前者之鼻息。

除广州、上海外，香港的西商保险企业同样与华商资本有着千丝万缕的联系。19 世纪六七十年代，香港陆续出现了 5 家西商保险公司。"除了泰安（The China Fire Insurance Co., 1864 年）一家还不能确定有无中国商人附股以外，其他四家，或者在最初成立的时候，或者在以后的改组过程中，都掺入了中国人的资本。"②1865 年琼记洋行组建的保宁保险公司（China Trader's Insurance Co.，又名中外众国保险公司），19 世纪70 年代后出现了华商大股东，如钟新记（Chung Hing Kee）和裕安（Yee On）。③1866 年怡和洋行代理的香港火烛公司（Hongkong Fire Insurance Co.）成立，大买办何东担任公司的华股经理之一。④ 很显然，担任华股经理者与附股有关。1870 年英商宝裕洋行代理的宝裕保险公司（China and Japan Marine Insurance Co.）成立，五年后公司改组，原来的部分股东另建一家名为"新宝裕"的公司，开始公开招募华商资本。据《申报》记载："内有宝裕保险公司，各董事出名创设新宝裕保险公司而招客，投各附入新举股份内焉。查宝裕老公司因股份市价较低，公司原本银既全且另存有余积之银，以故有股东多人打算自谓曰：'盍将生意停辍，将存银归分各股东之为妙耶！'因联各会聚面议，卒果焉。然股东内仍有多人深以为惜，又自谓曰：'近来船货被失虽多，而公司原本之外尚存余项，日后失事得如平常，则生意之兴旺可卜也。且市价之低，大抵由于上海西商少银所致，他

---

① North-China Herald（《北华捷报》），1871 年 10 月 9 日，第 350 页。
② 汪敬虞：《十九世纪外国侵华企业中的华商附股活动》，《历史研究》1965 年第 4 期。
③ North-China Daily News（《字林西报》），1878 年 8 月 6 日，第 127 页。
④ A. Wright: Twentieth Century Impressions of Hongkong, Shanghai and other Treaty Ports of China, Lloyd's Greater Britain Pub. 1908, p.176.

公司亦与相同，故托原董事另举一公司，各新宝裕也按新出章程，所图者股份银每百两按年出利息十两。观于西商向年所开保险公司，大抵此利息，无难于获分焉，其另外花红亦可望得矣。故凡华人有余银者，其购买股份似未尝不为善。于放银生息之计，且各公立公司股份之所特善者，欲今日变得现银即可，以股单照市价兑银。'此公司又有一说，出银保货者非有股份，则日后不获三分中之二分花红也，故以保险为习者其入股木始非计之得也。"①有了华商资本作为后盾，宝裕保险公司"特别宣布，要和内中也有中国股份的于仁、扬子和保家行进行竞争"。②华商资本的重要性不仅体现在香港西商保险业的创办上，也体现在后续改组以及经营方面。如前所述，1882年谏当保险行重新改组并在英国注册为有限公司时，就吸收了大量的华商资本。"改组后的中文名称时为广东保险公司。该公司发行股票1万股，每股为规元250元，今天（1882年1月1日）同时在伦敦、上海、香港三处购买，上海如有人购买股票，可以75两银作一百元，到分派股份之日，再照市价核算。该公司最大的一个重要特点是大量吸收华商股本，改组后更是如此……1891年，公司股东代表大会名册中，中国大股东就有8人。"③受其影响，当时香港规模最大的西商保险机构保家行"踵行仿效"。④

保险业与其他行业不同，尤其需要中介人即买办的支持，西商保险公司吸收中介人的重要方式之一为吸收华商入股，其目的不单单是解决资本短缺问题，还有拉拢华商之考虑。"在六十年代后期，怡和洋行寻求到中国人对谏当保险公司的投资。一位代表公司的住港欧籍股东被告知：'我们保险公司面临的竞争局面，使我们必须把股份的份额只分配给我公司能得到积极支持的方面。为此，你的七股股份中的三股，要分配给在海险方面能大力协助公司的三位住在北方的有影响的中国人。这是我们的上策。'……在六十年代，合资经营保险业是中国商界的实力日益增强的另一迹象，也

---

① 《创设新保险行情形》，《申报》1875年11月8日第2版。
② 汪敬虞：《十九世纪外国侵华企业中的华商附股活动》，《历史研究》1965年第4期。
③ 颜鹏飞等主编：《中国保险史志（1805—1949）》，上海社会科学院出版社1989年版，第64页。
④ North-China Herald（《北华捷报》），1882年12月6日，第623页；1883年4月18日，第442页。

是西人试图驾驭利用这一局势的另一迹象。"① 在这种理念之下，西商保险公司对有影响的华商主动让股以示拉拢。为打开谏当保险公司上海分行的业务局面，1868 年 12 月 29 日，上海怡和洋行经理 F. B. 詹森致函 W. 凯锡提到："我以前曾提请您注意，给规模较小的航运公司及中国商号分配更多一点股份，这是解决这种令人极不满意的局面的唯一有效方法。我们若不加紧笼络我们这里的主顾们，恐怕我们在这里就要站不住脚。唐景星看来已在做出最大的努力来拉拢华商。因此，我殷切希望您能考虑把他为我们赚来的利润，分一部分给他以及其他有影响的华商。"② 唐景星为拉拢厦门华商，建议将公司赠给他的股份让给厦门华商。1872 年 4 月 18 日，F. B. 詹森致函 W. 凯锡提及此事说道："唐景星盼望能分给厦门华商两三股谏当保险公司股份，因为中日及华商保险公司的生意主要是同他们做的。他甚至打算把他自己的那一股分一半给其中一人。此外，他希望您手中留有几股机动股份。"③ 与其他企业相比，保险企业更仰仗人脉，这也是华商附股最早出现于西商保险企业的重要原因。

　　西商企业吸收华商资本的地域差别非常明显。上海作为近代中国最大的通商口岸，属于不完善的中国资本市场中相对完善者，西商在沪吸收华商资本相对难度要低一些。以水电煤气工业为例，西商在上海经营的这类工业在沪募集资本相对容易，而在其他地区未必如此。自 19 世纪 80 年代起，西商开始酝酿天津气灯公司（The Tientsin Gas Co., Ltd），"在会上（天津英租界纳税者年会），有人提议筹建一家煤气公司在租界内安装煤气管与街灯，收费不得超过上海公共租界的标准。唐景星（唐廷枢）很赞成这个计划，打算承购股票 300 股，每股 100 两。如若不然，股票便销不出去。他已下令开平矿务局承购大批股票，同时招商局也准备承购。如果具体计划能提出，许多旁人也愿意承购。最终天津纳税人会议通过决议，授权工部局斟量筹建一家煤气公司"。④ 文中所说的"旁人"是指其他华商。

---

① 聂宝璋：《中国近代航运史资料》（第一辑），上海人民出版社 1983 年版，第 607—608 页。
② 聂宝璋：《中国近代航运史资料》（第一辑），上海人民出版社 1983 年版，第 603—604 页。
③ 聂宝璋：《中国近代航运史资料》（第一辑），上海人民出版社 1983 年版，第 605 页。
④ North-China Herald（《北华捷报》），1882 年 2 月 15 日，第 188 页。

唐廷枢作为晚清著名的买办商人，他在天津气灯公司创建资本的筹集方面扮演了至关重要的角色。若他不主动带头承购股份并下令让他负责的开平矿务局以及轮船招商局承购股票，恐怕这家煤气公司很难成型。这家煤气公司创建资本的募集之路尤为漫长，从 1881 年拟定计划直到 1888 年历时整整七年时间才正式成立。① 而这次资本召集索性由华商出面，英、美、法、德、丹麦等国共同招募。即使公司已经正式成立，但在西人眼中"天津气灯公司数年以来始终若有若无，资本也缺乏，凑集很慢，许多人认为包勒森（C. Poulsen）的小计划怕要夭折了"。② 天津气灯公司的创办至少说明两点，一是甲午战争前西商企业的创办离不开中国商人的支持；二是天津的华商附股不及上海踊跃。

其五，华商附股存在于任意规模的西商企业中。就资本需求而言，西商大企业对资本需求量较大，在自身资本有限的情况下对华商资本的吸纳更明显。从航运业的巨头如旗昌洋行、怡和洋行、琼记洋行等创办的轮船公司，到保险业之巨擘——谏当保险公司，再到银行业中的大银行，都离不开华商资本。

以银行业为例。19 世纪 40 年代初，外商银行进入中国。首批进入中国的外商银行多为以英商资本为主体的东方殖民地银行，主要服务于东方贸易。这些银行的总部或设在伦敦，或设在英属殖民地印度，一般不在中国募集资本。19 世纪 60 年代后，香港作为西方国家尤其是英国对华贸易的基地以及进军远东的桥头堡，在这里经营的洋行迫切希望创办一家本地银行，以适应急剧膨胀的对华贸易对信贷的需求。同时香港殖民政府对港口码头、公用事业等市政建设的要求日增，希望银行为殖民政府出力。当时洋行所代理的银行业务以及总部不在香港的银行无法满足客观形势的发展需要，故而迫切需要有一家总部设在本地的银行。专业保险公司的不断创办，也为总行设在香港的银行创办提供了"范例"。据汇丰银行最早的发起人、大英轮船公司监事苏石兰（Thomas Sutherland）回忆称："既然我

---

① North-China Daily News（《字林西报》），1888 年 10 月 18 日，第 373 页。
② North-China Herald（《北华捷报》），1889 年 3 月 8 日，第 289—290 页。

们在中国有许多建立在自愿合作的基本原则上的繁荣兴旺的保险公司，我们也应当用同样原则努力创设一家我们自己的银行。于是，当天晚上，我写出了现在还存放在汇丰银行档案内的那份计划书，资本只有五百万港元，以今天汇丰银行的地位来看，这是一笔很不像样的数目。"[1] 在当时看来，500 万港币的创办资本属于巨额资本。1864 年 8 月 6 日，临时委员会开会并发出了认股计划书："香港和上海商人认购 8000 股，印度商人认购 2000 股，另外 2000 股给了日本、马尼拉和世界其他地方的商人。"[2]1864 年 7 月份招股工作启动。自当年 9 月起，临时委员会在《上海新报》登载启事招募"华人搭股"。[3] 很显然，要筹集如此庞大的创建资本离不开华商，如郑观应所言"今香港、上海招股中外股本创设之汇丰银行"。[4] 为筹集创办资本，临时委员会使得"几乎每一个在香港、中国和日本做生意的商号和个人，都对它发生兴趣……不到半年，五百万开业资本即已全部认足"。[5] 在公司正式成立的年会报告中，董事会得意洋洋地宣传道："整个商业界和非常多的中国商人都与汇丰存在利益关系，并给予鼎力支持。"[6] 汇丰银行作为首家总部设立在中国的西商银行，其雄厚的资本不仅令西商银行望尘莫及，其他行业的企业大多也只能望其项背。

同时期，香港还有一些西商小银行出现，如怡和银行（E-Wo Bank）。怡和洋行是未参与发起汇丰银行的为数不多的大洋行之一。在汇丰银行筹备阶段，临时委员会希望得到美商旗昌洋行以及怡和洋行支持，欲将一部分保留的股份分配给发起人。旗昌洋行起初谢绝参与筹股，但答应银行创办后尽力给予支持。英商怡和洋行"由于它赚钱的汇兑业务受到威胁，而且它和宝顺洋行有着传统的不和，因此它之反对创办汇丰银行多少是自然的。但到 1866 年 12 月，旗昌洋行已与汇丰银行有了充分的联系，它的头

---

① ［英］毛里斯、柯立斯：《汇丰银行百年史》，李周英译，中华书局 1979 年版，第 3 页。

② 宋佩玉：《近代上海外商银行研究（1847—1949）》，上海远东出版社 2016 年版，第 45 页。

③ 《港沪银公司同启》，《上海新报》1864 年 9 月 30 日。

④ （清）郑观应著，辛俊玲评注：《盛世危言》（卷四户政，银行上），华夏出版社 2002 年版，第 261 页。

⑤ North-China Herald（《北华捷报》），1864 年 8 月 6 日，第 126 页。

⑥ North-China Herald（《北华捷报》），1866 年 8 月 25 日，第 135 页。

头福布斯先生被选为一名董事。怡和洋行则还坚持不合作"。① 为了解决收买丝茶的金融周转问题，怡和洋行很快与买办商人金紫奎（Kin Tzu Kwei）合资开办怡和银行。在这家银行存在的三年（1864—1867 年）时间里，"每月进出款项平均达 50 万两白银，其中 3 年中怡和收购丝茶棉花的款项总值达一千万两白银"。② 此后，怡和洋行吸收华商资本自办银行的做法为其他洋行争相仿效，不过这些洋行自办的银行规模都不大，唯一的例外是 1872 年以英商为主体的 7 家大洋行试图在上海创办但最终流产的华利银行（Bank of China）。华利银行是近代中国第一个公开打起"中外合办"招牌的外商企业，额定资本 250 万两。③1872 年 1 月间，银行临时委员会称："上海和香港其他公司的成功，以及大量货币寻求投资的迹象，增强了我们对本银行的股份认足的信心。许多有势力的本地商人已经愿意出面担任这个企业的积极发起者和支持者，从而会把中国方面的财力看作是一个很有价值的整体。"④ 为了方便筹集资本，华利银行同时在香港也组成了一个临时委员会，"由两名有地位的中国商人和三家洋行的代表共同组成"。⑤ 股份认购工作非常顺利，5 月份有消息称，"预计 8 月 31 日所有的股份将全部收齐"。⑥ 这家银行虽然最后没有办成，非资本原因而是因为遭遇立法上的困难。尽管如此，它却开了中外合办银行之先例，这也是西商利用华商资本的新路径。

其后，法国在华创办法兰西银行，华商附股者也非常踊跃。据《申报》记载，"法国货银。役闻华人赴该银行愿入股份者纷纷不绝，并有各银号、钱庄及富商大贾相约多人均定于今日十点钟时候齐集该银行签名簿内。盖以此举实属简便，一则利银孳息渐得赢余；一则按月纳银不嫌繁重，宜乎闻其事者皆踊跃争先，特是该银行签名登簿之期必以下礼拜一截止，不能再行展缓，恐远方士商必以未能附骥深恨其失此机会也。又闻法国前年亦

---

① ［英］毛里斯、柯立斯：《汇丰银行百年史》，李周英译，中华书局 1979 年版，第 7 页。
② North-China Daily News（《字林西报》），1867 年 3 月 20 日，第 2723 页。
③ 吕耀明：《中外合资银行：变迁、反思与前瞻》，中国金融出版社 2007 年版，第 88 页。
④ North-China Daily News（《字林西报》），1872 年 1 月 17 日，第 49 页。
⑤ North-China Herald（《北华捷报》），1872 年 2 月 1 日，第 93 页。
⑥ North-China Herald（《北华捷报》），1872 年 5 月 11 日，第 362 页。

有贷银之举，其时纳银之受单后转售于他人，每一百番士总可多卖三四番士，因己有股份而转售于人者少，人无股份而羡慕其事者多也。此番举动是以乐赴者之众云"。①

1890 年成立的大东惠通（the Ttust and Loan Company of China, Japan and the Straits Ltd.）和中华汇理（The Nstional Bank of China），发起人和主持者都是汇丰银行董事会成员，在筹集资本伊始就将目光瞄准华商。1890 年，大东惠通银行招股简章刚到上海，华商就踊跃要求入股。1891 年大东惠通银行第一次增资时，新股在上海一地就很快超额认购。②1893 年再次增资时，公司董事长凯锡承认"银行的十万份股本中，中国股东所占股份实际上为 52600 股，占一半以上"。③1891 年，总行设在香港的中华汇理银行（The National Bank of China）同样争取了很多华商资本，西方人甚至宣称"银行的主要控制权由中国人和外国人共同掌握"。④此话虽略显夸张，但足以窥视出华商资本在其中的分量。除新开办的银行外，已有的西商小银行中也出现了大批的华商股东，如有利银行和丽如银行。⑤

从事加工工业的西商企业，规模相对较小，数量较多，这类企业尤其依赖华商资本。正如德国学者所言："（十九世纪）七十年代中，外国企业家在上海设立了一些中型和小型的工厂（缫丝厂、火柴厂、造纸厂和砖瓦窑等）。这一类的厂在 1882 年有 15 个；在有一些厂里中国买办在财政上是合股的。德国创设最早的这类事业似系七十年代末由克拉赛曼和哈根洋行在烟台设立的缫丝局；另一个同时在那里设立的织布厂则于 1881 年又停闭了。这个由中国人在财政上合股的企业，可以有一笔大约二十二万马克的周转资金和九十五台纺机及拈线机。"⑥这家缫丝厂由德商宝兴洋行（Brasemann and Hagen）于 1877 年创办，是中国第一家缫丝工厂，也是烟台第一家外商工厂。早在烟台缫丝局创办之前，1875 年美商李克劳

---

① 《华商至法兰西银行入股签名事》，《申报》1872 年 7 月 27 日第 3 版。
② North-China Herald（《北华捷报》），1891 年 3 月 21 日。
③ North-China Herald（《北华捷报》），1895 年 1 月 18 日，第 84 页。
④ North-China Daily News（《字林西报》），1865 年 5 月 15 日。
⑤ 汪敬虞：《十九世纪外国侵华企业中的华商附股活动》，《历史研究》1965 年第 4 期。
⑥ [德] 施丢克尔：《十九世纪的德国与中国》，乔松译，三联书店 1963 年版，第 153 页。

（Claude A Ree）就企图与华商彭济泰丝行（Pengeetai Silk Hong）联合在上海设立缫丝厂。① 虽然最终丝厂没有办成，但足以说明西商联合华商资本的想法是存在的。1881 年，烟台缫丝厂进行改组，而这次改组的目的之一就是要再度吸收华商资本扩大经营。改组后，这家丝厂的资本由 4 万两增至 10 万两。在这 10 万两的资本中，"准华商入股至十分之六"。② 从中不难看出，缫丝厂新增资本全部寄希望于华商。最终结果也证明，改组所需的新增资本近乎全部来自华商。作为大豆出口中心的牛庄，1861 年开埠当年，英商就酝酿在此设厂，1868 年工厂正式开工。据称，这家油厂与一家经营油坊的著名的广东商人有多年交情。很可能这家油厂与华商资本有关联。20 年后，英商太古洋行又在牛庄设立一家油厂，不久后就转入华商之手，这家完全由华商控制的油厂却一直打着英商招牌。③ 汉口作为西商从事茶叶加工的主要地区之一，西商在此经营的砖茶厂中同样也有华商资本。19 世纪 70 年代初，当地的一家英商洋行试图联合华商设立一家砖茶厂，"以与俄国商人竞争"。④

　　19 世纪 80 年代后，轻工业行业中出现了不少西商经营的小企业，这些小企业吸收的华商资本也不在少数。如上海造纸公司（The China Paper Mill Co., 1881）、中国玻璃公司（Chinese Glass Warks Co., 1882）、华兴玻璃公司（英文名不详，1882）、怡和丝厂（Ewo Silk Filatu re, 1882）、上海电光公司（Shanghai Elect ric Company, 1882）、美查兄弟有限公司（Major Brother's and Co., Ltd, 1889）、上海五彩画印有限公司（Shanghai Chromo and Photo-Lithographic Co., Ltd, 1890）、上海增裕面粉厂（China Flour Mill Co.）、天津自来火公司（Tientsin Chinese Match Factory, 1886）。⑤

　　作为航运业发展的重要环节之一，19 世纪 70 年代兴起的码头堆栈业

---

① North-China Daily News（《字林西报》），1893 年 5 月 15 日，第 431 页。

② 《续县局招股》，《申报》1881 年 10 月 6 日第 8 版。

③ 参见汪敬虞：《十九世纪外国侵华企业中的华商附股活动》，《历史研究》1965 年第 4 期。

④ 《海关贸易报告册》，汉口，1871—1872 年，第 55—56 页。转引自汪敬虞：《十九世纪外国侵华企业中的华商附股活动》，《历史研究》1965 年第 4 期。

⑤ 参见汪敬虞：《十九世纪外国侵华企业中的华商附股活动》，《历史研究》1965 年第 4 期；张秀莉：《19 世纪上海外商企业中的华董》，《史林》2004 年第 4 期。

同样吸引了大量华商资本。旗昌轮船公司经营的金利源仓栈"华股居其大半"。①1872 年创办的公和祥（The Shanghai and Hongkew Wharf Co.）于 1895 年改组时也吸收了大量华商资本，作为大股东的何金洲（Ho Kin Chou）开始担任华股代表。② 上述两家属于大码头公司，吸收华商资本并不意外，可是 1882 年创办的小企业平和码头公司（Birt's Wharf H. C. and W. C. Co.）也曾公开吸纳华商资本。③

总之，从五口通商到甲午战争爆发前，华商附股成为西商企业吸收华商资本的重要形式。不仅在整个西商企业中华商附股的西商企业所占比重达半数左右、单个企业中华商附股占比很大，而且所有西商企业经营类型、存在地区、任何规模中都存在华商附股。故而笔者认为，这个时期西商企业的资本来源为"华商资本为主、西商资本为辅"。

三、西商资本为主、华商资本为辅阶段

甲午战争后到 1949 年新中国成立之前，西商企业的资本来源以西商资本为主、华商资本为辅。这种特征的变化，与世界政治经济形势的转变关联甚大。

（一）世界经济形势的转变与西方国家资本的输入

第一次工业革命以蒸汽机的发明与运用为标志，以 18 世纪下半叶英国为开端，到 19 世纪 60 年代西方主要资本主义国家完成整整历时一百年。在这个时期，近代工厂制度的诞生及大规模发展，虽然促进了工业生产力的飞速发展，但工业在西方主要资本主义国家国民经济中的绝对优势地位并未确立，作为工业化起点和重点的轻工业特别是纺织业地位凸显，而重工业长期处于相对落后的地位，导致工业化的整体水平受限。为实现重工业的发展，首先重工业生产技术必须取得突破，同时要对资本主义生产关系进行阶段性的重大调整，而这些即为第二次工业革命的使命。

19 世纪中后期至 19 世纪末 20 世纪初，以钢铁和电力为标志的第二次

---

① 汪敬虞：《十九世纪外国侵华企业中的华商附股活动》，《历史研究》1965 年第 4 期。
② North-China Daily News（《字林西报》），1895 年 11 月 12 日，第 3 页。
③ 《平和码头公司增新股》，《申报》1882 年 11 月 21 日第 10 版。

工业革命兴起。世界工业特别是重工业得到空前发展，产生了一批资本实力雄厚、工人数量庞大的巨型工业企业（"工业巨头"）。"20 世纪初英国沃尔金顿钢铁公司的创办资本便达 230 万英镑，美国在 1870 年、1873 年先后成立的美孚石油公司和卡内基——麦坎得利斯钢铁公司，创办资本分别为 100 万、70 万美元，1908 年美国通用汽车公司出版资本为 1250 万美元（1894—1902 年，1 英镑折合 4.90 美元）。"[1] 技术进步加上雄厚的资本实力，这些工业巨头的产能超越了此前任何一家生产型企业，而强大的工业生产能力迫切要求广阔的原材料和产品市场与之相适应。19 世纪末 20 世纪初，"美国的工业发展已经进入制成品及矿产品对外出超的阶段，再加上美国、西班牙战争的刺激，促使美国资本及产品更加寻找国外市场"。[2]

　　工业巨头产生之后，垄断成为西方司空见惯的现象。20 世纪初，西方主要资本主义国家先后过渡到垄断资本主义阶段即帝国主义阶段，银行资本与工业资本融合，形成越发强大的金融资本。金融资本产生后，资本输出取代商品输出成为西方国家对外扩张的新手段。资本输出最为明显的两大后果是推动国际贸易的发展，以及通过国际贸易将中国在内的亚非拉大部分落后国家或地区拖进西方主导的资本主义世界市场，最终实现市场全球化。在市场全球化形成的过程中，西方资本主义国家经济发展不平衡加剧。19 世纪后半期，新兴的美国、德国及后起的日本发展迅速，而原本资本主义世界排名前两位的英国和法国显得相对落后。由于世界贸易的增长效率远远落后于工业生产的增长率，资本主义国家生产与销售之间的矛盾日趋尖锐，西方资本主义国家在全世界范围内争夺市场、瓜分殖民地及势力范围的斗争加剧，最终引发了第一次世界大战。

　　上述世界经济形势的演变，对甲午战后中国境内外商企业格局以及西商企业内部竞争产生了极为深刻的影响，同时引发西商企业资本来源的变化。

（二）西商对华企业投资的增长与华商附股并存

　　甲午战后特别是 20 世纪以后，西商企业中西商资本来源主要有二：一

---

① 周友光：《两次工业革命概述》，武汉大学出版社 1996 年版，第 71 页。
② 中国人民银行金融研究所编：《美国花旗银行在华史料》，中国金融出版社 1990 年版，第 12 页。

是母国直接投资；二是在华企业利润的再投资以及增资扩股。这个时期西商企业中母国投资的力度明显增大。导致其资本来源重新转向以"西商资本为主、华商资本为辅"。

从母国直接投资来看，1894 年外国在华企业投资总额约 1.09 亿美元，1902 年增至 4.78 亿美元，1930 年达 19.77 亿美元。[①]1894 年至 1902 年共八年间，外国在华企业投资增长 3.4 倍；1894 年至 1930 年间，增长近 17.1 倍。其中英、日、俄、美四国企业投资价值 22 亿 6090 万美元，约占外商企业投资总数的 99%。[②]

表 4-1　1931 年四国直接企业投资性质分类表

（单位：百万美元）

企　业	英	日	俄	美	总数	占总数 %	西商企业占比
运输业	134.9	204.3	210.5	10.8	560.5	24.8	63.6
公用事业	48.2	15.6	—	35.2	99.0	4.4	84.2
矿　业	19.3	87.5	2.1	0.1	109.0	4.8	19.7
工　业	173.4	165.6	12.8	20.5	372.3	16.5	55.5
银行金融	115.6	73.8	—	25.3	214.7	9.5	65.6
地　产	202.3	73.0	32.5	8.5	316.3	14.0	76.9
进出口	240.8	183.0	12.2	47.7	483.7	21.4	62.1
其　他	28.9	71.3	3.1	2.1	105.4	4.6	32.4
共　计	963.4	874.1	273.2	150.2	2260.9	100.0	61.3

　　资料来源：[美] 雷麦：《外人在华投资》，蒋学楷、赵康节译，商务印书馆 1959 年版，第 64 页。

根据表 4-1 可知，在 1931 年整个外商在华企业投资中，除矿业及"其他"行业外，西商占比都在 50% 以上，尤其是西商起步早的运输、公用事业、金融、地产、进出口等企业。西商和日商起步相差不大的工业领域，西商略占优势。就西商企业内部而言，英商的优势地位仍然很明显。尽管英国

---

① 汪敬虞：《中国近代经济史（1895—1927）》（上册），人民出版社 2000 年版，第 99 页。

② [美] 雷麦：《外人在华投资》，蒋学楷、赵康节译，商务印书馆 1959 年版，第 64 页。

在世界上整体实力下降，但是借助先发优势依然占据首要位置。俄国因对中东铁路的投资与掌控，在运输业中遥遥领先。美国因购得上海工部局电气处，经营上海电力公司以及上海电话公司，在公用事业中开始崭露头角。

　　若将政府贷款等项目纳入，1930 年日本在华直接投资已经超越英国（见表 4-2）升至首位，同时期美国的地位提升也颇为显著，不过尚无法与英国相抗衡。十月革命沙皇俄国政府被推翻，新成立的苏联并没有立刻继承前政府的对华投资路线，在华直接投资曾一度中断。法国对华直接投资虽呈现上升趋势，但增幅不太明显，1914 年较 1902 年新增约一倍，1930 年与 1914 年相较新增也接近一倍。因忙于备战，德国对华投资整体上呈现下降趋势。

表 4-2　外国在华直接投资国别统计表

（单位：百万美元）

国别	1902 年	1914 年	1930 年
英	155	407	846
美	23	52	214
法	37	76	144
德	93	151	81
日	1	213	1013
俄	220	236	
合计	529	1135	2298

　　资料来源：吴承明：《帝国主义在旧中国的投资》，人民出版社 1955 年版，第 52—53 页。

　　西方国家对华直接投资的增长，与西商银行在华扩张息息相关。前文已述，甲午战前依旧在中国营业的西商银行共有 7 家。"1895 年至 1913 年增加到 13 家和 85 个分支机构，1914 年至 1926 年增至 44 家和 125 个分支机构。"[①] 这些西商银行的创办，加速了西方国家对华资本输出，并积极扶植在华经济势力。如 1898 年华俄道胜银行在哈尔滨设立分行后，积极扶植哈尔滨的俄国私人资本势力，"俄国在中国东北的面粉工业和其他企业开

---

　　① 吴承明：《帝国主义在旧中国的投资》，人民出版社 1955 年版，第 40 页。

设的资金，90% 是道胜银行提供的"。①

除母国直接投资外，自身利润再投资以及增资扩股也是西商企业资本来源的重要路径。从资本的国籍属性来说，西商企业利润的再投资属于西商资本，但增资扩股就不免夹杂着华商股份。也就是说，在西商企业的演进阶段，尽管西方国家因为资本输出加大了对华企业投资的力度，但华商附股并未消失。这一点从西商企业存在诸多华人董事便可知晓。从已有资料来看，华人董事主要集中在西商经营的棉纺织、橡树种植，房地产、人寿保险四类企业中。除此之外，德商西门子洋行和科发药房，法商企业万国储蓄会（International Savings Society）、中法储蓄会（Credit Franco-Chinois），英商企业立德机器榨油厂（The Lih Teh Oil Co., Ld.）、商文印刷有限公司（Mercantile Printing Co., Ld.）、瑞和洋行（Noel, Murray & Co.）、耶松船厂、中国公共汽车公司（General Omnibus Co.），美商企业《通问报》（Chinese Christian Intelligencer）、《大陆报》（The China Press）和恒丰公司（Fobes Company, Ld.）中亦有华人董事。② 此外，华商资本在西商银行中也较为常见。20 世纪后，以中外合办名义开办的银行日渐增多，中外合办吸引华商资本成为华商附股的升级形式。

甲午战争后，西商企业的资本来源出现两个看似相悖的现象：一则，西方国家的对外扩张由商品输出向资本输出迈进。二则，西商企业中华商附股仍然存在，甚至在个别行业、个别企业中比重还很高。如 1895 年在上海创办的怡和纱厂，1921 年改组为股份有限公司时，将资本扩大到 60 万两，但资本的 80% 以上为中国人所有。五口通商前已经开始在华运营的科发药房，到新中国成立以前它的注册资本中外国人约占 60%，中国人占40%。③ 既如此，该如何评判西商企业中究竟有多少属于西商资本、多少属于华商资本？抑或说西商企业资本究竟以哪一种性质的资本为主？我们可结合历史的逻辑推理及实证材料两个方面加以判断。

---

① ［苏］阿瓦林：《帝国主义在满洲》，北京对外贸易学院俄语教研室译，商务印书馆 1980 年版，第 161 页。

② 参见张秀莉：《上海外商企业中的华董研究（1895—1927）》，《史林》2006 年第 6 期。

③ 陈真等编：《中国近代工业史资料》（第二辑），三联书店 1958 年版，第 51、385 页。

历史的逻辑推理可从两方面展开：一是从上文提到的世界经济形势变化角度分析。甲午战争后，西方国家对华资本输出已取代商品输出成为对华侵略的主要方式。而在对华资本输出过程中，直接投资占据主导，企业投资作为西方对华直接投资中最重要的部分，自然有助于提升西商资本在企业中的比重。二是从中国国内经济形势转变角度分析。1895年后，外国获得在华设厂权，中国市场在深度和广度上得到进一步拓展。与此同时，清政府开始转变经济政策，在民族主义和国家政策的推动下，中国民营企业获得了史上首个发展契机。甲午战争前30多年间，清政府推行洋务运动，兴办了新式军用工业和民用工业，在社会上引起广泛议论。甲午战争后，中华民族危机空前严重，商人、实业家和思想家强烈呼吁"以商为战，设厂救国"。甲午战争失败带来的巨额赔款与其他方面国家利益的严重丧失及战后重建等造成的巨大财政压力，迫使清政府寻找续命"新处方"。甲午战后清政府经济政策的重大变化之一就是倡导振兴工商业，放松限制，促使私人资本在某些领域得到快速发展。清政府政策的巨大转变使得华商附股西商企业的热情短期内快速下降，而是纷纷投资自办企业。对西商企业来说，此时母国资本正寻找投资市场，一定程度上可满足西商在华企业的资本需求，对华商资本的依赖性不如以前。华商资本的陆续退出与西商资本的快速进入，为西商企业资本的来源转向"西商资本为主、华商资本为辅"提供了可能。中华民国成立后至1937年抗战全面爆发，华商资本经营的民营企业进入新的发展时期。抗战期间，虽然不少华商经营的企业以"西商"之名在上海租界经营，但是这些企业无论在产权属性、治理结构以及分配上都具有独立性，与注册在香港挂"西商"之名的企业完全不同。1945年抗战胜利后，美商企业爆发式增长，迅速成为中国境内西商及外商企业中整体实力最强者。此时，美国国内资本的海外输出更加明显，中国不仅成为其商品倾销市场，更是资本输出的试验场。总之，从甲午战后到1949年新中国成立前国内外经济形势的演变历程看，西方国家对华企业资本输出的力度整体上呈上升态势，与此同时，中国政府鼓励华商自办企业，这就说明这个时期西商企业"西商资本为主、华商资本为辅"的资本来源特征是站得住脚的。

　　除历史的逻辑推理外，实证材料也证明了这一点。实证资料主要分为两大类：一是较有代表性的个案史料。汇丰银行作为第一个将本部设在中国境内的西商及外商银行，在近代中国社会扮演了极为重要的角色。前文已述，汇丰银行创办之初就得到华商资本的鼎力支持，属于一家典型的华商附股银行。20 世纪 30 年代初，一个掌握汇丰银行内情者却说，"汇丰银行中华商股份陆续让与洋商，迄至今日，几全在洋商之手"。① 这说明，至少到 20 世纪 30 年代初，汇丰银行的资本几乎全部由外商所提供。至于这种华商股份转让给外商始于何时，受资料所限，我们无从知晓。汇丰银行中华商出让股份与外商的例子说明，早期华商附股的西商企业通过这种方式使得西商资本成为企业的主要来源。至于为何华商要出让股份，自愿还是被迫？目前没有确定的资料来证明。汇丰银行属于一种个案，即取消华商附股。另一种个案是 20 世纪后一些新入华的跨国公司自创办之日便全部或大部分吸纳西商资本。1907 年 8 月 23 日，英国跨国公司联合冷藏公司（又名"万国进出口公司"）在中国成立第一家企业——汉口和记洋行，主要从事蛋粉加工及猪肉、牛肉的冷冻出口。"汉口和记洋行共有股东 9 人，资本总额共 5 万英镑，其建设所需大量资金由伦敦总公司汇寄在汉口的英资银行，以信贷或押汇方式供给和记运用。1908 年 6 月 11 日，汉口和记洋行在伦敦召集特别股东会议，议定该公司会员（除雇佣职员外）以五十人为限，股东执有数额不等的股份，并不得向外界招募公司股票及债券。"② 1916 年 7 月 7 日，南京和记洋行在香港注册。该厂的"资本额为 25 万英镑，分为 2500 股，其中韦思特兄弟即占股份的 80%，其余股份分配给和记洋行主要英国职员"。③ 很明显，这家公司的创办资本来源全部为英商。1917 年在上海成立的美商奇异安迪生电气公司（China General Edison Co.）资本总额 262000 美元，分为 6550 股，每股 40 美元，全部股权属美方所有。④ 同年在上海设立分公司的"中国电气公司"（China Electric

---

① 徐寄庼：《近代上海金融史》（上册），华丰印刷铸字所印 1932 年增改第 3 版，第 452 页。
② 朱翔：《南京英商和记洋行研究》，南京师范大学博士学位论文 2013 年。
③ 朱翔：《南京英商和记洋行研究》，南京师范大学博士学位论文 2013 年。
④ 上海市档案馆、财政部财政科学研究所编：《上海外商档案史料汇编》（4），内部发行 1987 年，第 455 页。

Company Ltd.）资本为 1000000 美元，每股 100 美元，共 10000 股。其中美股占 52.3%，公股占 47.5%。[①]1919 年，美国著名的跨国公司、石油业巨头德士古公司在上海设立第一个分公司，成立之初资本为 100 万美元，后美国总公司又拨款 500 万美元。新增 500 万元资本分 20 万股，每股 25 美元，全部股权属于美方。[②]稍后 1930 年美商创办的上海电话公司（Shanghai Telephone Co.），发行股票 2175505 股，每股法币 10 元，美国人掌握股权 70.5%，中国人有股权 23.4%。[③]上述美商企业属于跨国公司在中国境内设立的分公司或投资创办的企业，它们与美国国内资本集团关系极为密切。例如，德士古上海分公司为世界石油巨头之一德士古公司在上海投资创办；上海电话公司由摩根财团控制下的美国国际电话电报公司投资；奇异安迪生电气公司由美国国际通用电气公司投资。这些企业虽然来华时间不长，但凭借雄厚的资本、技术以及企业制度等优势，自成立伊始就在投资地的电气、石油、电信等行业占据垄断地位。

　　第二类为国别材料。据统计，"建国之初，上海的 185 家英国企业中华商投资的有 32 家。"[④]据此推断，拥有华商资本的上海英商企业仅为 17.29%。从企业数量看，无华商资本的英商企业占据绝大多数。据雷麦统计，"在 213 家上海美国公司中中国人有资本参加的公司共 22 家，其中 4 家是合资企业形式，被剔除在外，在其他 18 家美国公司中，中国参加的资本由 2.8% 到 50% 不等"。[⑤]依照雷麦的数据，上海拥有华商资本的美国公司只占到 8.45%。纵使这些企业中华商资本占到雷氏估算的最高值 50%，那么它们在上海美国公司的总数中所占的分量也不高。上海作为近代外商企业特别是西商企业最为集中的城市，这里西商企业中华商资本的比重很

　　①　上海市档案馆、财政部财政科学研究所编：《上海外商档案史料汇编》(4)，内部发行 1987 年，第 543 页。

　　②　上海市档案馆、财政部财政科学研究所编：《上海外商档案史料汇编》(4)，内部发行 1987 年，第 592 页。

　　③　上海市档案馆、财政部财政科学研究所编：《上海外商档案史料汇编》(4)，内部发行 1987 年，第 410 页。

　　④　上海市档案馆、财政部财政科学研究所编：《上海外商档案史料汇编》(7)，内部发行 1987 年，第 24 页。

　　⑤　[美] 雷麦：《外人在华投资》，蒋学楷、赵康节译，商务印书馆 1959 年版，第 218 页。

大程度上反映出中国境内西商企业资本来源的基本情况。

总之，无论是历史逻辑还是实证材料都证明，甲午战争后受西方国家对外资本输出及中国政府鼓励民营企业发展的双重影响，西商企业的资本来源已发生变化，即由前期的以华商资本为主、西商资本为辅转变为以西商资本为主、华商资本为辅。

第二节　西商企业产权制度的生成与演变

近代西商企业产权制度的生成与演变，是在治外法权的庇护下完成的。换言之，治外法权是近代西商企业产权制度生成与演化的前提、基础和保障。正是在治外法权的强有力保护下，近代西商企业才得以移植西方的私有产权制度，并不断完善，从而较早形成了高效的产权制度，而正在这种产权制度让西商企业彰显出高于中国近代本土企业明显的企业制度优势，并伺机扩张。

产权是"财产权利"一词的缩写，最初的含义为"所有权"。西方经济学家研究的"产权"既不是法律意义上的"所有权"——依法占有财产的权利，也不是对财产进行占有、使用、处置和收益分配的权利，而是赋予了新内涵。1937 年，科斯《企业的性质》一文发表，标志着西方现代产权理论的系统提出。至于何为"产权"（property rights），何为"产权制度"（property system），迄今为止主流经济学未能形成统一说法。不同的产权学派研究产权问题的出发点和着力点不同，始终无法形成统一的定义。费希尔（I. Fisher）认为，"产权是享有财富的收益并且同时与这一收益相关的成本的自由或者获得的许可……产权不是有形的东西或事情，而是抽象的社会关系。产权不是物品"。[1] 也有学者认为，"产权是一种社会契约，它的意义产生于这样的事实，即它有助于形成一个人在同他人的交易中能理性地把握的那些预期。这些预期在法律、习俗和社会惯例中得

---

[1]　[南] 斯韦托扎尔·平乔维奇：《产权经济学——一种关于比较体制的理论》，蒋琳琦译，经济科学出版社 1999 年版，第 27—28 页。

到实现"。① 产权学派的标杆式人物科斯认为，"产权是一种权利。人们所享有的权利，包括处置这些桌椅的权利，这个问题就跟讨论交易费用时一样，无非是一个术语问题。这意味着应该明确人们享有的权利。比如，你拥有一把椅子，这是什么意思？你能送给别人吗？有时可以，有时却不可以。你能有什么权利？能把这把椅子搬到另一个地方吗？有时可以，有时却不可以。但你能说出你能做什么，假如你拥有一块土地，你能用它干什么呢？能做的事情当然很多呀？这就是你的权利所包含的内容。我没有被这些定义问题所纠缠"。② 由此可见，虽然许多经济学家强调经济学意义上的"产权"与法学意义上的"产权"内涵不同，但科斯所理解的"产权"就是指财产的各种权利，包括所有权、处置权等，这与法学意义上的"产权"在本质上是相通的。本书正是从这个意义上来理解和分析相关问题的。

依照产权经济学理论，企业产权一般包括企业的所有权、使用权、剩余索取权、处置权和转让权。企业制度的核心内容就是产权制度，产权结构的设计与安排，直接关乎企业的生存与发展。近代中国西商企业产权结构的安排与演化，是在西方国家的坚船利炮及治外法权的保护之下，排除中国政府的干扰，在一个相对封闭的环境中实现的。正是在这种"优越"的环境里，西商企业建立起一套较为完善的私有产权制度并快速彰显出其强大的制度优势。这套产权制度与中国传统经济组织的产权制度差异较大，与前近代西商在华经济组织的产权特征也不尽相同。

一、前近代业主制与合伙制下西商企业的产权特征

在五口通商之前即西商企业的起源阶段，除东印度公司外，以代理行号为代表的西商经济组织以传统业主制与合伙制为主，其中以合伙制居多。虽然代理行号属于传统的企业组织形式，但与中国传统企业相比，其产权已呈现出某些新动向和新特征，大致表现在以下方面：

---

① 哈罗德·德姆塞茨：《关于产权的理论》，载盛洪主编：《现代制度经济学》（上卷），北京大学出版社 2003 年版，第 81 页。

② 《经济学消息报》社编：《诺贝尔经济学奖得主专访录》，中国计划经济出版社 1995 年版，第 135—136 页。

一是主要通过外交特权获取产权。商人与领事合二为一是五口通商初期西商企业的重要特征之一，这种特征甚至可追溯到五口通商以前甚至 18 世纪。前文已述，1782 年中国境内第一家散商代理行号——里德·柯克斯行就是依靠英国人约翰·里德的奥地利领事身份创办的。直到 1833 年英国东印度公司对华贸易垄断权被废除，借助他国领事之名依然是英国散商创办经营代理行号的唯一"合法"途径。1829 年，英国东印度公司记载的 2 家英国散商代理行号，其中至少有一名合伙人挂名外国领事。其中宝顺行的托马斯·颠地（Thoms Dent），其身份是撒丁领事；麦尼克行的查顿，其身份则为丹麦领事。① 与英国散商相比，美商不需要借助他国领事身份创办代理行号，而是直接以美国在华外交人员身份创办。美国第一家代理行号的合伙人之一山茂召来华创办行号之前，已经被美国国会任命为美国驻广州领事。上述案例说明，在五口通商前外交特权已经成为西商在华获得企业产权的重要途径。

二是产权变更较为频繁。五口通商前，知名代理行号都经历过数次的产权变更。如著名的英商怡和行，前文已述，这家洋行的前身是 1782 年中国境内首家代理行号里德·柯克斯行，经过数次改组及产权变更最后才演化为赫赫有名的怡和洋行。1787 年丹尼尔·比尔（Daniel Beale, 1759—1791）携带着普鲁士国王派充领事的委任状来到中国，承接了柯克斯和里德的生意，创办柯克斯·比尔行（Cox & Beale）。里德的离开，柯克斯因为没有合法身份被广州管理会赶走，但并不影响行号仍然被保留下来，而丹尼尔·比尔的普鲁士证件恰好派上了用场。② 1791 年，柯克斯去世，"他的事业由汤姆士·比尔（Thomas Beale）'继承'，汤姆士是以普鲁士领事的秘书的资格出来和他的兄长共事的"。③ "汤姆士·比尔在 1797 年回到英国的时候，就变成了普鲁士领事。"④ 1799 年，手持丹麦皇家军队陆军上尉

---

① ［美］马士：《东印度公司对华贸易编年史（1635—1834 年）》（第四卷），区宗华译，广东人民出版社 2016 年版，第 150 页。
② ［英］格林堡：《鸦片战争前中英通商史》，康成译，商务印书馆 1961 年版，第 22 页。
③ ［英］格林堡：《鸦片战争前中英通商史》，康成译，商务印书馆 1961 年版，第 23 页。
④ ［英］格林堡：《鸦片战争前中英通商史》，康成译，商务印书馆 1961 年版，第 24 页。

委任状的苏格兰人大卫·里德（David Reid）以及没有长期居留广州"有效"证件的罗伯特·哈弥顿加入该行，行号更名为"哈弥顿·里德·比尔行"。哈弥顿去世当年，行号又更名为"里德·比尔行"。翌年，里德回国，他的位置由查理·麦尼克接任。①1803年，行号又改名为"比尔·麦尼克行"（Beale & Magniac）。1805年，查理·麦尼克的弟弟来华。由于他的入股，该行号此后为麦尼克家族所操纵。1815年，汤姆士·比尔离华，1817年行号正式改组为"麦尼克洋行"（Magniac & Co.）。19世纪20年代，这家洋行吸收了查顿、孖地臣后，行号的产权又出现了变更。1825年，查顿加入麦尼克行。1827年，顶着丹麦领事头衔的孖地臣加入麦尼克行，这家行号以后也受到丹麦领事的保护。②1832年7月1日，查顿和孖地臣把该行改组为查顿·孖地臣行（Jardine & Matheson），取中文名"怡和行"，"它是由三个有相当财力的股份组成的混合体，从欧洲到澳大利亚和拉丁美洲都有它的老主顾"。③此时的怡和行并非真正意义上的公司制企业。1848年伦敦的金融危机导致怡和的股东们接纳其在伦敦的代表入股，行名改为孖地臣公司（Matheson & Co.），④怡和行才成为真正的"怡和洋行"，变为真正意义上的公司制企业。

除英商怡和行外，其他代理行号的产权变更同样频繁。如前文提到的英商达卫森行（宝顺洋行的前身），19世纪20年代初，散商托马斯·颠地以撒丁领事（Sardinian Consul）的身份成为达卫森行的股东。1823年，行号改组为颠地洋行（Dent & Co.）。其后，颠地洋行不断有新股东加入，如托马斯·颠地的弟弟兰斯劳·颠地（Lancelot Dent）、英格利斯（Robert Inglis）及退出后再加入的美国人查理·布莱特（Charles Blight）。⑤英

---

① ［英］格林堡：《鸦片战争前中英通商史》，康成译，商务印书馆1961年版，第24、202页。
② ［英］格林堡：《鸦片战争前中英通商史》，康成译，商务印书馆1961年版，第203页。
③ ［美］费正清等著，福建省历史学会福州分会编：《外国学者论鸦片战争与林则徐》（下），福建人民出版社1991年版，第292—293页。
④ ［美］费正清等著，福建省历史学会福州分会编：《外国学者论鸦片战争与林则徐》（下），福建人民出版社1991年版，第295页。
⑤ 林庆元、黄国盛：《鸦片战争前广州英商洋行的起源与演变》，《中国社会经济史研究》1993年第1期。

格利斯原本为东印度公司广州商馆一名成员，"于 1825 年 4 月间获准休假……在他返回后，他辞去公司的职位而加入宝顺洋行"。① 从 1807 年最初的巴林行到之后的达卫森行，再到颠地行，行号名称的变化与行号产权变更近乎同步。

代理行号产权更变频繁的原因大致有三：首先是企业制度的影响。在传统业主制与合伙制下，企业的产权变更较为简便。在缘起阶段，虽然出现了一些以"公司"命名的代理行号，但它们与东印度公司不同，不属于特许制股份公司，与近代意义上的股份公司相比也有很大差异。代理行号大多以家族为基础，吸收一些合伙人的股份组织而成，并不向社会募集资本，更接近传统的合伙制。在距离遥远及交通不便的情况下，合伙制较业主制的优越性更加明显。一旦出资人发生死亡事故，行号终结的可能性小得多。此外，业主制企业破产的可能大，而合伙制企业的可能性则要小。由此可见，在当时的情况下，合伙制企业更有利于西商在华经营，固而备受西商的青睐。正如英商詹姆斯·孖地臣将外甥胡（Hugh）安排合伙时所言，"由于不必依靠一个人的生命而取得的更大信用，将会使你的朋友做成大生意"。② 其次，私有产权制度具有相对的独立性。拥有他国领事身份后，英国东印度公司对散商代理行号无权过问，使得同时期英国国内的私有产权制度可以快速移植并运用于代理行号。与美商代理行号而言，本国企业产权制度的移植更是畅通无阻。产权变革属于企业所有人的自主行为，不受西方国家的约束。不过有一点需要指出，五口通商以前，清政府对西商企业具有一定的制约作用，一旦违背鸦片贸易的禁令或者中国法律，这类西商企业很有可能被没收财产。单从这一点看，五口通商前西商企业的产权并不具有完全的独立性，它一定程度上受到清政府的约束。最后，缺乏法律规制。这个时期的西商企业既不在母国或其他地区注册登记，又不在中国境内注册登记，所以产权变更时无需任何法律手续，程序上相对简单。

---

① ［美］马士：《东印度公司对华贸易编年史（1635—1834 年）》（第四卷），区宗华译，广东人民出版社 2016 年版，第 120 页。

② ［英］格林堡：《鸦片战争前中英通商史》，康成译，商务印书馆 1961 年版，第 133 页。

二、近代西商企业产权制度的生成

近代西商企业产权制度最核心的要素是私有产权，而西商私有产权的确立是以治外法权为前提和基础的。正是在治外法权的庇护下，近代西商企业顺利进入中国，并在一个不受中国政府"滋扰"、相对封闭的环境中建立起较为完善的私有产权制度。这套产权制度建立后，很快令西商企业彰显出强大的制度优势和盈利能力，进而成为吸收华商资本的"独门武器"。这可能就是近代治外法权对外商企业最大的意义所在。近代西商企业产权制度生成于五口通商时期，到甲午战争前基本上确立。这套产权制度主要有两大特征：私有产权和法人产权。

（一）私有产权制度的确立

企业产权指的是以财产私有权为基础，反映投资主体对其财产权益、义务的法律形式。在治外法权的庇护之下，近代西商企业产权更多体现在西商作为投资主体对其财产的权益，却较少涉及义务，这也是治外法权的重要表现。从时间上来看，近代西商企业产权的确立与西商企业的生成近乎同步。五口通商时期，西商企业陆续在华生成，西商企业私有产权制度随之确立。这套制度的确立，主要体现在四方面：

一是西商拥有对企业财产绝对的所有权。五口通商时期，各通商口岸以及香港众多以"洋行"命名的西商企业，大多为西方商人私人投资创办的企业。这些企业的产权既不受西方国家母国政府支配，也不受香港殖民政府及通商口岸租界当局的影响，更加不受其所在经营地中国政府的管辖，西商对自身投资经营的企业财产拥有绝对的所有权。

五口通商初期，除英国以外的西方国家驻华领事基本上由洋行商人担任，一些洋行商人不仅充当本国的在华领事，还兼任其他国家领事。以上海为例，旗昌洋行的大班华尔考（Henry G. Wolcott）、克雷斯乌（Crisword J. N. A）和金能亨先后担任美国领事；法国利名洋行爱裳（E. Eden）一度担任法国领事；宝顺洋行大班比尔（T. C. Beale）是葡萄牙和荷兰领事；怡和洋行大班波斯乌（Alex Percivel）为丹麦领事；广隆洋行大班浩格兄弟（Wm. Hoqq & James Hoqq）同时兼任汉堡（Hamburg）、庐伯克（Lubeck）和不来梅（Bremen）等国领事；广沅洋行大班金氏

（D. O. Kaig）充当普鲁士领事，旗昌洋行职员劳瑞欧（Loureiro P. T.S）是西班牙领事等。① 旗昌洋行的金能亨不仅担任美国领事，还兼任瑞典和挪威领事，为此旗昌洋行总是以"领事"之名开路。上海情况如此，其他通商口岸亦然。1844 年宁波开埠，旗昌洋行派出大股东吴利国去该地充当美国领事，1846 年转任上海。天津一开埠，旗昌又派出股东 F. B. 福士任天津领事，并在天津开设分行。② 洋行商人虽然身兼领事之职，但并不影响他们所经营企业的私有产权属性。一方面，西方国家政府及通商口岸租界政府对这些企业的产权不仅不干涉，还起到重要的保护作用。另一方面，洋行商人担任领事一职后，领事裁判权赋予他们另一重保护伞。当时的外国领事名义上属于外交官员，实际上是维护商人利益的政治代表。一旦出现华洋纠纷，外国商人可通过领事直接要挟中国政府，甚至由领事出面干预。在利益的驱动下，洋行商人对领事一职的兴趣倍增。与此同时，清政府的官吏对与领事有关联的西商根本不敢触碰，对他们所经营企业的产权愈加不敢干涉，西商企业的私人产权由此建立并不断巩固。

西商投资人拥有企业财产所有权，最明显的体现为一旦前者受到破坏或损害，接受补偿的是外商投资人而非西方政府，第二次鸦片战争中遭受破坏的英商柯拜船坞即为典型案例。柯拜船坞创办于 1845 年，属于鸦片战争后西商最早在广州经营的船坞。广州黄埔一直是五口通商前西方来华船舶唯一的停靠处，同时也是中国帆船制造和修理的重要基地。1845 年，大英轮船公司到达黄埔，"将船只交给中国船坞修理，没有外国人监督不放心，于是派苏格兰人柯拜（John Couper）驻扎黄埔监管修船。柯拜很快看到修船有利可图，于是向中国人租赁几个泥坞并雇用当地工人办起修船业务。赚钱后，他便建造起一座新船坞，命名为'柯拜船坞'（Couper Dock）"。③ 新船坞建成后，柯拜船坞不仅从事修船业务，还自行

---

① 陈文瑜：《上海开埠初期的洋行》，《经济学术资料》1983 年第 1 期。
② 聂宝璋：《十九世纪中叶在华银行势力的扩张与暴力掠夺》，《近代史研究》1981 年第 2 期。
③ A. Wright: Twentieth Century Impressions of Hongkong, Shanghai and other Treaty Ports of China, Lloyd's Greater Britain Pub. 1908, p.196.

设计与建造船艇。1856 年春，柯拜为美国坞主詹姆斯·B. 恩迪特（James B. Edicott）建造的"百合花"号（Lily）建成下水，是当时外商建造的最大船只。①1856 年 10 月，英国借口"亚罗号事件"挑起第二次鸦片战争，激起当地中国百姓的愤慨。因柯拜是"亚罗号事件"策划者之一英国驻广州领事巴夏礼（Harry Smith Parkers）的亲戚，同年 12 月柯拜船坞的工人以及当地民众遂将船坞捣毁，并将柯拜掳走，柯拜家人逃往香港避难。1860 年第二次鸦片战争结束，柯拜家族从清政府战败赔款中获得赔偿费 12 万元"赔偿费"。1861 年，柯拜的儿子约翰·卡杜·柯拜（John Cardow Couper）用这笔"赔偿费"修复和扩建在黄埔的坞厂设备，并成立了柯拜船坞公司（J. C. Couper & Co.），进一步扩充营业。② 英国政府从清政府的战败赔款中拿出赔偿费给柯拜家族以补偿其战争损失的做法，说明英国政府承认柯拜船坞作为一家在华英商企业拥有独立产权。在当时情况下，柯拜船坞作为西商企业在身份上存在两个问题：其一，对于英国政府而言，这家船坞从未向英国政府申请过注册登记，也未获得英国政府的特许，从法律上来说它并不具有合法身份，也就无权享受英国政府的庇护，即使企业财产受到损害也得不到相应的赔偿。其二，就清政府而言，柯拜船坞更不具备合法身份。一方面，在 1895 年《马关条约》签订之前，外商在华设厂从事工业活动没有任何条约作为依据，这种经济行为本身就是非法的，故而工业企业亦为非法。另一方面，这家船坞企业并没有向清政府申请注册登记甚至备案，自然得不到清政府的企业身份认可。基于上述两点分析，柯拜船坞在战争中被破坏按理来说不应该得到任何赔偿。可是英国政府从清政府支付的战争赔偿费中拿出 12 万元作为对柯拜船坞"补偿费"的做法，等于承认了柯拜家族拥有船坞的产权以及由此延伸的船坞财产所有权。正是基于这个逻辑，柯拜船坞得到了经济赔偿。英国政府的做法，等于肯定了五口通商后英商在华企业包括不受条约保护的工业企业都受到英国政

---

① 《广州黄埔造船厂简史》编委会编：《广州黄埔造船厂简史（1851—2001）》，出版社不详 2001 年版，第 1 页。

② 《广州黄埔造船厂简史》编委会编：《广州黄埔造船厂简史（1851—2001）》，出版社不详 2001 年版，第 2 页。

府的保护，一旦英商在华企业产权受到中国的"侵犯"，英国政府则以坚船利炮加以反击，这就是西商及外商企业受到母国保护最重要的体现。

另一案例是"厦门铁锅厂事件"。《1882—1891年厦门海关十年报告》将它列为这十年中发生的"一件纯属本地事务却应引起充分注意的事件"。"在1881年报告中曾提及，两家外国洋行（德国和英国）在本地设厂生产铁锅。当地长期以来对此产品有着相当可观的需求，但地方当局立即反对这一创新。因为铁锅被视为战争的物质，它的买卖和生产被严格限定于那些执有官府特许执照的人。这是依据从早期战争年代遗传下来的惯例，而至今仍行之有效。当地官府因阻止外国人开办这类企业无效而恼怒，1882年11月20日，厘局没收了德国洋行制造的铁锅，由此引起了一场危机。12月29日，一大批武装人员从德国军舰上登陆，手持刺刀开进厘局，强行夺回被扣押的铁锅运到德国领事馆。这一军事行动所导致的外交方面的后果是，制定了一项规则：禁止外国人在中国生产的铁锅由中国口岸出口。"[①] 德国为维护德商在华企业的利益不惜动用武力的做法，也是西商企业私有产权不受清政府侵犯的体现。此后，清政府对外商企业更加忌惮，通常选择敬而远之，较为例外的就是涉及"改造土货"以及矿业。

在西方国家坚船利炮和治外法权的保护下，以西商名义经营的企业其投资主体有权确定产权归属，并拥有不受干扰的财产所有权、支配权、转让权及收益权，这就是近代意义上的私有产权制度。这套产权制度生成之后，基本上是在市场环境下运作，较少受到中外政府的干扰，故而呈现出高效性。产权制度是企业制度的核心，对企业组织形式、资本构成、经营管理及绩效分配制度影响重大。市场化的私有产权制度的建立，加速了西方股份公司制度大规模在华移植与采用，为华商附股的勃兴及西商企业在华扩张提供了产权保障。这是治外法权在近代西商企业中最初也是最具效力的体现，使西商企业获得了中国企业无法比拟的先天优势，令后者不得

---

① 厦门市志编纂委员会、《厦门海关志》编委会编：《近代厦门社会经济概况》，鹭江出版社1990年版，第256—257页。

不仰其鼻息。

二是西商拥有对企业财产的支配权。在治外法权的保护下，西商企业的财产支配权始终掌握在西商手里。特别是在华商附股企业中，西商对企业财产权的支配作用往往大于其投资比例。以最先大量吸收华商资本的轮船航运业为例，虽然华人是旗昌轮船公司的最大业主，但公司支配权牢牢掌握在代理行——旗昌洋行之手，华人股东对企业财产的支配权很有限。这种产权结构安排纷纷为后起的西商企业所仿效，即就地筹集股份公司资本。1867—1972 年间，除旗昌洋行外，长江航线上还有两家洋行，分别是英商轧拉佛洋行（Glove & Co.）和美商同孚洋行，"它们都是除了从当地华商和外商那里筹集资金外别无其他途径"。①1867 年，轧拉佛洋行特组织公正轮船公司（Union Steam Navigation Co.），专门从事长江航运的轮船公司，由自身代理经营，开创资本实收 17 万两。1869 年 6 月 26 日召开股东大会时，有 5 名华人和 17 名外商出席。②华商附股丝毫没有影响西商对公正轮船公司的财产支配权。这种情况的出现，与西商企业治理结构安排有关，后文将详细阐释这个问题。

在以往的研究中，对华商附股的研究更多从资本的性质和阶级属性角度考察，重点讨论买办资本和买办资产阶级的形成原因、规模和影响等，较少从产权制度角度加以审视。华商附股于西商企业，其最大的产权意义在于收益权，而不是支配权、经营权及处置权。对于早期参与附股的华商来说，他们最为看重的是享受治外法权的外商企业不受中国政府干扰、可按照经济规律独立开展经营活动以及由此彰显出的较强的盈利能力，即附股后获得的经济收益。与早期附股外商企业的华商而言，他们最为看重的是通过附股形成的产权中的收益权，并非支配、经营及处置权。因为对他们来说，后三种权益不但是一种负担，而且很可能成为巨大的风险。这就是早期外商企业中即使华股占据很大比重但仍由外商出面经营和管理的重

---

①　［美］刘广京：《英美航运势力在华的竞争（1862—1874）》，邱锡镕、曹铁珊译，上海社会科学院出版社 1988 年版，第 78 页。

②　［美］刘广京：《英美航运势力在华的竞争（1862—1874）》，邱锡镕、曹铁珊译，上海社会科学院出版社 1988 年版，第 79 页。

要原因。由西商出面管理企业，不仅能够减少华商风险，还可通过西商身份获取治外法权，反过来维护附股华商的权益。有史料证明，在华商附股企业中，华商股份受到损害时，往往由西商公司出面帮助华商维护权益。据《申报》记载，"郭万丰前有保家公司行份头三股，嗣因生意清淡、余利无多，因将股单交托徐馥生代为转卖。缘与徐素系至交，故未即催问诇现与询，及惟语言闪烁，一味支吾。爰向公司行查问始知，徐将股单已于四月间卖与泰记天和新泰等行，银已侵用殆尽。当经理论，徐亦自知理屈，愿将业产房契单作抵，随后再行措缴。然该公司行主西人以此等舞弊情与盗卖无异，若不申究诚恐弊窦日开，故将徐馥生送案并将原股份单一并呈验请究。陈公讯明先后情节，以徐私自画押出售及匿吞银而等情直，待根究之日始行道破。即使将房契单作质，于理亦究未合。但郭之银两已有抵款，自可息讼，着即具结。令罚徐银千两，并准宽以限期以示惩儆"。[1] 这则案例说明，附股华商因为股份问题与其他华人发生纠纷时，虽然双方愿意私了，但在西商公司的干预之下，最后还是通过法律手段解决。这是西商公司替华商股东维权的表现，体现了股东利益最大化。同时说明，附股后的华商有西方人撑腰，无形中获取到高于普通华商的地位，这也是西商公司吸收华商入股的无形"筹码"。

三是西商拥有对企业财产的经营权。在西商企业经营过程中，西商对企业财产经营、投资和其他事项享有支配和管理权，不受西方国家和中国政府的影响。企业经营权的实现方式通常有三种：承包、租赁和公司制，西商企业采取哪种经营方式，完全取决于西商。在甲午战争前，部分西商工业企业为减轻风险，往往愿意租赁设施开展经营活动。如前文提到的中国境内第一家西商船舶企业——柯拜船坞，最早就是租赁中国人的泥坞从事修船业务的，之后才建造起新船坞。第二次鸦片战争后，柯拜的儿子获得赔偿费后，重新修建了战争破坏后的船坞，但不久后的 1863 年便把它卖给了是年成立的香港黄埔船坞公司。[2] 由此可见，柯拜船坞究竟采取何

---

[1] 《私售股份单》，《申报》1874 年 9 月 19 日第 2 版。
[2] A. Wright: Twentieth Century Impressions of Hongkong, Shanghai and other Treaty Ports of China, Lloyd's Greater Britain Pub. 1908, p.196.

种方式经营以及是否终止经营完全取决于柯拜家族。柯拜船坞如此，其他西商企业亦然。

四是西商对企业财产拥有处置权。西商对企业财产的处置权体现在转让、出售以及购置等方面。近代西商企业生成后，西商对企业财产拥有独立的处置权。如1863年成立的香港黄埔船坞公司，成立当年便购得广州黄埔的柯拜船坞，将经营基地由香港向广州拓展。1865年购买了揽文与何伯船坞，使得资本由240000元增至750000元。1869年，公司又吞并了于仁船坞公司（Union Dock Company）的全部财产。① 吞并于仁船坞公司后，香港黄埔船坞公司面临三地经营——香港岛、黄埔、九龙，难以同时兼顾，不得不有所取舍。19世纪70年代初，广州贸易萧条，黄埔地区的船舶修理业务很不景气。据西人1872年4月20日记载，"距广州不足十二英里，我们的航船经过黄埔。此地有几座很好的船坞，几栋外人的住房，还有进了珠江但因水浅而不能上驶到广州的大型船舶。那儿有几艘轮船和夹板船，但看来贸易似不很多"。② 黄埔船坞的不景气坚定了公司集中力量打造九龙基地的决心，1873年9月，"黄埔诸船坞即将歇业，此地营业情况不太好，但是各船坞每月必须支付的工资却高达四五千元之多"。③ 业务不景气，加之每月需要支付一笔数额不小的工人工资，使得香港黄埔船坞公司最终将黄埔船坞的全部设备转售给清政府，公司全力转战香港市场。"数年来，香港黄埔船坞公司拟将其在黄埔的财产出售给（广东）地方官宦的交涉，已于是年（1876）秋成议，并于1877年初获得了北京的批准。根据协议，中国政府成为公司在黄埔的设备——包括船坞、厂房和机器——的所有人，售价共80000元，分期付款。这些设备将作何用，尚不得知。"④ 从法理上看，甲午战争前西商在黄埔从事工业活动没有条约依据，属于"非法"行为，清政府大可没收其占为己有，根本无须购买。清政府通过购

---

① A. Wright: Twentieth Century Impressions of Hongkong, Shanghai and other Treaty Ports of China, Lloyd's Greater Britain Pub. 1908, p.197.

② The North-China Herald（《北华捷报》），1872年4月20日，第304页。

③ The North-China Herald（《北华捷报》），1873年9月6日，第195页。

④ 孙毓棠：《中国近代工业史资料》（第一辑，上册），科学出版社1957年版，第8页。

买获得这家公司在黄埔的设备，变相说明西商在华企业的产权获得清政府认可。

（二）法人产权的确立

近代西商企业产权制度生成的第二大标志是法人产权的确立。法人产权又称"法人所有权"，是指"法人企业对自己已经占用的资产具有一种完整的占有、使用、收益、支配和处置的权利"。[①] 法人产权是相对于自然人产权的概念。自然人产权是以个人为主体而形成的产权，传统业主制和合伙制企业都属于自然人产权。在漫长的中国传统社会，中国企业组织的产权形式都是以自然人产权形式出现，并没有出现过近代意义上的公司制企业，也就谈不上法人产权。

法人产权的生成以法人身份的出现为前提和基础。西方的法人观念出现较早，其起源可以追溯到 11 世纪罗马法复兴时期。[②] 随着法人观念的演进及社会经济的发展，西方出现了法人产权，并随着公司制度的兴起不断完善。在特许阶段，公司法人身份的生成以特许为前提；进入准则阶段，公司法人身份的生成转以依法注册为前提。东印度公司是西商来华公司中最具代表性的特许公司，从影响力来说它不能算具有近代意义的公司。对近代中国极具影响力的当属 19 世纪 60 年代后兴起的股份公司，也就是进入注册阶段的西商公司。

在香港《1865 年公司条例》颁行之前，中国境内的西商企业特别是公司制企业找不到合适的公司法作为注册登记的依据，因而无法形成真正意义上的法人产权。从法理上讲，这些未经注册的、以"公司"之名示人的西商公司，未获得法人身份，其产权属性应为私人性质，还不具备法人产权。香港《1865 年公司条例》颁行后，依照此法注册的西商公司才具有法人资格，其产权属性方能称为"法人产权"。从这个意义上说，19 世纪 60 年代以后，中国境内西商企业出现了区别于传统私人产权的法人产权。在甲午战争前，西商企业的法人产权制度具有如下特征：

---

① 张素秋、吕宝海主编：《当代经济新术语》，中国财政经济出版社 1990 年版，第 281 页。
② 张乃和：《近代英国法人观念的起源》，《世界历史》2005 年第 5 期。

一是产权主体具有多重身份。西商企业法人产权制度生成时，中国境内尚未很快形成独立的经理人阶层，西商公司中投资者兼管理者较为普遍，特别是在洋行代理的西商公司中。如旗昌洋行、怡和洋行、太古洋行等代理下的西商公司，管理者多由上述洋行投资人兼任。1862 年创办的旗昌轮船公司就是典型案例之一。旗昌轮船公司由旗昌洋行发起创办，表面上看这家美商企业并没有注册登记，但本质上它就是按照股份公司组建而成，股东持有公司股票。自开办伊始，旗昌轮船公司的所有业务由发起人旗昌洋行负责管理。之后，旗昌洋行的做法纷纷为其他大洋行所仿效。1872 年1 月 1 日成立的太古轮船公司，总公司设于上海。太古洋行的斯怀尔兄弟就是公司的主要股东，太古洋行作为公司的经理人。[①] 太古洋行既是太古轮船公司的出资人又是管理者，同时期怡和洋行经营的轮船公司产权特征亦是如此。

二是产权分化不彻底。早期西商股份公司股权较为集中，公司财产的支配权往往掌握在西商股东特别是西商大股东之手，加之董事会、总经理以及下属各科层结构不够清晰，致使公司法人产权分化不够彻底。甲午战争前，西商股份公司中虽然华商股本比重较大，但西商往往能够掌控公司产权。一则由于西商设计了有利于自身的治理结构安排，二则因为华商对剩余分配权之外的产权不够重视，最终导致西商公司的产权由西商所掌控。

三是产权结构不够开放。法人产权制度意味着要打破狭隘的自然人产权的封闭性，要突破地缘、血缘以及业缘等因素的限制进而实现产权的高度社会化，但这个阶段西商法人产权制度未能达到这个程度，较多受制于地缘、血缘及业缘等传统因素。例如 1865 年创办的汇丰银行，主要出资者还是香港和上海的西商洋行，即便其中有华商股份，但大多为买办资本。这些买办与汇丰银行或其他西商洋行都与业务关系。上文提到的太古轮船公司，1872 年创办时额定资本 36 万英镑，实缴为 30 万英镑。其他认购者为老斯怀尔家族以及他的朋友。公司其他主要股东为霍尔特兄弟，他们和霍尔特家族其他成员认购了股票。拉斯伯恩（Rathbone）家，伊思梅

---

① 张仲礼等：《太古集团在旧中国》，上海人民出版社 1991 年版，第 14 页。

和伊姆里公司（Iamay, Imire & Co.）的伊思梅和伊姆里两人，伦敦的戴尔（Dale）和哈里森（Harrison），曼彻斯特的纺织业商人巴洛（Barlow）等也是这家公司的股东。投资者中还有格里诺克的造船主斯科特家族，在以后近一百年里它陆续为太古轮船公司建造总数达89艘轮船，并与斯怀尔家族保持紧密的家族和生意关系。① 这说明，太古轮船公司尽管为一家股份公司，但资本的筹集仍具有明显的人合或人资合性质，筹集范围局限于老斯怀尔家族内部以及他的朋友，这就决定了公司成立后产权结构的封闭性。前文提到的香港黄埔船坞公司也是如此。这家公司最初的创立人是怡和洋行的经理惠代尔（James Whittal）、大英轮船公司的代理人苏特兰（Thomas Sutherland）与德忌利士轮船公司（Douglas Lapraik Co.）的老板拿浦那（Douglas Lapraik）。② 产权结构基本限定在在香港营业的几家大轮船公司范围之内，较难突破业缘的限制。

三、近代西商企业产权制度的演化

甲午战争后，随着西商企业的发展以及中国内外形势的变迁，西商企业产权制度呈现出新特征。综合来看，主要表现在以下几方面：

其一，在个别行业中出现了私有产权与共有产权交替的现象。近代西商企业生成后，首先出现的是私有产权，企业的私有产权不受西方国家和中国政府干预。在西商企业演进过程中，公用事业率先出现了由私有产权向共有产权转变，之后又由共有产权回归私有产权的现象，其中以上海公用事业中电力公司的产权变迁最具代表性。

古典的公用事业理论认为，电力、自来水、电信等网络公用事业属于社会公共物品，其生产经营应受到政府的严格管制。甚至有学者认为，社会公共物品非市场供给模式下效率更高，应由政府经营。近代中国的电力工业发端于上海公共租界，西商电力企业的产权变迁不仅折射出公用事业领域企业的经营状况，还有助于把握近代西商企业共有产权的生成与演变

---

① 张仲礼等：《太古集团在旧中国》，上海人民出版社1991年版，第14—15页。

② A. Wright: Twentieth Century Impressions of Hongkong, Shanghai and other Treaty Ports of China, Lloyd's Greater Britain Pub. 1908, p.197.

的脉络。

　　上海公共租界的电气事业最先以私有产权形式出现。1875 年世界上第一家火力电厂诞生于法国巴黎，很快上海租界就有西人对此行业跃跃欲试，1882 年英商立德（R. W. Little）在工部局授权下创办上海电光公司（Shanghai Electric Co.），这是中国第一家电气公司。与同时期上海公共租界另外两家西商经营的公用事业企业——大英自来火房和上海自来水公司相比，上海电光公司资本小，经营规模也不大。怀着独占利润的企图，这家公司在资本募集过程中排斥华商资本。据《北华捷报》记载，1882 年 9 月"上海电光公司已集成了小小的资本 50000 两。在集股中，公司拒绝许多要求入股的人，主要是中国人。资本集足后，公司着手安装发电机，此发电机系由公司创办人（现为公司的秘书）立德（R. W. Little）从美国订购运来的……自 5 月以来，公司员工便在洋行（老同孚洋行 Olyphant & Co.）住房后面的老仓库安装起全部机器，包括有水缸、锅炉、发动机与机器。楼上是储藏室与售货室，里面展览着各色各样的电灯，准备供应主顾"。[1]1883 年 1 月，"电光公司在乍浦路的新厂房已很快地接近完成。锅炉已安好，正在砌砖。发动机也将组装完成。公司正在百老汇路竖立电杆"。[2] 可见，上海电光公司从集资到建厂速度比较快。1883 年 6 月中旬，公司召开第一次全体股东大会，董事会主席魏特摩（W. S. Wetmore）对公司前景非常乐观。他扬言道："迄今为止，本公司的营业只能说还在试验阶段。最初所购的厂地，不久后就发现不够用，因此我们又建造了较大的厂房，并安装了新机器。我们又与工部局订立了合同。大家对本公司的支持，使我们相信成功一定是有望的。不久将从美国运来白热电灯的蓄电池，之后本公司的营业即将大大扩展。倘若本公司在上海的事业能上正轨，我们将把事业扩充到中国其他各地以及香港。"[3] 由此段言论可知，魏特摩对上海电光公司的前景充满了信心。可是接下来公司发展未能如魏特摩所愿。一方面，电灯照明不仅没有技术优势，还因为技术不成熟，严重

---

① The North-China Herald（《北华捷报》），1882 年 9 月 1 日，第 233—234 页。
② The North-China Herald（《北华捷报》），1884 年 4 月 27 日，第 451 页。
③ The North-China Herald（《北华捷报》），1884 年 6 月 15 日，第 683 页。

影响照明，难以获得用户的信任。另一方面，自成立伊始，上海电光公司在照明业务上就遇到强有力的竞争对手，即沪上最早从事照明业务的大英自来火房。这家煤气公司的煤气照明业务起步早，经营多年后资本和规模发展迅猛，为应对新兴电力照明的竞争，对煤气一般性收费进行周期性减价，使得电光公司丧失价格优势。既无技术优势又无价格优势，加之创办资本有限，上海电光公司自创办伊始就出现营业不景气，紧随其后是流动资金不足，公司股价一落千丈。"仅1883年一年时间，公司股价就从年初的70两跌至岁末的30两，全年800股亏损竟达3万2千两之多。"①在这种情况下，1885年初，上海电光公司"请求工部局收购"。②工部局没有立刻答应。1885年以后，电光公司经营状况越发糟糕，"以往一两个月灯光已坏到几乎完全无用了……这企业除非彻底重新改组另行经营，否则人们很难相信这家公司能继续下去"。③刚上市时面值100两，市值达160两的股票，到1888年只剩下3.5两，形同废纸。④为渡过难关，1888年11月1日，上海电光公司改组为"新申电气公司"，资本原定为10万两，最初实缴3万两。⑤新申电气公司继续向工部局供电照明，但问题还是很多。为此公司决定从两方面着手加以改善：一是改善灯光，解决技术问题；二是增加盏数，降低收费。事实上，公司更大的难题是实收资本不足。1892年，董事会主席在报告中提到这个问题："去年（1891年）年会中曾决定招收新股50000两，以弥补额定资本之数，没有成功，无疑部分由于严重的经济萧条所致。这诚然是很不幸，因为如果我们能够增加资本，我们便可以运用这50000两，来满足各方面的安装白热电灯的要求……现在很有必要订购更多的机器……订购机器需款15000两，如果股东们不能在几个月内凑出这笔款项，董事会便不得不另想办法。目前公

---

①　杨琰：《"自上而下"：近代上海电力照明产业的兴起与初期发展（1882—1893）》，《兰州学刊》2013年第3期。

②　The North-China Herald（《北华捷报》），1885年1月14日，第31页。

③　The North-China Herald（《北华捷报》），1885年8月7日，第144—145页。

④　杨琰：《"自上而下"：近代上海电力照明产业的兴起与初期发展（1882—1893）》，《兰州学刊》2013年第3期。

⑤　孙毓棠：《中国近代工业史资料》（第一辑，上册），科学出版社1957年版，第196页。

司股票的价格使得另招新股颇为困难，我们认为公司的情况与前景原不致于使股票价格过低，然而这也不是我们所能控制的。所以这笔订购机器的额外费用，我们只得请现有的股东们慷慨解囊了。"① 很显然，董事会希望现有股东出资以弥补实缴资本的不足，旨在解决订购机器的款项。一番动员后，最终还是落空了。无奈之下，公司只好贷款，但仍未能有效解决资金不足的问题。1893 年，董事会报告中提到"去年（1892 年）贷款15000 两……加以公司需要大量储备电料以供应用户，使得我们不需得增资。资金不足严重地阻碍了公司的业务，如果将来生意再好些，困难便会更多"。②

从上海电光公司创办到改组后成立的新申电气公司，以私有产权为性质的电力公司始终未能彻底摆脱因资本不足、技术设备优势不明显等问题所引发的经营困境。当时电力工业虽属于第二次工业革命的最新成果，但面对第一次工业革命后兴起且此时技术成熟、价格实惠的煤气公司的竞争时，依靠西商力量创办、私有产权性质的电力公司短期内无法形成资本、技术、规模及与之相关的产品优势，故而在竞争中败下阵来。

面对上海工业发展对电力产业发展之需要，工部局意识到，电力照明产业要继续建设和推广下去需要获得租界当局的支持和保障。只有租界出面，方能解决电力设施建设初期巨大的设备及资金投入，向公众提供优秀的公共产品，保障纳税人的权益。更为重要的是，工部局代表英美商人在沪利益，其董事成员大多来自英美在沪企业。以 1886 年为例，该年工部局"董事计有九人，备录于左：仁记洋行伍忒先生、麦葛林先生；谦信洋行毕也白先生；耶松船厂西姆生先生；同孚洋行西门先生；老沙逊洋行马赛思先生；泰和洋行阿德拉先生；播威洋行马利帕先生、玛礼孙先生"。③由英美商人组成的工部局，愿意承办私商无力完成电力事业，以维护英美商人的利益，助力英美企业在沪发展。

在上述利益的驱动下，1893 年 8 月 31 日，工部局以 66100 两的价格

---

① The North-China Herald（《北华捷报》），1892 年 3 月 18 日，第 343—344 页。
② The North-China Herald（《北华捷报》），1893 年 3 月 10 日，第 348 页。
③ 《议定新董》，《申报》1886 年 1 月 23 日第 3 版。

收购新申电气公司，9月1日，工部局成立电气处（Electrical Department of Municipal Council），正式接管新申电气公司。[①] 工部局以发行债券的方式筹集资金。工部局虽算不上严格意义上的政府，但实际上扮演着租界市政管理的角色，一定程度上代表着西方国家。工部局电气处名义上是工部局下辖的行政机构，实为工部局经营的企业，其业务与财务受工部局工务和财务委员会管理，每年要向这两个委员会提交工作报告，接受公共租界纳税人会的监督。从这个角度审视，工部局电气处的成立，意味着上海公共租界电力公司的产权性质由私有转为共有。

共有产权的出现，既是西商企业产权制度演化的重要特征，也是私有产权发展到一定阶段的产物。电力工业作为新兴的产业部门，又是公用事业部门，不仅投资大而且牵涉面广，工部局作为上海西商的依托机构，在私有产权企业屡次受挫的情况下，以共有产权形式取代私有产权，这对于正处于起步阶段的电力产业来说相当于注射了一剂强心针，具有起死回生之功效。电气处通过发行债券首先解决了资金不足这一首要难题。1893年即电气处成立当年，工部局发行8万两公债收购新申电气公司和扩充设备。1894—1908年，又先后8次发行电力公债。截至1908年，电气公债发行总额达151万两。1913年增至271.9万两，占工部局所发公债总额的58%。到1928年为止，先后发行电气公债16次，共募集资金3600余万两白银，用于改善电力设施。[②] 资金问题解决后，工部局电气处立即着手推进发电站、输电网络、电气设备等建设与更新。在发电站方面，1894年9月电气处在乍浦路新申电气公司旧址建立中央电站，设备总容量为197千瓦。拥有开夏锅炉两台、40马力的蒸汽机两台、直流发电机7台，可提供123盏浮光灯的照明用电；拥有机车锅炉2台、16马力和25马力的蒸汽机各1台和2台，交流发电机3台，可提供6325盏白炽灯的照明用电。[③] 由于业务发展迅速导致用电量快速增加，1894年11月，工部局决定在虹

① 孙毓棠：《中国近代工业史资料》（第一辑，上册），科学出版社1957年版，第199页。
② 陈宝云：《中国早期电力工业发展研究——以上海电力公司为基点的考察（1879—1950）》，合肥工业大学出版社2014年版，第114—115页。
③ 张芝林：《上海公共租界办电始末》，《档案与史学》1998年第5期。

口斐伦路（今九江路）动工新建新中央电站，设备总容量为 298.5 千瓦，厂房与机组布局参照英国当时最先进的曼彻斯特市电厂设计。[①]1896 年，斐伦路电厂建成。弧光灯发电室配置 5 台 65 马力复式蒸汽机、8 台直流发电机；白炽灯发电室配置 4 台 85 马力复式蒸汽机、1 台 100 马力复式蒸汽机、5 台交流发电机。蒸汽压力为每方寸 150 磅的锅炉 4 座。1899 年添置350 马力拔柏葛锅炉一座，这是电气处最早使用水管式锅炉。1906 年 9 月，斐伦路电厂开始使用汽轮发电机。[②]1908 年，电站首次向电车供电，标志着租界由单纯的照明用电向其他生活用电过渡。此时，这家企业已不是 20年前的小发电站，而是拥有 1350000 两的资本、安装了能够处理 4400 千瓦的电流、拥有 3200 千瓦的最高负载的电气系统、价值约 300000 英镑的企业。[③]尽管电厂发展很快，但仍然无法满足用电所需。1906 年电气处再次酝酿建设新电厂，1913 年杨树浦电厂建成，此后电气处随着上海工业的发展而迅速扩张。到 1929 年售卖时，杨树浦电厂的设备容量达 16.1 万千瓦，全年售电量超过 5 亿度。[④]在输电网络方面，电气处从刚接手新申电气公司的直流电和交流电两种供电网络全部转为交流电，并在各地兴建变电站和变电所，之前的斐伦路电厂降为变电所。1911 年，电气处在上海敷设了第一条三相 6.6 千伏电缆供应英商增裕面粉厂 150 千伏三相变电器。1919 年，杨树浦电厂有 6.6 千伏出线 13 路。[⑤]到 1929 年电气处出售前，其输电网络达 53.6 平方千米。[⑥]1894—1929 年工部局电气处的发展证明，在公用事业的起步阶段，共有产权较私有产权更能体现资本、技术、设备以及产能等优势，有助于提供更好的公共产品。公共租界电气事业的发展，不仅为上海带来了廉价的照明和动力用电，也推进了上海工业发展以及城

---

① 张芝林：《上海公共租界办电始末》，《档案与史学》1998 年第 5 期。

② 汪敬虞：《中国近代工业史资料》（第二辑，上册），中华书局 1962 年版，第 258—259 页。

③ A. Wright: Twentieth Century Impressions of Hongkong, Shanghai and other Treaty Ports of China, Lloyd's Greater Britain Pub. 1908, p.395.

④ 陈真等编：《中国近代工业史资料》（第二辑），三联书店 1958 年版，第 337 页。

⑤ 上海市电力工业局史志编纂委员会编：《上海电力工业志》，上海社会科学院出版社 1994 年版，第 144—145 页。

⑥ 陈宝云：《中国早期电力工业发展研究——以上海电力公司为基点的考察（1879—1950）》，合肥工业大学出版社 2014 年版，第 38 页。

市面貌的巨大变革。

整体而言，近代西商企业中的私有产权所占比重远胜于共有产权，这也是产权制度演化过程中西商企业与日商企业较为明显的区别之一。西商企业进入中国早，时间优势演化为行业优势、资本优势及制度优势等。加之西方国家更强调市场竞争，在 20 世纪 30 年代大危机出现之前，自由竞争的经济思想占据主导地位，这与后起的日本截然不同。明治维新后，日本加速海外特别是对华扩张，在华日商企业背后往往都透视出日本政府的力量。

上海公共租界电气事业由共有产权再次转为私有产权，这次产权性质的转变并非因为企业经营不善，而是受利益驱动。1927—1930 年间中国国内民族主义情绪高涨，中国政府先后收回汉口、九江租界，这不免引起西方国家的恐慌。为了维护既得经济利益，工部局将所办企业一一出售。1929 年，托拉斯美国依巴斯公司（Electris Bond and Share Co.）正式购得工部局电气处并更名为"上海电力公司"（以下简称"上电"）。依巴斯公司是世界最大的电力托拉斯，由美国摩根财团控制。上电属于跨国公司在中国投资经营的企业，控制这家公司的真正产权人是一直居于幕后操纵国际资本团的美国依巴斯公司。[1] 国际资本介入后，上电持续扩张。1935 年发电容量为 183500 千瓦，售电 72000 万度。由于租界向西越界筑路的关系，专营区域原本在旧公共租界的上电无法顾及上海西部地区的电力需求。1935 年 1 月 4 日，沪西电力公司成立，上电持有 51% 股份。此后，上电不断扩大股份占比，最终握有三分之二的沪西股份，使后者成为它的子公司。1942—1945 年间上电为日本占领，抗战胜利后美商重新掌握该公司，于 1947 年达到售电顶点，是年全年售电为 1945 年的 5.1 倍。[2] 这次由共有产权向私有产权的回归，不但没有重蹈此前私有产权性质下企业经营不善的覆辙，而且跨国公司控制下的私人产权发挥资本及母国电力

---

[1]　陈碧舟：《美商上海电力公司经营策略研究（1919—1941）》，上海社会科学院博士学位论文 2018 年。

[2]　陈真等编：《中国近代工业史资料》（第二辑），三联书店 1958 年版，第 340—341 页。

工业的技术优势，加之管理的本土化，进一步将这家电力公司推向发展的巅峰。

其二，中外联合产权的新发展。甲午战争后，中外合办企业快速发展，尤以中外政府合办的企业居多。囿于近代中国政府在国际社会中的弱势地位，中国政府在中外合办企业中往往处于产权上的弱势地位或者仅拥有名义上的产权，产权代理人多由西方国家充当，企业的收益权、处置权等亦多被西方国家掌控。

以华俄道胜银行为例。甲午战争后，沙皇俄国扩张主义野心虽大，但经济实力不足。为推进对华扩张，沙俄不得不借助法国的实力在中国设立银行，通过对清政府贷款控制中国。1895 年 10 月 12 日，俄法达成协议，决定合资组建华俄道胜银行，总行设于圣彼得堡。翌年 2 月 13 日，在上海设立第一家分行。① 华俄道胜银行虽是俄法两国政府主导下成立的银行，但以私人资本为主，且以法国股份占据优势。1896 年 6 月 3 日，《中俄密约》签署，随后俄国政府通过清政府入股华俄道胜银行。9 月 8 日，清政府与俄国在柏林签订入股合同。根据合同，清政府入股 500 万两。据 1904 年资产目录记载，俄法实缴资本为 1400 万卢布，加上中国政府股银折合 756 万卢布，资本总额已逾 2100 万卢布；公积金为 822.4 万卢布；准备金达 1042 万卢布。② 三国政府联合建立起来的华俄道胜银行，"其资本之宏大，可称为在华外国银行之巨擘"。③ 此后，该行在日本横滨，印度加尔各答、孟买，英国伦敦，美国纽约、旧金山等地先后设立分行。中国政府加入的股份，以共有产权形式出现在华俄道胜银行之中，不仅没有获得相应的收益，反而助长了沙皇俄国对华经济掠夺。"俄、法两国 1897 年从道胜银行分红为每股 7.5 卢布约合年利 6%；而清政府仅取得 21.81 万两红利，约合年利 4.36%，相差 1.64 个百分点。1898 年俄、法每股红利增至 13 卢布，约合年利 10.4%；而清政府仅得 32.13 万两，约合年利 6.42%，差距

---

① 参见黑龙江金融历史编写组：《华俄道胜银行在华三十年》，黑龙江人民出版社 1992 年版，第 12 页。

② 徐寄庼：《增改最近上海金融史》，商务印书馆 1929 年版，第 254 页。

③ 周葆銮：《中华银行史》，台北文海出版社 1973 年版，第 5 页。

拉大到 3.98 个百分点。1899 年至 1901 年，俄、法每股红利又增至 15 卢布，约合年利 8%—12%；而清政府只取得 8.21% 的红利，仍然明显地低于俄、法股本。"[1] 由此可见，清政府在国际社会中的弱势地位直接影响到华俄道胜银行中的产权地位，股权收益分配明显低于其他国家就说明了这一点。在近代中外政府合办企业中，这种情况屡见不鲜。

甲午战争后，中外联合产权的发展还有一个非常明显的现象：趁中国政府衰微，西商攫取中国企业产权，借"中外合办"之名将企业掌控在自己手中，其中矿企最为典型。南京国民政府成立后，情况有所好转。迫于民族主义的压力及维护统治的需要，1927—1937 年间以中国政府之名合办的企业中，中方部分占据产权主导地位。例如 1929 年南京国民政府交通部与德国的路弗汉泽公司（Lufthansa Co. 又名"汉莎"）共同组建的欧亚航空公司（Eurasia Aviation Corporation），创办资本为 300 万元，其中三分之二由中国政府出资，三分之一由德方出资。1933 年 8 月增资到 500 万元，出资比例不变。担任公司重要职务的 9 人中，6 个为中国人，3 个为德国人。[2] 航空业属于当时新兴的经济部门，虽然刚刚起步，但对国家安全非常重要。从出资额比例以及重要岗位人员比例可以看出，南京国民政府也意识到这个问题，尽力维护自身在这家公司的产权主导地位。1941 年后，这家航空公司改由中国政府独立经营。

第三节　西商企业股权与债权制度的生成与演化

产权包含股权和债权两个方面。在已有西商企业制度研究成果中，对股权制度的研究胜过对债权制度的研究。就近代西商企业而言，股权制度与债权制度的生成与演化近乎同步，两者在西商企业产权制度中均扮演着重要角色。

---

[1]　黑龙江金融历史编写组：《华俄道胜银行在华三十年》，黑龙江人民出版社 1992 年版，第 19 页。

[2]　[日] 萍叶登：《侵略中国的英美财阀》，李公绰、陈真译，三联书店 1956 年版，第 102 页。

一、股权制度的生成与演化

与企业的演化脉络相适应，西商在华企业的股权制度起源于五口通商之前，生成于五口通商时期，五口通商后开始演化。

（一）传统合伙制的股权

前文多次述及，前近代西商在华经济组织共有三种形式：第一类是以英国东印度公司为代表的特许股份公司，这类股份制企业属于西方公司发展史上特许公司的代表，它与近代意义上的西商在华公司关联度不高。五口通商之前，随着英国东印度公司在华贸易垄断权的取消，这类西方在华经济组织的影响逐渐消失。第二类是采用股份制的散商代理行号，这类企业在五口通商后得到延续和发展，而且体量很大，有的演化为股份公司，它们才是近代西商企业及西商股份公司的前身。第三类是 19 世纪后西商在印刷、保险等行业中设立的零星的经济组织。后两类西商经济组织中的股份制属于近代西商股份公司的起源，从企业组织演化阶段来看，这两类西商经济组织中存在的股份属于股份合伙，尚未达到股份公司阶段，属于合伙制的高级阶段。

在合伙制阶段，西商企业的股权呈现三大特征：

首先，股权比较集中。这个时期，西商企业资本募集范围非常小，因此企业股权比较集中。比如 1835 年宝顺洋行创办的保险机构——于仁洋面保安行，除宝顺洋行外，原始股东包括英商怡和洋行、特纳洋行及美商旗昌洋行。也就是说，股权集中在这四大洋行手中。

其次，股权拥有者负无限责任。1805 年广州保险社（Canto Insurance Society）成立，"这个延续了三十年的机构，有一桩事情很突出，它按照一种旧习惯，由达卫森·颠地行和比尔·麦尼克·渣甸号更迭经营，每隔五年解散一次并且成立一个新社。这个企业有很多股份，通常是六十股，在每一个五年期中由在广州经营它的代理行号和他们在加尔各答和孟买的'朋友们'所持有……每一个股东所负责是无限的"。[①] 从这则材料至少可以得出两个结论：一是，资本凑集具有明显的人合特征，保险社的股份集

---

① ［英］格林堡：《鸦片战争前中英通商史》，康成译，商务印书馆 1961 年版，第 157 页。

中在具有业务往来的代理行号和私人关系较好者手中。二是广州保险社是一家股份合伙制企业，每个股东都负有无限责任。

再次，存在除资本投资外其他获取股权的方式。在五口通商之前，一些合伙制的代理行号往往用股权吸引人入伙，有的合伙人无需缴纳资本，而是以其他形式获得股权。如创办于 1824 年的美商旗昌洋行，在五口通商之前也只是一家贸易代理行。截至 1891 年洋行停业，这家洋行经历了三个发展阶段：1818 年成立的刺素洋行（Samuel Russell and Co.），俗称"老旗昌"（1818—1824 年）；1824 年旗昌洋行成立到 1830 年与普金斯洋行（Perkin sand Co.）合并；1830 年以后。作为第一阶段的刺素洋行，"资本为 2 万美元。由卡灵顿公司（Edward Carrington & Co.）、霍品公司（B. & T. C. Hoppin）及布特勒（Cy-rus Butler）三方各出资三分之一。另一股东是康涅狄格州商人刺素（Samuel Russell），他无需提供资金，但在 5 年的合同期内必须住在广州，经营商行的业务。合同期满时，商行的利润或损失由卡灵顿公司、霍品公司、布特勒和刺素四方平分"。[①] 由此可见，刺素获取洋行股权依靠的并非资本投入，而是留驻广州经营商行业务，这与其他股东通过资本投入获取股权的方式迥异，相当于以经营换取股权。不仅如此，刺素洋行的股权也比较集中，这就造成某一家或某几家股东的退出将影响这家洋行的继续运作。1823 年卡灵顿公司和布特勒退出该洋行后，洋行就必须找到新的合伙人和客源，这也是合伙制企业不稳定的主要原因。"1823 年底，老旗昌行的 5 年合同期满，刺素和阿米顿达成了为期 4 年的新合同，同意平分该商行的利润，并于 1824 年 1 月 1 日在广州成立旗昌行。"[②] 阿米顿（Phillip Ammidon）为普罗维登斯最大的对华贸易商行布朗—艾弗斯公司（Brown & Ives）驻广州的代理商，阿米顿成为股东，刺素洋行则取得了布朗—艾弗斯公司在广州的代理业务。目前尚无资料显示，阿米顿通过资本入股刺素洋行。这就再次说明，获得刺素洋行的股权除资本加入外还存在其他方式。

---

① 何思兵：《旗昌洋行与 19 世纪美国对广州贸易》，《学术研究》2005 年第 6 期。
② 何思兵：《旗昌洋行与 19 世纪美国对广州贸易》，《学术研究》2005 年第 6 期。

（二）私人公司的股权

私人公司是近代西商公司制度在华发展的第一个阶段。在五口通商之前，西方人在广州开设的从事对外贸易的洋行，其英文名称多以"Company"（公司）结尾。五口通商后，这些洋行纷纷进入其他通商口岸，加之原先开设在母国的企业逐渐进入中国，英文名称中出现"公司"字样的西商企业越来越多，而且开始在华募集股份。"适及五口通商，海禁大开，外商纷纷来华设肆营业，号称'洋行'。并仿西欧成例，在沪集合资本，发行股份证券，俗称股票。"[1] 这说明，五口通商以后，西商洋行迅速将西方发行股票募集资本的办法移植到中国。

五口通商时期，以"公司"命名的洋行大多采取股份制，故而股份制作为一种资本组织方式迅速在西商企业中推广开来。"但实际上这些公司大多还是以家族为基础，吸收一些合伙人的股份组织起来的'私人公司'（private company），或者称之为'封闭式公司'（closed company）。"[2] 换言之，私人公司下的资本组织方式仍处于人合性质或人资两合性质的层次，资本的社会化程度有限，主要还停留在依靠家族、朋友等熟人关系募集资本的阶段。在 19 世纪 60 年代之前，西商股份公司尚未兴起，故而依靠社会契约、由不相识的人共同集资兴办企业的资合性质的资本组织形态尚未形成。在 19 世纪 60 年代之前，西商企业之所以还停留在人合性质或人资两合性质的资本组织方式阶段主要取决于四大因素：其一，西商企业资本需求的规模比较有限，对于通过社会契约来募集资本的需要不是非常迫切。其二，西商在华关系网络有限，他们与华商之间的密切关系尚未完全建立起来，西商企业募集资本仍然局限于西商内部。其三，中西关系不明确，西商企业在华投资风险较大，募集更多资本创办和经营企业意味着要承担更大的风险，在当时的背景下西商缺乏大规模募集资本的动力。其四，最为重要的是，在香港《1865 年公司条例》颁行之前，具有创新意义的股份公司难以便捷地获取法人资格，法人产权尚未确立，可大规模吸收资本的

---

[1]　王宗培：《中国公司企业资本之构造》，《金融知识》1942 年第 3 期。

[2]　张忠民：《艰难的变迁——近代中国公司制度研究》，上海社会科学院出版社 2001 年版，第 103 页。

企业制度优势尚未真正发挥出来。所以在 19 世纪 60 年代之前，五口通商时期的私人公司以及此前的合伙制企业的资本组织方式都明显人合或人资合性质，这类西商企业的股权特征至少有三：

一是股权依然很集中。五口通商时期进入中国的西商公司，与五口通商前的股份合伙制企业相比，股权依旧很集中。原因在于，近代西商企业刚刚在华生成，社会契约关系尚未建立起来，资本募集仍停留在熟人社会，在这个基础上建立起来的股权结构难以摆脱股权集中的特点。正如怡和洋行虽以"公司"之名示外，但早期这家洋行的股权主要集中在查顿家族手里。

二是股权获取除投资外还存在其他附带条件。五口通商后，之前从事单纯贸易代理的行号向私人公司演化，这类私人贸易公司在寻找合股人时往往会要求具有一定的人脉关系。正如洛克伍德所言，"代理商行之能否取得成功始终要看它能否得到并保持那些利害关系密切的委托人。能否得到委托人，取决于个人联系、信誉和经销代办的佣金；而要保持委托人，则取决于代理商的报道是否可靠。如果服务成效卓著，委办商就把各自的业务交给一家代理行经办"。① 既然代理商与委托人的关系如此重要，那么那些与委托人关系密切者如果入股代理商行则有助于商行业务的发展，琼记洋行为在这方面表现就很突出。"琼记洋行同它的巨额业务委办商所从事的交易，绝大多数是在个人对个人的基础上，而不是在商行对商行的基础上进行的。"② 不仅如此，"琼记洋行的许多还有好意的委办商是那些同何德一家有长期营业和亲族关系的开设在波士顿的商号"。③ 这说明，琼记洋行之所以能够创办并持续经营主要是由于创办人的人脉关系。在这种背景下，代理行对合股人的要求就不单纯是资本，还有能否带来业务、是否愿意去中国、是否在中国有人脉及是否具有企业家精神等。"一位合股人是

---

① ［美］斯蒂芬·洛克伍德：《美商琼记洋行在华经商情况的剖析（1858—1862 年）》，章克生、王作求译，上海社会科学院出版社 1992 年版，第 14 页。

② ［美］斯蒂芬·洛克伍德：《美商琼记洋行在华经商情况的剖析（1858—1862 年）》，章克生、王作求译，上海社会科学院出版社 1992 年版，第 15 页。

③ ［美］斯蒂芬·洛克伍德：《美商琼记洋行在华经商情况的剖析（1858—1862 年）》，章克生、王作求译，上海社会科学院出版社 1992 年版，第 22 页。

不是合乎人意，不仅要根据他的能力或者他所带来的资本额来估计，而且要根据他给洋行带来的委托人的数目。另一个因素是他是否愿意去中国，因为一家外国行号的成功很大程度上依靠它的合股人在地方上的企业家精神。美国商人威廉·科尔（William Cole）1860年描述了他对旗昌洋行的印象：'我同旗昌洋行合股人的交往一直是令人愉快的。我对该行的印象比以前更好。它必定会时常随它的主管人的个人性格发生变化……我认为（托马斯·沃尔什，Thomas Walsh）尤其是个高傲而有业务能力的人。'一个在华的合股人不仅必须密切关注其母国市场，观察商业趋势，而且必须思路敏捷，发挥其首创精神，富有想象力。在中国所要求的知识，仅以一孔之见是不够的，因为对外国商人来说，在地方上最困难的任务是通过买办同中国商业取得较好的联系。"① 这也就是说，决定公司股权的因子除资本之外还有其他因素，而这些因素不仅影响到公司的股权，还影响到治理结构。

　　按理来说，投资入股是股权产生最重要、最常见的路径。但是在私人公司阶段，对合股人的要求不仅仅是投资，还有其他方面的附带条件，比如要求在中国长期居住，负责在华经营活动等。还是以早期琼记洋行为例，正常情况下"琼记洋行的合伙人在中国连续逗留三四年（合股协议书期限一般为两年）。接着一名合伙人通常是往美国和欧洲休假旅行一年，游览观光，向委办商兜揽生意，访问亲族和朋友。结婚以后，就不一定有把握重返中国了。这可用以解释在对华贸易事业中存在着很多叔侄关系的道理。家庭生活刚巧开始在通商口岸扎根。何德一家人继续不断地互相劝告：'无论如何，如果你真地求婚，让对方事先有个明确的理解：她必须同你一起前往中国。不要在结婚或订婚之后让她留在美国。'"②

　　为拓展业务，琼记洋行不惜突破国籍所限增加合伙人，而这些合伙人获得洋行股权的办法也不是通过资本投资，而是人脉关系。"琼记洋行的

---

　　① ［美］郝延平：《十九世纪的中国买办——东西间桥梁》，李荣昌等译，上海社会科学院出版社1988年版，第17页。
　　② ［美］斯蒂芬·洛克伍德：《美商琼记洋行在华经商情况的剖析（1858—1862年）》，章克生、王作求译，上海社会科学院出版社1992年版，第78页。

若干委办商不在美国。有两个英国商人查理和罗伯特·费隆（Charles and Robert Fearon）先后成了琼记洋行的股东；经由他们，琼记洋行同伦敦建立了金融和商业上的重要联系……这家洋行里的英国伙伴，除了使它同伦敦发生联系外，还使它能够接近英国官方，后来在美国南北战争期间使它有可能在航运方面扮演处于中立地位的角色。"①由此可见，琼记洋行为发展与英国的关系不惜拉拢英国人入股。这也是西商私人公司股权生成的一条重要路径。

（三）股份公司下的股权

资本募集社会化真正起步于股份公司。19世纪60年代后，股份公司大规模兴起，西商企业的股权特征开始出现重大转变，而这些转变真正体现出西商企业的制度优势。综合来看，西商股份公司阶段的股权呈现如下特征：

一是股权由集中开始走向分散。西商股份公司股权从集中走向分散经历了一个较长的过程，在股份公司出现之初及之后一段时间里，公司股权比较集中，不过已呈现出走向分散的趋势。如稍晚于旗昌轮船公司成立且在英国注册的惇裕洋行（Ttautmann & Co.），在1867—1869年间属于旗昌轮船公司在上海——天津航线上的主要对手。1868年8月，北清轮船公司（North China Steamer Co.）成立，由惇裕洋行代理经营。"在新公司已缴资本19.4万两中，三分之一为经营华北贸易的华商所认购，另三分之一属惇裕洋行，其余认购者为包括各船船长和轮机长在内的当地外国居民。"②由此可见，在股权结构上，北清轮船公司与旗昌轮船公司比较相近，代理洋行以及与公司有业务往来者出资在总资本中占三分之二，公司股权比较集中。轮船航运业如此，其他行业亦然。前文已述，成立于1863年的香港黄埔船坞公司其创办资本为240000元。最初的创立人是怡和洋行的经理惠代尔，大英轮船公司的代理人苏特兰，与德忌利士轮船公司（Douglas

---

① ［美］斯蒂芬·洛克伍德：《美商琼记洋行在华经商情况的剖析（1858—1862年）》，章克生、王作求译，上海社会科学院出版社1992年版，第24—25页。

② ［美］刘广京：《英美航运势力在华的竞争（1862—1874）》，邱锡镕、曹铁珊译，上海社会科学院出版社1988年版，第89页。

Lapraik Co.）的老板拿浦那。① 所有股权集中在上述四家有业务往来的洋行手里，其股权集中程度不言而喻。从上述案例可以推断，在西商股份公司兴起阶段，股权开始由集中走向分散，但股权的分散程度不高。随着股份公司的不断演化，其股权逐渐走向分散，社会化程度不断提高。

股权的分散需要具备两个条件：一是资本的社会化。资本筹集要突破熟人圈子，突破血缘、地缘、业缘等局限，面向更大的社会范围展开。二是股份的小额化。股份的大额化直接限定了入股者的范围，较难扩大募股范围。西商股份公司出现之后的很长时间里，股份金额都比较大，一般在1000两1股左右。如1862年旗昌轮船公司创办之时，股票面值就为1000两。股票面值过高令普通人望洋兴叹，导致公司创办的头几年股票价值持续下降。1863年11月降至750两，1864年1月将至600两，1865年11月约为500两，此时大家争相购买。② 可见，股票面额过大严重影响股票流通，易于导致股票贬值。当然，股票面值还有行业的差异，在利润有保障且高额利润的行业，股票面值就高，反之也成立。以1873年6月4日香港股票价格为例（详见表4-3），此表虽反映的是当时香港市场上19种股票价值，股票价值的基础是面值，所以从股票价值上也能估摸出大概面值。从表4-3可以看出，保险公司发行的股票占了一半，而且价值较高。汇丰银行、香港煤气公司、省港澳轮船公司的股票价值也在上升，码头、制糖、船舶修造和酿酒等工业企业股票价值在下降，服务类企业香港酒店的股票价值也下跌得厉害。

随着西商股份公司大规模兴起，企业创办和经营所需资本数量的递增，在熟人圈内募集资本的难度提升，这些因素促使股份金额小额化。前期股票面值每股1000两左右逐渐下降到100—300两之间，这就促使西商企业资本募集逐渐突破以前的熟人圈子走向更大的社会范围。资本的社会化是股份公司兴起后最大的特征。还是以旗昌轮船公司为例，前文已述，这家公司的创办资本主要来源于旗昌洋行成员及有业务关系的华商，其他少

---

① A. Wright: Twentieth Century Impressions of Hongkong, Shanghai and other Treaty Ports of China, Lloyd's Greater Britain Pub. 1908, p.197.

② 聂宝璋：《中国近代航运史资料》（第一辑），上海人民出版社1983年版，第468页。

表4-3　1873年6月4日香港各公司股份行情

公司名称	股份价值	公司名称	股份价值
上海（汇丰）银行	每股100元加50.008元	香港火烛保险公司	每股值525元
中华火烛保险	每股133元	域多厘亚保险	每股123元
香港黄埔船澳公司	每100元减8元	中外保险公司	每股值2200元
于仁燕梳（保险）	新股每股加银1200元	华商保安公司	每股值银228元
那千拿保险公司	每股值银470两	宝裕保险公司	每股值111两
扬子保险公司	每股值银770两	省港澳轮船公司	每股加37元
于仁轮船公司	每股值银85两	上海轮船公司	每股值银113两
香港酒店	每百元减45元	印度中国糖局	每股减银70元
香港蒸酒局	每股减银60元	香港埔头公司	每股减银50元
香港煤气公司	每股加银65元		

资料来源：香港《华字日报》同治十二年五月初十日（1873年6月4日），载李瞻：《中国新闻史》，台湾学生书局1979年版，第492—493页。

部分资本来自其他西商，股权还算比较集中，但与前期公司相比，已经呈现出由集中走向分散的趋势。在旗昌轮船公司的带动下，股份公司及华商附股兴起，资本募集难度加大。为配合航运事业，旗昌轮船公司先后设立金利源仓栈、扬子江保险等辅助机构。在募集资本的过程中，虽想尽办法但仍无法筹齐所需创办资本。为扩大招股范围，"1868年，他们将股票面值由一千两减为一百两，以便那些原来不愿意或者无力作巨额投资的中国人，也有机会承受轮船公司的股票。这个办法显然发生了效果，当年旗昌的资本就增加到一百八十七万五千两"。[1]1882年英商怡和丝厂（Ewo Silk Filature）招股，每股银100两。[2]1881年，德商烟台缫丝局招股，每股亦为100两。[3]1891年法商创办的宝昌丝厂（Shanghai Silk Filature）拟定的集资数额为150000两，分为1500股，每股100两。[4] 股份的小额化有

---

[1]　汪敬虞：《十九世纪外国侵华企业中的华商附股活动》，《历史研究》1965年第4期。
[2]　The North-China Herald（《北华捷报》），1882年8月18日，第167页。
[3]　《矿丝局招股》，《申报》1881年10月1日第5版。
[4]　The North-China Herald（《北华捷报》），1891年11月27日，第737页。

助于扩大股票持有者的范围，并加速推进股权的分散。19 世纪末 20 世纪初以后，西商股份公司股份小额化特别明显。以上海煤气公司为例，1904年公司"增发新股 34000 股，每股 50 两"。① 但是 1864 年成立之时，"在发行股票 50000 两，但认购的只有 224 股，计银 22400 两"。② 由此可推断，公司创办时每股股金为 100 两。同一企业在不同时期股金面额的变化，扣除银子的升值，也足以说明西商公司股金小额化的趋势。股金的小额化在 20 世纪 20 年代西商棉纺织企业中体现得非常明显。为了融资以应对行业的激烈竞争，1921 年怡和纱厂、公益纱厂、杨树浦纱厂合并，新公司名为英商怡和各纱厂有限公司（Ewo Cotton Mills, Limited）。原公司股票从每股票面价值 50 两拆分为每股 5 两，并发行 10 万股新股，新股每股票面价值 5 两。③1921 年 9 月 13 日，为弥补公司财务透支，王呢斯橡胶（Senawang Rubber Estates, Ltd）公司召开临时股东会并通过增资扩资决议。新发行的股票包括每股 1 两的 10 万股优先股，以及每股 1 两的普通股，使得额定资本达到 40 万两。④

从最初每股 1000 两经由每股 100—300 两，到 20 世纪 20 年代最小化的面额每股 1 两，可见西商股份公司的股票面值下降程度之高。日趋小额化的面值，有助于西商股份公司在最大社会范围内吸收和利用资本，真正实现资本组合方式从人合或人资合向资合的转变。

二是股金分期缴纳。为克服资本不足，不少西商公司打破西方公司制度的常规，允许股金分期缴纳。不仅如此，股金的分期缴纳在香港《1865年公司条例》中有明确规定，"在董事会认为的合适时机，可要求股东缴纳剩余股金，前提是公司必须提前 21 天发布通知。通知发布后，股东应在董事会规定的时间和地点缴纳剩余股金"。⑤ 这说明，股银分期缴纳的做法得到这部公司法的认可。依照香港《1865 年公司条例》注册成立的公司，股

---

① The North-China Herald（《北华捷报》），1904 年 10 月 14 日，第 857 页。
② 孙毓棠：《中国近代工业史资料》(第一辑，上册)，科学出版社 1957 年版，第 175 页。
③ The North-China Herald（北华捷报），1922 年 2 月 25 日，第 535—536 页。
④ The North-China Herald（《北华捷报》），1921 年 9 月 17 日，第 870 页。
⑤ An Ordinance for the Incorporation, Regulation, and Winding-up of Trading Companies and Other Associations. Hong Kong Government Gazette. 1865-03-18: 103—141.

东认购的股金可以不即刻缴齐，只需要按照公司董事会的通知要求在公司成立后规定的时间内交足即可。在这种规定的导引下，西商股份公司纷纷采用此法筹集股本。

香港最早的股份公司是 1864 年 8 月 6 日宣布成立的汇丰银行，它的总部设在香港，翌年 3 月正式开业。"根据香港政府 1866 年第五号法令：汇丰洋行资本额定为 500 万港元（即银元），分为 4 万股，每股面值 125 港元（即 10 英镑）。在获得港督同意后，还可增加股本 250 万港元，每股面值相同。全部股份于两年内认足，3 年内付足，最迟不得逾 4 年。"①从这则材料可以看出，汇丰银行在募股集资时允许股东认购股份后推迟一至二年时间付足资金。这里虽没有出现"股金分期缴纳"的明文规定，但允许推迟一至二年付足的规定实际上就为股金的分期缴纳提供了可能。如果说汇丰银行只是有可能采取股金分期缴纳的话，那么之后的华利银行在招股广告中则明确规定可以采取上述办法缴纳股金。"启者，本公司拟定于明年英正月初一日设立银行一家，合本银二百五十万两，每股派银一百两，共分二万五千股。每百两先取银二十五两，其余银俟欲用时随时派取，但必于三个月前先行通知。"②前文已述，华利银行最终并未创办成功，但其股金分期缴纳的办法为其他西商企业所效仿。

1872 年 5 月，东海轮船公司（China Coast Steam Navigation Co.，又译"华海轮船公司"）在《申报》上连续刊载招股广告称，公司"资本五十万两，分五千股，每股一百两。派股日先缴十五两，三月后再缴二十五两，再三月后又缴二十五两，其余待用时先行关照，一月再缴"。③这则招股广告说明，面对轮船航运企业大规模创办，在有限的中国资本市场要想募集到足够的资本难度不小。东海轮船公司即是一例。为催缴剩余股银，1875 年公司在《益报》上登载"告白"曰："兹按本轮公司章程，每股应缴第三次之余份元十五两，合足每股本银一百两，其银望交本行收下，务于英 10

① 祝春亭：《香港股市风云录——激荡的百年史》，广州出版社 1997 年版，第 7—8 页。

② 《华利银行告白》，《申报》1872 年 5 月 18 日第 6 版。

③ 《东海轮船公司告白》，《申报》1872 年 10 月 30、31 日；11 月 1、2、4、5 日第 6 版。

月 1 日即华九月初三日付来，如过期不付，每月息银照一分结算。"① 可见，
即便采用分期缴纳的办法，东海轮船公司也未必能够收齐剩余股本。

股金分期缴纳是近代股份公司制度在中国本土化的重要体现之一，西
方鲜有这种现象。股金缴纳制度的变异，可能原因有三：其一，中国民间
资本的有限性。19 世纪中叶以后，中国自然经济刚刚开始解体，民间富有
阶层十分有限，资本并不充足。其二，西商与华商之间的相互信任关系尚
未建立起来。此时，西商企业以及股份公司进入中国时间不长，除与之有
较多接触的买办商人外，其他中国人对之较为陌生，不可能将太多的资金
投向西商企业。其三，传统中国投资观念的负面影响。受传统中国投资观
念的影响，当时中国人窖藏银风气依旧盛行，较难认同将购买股票投资作
为财富保值和增值的有效途径。为了在不利的社会环境中吸收华商股份，
西商股份公司通常采用两种办法：一种是允许华商试探性投资，并通过部
分让利吸引华商。比如旗昌轮船公司正式成立之前，为吸引华商投资组建
轮船航运公司，金能亨在 1861 年 3 月中旬邀请 "中国朋友与委托人" 参加
他的小型计划，用大约 4.5 万元购买一艘 456 吨的旧船在长江上试运行。同
年 8 月前后，金能亨又将一艘轮船从广州开到上海加以整修，并与华商合
股经营。他这么做的目的很明确，就是为了能吸引华商投资于即将成立的
旗昌轮船公司。正如他自己所言，"我虽然自己承担风险，但没有独享利
润，一俟轮船顺利航行，我就把所得利润分给中国人，为了争取他们参加
到旗昌轮船公司这个更加宏伟的规划中来"。② 金能亨利诱的做法确实奏效，
1862 年旗昌轮船公司创办时开创了西商股份公司大规模吸引华商股份之先
河。为吸引华商股份，西商股份公司采取的第二种办法就是股银分期缴纳，
为华商提供一定的准备时间，以最大限度地吸收华商资本。近代西商股份
公司之所以能在中国站稳脚跟，重要原因之一是通过制度本土化尽可能地
吸收和利用华商资本。股金缴纳制度的变革，不仅有助于西商股份公司的
创办与发展，还为后起的中国本土企业起到重要的示范作用。

---

① 聂宝璋：《中国近代航运史资料》（第一辑），上海人民出版社 1983 年版，第 299 页。
② ［美］刘广京：《英美航运势力在华的竞争（1862—1874）》，邱锡镕、曹铁珊译，上海社会
科学院出版社 1988 年版，第 12、24 页。

东海轮船公司之后，股金分期缴纳在西商企业中屡见不鲜。特别是中国本土股份公司兴起后，加上日商企业的进入及快速扩张，在中国市场上资本总量有限的情况下，中外企业融资越发困难，股金分期缴纳在西商企业中越发普遍。在当时的报刊上，新办公司股金分期缴纳的广告时常可见。如1888年12月9日《申报》载："现有寓沪西商在沪上建一公司，专理地基产业计资本银一百万两，分为二万股，每股出银五十两……其法定股时每股先付银五两，待分派股份票时再付五两。一千八百八十九年三月再付十两，六月再付十两，计共每股收银三十两。尚有二十两俟需用时再行添付，其意以为商人贫富不同、若欲尽付若干，深恐力有不逮，是以陆续收银俾得轻而易举也。"①同年12月17日，《申报》又载："敬启者，现于本埠设有收买抵押经理房屋地某有限公司，按照西历一千八百六十五年及一千八百八十六年先后香港所定公司之例按股限任集资一百万两为本分二万股。现拟有人定六千股，在中国、日本、香港招八千股，在伦敦拟指五千股，每股五十两。于挂号时先收银五两，派定应得若干股再收银五两，西历一千八百八十九年三月十八日收银十两，七月初一日收银十两，每股议银五十两，然收此三十两大致谅必敷用可免再收。"②

股金分期缴纳可能出现的结果是公司实收资本低于额定资本，从而为企业初创时期的经营活动带来一定负面影响。额定资本又称为"法定资本"或"注册资本"，指的是依照公司章程规定的全体股东或发起人认缴的出资额或认购股本的总额，并在公司登记机关依法登记的资本。在近代西商公司中，实收资本低于额定资本是一个普遍现象。如前文提到的上海电光公司改组后于1888年成立的新申电气公司，额定资本为10万两，但实缴只有3万两。③实收资本不足，给这家电气公司带来经营困难，又因无法找到有效的路径增加资本，即使重新改组后也不得不转由工部局经营。甲午战争后，西商棉纺织公司蜂拥而上，实收资本不足成为普遍存在的问题。另外，类似问题在船舶修造企业中也存在。如1905年创办的上海万隆铁

① 《新办公司》，《申报》1888年12月9日第3版。
② 《房屋地基有限公司》，《申报》1888年12月17日第5版。
③ 孙毓棠：《中国近代工业史资料》（第一辑，上册），科学出版社1957年版，第196页。

工厂，额定资本为 50 万两，实缴资本仅为 31 万两。[①] 实缴资本仅占额定资本的 62%。除上述客观原因外，西商公司实缴资本不足部分与主观原因有关。部分西商企业虚张声势，故意将额定资本吹嘘得很高，他们自身也很清楚很难实现。

　　需要说明的是，实收资本低于额定资本是近代中国经济活动中的普遍现象，不仅在西商企业中存在，在日商企业及中国本土企业中同样存在。不过在甲午战争前，这种现象比较严重罢了。即便在经营风险较低的西商保险企业中，也难以规避这个问题。以 1895 年英商经营的保险企业为例，从表 4-4 可知，英商在华经营的 8 家保险企业中，额定资本缴齐的仅为 1 家，占比为 12.5%；6 家保险企业实收资本不及额定资本的 30%，这 6 家中

表 4-4　英商保险企业资本统计

企业名称	额定资本	实收资本	实收比例	统计年份
于仁洋面保安行	1787500 两（2500000 元）	1787500 两（2500000 元）	100%	1895
谏当保险行	1787500 两（2500000 元）	357500 两（500000 元）	20%	1895
扬子保险公司	496782 两（694800 元）	298784 两（417880 元）	60.14%	1895
保家行	3457860 两（500000 镑）	851465 两（125000 镑）	25%	1895
保宁保险公司	1572943 两（2199920 元）	429000 两（600000 元）	27.27%	1895
香港火烛保险公司	1430000 两（2000000 元）	286000 两（400000 元）	20%	1895
宝裕保洋险公司	1500000 两	300000 两	20%	1895
华商保安公司	1072500 两（1500000 元）	214500 两（300000 元）	20%	1895

　　资料来源：赵兰亮：《近代上海保险市场研究 1843—1937》，复旦大学出版社 2003 年版，第 82 页。

　　[①]　A. Wright: Twentieth Century Impressions of Hongkong, Shanghai and other Treaty Ports of China, Lloyd's Greater Britain Pub. 1908, p.590.

又有 3 家仅为 20%。

除股金分期缴纳外，还存在缴纳购股订金的做法，这种做法往往出现在一些热门公司股份认购时。如 1889 年改组成立的美查有限公司在《申报》上发布招股广告云："启者，本公司在香港遵公司律例，凡入股者只须认出股银于西历一千八百八十九年十月十五号……定股者每股先付银十两，其余于西历一千八百八十九年九月定股信样者向经理人处及各埠汇丰银行索取，均三十号派股时再付。如预定多股实时少得者，定银不能付还。将来派设时虽算如股份不能派得者，其定银照数付还。其定股之期至一千八百八十九年九月十七号即华八月二十三日下午四点钟为止。光绪十五年八月初四日启。"① 1889 年改组成立的美查有限公司在上海经营多年，逐渐由单一经营转向多元经营，属于 19 世纪 60 年代后在中国境内发展起来的集团企业，早期并未注册，直到 1889 年依照香港公司法注册为股份有限公司。这家企业之所以有底气要求认股者提前缴纳订金，主要因为在沪上知名度较高，经营状况良好，不少人看好企业发展前景，争相认股投资。

三是官利制度。官利又称为"官息""正息""股息""额息""正利"等，与"红利""余利"等相对应，本质上是募股企业按照约定对股东本金定期支付的利息。官利支付与企业是否盈利无关，甚至与企业是否开工无关，只要股东交付股金，就必须按照约定支付给股东固定的利率。由此可见，官利带有借贷资本色彩。在官利制度下，股东与公司关系超越了单纯的投资人关系，而是投资人兼债权人。股票具有证券投资与公司债券的双重性质，股票持有者相对企业而言，不仅是投资人也是债权人。所以官利的发放与银行信贷同属债权，位列分配首位。这也是"债权优先于股权"分配原则的体现。

官利制度是近代中国企业发展中一个非常特殊的现象，也是近代中国经济史研究中的热点问题之一。学术界对中国本土企业官利制度的关注度远胜于外商企业，关于外商企业的官利制度最早出现于何时，学术界存在

---

① 《美查有限公司》，《申报》1889 年 8 月 29 日第 1 版。

两种说法：一种认为是在 1870 年之前成立的保险公司保家行中。杨在军、张岸元在《关于近代中国股份制起源的探讨》一文中提到，"早期外国在华股份制企业招募华商股份过程中也有类似'官利'之举。继东海轮船公司之后，19 世纪 70 年代西商经营的进出口加工企业中也存在官利。至少在 1870 年前，保家行（保险公司）华商股东每年先获得 10% 的固定股息，然后才是 60%—80% 的红利，其中 10% 的固定股息显然具有官利的性质"。[1] 两位学者得出上述观点的依据是汪敬虞在《十九世纪西方资本主义对中国的经济侵略》著作中对保家行分配形式的描述。王中茂、梁凤荣在《清季华商附股外资企业之得失再认识》一文中也提到这则材料。[2] 如果按照上述学者们的观点，中国最早的官利制度出现于 1870 年之前西商经营的保险公司——保家行，那么目前学术界普遍认为"官利制度最早开始于 1872 年轮船招商局的创办"的观点可能还有进一步值得讨论的空间。另一种观点以李志英为代表，她认为与轮船招商局同样在 1872 年创办的华海轮船公司（又称"东海轮船公司"）也存在官利制度，而且要早于同年在沪创办的轮船招商局。"在轮船招商局酝酿实施官利制度的同时，华海轮船公司也将官利引入了企业利益分配制度，并且率先向公众发布……考虑到两个轮船公司均设在上海，二者在制定官利制度的时候，很可能相互影响，互有借鉴，互有启发。"[3]1872 年 10 月 31 日《申报》在"东海轮船公司广告"中记载："所有本公司溢利，每年一结，先提官利一分，次放积贮十万两，然后按股份沾。倘溢利充足，准再积贮十万两，但不能再加矣。"[4] 这说明，东海轮船公司在招股时的确设置了官利，那么轮船招商局何时出现官利呢？李志英的说法是："轮船招商局的官利制度最初见于朱其昂主持制

---

[1]　杨在军、张岸元：《关于近代中国股份制起源的探讨》，《江西社会科学》2003 年第 1 期。保家行资料转引自汪敬虞：《十九世纪外国侵华企业中的华商附股活动》，《历史研究》1965 年第 4 期。

[2]　王中茂、梁凤荣：《清季华商附股外资企业之得失再认识》，《郑州大学学报（哲学社会科学版）》2001 年第 5 期。

[3]　李志英：《外商在华股份公司的最初发展——关于近代中国股份公司制度起源的研究》，《北京师范大学学报（社会科学版）》2006 年第 1 期。

[4]　《东海轮船公司告白》，《申报》1872 年 10 月 30 日第 6 版。

定的《招商局条规》。这个条规制定的时间，根据樊百川先生的考订是在同治十一年十月初五日（1872 年 11 月 5 日）上呈，十一月初九日（12 月 9 日）李鸿章批准施行。"[①] 朱其昂主持制定的《招商局条规》规定："每股官利，定以按年一分起息，逢闰不计。年终凭股单按数支取，不准徇情预支"。[②] 对照《申报》所载 "东海轮船公司招股广告" 内容以及《招商局条规》中对官利的规定，东海轮船公司对官利的规定的确稍早于后者。

1877 年，德商宝兴洋行创办了烟台缫丝局（Crasemann & Hagen's Filanda）。1883 年，该企业在增资募股广告中宣称，"本公司议定每股加收本银 100 两，并将 6 月应派之官利 16 两除扣，每股缴银 84 两，合作 300 两股份。限本年 6 月 15 日截止，逾期仍不缴者，拟将老股本 200 两折归实本 120 两。将来分派官利余利，亦以 120 两本银照算。经于 5 月 24 日刊登告白。惟股银应缴广丰洋行账房汇收，前未声叙，且恐在股者远处未能遽知，兹特展限至 6 月底为止。务望诸公顾全大局，势在必行，实为幸甚"。[③] 由上可知，烟台缫丝局的官利为 16%，而且增资招股时每股 100 两直接扣除官利 16 两，只需要上交 84 两，远超同时期中国本土企业 5%—10% 的水平。这也变相说明，19 世纪 70 年代后新兴的出口加工企业资本募集较其他行业难度更大。

西商企业官利制度的存在，再次折射出近代中国社会经济发展过程中一个非常重要的问题即资本严重短缺。由于中国市场上资本严重短缺，不仅本土企业的发展受到严重遏制，作为外来者的西商企业也面临同样的困境，尤其是在西方国家尚未进入大规模资本输出的甲午战争前。即便西商企业具有与生俱来的三大优势——先发、母国依托、治外法权，但并非所有西商企业都能在中国市场上顺利筹集到充足的创办资本及经营资本。在吸引资本方面，经营者的人脉、行业前景、可视的高额利润等都是非常重要的因素。为克服资本不足，部分西商企业采用官利制度，最大限度地吸

---

① 李志英：《外商在华股份公司的最初发展——关于近代中国股份公司制度起源的研究》，《北京师范大学学报（社会科学版）》2006 年第 1 期。

② 聂宝璋：《中国近代航运史资料》（第一辑），上海人民出版社 1983 年版，第 775 页。

③ 《烟台缫丝局告白》，《申报》1883 年 6 月 28 日第 4 版。

引华商资本。官利制度并非西方股份公司制度的内生制度，而是其进入中国之后的外生制度。它是在中国社会资金匮乏进一步制约股份公司制度发展的前提下实现的制度创新，这一制度创新所发挥的作用与它对近代中国本土企业所起到的作用基本相同。从时间顺序来看，西商企业的官利制度早于中国本土企业，很有可能前者为后者提供了一定的借鉴。

从已掌握的史料来看，官利制度在西商企业中影响不大。首先，它主要出现在 19 世纪六七十年代规模较小的轮船航运企业与进出口加工企业中。其次，它存在时间较短，20 世纪后西商企业中较难觅得其踪影。官利制度对西商企业的影响远不及中国本土企业，原因有二：一是西商企业享有治外法权，利用股份公司制度吸收资本的能力较中国本土企业要强得多。二是借助母国依托，西商在哈企业制度创新整体上高于中国本土企业。为更有效地吸收资本，西商企业通过其他制度创新取代官利制度，如优先股与创办人股。

四是优先股与创办人股的出现。在股份公司阶段，西商企业出现了一种区别于普通股的特殊股份——优先股。至于最早发行优先股的外商企业，学者郭岩伟认为应该是浦东船坞（Pootung Dock，前身为董家渡船坞）。他在《论近代外商在华企业的优先股制度——兼与华商企业比较》一文中指出，"在 1890 年 7 月 18 日《字林西报》上，首次刊载了该公司优先股的信息，其股本为 50 规元两（普通股 100 规元两），年股息率固定为 10%……其优先股的交易信息亦早在 1892 年 5 月 13 日便消失了……但外商在华企业的优先股却作为特种股份之一种在各行业广泛存在，并主要集中于船舶修造及航运业、棉纺业、公共事业、橡胶种植业及金融业等领域"。[1] 这段话主要透露出两则信息：第一，优先股最早出现于西商经营的船舶修造企业，时间为 1890 年前后。第二，优先股不仅存在于船舶修造企业，航运业、棉纺织、公共（用）事业、橡胶种植、金融等企业中也出现了优先股。那么西商企业的优先股与之前的官利制度是否有关联？或者

---

① 郭岩伟：《论近代外商在华企业的优先股制度——兼与华商企业比较》，《中国经济史研究》2016 年第 1 期。

说优先股是否可视为官利制度的变异或演化呢？杨在军、张岸元在《关于近代中国股份制起源的探讨》一文中指出，官利"类似于现代股份制企业的优先股，但与优先股不同的是，股东除享受官利外，还享有与企业经营业绩密切相关的红利"。① 很显然，两位学者认为官利与优先股既有联系又有区别。

从已有史料来看，近代西商企业最先试图发行优先股的是 1866 年的大英自来火房，详情见本章第三节内容。为避免因麦加利银行逼债而破产，在银行继续举债无望的情况下，有人提议发行优先股即"以每股追加股金 30 两……此项追加股金在公司股本方面有优先保留权，在分配任何股息以前，先在利润项下按年息一分付利并分期偿还"。② 因为当时大英自来火房的企业组织形式为私人公司，无法发行新股只好作罢。

首家发行优先股的西商企业是浦东船坞，不过发行时间比郭岩伟认为的 1890 年前后还要早，应该是在浦东船坞公司成立之时。浦东船坞的源头是 1853 年苏格兰人莫海德（D. Muirhead）在浦东创办的董家渡船坞（Tong-Ka-Doo-Dock）又称"莫海德船坞"（Muirhead's Dock）。经过十几年的发展，到 1867 年它被誉为"远东最好的船坞之一"。当时船坞情况如下："全坞长度 380 尺、船台长度 340 英尺、上部宽度 125 英尺、底部宽度 50 英尺、坞门宽度 75 英尺、低潮时水深 16 英尺、满潮时水深 21 尺。"③ 与同时期上海船坞公司（Shanghai Dock Company）所拥有的船坞相比，莫海德船坞的容量更大。"上海船坞公司在虹口江岸有两座船坞……甲号船坞全坞长度 374 尺、宽度 70 尺、满潮时水深 14 尺；乙号船坞长度 336 尺、宽度 52 尺、满潮时水深 14 尺。"④ 19 世纪 70 年代初，曾经一度经营得风生水起的莫海德船坞被浦东船坞公司接办。1872 年，上海浦东

---

① 杨在军、张岸元：《关于近代中国股份制起源的探讨》，《江西社会科学》2003 年第 1 期。

② A. Wright: Twentieth Century Impressions of Hongkong, Shanghai and other Treaty Ports of China, Lloyd's Greater Britain Pub. 1908, p.139.

③ William Frederick Mayers, The Treaty Ports of China and Japan. A Complete Guide to the Open Ports of those Countries. Hongkong, 1867. p.385.

④ William Frederick Mayers, The Treaty Ports of China and Japan. A Complete Guide to the Open Ports of those Countries. Hongkong, 1867. p.385.

炼铁机器厂（shanghai and Pootung Foundry and Shipwrighting Yard）公布集股章程，"该厂资本共计 100000 两，分为 1000 股，接办莫海德（David Muirhead）创办的企业"。①1872 年，英商立德洋行与美商华地码（M. S. Wetmore）成立浦东船坞公司（Pootung Dock Co.），接办该厂的船坞部分。新成立的船坞公司"资本 95000 两，分 950 股，每股 100 两。一半业已认购。船坞资产出租的租金足可付资本 10% 的利息"。②从"利息"二字来看，已经认购的股份似乎有官利之嫌，10% 作为使用股本的固定费用。但是在 1873 年公司成立后的第一次股东大会上，董事会主席的报告证明并非如此："本公司完全按照集股章程所述办法组成，资本额 95000 两已全部缴齐，已全部接收莫海德船坞的财产。半年的租金收入为 5000 两，已按照租约预付，加上去年 12 月份的租金 777.78 两，总计收入为 5777.78 两。现在打算按全年 10% 的利率分付股息，共 4750 两，结余 1002.78 两，用于特殊开支。但特殊开支不多，因为按照租约，耶松船厂负责修理船坞，并付保险费用，所以开支只有交纳中国政府的地租以及董事、秘书的费用……本公司情况很简单，没有什么经理的事务，只有交纳租金和监督承租人修理船坞设备而已。"③由上可知，浦东船坞公司的股票持有者收益除资本 10% 的固定股息外，并不参与分红。这就说明，资本 10% 的固定股息并不是官利，其性质应该是优先股。尽管当时这家公司并没有使用"优先股"一词，但事实上的优先股已经出现。此后，这家公司多次股东大会的会议内容证明了这一点。据 1875 年 1 月 21 日《北华捷报》载，"浦东船坞公司星期二开股东大会，宣布（1874 年）下半年股票付息 5%"。④同年 3 月，该公司的股东大会报告称，"本公司结账如下：1873 年结余 209.74 两，1874 年净利 9708.57 两，股票付息 10% 即 9400.00 两，1874 年结余 518.31 两"。⑤可见，公司支付完 10% 的股息后所剩无几。如

---

① North-China Herald（《北华捷报》），1872 年 2 月 1 日，第 79 页。
② North-China Herald（《北华捷报》），1872 年 10 月 5 日，第 278 页。
③ North-China Herald（《北华捷报》），1873 年 2 月 6 日，第 117 页。
④ North-China Herald（《北华捷报》），1875 年 1 月 21 日，第 47 页。
⑤ North-China Herald（《北华捷报》），1875 年 3 月 25 日，第 271 页。

果 10% 属于官利的话，那么在支付完官利后结余理应用于红利发放，但没有看到相关记录。再者，假设这些股票属于普通股，其股息应视公司盈余而定，而非享受固定利息。既然这 10% 的固定利息既不是官利，也不是普通股的收益，那它应该就是优先股的收益。基于上述分析，关于优先股可以得出的结论之一是，近代西商企业最早的优先股出现于 1872 年创办的浦东船坞公司。这家船坞公司与同时期大多数船舶修造公司经营方式不同，它并不直接经营船舶修造业务，而是将船坞出租给比自己规模和实力更雄厚的耶松船厂赚取租金。"每年收取租金 1 万元，预付半年。"[1]

几年后，法商自来火行也尝试发行优先股。1877 年 2 月，法商自来火行召开股东年会，董事会建议将企业资本扩充到 50000 两白银，并提议通过增发优先股来实现，每股 50 两共 240 股。这 240 股优先股分两种方式发行：190 股由现有股东认购，每 4 股认购 1 股；其余 50 股公开发行，由竞价高者获得。[2]

除优先股外，19 世纪 90 年代初个别西商企业还出现了"创办人股（Founder Shares）"。如 1891 年祥生船厂的资本为 800000 两，其中包括 780000 两的普通股和 20000 两的创办人股。[3]创办人股约为普通股的三十九分之一。

表 4-5　祥生船厂历年资本、纯利与股息

年　度	资本（两）	纯利（两）	纯利对资本（%）	股票付息	付息总额
1891.5—1892.4	800000	139902.57	17.5%	12%	93600
1892.5—1893.4	800000	114725.24	14.3%	10%	78000
1893.5—1894.4	800000	138963.58	17.4%	12%	93600
1894.5—1895.4	800000	143358.07	17.9%	12%	93600

资料来源：孙毓棠：《中国近代工业史资料》（第一辑，上册），科学出版社 1957 年版，第 26 页。

---

[1]　North-China Herald（《北华捷报》），1875 年 3 月 25 日，第 271 页。
[2]　North-China Herald（《北华捷报》），1877 年 3 月 1 日，第 209 页。
[3]　孙毓棠：《中国近代工业史资料》（第一辑，上册），科学出版社 1957 年版，第 26 页。

祥生船厂的普通股每股 100 两，从上述连续四年的股息支付情况看，普通股的股息分别为 12%、10%、12%、12%，但是难以体现出创办人股的股息支付情况。根据 1896 年 7 月祥生船厂董事会提交给股东大会的报告可知，当年公司净利润为 257567.24 两，董事会建议支付普通股股息每股 12 两，即 12%，创办人股息 200 股每股 117 两，创办人股息共付出 23400 两。[1] 创办人股每股股金为（800000 − 780000）÷ 200 = 100 两，与普通股的股金相等。单单看数字，创办人股每股收益高出普通股很多，一次性发放的收益占股金的 58.5%。但我们不能轻易下结论即创办人股的年收益高于普通股，因为难以确定 1896 年发送的收益究竟是一年的收益还是几年之内的收益。

除祥生船厂外，同为西商经营的和丰船厂（Shanghai Engineer, Shipbuilding and Dock Co.）也存在创办人股。1898 年该船厂拥有 6000 股普通股，每股 100 两；200 股创办人股份，每股 100 两。[2] 从两种股份的比例结构来看，创办人股份占到普通股的三十分之一，较祥生船厂的三十九分之一略高。受资料所限，我们还是难以看出和丰船厂创办人股的年收益与普通股孰高孰低。究竟创办人股与普通股除了在收益上有所区别外，在投票权、管理权等方面是否存在差异？创办人股与前文述及的优先股又有何差别与联系？双方是否存在一定的继承关系？为何有的企业发行的是优先股而有的企业发行的却是创办人股？两者在多大范围内存在、存在时间究竟有多长？等等。诸如此类的问题有待深入探讨。

（四）跨国公司的股权

甲午战争后，西商在华企业组织形式发生重大转变，跨国公司陆续进驻中国。企业组织形式的改变对股权特征产生极为深刻的影响。整体来看，从甲午战争后到 1949 年以前，西商企业的股权特征至少体现在以下四方面：

一是优先股制度得到大发展。前一阶段出现的优先股制度，在这个时

---

① The North-China Herald（《北华捷报》），1896 年 7 月 24 日，第 174 页。

② The North-China Herald（《北华捷报》），1898 年 2 月 25 日，第 535—536 页。

期向广度和深度发展。就广度而言，甲午战争后，优先股制度广泛存在于西商企业之中，首先大规模发行优先股的是《马关条约》签订后新兴的棉纺织企业。1895 年，怡和洋行在上海创办怡和纱厂。三年后建成开工，纱锭 5 万枚。[1]1909 年，怡和纱厂为解决新建织布厂所需 50 万—55 万两之巨额花费，特于 11 月 26 日召开临时股东大会，决定发行每股 100 两的优先股 5000 股，遂将公司资本由 100 万两提升至 150 万两。具体规定如下：（1）优先股享有优先获得每年 7% 股息的权利，计息始于缴股之日，且可累积。公司清算时，优先股在资本和股息方面都享有优先权，但无参与公司剩余利润和资产溢价分配。（2）优先股不享有股东大会上的表决权，其股东也没有参选咨询顾问委员会的资格。（3）公司有权再次发行优先股，并可以使之与已有优先股享受法律上的同等权利。[2]由上可知，与普通股相比，怡和纱厂的优先股的特征如下：（1）优先分配 7% 的约定股息，不再参与公司分红。（2）这次发行的属于累计优先股。如果某个营业年度内公司所获盈余不足以分配股息，下年度股东有权要求如数补齐。反之，非累积优先股则不享有这项权利。（3）公司清算时享有优先获得公司剩余资产的权利。（4）优先股股东不享有公司经营参与权，即在股东会上无表决权。

1921 年合并后新成立的怡和纱厂为应对即将到来的激烈竞争，一方面通过股金小额化融资扩股，另一方面将原来怡和纱厂的优先股在保持每股票面价值 100 两不变的前提下，将年股息率由 7% 提升至 8%，以答谢优先股股东对合并的支持。[3]优先股的票面价值保持不变，仍为 100 两。怡和纱厂最早发行优先股的具体时间不得而知，但至少在 1922 年之前，这家纱厂已出现优先股。

西商优先股广泛存在于西商经营的各类企业中，如前文提到的船舶修造业、棉纺织业、公共事业、橡胶种植业及金融业等，而且主要出现在大中型企业。如船舶修造业中的瑞镕船厂、棉纺织业中的怡和纱厂、公用事

---

① 严中平：《中国棉纺织史稿》，科学出版社 1955 年版，第 346 页。

② The North-China Herald（《北华捷报》），1909 年 11 月 27 日，第 508—509 页。

③ The North-China Herald（《北华捷报》），1922 年 2 月 25 日，第 536 页。

业中的上海自来水公司、橡胶种植业中的马来橡胶公司和王呢斯橡胶公司、金融业中的汇源银行[①]，都在一段时期内发行过优先股。

就深度而言，一方面体现在优先股类型具有多样性，另一方面表现为优先股对企业控制的作用更加突出。发行优先股不仅成为企业融资的重要手段，而且演变为西商以尽可能少的资本掌控企业的新方式，其中以跨国公司尤为明显。

以美商上海电力公司为例。这家跨国公司在创办之初共发行过三种股票，分别是普通股、6 两银两第一优先股和 7 元美金第二优先股。[②]上电在美国注册，依照美国法律规定只有普通股才有选举权和被选举权，这意味着谁掌握了 300 万普通股谁就是上电的真正股东。300 万普通股约合 300万美元，仅占工部局售价 8100 万两的 6%，而这些普通股为美国依巴斯公司的子公司远东电力公司所掌控。[③]数量庞大的 6 两银两第一优先股在1930—1931 年先后在上海发行过 3 次，共 22 万股，2810 个户名。持有者众多，股东分散，以中国和英国持有人居多。第一次发行优先股是在 1930年 5 月，据《申报》记载，"经营公共租界电气事业之上海电力公司现拟发行优先股八百万两，官利常年六厘，不久即当在市募集。顷据该公司副总董兼总经理言，此项优先股之在沪发行，谅于公司与认股者双方俱蒙其益。因该公司营业稳固，市民用电之需要日增，投资其中稳妥无比。而公司方面亦可使沪居民对于其业务更有深切之注意与完密之了解，且此项股款可以趸缴，亦可分期缴付，故即积资不多者亦有投资机会。闻利安洋行、浙江实业银行、美国纽约植业公司及新丰洋行均将帮同该公司办理招股事务云"。[④]由此可见，为吸引股东，上电允许股东分期缴纳优先股款。固定股息加上股金分期缴纳，上电的这一招募股新法果然奏效。一个月时间未到，第一批优先股被认购完毕。据同年 6 月 13 日《申报》记载："上海电力公

---

①　郭岩伟：《论近代外商在华企业的优先股制度——兼与华商企业比较》，《中国经济史研究》2016 年第 1 期。

②　陈真等编：《中国近代工业史资料》（第二辑），三联书店 1958 年版，第 344 页。

③　陈碧舟：《美商上海电力公司经营策略研究（1919—1941）》，上海社会科学院博士学位论文 2018 年。

④　《上海电力公司将发行优先股》，《申报》1930 年 5 月 24 日第 13 版。

司近发行利息六两之优先股八万股计股银八百万两，公司招卖未及数日业已抬足。抱向隅者人数极多，买主中多数为中外著名银行，该公司服务员则仅购得两万股。此因市面混乱，投资人对于普通事业多不敢尝试，惟租界中之电气事业则获利颇巨，且极可靠云。"[1] 为了让股东放心，上电按季度定期支付股息。"股票可用现金及分期付款两种办法购买。分期付款办法即认购时每股付银拾两，后每股每月续付银拾两……股息按季度缴纳。每年元月一日、四月一日、七月一日、十月一日，按股支付，例不延期。"[2]

上电通过发行优先股募集资本的办法成功解决了创办资本不足的问题，又丝毫不影响公司的控制权。因为依照美国法律注册的上电，无论哪种优先股均无选举权和被选举权，只有依巴斯公司控制的普通股享有选举权和被选举权。正是依靠这种方法，依巴斯公司通过 6% 的资本就成功控制住这家电力公司。依巴斯公司的做法，将优先股筹集资本的功能发挥得淋漓尽致，同时反映一个现象即甲午战争后特别是 20 世纪 20 年代后，随着跨国公司在华扩张步伐的加快，国际资本团对在华西商企业的股权控制进一步加强。

表 4-6　上海电力公司发行股票一览表

股票名称	发行年份	发行地	额定数量	实发数量	发行价格	金　额
普通股	1929	美国	3000000	3000000	—	3069170.68 美元
6 两银两第一优先股	1930—1931	中国	230000	220000	97 归元两	21340000 归元两
7 元美金第二优先股	1929—1930	美国	162521	55757	100 美元	5575700 美元

资料来源：陈碧舟：《美商上海电力公司经营策略研究（1919—1941）》，上海社会科学院博士学位论文 2018 年。

除上电外，同为跨国公司的英美烟公司也存在优先股。1912 年英美烟下辖的协和贸易公司成立，主营烟草进出口和销售业务。原始资金墨洋1000000 元被分成 5000 份优先股，每股墨洋 100 元；5000 份普通股，每股

---

[1] 《电力公司招股足额》，《申报》1930 年 6 月 13 日第 16 版。

[2] 《上海电力公司优先股票》，《申报》1931 年 12 月 23 日第 7 版。

墨洋 100 元。优先股享有每年为原始资本 6% 的累计优先股息。①

二是国际资本团加大了对股权的控制。跨国公司进驻中国后，它们在中国境内设立的分支机构或投资新办的公司股权往往由国际资本团所控制。其控制办法有两种：一种是以较少的资本加以控制，典型例子如上文屡次提到的美商上海电力公司。还有一种是以绝对的资本优势进行控制。如 1902 年 9 月在伦敦注册成立的英美烟公司，资本金为 3 千万美元，约合 600 万英镑。其中帝国烟草公司出资三分之一，美国烟草公司出资三分之二。② 这家烟草跨国公司自创办之初公司股权就完全被英美两家烟草公司掌控。

三是小股东的利益较难得到保障。从上文优先股制度的发展可知，西商为掌控企业，发行大量的优先股与公司债，目的是以尽可能少的资本控制企业，这就使得小股东利益难以得到保障，特别是华人小股东。他们既无权参与企业经营管理，又无力掌控董事会的决策，权益很难得到保障。

四是金融资本对其他行业的股权控制进一步加强。19 世纪后半叶，西方在华创办银行的步伐加速，金融资本加速对各领域的渗透，银行与其他企业交叉持股成为一种普遍的经济现象。19 世纪末 20 世纪初，金融垄断资本形成，金融资本与西商产业资本相结合，交叉持股现象越发常见。

二、债权制度的生成与演化

（一）传统业主制与合伙制的债权

在近代西商企业的起源阶段，企业组织形态为传统业主制与合伙制。此时，西商企业的债权主要表现为债务关系，特别是与华商之间的债务关系。当时，一些行商将闲置资金借给西商行号，以获取高额利息。

美商旗昌洋行之所以在中国站稳脚跟并一度成为 19 世纪 70 年代以前美商在东亚最大、在华仅次于英商怡和洋行的第二大外商洋行，主要得益

---

① 上海社会科学院经济研究所编：《英美烟公司在华企业资料汇编》(第一册)，中华书局 1983 年版，第 21 页。

② 上海社会科学院经济研究所编：《英美烟公司在华企业资料汇编》(第一册)，中华书局 1983 年版，第 4 页。

于华商贷款。有研究表明，"1836年旗昌行经营着浩官100万元的海外贸易，并从浩官处获得60万到70万元的贷款"。① 关于这一点，作为旗昌洋行合伙人之一的金能亨也证实过。就在19世纪60年代旗昌洋行代理的旗昌轮船公司成功吸引到大量华商资本后，1861年6月金能亨在信中写道："唯一真正困难、乃资金短缺问题。现在和当年我们依靠伍浩官在我行保持20—30万元活期存款，在必要时还可再提供20万元以济燃眉之急的情况不可同日而语了。"② 从这段话可以看出，伍浩官（Howqua W，伍秉鉴）的贷款和活期存款在解决早期旗昌洋行的资本短缺问题上曾经扮演过极其重要的角色。另有史料显示，"1837年，旗昌因与其有业务关系的三家伦敦银行倒闭，无法筹措支付丝茶价款。正好该行在波士顿的一名股东掌管着属于浩官的一笔巨款，浩官答应按需要支配该款，旗昌遂从中提出一部分汇给伦敦的拜令兄弟公司，换取贸易所需的汇票"。③ 可见，旗昌洋行资金需求之急。五口通商之前，旗昌洋行之所以对行商伍浩官的资金依赖度如此之高，主要因为自身资金实力有限，特别是与中国实力最大的行商伍浩官更是相形见绌。1824年成立的旗昌洋行发展至1837年1月，"拥有资本17.5万美元。在广州的外商中，只有英国东印度公司的业务规模比旗昌行大"。④1840年1月兼并刺素—斯特吉斯洋行（Russell, Sturgis & Co.）后，旗昌行即成为中国境内第二大外国商行，其地位仅次于英商怡和洋行。即便如此，"即使在业务发展到最高峰时的19世纪50年代，它的合伙资本总额也不过50万美元"。⑤ 直到1861年，这家洋行仅有价值26万元的不动产。⑥ 而"浩官在1834年拥有的资产为5200万美元，可能是当时世界上最富有的商人……1836年旗昌行经营着浩官100万元的海外贸

① 何思兵：《旗昌洋行与19世纪美国对广州贸易》，《学术研究》2005年第6期。
② ［美］刘广京：《英美航运势力在华的竞争（1862—1874）》，邱锡镕、曹铁珊译，上海社会科学院出版社1988年版，第9页。
③ 章文钦：《从封建官商到买办商人——清代广东行商伍和家族剖析》（上），《近代史研究》1984年第3期。
④ 何思兵：《旗昌洋行与19世纪美国对广州贸易》，《学术研究》2005年第6期。
⑤ 聂宝璋：《中国近代航运史资料》（第一辑），上海人民出版社1983年版，第4页。
⑥ ［美］刘广京：《英美航运势力在华的竞争（1862—1874）》，邱锡镕、曹铁珊译，上海社会科学院出版社1988年版，第9页。

易"。① 双方实力之悬殊不言而喻。除以贷款形式与旗昌洋行发生资金往来外，伍家还把资金交给旗昌股东代管，并由后者在美国进行投资。"伍秉鉴曾投资于美国的保险业，买有美国的证券。他的儿子伍绍荣颇有其父风范，曾向美国的铁路建设投下火辣辣的资金……伍家在美国投资的利息，每年达 20 余万两白银。"② 有学者认为，"伍家在外国企业的投资，成为鸦片战争后买办商人在外商企业中的附股活动的先声，旗昌代管伍家的资本，则成为战后外商利用买办资本扩张业务活动的滥觞"。③ 从五口通商后特别是19 世纪 60 年代兴起的华商附股来看，上述判断完全站得住脚。五口通商以后，买办商人取代之前的行商成为中国与外商打交道最重要的商人群体，而华商附股的大规模兴起与买办商人的生成与壮大近乎同步。当然，伍家委托西商在外国从事资本投资活动，与华商附股在投资主体、客体及其影响方面均有很大的差异，故而不能画等号，但是就此建立的中西商人之间的关系对此后西商吸收和利用华商资本奠定了基础，并树立了先例。

五口通商前，西商银行尚未发展起来，私人贷款就成为西商在华企业债权形成的主要路径，这些私人贷款主要来自中国行商。

（二）私人公司的债权

私人公司生成后，债权在西商企业的权重并不大，因为此时形成债权的社会环境已经发生改变。一则，五口通商后中国行商走向衰败，难以挪出大量资金给西商企业借款。即使此前最为显赫的行商伍浩官家族也因为经营不善从旗昌洋行撤走贷款，使旗昌洋行丧失了资金保障。19 世纪 60年代，旗昌洋行为筹办专业的轮船公司，不得不进行股权创新。二则，五口通商后外商银行虽然已经进入，但是这些银行起初并不以存放款为主业，"仅通洋商，外洋往来以先令汇票为宗"，④ 主营外商贸易往来中的汇兑业务。早期丽如银行在华业务重心就是代理中英贸易的结算和汇划，其他

---

① 何思兵：《旗昌洋行与 19 世纪美国对广州贸易》，《学术研究》2005 年第 6 期。

② 覃波、李炳编著：《帝国商行——广州十三行》，九州出版社 2007 年版，第 117 页。

③ 章文钦：《从封建官商到买办商人——清代广东行商伍和家族剖析》（上），《近代史研究》1984 年第 3 期。

④ 《答暨阳居士采访沪市公司情形书》，《申报》1884 年 1 月 12 日第 3 版。

在五口通商初期创办的外商银行基本上类似，而且银行在国际汇兑方面所处的地位无法与大洋行相较。正如1852年一名洋行商人所言，"丽如在上海根本算不上银行，它没有发挥人们所说的银行作用，或者从事银行业务，仅是简单地从事汇票买卖，而汇票买卖只有对商人才是合法生意，而远非银行该从事的业务"。①这番言论明显道出了五口通商初期西商在华银行的尴尬处境，而西商银行的作用与地位直接影响到西商企业债权制度的形成。正因为此时的银行未把存放款作为主营业务，西商企业难以从中获得足够的放款，加之行商的没落，19世纪60年代前西商企业尚未形成一套有效的债权制度。

19世纪60年代以后，大规模股份公司开始兴起，西商企业发展进入股份公司阶段。与此同时，西商银行在各口岸增设分支机构，抵押放款成为银行们竞相揽做的业务。与此同时，大规模股份公司兴起，西商银行开始为保险、码头、堆栈、进出口加工、水电煤气等企业代理股份征集、资金融通，甚至直接入股。入股形成的是股权，放款形成的则是债权。如前文多次提到的保险公司保家行，1865年发起成立时，汇隆银行即为创办人之一。②不仅如此，在保家行发起成立不到一年时间，丽如银行和利生银行已经持有其股票。③在码头仓栈业中，19世纪60年代与上海公和祥码头出现过贷款关系的银行有汇丰和汇隆。④19世纪60年代后，中外贸易发展催生了大量西商经营的进出口加工类企业，这些制造企业不在"条约"的保护范围之内，股本募集难度高于其他行业。为快速解决资本问题，它们往往向银行借款。如1863年创办于上海的砖瓦锯木厂（Shanghai Brick and Saw Mill Co.）先后向阿加剌、汇丰两家银行通融款项。⑤1863年英商在上海租界创办的大英自来火房，在创办资本筹集极为困难的情况下，就是依靠有利银行的33000两的借款方得以开办的。⑥随后上海法租界创办

---

① The North-China Herald（《北华捷报》），1852年8月7日，第3页。
② 《上海保家行公司》，《上海新报》1865年9月26日。
③ 汪敬虞：《外国资本在近代中国的金融活动》，人民出版社1999年版，第212页。
④ The North-China Herald（《北华捷报》），1866年9月29日，第155页。
⑤ 汪敬虞：《外国资本在近代中国的金融活动》，人民出版社1999年版，第215页。
⑥ The North-China Herald（《北华捷报》），1866年6月23日，第99页。

的法商自来火房从成立伊始就得到法兰西银行的帮助，建立起往来关系。①
由此可见，19 世纪 60 年代后，随着外商银行实力的增长及银行主营业务
的转向，西商企业债权制度的形成方式由早期的私人贷款为主转向银行贷
款为主，金融资本的介入大大加速了西商企业的扩张步伐。

　　在这个时期，除银行借款外，西商企业债权制度出现了另一种形式即
企业债券。企业债券的发行有两种形式，而最先出现的是面向企业已有
股东发行的内部债券，后来出现了面向社会发行的对外债券。发行企业
内部债券针对的是企业现有股东，只有当现有股东对企业前景充满信心
时，内部债权方能发行成功。大英自来火房在创办之初的做法证明了这一
点。1864 年公司创办时，额定资本为 100000 两，这对于一家专业煤气公
司来说的确难以满足发展所需。1865 年年初，煤气公司开始供气，同时
公司决定再发行股票 50000 两，但认购情况不佳，仅有 224 股计银 22400
两被认购。1865 年 2 月，董事会授权就未经认购的 276 股借款 27600 两；
同年 10 月，为维持公司的事业，又授权借款 15000 两。这两笔借款共计
42600 两。其中董事会签立保付期票及公司地产契约作抵，从麦加利银行
借得 33000 两。公司之所以再三向银行借款，主要为了满足新建厂房资
金所需。公司开业不到一年半，便把汉口路的小厂房迁移到现在新闸路的
厂址。但是刚刚扩大的工厂规模难以在短期内让资金回笼，1866 年 6 月
麦加利银行以出售该公司迫使其尽快还款，煤气公司陷入即将破产之困
境。当时公司总共欠债 50000 两，现款仅有 9000 两，如此高的负债率难
以再向银行借款。就企业制度而言，煤气公司当时属于私人公司，带有合
伙性质，负有无限责任，故无权追加新股。董事会主席建议，麦加利坚持
要在 8 月 1 日付清贷款 33000 两，股东们唯一上策为认购年息 1 分 2 厘
的公司债。股东们非常配合，当场 6100 两即被认购。股东们之所以愿意
将公司的外债转化为内部债务，主要是看中公司发展前景。首先，煤气制
造成本每 1000 立方英尺只需 3.5 元而售价为 4.5 元。其次，公司已与上
海工部局签订向公共租界供应照明的合同。最后，公司具有很强的营业

---

① 汪敬虞：《外国资本在近代中国的金融活动》，人民出版社 1999 年版，第 215 页。

能力。① 正是在已有股东的通力合作下，煤气公司渡过了难关。此后，煤气公司无论是业务量、资本量、股票收益还是规模都处于行业领先地位，甚至一度在上海占据垄断地位。从业务增长来看，"1866 年公司售出煤气531.8 万立方尺，1886 年达 4270.3 万立方尺，1895 年达 11000 万立方尺，1901 年为 16000 万立方尺，到 1908 年则约达 40500 立方尺。消费者已达8000 家，铺设管道 76.5 里。煤气制造厂具有最新式的机器，每天产能约为 300 万立方尺的煤气"。② 为使适应产能增长的需要，公司资本屡次增加。从 1864 年初创时期的 10 万两到 1865 年增资至 12.24 万两，"1885 年增资至 20 万两，1896 年复增至 30 万两。1901 年，公司依照香港的法律改组成有限公司，登记资本为 250 万两。截至现在（1908 年），已缴资本已达 120 万两"。③ 业务量和资本量的增长，使公司的股票收益一直稳定在一个较高的水平上，"1869 年第一次分付股息即达 12%；从那时直到现在（1908 年），股息总是相对于资本的 12% 至 16%"。④1887 年大英自来火房分付股息 10% 时，就是英国本国各煤气公司中的最高股息。⑤

大英自来火房的发展速度在近代西商企业中尤其是早期英商企业中具有一定的代表性，正如《商埠志》所言："由一家小的私人合伙组织的公司……后来逐渐发展成为上海煤气公司（Shanghai Gas Co., Ltd），它制造煤气的规模，比欧美洲以外的任何英商经营的煤气公司——除了希德尼（Sydney）、梅勒伯（Melbourne）、多伦多（Toranto）与蒙特欧（Montreal）的几个煤气公司以外——都要大得多。"⑥ 在这家企业发展过程中，企业内部债券的发行起到了关键性作用，它成功地将外部债务转化

---

① 孙毓棠：《中国近代工业史资料》（第一辑，上册），科学出版社 1957 年版，第 175—176 页。

② A. Wright: Twentieth Century Impressions of Hongkong, Shanghai and other Treaty Ports of China, Lloyd's Greater Britain Pub. 1908, p.139.

③ A. Wright: Twentieth Century Impressions of Hongkong, Shanghai and other Treaty Ports of China, Lloyd's Greater Britain Pub. 1908, p.139.

④ A. Wright: Twentieth Century Impressions of Hongkong, Shanghai and other Treaty Ports of China, Lloyd's Greater Britain Pub. 1908, p.139.

⑤ The North-China Herald《北华捷报》），1880 年 4 月 1 日，第 280 页。

⑥ A. Wright: Twentieth Century Impressions of Hongkong, Shanghai and other Treaty Ports of China, Lloyd's Greater Britain Pub. 1908, p.139.

为内部债务，实现债权制度的有效转化，不仅帮助企业渡过难关，还把股东与企业的命运更加紧密地捆绑在一起，从而对股东形成一定的激励约束作用。

债权的形成可能出现于企业经营过程中，也可能出现在企业创办之时。上文提到的大英自来火房发行内部债权属于前者，有的企业自创办之日起就发行债券则属于后一种情况。因企业尚未成立，这种企业债券属于对外债券。前文提到的工部局电气处即是一例，从收购新申电气公司到1928年将电气事业出售，先后发行电气公债16次。这些公债在分配时需要优先支付利息，然后再进行剩余分配。1867年创办的公正轮船公司，1871年之前已经发行87200两的公司债，① 以弥补资本的不足。

（三）股份公司的债权

一般情况下，企业债权结构中银行借款所占比重越大则负债率越高，企业经营风险越大。相对而言，企业债券的风险较小，但并非所有企业债券发行和认购都可行，故而很多企业为解决资本不足往往选择相对便捷的银行贷款，不过这种缓解资本短缺问题的办法有时候等同于饮鸩止渴，往往带来严重后果，甚至导致企业破产。19世纪末20世纪初协隆纱厂的遭遇即是典型案例。协隆纱厂成立于1897年，注册登记于香港，是《马关条约》签订后外商首批创办的棉纺织公司之一。与其他西商纱厂相比，协隆的实收资本严重不足。为弥补实收资本不足制约企业发展的负面影响，协隆选择向银行借款。1901年7月24日，公司收到俄华道胜银行通知，要求在当年11月24日或提前一天偿还借款，否则将出售其抵押品。就当时纱厂经营状况而言，其生成的棉纱市销有所好转，价格已上升至成本以上，即可获取少量的利润，这个成本包括8厘至9厘的利息重负。协隆董事会原本以为公司财政情况好转，银行可能会延展还款期限。但是7月1日董事会接到银行经理的通知说，如果协隆对于7月24日到期欠款不能提出全部付清的满意保证，他们将立即刊登出售纱厂的广告。该行经理进一步表示，如果股东们愿意再交出一些资本作为补充的担保，他可答应延展

---

①　The North-China Herald（《北华捷报》），1871年8月4日，第576页。

时限，甚至可能继续保持往来。毫无疑问，协隆董事会期望股东缴纳足够的附加资本，否则没有办法阻止银行出售纱厂。根据当年 10 月 31 日公司结账显示，公司营业项下有 10000 两的利润，但不足以支付银行利息，损益账上的借方额由去年 10 月 31 日的 124000 两增加到今年的 140000 两。过去四年的负债经营，协隆支付给银行 108000 两的利息。归根结底在于实收资本太少，无法与其他纱厂相比。当时协隆的资产包括土地 52 亩、一座有 20392 枚纱锭的纱厂、拥有 416 口缲丝锅的缲丝厂月收租金 400 两，以及月租金 636 两、位于杨树浦路南岸的大仓库 2 个。到该年 10 月 31 日为止，协隆应付银行欠款总额为 376704.64 两。公司的原始资本为 610000 两，外加 5000 枚新购纱锭及其他必需的机件、旧机器的调整与建新、新仓库的建筑成本等使财产的总成本要达到 736000 两，可是公司实收资本仅为 571000 两。在董事会看来，实收资本不足是银行逼债的主要原因。为渡过难关，董事会建议增加资本以继续经营。如果能募集到附加资本100000 两，即可渡过难关。为达到这个目的，每一股东必须每股出资 20两。① 可惜董事会每股增资的提议在股东大会上没有获得通过，当年 11 月中旬，华俄道胜银行在《北华捷报》广告栏中刊出协隆纱厂有限公司接到俄华道胜银行指示即将拍卖该公司场地、建筑物、机器及厂房的通告。为挽救公司，董事会根据章程所授的权力，决定发行公司债 500000 两，年利 7%，并希望股东支持公司债。如果这个计划成功，公司的负债情形则为收足资本 628800 两、公司债 500000 两、财产厂房等净值 1128800 两，共计 1010900 两；现有存货 117900 两，共计 1128800 两。董事会试图将道胜银行的负债转为公司债，也就是企业外债转化为内债。在董事会看来，公司在情况最糟糕的一年还能获得净利 21000 两，如果按照正常发展，该公司应该很容易地有力支付公司债的利息 35000 两，并按照资本发给合理的红利。② 同年 11 月 26 日，协隆的财产被道胜银行如期标售，并于 12 月4 日拍卖。1902 年 1 月 22 日，《北华捷报》刊载了协隆纱厂召开紧急股东

---

① The North-China Herald（《北华捷报》），1901 年 11 月 20 日，第 978—979 页。
② The North-China Herald（《北华捷报》），1901 年 11 月 27 日，第 1015 页。

大会时董事会主席的发言："关于银行对这件事的行动，我不愿再作评论，而宁可让这些事实本身去说明。但是一想到银行不仅仅是该公司财产的典押人、与公司有往来、其中一位经理还担任公司董事之一，故而绝对有理由期望具有如此崇高地位的银行至少应该对主顾的利益表示关怀。即使我们承认他们的确应该照章办事，但是银行理应了解公司的不幸境遇，更应设法采取有效办法减轻公司出售这宗财产之损失。特洛西米耶尔先生没有这样做，看来他对出售这宗财产所花的费用很不在意，也没有努力减少这种开支。当然，我认为不能责备本公司股东，不过他们将来与这种银行往来时应谨慎一些。"①

协隆纱厂之所以破产至少有三大原因：其一，公司实收资本较低，难以满足公司快速资产扩张的需求，不得不向银行贷款，从而造成较高的负债率。在产权结构中，债权比重超过了股权。虽然公司具有一定的盈利能力，但公司利润不足以支付银行债务，也就是说出现高负债低盈利的财务状况。正如知情者所言："四年来（1897—1901）公司已支付利息108000两，如果原始资本收齐了，这笔沉重的开支投资自然没有必要。而且公司的经营也不致受阻……该厂营业账目上利润很有可观，如去年截至10月就有10000两的利润，可惜这笔利润完全为利息所吞没。"②其二，公司未能及时将企业外部债务以公司债的形式转化为内部债务，故而错失了最后避免公司破产的良机。这主要取决于企业股东的态度。上述办法之所以失效，与股东不看好企业前景有关。19世纪末，一哄而上的外商纱厂使得中国市场棉纱供应很快出现饱和，像协隆这种没有大洋行作为支撑的中型企业难以在激烈的市场竞争中立足。其三，华俄道胜银行的做法过于不讲情面，这一点在前文已经提到。原本协隆希望道胜银行将还债期限延长至六个月以后即公司完成改组后，"如果我们是和本地银行往来，这种希望是极合理的。我们不应希望从远在数千里以外的一个银行的董事会得到许多同情的关怀。他们是迫于银行家对抵押财产被长期封

①　The North-China Herald（《北华捷报》），1902年1月22日，第127页。
②　The North-China Herald（《北华捷报》），1902年1月8日，第10页。

锁的一种恐惧，即使他们还能赚得很丰厚的利息的话。如果是本地的银行，它的董事会都在当地，或者是一家外国银行而经理有充分的自行处理之权，同时他自己是本地人，对当地情况有长期的经验，情况就大不相同了。"①

（四）跨国公司的债权

企业负债经营虽然风险大，但这种情况在民国相当普遍，尤其是资本需求量大的公用事业企业。西商企业有 1930 年代的美商上海电力公司和1930 年成立的美商上海电话公司，中日合资企业如青岛胶澳电气股份有限公司，华商企业如蒙疆电业股份有限公司、济南电气公司、华北电业公司等。其中上海美商电力公司的高负债高盈利能力特别突出。② 上电成立伊始，为筹集 8000 万两给工部局的债款，在美国发行金公债来筹集第一年所需支付的 3000 万两资金。③1932 年，上电存在 14544301 归元两的资金缺口，为解决这个难题，公司与汇丰银行签订合同，"允将券本归元 3300万两第一抵押权 5 厘半息 1933 年到期债权，提存于汇丰银行"。④1934 年

表 4-7　上电"五厘半第一抵押债券"的主要持有者

债券持有者	债券金额（元）	债券持有者	债券金额（元）
汇丰银行	14085000	海关总税务司署	3703300
工部局养老贮金及退休金基金	14473000	联合商业储蓄准备银行	2673900
清华基金及庚款文化基金	5570600	浙江第一商业银行（浙江实业银行）	2579000
中国银行	5359200	上海银行公会准备库	2040000
颐中烟草公司	1000000	英商电车公司	900000

资料来源：陈真等编：《中国近代工业史资料》（第二辑），三联书店 1958 年版，第345 页。

---

① The North-China Herald（《北华捷报》），1901 年 11 月 27 日，第 1015 页。
② 参见陈碧舟、张忠民：《近代外商企业的负债经营研究——以美商上海电力公司为例（1933—1937）》，《贵州社会科学》2017 年第 11 期。
③ 陈真等编：《中国近代工业史资料》（第二辑），三联书店 1958 年版，第 343 页。
④ 《上海电力公司第一抵押债券》，《申报》1933 年 2 月 6 日第 3 版。

3月，上电发行2100万元债券。同年7月，再次发行2000万元债券。[①] 这些债券的认购者多为银行以及各类机构，其中英商企业居多，且大多与上电有业务往来。相比银行借款，发行债券的风险要小很多，较少出现因为债券到期无力兑现而破产，这也是上电"迷上"发行债券的重要原因。

① 陈碧舟：《美商上海电力公司经营策略研究（1919—1941）》，上海社会科学院博士学位论文2018年。

第五章　近代西商企业治理结构与管理制度的演进

近代西商企业最大的创新在于制度创新，包括产权制度、治理结构和管理制度、分配及剩余分配制度。公司治理结构存在广义和狭义之分，国内学术界迄今尚无统一定义。李维安（2000 年）认为，"狭义的公司治理结构是指所有者对经营者的一种监督和制衡机制；广义的公司治理结构则是通过一套正式或非正式的内部或外部的制度来协调公司与所有利益相关者（股东、债权人、供应者、雇员、政府、社区等）之间的利益关系"。①从本质上看，公司治理结构是基于委托、代理和契约关系形成的股东大会、董事会和监事会、经理阶层三个层面对公司经营活动进行管理和控制的制度安排，控制内部人行为，同时确保外部人利益的最大化。股东大会作为公司的最高权力机构，体现所有者对公司发展战略的最终决定权和公司财产的最终所有权；董事会作为股东大会选举产生的机构，对公司的发展目标和重大经营活动进行决策，维护出资人的权益，监事会作为公司的监督机构，对公司的财务和董事、经营者的行为实施监督；经理作为公司的经营者，由董事会聘任并贯彻执行董事会的决策，具体负责公司的日常经营管理工作。

依照企业组织形式的演进脉络，近代西商企业治理结构的演进可分为两大阶段，即私人公司的传统治理结构和股份公司的法人治理结构。私人公司的传统治理结构指的是 19 世纪 60 年代以前私人公司占据主流地位的企业发展阶段的治理结构。与之相适应，股份公司的法人治理结构指的是 19 世纪 60 年代以后股份公司占据主流地位的企业发展阶段的治理结构。西商企业治理结构演化的同时，管理制度也在不断变迁。

---

① 李端生编著：《内部控制理论与实务》，东北财经大学出版社 2017 年版，第 46 页。

第一节　早期西商企业传统的治理结构

近代西商企业法人治理结构的生成不是一蹴而就的，其源头是私人公司具有浓厚传统色彩的治理结构。这种治理结构既是传统治理结构的惯性所致，也是企业组织形式的选择，更与当时社会环境有关。综合来看，私人公司时期传统治理结构主要有以下三大特征。

一、投资人兼经理人

前文已述，在 19 世纪 60 年代以前，中国各通商口岸及香港已经出现了许多以"公司"之名经营的西商企业。这些公司多为私人公司，与传统合伙制企业更为接近，与股份公司相差较远，有的西商企业甚至自称为"合伙企业"，而将投资人相应地称为"合伙人"。早期著名的洋行如怡和洋行、旗昌洋行、琼记洋行等都出现过上述现象。

从资本构成看，私人公司的资本仍处于人合或人资合阶段，与传统企业的资本构成差异不大。从治理结构看，19 世纪 60 年代以前，独立经理人阶层尚未形成，治理结构较为简单，投资人兼经理成为当时西商企业普遍采用的治理结构。从形式和内容来看，这种治理结构无论是形式还是内容，均带有传统企业制度的深刻痕迹。从经营业务看，私人公司主要从事三类业务：第一类是贸易。这类企业多以"洋行"命名，属于最早进入中国的企业类型。第二类是服务于贸易的银行、保险、航运、船舶修造等业务。这类企业大多生成于五口通商之后，短期内其实力无法与从事贸易的洋行相抗衡。第三类是服务于侨民生活所需的食品、药品销售与制造、宗教文化传播等。从事前两类业务的企业以私人公司居多，名称上虽以"公司"示人，但在很长时间里仍然延续传统企业的治理机构，距离股东大会、董事会及经理阶层相互监督与制约的法人治理结构较远。正如郝延平所言："大多数西方在华大洋行，如旗昌洋行、琼记洋行和怡和洋行基本上是以家族为基础组织起来的。合股人通常担任总行和分行的首脑，因而经理和投资人是一身二任的。"① 大洋行尚且如此,其他中小洋行更是这样。从事第三类业务的企业资本、规模更小,大多采用业主制,少数采用合伙制,治理结构更加简单。

19 世纪 60 年代以前,投资人兼经理人的治理结构之所以在西商企业中较为普遍,与当时的社会环境以及企业发展阶段密不可分。综合来看,至少有三大原因:

一是受当时的外侨数量及素质所限,西商企业较难在中国境内找到职业经理人。尽管五口通商后中国境内西方侨民数量整体上呈上升趋势,总体数量还是非常有限。以香港为例,自 1841 年香港被英国占领后,在港外国人的数量增长很快。如表 5-1 所示,1844—1860 年间在港外国人增长 445.37%,中国人口增长 386.30%。虽然从增长幅度来看外国人口较快,但就绝对值而言中国人口增长量更大,净增 73432 人,而前者净增人数仅为 2022 人。以 1860 年为例,在港 2476 名外国人中,包括传教士、医生、水手、政府官员、商人、冒险家等形形色色的职业,要想在这有限的外国

表 5-1　香港早期人口统计表（单位：个）

年份	外国人	中国人	年份	外国人	中国人
1844	454	19009	1853	1481	37536
1845	1043	23114	1854	1643	54072
1846	1368	20449	1855	1956	70651
1847	1406	22466	1856	2479	69251
1848	1502	22496	1857	1411	75083
1849	1210	28297	1858	1462	74041
1850	1305	31687	1859	1661	85280
1851	1520	31463	1860	2476	92441
1852	1541	35517			

资料来源：张晓辉：《香港近代经济史（1840—1949）》,广东人民出版社 2001 年版,第 82 页。

---

① [美] 郝延平：《十九世纪的中国买办——东西间桥梁》,李荣昌等译,上海社会科学院出版社 1988 年版,第 16 页。

人中找到合适的经理人，其难度可想而知。

1843 年上海开埠，沪上外侨数量仅次于香港。1843 年，沪上外侨共26 人。1847 年共 108 人，其中英国人 87 名、港脚商人 4 名、美国人 17人。1850 年，沪上外侨为 149 人，有 2 名专任领事，英、法各 1 人（美国仍然是由 1 个商人兼任），这两个领事馆有 6 个职员；商业团体有 11 个共119 人；另有 5 个开业医生；并且有 17 个基督教传教士。1854 年，沪上外侨达 243 人。1855 年外侨增至 243 人，其中 30 个基督教传教士。[①]1860年，增至 569 人。[②] 由此可见，从 1843 年到 1860 年共 17 年间，沪上外侨净增 543 人，增长了 20.88 倍。在外侨人数增长的同时，洋行数量也在增长。受资料所限，更为接近的洋行数据是 1865 年，当年上海有洋行 88家。[③] 在如此有限的外侨样本中，要为每一家洋行找到合适的经理人绝非易事。换言之，当时上海不具备为洋行提供法人治理结构的土壤。上海如此，其他通商口岸情况可能还不及上海。

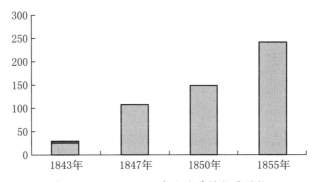

图 5-1　1843—1855 年上海外侨数量增长

资料来源：［美］马士：《中华帝国对外关系史》（第一卷），张汇文等译，商务印书馆 1963 年版，第 399—400 页。

难以满足当时西商公司需求的不单单是外侨数量，更为重要的是外侨素质。早期外侨受教育程度普遍不高，素质良莠不齐，大多属于冒险家甚

---

① ［美］马士：《中华帝国对外关系史》（第一卷），张汇文等译，商务印书馆 1963 年版，第399—400 页。

② 上海市文献委员会编印：《上海人口志略》，1948 年，第 26 页。

③ 聂宝璋：《十九世纪六十年代外国在华洋行势力的扩张》，《历史研究》1984 年第 6 期。

至海盗。以上海为例，"上海开埠以后，无恶不作的亡命之徒从四面八方聚拢在这里。其中有逃亡的水手，有遭贬斥的醉鬼，有来自加利福尼亚的投机破产者，有来自香港与澳门的罪犯，也有来自菲律宾等地的埠头流氓。此外，还有很多牧师的后代居然也厕身于这批冒险家的行列，一起窜入中国，他们希望在中国这块乐土上干上几年航海的生涯，捞上一笔横财以后再回国竞选议员"。① 上海的外侨素质如此，其他通商口岸以及香港也大多如此。另外，早期外侨大多抱着"过客"心理在华居住。正如琼记洋行的创办人何德家族一名成员所言："没有人乐于在中国生活一辈子，也没有多少人指望在中国生活一辈子。人们的理想是 25 岁成为一家驻华代理行的合伙人，然后到 30 岁享有称心如意的收入，告退回到美国……何德家族成员的抱负是发一笔大财；或者至少积攒一笔相当富裕的收入，然后返回波士顿，在那里，他们希望他们所取得的成就能赢得作为商业贵族阶层的受人尊敬的栋梁的经久地位。艾伯特（·何德）写道：'我对钱没有多大的兴趣。经商也不占据我整个的心灵。我之所以要钱并不是为了钱本身，也不是为了钱所能产生的力量，而是以钱作为达到目的的手段。这个目的就是离开中国'。"② 何德家族作为创办和经营美商琼记洋行的家族，其成员尚有上述想法，其他外侨可想而知。在一些外国商行里，虽然也存在部分英美人回国后遭受挫折而重回中国的现象，但他们不以久居中国作为人生目标也是不争的事实。

　　二是西商企业欲突破外侨社会向更大范围招聘经理人的可能性很小。首先，早期外侨社会非常狭隘。第一次鸦片战争后，清政府虽然允许西方商人到五个通商口岸居留贸易，但采取"华洋分居"，将西方人活动限定在通商口岸的特定地区，以降低"洋人"在华影响力。当时英国政府认为，西方人集中居住比分散居住更加有利，故而同意清政府"华洋分居"的要求。租界在通商口岸建立后，"华洋分居"存在了很长一段时间，租界因之被视为外国在华的"飞地"。这些"飞地"具有独特的地形，"每块飞地都

---

① 聂宝璋：《十九世纪中叶在华银行势力的扩张与暴力掠夺》，《近代史研究》1981 年第 2 期。
② ［美］斯蒂芬·洛克伍德：《美商琼记洋行在华经商情况的剖析（1858—1862 年）》，章克生、王作求译，上海社会科学院出版社 1992 年版，第 77—78 页。

靠近水道……位于它所赖以同外界联系交往的生命线的附近，并且以水道为边界，跟中国居民隔开……各通商口岸之间的相似点远远超过地理位置方面的范围"。① 得益于租界独特的地形，"华洋分居"执行效果甚佳，直到 1853 年上海发生小刀会起义，租界内中国居民激增，才形成了事实上的"华洋杂居"。1854 年 7 月，《上海英美法租界地皮章程》通过，正式删去了"华洋分居"的有关条款，"华洋杂居"在上海得到认可。与上海不同，其他通商口岸此时仍处于"华洋分居"的状态。通商口岸华洋分居和分治形成了以外国人为主的租界中心区与外侨社会，以及以中国人为核心的华人社会，两者交流甚少。其次，华人社会不具备西商企业所需要的职业经理人阶层。中国首批具有近代企业治理经验者，当属通商口岸的买办，这些人就是在西商企业中成长起来的。在西商企业尚未形成职业经理人阶层之前，中国社会只存在懂得传统企业经营管理的人，他们难以适应近代西商企业经营管理之需求。故而，近代早期西商企业在外侨社会以及华人社会均难以找到合适的管理人员。最后，在新式通信技术电报、电话等尚未出现以前，通商口岸与西方国家之间的信息沟通不通畅，创办于通商口岸和香港的西商企业与母国之间的信息往来也很缓慢。西商企业欲从母国聘请职业经理人来华就职难度较大。受以上三方面因素的制约，早期西商企业选择经理人最为便捷可靠的办法就是从投资人中物色。正如洛克伍德所言："早期的通商口岸同外界隔离，旅华外侨不消说除依靠自己的力量开展企业的经营外别无他法。"② 在这种需求下，早期部分西商企业在招合伙人时直接要求对方在中国长期居住，否则就不能成功入伙，前文提及的琼记洋行即是一例。

　　三是早期西商企业对经营管理人员要求并不低。随着经营规模的扩大、经营项目的多元化以及分支机构的增多，西商企业对经营管理人员的专业知识、技能、数量等需求快速提升，对经理人的要求更高。何德家族其中

---

① ［美］斯蒂芬·洛克伍德：《美商琼记洋行在华经商情况的剖析（1858—1862 年）》，章克生、王作求译，上海社会科学院出版社 1992 年版，第 73 页。
② ［美］斯蒂芬·洛克伍德：《美商琼记洋行在华经商情况的剖析（1858—1862 年）》，章克生、王作求译，上海社会科学院出版社 1992 年版，第 74 页。

一名成员艾伯特·何德于 1858 年写信给叔父奥古斯丁·何德（Augustine Heard, Sr. 1785—1868，琼记洋行的创始人）提到，"你知道我现在是一个在中国经商的老手了。我已经从一个前程未卜的生手状态走向老练，为此用了 4 年的时间。你可想象我们在职人员变化之大和流动之速度；因为在你的时代我可能被认为是一个乳臭未干的小孩，而要我长大成人，就必须像约翰那样在中国度过整整 12 个春秋"。① 艾伯特和约翰属于第二代中国通，而奥古斯丁·何德是第一代中国通。他们都是琼记洋行的投资人兼经理人，代表不同时期企业家的素质。洛克伍德提道，"经商成功的企业家，必须具备特殊的素质。他必须是受过教育的上流社会阶层的成员，同商界、官场和社会各阶层人士进行重要的交往联系。他既是管理人事的经理，又是买主、卖主、查账员、广告代理人、银行家、外交家、军事家、海员。总之，集所有这些职务于一身"。② 在早期人数有限的外侨社会中，想要找到真正的企业家绝非易事。相比较来说，西商企业投资人的素质可能会高一些，更适合充当经理人角色。为规避风险，投资人也愿意兼任经理人。

二、家族治理

投资人与经理人一身二任的治理结构最为典型的做法就是家族治理。家族治理指的是由家族成员出资并担任总行和分行的首脑甚至其他管理人员。早期比较大的西商企业，资本募集大多由单个家族或几个家族联合集资，在委托代理关系尚未形成之前，家族治理成为更行之有效的办法。家族治理有两种情况：一种是单个家族独立治理，企业经理甚至其他管理人员全部来自同一家族。另一种是两个或两个以上家族联合治理，企业经理甚至其他管理人员来自不同家族。颠地洋行属于前者，怡和洋行则属于后者。

颠地洋行（宝顺洋行）属于近代早期英商在华四大洋行之一，属于

---

① ［美］斯蒂芬·洛克伍德：《美商琼记洋行在华经商情况的剖析（1858—1862 年）》，章克生、王作求译，上海社会科学院出版社 1992 年版，第 75 页。
② ［美］斯蒂芬·洛克伍德：《美商琼记洋行在华经商情况的剖析（1858—1862 年）》，章克生、王作求译，上海社会科学院出版社 1992 年版，第 75—76 页。

颠地家族组织起来的私人公司。从成立伊始到破产，颠地洋行的最高管理权一直掌控在颠地家族手中。"1823 年，英国人托马斯·颠地以撒丁领事身份来到广州，并以合伙人的身份加入大卫荪洋行（Davidson & Co.）。1824 年，大卫荪离开中国，该洋行改名为颠地洋行。1826 年，英国人兰斯劳·颠地到广州加入颠地洋行。1831 年，托马斯·颠地（Thomas Dent）离开，兰斯劳·颠地成为行主。"[①] 托马斯·颠地与兰斯劳·颠地实为兄弟二人。19 世纪 20 年代，托马斯·颠地以撒丁王国驻广州领事身份在华经营时，兰斯劳·颠地则一度与怡和洋行联手，操控并垄断福建泉州一带的鸦片贸易。1862 年以后，兰斯劳·颠地离开上海，洋行产业移交给其侄儿金申·颠地。[②] 由此可见，自颠地洋行成立至 1866 年破产，在长达四十三年时间里颠地家族身兼出资人与总行首脑，始终牢牢控制着该洋行。

早期怡和洋行同样采用的也是投资人与经理人合二为一的治理结构。与颠地洋行略有不同的是，怡和洋行经历了一个由两个家族到三个家族再到一个家族的治理演化过程。怡和洋行的创始人威廉·查顿（1784—1843）和詹姆士·麦地逊（1796—1878）同为苏格兰萨色兰郡人，分别于1827 年、1828 年加入广州的麦尼克行，并成为重要的合伙人。1832 年 6月 30 日麦尼克行倒闭，次日他们就在广州创办怡和洋行，首批合伙人包括查顿的外甥安德鲁·约翰斯顿和麦地逊的外甥亚历山大·麦地逊。[③] 由此可见，怡和洋行自创办之日起，查顿和麦地逊两个家族是主要的合伙人，洋行的管理权也由他们掌控。不知从何时起，安德鲁家族成为新的合伙人，并加入了治理之列。"威廉·渣甸（查顿）于 1839 年退职和返回了英国，此后，怡和洋行由詹姆斯·麦地逊和安德鲁以及独身医生的侄儿大卫·渣甸（查顿）共同掌管……1851 年，麦地逊被封为准男爵……他回到了苏格兰，并成为国会议员。他在怡和洋行的职位由其侄儿继任。此后，麦地逊

---

① 武汉市档案馆编：《老房子的述说——武汉近现代建筑精华集萃》，武汉出版社 2016 年版，第 70—71 页。

② 姜龙飞：《上海租界》，文汇出版社 2014 年版，第 112—113 页。

③ 参见陈宁生、张学仁编译：《香港与怡和洋行》，武汉大学出版社 1986 年版，第 4—6 页。

家族中的成员，再也没有人担任公司的合伙人了。"①这说明，从 19 世纪
30 年代末到 1851 年，怡和洋行一度由三个家族共同掌管。1851 年以后，
随着麦地逊家族的退出，掌管怡和洋行的家族减少至两个。"继安德鲁和大
卫·查顿后，老医生的第三个侄儿罗伯特·查顿担任了公司的领导者。他
的儿孙们又依次继承他的职务。"②此时怡和洋行已经完全落入查顿家族的
掌控之中，从而结束多个家族共同治理的局面。此后很长一段时间里，查
顿家族一直掌控着这家号称"洋行之王"的英商企业。

　　19 世纪 60 年代以前，除英商洋行外，大多数美商洋行也采取家族治
理。稍晚于旗昌洋行创办的美商琼记洋行就是典型。"琼记洋行（Augustine
Heard & Co.）之所以诞生，要归因于旗昌洋行合伙人中间发生的一次争执。
老奥古斯丁·何德和约瑟夫·柯立奇（Joseph Coolidge）二人脱离旗昌洋
行，开办了一家与之旗鼓相当的商行。"③在第一次鸦片战争期间，以旗昌、
琼记为代表的美商洋行因为英商洋行受到抑制获得难得的发展机遇。就控
制权而言，琼记洋行受家族支配程度超乎寻常。"1855 年，老奥古斯丁·何
德（作为隐名合伙人，住在马萨诸塞州的伊普斯维奇）和他的三个侄子约
翰（1824—1894）、小奥古斯丁（1827—1870）和艾伯特（1837—1870）仍
是主管这家商行的合伙人，拥有 78% 的股份。'奥古斯丁叔叔'的第四个
侄子乔治·何德于 1859 年来华，任美国公使馆参赞。两年以后，他也加入
琼记洋行，成为合伙人。最大的侄子约翰·何德（John Heard）可能缺乏他
的弟弟小奥古斯丁·何德（Augustine Heard, Jr., 哈佛大学 1847 届毕业）的
业务手腕但在 1844 年当了琼记洋行的大班。从此以后，他就成了该行最有
影响的人物，直到 30 年后这家商行歇业为止。他在 17 岁时跟随叔父来华，
在 21 岁以前就积攒了 10000 美元的个人财富。到 1852 年，他已经使商行
每年的红利增加到 50000 美元……另一方面，他的年仅 25 岁的弟弟小奥古

①　陈宁生、张学仁编译：《香港与怡和洋行》，武汉大学出版社 1986 年版，第 133 页。
②　陈宁生、张学仁编译：《香港与怡和洋行》，武汉大学出版社 1986 年版，第 133 页。
③　[美]斯蒂芬·洛克伍德：《美商琼记洋行在华经商情况的剖析（1858—1862 年）》，章克
生、王作求译，上海社会科学院出版社 1992 年版，第 5 页。

斯丁带领这家商行进入接踵而来的繁荣昌盛的岁月。"① 由此可见，琼记洋行不仅由何德组织创办，而且家族成员在公司管理层中占据重要位置。但是从前文可知，其他合伙人也要求居住在中国，每人负责经营一个分支机构。这说明，要想成为琼记洋行的投资人，还要履行管理企业的义务。

第二节　法人治理结构的生成

19 世纪 60 年代后，股份公司开始兴起，并逐渐发展为主流的西商企业组织形态，这是法人治理结构生成的前提和基础。香港《1865 年公司条例》的颁行，为西商股份公司法人治理结构的生成提供了保障。自 19 世纪 60 年代到甲午战争爆发即跨国公司大规模进入之前，属于西商企业法人治理结构的生成阶段。在这个阶段，西商企业的股东与股东会制度、董事与董事会制度以及委托代理下的职业经理人阶层基本确立。

一、股东与股东会制度的生成

（一）股东的来源

以国籍为标准，这个时期西商公司的股东来源有中国和外国之分。来自中国的股东即为华人股东，而来自外国的股东主要以西方人为主，也就是西人股东。西人股东又可分为两类：一类是在华西人，另一类为境外西人。境外西人股东的产生有两条路径：一是在华购置西商公司股票；二是在境外购置西商公司股票。有的西商公司因为担心在中国境内难以募集到足够的股本，故而选择在母国注册，同时将董事会和股东会设置于母国，但只在中国经营，这就为境外西人购买在华西商公司股票提供了可能。比如著名的上海自来水公司，1881 年在英国伦敦创办，早期的董事会和股东会也在伦敦召开，其中不乏境外的英国股东。

以职业为标准，西商公司的股东来源既有商人也有其他职业。西人股

---

① ［美］斯蒂芬·洛克伍德：《美商琼记洋行在华经商情况的剖析（1858—1862 年）》，章克生、王作求译，上海社会科学院出版社 1992 年版，第 5—6 页。

东包含商人、领事、技术与管理人员，乃至租界当局等等。租界当局持有西商公司股份的现象主要出现在租界公用事业中。前文提到，19 世纪 90 年代初工部局电气处的成立就是上海公共租界当局成为电气事业股东的典型。类似情况在上海法租界中也存在过。1864 年年底，在工董局米勒提议下法租界开始酝酿煤气事业。1865 年 1 月 16 日，法商自来火行在上海法国领事署注册。1870 年，公董局与这家企业达成协议，商定"公董局继续准许自来火行自一八六四年十二月三十一日起专利二十五年，公董局应担任购买股票一百六十股，以便自来火行还债之用"。[①]西人股东身份不一，华人股东亦是如此。西商企业的华人股东以买办商人为主，但不乏传统商人、官僚和士绅等。根据汪敬虞的研究，19 世纪已查明出身的 47 个华人大股东中，最多的是洋行买办，共 28 人，占 59.6%；其次是丝、茶、洋布等行业的商人，共 14 人，占 29.8%；其余 5 人是官僚、士绅，占 10.6%（详见图 5-2）。这些华人大股东往往持有数家西商公司股份。就单个企业而言，不少西商公司都存在华人股东。如 1867 年创办的公正轮船公司，"当 1869 年 6 月 26 日召开股东大会时，有 5 名华人和 17 名外商出席"。[②]华人股东占公司股东总数约 26%。

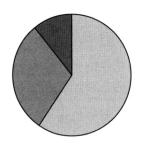

□ 洋行买办　■ 传统商人　■ 官僚士绅

图 5-2　19 世纪西商公司已查明身份的华人大股东

资料来源：汪敬虞：《十九世纪西方资本主义对中国的经济侵略》，人民出版社 1982 年版，第 528—529 页。

---

① 董枢：《法租界公用事业沿革》，载上海通志馆编：《上海通志馆期刊》，台北文海出版社 1977 年版，第 1132 页。

② ［美］刘广京：《英美航运势力在华的竞争（1862—1874）》，邱锡镕、曹铁珊译，上海社会科学院出版社 1988 年版，第 79 页。

　　华人股东的加入，首先解决了西商企业的资本问题。西方先进的公司制度特别是股份公司制度与中国本土资本的迅速结合，使西商公司很快在中国站稳脚跟并极速扩张。其次它为西商公司的原料获取、产品与服务销售拓宽了渠道，助力西商公司在异质文化中快速适应，并呈现出极大的张力。最后，拉近了与中国上层社会的关系，有助于扩大西商公司的在华影响力以及示范效应。

　　以业务关系为标准，这个时期部分西商公司的股东不单单是投资人，而且与公司有业务往来，此现象在贸易衍生的航运、银行、保险、船舶修造等企业中较为常见。如1835年创办的于仁洋面保险行，到1874年时公司的董事由香港怡和、仁记、沙逊、祥泰、华记、义记、禅臣七大洋行组成。公司的顾客就是股东。①1863年创办的香港黄埔船坞公司，最初的创立人是怡和洋行的经理惠代尔，大英轮船公司的代理人苏特兰，与德忌利士轮船公司（Douglas Lapraik Co.）的老板拿浦那。② 很显然，他们投资新公司目的在于方便原有业务的开展，打造更为方便、完整的产业链。这种业务交叉投资，使不少西商公司出现了业务股东，而且对这些股东优惠分红。这部分内容将在第六章重点阐述。

　　这个时期，西商公司的股东来源除自然人外还有洋行。这些洋行并非全部注册，未必都具有法人资格，故而不能一概定义为"法人股东"，称之为"洋行股东"可能更准确一些。如1872年12月2日华海轮船公司初次分派股权时，共6250股。怡和洋行直接分得4600股，剩余的1650股由中外商人认购，其中还包括其他洋行。由表5-2可见，这家轮船公司洋行股东共3家，购买股票总数达4630股，占总股份的74.08%，仅怡和洋行就占了73.60%，拥有绝对控股权，故而怡和洋行获得了这家轮船公司的代理权。

---

　　① 聂宝璋：《中国近代航运史资料》（第一辑），上海人民出版社1983年版，第611页。
　　② A. Wright: Twentieth Century Impressions of Hongkong, Shanghai and other Treaty Ports of China, Lloyd's Greater Britain Pub. 1908, p.197.

表 5-2　1872 年华海轮船公司的股权分配

股东来源		认股数	合　计
华人股东	"南浔号"（唐景星等人）	400 股	935 股
	唐景星招来的华人股东	300 股	
	怡和洋行福州买办阿唯（A Wei）招股	235 股	
西人股东	沙逊洋行（或格格先生）	100 股	715 股
	云先洋行（Vincent & Co.）	20 股	
	广源洋行（Davidson & Co.）	10 股	
	其他	715 股	
	怡和洋行	4600 股	4600 股

资料来源：［美］刘广京：《英美航运势力在华的竞争（1862—1874）》，邱锡镕、曹铁珊译，上海社会科学院出版社 1988 年版，第 175 页。

（二）股东会制度的生成

在现代公司治理中，法人治理结构中最高的权力机构是股东以及由股东组成的股东会议。股东出资后，资本的所有权与经营权彻底分离。股东在履行对公司出资义务之后，他们以股份形式拥有出资人所有权。出资人所有权主要表现在两大方面：一是与持有股份相适应的公司收益权；二是依法参加股东大会以及表决权，包括对公司重大问题表达自己的意见以及选举值得信任的代理人。前者体现的是分配中的资本收益权，后者体现的是在公司法人治理结构中的地位与影响力即议决权。在股东会上行使表决权是股东权益的重要体现，也是股东会作为企业最高权力机关的表现。

股东会制度生成的依据之一是大多数公司都能按照公司法要求召开股东会。香港《1865 年公司条例》颁行后，依照此法以及同时期其他国家公司法注册的西商公司基本上都能按照要求召开股东会。这里所指的公司法要求又可细分为三个方面：

其一，召开的股东会类型和时间符合公司法要求。《1865 年公司条例》对股东会召开的要求如下："必须在公司注册后 6 个月之内召开股东会，会议地点由董事会决定。之后召开的股东会时间和地点于上届股东会召开时决定。倘若无法决定，应在每年 2 月份的第一周召开，会议地点由董事会选择。以上股东会议称为'股东例会'，其余则称为'股东特别会议'。"①
从 19 世纪 60 年代陆续创办的报刊来看，西商公司基本上都能按规定召开
股东会。股东例会又称"股东年会"或"年度股东大会"，因每年召开一次
而得名，属于常态化、固定的股东会。就掌握的资料来看，股东例会主要
讨论内容包括公司章程的修订、公司资本的增减、公司债的募集、公司重
大投资方向的确定、公司重组或解散、董事会成员的增减或更换、其他重
要人事任免、营业情况、机器设备与厂房建设、预算与分配方案等与公司
有关的重要事务。通常程序为董事会主席代表董事会提交报告，由股东进
行表决，表决通过后执行，反之则不执行。

　　股东例会作为常态化会议，每家公司都必须召开，参加股东例会也是
股东作为投资人的重要权益之一。上海的西商公司以及外地规模较大的西
商公司大多会把每年股东例会内容刊载于《北华捷报》，以便股东与公众知
晓。如 1874 年 2 月初，上海浦东炼铁厂（Shanghai and Pootung Foundry
and Engineering Company）召开股东例会，"通过决议授权董事会将公司
清理歇业。公司嗣后将资产机器等皆售予祥生船厂，售价均分与股东，每
股可收回银 50 两，即 50%"。② 这说明，此次股东例会讨论的重要内容是
公司歇业问题与歇业后资产处置以及分配问题。按照这次股东例会通过的
决议，公司正式歇业。1872 年成立的浦东船坞公司（Pootung Dock Co.）
于次年 3 月召开第一届股东例会，董事会主席向股东们汇报公司资本缴纳
情况与经营状况，并提出分配方案。后者经股东表决，最后通过。③1873
年，这家公司召开第二届股东例会，内容与上一届大同小异。1875 年，浦
东船坞公司召开第三届股东例会，股东听取董事会报告，董事会宣布 1874
年下半年股票付息 5%，耶松船厂请求继续租用公司船坞五年，股东大会
表决通过。④ 由此可见，1875 年的股东例会主要内容还是经营情况以及利

---

① 　An Ordinance for the Incorporation, Regulation, and Winding-up of Trading Companies and
Other Associations, Hongkong: Hongkong Government Gazette, March 18th 1865, pp.129—130.
② 　The North-China Herald（《北华捷报》），1874 年 2 月 5 日，第 107 页。
③ 　The North-China Herald（《北华捷报》），1873 年 2 月 6 日，第 117 页。
④ 　The North-China Herald（《北华捷报》），1875 年 1 月 21 日，第 47 页。

润分配。浦东船坞公司的主要经营方式是出租船坞，而自身并不参与船舶修造，因而公司的业务相对简单，股东例会需要讨论的内容自然也不复杂。1875 年 2 月东海轮船公司在《申报》上发布召开股东大会的通知，内容主要是半年账目的公示以及修改公司章程中两个条款，详细情况如下："启者：议于西历三年十二日两点半钟时在总理洋行写字房内邀会各股份人，欲将一千八百七十四年七月初至十二月底共六月一期之帐呈阅……同日三点时格外大会，诸股主欲将本公司原立章程内两条咨议更改计。"①1881 年创办的上海自来水公司，第一届股东大会涉及内容十分复杂。因这家公司依照英国法律创办于伦敦，所以第一届股东例会在伦敦召开，会议记录同时刊载于《字林西报》和《北华捷报》。

股东特别会是指特殊情况下为议决紧急事情召开的股东会议，属于非常态化、临时性的股东会。它往往出现在距离股东例会召开尚有一段时间而此时又需要讨论紧急问题、必须召开股东会议的情况之下，又称为"临时股东会"。从已有资料来看，股东特别会主要讨论紧急情况下公司资本增减、公司重组或解散等重大事务。同时，股东依法行使表决权。以上海自来水公司为例，这家英商公司第一届股东例会召开于 1881 年 4 月，是按照公司法要求即"必须在公司注册后 4 个月之内召开股东会"而开的。此后，这家公司每年的股东例会都安排在 6 月初。1883 年公司为了尽快增资扩股，特于当年 4 月 26 日在伦敦召开临时股东会，"决议将公司资本增加至 120000 镑，即增新股 1000 股，每股 20 英镑"。②因这次的增资扩股恰逢公司刚刚成立、创办资本难以满足业务需求之时，此决定属于董事会的紧急所为，只有在股东会表决通过后方能执行。

其二，召开股东会事先通知全体股东。香港《1865 年公司条例》规定，公司召开任何股东会都必须事先通知股东。西商企业基本都能做到。在召开股东会之前，企业通常在当时颇具影响力的报纸如《字林西报》《申报》等刊载通知及会议主要内容。若有更改，亦通过上述报纸发布公告。

---

① 《东海轮船公司告白》，《申报》1875 年 2 月 19 日第 6 版。
② The North-China Herald（《北华捷报》），1883 年 5 月 11 日，第 295—296 页。

如 1895 年 1 月 7 日上海船坞公司在《字林西报》发布召开股东会通知，一周后又在此报纸上发布延期通知："由于董事会主席缺席会议，公司股东会大约要推迟一周举行。"次日，公司将开会的具体时间告知股东，确定于当月 22 日召开股东会。① 同年 1 月 31 日，《字林西报》上还刊登了上海增裕面粉有限公司召开股东会的通知，声称"本公司将于 1895 年 2 月 13 日下午 4 时在汉口路举行第 3 次股东年会"。② 同年 7 月 1 日，祥生船厂也在此报纸上发布召开股东会的通知，声称"本公司将召开第 4 次股东年会，此次年会将公布董事会报告和财务报表"。③ 总体来看，西商企业召开股东会往往选择将会议通知以及会议梗概发布于《字林西报》或《申报》，将会议详情刊载于《北华捷报》。19 世纪 90 年代后，股东例会内容的公布更加细化和制度化。通常的做法是，西商公司召开股东例会后，首先将《董事会报告》刊于《北华捷报》，一周后再将股东会讨论情况刊发。例如 1893 年 12 月 22 日《北华捷报》第 994—995 页载有美查股份有限公司（Major Bros, LD）第 4 次股东例会上董事会提交的报告，一周后的 12 月 29 日在《北华捷报》第 1029 页公布了该公司此次股东例会上股东们的讨论情况以及董事会主席、总经理的解答。

其三，出席股东会的人数以及所代表的股权数符合公司法规定。为确保股东权益，公司法以及公司章程对出席股东会的人数以及所代表的股权数通常都有硬性规定，但不同的公司法规定不同。近代西商公司注册的多样性决定了其所受的法律规制不完全相同，因而各企业召开股东会的条件亦不尽相同。例如在法租界领事馆注册的法商自来火行，只要满足半数股票参加即可召开股东会。1877 年 2 月出席该公司股东会的股东拥有公司股票 417 股，当时董事会主席 Messrs E. Morel 宣称，只要出席股东持股数达到公司发行股票总数的一半即 380 股会议就可以召开。于是，这次股东会照常召开。④ 1889 年初创办于香港的小轮有限公司（The Steam Launch

---

① The North-China Daily News（《字林西报》），1895 年 1 月 7 日；1 月 14 日；1 月 15 日。
② The North-China Daily News（《字林西报》），1895 年 1 月 31 日。
③ The North-China Daily News（《字林西报》），1895 年 7 月 1 日。
④ The North-China Herald（《北华捷报》），1877 年 3 月 1 日，第 209 页。

Company, Ltd ），原本打算召开第一届股东会，但因到会股东不够法定人数被迫延期。①这也说明，西商公司召开股东会需持股人达到法定人数，否则不能召开股东会或者说股东会的决议不合法，这是确保所有股东权益的重要保证。

其四，股东会召开过程中体现"董事会向股东负责"的原则。从已有资料来看，西商公司股东例会的程序大致为：首先，董事会提交《董事会报告》交由股东会审阅并讨论。这份报告包括两大内容：营业报告和财务报告。前者包括市场行情、公司经营状况、业绩与困难等。后者包括流动资产表、损益表；公司盈利情况，制定利润分配方案；人员的更迭情况，包括董事会成员、经理、审计人员、工程师等。通过上述报告，让股东了解企业的运行情况。其次，股东们讨论，并由董事会主席、总经理等解答股东疑问。最后，股东们表决。根据《董事会报告》，股东对董事会提出的各类方案进行表决。表决通过后交由董事会实施。

股东会制度的生成，更为重要的表现是股东会在法人治理结构中具有最高地位，充分体现"股东利益至上"的原则。这就要求公司重要的决策需要通过股东会表决，以表决结果作为公司决策的唯一依据。股东会上通过的决议，则交由董事会执行；反之，董事会则无权执行。从已有材料来看，西商公司基本上都能做到上述要求。如旗昌轮船公司章程第7、8款规定："建造和购买各类新的船只与增建基地；修缮费、扩建费与保险基金的提存，只有在股东大会上才有权决定。大会还要决定每年到12月31日止的半年度股息发放事宜。在股东大会作出决定之后，由总经理与董事会负责对建造和订购新船的具体细节；对修缮旧船；对航线上各类船只的使用，在有利情况下对各类船只的调度作出决定。并可在一年中的任何时候，向各代理人索取他们可能要行使监督权的任何一个问题上的详尽报告。"②由此可见，旗昌轮船公司章程对股东会、董事会以及总经理的权限及分工都有明确规定。

---

① The North-China Herald（《北华捷报》），1889 年 8 月 10 日，第 168 页。
② ［美］刘广京：《英美航运势力在华的竞争（1862—1874）》，邱锡镕、曹铁珊译，上海社会科学院出版社 1988 年版，第 30 页。

在公司的运作中，股东会的作为治理结构中最高的权力机构的地位得到体现。这一点从各公司股东会召开情况即可知晓。根据 1884 年 3 月 12 日《北华捷报》记载，"浦东船坞公司在本月六日开了股东大会，股票持有人代表 906 股到场。船坞的租用者耶松船厂提议，船厂拟拨款 20000 两来修整改善船坞并添置新机器，并提议仍照现在租费每年交银 10000 两，条件是以新租约代替旧租约。新租约将自 7 月 1 日起，租期为 10 年，期满前不得干预或索还。股东会对此提议全场一致通过"。① 股东会获得通过后，交由董事会执行。此后，浦东船坞公司仍旧将船坞租给耶松船厂经营，公司不直接从事船舶修造业务，只收取租金。再如，1873 年 3 月 31 日公正轮船公司董事会召集股东特别会议，目的是让他们提出的出售两艘轮船以及放弃长江航运的建议获得股东会通过，但结果并不乐观。有人建议下届股东大会上再做修改。② 而这次公正轮船公司股东特别会议未能达成一致所造成的后果是当年秋天这家公司被迫歇业。这则材料至少说明两点：一是股东特别会议的召开对公司来说具有非常的意义，其所议之事涉及公司发展的重要问题乃至生死存亡问题。二是股东会作为公司最高权力机构，它的决议具有最高效力。

二、董事与董事会制度的生成

（一）董事的来源

以国籍为标准，这个时期西商公司中以西人董事为主，不过也出现了少量的"华人董事"，如华海轮船公司的唐景星。尽管部分西商公司中华人股份占据多数，但董事会中较少出现华人身影，原因可能有四：一是华人刚刚接触西商公司，不熟悉其运作，故而难以进入董事会。二是如前文所述，早期华人股东最关心的是产权中的收益权而非其他，对西商公司的治理可能不感兴趣。三是华人股东害怕过度高调惹来不必要的麻烦。四是西商公司可能排挤华人，以维护其对公司的绝对掌控权。

---

① The North-China Herald（《北华捷报》），1884 年 3 月 12 日，第 284 页。
② The North-China Herald（《北华捷报》），1873 年 4 月 3 日，第 168 页。

以职业为标准，这个时期西商公司的董事以商人为主，一般为洋行合伙人或高级经理人。在个别企业中出现领事兼任"董事"一职。如前文提到的法商自来火行，上海法租界公董局全体成员兼任这家煤气企业的董事，既是对企业的监督，亦是支持。与股东来源相适应，由于"洋行股东"的存在，故而出现"洋行董事"。前文已经提到，1874 年于仁洋面保险公司的董事由香港怡和、仁记、沙逊、祥泰、华记、义记、禅臣七大洋行组成。① 这七大洋行既是保险公司的顾客，也是股东和董事。最初"洋行董事"以洋行身份出现，之后逐渐以个人身份。如 1875 年西商联合创设的新宝裕互相保险公司，董事共 5 人，分别为天裕洋行主色德兰、鲁麟洋行主细弗勒、德兴洋行主林厄、立德洋行主立德、元亨洋行主巴德。② 再如 1892 年创办的大东惠通银行，创办资本 200 万英镑，董事共 6 人，其中香港 2 人，分别为汇丰银行麦格林、前沙逊洋行之沙迟都；上海董事 4 人，包括怡和洋行之司密、沙迟行之马士、美最时行之国夫、公平洋行之百路斯。③

董事产生主要有两条途径：一为股东会推举产生。按照《1865 年公司条例》规定，董事必须从持有公司股份的股东中产生。这一规定就使得依照本法注册的西商公司不可能出现"外部董事"。按理来说，持有股份多寡决定能否成为董事，但这个时期并非如此。一方面，这个规则不适用于华人股东。前文已述，许多华人股东不愿意成为董事会成员，故而董事会成为西人的天下。另一方面，西人董事选举时也并非以持股数量作为标准，名望、人脉、个人意愿等因素有时起决定性作用。以华海轮船公司董事产生为例，前文已述，这家轮船公司以怡和洋行持股最多且由其代理，在选举董事时公司规定"董事四位，须每年由有股众人公举正直者，以昭慎重"。④ 起初，创办人约翰逊试图在英商大企业的有关人员中物色董事人选，特别是沙逊洋行的格倍和太古洋行的 W. 兰。后者在向上级反映时未获同

---

① 聂宝璋：《中国近代航运史资料》（第一辑），上海人民出版社 1983 年版，第 611 页。

② 《创设新宝裕互相保险公司告章》，《申报》1875 年 11 月 15 日第 6 版。

③ 《大东惠通银行》，《申报》1892 年 2 月 27 日第 10 版。

④ 《东海轮船公司告白》，《申报》1872 年 10 月 30—31 日，11 月 1—2、4—5 日第 6 版。

意，最终接受约翰逊聘请的有怡和洋行的克锡和豪（A. J. Howe），北清轮船公司的主要股东威尔逊以及怡和洋行买办唐景星。[①]唐景星之所以成为董事，主要不在于他的股份多寡，而是他的特殊身份即充当中国投资人与公司的中间人。正如约翰逊所言，"北清轮船公司的股票中有三分之一是唐景星所能施加影响的中国人所有"。[②]董事产生的第二条路径为公司创办人邀请。前文提到的法商自来火行，工董局成员之所以全部成为这家煤气企业的董事，源自创办人的邀请。

董事作为企业管理的重要成员，香港《1865年公司条例》对它也有要求。此法规定："一旦存在如下行为，董事会必须离职：（1）担任公司名下的其他职务；（2）本人破产；（3）关注或参与公司有关的合同。"[③]可见，这部公司法对董事的行为具有一定约束作用。从已有资料来看，在甲午战争前，西商公司的董事会成员一般3—5人，有公司每年改选一次，也有西商公司数年改选一次。无论改选方式如何，其成员数量基本上是稳定的。

（二）董事会制度的生成

公司法人治理结构中最高的决策机构是股东以及由股东组成的股东会议，最高的经营管理决策机构则是董事以及董事组成的董事会。董事会由董事组成，对内掌管公司事务，制定公司的经营方针与策略，对外代表公司经营决策和业务执行。董事会由股东会选举产生，并对股东负责，在公司法人治理结构中占有非常突出的地位。

近代西商公司董事会制度生成的依据应是董事会在公司法人治理结构中发挥应有作用。这主要表现在四方面：

一是召集股东会和召开董事会。前文已述，股东会由董事会负责召集，股东会制度的生成也就意味着董事会起到了召集股东会的作用。从掌握的资料来看，这一时期西商公司的董事会基本上都能召开，频率不一而已。

---

①　[美] 刘广京：《英美航运势力在华的竞争（1862—1874）》，邱锡镕、曹铁珊译，上海社会科学院出版社1988年版，第174页。

②　[美] 刘广京：《英美航运势力在华的竞争（1862—1874）》，邱锡镕、曹铁珊译，上海社会科学院出版社1988年版，第176页。

③　An Ordinance for the Incorporation, Regulation, and Winding-up of Trading Companies and Other Associations. Hong Kong Government Gazette, 1865-03-18: 131.

如旗昌轮船公司"一年举行两次的定期董事会，通常开得非常顺利"。①

二是制订公司经营方针与策略，股东会表决通过后交由经理人执行。换言之，公司重大方针应由董事会提出，讨论后形成方案再提交股东大会表决。反之，未经董事会讨论的方针股东会一般不予表决。"日昨，公和祥码头外司股份叙议事宜，按去年周岁中该公司共收进欲租码头费各项六万四十八百零九两，扣除寻常经费并所贴还扣头项五千五百两外，则净剩一万八千六百四十两，以资分给股主诸人。此银经于六月底归分银八千六百两，合之原茶则为九厘，今又分一厘，计已共分六厘也。兹因各码头相争，故此肥司。近来赚利稍有减色，是以合议与怡和洋行之顺泰码头，相曾以行事使怡和兼办两码头事务。查顺泰码头去年净得利计共三万一千有八两，公和祥连分扣头银两内则二万四十两，乃议以此两数为准，以十二年为限期，将两码头所赚并一而按两数以照分也。然其议犹未曾定夺，盖先请董事详为商酌也。"②公和祥码头希望怡和洋行将它与顺泰码头的盈利合在一起分配，但怡和洋行需要先在董事之间商议。由此说明，只有董事会讨论之后，方能交由股东会表决。

在股东例会上，董事会的职能与地位重点体现在其制定和提交的《董事会报告》上。以1881年上海自来水公司召开的第一次股东例会为例。在这次股东会上，董事会主席报告如下："要求入股的人远超过股票份数。尤其值得注意的是，很多要求入股的人是上海的中国银行家（指经营钱庄、票号者）与商人。由此可知，如果公司不设在伦敦（而设在上海），它全部所需的资金都可以在上海就地集凑起来。公司需要的厂地和水塔都已弄到，工程业已动工；机器安装则须待工程师哈德（J. W. Hart）到达上海，他在本月内已起身赴中国。所需水管、抽水机、锅炉等亦已准备，将于下月初从英国海运赴沪……打算买股票的人，可到（伦敦）证券交易所购买……把自来水供应法租界的合同，尚有一两点要改正……本公司的上海委员会已致函上海道台，表示愿意把自来水供给上海县城，并要求上海县

---

① ［美］刘广京：《英美航运势力在华的竞争（1862—1874）》，邱锡镕、曹铁珊译，上海社会科学院出版社1988年版，第31页。

② 《公和祥码头帐略》，《申报》1875年3月3日第2版。

能许可公司把水管铺设于上海县城里面。董事会相信公司营业一定会成功，工程将尽快进行……估计在今年年底以前即可把自来水供给江湾的船只，再后半年即可供给美国租界，并且估计全部工程将可能在预定的时间以前完成。"① 由上述材料可以看出，董事会主席代表董事会向股东们汇报了公司股本募集情况、自来水厂建设进展及未来如何拓展业务等问题，这充分体现了股东大会的最高权力机关地位及董事会向股东负责的治理原则。

三是制定公司分配方案，提交股东会表决。前文已述，召开股东会时，董事会至少需要提交两份报告——营业报告和财务报告，前者反映企业经营状况，后者反映企业财务状况，这两份报告对任何一个企业来说都极其重要。根据上述两份报告，董事会向股东会提交分配方案，供股东会表决。如 1877 年 3 月，怡和代理的一家轮船公司分配情况如下："日前，怡和火船各股份人聚，曾经理公司之怡和行将一千八百七十六之一年帐略呈览。按此一年内各火船争获浮利计共四万一千二百五十三两，惟结丝细帐既不呈览。以故残废各船应行发开之项，是否算除尚难详悉。惟据董事声称，因公司前卖海龙船经折本三万两修理，怡便有利两船又费三万二千两，故未便分给花红与股份人耳。又曰去年各火船公司争业甚力，是以生意不顺手。今年旗昌船卖与招商局本公司，与招商局业已议定水脚价，则今年生意个可望好矣。"② 很明显，这家怡和洋行代理的轮船公司其配法案出自董事会之手。

四是选定公司经理人。遵照公司发展战略与发展，董事会物色相应人选并提交股东会表决通过。将公司经营策略交由经理人执行，对其进行监督和考核，这些都是董事会的职责。股份公司中董事会的作用非常重要，从西商公司的运作来看，董事会的作用发挥受到时人肯定。有人在《申报》上这样评论道："当其（火船公司）设立之时，必先举一人以为总董，所收股份皆归总董。主持定期每岁某月集众会议一次，凡有利益随时可以酌改，所有一岁中之帐目亦于会议时置之座，令有股各人阅看。赢则摊分余利，

---

① The North-China Herald（《北华捷报》），1881 年 4 月 19 日，第 376—377 页。
② 《火船公司帐略》，《申报》1877 年 3 月 19 日第 1 版。

绌则添付本银。"①

三、委托代理下的职业经理人的初步形成

19 世纪 60 年代西商股份公司兴起后,所有权与经营权的分离成为必然趋势。但在当时的社会背景下,中国境内尚未形成职业经理人阶层,难以满足新兴股份公司的需求,于是出现了"洋行代理"这一特殊治理现象,这也是甲午战争前西商公司法人治理结构的特色之一。

(一)洋行代理:职业经理人的雏形

"洋行代理"的全称为"洋行代为管理或治理"指的是企业本身不设置管理和组织机构,由洋行代管理日常事务以及负责经营。

早在五口通商以前,洋行代理已初露端倪,最早出现在以洋行名义牵头组建的企业。如 1835 年宝顺洋行创办的于仁洋面保安行及 1836 年怡和洋行创办的谏当保险行,这两家保险机构自身不设管理机构,而是交由负责牵头组建的洋行代为管理。从节省交易成本的角度视之,这种治理方式对新创办的两家保险机构来说是有利的。五口通商后,私人公司数量大增,一些新创办、规模较小的私人公司往往依附于大洋行,将公司治理业务交由大洋行处理,这一现象在新兴的船舶修造类企业中较为常见。如上海的祥安顺船厂、老船澳都是委托霍金斯洋行经营;香港的福格森洋行、哈鲁洋行、合罢洋行、麦克唐纳洋行、罗塞洋行等都拥有或多或少的船坞,兼营船舶修造业务。②

进入 19 世纪 60 年代,新兴的轮船航运业中出现了中国境内最早的西商经营的股份公司,其中旗昌轮船公司首开先河。虽然这家公司从未依法注册登记过甚者没有营业执照,严格来说它不属于法律意义上的股份公司,但它的确是按照股份公司的模式组建和运作的。"旗昌轮船公司是按照股份公司的形式组成的,所有权是根据可转让的证券凭证。"③作为中国境内首

---

① 《论中国各公司宜速加整顿》,《申报》1886 年 3 月 6 日第 1 版。

② 参见孙毓棠:《中国近代工业史资料》(第一辑,上册),科学出版社 1957 年版,第 9—10、16 页。

③ [美]刘广京:《英美航运势力在华的竞争(1862—1874)》,邱锡镕、曹铁珊译,上海社会科学院出版社 1988 年版,第 29 页。

家专业的轮船公司，究竟应该如何治理没有先例可循。在旗昌轮船公司筹办时，关于采取怎样的组织形式、由谁来管理、如何保持旗昌洋行的控制权等问题引来很大的争论。这是西商在中国境内创办的第一家真正意义上的股份公司，自创办伊始，"股东们都认为，应有企业发起人的旗昌洋行负责管理它的整个业务。旗昌轮船公司的倡议书指定旗昌洋行为'经理人'，'经管'并'负责'整个公司的日常事务"。① 不仅如此，旗昌轮船公司的章程和结账契约第 10 款明文规定："旗昌洋行是该公司的永久代理人和司库。它们的职责是经管所有日常航运和仓库业务，包括任命高级办事人员，供应物质和煤炭，根据董事会的要求订购新的船只和机器，支付费用，收受各项收入；它们将对公司负责搞好经营管理，做出进出账目清楚正确，每半年结账一次，即 12 月 31 日和 6 月 30 日，并上报盈利。"② 由此可见，旗昌洋行是旗昌轮船公司的发起人、投资人兼经理人。在旗昌轮船公司及扬子保险公司的股份总额中，旗昌洋行投资了 6 万元。③ 新成立的旗昌轮船公司没有经营管理的权力，仅拥有所有权。公司所有的管理人员和办公场所均由旗昌洋行提供。也就是说，旗昌洋行是旗昌轮船公司实际的管理者。作为代理人的旗昌洋行，它的收益体现在三方面：一则，每年获得该轮船公司总收入的 5% 作为佣金。业务兴旺时，每年可净赚 10 万两白银。二则，在购置船只和其他物质时收取佣金，以及借用旗昌轮船公司的现金时，只须支付 5% 的低利。三则，旗昌轮船公司之后创办扬子保险公司亦由旗昌洋行担任"秘书和代理人"。正如旗昌洋行的合伙人之一 F. B. 福士回顾 19 世纪六七十年代旗昌洋行的历史时所写道："在整个船运昌盛时期，旗昌洋行也同样生意兴隆，因为通过控制轮船公司所取得的收入，正好补偿因当地一般贸易衰退所遭受的损失。这样，它们的收益就和最昌盛

---

① 〔美〕刘广京：《英美航运势力在华的竞争（1862—1874）》，邱锡镕、曹铁珊译，上海社会科学院出版社 1988 年版，第 28 页。

② 〔美〕刘广京：《英美航运势力在华的竞争（1862—1874）》，邱锡镕、曹铁珊译，上海社会科学院出版社 1988 年版，第 29 页。

③ 〔美〕刘广京：《英美航运势力在华的竞争（1862—1874）》，邱锡镕、曹铁珊译，上海社会科学院出版社 1988 年版，第 28 页。

时期的水平一样多了。"①可见，旗昌洋行作为轮船公司的代理人收益颇丰。

旗昌洋行作为旗昌轮船公司的经理人，不仅负责公司的日常事务，而且对后者握有控制权。这种控制权的实现主要通过以下路径：首先是控制公司的股权。"旗昌洋行成员与华商认股人加在一起约为60%至70%，即拥有大部分股权。"②这正是旗昌洋行控制轮船公司股权的基本条件。在这大部分的股权中，华商股份非常重要。1871年金能亨在回顾关于旗昌洋行抓住旗昌轮船公司代理人不放的问题时称："旗昌洋行确实将代理人的问题掌握在自己手中。只要使股金保持原额，抓住能够予以控制的股份，在管理上差强人意，他们就可以从足够的华商追随者那里保证他们的永久地位。"③可见，如何驾驭华商股东是控制股权的关键。其次是控制董事会。旗昌轮船公司虽然没有管理和组织机构，但是设有董事会和股东大会决策机构。如何控制董事会对于控制旗昌轮船公司来说极为重要，旗昌洋行所采取的办法是安插"外界董事"。"在选举4名正式董事时，其中要有非旗昌洋行成员的外籍董事两人……这些人一般赞同旗昌洋行的管理的，虽然他们代表一些巴望能立即分得较多股息的股票持有者，他们所持的态度不一定与旗昌洋行着眼于公司长远利益的观点形态。"④也就是说，旗昌洋行一方面安插自己人进入轮船公司的董事会，另一方面保证外籍董事与在重大问题上旗昌洋行保持一致。最后是掌握公司总理人选。按照惯例，上海旗昌洋行的经理当选为旗昌轮船公司的总经理，其中上海旗昌洋行的经理金能亨于1862—1864年任轮船公司总经理。在董事会中，至少有另一位旗昌洋行成员担任董事。1862—1863年为格鲁，1863—1864年为F. B. 福士。⑤这样就确保轮船公司的董事会4名成员中必有2名为旗昌洋

① [美]刘广京：《英美航运势力在华的竞争（1862—1874）》，邱锡镕、曹铁珊译，上海社会科学院出版社1988年版，第33页。

② [美]刘广京：《英美航运势力在华的竞争（1862—1874）》，邱锡镕、曹铁珊译，上海社会科学院出版社1988年版，第30页。

③ [美]刘广京：《英美航运势力在华的竞争（1862—1874）》，邱锡镕、曹铁珊译，上海社会科学院出版社1988年版，第30页。

④ [美]刘广京：《英美航运势力在华的竞争（1862—1874）》，邱锡镕、曹铁珊译，上海社会科学院出版社1988年版，第31页。

⑤ [美]刘广京：《英美航运势力在华的竞争（1862—1874）》，邱锡镕、曹铁珊译，上海社会科学院出版社1988年版，第31页。

行的成员。在股东大会上，旗昌洋行掌握了大多数选票，等于具有决定董事会人员构成的权力。在旗昌洋行掌握多数股权的情况下，作为少数股权代表的"外界董事"不得不听从前者的安排。由上可知，旗昌洋行通过控制股权、董事会以及总经理人选完全控制了旗昌轮船公司。这也说明，洋行作为代理人不仅扮演着经理人的角色，而且对董事会和股东大会产生一定甚至是决定性的作用。这就造成被代理的股份公司经理人地位特别突出，使得董事会和股东大会受其牵制。在真正的法人治理结构下，经理人作为公司的经营者，由董事会聘任并贯彻执行董事会的决策，最终维护的是股东权益，股东大会才是公司的最高权力机构。可是在旗昌轮船公司中，作为经理人的旗昌洋行在治理结构中扮演了核心角色，控制着股东大会和董事会，这也是洋行代理下西商公司法人治理结构与非洋行代理的西商公司法人治理结构的重要区别。

客观来说，在当时的社会条件下，洋行代理这一治理结构对双方来说可谓双赢。于新成立的轮船公司而言，因为缺乏从业经验，选择洋行作为代理人等于找到靠山。与此同时，不设立管理组织和机构可节省交易成本，这对新兴行业的新办企业来说肯定是有利的。正是基于这些益处，继旗昌轮船公司之后成立的 6 家西商轮船公司纷纷效仿前者，寻找洋行作为代理人（详见表 5-3）。于充当代理人的洋行而言，不仅能获得一笔不菲的佣金，还可促进自身业务发展。五口通商之初，西方对华贸易曾在很短的时期出现迅猛增长，但这种增长势头消失得非常快。自 1846 年起，西方对华商品输出开始减少，一直持续到 1855 年。与之相反的是，西商洋行数量增长很快，有限的贸易额由更多的洋行分享，洋行的代理业务越发难以开展，要想获得巨额利润几乎不可能，代理行遭遇生存危机，不得不寻求新的发展方向。自 19 世纪 60 年代开始，实力雄厚的大洋行开始主动转变经营方针，将以前的从属业务如航运、保险、汇兑等放到重要位置。此前，这些大洋行已经单独或与人合伙购置轮船参与航运业务，专业轮船公司成立后，前者更加不甘落后，纷纷成为新成立的轮船公司的经理人。1862—1885 年间，上海一地出现了包括旗昌在内共 7 家西商经营的轮船公司，这些轮船公司大多为洋行所发起并投资，本身不设管理机构和人员，由发起

行或投资洋行组织和管理。其中怡和洋行就代理了 3 家，包括怡和在内的
英商洋行共计代理了其中的 5 家。代理北清轮船公司的为惇裕洋行，这家
洋行虽悬挂英国国旗，但主要的是德商资本。1868 年 8 月，北清轮船公司
开办，惇裕洋行将原本属于自己的两艘轮船和一座码头卖给前者，充当轮
船公司的代理人，收取总收入 5% 的代理佣金。[①] 同时期，香港的轮船航
运公司也大多由洋行代理。1865 年成立的省港澳轮船公司，琼记洋行作为
总代理人，收取总收入的 5% 作为佣金。[②]

表 5-3　上海的轮船公司（1862—1885 年）

轮船公司	创立者	国别	建立年份	开创资本实缴
旗昌轮船公司	旗昌洋行	美	1862	1000000 两
公正轮船公司	轧拉佛洋行	英	1867	170000 两
北清轮船公司	惇裕洋行	德	1868	194000 两
太古轮船公司	太古洋行	英	1872	360000 镑（970000 两）
华海轮船公司	怡和洋行	英	1873	325000 两
扬子轮船公司	怡和洋行	英	1879	300000 两
怡和轮船公司	怡和洋行	英	1881	449800 镑（1370000 两）

资料来源：［美］刘广京：《英美航运势力在华的竞争（1862—1874）》，邱锡镕、
曹铁珊译，上海社会科学院出版社 1988 年版，第 3 页。

　　洋行代理可能产生三种结果：第一种是洋行始终扮演经理人角色。如
旗昌洋行，不仅代理旗昌轮船公司，连旗昌轮船公司名下的扬子保险公司
也一同代理，加速了洋行经营业务的转型，由单一性向多元化转变，不断
完善产业链。第二种是洋行不满足于从事代理业务，由代理人转化为所有
人，集经理人和所有人于一身。如怡和洋行代理的华海轮船公司和扬子轮
船公司，最后全部并入 1881 年成立的怡和轮船公司。这种转变使得洋行
的企业类型由单个企业向集团企业迈进，加速了企业组织形式的升级。近
代大部分实力雄厚的西商集团企业都是在 19 世纪 60 年代开始起步的，包

---

① 聂宝璋：《中国近代航运史资料》(第一辑)，上海人民出版社 1983 年版，第 295 页。
② 聂宝璋：《中国近代航运史资料》(第一辑)，上海人民出版社 1983 年版，第 203 页。

括怡和洋行、琼记洋行、沙逊洋行、旗昌洋行等。第三种是被代理企业经过一段时间培育后，脱离代理洋行成为独立企业或专业性公司。如于仁洋面保安行，1862 年宝顺洋行破产后，原始股东除宝顺洋行外，其余股东怡和洋行、特纳洋行、旗昌洋行并未撤资，令这家保险企业得以保全，并发展成为近代香港著名的保险公司之一。①

　　既然存在代理，自然就有代理风险，洋行代理亦是如此。洋行的实力和代理能力对被代理的企业来说至关重要，一旦代理的洋行实力不济或代理能力不足，可能对被代理的企业产生很大的负面影响。比如 1867 年创办的公正轮船公司，起初英商一家小商号轧拉佛洋行（Glover & Co.）代理，1870 年轧拉佛洋行陷入财政拮据，此前公正轮船公司也试图寻找比较稳定的合伙商号。此时，已经控制公正轮船公司 1040 股的琼记洋行试图说服旗昌洋行取代轧拉佛洋行掌握代理权，但遭到反对。随后，琼记洋行转向对购买股份并不关切的同孚洋行。公正轮船公司的董事们为给自己的企业罗致新的经理人员，也向同孚洋行靠近。1871 年 3 月 11 日，公正轮船公司将总代理权交给同孚洋行，有效期为三年。更换代理洋行后的公正轮船公司经营状况并未得到改善，囿于亏损 1873 年秋不得不歇业。② 可见，公正轮船公司经营不善与代理洋行密切相关。洋行自身经营不善，难免牵连到被代理企业。

　　在职业经理人阶层尚未形成之前，洋行代理本质上扮演的就是职业经理人角色，只不过这个经理人不是自然人。当然，我们也不能通称其为"法人"，因为当时并非所有洋行都具有法人资格。洋行代理可以称得上是甲午战争前职业经理人的过渡形式，但这种过渡形式对职业经理人阶层的形成具有重要意义。一方面，它暂时解决了新兴西商股份公司的管理问题，扮演了事实上的职业经理人角色。另一方面，它培养了中国境内第一代职业经理人。洋行代理只是名义，最终要落实到具体个人。比如旗昌洋行代理旗昌轮船公司，具体做法是前者选择上海旗昌洋行的经理担任后者的总

---

　　①　参见钱华：《近代中国外商保险业研究——以于仁保险公司为考察中心》，上海中国航海博物馆编：《上海：海与城的交融》，上海古籍出版社 2012 年版，第 120 页。

　　②　参见聂宝璋：《中国近代航运史资料》（第一辑），上海人民出版社 1983 年版，第 289—294 页。

经理。1862—1874 年，旗昌轮船公司先后出现 4 名总经理，任职时间见表 5-4。这些洋行派驻代理公司的总经理成为近代中国境内第一批职业经理人。

表 5-4　1862—1874 年旗昌轮船公司总经理任职情况

年　份	总经理姓名
1862—1863 1868—1869	金能亨（E. Cunningham）
1864—1867	泰森（G. Tyson）
1870—1872	沃登（H. H. Warden）
1873—1874	F. B. 福士（F. B. Forbes）

资料来源：［美］刘广京：《英美航运势力在华的竞争（1862—1874）》，邱锡镕、曹铁珊译，上海社会科学院出版社 1988 年版，第 197 页。

在船舶修造企业中，不仅小企业由洋行代理，就连 19 世纪 60 年代创办的大型企业祥生船厂、耶松船厂也分别由和记洋行、耶松洋行代理。在洋行代理过程中，出现了著名的职业经理人。以祥生船厂为例，1862 年英国人尼克逊（A. M. Nicolson）和包德（G. M. Byod）在浦东创办祥生船厂，开办资本 10 万两。① 船厂开办后，交由和记洋行（Nicholson & Boyd）代理。起初，和记洋行委托祥生船厂的合伙人之一包德担任经理。包德退休后由格兰特（P. V. Grand）接任经理，后者担任祥生船厂经理长达二十五年之久，直到 1892 年离开，此人在沪上船舶修造行业中声望较高。1894 年格兰特去世，《北华捷报》特别刊出了一篇《记格兰特》的悼文，文中写道："格兰特于 1865 年来华做生意，那时他仅仅 23 岁。起初生意不得意，他原本打算打道回府，此时经营造船工程的和记洋行（Nicholson & Boyd）经理包德退休，格兰特便接任了经理之职。凭着才能、努力以及同伴们的协助，他把这洋行发展成为一大企业，不久又将它改组为有限公司……两年前他退休离开了中国……刚刚在开罗去世。为纪念他们的老经

---

① 徐新吾、黄汉民主编：《近代上海工业史》，上海社会科学院出版社 1998 年版，第 12—13 页。

理，昨天祥生船厂停工一日，以志哀悼。"① 可见，格兰特作为和记洋行派往祥生船厂的总经理，其业绩获得众人肯定。另外，保家行的经理人玛礼司归国受到的礼遇也非同寻常。据 1883 年 4 月 18 日《申报》记载，"保家保险行之经理人玛礼司先生于今年回国，上海华商送以词章共申别敬，并赠旗伞等物以荣之。祝其归途顺利、衣锦还乡，盖其所以入人者深也。该行于西历一千八百八十二年定发第一次利银，每股七十五两，其利可想见矣"。② 同日，《沪报》亦发专文高度评价此君云："年来他公司亏耗频闻，惟有保家保险公司持盈保部……此出自马律司（玛礼司）先生……溯马受事迄今阅十五载……其接手之初，公司股份每股仅二百金，而后日渐充盈，递加至六百两。迨去年市价往来竟储至千余金之，可谓盛矣。"③《沪报》对玛礼司的关注，一定程度上说明他作为洋行派去管理保家行的总经理声望较高。

19 世纪 60 年代至甲午战争前，洋行代理的治理方式在与贸易有关的新兴行业中尤为盛行。这种治理方式的出现，与当时中国境内尚未形成独立的职业经理人阶层有关。囿于找寻合适的职业经理人极为困难，这些新成立的西商公司更倾向于委托洋行代理，以降低交易成本和经营风险。而洋行利用自身已有的资源组织和管理这些新创办的企业，既可拓展业务实现企业转型，又可拓宽利润来源。从这个意义上说，洋行代理是职业经理人阶层形成之前的特殊产物，而正是这种治理结构培养了近代中国第一批的职业经理人。总体来看，洋行代理这一治理方式的出现，既是洋行经营业务转型的需要，也是洋行转型的重要契机。通过代理获得高利润的大洋行开始转向其他行业，从而加速了贸易上下游产业链的发展，并催生了经营多元化的西商企业。在 19 世纪 60 年代前，以经营类型来分，西商企业中从事贸易的洋行占据绝大多数。19 世纪 60 年代后，除洋行外，航运企业、银行、保险企业、工业企业等发展迅速。洋行代理一定程度上加速了西商新式企业类型的出现。

---

① The North-China Herald（《北华捷报》），1894 年 3 月 30 日，第 463—464 页。
② 《西友荣归》，《申报》1883 年 4 月 18 日第 2 版。
③ 《沪报》，光绪九年三月十二日（1883 年 4 月 18 日）。

（二）非洋行代理企业的职业经理人

与洋行代理并存的治理方式是董事会聘请职业经理人经营和管理企业。甲午战争前，这种形式已经存在，而且代表了委托代理下职业经理人阶层形成的发展趋势。

19世纪60年代后，在西商经营的船舶修造企业中已经出现了经理人。如1864年广州黄埔诸船坞中高阿船厂（Gow & Co.）的经理为巴德奥奇（James Bandenoch）、香港黄埔船坞公司的经理泯德（Geo. N. Minto）、旗记铁厂的经理普德曼（W. E. Putman）。[①] 这些经理人通常有两大来源：一为船长或船上技术人员，二为合伙人。这些人最初可能并非职业经理人，后来演化为职业经理人。如曾任香港黄埔船坞公司经理的吉利士（David Gillies），原本是何伯船坞（Hope Dock）的合伙人。自己与人合伙经营的船坞被香港黄埔船坞公司吞并后，继续留新公司工作，几年后升任经理。[②] 从吉利士的经历来看，他就是从最初的小船坞所有人演化为大船厂职业经理人的，这属于职业经理人来源之一。

19世纪60年代后兴起的股份公司，与贸易有关者大多由洋行代理，反之则采取自我治理，即自身成立组织和管理机构管理公司业务，如新兴的公用事业企业、银行、食品与药品企业等。公用事业的出现旨在满足租界日益增加的侨民生活所需，这类企业与洋行无直接关系，所以一般采取自我治理方式，聘请职业经理人负责企业经营，如大英自来火房、上海自来水公司、天津煤气公司等。与洋行代理所不同的是，这种治理结构下三方相互制衡，经理人独大的局面较少出现，更能突出法人治理结构的优势。

第三节　法人治理结构的演进

甲午战争后，西商企业法人治理结构进入演进阶段。较生成阶段相比，这个时期企业类型的主体是19世纪60年代开始兴起、此后不断壮大的集

---

① 孙毓棠：《中国近代工业史资料》（第一辑，上册），科学出版社1957年版，第5页。
② A. Wright: Twentieth Century Impressions of Hongkong, Shanghai and other Treaty Ports of China, Lloyd's Greater Britain Pub. 1908, p.197.

团企业及甲午战争后进入的跨国公司。两大企业类型的出现与发展，推进了法人治理结构的演化，具体表现为股东与股东会制度的逐步完善、董事与董事会制度的逐渐成熟及职业经理人阶层的壮大。

一、股东与股东会制度的逐步完善

（一）股东的演进

股东的演进首先表现为股东的分散性与集中性并存。甲午战争后，西商股份公司数量增加，在中国境内发行的股票种类也大为增加。时至 1916 年，上海市场上可供买卖的证券达 13 类。分别是："（一）银行股票如汇丰、道胜等。（二）保险公司股票。（三）轮船公司股票。（四）船坞及水务公司股票。（五）开矿公司股票。（六）地产公司股票如业广、营业等。（七）橡皮公司股票。（八）纺织公司股票如怡和、公益、瑞记、老公茂等。（九）蓝格志公司、自来火行、自来水公司、祥泰木行等之股票。（十）商店之股票如福利、泰兴、汇司、谋得利、屈臣氏、汇中等。（十一）电车公司龙飞、文汇报、德律风等之股票。（十二）公共租界工部局及法工部局之公债票。（十三）业广、礼查、自来火行等之债券。"[①]民国初年，可供买卖的证券特别是股票增多，为股东的分散提供了条件。民国时期股东的分散表现如下：

其一，国籍来源广泛。就中国境内而言，西方后起国家加大对华扩张步伐使西商公司在国别势力上出现起伏。甲午战争后，德商公司实力一度增强，中国境内出现了更多的德籍股东。此外，比利时、荷兰、瑞典、俄罗斯等国商人经营的公司数量较前期增加，为股东国籍来源的多样化提供了可能。另外，随着跨国公司的进入，股东来源的多元化更加明显。正如英美烟公司宣称："英美烟公司虽只设总行于伦敦及纽约，其实乃一万国公司也。何以言之？盖因公司股票售于各国，各国市场无不有该公司股票出售。各国人士皆得购入股票而于股东之列。如华人欲为该公司股东一分子，则在上海，或其他通商口岸向股票市场购入该公司股票，即能享公司一切

---

① 《上海之股份买卖》，《申报》1916 年 1 月 26 日第 10 版。

利益。"① 号称"万国公司"的英美烟公司属于跨国公司在华设立的子公司，其股东遍及世界各地。

其二，从事的职业面广。就华人股东而言，随着西商公司资本社会化程度的提升，持有西商公司股票的华人由之前的买办、传统商人以及官僚士绅开始向新兴的阶层以及普通民众转移。出现上述转变的原因有四：第一，股票面值小额化，同样股本发行的股票数量大为增加，令持股者数量可能增加。第二，中国境内有产者规模有所提升，促使有能力购买股票者数量上升。进入民国之后，新兴职业兴起，医生、护士、公司职员、律师、会计师、工程师等群体成为中国社会新的有产者，他们的投资观念与中国传统的投资观不同。新兴社会阶层的兴起及投资观念的转变，为西商公司中华人股东的多元化提供了社会基础。第三，信息传递加快，西商公司招股信息在更大社会范围内被知晓。就西人股东而论，西方侨民社会的扩大为西人股东的多元化创造了条件。早期西方侨民社会以英美人为主，甲午战争后西方国家侨民社会在侨民数量以及国籍来源上均有很大变化。以上海为例，租界内逐渐形成了英美、德国、法国、俄国、白俄罗斯等数个西方侨民社团，抗战期间还出现了犹太人社团。这些不同国籍的社团为中国境内西人股东来源的多元化提供了可能性。早期西方侨民社会主要由传教士、领事、商人、冒险家等组成，甲午战争后西方侨民社会成员构成有所改变，专业技术人员数量上升，会计师、律师、教师、工程师、医护人员等成为西方侨民的重要组成部分，侨民受教育程度和素质有很大改善。第四，随着西方国家对华商品输出向资本输出的转变，国际资本团对华渗透的加剧，西商公司海外股东来源较前期更加宽泛。

整体而言，西商公司的股东呈现分散之特点，但不排除部分企业为确保掌控权严格限制股权的外流。如 1907 年 8 月 23 日英商创办的汉口和记洋行，这是世界冷藏业巨头联合冷藏公司在华投资设立的第一家企业。该洋行初创时，共有股东 9 人，资本总额 5 万英镑。1908 年 6 月 11 日，汉

---

① 上海社会科学院经济研究所编：《英美烟公司在华企业资料汇编》（第一册），中华书局 1983 年版，第 1 页。

口和记洋行在伦敦召集特别股东会议，议定该公司会员（除雇佣职员外）以五十人为限，股东执有数额不等的股份，并不得向外界招募公司股票及债券。①

股东来源的演进其次表现为法人股东的生成与发展上。甲午战争后，西商公司相互持股成为一种普遍现象，法人股东对西商公司的股权产生了重要影响。法人股东的出现主要有两大原因：一是金融资本的崛起。甲午战争后，西方国家实力雄厚的银行纷纷进驻中国，成为西商公司坚实的资本后盾。与此前不同，这时的西商银行通过持股控制其他企业，这些银行也就成为企业的法人股东。以美国为例，甲午战争前中国境内没有一家美商银行。甲午战争后，共有 11 家美商银行在华开业，其中花旗银行最早，美丰、运通、友华、菲律宾、汇业、中华懋业、大通次之，信济、友邦、美国商业较晚。②英国的汇丰银行自创办伊始就立足于中国，成为近代中国境内实力和影响力最大的银行。西商银行的扩张，既为西商公司提供了强大的资本支撑，又成为控制西商公司的重要角色。二是跨国公司进入后国际资本团通过投资新建公司、并购已有公司等方式实现对中国境内西商公司的控制，实现法人持股。如 1902 年美籍丹麦人马易尔在上海创办的慎昌洋行（Andeiben & Meyev Co.），一战后成为著名跨国公司国际通用电气公司的子公司，专销同为国际通用电气公司的子公司奇异安迪生电气公司（China General Edison Co. Inc）的电机和其他机械产品。③慎昌洋行的股份完全掌握在母公司手中，母公司就成为慎昌洋行的法人股东。

（二）股东会制度的逐步完善

股东会制度的完善主要表现在以下方面：

一是股东会召开更加规范。随着媒介的进步，每次召开股东会之前，西商公司通常会通过报刊通知股东参会，倘若股东会召开时间和地点有所变动，则再通过报刊发布更正信息，以确保股东都能参会。股东会结束后，

---

① 朱翔：《南京英商和记洋行研究》，南京师范大学博士学位论文 2013 年。
② 洪葭管主编：《上海金融志》，上海社会科学院出版社 2003 年版，第 194 页。
③ ［日］萍叶登：《侵略中国的英美财阀》，李公绰、陈真译，三联书店 1956 年版，第 81 页；陈真等编：《中国近代工业史资料》（第二辑），三联书店 1958 年版，第 354 页。

股东会的内容通常也在报刊上公布，让未能参会的股东了解股东会的召开情况，同时加大对公司的宣传。以上海为例，甲午战争前上海西商公司股东会的详情主要刊载于《北华捷报》，以英文形式呈现。《申报》中文版记载非常简略，只涉及分配情况。甲午战争后，上海西商公司除了在《北华捷报》上连续两期详细刊载股东会情况外，还会在《申报》上详细登载股东会内容。如 1897 年开工的鸿源纺织有限公司，1918 年 5 月召开股东例会后，将股东会的详情于 1918 年 5 月 23 日刊载于《申报》，以便更多人了解公司经营状况。内容如下："英商鸿源纺织有限公司于二十一日（5月）午后开股东大会，由降茂洋行大班海得民主席报告，略谓上次大会后公司即函致怡和洋行及日人川崎氏，请其投标注明收买公司之价格密封送交公司，俾于开会日拆视。此后，公司共收到投标信三通。一洗川崎所投开价一百三十万两；一洗某华人公司所投开价一百二十五万两；一洗英商长利洋行代某公司（华人）所投开价一百三十五万两，内附预交期票银三十万两。至于其他条件，则彼此相同……"① 此次股东会关乎企业生存，故而在《申报》上登载以引起股东们的极大关注。与此同时，《申报》也加大了对西商公司所开股东会内容的关注，时常登载股东会召开新闻。如 1918 年德华银行召开股东会，《申报》报道如下："二十三日柏灵电云，德华银行近开股东会集议时总理里德斯君宣称，该行目下办事异常谨慎，惟迩来贸易颇多绝望之处，故拟将营业范围略为收小。"②

二是"股东权益至上"原则体现得更加充分。按理来说，股东利益至上是公司制企业的核心原则，自西商公司生成以后基本上都能做到，这也是早期西商公司能够吸收大量华商资本的重要原因。随着时间的推移，股东权益至上的原则在西商公司中体现得更加充分，这主要表现在两大方面：一则，西商公司章程的透明化程度提升，使得股东对公司的运作以及规则有进一步的了解。其中突出做法就是将公司章程公之于众。如 1895 年创办的英商老公茂纱厂，招股时即把公司章程刊载于《申报》，注明公司注

---

① 《鸿源纺织公司股东会纪事》，《申报》1918 年 5 月 23 日第 10 版。
② 《德华银行营业报告》，《申报》1910 年 7 月 2 日第 27 版。

册地、股本以及招股情况等。①1903 年 7 月 22 日美国纸烟公司组织章程，就公司成立的目的、公司经营的业务、公司资本有明确规定。② 二则，"股东权益至上"的原则体现得更加明显，公司重要决策都需要经过股东会表决。如 1902 年 7 月 10 日上海美国纸烟公司经理费伦致上海公发英行函称，"关于本月 9 日你们写给我——作为美国纸烟有限公司代理董事长——的信，我谨代表董事们，根据你们信中提出的条件，接受你们收购上述公司的全部企业的建议。这项接受只是临时性的，须经尽可能于最近即将召开的股东大会的批准"。③ 这说明，如果不在股东会上表决通过，董事会的决定无效。

二、董事与董事会制度的逐渐成熟

甲午战争后，西方国家对华资本输出取代商品输出成为主要的经济侵略方式，跨国公司大量进入，它们"在华投资设立的外商企业也基本上是转移外国的同类企业，如英商惠罗公司地处上海南京路，但是其董事会设于伦敦，按英国法律注册，该公司是上海最著名的外资百货公司，其经营方式、组织形式以及经营内容都同欧洲最新式的百货公司无异"。④ 照搬同时期西方的经营方式、组织形式以及经营内容的直接结果就是西商公司法人治理结构更加成熟，除股东与股东会制度外，董事与董事会制度亦是如此。

（一）董事来源的演化

董事来源的演化首先表现为董事来源的多元化，这具体表现在两个方面：

从国籍来看，董事来源中华人董事增多。其中以四类企业比较集中：第一类是纱厂。1900 年鸿源纱厂有两名华人董事，分别是朱葆三和周

---

① 《英商老公茂洋行经理纺织有限公司章程》，《申报》1895 年 8 月 15 日第 12 版。
② 上海社会科学院经济研究所编：《英美烟公司在华企业资料汇编》（第三册），中华书局 1983 年版，第 18 页。
③ 上海社会科学院经济研究所编：《英美烟公司在华企业资料汇编》（第三册），中华书局 1983 年版，第 17 页。
④ 沈祖炜主编：《近代中国企业：制度和发展》，上海人民出版社 2014 年版，第 14 页。

胜卿。①1914 年设立的杨树浦纱厂，有两位华人董事——潘澄波和吴麟书。②1921 年，怡和洋行旗下的三家纱厂合并为新的怡和纺织股份有限公司，9 名董事会成员中华人董事有 4 人。③1921 年，上海崇信纱厂转为英商企业，吴麟书出任该厂董事。④第二类是橡胶种植公司。1909—1910 年在上海创办的 40 家橡胶公司中，有 9 家公司有华人董事。⑤第三类是房地产公司。根据《五口通商章程》及其附件，外国人可在通商口岸居住，但他们只有土地永租权而无土地所有权，不可对永租的土地进行买卖赢利。随着通商口岸人口的增长，土地流转带来的利润十分丰厚，于是外商铤而走险成立房地产公司，从而加速了土地的商品化。外商不宜直接出面购买土地，故而委托华人代为出面，这就成为地产公司吸收华商投资并聘用华人董事的重要原因。1925 年美商萨达利重新接盘并在美国注册的中国营业公司，5 名董事中有 1 名华人——林雨亭。⑥第四类是人寿保险公司。19 世纪末，西商人寿保险公司兴起。为吸引中国商人和官员投保，这些公司纷纷邀请有声望的华人担任董事。在英商永明人寿保险公司⑦、华洋人寿保险公司⑧及美商公平人寿保险公司⑨中都存在华人董事。另外，在 1927 年前至少还有下列企业也出现了华人董事：德商西门子洋行和科发药房；法商万国储蓄会、中法储蓄会等；英商立德榨油公司、商文印刷有限公司、瑞和洋行、公和祥码头公司、耶松船厂、中国公共汽车公司；美商《通问报》馆、《大陆报》馆、恒丰公司、华美烟草股份有限公司。⑩就西人董事而言，与前期相比他们的国籍更加多元化，从以英美董事为主体向多国董事并存。

---

① The North-China Herald（《北华捷报》），1900 年 12 月 5 日，第 1197—1198 页。
② The North-China Herald（《北华捷报》），1911 年 2 月 24 日，第 430 页。
③ The North-China Herald（《北华捷报》），1921 年 3 月 26 日，第 807—809 页。
④ The North-China Herald（《北华捷报》），1926 年 10 月 23 日，第 170 页。
⑤ 张秀莉：《上海外商企业中的华董研究（1895—1927）》，《史林》2006 年第 6 期。
⑥ 陆文达主编：《上海房地产志》，上海社会科学院出版社 1999 年版，第 149—153 页。
⑦ 《永明人寿保险公司》，《申报》1899 年 9 月 2 日第 5 版。
⑧ 《上海华洋人寿保险公司启》，《申报》1905 年 3 月 17 日第 6 版。
⑨ A. Wright: Twentieth Century Impressions of Hongkong, Shanghai and other Treaty Ports of China, Lloyd's Greater Britain Pub. 1908, p.540.
⑩ 张秀莉：《上海外商企业中的华董研究（1895—1927）》，《史林》2006 年第 6 期。

从职业来看，董事来源也呈现出不一样的特征。华人董事虽然还是以买办商人为主，但是出现不少与中国政府关系密切的华人担任西商企业的董事。如1926年耶松船厂邀请傅筱庵（1872—1940）当董事，此人因与北洋军阀孙传芳关系密切1926年当选上海总商会会长，之前他曾在耶松船厂中担任职工数年。[①] 虞洽卿、叶琢堂、陈光甫、钱新之、李馥荪等人之所以成为西商公司的董事，主要因为与南京国民政府核心成员关系非常密切，这些人都曾在南京国民政府或官办机构中担任要职。[②] 与此同时，西人董事的职业也是多元化。如1904年酝酿合并的耶松有限公司号称"正在筹备中的伦敦董事会都是金融界中有地位的人士"。[③] 作为船舶修造企业，早期的董事大多来自业务相关的航运企业，时至20世纪初，合并后的耶松有限公司董事已经不限于业务有关的行业。抗战胜利后，根据南京国民政府与美国签订的《中美商约》，凡是中外合资企业，不得称为洋行，其董事会应有华人参加，经理应由华人担任。[④] 很多西商企业中华人董事和华人经理有所增加。

（二）董事会制度的逐渐成熟

董事会制度的逐渐成熟首先表现在董事会成员增多。与前期相比，这个时期西商公司的董事会规模整体上有所扩大，特别是跨国公司进入后，董事会规模扩大更加显著。以英美烟公司为例，第一届董事会成员共18人，[⑤] 如此规模的董事会在前期的西商公司中较为罕见。

董事会制度的逐渐成熟其次表现在董事会的组成更加正规。在前期的洋行代理治理模式下，董事会的职能易于被边缘化，被代理企业的董事会也容易被架空。甲午战争后，这种情况逐渐好转。如1897年创办的鸿源纱厂，建厂时经理权由美商茂生洋行掌握，但1899年1月1日起移交给

---

①　The North-China Herald（《北华捷报》），1926年8月7日，第263页。

②　张秀莉：《上海外商企业中的华董研究（1895—1927）》，《史林》2006年第6期。

③　The North-China Herald（《北华捷报》），1904年9月30日，第752页。

④　高敏时、李少伯：《美商公懋洋行在中国》，载天津市政协文史资料研究委员会编：《天津的洋行与买办》，天津人民出版社1987年版，第127页。

⑤　上海社会科学院经济研究所编：《英美烟公司在华企业资料汇编》（第一册），中华书局1983年版，第2—3页。

股东们公推的董事会。①这说明，在鸿源纱厂创办之初，美商茂生洋行身兼二职即经理人与董事会，公司法人治理结构的特征不明显，容易造成股东权益被侵害。1899 年，纱厂成立由股东公推的董事会，客观上有助于保障股东权益。

在法人治理结构兴起之初，洋行代理的治理模式中董事会成员未必由持股多者担任，甲午战争后这种情况有明显改变。一则，股东权益意识的强化，特别是华人股东参与西商公司治理的意识与能力增强以及社会环境的宽松使得华人董事增多。二则，洋行代理治理模式下控制能力弱化，加大了股东参选董事的可能性。三则，受法律规制的影响颇大。甲午战争前，大多数西商公司在香港注册。甲午战争后，西商公司注册所依据的法律更趋多元化，法律对前者的规制能力有所增强。

董事会制度的逐渐成熟再次表现为董事会职能的强化。董事会职能的强化突出表现在公司遇到经营困境时能够提出行之有效的办法助其渡过难关。还是以鸿源纱厂为例，1911 年 6 月，鸿源纱厂召开股东例会，董事会提出公司发展建议并希望股东会表决通过。此次股东会召开情况如下："董事会要求股东会授权它为本厂增设一个有 300 台织布机的织布厂，及时发行优先新股的半数或董事们认购适当的股份。董事会一致认为：中国行销的粗纱织成的布匹迟早将全部由在远东开工的织布厂供给，首先意识到这一点的厂家必将获利。这些厂家从事织布后，不再依靠纱商即能从更广大的布匹市场获得厚利。因为棉纱市场时会疲滞，布匹却能按照对本地生产者颇有利润的价格随时出售。技术方面，董事会煞费苦心地作了最新的、最妥善和最经济的设计。所有需要的机件和织布机已经订购，预计大约 6 个月后就可以生产布匹。董事会要求建厂的建筑师准备将来进一步扩展的建议，并自认为很明智。在计划扩展的财政方面，每年只需支付利息10500 两。过去 10 年来，每年平均净利为 67678 两，150000 两的公积金已投入经营……会上未作讨论，由董事会主席建议和艾斯高先生建议将下

---

① 徐雪筠等译编：《上海近代社会经济发展概况（1882—1931）——〈海关十所报告〉译编》，上海社会科学院出版社 1985 年版，第 106 页。

列决议提交大会：增发新股 4000 股，每股 75 两，使公司资本增至 1050000
两。"① 这则材料说明，为解决棉纱滞销的问题及增加盈利渠道，鸿源纱厂董
事会建议创办织布厂，并通过发行优先股解决资本问题。为证明计划的可行
性，董事会对纱厂的盈利能力、公积金积累状况及织布厂的技术等问题作了
详细评估。同年 11 月，《北华捷报》记载称："董事会在这一年中曾召集股
东通过一项决议，即为增加资金决定增发优先股票 4000 股，其中 2000 股立
即发行，以便兴建、装备一个织布机与纱厂连接起来。此决议一经通过，便
采取了达到这个预期目的的各项步骤：招标、定购机器、开工兴建。所选
购的机器为最新的设计，适合织造市场上销售的各种布匹；机器很快就会运
到，厂房现已接近完成。已聘请一名织布专家，他将与机器同时到达。织布
厂的生产，会有顺利进展的纪录的。"② 由此可见，鸿源纱厂董事会的决策效
率较高，决策能力也较强。

三、职业经理人阶层的发展与壮大

甲午战争后，洋行代理还是存在，一些大洋行如怡和、太古等依然作为
一些单个企业的代理，但整体上这些以洋行代理取代职业经理人的治理方式
流行度下降。一方面，西商企业的资本和规模在扩大，股东要求职业经理人
管理公司以确保自身权益。另一方面，中国境内的外侨社会人口增长、外侨
素质的提升为职业经理人阶层的形成提供了条件。再者，中外信息交流较以
前更为便捷，西商公司从国外聘请经理人的可能性增大。按理来说，职业经
理人阶层形成的标志应该是完全市场化聘请高级经理人以及出现一个明显的
经营者市场。但在近代中国特殊的历史背景下，上述条件很难实现。

职业经理人阶层的发展与壮大，首先体现在西商公司的经理人更换比
较频繁。以工部局电气处及继承者上海电力公司为例。在 1929 年工部局
电气处被出售之前，敖尔祺担任总经理，他在工部局电气处任职多年，从
技术人员提拔为总工程师兼总经理，按理来说他不属于真正的职业经理人。

---

① The North-China Herald（《北华捷报》），1911 年 6 月 17 日，第 197—198 页。

② The North-China Herald（《北华捷报》），1911 年 11 月 25 日，第 527 页。

"上海电力公司副总董兼总理敖尔祺将于十五日辞职，择日取道纽约返伦敦，加入该地美国及外邦电力公司，其所遗职务即由副经理戴乐尔递升。按敖氏尚洗（系）一九零一年五月来沪，任工部局电气处主任，嗣即改称总工程师兼经理，直至去秋电气处出售乃加入上海电力公司。二十八年来公共租界电气事业之发展，多出其规划云。"①任职期间，敖尔祺对公共租界电气处的发展起到非常重要的推动作用，故而在沪上声望很高。"前工部局电气处现上海电力公司敖尔祺君，供联于公共电气事业已历二十八年，事绩功劳，沪共悉。浊闻已辞职退休，定于本星期六（十五日）揣返英伦，由商界虞洽卿先生发起，征求个人捐资贮赠金鼎一座，以志去思。列名捐赠者已有钱龙章、袁履登、吴蕴摘、李馥孙、徐新之、徐寄廎、孙景西、贝淞谇、林康侯、王晓癫、徐补谇、徐请云、许庭佐、徐通浩、冯炳南诸君等。并定于今日（十三日）下午五时，在福州路十七号四楼万国商团俱乐部官长室行茶会送行云。"②新成立的上海电力公司在敖尔祺离开后，一度将副经理戴乐尔升为总经理，一年后改用霍泼金氏。"国民新闻社消息，霍泼金氏因应美国国内外电力公司之聘，业已辞去其北平美孚油公司经理之职。（按美国国内外电力公司，在上海之分公司即为上海电力公司即去年收买上海工部局电气厂者。）霍氏虽仅中年，而在中国已屡任商业上之要职。霍氏生于北平，至十五岁时返国求学，卒业于麦赛邱式兹工业专门学校，得工程学士位。专心研究矿学及油之生产者数年，嗣于一九一五年再来中国，服务美孚公司。因在中国时久，对中国之情形洞悉无遗，始终以为中国前途未可限量。现即应该电力公司之聘，将来必能于中国之电气事业及经济界大展宏图。霍氏并被聘兼任上电力公司总理及顾问部主席，该公司之副理仍为戴罗氏。"③石油公司与电力公司分属不同的行业，霍氏从北平美孚石油公司跳槽至上海电力公司担任总经理一职，这是职业经理人阶层形成后才有可能出现的现象。

职业经理人阶层的发展与壮大，其次体现在西商公司中华人经理人的崛起。随着民国时期海外留学人员的归国，中国境内出现一个特殊的阶

---

① 《电力公司总理易员》，《申报》1929 年 12 月 3 日第 16 版。
② 《敖尔祺君定期返国》，《申报》1930 年 2 月 13 日第 15 版。
③ 《电力公司新聘霍泼金氏》，《申报》1930 年 2 月 19 日第 16 版。

层——海外归国人员，他们中不乏学习商科或对商业有兴趣者，这些人成为中国境内职业经理人市场上一支新生力量。美商海京洋行是美国纺织业的托拉斯，一战后进入中国，在上海、天津设厂。1921 年，上海成立海京洋行分行，由华人杨锡仁任经理。杨为上海人，清华大学毕业后官费留美，是唐绍仪的侄姑爷，也是海京洋行总经理赫金斯之子的同学。[①]

　　职业经理人阶层的发展与壮大，还体现在经理人的分工细化。前期西商公司经理人数量及企业规模有限，在经理人资源稀缺的情况下，很难做到分工细化。民国以后，西商公司出现了经理人之间的分工。还是以南京和记洋行为例，英籍经理（大班）对联合冷藏公司负完全责任，负责全厂事务，副大班（副经理）管理人事、生产、总务等。"大班向厂长交代业务，生产上发生事故，大班要找厂长或监督员谈话，如工作上厂长和监督员发生冲突，监督员可以找大班谈。""一切权利掌握在大班手中，生产每日有报表，由车间送办公室核对，再送会计室由大写签名，最后交大班批准，厂里制度极严，领一点东西都要经过大班批准。"大班室下设基建室，负责人为英籍总工程师，规定总工程师在行政上受经理领导，在技术上是独立的，设备变动，技术签字必须得到总工程师的同意。[②] 由此可见，职业经理人阶层的发展与壮大，推动了西商公司科层结构的完善与高效。与跨国公司分公司相比，集团企业的科层结构同样明显。以太古洋行为例，"香港太古总行机构是相当庞大的。经理之下，设远洋航运、旅客、工务、保险、账房、办房等业务部门"。[③]

第四节　西商企业管理制度的演化

　　西商企业作为舶来品，它的管理制度经历了从本土化向现代化或西化

　　① 阎伏千：《天津洋商海京洋行》，载天津市政协文史资料研究委员会编：《天津的洋行与买办》，天津人民出版社 1987 年版，第 148 页。
　　② 朱翔：《南京英商和记洋行研究》，南京师范大学博士学位论文 2013 年。
　　③ 政协广东省委员会文史资料研究委员会编：《广东文史资料第 44 辑：香港一瞥》，广东人民出版社 1985 年版，第 81 页。

的演进过程。甲午战争之前，西商企业本土化的管理特征较为明显。甲午战争后特别是民国以后，管理制度的现代化特征相对突出。

一、本土化的管理制度

（一）工头制与包工制

在近代西商企业中，现代公司制度在19世纪60年代后已经建立起来，但管理模式并未立即走向现代化。在一些西商企业中，西方现代管理模式如职员制、招聘制等被引进。而在另外一些西商企业中特别是制造类企业中，依然沿袭工头制、包工制的传统管理模式。

工头制又称为"拿摩温制度"或"那摩温制度"，是企业内部的一种工人管理制度。这一制度的主要特征是企业并不直接参与工人和车间管理，而是将管理权交由工头，企业主只要付出一定的薪金，一切工人的雇用、奖惩、管理、薪资等都由工头负责，工人与工头之间由此形成严格的人身依附关系。有的企业在工头之上设有总工头，之下设有小领班、爪牙，形成一套严格的工头制度。这种工人管理模式建立在招募工人时所采取的包工制基础之上。包工制和工头制的运用，既可以节省企业主招募和管理工人的时间，又降低了管理成本。为此，在近代很长一段时间里，这种制度不仅为中国企业普遍采用，而且广受西商大制造企业的欢迎。

从事食品加工且规模较大的南京英商和记洋行，在招募工人时采取的就是包工制度。"生产旺季到来时，大班及买办授权工头招募劳工，工人在待遇及保障等方面受到工头的控制，形成严格的人身依附关系，工头凭借招工收取佣金。资本家把生产任务包给大工头，大工头包给小工头，小工头再招小工，大工头管十几个小工头，小工头管几百个工人。一般的工人，都是从城里、下关各处招来，用工人带工人的办法，每找一工人来可得二十个铜板。搬运工人找工作要通过工头，平时给他送礼，有了他们就来叫，工作中讲明搬一篓鸡蛋要给工头半个钱，叫做'提头'，因此工头剥削的钱多得不得了。"①

---

① 朱翔：《南京英商和记洋行研究》，南京师范大学博士学位论文2013年。

作为近代中国电力工业的巨头，美商上海电力公司虽然采用招聘制，但也存在拿摩温。而且该公司还出现拿摩温属于何地人，则那个部门的何地人就占多数的现象，导致普通职工不同部门的工人来源比较集中。"在杨树浦发电厂，厂中技术工人，多隶籍宁波，约占百分之七十强，上海籍占百分之二十弱。小工多以江北、安徽、山东籍最多，占百分之九十强。而在馈电部，东区的工人多数为浦东人，地下线班又多以扬州人为主。"① 由此可见，普通职工中各种派系的出现与拿摩温的地域来源有关，这也说明，该公司在普通员工招聘时采用过包工制。除上述两家企业外，英美烟公司也出现过工头制和包工制。

工头控制工人的方式主要有以下几种：

一是通过同乡、亲属等个人关系网络招募廉价劳工。很多西商企业招募工人时采用包工制，大班及买办授权工头招募劳工。工头通过同乡、亲属关系招工，并收取佣金。根据英美烟工人回忆："我（徐永泰）原来在扬州乡下种田，我们租了地主 3 亩田、祠堂田 2.8 亩和祖上留下的五分田过活，地主一亩田要七斗租，那年乡下大水（1931 年长江水灾），阿姊前已来上海，我也就到上海，筹了三十块钱给拿摩温，进厂做挡车工，当时进厂一只牌子有时要送七八十元的礼，为了进厂，名字也跟着介绍人，改叫王永泰，直到解放后，名字才改正。我（黄志浩）是 17 岁时进浦东新厂的，在卷烟车间扫地，是由当时当捧烟工的娘舅通过拿摩温介绍进厂的。我（陈阿珍）的母亲在浦东新厂三车间女拿摩温家里帮佣，因为家里开支不够，我十岁时，母亲就托那个拿摩温代我讨到了一块工牌，我就进新厂三车间做工了。三车间有不少工人和我一样是绍兴同乡，也都是通过那个女拿摩温祝阿玲以同乡关系介绍进来的。"② 美商上海电力公司招聘员工较为常见的方式也是熟人介绍，特别是普通员工。在招收工人时，工头收受贿赂在所难免。

---

① 陈碧舟：《美商上海电力公司经营策略研究（1929—1941）》，上海社会科学院博士学位论文 2018 年。

② 王强：《"拿摩温"与近代外国在华企业工人管理制度本土化——以英美烟公司为中心的考察》，《安徽大学学报（哲学社会科学版）》2012 年第 4 期。

二是工头采取随意打骂、克扣工资、连坐、帮会等方式控制工人。工头控制工人的方式各式各样，而对女工的控制尤为严格。英美烟公司浦东某烟厂，强迫女工不准说一句话，如果谁触犯规则收牌子（裁撤）。"前日听见叶子间有一个女工，因男工将不好做的叶子都送了把她，她就请这男工分送大家做做，哪晓得被管理朱某在旁听见，当时就把这女工底牌子收掉了。女工问因何收我牌子，朱怒气勃勃说道，你会说话呀。此地规矩就是人把你底衣裳剥掉了，也不准开口的。这女工只得含愤而出！又盒子间有个女工因她们把嘴动了一下子，被管理人看见，居然也把牌子收掉。这不更是无故触霉头吗？"① 近代女工社会地位更低，要想在外商企业立足，受工头的欺凌程度较男工更甚。

工头仗着有辞退工人的权利，动辄打骂工人、克扣工资甚至侮辱、勒索。据英美烟浦东厂工人郝立祥回忆："五卅罢工，我只有 15 岁，在浦东厂第一车间叶子间里做工，那里的童工很多……有一个拿摩温叫季老三，他一天到晚用湖北话骂人、打人。他的哥哥是开大饼店的，他要工人去买他哥哥店里的大饼吃，这些大饼都是早上卖剩下来的，硬得很，工人不愿意去买，被他知道谁不去买就马上停生意，对这种事情，我们都非常气愤。"② 英美烟通北路厂卷烟部的王姓总工头"打骂人最是厉害。卷烟车间80%的工人都遭过他的打，有一个工人比较老实，自 17 岁进厂后，就一直被他殴打欺侮，被他打了 23 年之久……这批人除了打骂压迫工人之外，还要剥削勒索，王工头的徒弟在厂外被人打死了，王工头就硬要工人捐助棺材钱，他还借辞代庙宇写捐簿，向工人敛钱，如工人纪杨生当时每天只赚 5 角钱，就常常被他们写捐簿写掉了，一天连一点收入也没有。工人经过斗争，向公司争取到的'福利'香烟，王工头竟亦视作私产，要手下的工人卖掉后，把钱孝敬他"。③ 而这个王姓总工头自身也是工人出身。除打

① 上海社会科学院经济研究所编：《英美烟公司在华企业资料汇编》（第三册），中华书局 1983 年版，第 1114—1115 页。

② 上海社会科学院经济研究所编：《英美烟公司在华企业资料汇编》（第三册），中华书局 1983 年版，第 1115 页。

③ 上海社会科学院经济研究所编：《英美烟公司在华企业资料汇编》（第三册），中华书局 1983 年版，第 1116 页。

骂工人外，克扣工资也是工头对工人采取的控制手段之一。据南京和记洋行的老职员徐云鹏回忆："工头克扣工人的工资，九吊钱一月的，工头要从中拿去一吊，每介绍一个工人还有个铜钱的好处，受尽了贫困折磨失业人群，听说有工做，无不趋之若鹜，哪怕是三五个铜板一天，也抢着干，一些平时给工头送礼，奉承工头的人，就可以得到优先照顾了。"① 工头不仅在经济上严格控制工人，而且决定着工人能否继续拥有这份工作。据南京和记洋行老职员朱湘吾回忆："他们要用工人，由大班写字条给车间，要多少人发多少牌子，他们有一本子，上面记载着每个工人情况，并贴有照片，招工人时发招工人信，收到信的人就可以到厂领牌子上工，要裁人时就收牌子。"②

为从源头上控制工人，作为介绍人和担保人，一旦介绍新员工进入企业，需要承担相应的责任和义务。在美商上海电力公司，"介绍人必须向上电签署一份担保状，如果被介绍人进入上电后有偷窃财物、破坏设备等不良行为，担保人也需要承担一定责任"。③ 这说明工头利用介绍人与新进人员间的连坐关系进一步控制工人。

除通过打骂、克扣工资、辞退、连坐外，个别工头甚至组织帮会挟制工人。前文提到的英美烟通北路厂卷烟部的王姓总工头不仅肆意打骂工人，而且组织"关帝会""都天大会"和"拳社"等名目的组织。④ "通北路厂锡包部有一个李姓铜匠工头，绰号'消灾'，职工见到都叫他'爷叔'，他在厂外勾结帝国主义'捕房'、'包打听'，厂内广收门徒，铜匠间28个中26个都是他的徒弟。"⑤

工头在组建帮会的同时，工人往往也借助帮会势力保护自己，近代城

---

① 朱翔：《南京英商和记洋行研究》，南京师范大学博士学位论文 2013 年。
② 朱翔：《南京英商和记洋行研究》，南京师范大学博士学位论文 2013 年。
③ 陈碧舟：《美商上海电力公司经营策略研究（1929—1941）》，上海社会科学院博士学位论文 2018 年。
④ 上海社会科学院经济研究所编：《英美烟公司在华企业资料汇编》（第三册），中华书局 1983 年版，第 1116 页。
⑤ 上海社会科学院经济研究所编：《英美烟公司在华企业资料汇编》（第三册），中华书局 1983 年版，第 1117 页。

市工人加入帮会成为普遍现象。据南京和记洋行工人回忆："工友大都参加了封建性帮会，帮会中以红帮势力为最大，头脑叫李松山，是杀猪场的工头，码头和包蛋等处则是青帮的地盘。青帮和红帮为了争权夺利常起冲突，甚至为争码头打死过人，机器房等处的技工是属于宁波帮，他们工资较大，斗争性也较弱，英国资本家利用封建帮会统治工人，帮会头子都是厂里的工头，大大小小的工头约二三百人。"[①]

从已有资料来看，工头制和包工制广泛存在于近代外商企业特别是工矿企业中。在工业企业中，除上文提到的英商南京和记洋行、英美烟公司、美商上海电力公司外，英商怡和纱厂、开滦煤矿、公平洋行、祥生船厂、耶松船厂、瑞记纱厂及日商上海内外棉株式会社等都在很长一段时期内采用过上述制度。甚至有学者认为，"根据新中国成立初期对解放前上海外国企业的调查，绝大多数工业类企业都有移植拿摩温制度的经历"。[②]

工业企业所需工人数量多，故而包工制盛行，矿业企业亦是如此。以福中总公司为例，1920 年前后，这家公司的职工数量达 202000 人。矿工分为里工和外工，里工主要是井上技术工人，外工则为非技术工人。里工一般由矿方直接招募、管理和支付工资，外工主要采取包工制。包工制分为大包和小包两种。大包即从劳动力到工作面采掘等一整套生产过程都实行包工，比如对劳动力的雇用、工资金额、工程的规格、进度等，全部都包给包工头，生产工具由包工头自备或公司折价发给。小包与大包基本相同，不同的是工资标准由公司方面按规定发给，每月结一次账，减少包工头的过分盘剥。[③]

按理来说，近代西商企业的进入带来了西方先进的企业制度，包括以股份公司为核心的资本募集制度、以私有产权为核心的产权制度、以法人治理为核心的治理制度、预算制度以股息为核心的分配制度等。从制度变迁的角度审视，正是上述正规制度移植后产生的强大推动力，促使外商企

①　朱翔：《南京英商和记洋行研究》，南京师范大学博士学位论文 2013 年。

②　王强：《"拿摩温"与近代外国在华企业工人管理制度本土化——以英美烟公司为中心的考察》，《安徽大学学报（哲学社会科学版）》2012 年第 4 期。

③　薛毅：《英国福公司在中国》，武汉大学出版社 1992 年版，第 135—136 页。

业在中国快速成长壮大，并对中国本土企业形成强大的示范、刺激和挤压效应。这里有一点需要强调的是，在近代很长一段时期里，外商企业并没有将西方先进的车间管理制度移植而入，而是将中国传统社会网络内化为管理制度，从而产生了带有中国文化深刻烙印的工头制和包工制，这是近代外商企业管理制度本土化的重要表现。

以工头制为中心的包工制属于非正规制度，在制度变迁过程中，与正规制度相比，文化层面的非正规制度的移植与变迁相对滞后。诺斯认为，"文化信念具有极大的生存能力，且大多数文化变迁是渐进式的。同样重要的事实是，从文化上衍生的非正规约束不会立即对正规规则的变迁作迅速反应。其结果是，改变了正规规则和继承的非正规约束之间的摩擦导致的结果，在经济变迁方式中具有重要意义"。① 以工头制为中心的包工制的运用，"恰恰将传统经济组织中发挥重要作用的地缘、血缘等关系网络内化为管理效率，是联系工人与企业的有效纽带，在一定程度上降低了组织内部的管理成本。从这个意义上说，拿摩温制度是传统社会关系网络在现代企业制度中的嫁接和应用"。②

这种本土化的管理制度，首先适应了 19 世纪末外商工业企业大量进入后低成本、高效率地解决企业工人管理问题的制度需求。《马关条约》签订后，外商掀起了在中国境内设厂的高潮，当时中国社会经济尚处于转型阶段，既未建立起如同西方国家那样成熟的劳动力市场，也未能形成具备较强时间观念、较高劳动协作能力、较为深刻纪律意识等现代产业工人素质的工人群体，大多数工人是逃难而至、进城无着落的农民。对大多数刚刚在华落脚的大型外商企业来说，如何快速、高效地管理工人群体是一个颇为棘手的问题。在这种情况下，将工人招募和管理交由工头们打理，实属最佳选择。这种工人管理制度最大限度地利用了中国传统的血缘、地缘等私人关系，大大降低了外商企业重新建构车间管理体系及行政管理体系的成本，从而使非正式制度变迁滞后给正式制度效率产生的负面影响最小化。

---

① ［美］诺斯：《制度、制度变迁与经济绩效》，刘守英译，三联书店 1994 年版，第 61—62 页。

② 王强：《"拿摩温"与近代外国在华企业工人管理制度本土化——以英美烟公司为中心的考察》，《安徽大学学报（哲学社会科学版）》2012 年第 4 期。

其次，就技术层面而言，将工人管理交由工头负责，可使外商企业的用工数量保持一定的弹性，降低企业用工成本。烟叶生产季节性强，蛋品加工制造亦是如此。还是以南京英商和记洋行为例，"1917 年间，厂里有二十几个英国人，有几千工人，有七八十个厂警（其中印度人有二十几个，土耳其人十几个，中国人三四十个），生产淡季时，临时工全解雇，只留百来个固定工。1921—1922 年间，厂里有上万名工人，大多是临时工，下关、三牌楼、夫子庙都有人来做工，住在城里路远的还发车钱，生产旺季时，介绍一个工人进厂有 20 个铜钱的好处，生产淡季时，临时工全部解雇，只留下一百多个固定工，管理维修厂房机器"。①蛋品生产具有很强的季节性，春季最忙，用工需求量最大；秋季生产量少，用工量开始减少；盛夏、隆冬基本停产，用工量锐减。由工头负责工人管理，企业可根据实际生产需要调整用工数量，这有利于调节生产的季节性变化引发的劳动力成本上升，以降低企业带来的损失。

最后，从劳资关系角度审视，由工头充当资本与劳动力的中介，可缓冲工人与外商企业之间的直接冲突，将其变相地转化为工头与工人之间的矛盾。前文已述，外商企业用工具有一定的季节性，当生产淡季企业大批解聘工人时，工人往往将斗争矛头直接指向工头，这正是外商企业所期望看到的。

综上可知，工头制和包工制虽然是中国传统社会关系网络在外商现代企业制度中的嫁接与应用，它与中国近代社会经济的转型方向也是背道而驰的，但它是克服非正式制度变迁滞后给正式制度效率带来严重副作用情况下的最优选择。在英商开滦煤矿的管理者看来，"包工制是为了适应中国目前继续存在着的社会制度的最好的制度。1935 年初，曾经决定实行小组包工制。它是由许多临时小包工组成的小包组。它们在指定地点工作，按计件付款。为了改包工制为小包制，我们雇用了一批管段工程师。几个月以后，这个制度又被放弃"。②

---

① 朱翔：《南京英商和记洋行研究》，南京师范大学博士学位论文 2013 年。

② 南开大学经济研究所经济史研究室编：《旧中国开滦煤矿的工资制度和包工制度》，天津人民出版社 1983 年版，第 227 页。

（二）搜身制与检查制度

西商企业对工人的管理非常严格，除采用工头制和包工制外，有的工厂还实行严格的搜身制度。

据南京和记洋行老职员回忆："英国人有搜身制度，在厂门口安有栅栏，一条条像猪栏一样。工人下班后，一个个沿栅栏走，受检查，若搜到鸡蛋、火腿之类的东西，就要把拿东西的人吊在梁上毒打，打后还要照相贴在厂门口"，"和记工厂有搜身制，工人下工出厂要挨两次搜身。一次在车间门口，一次在大门口。如工人拿东西，被查出来就要罚工钱、开除，还要挨打，每天下班工人排成六行，男三行，女三行，挨次搜查，职员不搜。"①1934 年 1 月 5 日，英美烟公司浦东厂经理格兰特致函该厂监督，要求搜查工厂工人。"请注意，将来对雇员们的搜查应在一个外国人的监督下执行。对各部雇员的搜查，由各部领导监视，对工厂职员随时进行的搜查，由工厂副大班负责监视。"②可见，英美烟公司对工人的搜查制度比南京和记洋行更为严格。

除搜身制度外，南京和记洋行还实行严格的检查制度。"和记大门从早七点至下午一点关闭，不许工人进出，规定工人只能从规定的入口进厂做工；工人入厂后，监工要核查到厂人数，并分配工人的工作任务；所有的工人必须佩戴相应的工作牌；工人在工作期间要出厂必须得到英方管理人员的许可等等。"③英美烟公司也不例外，公司明文规定："一切工人每日离厂时，应受各处守门人检查。本厂管理部对于一切工人各发铜牌一面，或载明号码之卡片。该铜牌或卡片照章应于入厂时或出厂时呈验，以资凭证，工人不得遣人顶替来厂工作，亦不得将铜牌售卖，或给予他人，违者即予解雇。"④

① 朱翔：《南京英商和记洋行研究》，南京师范大学博士学位论文 2013 年。
② 上海社会科学院经济研究所编：《英美烟公司在华企业资料汇编》（第三册），中华书局 1983 年版，第 1114 页。
③ 朱翔：《南京英商和记洋行研究》，南京师范大学博士学位论文 2013 年。
④ 上海社会科学院经济研究所编：《英美烟公司在华企业资料汇编》（第三册），中华书局 1983 年版，第 1130 页。

二、现代科学管理制度的兴起

（一）高级职员制与经销制

自西商企业进入之后，买办制度在中国兴起。20世纪后，买办制度的弊端逐步显现，加之中外交流较之前更为顺畅，高级职员制和经销制开始取代买办制成为西商企业主流营销制度。

前文已述，甲午战争后买办制度发生重大变化，高级职员制和经销制逐渐取代买办制度。高级职员制取消保证金、佣金等买办制的核心内容，以单纯雇聘性质的职员取而代之。之前的买办改任西商企业的高级职员，俗称"华经理"或"华账房主任"。高级职员制与买办制度孰优孰劣从下面一个例子清晰可见。1915年戈尔特在法租界创办云飞汽车公司，初聘谭雅声为买办。一年后改聘盛燮圭为华经理，全权办理公司业务。在盛燮圭的经营下，这家公司成为上海最大的出租汽车公司。[①]

为笼络华人高级职员，部分西商企业甚至出让部分股份。如1936年美商公懋洋行让出一部分股权给中国高级职员，承受者有：济南现任与后任经理谭葆直、汪克壮，出纳李少洲、修理部高级职员李家栋、售货员张啸波以及驻晋代表高敏时。[②]

高级职员制在很多西商企业中广泛使用，而采用经销制的西商企业多为跨国公司，特别是产品单一的跨国公司。世界石油巨头在华设立分公司后，大多采取经销制。以德士古公司（Texaco Inc.）为例，这家石油公司"大多直接向用户推销汽油、机器油、柴油以及柏油、蜡料、油毛毡等产品，较少委托华商行号经销。而推销煤油则采用招聘殷实商号、划定销售地区、经理包销方式，即所谓'经销体系'……以上海为例，这个地区的经销行是南市的协和祥煤油行，经销区域包括奉贤、南汇、川沙、宝山等几个县，在各县招聘经销支行，再由支行向各乡镇发展经销处，经销处大多由烟纸店、酱油店、杂货店等兼营。这样，便建立起上海总公司——分

---

① 吴汉民主编：《20世纪上海文史资料文库》（第四辑，商业贸易），上海书店出版社1999年版，第316页。

② 高敏时、李少伯：《美商公懋洋行在中国》，载天津市政协文史资料研究委员会编：《天津的洋行与买办》，天津人民出版社1987年版，第126页。

公司——支公司——经销行——经销支行——经销处的星罗棋布的销售网络。……经销行与支行必须向上级分支公司提供现金和房地产契据两种担保品，无房地产契据则代之以殷实商号信用担保，并签订经销合同"。① 对西商公司来说，这种经销制有两大好处：一是经销行与支行存在直接隶属关系，支行又与上级支公司直接联系并受后者的监督，便于管理。二是经销行的销售能力强于买办。

西商企业意识到经销制优于买办之后，纷纷弃旧用新。如美商慎昌洋行初到天津时设有华账房，使用中国买办，承办羊皮、羊毛出口贸易。1926 年停办皮毛出口业务，取消中国买办和华账房，改用推销员发展业务。②1885 年在上海建立第一家公司的美孚公司，自进入中国伊始就逐步在华建立直接销售点，吸纳中国地方绅商或买办作为经销商。20 世纪 20 年代，由纽约美孚公司直接管理的销售网取代了中国买办式的经销制。美孚和英美烟公司成为第一批正式废除买办制的企业。实际上，20 世纪初开始，买办制就走向衰落，第二次世界大战后彻底没落。

（二）科学管理制度的兴起

在营销制度转变的带动下，西商企业的管理制度也悄然发生转变。民国前后，西方现代管理理念逐渐进入带来西商企业管理制度的革新。

以南京和记洋行为例。作为联合冷藏公司在中国的子公司，在管理上这家洋行制定了严格的制度。在生产管理上，实行层层负责与汇报制度。"生产任务由伦敦总公司下达，大班对总公司负责，总揽全厂事务，各部明确分工，各有专职，每天各车间记录员把该车间的生产情况（包括原料耗费、工人人数、原料产品等）记录下来，由车间监工核对后送至会计室，再由总会计室核对后制成表经会计主任签字后送大班，再由大班向总公司汇报。大班经常亲自下车间检查生产，每周、每月、每季都有总结报表上

---

① 吴汉民主编：《20 世纪上海文史资料文库》（第四辑，商业贸易），上海书店出版社 1999 年版，第 5—6 页。

② 邢锡九：《天津美商慎昌洋行》，载天津市政协文史资料研究委员会编：《天津的洋行与买办》，天津人民出版社 1987 年版，第 143 页。

报伦敦总公司，这样总公司得以及时拿握南京的生产情况。"① 在内部组织上，分工明确。前文已述，这家洋行的"英籍经理（大班）对联合冷藏公司负完全责任，负责全厂事务，副大班（副经理）管理人事、生产、总务等等……大班室下设基建室，负责人为英籍总工程师，规定总工程师在行政上受经理领导，在技术上是独立的，设备变动，技术签字必须得到总工程师的同意……厂务部，开始有各分厂厂长，后由副经理兼任，专管各车间（厂部）生产事宜，每个车间都有一个英国监工，办公室设在车间，并安排两个中国工头管理收发工牌"。② 在人事管理上，作为母公司的联合冷藏公司不仅直接下达生成任务，还严格控制人事权，掌控南京和记洋行的运作。

西方三大石油巨头进入中国后，庞大的业务必然要求严格的管理。三大石油公司在天津的分公司，全部由洋人担任正、副经理，经理负责对外联系，副经理主管全面业务，下辖若干部门。以亚细亚公司为例，有业务、副产、账务、运输、总务、工程、统计、会计、出纳、稽查、秘书、档案、收发、文具、家具等部门。在这些部门中，以总务、副产和稽查最为重要。总务部负责贯彻执行上级规定的煤油营业方针及办理对外交涉等事宜；副产部主管销售煤油之外其他各类产品；稽查部负责检查各地代理商及分销店有无违反契约、不遵守定价出售产品的事情。分公司在各段还派有驻段稽查，直接监督代理商的销售业务。③

① 朱翔：《南京英商和记洋行研究》，南京师范大学博士学位论文 2013 年。
② 朱翔：《南京英商和记洋行研究》，南京师范大学博士学位论文 2013 年。
③ 闻文：《英美三大油行在天津》，载天津市政协文史资料研究委员会编：《天津的洋行与买办》，天津人民出版社 1987 年版，第 183 页。

第六章　近代西商企业分配制度的演变

近代西商企业的分配制度是一个极为复杂却又十分重要的问题。就整体上看，在西商企业的缘起、生成以及演化阶段，分配制度呈现出不同的特征；就个案而论，在同一西商企业不同的发展时期，分配形式也有差异；于企业类型而言，商贸企业与交通企业、工矿企业、公用事业企业等分配形式不尽相同；就企业组织形式来看，业主制、合伙制与公司制企业的分配差别很大，单个企业、集团企业与跨国公司同样存在差异；就公司制企业内部来说，私人公司与股份公司又存在区别。与分配制度相关联的还有一个重要问题即员工的待遇问题，后者的演变过程与企业的分配制度演化有关，又与近代中国社会政治经济的变迁密切相连。

第一节　前近代中国境内西商企业的分配

在前近代中国，西方人已经在中国境内经营着两种类型的经济组织，即东印度公司和代理行号，西方企业制度随着这两类西商企业的进入而传入中国。这两类经济组织在企业制度上差异很大，东印度公司代表的是特许制下股份公司的典型，而代理行号主要停留在传统的业主制与合伙制阶段。分配制度与企业制度紧密相连，上述两种不同的西商企业制度在分配上也存在很大的差异。

一、东印度公司广州商馆的劳方权益分配

前文已述，东印度公司的决策机构属于伦敦董事部，它在中国境内的广州商馆仅仅是一个日常管理机构而已，故而广州商馆的分配不牵涉公司股东及资方权益分配。另外，商馆管理者为公司总部所派，他们的酬劳由总部承担。公司大班支付佣金，大班以下的职员支付固定的工薪。

根据马士编撰的《东印度公司对华贸易编年史》记载，在19世纪20年代共十年间，商馆每年平均固定资产为71786.6两，约合99704元。从维持广州商馆正常运作来看，固定资产与流动资产总额约为30余万元。[①]商馆固定资产由建筑物、船只、家具、图书、灯饰及其他的财物构成。商馆"布置豪华，待客奢靡……天花板上吊着一簇巨大的蜡烛台，插上蜡烛，桌上放着一个枝型大烛台，烛光照耀着桌面上许多银盘中的山珍海味"。[②]不过在固定资产项目中，尚未出现"折旧"一项。与固定资产相比，东印度公司每年给广州商馆投放的流动资产数量更大。流动资产主要包括四项内容：一是商馆的经费，用于维系商馆日常运作的费用，如1822年商馆的经费为60934两，1825年为77008两，[③]两年平均为68971两；二是员工开支；三是地租；四是房租。在散商眼里，依靠专营权确立起来的东印度公司他们很少考虑商馆运作的费用，其中英国东印度公司是在中国最浪费的公司。1830年，英国国会调查委员会发现公司商馆每年的费用为9万英镑，约为45万美元。[④]

相比代理行号，英国东印度公司广州商馆的职员数较多，劳务分配比较复杂。"以前照例以365天期的伦敦汇票，按公司固定汇率美元按5先令算。由于通常的汇率是按6先令算，对此觉得吃亏，所以第二次用现款付给他们。"[⑤]支付详情见表6-1。此表显示，商馆职员工资由工龄和工种决定。在显示的人员名单中，医生工资最高，其次是工龄八年以上的书记（文书记录员）。支付现款工资时，公司将伦敦汇票的汇率已经考虑进去，算是对职员的优待。以利文斯通为例，他的工薪是1000镑，这里付给4167元。这笔款可购入伦敦汇票1250镑。如果付给的是1000镑汇票，那么他在广州出售后

---

①　郭小东：《19世纪30年代广州口岸的西方投资》，《中山大学（社会科学版）》1998年第4期。

②　[美]亨特：《广州番鬼录　旧中国杂记》，冯树铁译，广东人民出版社2009年版，第41—42页。

③　[美]马士：《东印度公司对华贸易编年史（1635—1834年）》（第四卷），区宗华译，广东人民出版社2016年版，第57、113页。

④　[美]雅克·当斯：《黄金圈住地——广州的美国商人群体与美国对华政策的形成（1784—1844）》，周湘、江滢河译，广东人民出版社2015年版，第25页。

⑤　[美]马士：《东印度公司对华贸易编年史（1635—1834年）》（第四卷），区宗华译，广东人民出版社2016年版，第257页。

所得不会超过 3333 元。①

表 6-1　1815 年东印度公司广州商馆职员的工资

姓　名	职　业	工资（元）	姓　名	职　业	工资（元）
部楼顿	工龄 8 年以上的书记	4364	跛臣	医生	5000
米力特	工龄 5 年以上的书记	2909	利文斯通	医生	4167
班纳曼	工龄 3 年以上的书记	1250	马礼逊	汉文翻译	4167
马治平	工龄 3 年以上的书记	1250	里斯夫	茶叶检验员	2917
德庇时	工龄 2 年以上的书记	833			
覃义理	工龄 1 年以上的书记	417			

资料来源：［美］马士：《东印度公司对华贸易编年史（1635—1834 年）》（第四卷），区宗华译，广东人民出版社 2016 年版，第 257—258 页。

说明：高级茶叶检验员鲍尔没有包括在名单内。

1825 年，威臣担任东印度公司广州商馆特选委员会主席，指导全部公司事务，按例负责管理财库，与另外两名成员组成特选委员会，负责管理商馆事务。另外两名特选委员会成员分别是担任出口货监督的图恩、担任进口货监督的部楼顿。② 其他支付佣金的大班见表 6-2。由此表可知，1825年商馆共有员工 24 人，除管理者外，普通员工中工资最高的当数汉文秘书兼进口货代理监督德庇时。与 1815 年相比，他的工资涨了 1250 元。可见，工龄长短对工资水平影响很大，这是商馆留住职员的办法之一。19 世纪后，代理行号兴盛，不少商馆职员跳槽至代理行号，以获取更高收入。为减少这种现象，商馆按照工龄给职员加薪。薪酬仅次于德庇时的为茶叶检验员，之后是牧师和医生，文书、杂役、管事等最低。医生是唯一享受津贴的职业。

1828 年，商馆人员共 25 人，包括特选委员会 4 人、委员会以下的大班 5 人、书记 7 人、雇员 5 人、仆人等 4 人。这些人中，除了医生享受津

---

① ［美］马士：《东印度公司对华贸易编年史（1635—1834 年）》（第四卷），区宗华译，广东人民出版社 2016 年版，第 258 页。

② ［美］马士：《东印度公司对华贸易编年史（1635—1834 年）》（第四卷），区宗华译，广东人民出版社 2016 年版，第 120 页。

表 6-2 1825 年东印度公司广州商馆人员名单及工资

姓 名	工作分配	工 资	姓 名	工作分配	工 资
威臣	主席	不详	约翰·桑希尔	抄录文件和茶叶过磅的书记	第一年 100 镑
图恩	出口货监督	不详	雷文萧	抄录文件和茶叶过磅的书记	第一年 100 镑
部楼顿	进口货监督	不详	马修·克拉克	抄录文件和茶叶过磅的书记	第一年 100 镑
米力特	出口货代理监督	不详	哈丁	牧师	1000 镑
班纳曼	管理办公室	不详	鲍尔	茶叶检验员	2500 镑
马治平	秘书	不详	里夫斯	代理茶叶检验员	500 镑（5 月 27 日前）；后为 1000 镑
德庇时	汉文秘书兼进口货代理监督	2083 元（汉文译员）	跛臣	医生	300 镑，生活津贴 1000 元
覃义理	管理买办账目	不详	利文斯通	医生	1000 镑，生活津贴 1000 元
查尔斯·史密斯	会计员	100 镑汉文学生	布莱克	孟加拉土著助理	1200 元
约翰·杰克逊	第一会议记录和茶叶的过磅与接收	不详	斯普纳	仆役长	800 元
英格利斯	抄录文件和茶叶过磅的书记	300 镑，作为汉文学生 100 镑	阿·史密斯	管事	100 镑
阿斯特尔	抄录文件和茶叶过磅的书记	第一年 100 镑	爱德华·莱恩	仆役长	100 镑
				教堂执事	100 元

说明：6483582 两 = 9004975 元，即 1 两 = 1.39 元。

资料来源：［美］马士：《东印度公司对华贸易编年史（1635—1834 年）》（第四卷），区宗华译，广东人民出版社 2016 年版，第 120—121 页。

贴外，汉文学生、茶叶检验员也享受津贴，作为茶叶检验员的里夫斯得到
"完全合格的奖金500镑"。[①] 这说明，商馆的劳方权益分配出现多元化，
不仅仅限于单一的工资，出现了津贴、奖金。劳方权益分配的多元化是商
馆管理水平提高的表现，并不意味着劳方收益有很大提升。从表6-3可知，
1829年与1825年相比商馆员工的薪酬比较稳定，同一职务、同一工种的
员工薪酬差异比较小。这也说明，东印度公司广州商馆的工作人员待遇具
有相对稳定性。

表6-3　1829年东印度公司广州商馆工作人员的工资

姓　名	职　业	工　资	姓　名	职　业	工　资
维切尔	牧师	800镑	里夫斯	茶叶检验员	2000镑
马礼逊	翻译兼通译	1000镑	罗素·里夫斯	副茶叶检验员	500镑
跛臣	医生	1300镑	坎宁	管事兼教堂执事	1100元
加律治	助理医生	1000镑	斯普纳	仆役长	800元

资料来源：［美］马士：《东印度公司对华贸易编年史（1635—1834年）》（第四
卷），区宗华译，广东人民出版社2016年版，第214页。

　　商馆职员与同时期东印度公司船上职员的工资水平不完全一致。以
1822年东印度公司船上职员（大班）的待遇为例（如表6-4所示），船上

表6-4　1822年东印度公司船上职员的工资

职　务	一半工资（元）	另一半工资（镑）
指挥	12539	3000
大副	1254	300
二副、医生、出纳员	836	150
四副、助理医生	418	100
五副、水手头目、炮手、木匠	209	50

资料来源：［美］马士：《东印度公司对华贸易编年史（1635—1834年）》（第四
卷），区宗华译，广东人民出版社2016年版，第63—64页。

---

① ［美］马士：《东印度公司对华贸易编年史（1635—1834年）》（第四卷），区宗华译，广东
人民出版社2016年版，第187—188页。

职员所得工资票据分为两部分：一半见票后90天内付款，另一半是365天。与商馆职员相比，船上员工的待遇偏低。以医生为例，表6-1中利文斯通的工资应为1000镑，而船医半年工资仅为150镑，相当于一年工资300镑，这与利文斯通的工资相比，差距甚远。船上职员工资最高者为指挥，这个职务的工资比任何一名商馆职员都要高，也远高于船上其他职员，这是由该职务的重要性决定的。

二、代理行号的分配制度

代理行号大多采用合伙制，其分配分为两个层面：一是行号所聘员工的薪酬；二是合伙人之间的利润。

前近代经营代理行号者多为英国散商，他们能经营代理行号是因为其顶着他国领事的头衔。他国领事头衔在当时来说属于稀缺资源，当时欧洲在华设立商馆的国家比较有限，总数不超过20个。在这种情况下，真正能仰仗他国领事头衔常驻广州的英国散商非常有限。以1823年为例，以他国领事之名长期留在中国的英国散商只有7人。他们分别是：马格尼亚克（普鲁士领事）、丹尼尔·马格尼亚克（普鲁士领事）、托马斯·颠地（撒丁领事）、马地臣（丹麦领事）、贝里（瑞典领事）以及查顿、戴维森。在东印度公司严格控制下，代理行号能开设起来不易，更别提再雇用员工。所以，代理行号员工工资比重很小，基本上可忽略不计。

代理行号的分配主要是合伙人之间的利润分配。行号的合伙人数量也比较有限，如著名的旗昌行，成立后严格规定自己只经营代理业务。从1824年1月1日到1830年中期，它的合伙人只有罗素（剌素）和安米登两名合伙人。1830年，增加了3名合伙人（洛、赫德、约翰·福布斯）。1832年，库利奇代替退休的赫德。1833年，其中一名合伙人洛去世。此时共有4名合伙人。此后，陆续新旧合伙人亦不断地更替，但合伙人数量基本上控制在4—5人之间。① 合伙人数量较少对于利润分配来说要简易得

---

① ［美］亨特：《广州番鬼录　旧中国杂记》，冯树铁译，广东人民出版社2009年版，第114—115页。

多。从已有资料来看，代理行号一般按年分派利润，但分配到手后的利润并不取走，而是再投资，直到合伙人永远离开中国或行号拆伙时一道领取。"每一个合伙人保持着一本单独的资本账，在合伙人永远离开中国的时候，往往就拆伙，提出他们的资本和所积累的利润，但是他们常常将这些资金再投到伦敦行号里。"① 作为大行号的合伙人，经过一段时期积累，其财产可能达到一定规模。如比尔行合伙人之一的托马斯·比尔 1820—1824 年间财产均在 10 万两以上，1820 年最高达 149067 两。

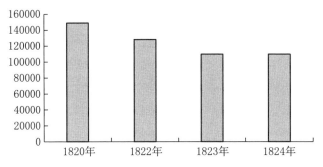

图 6-1　1820—1824 年托马斯·比尔的财产变化

资料来源：［美］马士：《东印度公司对华贸易编年史（1635—1834 年）》（第三卷），区宗华译，广东人民出版社 2016 年版，第 411 页；（第四卷）第 55、76、95、111 页。

　　为保证利润分配、尊重合伙人的投资意愿，合伙人往往在合伙契约上写明不从事"投机贸易"。如伊里萨里行的合伙契约上就明确写道："合伙人（伊里萨里和詹姆士·孖地臣）的意图主要是专心经营代理业务，不过并不排除在当地作些安全的投机生意，但是往别处去做冒险生意则被认为是营业方针的例外，而不是它分内的事情。利润应该登入共同账户，从这个账户中，每人每年得为各自的用途提取不超过五千元的款项，余下的款项滚存到合伙关系满期时为止，然后平均分派。"② 代理行号利润再投资的做法较传统合伙制企业有很大进步，它加速了企业资本积累及实力的快速增长，同时使企业存在时间更长。这也是前近代大的代理行号能够经营很

　　① ［英］格林堡：《鸦片战争前中英通商史》，康成译，商务印书馆 1961 年版，第 134 页。
　　② ［英］格林堡：《鸦片战争前中英通商史》，康成译，商务印书馆 1961 年版，第 135 页。

长时间并延续至近代的重要原因。

第二节　股份公司时期分配制度的确立

五口通商后，西商私人公司生成。受企业制度所限，私人公司延续的是传统合伙制企业的分配制度。近代西商企业分配制度的确立是在 19 世纪 60 年代后股份公司大规模兴起之后，伴随着企业经营类型的拓展、企业制度的创新，西商企业的分配内容逐渐趋于固定。

一、核算制度和新式会计制度的引进与运用

西商股份公司出现后，很快引进了西方近代会计制度。它包括收入核算制度、成本核算制度、利润核算制度及折旧、公积金、准备金、损益表、负债表等崭新的会计科目和会计处理办法，这些都是中国传统经济组织不具备的。在传统中国及近代中国很长时间里，中国企业组织采取单式记账法，它与近代会计核算原则与方法运用相差甚远。近代会计史上第一次重大革命是复式记账法的创立，1494 年，意大利人卢卡·帕乔利在威尼斯出版的《算术、几何、比与比例概要》专著中全面介绍了当时威尼斯流行的复式记账法基本原理，推动了复式记账法在世界的传播。1720 年南海泡沫事件所催生的注册会计师行业，促使会计从企业走向社会。[①]18 世纪 60 年代到 19 世纪三四十年代，英国工业革命中出现了工厂制度和批量生产，手工工场时期的成本计算方法过于简单，难以满足新式生成组织对成本核算的新需求，成本会计应运而生。随着股份公司的出现，企业所有权和经营权相分离，不参与企业经营的投资人迫切需要了解公司的财务和经营状况，从而催生了定期结转成本核算法。随着 19 世纪 60 年代后西商股份公司在华兴起，这些新式会计制度很快被引入中国并得到广泛运用。

最先引进和运用核算制度的是旗昌轮船公司。为应对激烈的行业竞争，

---

① 严行方：《会计简史：从结绳记事到信息化》，上海财经大学出版社 2017 年版，第 195—197 页。

旗昌轮船公司执行一套稳健的管理方法，使支出下降到最低。旗昌轮船公司的经理每半年要把账目给旗昌洋行过目，以便旗昌洋行合伙人了解其财务状况，这也是旗昌轮船公司引进和运用西方收入核算制度、成本核算制度及利润核算制度的重要体现。

表 6-5　1863—1866 年旗昌轮船公司下半年度业务情况表

（单位：两）

年份	山西号		四川号		湖广号	
	毛利	经常开支	毛利	经常开支	毛利	经常开支
1863	46714	37665	55155	36038	65082	53732
1864	46716	33736	43935	29630	66190	46587
1865	63255	33463	45675	29868	79662	48230
1866	65538	36004	71623	33146	0	0

资料来源：［美］刘广京：《英美航运势力在华的竞争（1862—1874）》，邱锡镕、曹铁珊译，上海社会科学院出版社 1988 年版，第 48 页。

最先引进和运用西方新式会计制度的也是旗昌轮船公司。作为第一家采用股份公司形式组织起来的西商企业，旗昌轮船公司将同时期西方的核算制度和新会计制度引入中国，公开账目，以便股东知晓。从 1867—1872 年股东例会上《董事会报告》可知，这家公司每年的资产情况以及负债情况都有详细的统计。[①] 在公开账目时，旗昌轮船公司所采用的会计处理方法也不尽相同。1867—1870 年间，旗昌轮船公司对新轮船的投资不是通过折旧账户而是损益账户，[②] 旨在降低剩余利润，尽可能减少来自股东的强大压力。这其中牵涉西商股份公司的分配问题，后文将详细阐释。

此后创办的西商股份公司，在股东例会董事会提交的报告主要分为两部分：一是公司营业报告，二是财务报告。前者反映公司的营业状况及营业规划，后者由反映公司财务状况的资产损益表和负债表组成。在绝大多

---

① ［美］刘广京：《英美航运势力在华的竞争（1862—1874）》，邱锡镕、曹铁珊译，上海社会科学院出版社 1988 年版，第 129 页。

② ［美］刘广京：《英美航运势力在华的竞争（1862—1874）》，邱锡镕、曹铁珊译，上海社会科学院出版社 1988 年版，第 119 页。

数西商股份公司的股东例会上，上述内容必不可少。这就说明，西商股份公司生成后新式会计制度随之进入。

二、分配基本内容与分配顺序的确立

企业分配的对象是利润。现代会计学上的利润有两种形式：一是"毛利润"（Gross Profit），简称"毛利"，指的是企业全部生产或服务所得。二是"净利润"或"纯利润"（Net Profit），简称"净利"或"纯利"，指的是毛利扣除生产、销售成本以及税收后的企业所得。近代西商企业享受治外法权的庇护，极少纳税，故而这部分可忽略不计。针对不同的利润形式，企业分配又可分为两种：第一种是以毛利润为对象的分配，称之为"分配"；第二种以纯利润为对象的分配，则称之为"剩余分配"。按照我国现行《企业财务通则》第 32 条对企业利润分配的规定，缴纳所得税后的企业净利润按照下列顺序分配：被没收财物损失，违反税法规定支付的滞纳金和罚款→弥补企业以前年度亏损→提取法定公积金→提取公益金→向投资者分配利润。这里的利润分配本质上属于"剩余分配"。

值得注意的是，近代西商股份公司在之后很长一段时间里，受当时社会环境所限及创办人的国籍、注册地不一致等因素影响，各企业财务上对毛利润和净利润的定义不完全一致。如 1877 年 8 月法商自来火行召开股东例会时，董事会提议的上年度公司分配方案就将股息和准备金算入毛利润中。①1877 年召开股东大会的香港黄埔船坞公司，董事会提交的财务报表将股东分红、保险费、董事会和审计员的费用等内容全部纳入纯利润分配。② 这也说明，此时的西商公司在财务上对毛利和纯利的概念有所混淆，由之证明这个时期西商股份公司的财务制度还不够健全。不过整体来看，此时分配内容已经确定，大致支付顺序如下：银行欠款与官利→薪酬→呆坏账→折旧→公积金→准备金→投资者与利益相关者收益→盈余转存。

---

① The North-China Herald（《北华捷报》），1877 年 8 月 25 日，第 185 页。
② The North-China Herald（《北华捷报》），1877 年 3 月 1 日，第 209 页。

（一）欠款与官利

企业分配的重要原则是"债权优先于股权"，清偿债务应摆在分配的首位。在甲午战争前，西商企业的欠款包含欠款和官利。这部分的分配属于债权分配，它们所占的比重决定了企业的生存与发展。尽管存在诸如后期美商电力公司这种高负债成功经营的案例，但毕竟属于少数。倘若在分配中欠款部分所占比例大，那么企业经营的困难就会增大。如 1867 年成立的公正轮船公司，资本为 20 万两，1783 年负债、呆账等高达 53567 两。尽管创办初期停发股息，试图以此弥补资本不足，但最终还是难以为继，于 1873 年秋歇业。①

近代中国资本稀缺，很多西商企业都曾有过向银行借款的记录，如前文提到的大英自来火房、协隆棉纺织有限公司等，银行信贷融资是西商股份公司重要融资方式之一。企业利润首先必须按照规定支付银行利息和到期还款，方能进入后续分配环节。

近代西商股份公司兴起之初，存在着与中国本土企业类似的官利制度。无论企业盈利与否都必须支付官利，因为官利属于债权性质，它与股利的股权性质不同。前文已述，近代西商企业的官利随着西商股份公司的兴起而出现。1877 年，旗昌轮船公司售予清政府时发现这家企业存在官利。据 1877 年 3 月 26 日《申报》记载："日前，旗昌火船公司诸股主毕聚，董事将去年帐略众览。据年内共净赚利银十七万八千九百两，按股份每百两分与官利七两，计共九万两。"②究竟这家轮船公司何时开始有官利，我们不得而知，但有一点可以肯定的是，这家公司的确发放过官利。同时期其他外商轮船公司也存在发放官利的行为，如 1872 年东海轮船公司的官利为 1 分，③ 相当于股本的 10%。外商保险公司同样采用发放官利的办法吸引股本。1870 年保家行在分配时，华商股东每年先获得 10% 的固定股息，然后才是 60%—80% 的红利。④1883 年增资募股的烟台缫丝局（Crasemann & Hagen's

---

① The North-China Herald（《北华捷报》），1874 年 4 月 2 日，第 293—296 页。
② 《旗昌聚议琐述》，《申报》1877 年 3 月 26 日第 1 版。
③ 《东海轮船公司告白》，《申报》1872 年 10 月 30 日第 6 版。
④ 杨在军，张岸元：《关于近代中国股份制起源的探讨》，《江西社会科学》2003 年第 1 期。保家行资料转引自汪敬虞：《十九世纪外国侵华企业中的华商附股活动》，《历史研究》1965 年第 4 期。

Filanda），"每股加收本银 100 两，并将 6 月应派之官利 16 两除扣，每股缴银 84 两"，① 这家外商缫丝局的官利高达 16%，而且增资招股时直接扣除当年官利。1836 年怡和洋行成立的谏当保险公司，1881 年公司改组后重新开业。"新公司专保海险，其利到算账之时，当照例扣还，与经手之人，从前扣还者，必须由股份之人，现则无论有股与否，算账时总可照扣本公司所得之礼，每年照各股所付之银算给一分利息，每届六阅月，尚可于官利外照给余利。"② 另外，在麦加利银行中也发现了官利。"本馆昨日接到麦加利银行西历去年办理情形及收付清帐，据称，去年（1885 年）七月一号起至十二月底止，净获盈余英金九万五千五百五十六磅十八先令一办士，连六月底结帐余剩英金七千九百四十磅零十辨（便）士，两共计英金十万三千四百九十六磅十八先令十一辨（便）士。现因英金价贵，故将所有外口产业以前照银数算者今俱照英金之数改正，各董事拟分给各股友官利按长年七厘算，付除此项官利。付出外，尚余英金七千九百三十三磅十六先零十一辨（便）士，滚入今年帐内。录此以见，该银行之办理得法，方兴未艾也。"③ 由此可知，麦加利银行在 1885 年分配时出现了 7 厘的官利。1886—1887 年未发现官利，1888 年再次出现官利。"昨日，有利银行以本年上半年清帐送交本馆，计至六月三十号止，除去一切开销，连上年下半年滚下共余英金五万八千九百四十九磅三先令二辨（便）士。现在该银行董事核定提出英金一万八千七百五十磅付与各股友，计周年官利五厘，尚余四万零一百九十九磅三先令二辨（便）士，滚入今年下半年帐内。观此知该银行之生意年盛一年，不特与股诸君互相庆幸，即本馆亦乐得而记之已。"④

一般而言，官利以年利计算，西商企业的官利通常为 1 分以上，少部分企业在 6 厘至 8 厘之间。如 1874 年 10 月 20 日《申报》对怡和轮船公司的官利记载云："每年以六厘利派分与各股份人。"⑤19 世纪七八十年代，

① 《烟台缫丝局告白》，《申报》1883 年 9 月 22 日第 4 版。
② 《广东（谏当）保险公司》，《申报》1881 年 12 月 15 日第 4 版。
③ 《麦加利银行结账清单》，《申报》1886 年 6 月 22 日第 3 版。
④ 《有利获利》，《申报》1888 年 11 月 18 日第 3 版。
⑤ 《怡和轮船公司结帐》，《申报》1874 年 10 月 20 日第 2 版。

中国本土企业的官利多为 1 分，清末一般 8 厘，20 世纪二三十年代降低到 6 厘。① 可见，同时期中外企业的官利水平相差不大。从存在的范围看，官利一般存在于中小西商企业中，而中国企业无论大小普遍存在发放官利的现象。

（二）薪酬

薪酬支付主要分为两部分：一是管理人员薪酬，包括董事、监事、经理人、审计人员等，二是员工工资与福利。

整体来看，股份公司时期西商企业中董事、监事、经理人、审计人员的薪酬支付按年度计算。每个公司在会计科目中列出办法不一，有的单列，有的则将其中两项或数项糅合在一起。整体来看，这部分的数量和占比不高。如香港黄埔船坞公司 1877 年董事费为 2500 元，审计员费用 250 元。② 两者的总数并不高。1876—1879 年大英自来火房的董事费分别为 1020 两、305 两、950 两、1030 两。审计员的工资连续四年保持在 200 两。连续四年公司毛利为 62618.95 两、65889.84 两、69379.71 两、73237.50 两。③ 董事与审计员的总工资数在公司毛利润中占比分别为 1.95%、0.76%、1.66%、1.68%。1884 年，大英自来火房董事费用共 1540 两，共 3 名董事，人均 500 余两。④ 从绝对数量来看，的确有所增加，但很明显是建立在公司业务量提升后毛利润增长的基础之上。董事会的酬劳除工资外，有的西商企业还有分红。如 1891 年下半年汇丰银行净利达 7007502.71 元，上年滚存 113872.25 元。当年董事共得分红 1 万元。⑤

从已有资料看，甲午战争前西商企业分配中没有发现专门的监事以及经理人薪酬。原因可能有二：其一，监事会制度尚未生成，不需要支付这部分薪酬。其二，经理人薪酬与其他员工工资合在一起，故而难以区分。

在西商企业的财务报表中，基本上都存在"工资"一项。不过，这部

---

① 朱荫贵：《引进与变革：近代中国企业官利制度分析》，《近代史研究》2001 年第 4 期。
② The North-China Herald（《北华捷报》），1877 年 3 月 1 日，第 209 页。
③ The North-China Herald（《北华捷报》），1879 年 4 月 4 日，第 329 页。
④ The North-China Herald（《北华捷报》），1885 年 3 月 18 日，第 317 页。
⑤ 《银行获利》，《申报》1892 年 2 月 20 日第 3 版。

分在分配中所占比例并不高。还是以 1876—1879 年大英自来火房的工资为例，这四年间工资分别为 7622.66 两、9571.79 两、9623.59 两、5497.91 两，毛利润见上文，工资在毛利润中所占比例分别为 12.17%、14.53%、13.87%、7.51%。这四年间，工资比例不增反降。对于工业企业而言，工人工资在毛利润中应该占据很大比重。但因当时中国劳动力市场供大于求，西商企业即使压低工人工资仍不愁招不到人，所以企业在分配时工资部分的占比始终不是很高。19 世纪 70 年代，中国境内工人日工资为 0.15 至 0.2 元。若平均工资每人每日为 0.175 元，每月应为 5.25 元。[①]19 世纪八九十年代，工资略有上涨。如祥生和耶松船厂普通男工日工资为 0.176 至 0.2 元；缫丝厂女工日工资为 0.16 元。[②] 如此低的工资水平，为西商企业特别是工业企业发展提供了充足的劳动力。

　　西商企业中工人工资具有如下特点：其一，工资分为三六九等。外商船厂中一般技术工人工资约为普通工人的两三倍，工头工资又比一般技术工人高。男工工资高于女工和童工。其二，工资支付具有一定的季节性。为尽可能节省成本，西商企业往往在淡季裁减工人。如香港黄埔船坞公司"所雇中国工人人数夏季与冬季差别很大，平均为 2500 人，而 10 月到 3 月的旺季则多至 4500 人"。[③] 其三，开始采用计件工资。1884 年美查洋行经营的燧昌自来火局"女工 1 人每染磷一匣得工资 6 文"。[④]西商在重庆经营的火柴厂同样采取的是计件工资，据称"火柴盒则由女工和童工或在工厂或在家内糊制，每制盒百个付工资 40 文。女工糊制火柴盒，平均每天可得钱 60 文，这对于一个中国普通工人的家庭，也算是一项不小的额外收入了"。[⑤]

（三）折旧

　　提取折旧是近代西商企业与中国传统经济组织分配制度中的重要区别

---

①　孙毓棠：《中国近代工业史资料》（第一辑，下册），科学出版社 1957 年版，第 1174 页。

②　孙毓棠：《中国近代工业史资料》（第一辑，下册），科学出版社 1957 年版，第 1212—1213 页。

③　A. Wright: Twentieth Century Impressions of Hongkong, Shanghai and other Treaty Ports of China, Lloyd's Greater Britain Pub. 1908, p.198.

④　The North-China Herald（《北华捷报》）1888 年 6 月 9 日，第 749 页。

⑤　孙毓棠：《中国近代工业史资料》（第一辑，下册），科学出版社 1957 年版，第 1231 页。

之一，也是西商股份公司兴起后在分配制度上的重要变革，更是西商企业持续经营、成长壮大的重要保障。在西商公司的分配中，扣除成本之后首先提取的就是折旧。在会计项目中，大多数企业将折旧列在毛利中，扣除生产和销售成本、银行欠款、薪酬等后就提取折旧，剩余部分列入净利润。整体来看，折旧在毛利润中所占比例较高，这也是西商公司隐藏利润，将利润再投资的重要方式。

　　以旗昌轮船公司为例。1867—1872 年间，该公司已经呈现出较强的盈利能力。为将利润再投资，以取得行业优势，在获得股东默认后，公司分配时往往将保险和折旧费的比例提高，用于轮船维护与更新。从表 6-6 可知，旗昌轮船公司的折旧金提取最高达到毛利润的 37.28%，除 1867 年外，其他年份均在 25%—38% 之间，其折旧提取比例之高较为罕见。

表 6-6　1867—1872 年旗昌轮船公司的折旧费和利润

年份	毛利润（两）	折旧费		纯利（净利润）	
		数额（两）	占总利润 %	数额（两）	占总利润 %
1867	806012	63540	7.88%	742472	92.12%
1868	751776	257624	34.27%	494152	65.73%
1869	718142	267757	37.28%	450385	62.72%
1870	781140	271132	34.71%	510007	65.29%
1871	951695	247320	25.99%	704374	74.01%
1872	674122	194640	28.87%	479482	81.13%

　　资料来源：［美］刘广京：《英美航运势力在华的竞争（1862—1874）》，邱锡镕、曹铁珊译，上海社会科学院出版社 1988 年版，第 119 页。
　　说明：这里的"折旧费"包括保险费和折旧费。

　　在西商工业企业的分配中，折旧的占比很高，后文在大英自来火房的分配中还将提到这个问题。

（四）公积金

　　在西商股份公司兴起之际及其后很长一段时间里，"公积金"的概念比较模糊。例如刘广京提到，"1865 年年终，旗昌轮船公司的公积金（保险金和折旧金）为 12532 两"。① 这里的"公积金"等同于"保险金和折旧金"。之后他又提到"旗昌合伙人在这一时期的信心倍增，因为 1872 年旗昌轮船公司能从利润中提存准备金 172662 两，以致公积金高达 1073901两"。② 这里的"准备金"与"公积金"等同。可见，旗昌轮船公司在不同时期对公积金的定义相差非常大。再如 1875 年 3 月 15 日《申报》对东海轮船公司分配方案记载如下："东海轮船公司各董事与股份人在怡和洋行内聚会，将去年七月至十二月共六阅月一期之帐略呈于众览。查据此公司共有六船，所凑合平银计四十二万有余两。此六阅月内共净赚利银六万千两，按每百两将十两分与各股份人为六阅月之花红，另将余银四万二千两拨入公余帐内，实可为兴旺矣。"③ 这里的"公余帐"是否可以理解为公积金呢？从性质上来看，应该就是公积金。从上述两个案例可知，在西商股份公司刚刚兴起之时分配中"公积金"的概念与现代会计学上的"公积金"不完全等同，其性质相当于剩余基金或备用金。

　　虽然此时西商企业对公积金的概念理解不一，但它们已经认识到分配时资金盈余的重要性。1868 年 3 月 17 日，旗昌轮船公司的经理 F. B. 福士写道："只有一种情况才会使公司破产，那就是让船只一直使用下去，不更新船队，并把所有盈余以股息形式全部分光！"④1868 年 F. B. 福士在信件中还写道："当他们（指同孚洋行）的航运公司准备就绪时，我们应该已经积累好一笔和他们资本相等的准备金！我们有了足够的准备金，便不怕对方抢我们的生意了。"⑤ 可见，尽管当时旗昌轮船公司尚未使用"公积金"一词，但对于类似于公积金之类资金盈余的认识已经很到位。这也说明，尽管一些西商企业在会计科目中没有出现"公积金"一词，但通常以盈余

---

　　① ［美］刘广京：《英美航运势力在华的竞争（1862—1874）》，邱锡镕、曹铁珊译，上海社会科学院出版社 1988 年版，第 63 页。

　　② ［美］刘广京：《英美航运势力在华的竞争（1862—1874）》，邱锡镕、曹铁珊译，上海社会科学院出版社 1988 年版，第 148 页。

　　③ 《东海轮船公司帐略》，《申报》1875 年 3 月 15 日第 2 版。

　　④ ［美］刘广京：《英美航运势力在华的竞争（1862—1874）》，邱锡镕、曹铁珊译，上海社会科学院出版社 1988 年版，第 121 页。

　　⑤ ［美］刘广京：《英美航运势力在华的竞争（1862—1874）》，邱锡镕、曹铁珊译，上海社会科学院出版社 1988 年版，第 121 页。

的形式保存公积金。如 1883 年汇丰银行的股东会记录所言："汇丰银行于去年西历一千八百八十二年年终结帐统计，本年交易除一切费用而外，计余洋银连前年滚存共七十五万二千六百六十元零一角一分。现拟分派各股友洋四十四万四千四百四十四元四角四分，留起洋十五万元归入余存项内，核计历年余存洋共二百五十万元。再留起十万元，以备将来贴补各股。尚余洋五万八千二百十五元七角七分，则滚存本年资本，以供经营之用。现在该行董事已定于本月二十日三点钟在香港会集总议事，即将清单颁给以供众览。然则该银行获利之厚，亦可概见矣。"[①] 这里出现的"滚存"以及"余存项"相当于盈余，属于利润转存的办法之一，虽无公积金之名，但本质上与公积金相同。不过三年后即 1886 年，汇丰银行的会计科目中就出现了"公积金"。"昨日，英公司轮船来沪，带来汇丰银行西历一千八百八十五年七月起至十二月底止收付各帐及董事办理情形，阅之不胜欣喜。内开半年之间，徐开销一切费用及清还各处利银，并提出应还各利外，净赚洋九十九万八千八百零零三角八分，并上届所余五万零七百七十九元二角二分亦在其内。除一万元分给各董事，又须付各股友每股英金二磅半计六万股，共洋六十六万六千六百六十六元六角六分。照现在洋价每元值三先令四办（便）士，今算付各股友则照每元四先令六办（便）士核算，所余均以便宜各股友，如此则应多付洋廿三万三千三百三十三元三角四分。又除房屋折价二万五千元，尚余洋六万三千八百零零三角八分，滚入今年帐内。由此观之，该银行之获利大有可观。查该银行尚有历年提存公积项下洋四百五十万元，又有另存洋五十万元，以备贸易。设或稍清，仍可分给各股友息洋。似此办理得法，算无遗策，该银行之方兴未艾，正未可量。且核计每股得英金二磅半，应合洋十五元。该银行每股资本一百廿五元，而半年之中得洋十五元，则一年可得洋三十元。其获利之厚，为各业所不及，尤当为该银行各股友额手庆之。"[②] 从上述材料可知，到 1885 年年底，汇丰银行公积金账户已达 450 万元，同时还有 50 万元的"存洋"。这既是汇丰

---

① 《银行获利》，《申报》1883 年 2 月 22 日第 1 版。
② 《汇丰银行清帐》，《申报》1886 年 2 月 19 日第 1 版。

银行较强盈利能力的表现，也说明在分配中这家银行特别注意公积金的提取，以扩大银行资本实力同时增进抗风险能力。

此外，大英自来火房在1885年营业报告中出现"公积金"一词，"董事会决定把公积金中的一小部分划入资本中，使资本增至200000元"。①1888年保安海险公司在分配中提到，"提出二万一千四百元归入公积帐内"。②1890年屈臣氏药房的分配中也出现了"公积金"一项，"拟拨5000元入公积金"。③1892年，实力雄厚的汇丰银行积累了数量可观的公积金。据《申报》云："汇丰银行去年（1891年）下半年所做生意现已印成清单，给各股友阅看。查清单内载，此六个月内除去一切付款外，净赢洋七十万零五千五百零二元七角一分。尚有上半年滚存帐裕洋十一万三千八百七十二元二角五分两，共结存荐洋八十一万九千三百七十四元九角六分。内除董事花红洋一万元，尚存洋八十万零九千三百七十四元九角六分。此数内董事议给各股友利银每股英金三十先令，合洋计算应付出洋五十三万三千三百三十三元三角三分先令。价有涨跌，今昔不同，应加付洋廿四万五千零四十五元零五分。付清后净存洋三万零九百九十六元五角八分，滚入今年上半年帐内。此次公积银内不再加入，所有公积银仍是六百三十万元。照此以观，可见该银行经理得法，故能日新月盛，所望日后进而益上，获利无疆，当又在股诸君所同深欣幸者矣。"④ 如材料所述，即使1891年下半年不再提取公积金，这家银行的公积金也已达630万元。1893年2月，汇丰银行召开股东会再次涉及公积金问题。"汇丰银行去年之帐，刻已结成印出，单张分致各股友，本馆取而译之。计西历一千八百九十二年七月至十二月杪二一律付清，尚余洋银八十九万六千六百廿一元九角四分。连去年六月杪滚入洋银七万零八百零七元九角，共余九十六万七千四百三十元零八角四分。现经董事传言，应将三十万元添入公积银内，使公积银多至三百六十万元，

① The North-China Herald（《北华捷报》），1885年3月31日，第345页。
② 《保安清账》，《申报》1888年10月12日第3版。
③ The North-China Herald（《北华捷报》），1890年5月16日，第588页。
④ 《银行获利》，《申报》1892年2月20日第3版。

所余之款付各股友，每股英金一磅。又从前先令上落算明付出外，尚存七万一千一百七十一元三角，此项俱滚入一千八百九十三年之帐内。今定于华正月十一日即礼拜一上午十一点半，邀股友至香港议事。观此知去年获利之丰胜于往昔，行见蒸蒸日上。"[1] 上述两则材料透露出的信息是，1892 年汇丰银行的公积金为 330 万元，与 1891 年的 630 万元相比减少 300 万元。所减公积金去向如何不得而知，但有一点是肯定的，汇丰银行为隐藏净利润，将其中很大一部分转变为公积金。这种做法不止汇丰银行一家，普遍存在于西商企业中。

公积金的用途有二：一是作为储备基金，用于添置机器设备、扩大企业规模等，其用途相当于折旧和准备金的提取。二是转化为资本，作为内源性融资的方法之一，而这种方式对于企业的快速扩张具有重要的意义。在近代中国资本市场不发达、不完善的情况下，融资困难是一个普遍存在的问题，作为近代西商企业制度创新重要内容的公积金制度，既解决了企业可持续发展的问题，又降低了融资成本，有助于加速企业扩张。从现有资料看，晚清中国本土企业的分配中，鲜有"公积金"一项，这极大影响了企业的竞争力和后续发展。相比较而言，西商企业在这方面具有明显的制度优势。

（五）准备金

准备金主要用于公司发展所需，具体包括哪些项目，各公司在财务处理上不一致。有的将它等同于公积金；有的则视为公积金、折旧以及保险基金的总和；还有的就将它作为单纯的准备金，在扣除上述项目后另外再扣除"准备金"一项，而且数量较大。往往扣除准备金后，最后再分配投资者所得。

1867 年省港澳轮船公司的董事会报告表明，上半年公司净利润为 97372 元，划拨 2 万作为准备金，1 万元偿债，其余 56250 元按照 20% 发放股息，剩下的 11122 元转入下半年账目。[2] 这里的"净利润"并不是真

---

① 《汇丰帐略》，《申报》1893 年 2 月 21 日第 3 版。
② The North-China Herald（《北华捷报》），1867 年 7 月 16 日，第 3115 页。

正意义上的净利润，因为其中牵涉 1 万元偿债，是否算毛利润也不得而知。唯一能看出的就是准备金在其中所占比例很高，很可能这里的准备金包括保险、折旧以及公积金等项目。1869 年上海公正火轮公司在对 56609.28 两净利润进行分配时，扣除股息后剩下 2 万两作为"以备费用"①，本质上就是准备金。

1882 年 11 月，上海的平和码头公司（Birt's Wharf Company）召开股东会，宣布"年收入的 2% 作为准备金"，②用于扩大公司业务规模。这里我们无法看出准备金的具体数额，只能说明这家码头公司在财务上划出专门的准备金。

（六）投资者收益

这个时期，投资者收益有两种形式即股息和红利（分红）。大多数西商公司支付投资者收益仅以股息形式呈现，少数公司在分配股息后还会派发红利。如 1875 年新宝裕保险公司就以"花红"分配吸引华商入股。③同年，另一家西商保险公司在分配时明确提到"每股花红银二百六十五两"。④

综合来看，这个时期西商企业股息派发具有如下特征：

其一，股息发放频率与形式不一。这里存在三种情况：一种是部分企业创办初期选择不支付股息以实现利润再投资的最大化。旗昌轮船公司即是典型，其他轮船公司也不乏仿效者。如 1867 年 7 月创办的公正轮船公司，1868 年上半年"得净利共三万九千两……凡有股份者，概不发出利息，俟英明年五月另出清单，有股份者聚会，照股分利矣"。⑤可见，1868 年公正轮船公司经营状况良好，有 3.9 万两盈余，但为了将利润再投资，公司当年并不分发股息，而是通知股东次年分发。1869 年公司赢利果然有所增加，"除去一切开销，净得利银五万五千零六十六两七钱一分，加上去年余存未分息银一千五百四十二两五钱七分，共五万六千五（六）百

---

① 《上海新报》，己巳年五月十七日（1869 年 6 月 26 日）。
② The North-China Herald（《北华捷报》），1882 年 11 月 15 日，第 519 页。
③ 《创设新保险行情形》，《申报》1875 年 11 月 8 日第 2 版。
④ 《保险公司帐略》，《申报》1875 年 10 月 22 日第 1 版。
⑤ 聂宝璋：《中国近代航运史资料》（第一辑），上海人民出版社 1983 年版，第 291 页。

零九两二钱八分，现可按股均分矣。其分法以三万四千两分与有股份之人，在有股份而不与该公司共生意者，照本钱一百两付利银十五两，共需银二万三千二百两。有股份而又与该公司共生意者，照本钱一百两付利银十五两之外加银五两，共需银一万零八百两，尚存银二万两，以备费用"。①分配股息的额度为每 100 两分得 15 两，与公司有业务往来者额外再分 5 两。股息分配后，剩余 2 万两作为准备金。第二种情况是几年支付一次股息的办法。如于仁洋面保安行，这家成立于 1835 年的保险机构多年来保留的股息分配习惯是三年结算一次。这些保险机构的顾客就是该行的股东。②第三种情况是为了抑制股息过高，出现以"股息凭证"代替部分股息的做法。这种做法出现于经营几年后的旗昌轮船公司的分配中。1870 年旗昌轮船公司发放了 12% 的现金股息，但企业仍有盈余。时任经理沃登建议发放相当于公司资本 20% 的"股息凭证"以代替加发的现金股息，赢得"外界董事"的赞同。③

其二，股息差异较大。从行业来看，轮船航运企业股息较高。从上文公正轮船公司可知，这家规模不大的西商轮船公司虽然 1868 年并没有派发股息，但是 1869 年派发股息与本金的比例为 15%，相当于年平均 7.5%。稍晚于公正轮船公司成立的北清轮船公司，创办之初盈利就相当可观。"除去银利并船栈亏耗外，净得利十万八千八百四十四两四钱四分……凡有股份者，每年每百两可得利三十四两五钱，而有股装货者，另得回用十两矣。"④普通股东可得股息 34.5%，提供货源者更是高达 44.5%。如此高的股息，在近代企业中较为罕见。保险公司的股息也比较高。1882 年保家行发放股息每股 75 两，⑤该企业股本为每股 200 两，⑥股息占

---

① 聂宝璋：《中国近代航运史资料》（第一辑），上海人民出版社 1983 年版，第 291 页。

② G. C. Allen & A. C. Donnithrone, Western Enterprise in Far Eastern: Economic Development of China and Japan, London: George Allen and Unwin Ltd., 1954, p.120.

③ ［美］刘广京：《英美航运势力在华的竞争（1862—1874）》，邱锡镕、曹铁珊译，上海社会科学院出版社 1988 年版，第 32 页。

④ 聂宝璋：《中国近代航运史资料》（第一辑），上海人民出版社 1983 年版，第 296 页。

⑤ 《西友荣归》，《申报》1883 年 4 月 18 日第 2 版。

⑥ 《沪报》，光绪九年三月十二日（1883 年 4 月 18 日）。

股本 35%，这也是该企业第一次发放如此高的股息。同时期西商码头公司的股息也不低。如 1882 年平和码头公司的股息为 12%，[①] 即每 100 两付银 12 两。[②] 比较而言，西商银行的股息较低。如"英京阿架（加）剌银行，去年除清各费所溢息银四万四千五百一十磅（镑），上半年老本每百均息三分，下半年老本每百均息五分。除均老本息外，尚余五千一百七十三磅（镑），归入本年进数云"。[③] 从企业来看，经营状况好的通常股息较高，反之则较低。不同企业如此，同一企业在不同的年份也是如此。比如汇丰银行早期股息较低，进入 19 世纪 80 年代后股息则较高。

其三，股息发放的次数不一。有的西商企业每年一次性发放股息，有的西商企业每年发放两次，分上、下半年。如 1890 年屈臣氏药房的股东会上就提到公司分两次支付股息，"年中股息 7%，共 35000 元；再付股息 7%（全年共 14%），共 35000 元"。[④]

其四，新旧股东股息发放顺序有别。部分西商企业改组时为吸引新股东，对新股东的股息发放优先于旧股东。如 1892 年有利银行改组为股份有限公司，为吸引新股东特意将新股东股息发放置于旧股东之前。据《申报》载："八月廿七日本报载有利银行结帐一节，尔时谣言纷起，有谓该银行将关闭者。本报已载，明日后与股东会议即行重开，以释众人之疑。兹接电报言，有利银行经取东议定，改为有限银行，定为六万股，每股英金二十五磅，每股先收一半即十二磅十先令，六万股之内以三万股售与新设东，以三万股仍归原股东。如生意获有赢余，先给新股东五厘息银，再给原股东五厘息银。"[⑤] 有利银行的做法，与股权的平等性有冲突。

在股份公司阶段，西商企业派发红利不具有普遍性。红利派发通常出现在两种情况下：第一种是分配完所有项目后尚有盈余且公司愿意再派发股东所得，故而以红利形式呈现。第二种是公司对有贡献股东以红

---

① The North-China Herald（《北华捷报》），1882 年 11 月 15 日，第 519 页。
② 《平和码头公司增新股》，《申报》1882 年 11 月 22 日第 9 版。
③ 《英银行》，《申报》1872 年 5 月 7 日第 4 版。
④ The North-China Herald（《北华捷报》），1890 年 5 月 16 日，第 588 页。
⑤ 《银行定议》，《申报》1892 年 10 月 23 日第 3 版。

利的形式加以奖励。比如 19 世纪 70 年代初在上海创办的公和驳船公司
（ Shanghai Tug & Lighter Co. ），1871 年 3 月召开股东大会时宣布"股息为
5%，对有贡献的股东加发 5% 红利"。① 次年 2 月 17 日，这家公司召开股
东大会时又宣称，"发股本 7% 的股息以及给有贡献股东发 5% 的红利"。②

　　按理来说，红利派发应在股息之后，但也有例外。如 1871 年 8 月公
正轮船公司召开股东大会，公司净利润为 23321 两。公司给股东派发 5%
的红利，总额为 5000 两，但没有宣布股息，试图以剩余利润抵补其他
支出。③

　　股东领取收益的办法有两种：对于本地、居住距离近者直接到西商企
业账房领取，其余可到公司在各地设立的代表处。以宝裕保险公司为例，
"本公司今议定，将以上六个月凡有本银做股份者所盈余之利息欲派给各有
股份商人，每一百两应派得银六两。请贵商先至本行取凭票一纸，以便贵
客收银。居上海者问本行账房，居别处者即为本公司所立代办此事者，先
此通知"。④

（七）利益相关者

　　在西商企业分配中，最明显、最大的利益相关者是顾客，或者可以称
之为"业务相关者"。业务相关者可分为两类：一类有业务的股东，另一类
为有业务而无股份者。

　　在分配过程中，有业务股东往往可获得较普通股东更为优惠的分红。
在合伙制和私人公司阶段，西商企业已经出现了有业务者可获取股权的
现象。部分股东持有企业股份仰仗的不是资本入股，而是与企业委托人
有密切关系或具有商业、金融等人脉。在股份公司阶段，一些西商企业
在年终分红时给与公司有业务往来的股东高于普通股东的股息，以吸引
投资者。上述分配股息的办法首先出现在轮船航运企业。1867 年 7 月英
商创办的上海公正轮船公司，1869 年"除去一切开销净得利银五万五千

---

① The North-China Herald 《北华捷报》，1871 年 3 月 8 日，第 8339 页。
② The North-China Herald 《北华捷报》，1872 年 2 月 19 日，第 155 页。
③ The North-China Herald 《北华捷报》，1871 年 8 月 4 日，第 576 页。
④ 《宝裕告白》，《申报》1872 年 7 月 4 日第 7 版。

零六十六两七钱一分，加上去年余存未分息银一千五百四十二两五钱七分，共五万六千五（六）百零九两二钱八分，现可按股均分矣。其分法以三万四千两分与有股份之人，在有股份而不与该公司共生意者，照本钱一百两付利银十五两，共需银二万三千二百两。有股份而又与该公司共生意者，照本钱一百两付利银十五两之外加银五两，共需银一万零八百两，尚存银二万两，以备费用"。①上述材料说明，与公正轮船公司有业务往来的股东每 100 两可多获得 5 两股息，与普通股东每 100 两获得 15 两相比，股息增加三分之一。这客观上有助于吸引与公司有业务往来的商人优先前来投资。公正轮船公司对有业务股东进行优惠分红具有一贯性，1872年公司"净获利记银六万六千零三十一两，现照本银每百两以六厘提利分给有股份者，若有股份而又与该公司有生意者，每百两提出五两，以作回用"。②从中可以看出，1872 年公正轮船公司对有业务股东进行优惠分红的幅度与 1869 年保持同等水平。除公正轮船公司外，同时期其他轮船公司也采取上述办法吸引有业务往来者投资。如德商惇裕洋行（Trantmann & Co.）在 1867 年分红中，号称"提供货源的股东有希望分得 34% 的股息"。③1868 年公司分配中，"凡有股份者，每年每百两可得利三十四两五钱，而有股装货者，另得回用十两矣"。④由此可见，普通股东可得股息34.5%，提供货源者可达到 44.5%。1868 年惇裕洋行组建的北清轮船公司开张当年分红时声明，"凡有股分者，每年每百两可得到三十四两五钱，而有股装货者，另得回用十两矣"。⑤很显然，北清轮船公司的股息较上文提到的公正轮船公司高得多，所以有业务的股东获得的额外股息也要高。19 世纪 70 年代初，从事内河航运的驳船企业兴起，这类企业才对有业务股东优惠分红。1888 年上海拖驳股份有限公司（The Shanghai Tug Boat Company Limited）派发半年股息采取的办法是"利银每百二厘，又与公司

① 聂宝璋：《中国近代航运史资料》（第一辑），上海人民出版社 1983 年版，第 291 页。
② 聂宝璋：《中国近代航运史资料》（第一辑），上海人民出版社 1983 年版，第 292—293 页。
③ The North-China Herald（《北华捷报》），1868 年 8 月 22 日，第 404 页。
④ 聂宝璋：《中国近代航运史资料》（第一辑），上海人民出版社 1983 年版，第 296 页。
⑤ 聂宝璋：《中国近代航运史资料》（第一辑），上海人民出版社 1983 年版，第 296 页。

交易者每股再付一分"。① 可见，这家驳船公司在股息分配时，对有业务往来的股东所派股息明显高于普通股东。这种做法在次年得到延续。1889 年上半年公司股息派发办法是"每股六两，又与公司交易生意者，每百两回用银十两"。②

为吸引业务，西商保险公司在获得丰厚利润时往往将部分利润分与业务相关者，以维持进一步的业务往来。如 1863 年创办于上海的保家行（North China Insurance, Co.）在 1876 年宣称，"嗣即议分花红，每股份得六十两，又分给照顾生意人之花红，按每百两给银六两云"。③ 同时期一家西商保险公司也特别提到，"照顾生意者按所付保险银每百两，则给花红二十一两"。④

关于有业务者但无股份者可参与企业利润分配。1872 年宝裕保险在《申报》上发布公告称，"本行今议定，每届年底不论本行内有无股份但来赐顾保险交易者将余利之三分之二归之"。⑤1872 年，旗昌轮船公司宣称将上年部分利润回报顾客，公司宣布："旗昌上海轮船公司已将去年生意出息总结清单，俾各有股份者查阅。按去年一年，除修船经理各使费外，所净赚者计共有银五十二万四千六百六十五两也。此五十一万四千六百六十五两中，须提出二十七万两，付各股份本利银十二分，又须八万二千两，付各赐顾生意者之回用。除此二项用数外，仅存银十七万二千六百六十五两，已归入下年公用矣。"⑥1877 年，旗昌轮船公司售予清政府时仍然坚持向业务有关者分配利润。"日前，旗昌火船公司诸股主毕聚，董事将去年帐略众览。据年内共净赚利银十七万八千九百两，按股份每百两分与官利七两，计共九万两，并分与各照顾生意人共三万三千两。"⑦ 其中照顾生意者所得利润占净利润约五分之一。旗昌洋行代理的扬子保险公司亦是如此。正如

---

① 《上海驳船公司告白》，《申报》1888 年 8 月 3 日第 7 版。
② 《上海驳船公司告白》，《申报》1889 年 7 月 28 日第 6 版。
③ 《保家保险行聚议纪略》，《申报》1876 年 4 月 28 日第 2 版。
④ 《保险公司帐略》，《申报》1875 年 10 月 22 日第 1 版。
⑤ 《宝裕告白》，《申报》1872 年 7 月 5 日第 7 版。
⑥ 《旗昌去年所赚利息》，《申报》1873 年 3 月 8 日第 3 版。
⑦ 《旗昌聚议琐述》，《申报》1877 年 3 月 26 日第 1 版。

公司所言，"本公司于英国一千八百七十一年十月元号起至一千八百七十二年九月卅号止，所有各客保险每百两付还念（廿）五两，已客照付。望各宝号即来收去，幸勿观望。特此布闻。"①1882年，扬子保险公司又宣称，"每年余利除付股份者息外，尽行照保险凭单分与本公司经保之客"。②上文提到的上海拖驳股份有限公司不仅对有业务股东优惠分红，还对非股东的有业务者按一定比例退还费用。1883年的做法是"装往货物者，其水脚内可奉还十分之用其银"。③

（八）盈余转存

在完成上述分配后，西商公司剩下的利润通常以"盈余转存"的方式转移至下一年的账中。值得注意的是，这部分的体量通常比较大。以1876年保家行为例，该年这家企业的财务状况如下："自去年七月初一日起至十二月三十一号止计共六阅月，共收得保险银五十五万五千五百十六两六钱九分，赔偿失事及开销银共三十二万三千四百八十四两二钱二分，除去此项计余银二十三万二千零三十二两四钱七分，加以从前积余。除原本银六十万两外，尚净存银五十二万二千一百八十六两一钱五分云。"④仅仅六个月，保家行获利就达232032.47两，而此前的"净存银"522186.5两就是每年盈余转存积累所得。这家保险公司创办于1863年，到1876年为止营业时间为13年，相当于每年平均盈余40168.19两。1882年保家行的盈余达60万两之多，资本仅为20万两。股票价格由发行时的200两增至600两，1882年增至近1000两。⑤保险公司之所以每年盈余量较大，一方面是因为保险行业平均利润较高，另一方面则是因为西商保险企业一般不提取折旧。基于这两大原因，西商保险企业不仅股息高，给业务相关者分红，而且每年分配后所剩盈余较多。

这个时期银行的股息分配整体水平不高，盈余部分所占比例较高。以

---

① 《扬子保险公司招收回用》，《申报》1873年2月7日第6版。
② 《沪报》，光绪九年六月十一日（1883年7月14日）。
③ 《上海驳船公司告白》，《申报》1883年8月11日第7版。
④ 《保家保险行聚议纪略》，《申报》1876年4月28日第2版。
⑤ 《沪报》，光绪九年三月十二日（西历1883年4月18日）。

有利银行为例，根据 1885 年 10 月 3 日《申报》载："有利银行今年西历正月起至六月底上其收付清单，业已缮就分阅。查该行本年可分给各股友息银五分，所获之利提出英金二万磅归于积存项下，计此项积存新旧合算共有英金十三万磅（镑）。此外尚余英金一万一千磅（镑），滚入下半年帐内。"① 这里的"积存"应该是指公积金，而"滚入下年帐内"则是盈余，为 11000 英镑。1887 年 12 月 2 日《申报》对这家银行的分配状况记载如下："有利银行已将本年上半年各埠分行帐目逐一结清，寄至英国总行。华九月初一日，集议之下，见今年生意颇为畅旺，计六个月内除去各项开销尚赢英金五万二千五百廿七磅（镑）。现由经理银行之董事分派余利与各股友，计今年可得五厘。尚余三万五千二百十二磅，滚入下半年帐内。观此帐目，今年上半年贸易实觉大有可观，盖得利实有一分四厘云。至于各项开销，亦较从前减省，想下半年生意当视此更佳，凡在股中自应同深喜悦云。"② 在净利润中，盈余在这家银行分配中占了将近五分之二。

三、典型企业的分配制度：以大英自来火房为例

大英自来火房创办于 1863 年上海公共租界，属于甲午战争前较具代表性的西商企业，以它作为案例分析这个时期西商企业的分配制度，应该说具有一定的典型性。以这家企业 1876—1879 年连续四年及此后间断性的财务报表为基础，如表 6-7 所示，我们至少可以看出以下几点：

表 6-7　1876—1879 年大英自来火房流动资产对照表

费用名称	金额（单位：TLS.）			
	1876 年	1877 年	1878 年	1879 年
炭	22226.51	25272.64	21721.10	18965.88
石灰与其他净化材料	731.62	626.31	1085.50	968.09
维修与保养（厂房、车间、机器、工具等的更新、保管及维维修）	4532.83	4008.47	5410.43	4706.35

① 《银行结帐》，《申报》1885 年 10 月 3 日第 3 版。
② 《银行获利》，《申报》1887 年 12 月 2 日第 2 版。

（续表）

费用名称	金额（单位：TLS.）			
	1876 年	1877 年	1878 年	1879 年
油、费棉、动物脂等	251.73	290.51	150.43	180.15
工资	7622.66	9571.79	9623.59	5497.91
煤气输送的费用	不详	1060.00	不详	1956.95
董事们的酬金	1020.00	305.00	950.00	1030.00
法律费用	0	0	0	245.20
行政及各类杂项	104.27	145.78	193.96	193.96
印刷、文具及广告	370.64	492.91	473.23	588.95
医疗支出	250.00	250.00	250.00	350.00
审计员酬金	200.00	200.00	200.00	200.00
保险	220.69	231.17	244.97	246.99
土地税	22.50	14.10	15.73	15.74
旅费	216.00	0	0	0
结算余额	24849.50	23421.16	29061.16	34849.30
共计	62618.95	65889.84	69379.71	73237.50

资料来源：North-China Herald（《北华捷报》），1879 年 4 月 4 日，第 329 页。

其一，这家企业具有较强的盈利能力。1876 年，该公司毛收入为 62618.95 两。扣除原材料以及维修保养费（表 6-7 中前 4 项即炭，石灰和其他的净化材料，维修与保养，油、费棉、动物脂等）共 22742.69 两，毛利润为 39876.26 两。扣除工资及其他费用后，纯利润为 24849.50 两。当时大英自来火房的资本为 15 万两，纯利润率为 16.56%，在同时期的西商企业中属于上乘。纯利润率的上升，源自于煤气用户特别是华人用户大幅度增长后形成规模效应的结果。从表 6-7 可知，1876—1879 年间，外侨用户供气收费从 50623.58 两增至 54955.65 两，净增 4332.07 两，增幅为 8.56%。华人用户供气收费从 1876 年的 8322.59 两猛增至 1879 年的 12775.62 两，净增 4452.03 两，增幅达 53.51%。大力开发华人用户及鼓励华人使用煤气，是这家煤气公司扩大经营规模的重要门道。原料成本的下降使公司毛收入和纯利润极速上升。1879 年，公司的纯利润较 1876 年增加了 1 万两。在资本没有变动的情况，明显说明企业盈利能力提升较快。

其二，酬劳部分变动不大。董事会酬劳除 1877 年出现剧降外，其他三年基本上比较稳定。1877 年的剧降很可能与董事会成员减少有关。员工薪酬呈现出先升后降之势，从 1876 年的 7622.66 两下降至 1879 年的 5497.91 两。究竟是工人数量下降还是工资水平下降，我们不得而知。审计员的薪酬保持在每年 200 两不变。

其三，公司的法律费用从无到有，说明企业在经营过程中遇到法律问题。旅费则从有到无则说明企业这方面的福利被取消，医疗费用有所上升。

表 6-8　1876—1879 年大英自来火房供气收费

（单位：TLS.）

供气收费	1876 年	1877 年	1878 年	1879 年
外侨	50623.58	1329.80	54503.71	54955.65
华人	8322.59	10004.33	10058.32	12775.62
两项共计	58946.17	61374.13	64562.03	67731.27

资料来源：North-China Herald（《北华捷报》），1879 年 4 月 4 日，第 329 页。

其四，股息以 10% 以上的比例发放。大英自来火房每年支付两次股息，其中 1878 年、1879 年的年度总股息均为股本的 10%，每年股息总额为 15000 两。之后，这家煤气公司每年至少发放 10% 的股息，有时甚至达到 12%—16%。与英国国内各煤气公司相比，10% 已属于最高股息。[1] 股息之高说明公司盈利能力强。

其五，折旧提取在利润中所占比重较高。为隐藏利润，扣除股息后的公司将盈余全部以折旧形式提取，而且折旧在分配中所占比例很高。如 1876 年提取的折旧为 10490.35 两，1877 年增至 16553.17 两，1878 年达 25601.48 两，1879 年高达 34849.30 两。[2] 如表 6-8 所示，折旧基金主要用

---

① The North-China Herald（《北华捷报》），1880 年 4 月 1 日，第 280 页。
② The North-China Herald（《北华捷报》），1879 年 4 月 4 日，第 329 页。

于土地和建筑、厂房以及家具的更新，其中前两者所占比重最大。持续、大量的折旧基金提取可能会超越企业当前以及近期所需，但在分配时公司董事会仍不愿意降低折旧基金的提取比率。据1892年大英自来火房的营业报告记载，"虽然我们大部分机器是新的，但董事会仍然划拨了不少款项作为折旧费，用于铺设煤气管。沿静安寺路已改换成粗管，以供应那边煤气消费量的增长。倘若如工程师报告中所言，苏州河以北地区也要改铺粗管，以供应那边需要"。① 分配中多年持续、大量的折旧基金留存，为大英自来火房及时更新设备、引进新技术、扩大生产规模提供了充足的资本。而设备和技术上的领先优势以及扩大生产后形成的规模效应，反过来可提升公司的盈利能力及吸纳新资本的能力，从而确保公司占据并保持行业领先地位。

表 6-9　1877—1878 年大英自来火房折旧基金账户

（单位：两）

折旧项目	1877 年	1878 年
土地和建筑	4079.36	8894.72
厂房	5950.00	7825.05
家具	0	241.41
结算	6523.81	8640.30
共计	16553.17	25601.48

同时期的法商自来火行在分配时特别注重提取折旧金。1877年8月法商自来火行召开股东会，董事会提出1876年的分配方案如表6-10。② 这家法商煤气企业在分配时首先提取准备金2851.50两和折旧8068.68两，两者加起来为10920.18两，占毛利润的38.02%。全年股息虽然为11%，但总量只有4128两。除准备金和折旧金外，还有2333.94两盈余转至下一年账户。由此可见，即便是资本和规模较小的西商企业，也通常采用大量提

① The North-China Herald（《北华捷报》），1892 年 3 月 11 日，第 312—313 页。
② The North China Herald（《北华捷报》），1877 年 8 月 25 日，第 185 页。

取折旧金、准备金以及盈余转移利润，实现利润再投资，扩大再生产。

表 6-10 1876 年法商自来火行的分配方案

（单位：两）

准备金	2851.50
支付股本 38000 两 7% 的股息	480.00
支付早先拖欠的股息	482.00
失败惹起的损失	17.77
管理费用	5756.82
兑换差额	231.51
折旧	8068.68
纯利润	8685.25

28721.53

对 8685.25 两的纯利润，董事会拟定的分配方案为：

（单位：两）

1/4 留存	2171.31
5% 的红利（已支付）	1900.00
6% 的红利	2280.00
转移至下一年	2333.94

8685.25

资料来源：The North China Herald（《北华捷报》），1877 年 8 月 25 日，第 185 页。

其六，这里尚未出现"公积金"一项。从 1877—1879 年大英自来火房连续四年的营业报告来看，均未发现"公积金"内容。这家企业财务报表中出现"公积金"一项应在 1880—1884 年间。因为 1885 年公司营业报告中提到"为了降低 1884—1885 年严重经济萧条带来的负面影响，董事会采取两大措施应对：一是减低煤气售价，自 2.75 元减低至 2.50 元；二是决定把公积金中的一小部分划入资本项下，使资本达 20 万两"。[1] 这就说明，此阶段西商企业的公积金制度还不够完善。

其七，这家企业的"准备金"一项出现也较晚，这是大英自来火房与同时期其他西商企业分配制度相比的区别所在。在 19 世纪 70 年代企业分配中，始终没有发现"准备金"（Reserved Fund）一项，直到 1890 年。

---

① The North-China Herald（《北华捷报》），1886 年 3 月 31 日，第 346 页。

表 6-11　大英自来火房财务报表

流动账户（Working Account，1890 年 12 月 31 日）

Dr	TLS.	TLS.
生产煤气		
煤炭化	28614.93	
净化材料、油和杂物	1331.51	
工资	7864.05	
维修厂房与住宅；修复或更新工具；燃料提供	2261.03	
	40071.52	
煤气运销—		
工资	2122.63	
维修	1714.09	
	3836.72	
管理层和日常费用—		
工资	3932.03	
董事酬劳	2020.03	
审计员费用	200.00	
医疗护理	350.00	
法律费用	190.00	
印刷和文具	733.17	
土地及其他税	112.17	
办公室及其他费用	213.43	
租金津贴	324.00	
火险	93.32	
	8168.12	
利润余额	38569.12	
	TLS. 90645.41	

损益表（Profit and Loss Account）

Dr	TLS.
1890 年 1 月 7 日按 6% 支付股息	12000.00
1890 年 7 月 9 日按 6% 支付股息	12000.00
外汇账户（美元按 73% 计）	120.00
坏帐核销	56.94
折旧	10018.96
准备基金账户	5550.00

余额转入下一账户，以半年股息为准，至 1890 年 12 月 31 日　　16959.81

　　　　　　　　　　　　　　　　　　　　　　　　　　Tls. 56655.71

	Cr	TLS.
去年结算		15531.59
中国火险有限公司的返还		13.34
上海驳船公司的返还		24.91
利息账户		2516.82
流动账户结余		38569.05

　　　　　　　　　　　　　　　　　　　　　　TLS. 56655.71

　　资料来源：The North-China Herald（《北华捷报》），1891 年 3 月 27 日，第 370—371 页。

　　从损益表中可知，1890 年大英自来火分配时一方面提取 10018.96 两的折旧，另一方面划出 5550.00 两作为准备金，等于为企业发展提供了资金双保险。

　　综合来看，大英自来火房的行业领先优势主要体现在以下方面：一是时间领先。1865 年年初，大英自来火房开始供气，它是中国境内第一家煤气企业。二是资本领先。前文已述，初创时这家煤气公司的资本只有 10 万两，一年不到就增资至 15 万两。"1885 年，大英自来火房增资至 20 万两，1896 年复增至 30 万两。1901 年公司依照香港法律改组成有限公司，注册资本为 250 万两。截至现在（1908 年），已缴资本已达 120 万两。"[①] 如此极速的资本扩容能力，远超过同行业的法商自来火行以及同时期普通的西商企业，更令中国本土企业望尘莫及。三是技术与设备领先。一则，大英自来火房不断建造新的煤气储藏筒，购置新煤气机，以适应不断增长的煤气用户。1887 年公司在使用的煤气机器共有 10 架，[②]1894 年增至 24 架，[③] 七年时间增长了 140%。所使用煤气机器的数量增长是产能增

---

　　① 　A. Wright: Twentieth Century Impressions of Hongkong, Shanghai and other Treaty Ports of China, Lloyd's Greater Britain Pub. 1908, p.139.
　　② 　North-China Herald（《北华捷报》），1887 年 3 月 30 日，第 360 页。
　　③ 　North-China Herald（《北华捷报》），1894 年 3 月 16 日，第 415 页。

长的表现。二则，企业不断更新技术和设备，以提升竞争力。1880 年的公司营业报告就提到，"以往三年时间（1877—1879 年），扩充工厂和修缮拓展干管方面我们共花 31000 余两。现在我们的企业不仅能供应当前所需，而且储有充足的余力"。① 公司号称"拥有最新式的机器"，② 以降低煤气成本和销售价格。四是产能领先。在上述三项指标领先的基础上，煤气公司的产能自然也占据领先优势。"1866 年公司售出煤气 5318000 立方尺；1886 年为 42703000 立方尺；1895 年增至 110000000 立方尺；1901 年高达 160000000 立方尺。现在（1908 年）约能制造 405000000 立方尺；消费者已达 8000 家，铺设管道 76.5 里。煤气制造厂具有最新式的机器，每天约能制造 3000000 立方尺的煤气。"③ 与大英自来火房相比，同在上海经营的法商自来火行则显得相形见绌。1872 年自来火行供应的"街灯数目没有改变，仍为 192 盏，其中每晚燃烧只有 172 盏……街灯消费的煤气也保持不变，去年（1871 年）为 62090 立方公尺，今年（1872 年）为 62456 立方公尺。……私人消费从 75 家增至 81 家，消费煤气由 73252 立方公尺增至 81492 立方公尺。华人消费者与年初同，仍为 11 家"。④ 由此可见，1872 年法商自来火行的街灯与私人煤气消费总量为 143948 立方英尺，尚不及 1866 年英商自来火房营业之初的 2.71%。如此悬殊的产能差距决定了它们在行业中的悬殊地位。在上述四大优势基础上，大英自来火房首先在上海煤气工业中占据明显的优势地位。1891 年，在与法租界工董局二十五年合同期满后，法商自来火行将全部工厂售予大英自来火房，后者最终取得了在上海煤气工业中的独占地位。经过数年的快速发展，大英自来火房不但成为中国煤气工业中的"巨无霸"，而且发展为世界颇为引人注目的煤气公司。时至 1908 年"它制造煤气的规模比欧美以外的任何英商经营的煤气公司（除了希德尼 Sydney、梅勒伯 Melbourne、多伦多 Toranto 与蒙特

---

① North-China Herald（《北华捷报》），1880 年 4 月 1 日，第 290 页。
② A. Wright: Twentieth Century Impressions of Hongkong, Shanghai and other Treaty Ports of China, Lloyd's Greater Britain Pub. 1908, p.139.
③ A. Wright: Twentieth Century Impressions of Hongkong, Shanghai and other Treaty Ports of China, Lloyd's Greater Britain Pub. 1908, p.139.
④ The North-China Herald（《北华捷报》），1875 年 2 月 4 日，第 100—101 页。

欧 Montreal 的几个煤气公司以外）都要大得多"。① 大英自来火房通过分配实现企业快速扩张的做法，在早期西商工业企业中颇具代表性。五是制度领先。大英自来火房创办之时，仅为一家私人公司。随着企业发展的需要，这家煤气企业逐渐向更大的社会范围增资扩股，演变为事实上的股份公司。利用股份公司这一制度创新，大英自来火房先后通过提取折旧、公积金及准备金进行利润再投资，企业的规模效应快速显现，最终成为近代中国煤气行业及西商企业中的地位显赫的企业。"1901 年，大英自来火房依照香港的法律改组成有限公司"，② 这家煤气企业成为法律上真正的股份有限公司。

四、分配特征

在股份公司阶段即 19 世纪 60 年代至甲午战争前，西商企业的分配制度至少有五大特征。

一是分配要素已经齐全，预示着近代西商企业分配制度的生成与确立。大英自来火房的分配制度比较典型，同时期甚至更早的其他行业及其他企业已经具备上述分配要素。作为首家专业轮船公司的旗昌轮船公司，1866年打算购进新轮船时就提到公司有折旧基金和准备金。③ 这就证明，折旧基金和准备金最迟在 19 世纪 60 年代西商股份公司中已经生成，这是近代西商企业分配制度确立的重要标志。这套分配制度与西商企业的私有产权制度、法人治理结构相适应，较能体现公平与效率。在治外法权的保护下，相对完善的私有产权制度、法人治理结构及兼具公平和效率的分配制度形成强大的企业制度合力，共同推进西商企业的成长。这就是西商企业与中国本土企业最大的区别。

二是西商企业分配制度的生成与确立并非一蹴而就。前文已述，西

---

① A. Wright: Twentieth Century Impressions of Hongkong, Shanghai and other Treaty Ports of China, Lloyd's Greater Britain Pub. 1908, p.139.

② A. Wright: Twentieth Century Impressions of Hongkong, Shanghai and other Treaty Ports of China, Lloyd's Greater Britain Pub. 1908, p.139.

③ [美] 刘广京：《英美航运势力在华的竞争（1862—1874）》，邱锡镕、曹铁珊译，上海社会科学院出版社 1988 年版，第 31 页。

商企业各分配项目不是同步生成的。薪酬和股息作为最基本的分配内容，生成最早，公积金生成较晚，折旧基金在诸如航运企业、工业企业的分配中占比很高。除前文提到的大英自来火房外，其他工业企业也是如此。如创办于19世纪80年代初的天津煤气公司，资本和规模无法与大英自来火房相较。在1893年分配时，董事会直接将当年赢利的5224.92两扣除折旧2174.34两，剩余3050.58两用于已缴资本30900两分付股息6%，共计1854两。[①] 折旧在占据赢利的41.61%，而股息仅占赢利的35.48%。1894年公司全年赢利5228.83两，扣除折旧1897.14两，纯利为3331.59两，资本保持与上年不变。[②] 这说明，1894年公司赢利与上年基本持平，折旧扣除略有下降，只占到赢利的36.28%。虽然如此，这个比例的折旧也不算低。由此可见，西商工业公司分配中存在一个较为普遍的做法，即通过大量提取折旧、准备金的办法降低利润，降低可用于其他分配内容的比例，从而实现利润再投资的最大化。这是西商工业企业大规模采用股份公司制度的优势所在，也是同时期中国本土企业所不具备的条件。在洋务派创办的中国首批近代工业企业中，不少企业在创办之初的分配中根本没有"折旧"一项，这严重影响企业更新机器设备及后续发展。

三是股息普遍比较高。整体而言，西商企业的股息比较高。从表6-12可知，西商工业企业所派发的股息基本上在10%左右，甚至更高。

表6-12　西商工业企业的利润与股息

企业名称	时　间	资　本	纯　利	纯利与资本比	股息
香港黄埔船坞公司	1888 年	1562500 元	375049 元	24.0%	16%
香港黄埔船坞公司	1893 年	1562500 元	322386 元	20.6%	14%
祥生船厂	1891.5—1892.4	800000 两	139903 两	17.5%	12%
祥生船厂	1893.5—1894.4	800000 两	138964 两	17.4%	12%

①　The North-China Herald（《北华捷报》），1893 年 7 月 14 日，第 67 页。
②　The North-China Herald（《北华捷报》），1894 年 7 月 13 日，第 64 页。

（续表）

企业名称	时　间	资　本	纯　利	纯利与资本比	股息
耶松船厂	1892.7—1893.6	750000 两	101128 两	13.5%	9%
耶松船厂	1893.7—1894.6	750000 两	157259 两	21.0%	11%
美查兄弟有限公司	1889.11—1890.10	275000 两	32471 两	11.8%	10%
美查兄弟有限公司	1892.11—1893.10	275000 两	15796 两	5.7%	—
老德记药房	1892 年	120000 元	21422 两	17.9%	7%
新上海制冰厂	1893 年	36000 元	5138 两	14.3%	9%
天津煤气公司	1893 年	30900 两	3050.58 两	9.8%	6%
天津煤气公司	1894 年	30900 两	3331.59 两	10.8%	—
新上海制冰厂	1893 年	120000 元	21422 元	14.3%	9%
大英自来火房	1874 年	150000 两	23121 两	15.4%	11%
大英自来火房	1889 年	200000 两	43476 两	21.7%	12%
大英自来火房	1890 年	200000 两	38569.12 两	19.3%	12%
大英自来火房	1894 年	200000 两	49456 两	24.7%	12%
上海自来水公司	1884 年	119639 镑	4885 镑	4.1%	4%
上海自来水公司	1890 年	143926 镑（610017 两）	55630 两	9.1%	8%
上海自来水公司	1894 年	144000 镑（665711 两）	71355 两	10.7%	9%
东海轮船公司	1875 年	180000 两	60000 两	30%	10%
法商自来火行	1871 年	38000 两	4745.59 两	12.5%	10%
法商自来火行	1874 年	38000 两	6742.33 两	17.7%	11%
法商自来火行	1885 年	50000 两	6674.20 两	13.3%	11.5%
法商自来火行	1889 年	50000 两	6616.14 两	13.2%	11.5%

说明：此处"纯利"指的是扣除折旧后的纯利润。

资料来源：孙毓棠：《中国近代工业史资料》（第一辑，上册），科学出版社 1957 年版，第 185 页、第 248 页；The North-China Herald（《北华捷报》），1891 年 3 月 27 日，第 371 页；1893 年 7 月 14 日，第 67 页；1894 年 7 月 13 日，第 64 页；《申报》1875 年 3 月 15 日第 2 版。

　　通常情况下，企业派发股息高低与盈利能力成正比。盈利能力强的企业派发股息多，反之亦成立。如表 6-12 所示，香港船坞公司资本实力最雄厚，盈利能力最强，故而股息最高。但也不乏特例，比如同在上海、从事同一行业的大英自来火房和法商自来火行，虽然后者的赢利能力不及前者，可是股息派发的额度与前者相差无几。这是法商自来火行利用高股息笼络股东的办法之一。与大英自来火房相比，法商自来火行在资本、规模及赢利能力上都无法企及，为留住已有股东并鼓励其增资，只好采用高股息的办法，以有效地应对行业竞争。与法商自来火行通过高股息拉拢股东的做法相反，旗昌轮船公司在创办之初则将全部利润用以购置资本设备，致使股东连续四年不曾分到红利，它笼络股东的办法是将全部利润再投资，让股东看到公司的发展前景。1866 年 2 月 23 日，旗昌轮船公司的董事会报告中提到，"诸位将会看到，购买《慕容号》和《快也坚号》轮船，以及偿付上述修理费用，耗去了本公司本年度的全部利润和《福建号》所得的全部赔款，因而不再有余款可供分配。但董事会深信，股票持有者们将会认为：为公司业务所争取到的这种大为好转的形势，以及因购进《慕容号》和《快也坚号》两艘颇具价值的轮船而使公司股票增值，这两者在当前紧要关头，对公司长远利益所具有的重要意义，较之从购买船只的资金中抽取一部分以作分红之用要大得多"。① 旗昌轮船公司之所以能够做到连续四年不给股东分红却未遭到股东的离弃，主要仰仗企业管理者的威望。1866年 11 月，F. B. 福士在评价公司管理者泰森时写道："在他管理旗昌轮船公司期间，我不信有谁能在当时的困难条件下和棘手谈判中，具有像他那样的智慧、机警和判断力。股票持有者们都了解这一点，并对他深信不疑。"② 福士作为旗昌洋行的合伙人，他的能力也为该洋行另一合伙人大为称道："F. B. 福士是个杰出的商人，进取心强，领导能力卓越，在公司中是一个了不起的人才。"③19 世纪 60 年代最后三年，旗昌轮船公司获利甚丰，股东要求公司在 1870 年底发放超过通常的 12% 的更高股息，而当时

① ［美］刘广京：《英美航运势力在华的竞争（1862—1874）》，邱锡镕、曹铁珊译，上海社会科学院出版社 1988 年版，第 53 页。
② ［美］刘广京：《英美航运势力在华的竞争（1862—1874）》，邱锡镕、曹铁珊译，上海社会科学院出版社 1988 年版，第 53—54 页。
③ ［美］刘广京：《英美航运势力在华的竞争（1862—1874）》，邱锡镕、曹铁珊译，上海社会科学院出版社 1988 年版，第 54 页。

上海旗昌洋行的经理 H. H. 沃登认为利润应留作各项准备，建议发放一种相当于公司资本 20% 的"股息凭证"，以代替加发的现金股息。这一建议最终获得通过，既保存了现金又让股东感到满意。① 由此可见，这个时期的股息形式具有多元性。

四是各项目在分配中所占比重不平衡。其中薪酬占比最低，股息次之，比重最大的是折旧基金，公积金的比重还难以下定论。每年大量的折旧基金留存，对企业快速更新设备和技术具有不可替代的作用，公积金和准备金的留存则是西商企业增资的重要手段。这两项内容在近代西商企业特别是股份公司的快速扩张过程中扮演了极其重要的角色。这也是西商企业特别是工业企业与中国本土企业分配制度中较为显著的区别之一。从财务报表可知，这个时期西商企业的薪酬主要是董事酬劳和员工工资，尚未看到经理人酬劳，这也说明职业经理人尚未完全形成。员工工资在分配中占比不高，与中国劳动力市场供大于求密切相关。

五是各行业与各企业间存在一定的差异。大英自来火房的分配方式与同时期西商企业特别是工业股份公司具有某些共性，如每年提取大量的折旧基金；股息较高。当然，也存在差异性。例如 1890 年同为近代西商公用事业巨头且同为英商经营的上海自来水公司（Shanghai Waterworks Co. LD），它的财务报表中就没有公积金和准备金，但有大量的结算盈余。至于这些结算盈余以何种形式转至次年，我们不得而知。

表 6-13　上海自来水公司财务报表 ②

流动账户（Working Account，1890 年 12 月 31 日）

支出

Dr	TLS.
工程师部—	
用于清洗过滤床、储备池、修理管道的人员工资	11179.19
机器修理	984.47
燃料	7816.78
少量库存	690.00

---

① ［美］刘广京：《英美航运势力在华的竞争（1862—1874）》，邱锡镕、曹铁珊译，上海社会科学院出版社 1988 年版，第 32 页。

② The North-China Herald（《北华捷报》），1891 年 3 月 20 日，第 340 页。

	7126.78
在用供应品	897.35
	20187.79

管理和日常费用—

租金、费率和税费	982.16
日常费用，即广告、电报、办公费用、印刷文具等	1208.29
秘书薪酬	3620.00
法律费用	50.00
医疗护理	150.00
审计费	300.00
董事薪酬	1500.00
与本地人供应有关的费用	4141.76
	12152.21

伦敦办事处—

秘书费用、租金、其他费用 £ 350	1607.65
日常费用 £ 42.74	194.60
委员会的费用 £ 200	834.78
	2637.03
结转至损益表的余额	55629.93
	90606.96

收入

| Cr | Tls. |
| 因供水和其他来源而收到的款项 | 90606.96 |

资产负债表（Balance Sheet）

Dr

Liabilities	Tls.
资本—	
7200 股	£ 144000.00
减去未付催缴股款	74.00
@ 每 4 英镑 8.625 两	£ 143926.00　610017.48
公积金—	
第二期再发行 1000 股	

@ 每股 5 英镑		
@ 每 4 英镑 8.625 两	£ 5000.00	21192.05
汇兑调整账户		54265.13
未收股息		2308.14
杂项债权人		1691.39
应付票据		3822.74
折旧账户—		
根据 1889 年 12 月 31 日的报表	1823.08	
1890 年的锅炉和发动机	900.00	
	————	
		2723.08
损益表		35424.27
		————
		731444.28

资料来源：The North-China Herald（《北华捷报》），1891 年 3 月 20 日，第 340 页。

由表 6-13 可知，上海自来水公司 1890 年的分配中既有"折旧"也有"公积金"一栏，但没有公积金的具体数额。与大英自来火房相比，上海自来水公司分配中的折旧部分占比较低，这可能与公司发展阶段有关。上海自来水公司于 1881 年在伦敦创办，工厂直到 1883 年才开工。开工之初遭到上海境内挑水工的抵制，经营状况不佳，影响到盈利。这就说明，在西商企业特别是工业企业开办之初，为将利润扩大再生产实现规模经营，往往降低甚至暂缓提取折旧和公积金，优先发放股息以稳住股东。待经营好转后，再提取折旧和公积金，尽可能把股息稳定在原有水平。

第三节　西商企业分配制度的演化

甲午战争后，特别是 20 世纪以后，跨国公司大量进驻中国。这种新的企业类型进入后，中国境内西商企业的分配制度随之出现变化。

一、分配内容的演化

（一）局部存在的官利

1895 年后，西商企业中仍然能看到官利的身影，主要存在于新兴的矿业企业特别是中西合办的矿业企业。

甲午战争后，西方国家大肆开展在华探矿活动，西商经营的矿业企业涌现。1897 年，伦敦组织了一家英意联合公司（Anglo-Italian Combination），资金 20000 镑，按照英国法律注册，命名为"英国福公司"（The Peking Syndicate）。这家公司名义上是英意合办，但意方资本仅有 100 镑，占总资本的 0.5%。①1914 年福公司与中国本土矿企中原公司共同组建福中总公司，1914 年 10 月 10 日双方在北京签订的《议结英商福公司矿务交涉草合同》规定："福公司每年采矿所得余利为下列之处分：照所用资本提 6% 为股本官息；10% 为公债，备还股本每年息随本减，股本还清，官息公积一律停止；25% 报效中国政府；其余由福公司自行处分。"② 这里出现的官息和报效，是近代中国本土企业中两项特殊的分配内容。官息和报效之所以出现在中外合办的矿业企业中，主要因为自传统社会以来开矿属于官府的专利，官府禁止私人开矿。

（二）薪酬的提升

较前期相比，董事薪酬所有提升，但增幅有限。以怡和纱厂为例，如表 6-14 所示，从 1902 年到 1921 年怡和纺织有限公司成立之前，怡和纱厂董事薪酬固定在每人 750 两，近二十年没有变化。1921 年三家纱厂合并后成立怡和纺织有限公司，董事人员大为增加，人均薪酬也从之前的 750 两增至 1000 两，增幅为三分之一。

表 6-14　怡和纱厂董事薪酬

（单位：两）

年份	董事人数	董事总薪酬	董事平均薪酬
1902	5	3750	750
1903	4	3000	750
1921	9	10000（董事会主席 2000 两，董事 1000 两）	10000

资料来源：The North-China Herald（《北华捷报》），1909 年 11 月 20 日，第 414 页；1921 年 3 月 26 日，第 807—809 页。

---

① 薛毅：《英国福公司在中国》，武汉大学出版社 1992 年版，第 5—6 页。
② 薛毅：《英国福公司在中国》，武汉大学出版社 1992 年版，第 111—112 页。

　　与同时期其他纱厂相比，怡和纱厂属于发放董事薪酬较高者。鸿源纱厂董事的人均报酬固定为 750 两，[①]董事会人数和总薪酬虽有所变动，但人均薪酬保持不变。1914 年，老公茂纱厂董事会 4 人，总薪酬为 2000 两，人均仅为 500 两。[②]与其他行业相比，房地产企业的盈利能力通常较强，为此董事薪酬也水涨船高。以业广地产公司为例，1927 年董事费每人每年度 1000 两，[③]堪称西商企业中董事薪酬较高者。可见，西商企业董事薪酬常见形式为固定薪酬，可能数年后方有调整，不过也有例外，部分企业董事薪酬的发放数额根据利润酌情调整。如 Sungala Rubber Estate 公司，自 1917 年伊始董事的固定薪酬为 1250 两。1921 年，受国际市场上橡胶价格大幅跳水的影响，公司盈利下降，董事、秘书和总经理的佣金被下调 40%。1925 年，董事薪酬每人缩水至 300 两。[④]1904、1905 年日商上海纺绩株式会社董事共 5 人总费用为 1600 两，平均每人 320 两。在股东建议后，这家日商企业的薪酬至 1909 年度才提升至平均每人 550 两左右。[⑤]

　　西商企业董事薪酬普遍不高，与股东对其监督有一定关系。在 1905 年怡和纱厂的股东大会上，股东 G. Bulter 强烈抗议董事报酬过高，他指出，"绝大多数公司的董事实际是个挂名职位……建议将报酬降低至 500 美元，以利于公司经营"。[⑥]股东建议降低董事薪酬，主要依据有二：其一，认为当时怡和纱厂的待遇高于同时期其他外商企业。其二，董事作为有限，不值得企业支付如此高的薪酬。从上述诸多外商企业可以看出，这位股东的要求也是合理的。由此也说明，股东对董事起到重要的监督作用，既可以降低企业运营成本，又体现出股东利益至上的原则。

　　与董事薪酬增幅有限形成对比的是，西商企业的劳方薪酬在提升。甲

---

①　The North-China Herald（《北华捷报》），1903 年 2 月 11 日，第 277 页。
②　The North-China Herald（《北华捷报》），1902 年 2 月 5 日，第 233—234 页。
③　The North-China Herald（《北华捷报》），1927 年 3 月 26 日，第 498—499 页。
④　The North-China Herald（《北华捷报》），1917 年 7 月 14 日，第 105 页；1925 年 7 月 25 日，第 59 页。
⑤　The North-China Herald（《北华捷报》），1904 年 4 月 29 日，第 888—889 页；1905 年 4 月 14 日，第 74 页；1909 年 8 月 7 日，第 324 页；1912 年 8 月 24 日，第 535 页。
⑥　The North-China Herald（《北华捷报》），1905 年 12 月 22 日，第 66—665 页。

午战争后，随着中国境内出现第一波设厂潮，在劳动力市场相对不变的情况下，劳方的薪酬自然会水涨船高。1892—1901 年上海地区缫丝厂员工的工资水平如表 6-15 所示，男职工的工资每月 15—20 元，而 19 世纪 70 年代工人工资大致每人每日为 0.15—0.20 元，[①] 相当于每月 4.5—6 元，仅为 1892—1901 年间工资水平的三分之一。还是在上海的缫丝行业，据 1907 年《北华捷报》记载，"27 家上海丝厂大约雇用 23000 名女工和女童工，每年付出工资约为 2000000 元"。据此可知，1907 年前后上海丝厂女工和女童工的年平均工资为 86.96 元，较 1892—1901 年间又高出许多。即使考虑通货膨胀及生活成本提升等因素，丝厂工人的工资水平仍在上升。对企业分配而言，工人工资水平的整体上升意味着劳动力成本的提升，在企业分配时这部分支出自然会增多。特别是民国以后，工人运动此起彼伏，企业的劳动力成本普遍上升。

　　1904 年创办的汉口和丰面粉厂，注册于香港，1905 年开业。这是一家中英合办公司，其中有含有英商和德商资本。最初注册资本为 7.5 万元，

表 6-15　1892—1901 年间上海地区缫丝厂工人工资水平

工　种	工　资
监工或在办公室工作的男职工	每月 15 元至 20 元
丝间女工	每天 0.17 元至 0.38 元
缫丝女工	每天 0.27 元至 0.39 元
索绪工	每天 0.11 元至 0.15 元
扯吐女工	每天 0.13 元
选茧女工	每天 0.15 元至 0.26 元
剥茧工	根据合同支付
机匠和木匠	每月约 12 元

　　资料来源：徐雪筠等译编：《上海近代社会经济发展概况（1882—1931）——〈海关十所报告〉译编》，上海社会科学院出版社 1985 年版，第 103 页。

---

① 孙毓棠：《中国近代工业史资料》（第一辑，下册），科学出版社 1957 年版，第 1174 页。

后增资至 10 万元。①1906 年面粉厂总收入为 30973.4 元，如表 6-16 所示共支出 24046.62 元，纯利润为 6926.78 元。按照每月纯利润 7000 元计算，10 万元资本 14 个月即可收回。② 这里的工资支出分为总技师和工人工资，经计算两部分加起来为 750 两，占总支出的 0.44%。

表 6-16　1906 年汉口和丰面粉厂的支出情况

支出内容	金　额
原料小麦 942810 斤	15601.1 两
燃料煤一个月共用 90 吨	522 两
总技师 1 人	250 两
中国职工共 24 人的工资	每月 200 两（经计算这部分支出共 500 两）
其他杂项开支	200 两
支出共计	17073.1 两（24046.62 元）

资料来源：汪敬虞：《中国近代工业史资料》（第二辑，上册），科学出版社 1957 年版，第 373—374 页。

甲午战争后的四十多年，西商企业劳方权益的改善不仅体现在工资水平上，还表现在以下方面：

一是出现"职员股"。有的西商企业为调动职员积极性，特出让部分股份于职员，为此出现了"职员股"。如 1916 年跨国公司联合冷藏公司根据 1911 年香港颁布的《公司条例》，在南京成立公司［The International Export Company（Kiangsu）］，中文翻译为"江苏国际进出口有限公司"，俗称"南京和记洋行"。公司的注册章程规定，该厂资本额为 25 万英镑，其中韦思特兄弟占 80%，其余股份分配给和记洋行主要英国职员。③

二是新增"职员准备金"。20 世纪 20 年代初，西商企业中出现了"职员储备金"。在 1920 年《申报》登载的英商惠罗公司股东年会情况提到："惠罗公司董事部五月二十一日在伦敦股东年会报告，一九二〇年二月底以

① 皮明麻等：《武汉近代（辛亥革命前）经济史料》，武汉地方志编纂委员会办公室 1981 年版，第 212—213 页。
② 汪敬虞：《中国近代工业史资料》（第二辑，上册），科学出版社 1957 年版，第 373—374 页。
③ 朱翔：《南京英商和记洋行研究》，南京师范大学博士学位论文 2013 年。

前一年中营业状况，计公司一年盈余为英金三十三万三千五百九十七镑有零。除已付优先股息与中期普通股息外，尚余二十九万九千五百八十三镑有奇。董事部主张：㊀续发后批普通股息七益（厘）半，连前合为股息一分二厘半。㊁拨出二十四万八千九百十八镑有奇为公积金，连前共得公积金四十二万五千镑。㊂提四千镑为职员储备金。㊃余存一万四千零五十五镑并入下届账内。"①惠罗公司拿出 4000 英镑作为职员准备金，虽说在净利润中占比不算很高，但毕竟属于专门的职员福利，有助于调动职员的积极性。这是西商企业分配制度的一大进步。

劳方权益的提升主要有两方面原因：一方面，西商企业盈利能力提升，企业净利润增长，使企业在提升劳方权益上的空间加大。另一方面，民国后特别是 20 世纪 20—40 年代，工人运动此起彼伏，劳资关系紧张，劳方要求企业主提升待遇的呼声很强烈，西商企业迫于压力不得不想办法适当缓和劳资矛盾。

三是新增职员奖金、分红和养老金。为提升职员的积极性，有的西商企业特增设职员奖金或者为职员提供分红和养老金。1911 年上海煤气公司分配时，就支付给外籍职员奖金 7631.58 两。②1930 年 1 月 22 日，上海电力公司全体 700 名电气工人举行罢工。据《申报》记载："上海电力公司工人近以米珠薪桂、生活艰难自动组织俱乐部，向资方要求改善待遇、增加工资。前星期六开全体大会，诣决于昨晨六时开始怠工。七时左右，工人等在斐伦路老厂开大会，提出条件如次：㊀发年赏一月。㊁承认俱乐部有代表权，并津贴经常费。㊂发清养老金。㊃年底发给工资六礼拜，限廿五号即发。㊄请假自由。㊅不准打骂工人。㊆加工资一律二成。其后厂方即派总工程师进厂与工友等磋商解侍，定星期三再行开会云。"③谈判结果如下："㊀工人方面要求加工资一律增加二成，公司方面不能接受。㊁工人方面要求年底一律发给花红一月（原给半月）。公司方面允工作满十年者给一月，不满十年者半月。㊂工人方面要求发清养老金，公司方面允工作

① 《惠罗公司之盈余》，《申报》1920 年 6 月 24 日第 11 版。
② The North-China Herald（《北华捷报》），1912 年 3 月 23 日，第 802 页。
③ 《电力公司工人开会》，《申报》1930 年 1 月 21 日第 14 版。

十五年以上者得领养老金，其他条件概置不理。"① 在部分满足工人条件后，当日工人就复工了。这说明，上海电力公司已经给工人年底发放花红，并给符合条件者发放养老金。

1946 年年底，沙利文糖果饼干制造厂和美商德士古石油公司的工人罢工时，分别提出"双薪"和"退职金及养老金"要求。"沙利文糖果饼干制造厂：工人亦要求改善待遇，具体要求如下：㊀每人每月加发生活补助费十五万元。㊁本月份加发年赏三月。㊂每月不停工者赏四工。㊃补发战前存工五天。㊄例假日工作须发给双薪。㊅厂方每日供给一餐。此事于上月（11 月）二十九日提请社会局调处，目前尚未解决……美商德士古石油公司：职工联合向厂方要求改善待遇，条件内容颇为广泛，其要点如下：㊀职工之底薪，因生活费用日涨，要求一律提高百分之五十。㊁职工底薪在一百元以下者，应按工人生活指数计数；在一百元以上者，应按职员生活指数支付。㊂本年旧历年发给双薪一月。㊃每日工作时间以八小时为限，超过者应加倍支薪。㊄职工无分中外，一律按级待遇，以昭大公。㊅职工如有病痛，公司应负担医药费用。㊆职工年老或疾病退休时，公司应一次发给退职金及养老金。㊇公司不能无故开除职工。㊈公司应添造职工宿舍。㊉每月配售火油一次，应一律办理。㊉㊀凡工人服务满三个月者，应作为长工论。此事于十月二十三日提请社会局调处，德士古公司对于劳方各项条件，已有书面答覆送局；对于改善薪给要求，允于调查生活费用后办理；对于改善员工福利事允酌办；至于发给退职金养老金之要求，谓须商之公司各董事，始能答覆。有若干点则措辞笼统而不肯定，解决尚有待。"② 这说明，工人觉悟的提高迫使西商企业提高劳方待遇。

四是为工人提供娱乐活动。1931 年，上海电力公司成立京剧部，供华人职工工作之余娱乐所用。"福州路十七号上海电力公司华职员于公余之暇组织一京剧部，地址在法租界霞飞路一百十四号（恩派亚影戏院西首）。延聘周大慧为教授，周二慧为琴师。闻于前日起宣告成立，并欢迎外界

① 《电气工人罢工》，《申报》1930 年 1 月 23 日第 13 版。
② 《工人要求年赏争执正待解决》，《申报》1946 年 12 月 3 日第 5 版。

加入。"①

除此以外，部分西商企业为员工提供年假福利、旅游福利、医疗福利等。

（三）公积金比重上升

甲午战争后，西商企业的公积金制度更加成熟，公积金在分配中的比重也呈现上升趋势。一些资本雄厚的大企业公积金积累速度非常快。以上海电力公司为例，据 1935 年《申报》记载："上海电力公司发表一九三四年十二月三十一日止之一年内营业报告，计是年盈余六百零三万三千九百六十二元四角七分，公积金为六百十三万六千三百六十元五角三分。是年公司共用维持费约一百四十二万三千元，又用于改善与扩充二项之费，共二百八十四万二千三百三十二元八角二分。"② 可见，1934 年上海电力公司的公积金已经高达 6136360.53 元，如果从 1930 年正式营业开始算的话，相当于平均每年高达 120 多万元的公积金积累。尽管公积金积累已经达到一定的高度，但在以后各年度分配中依然保持高比例的提存。据 1937 年《申报》记载："据上海电力公司所发表之一九三六年常年报告称，去年一年中公司曾竭力增加各类营业。上半年营业状况虽不见，而接电者仍有多户此项努力之结果。虽遇全年中大部分营造活动之继续清淡，但用户仍增二·二二九户之多。去年年底，共有七八·九三四用户，所售出之基瓦特单位较一九三五年增多百分之五，故年终结算营业殊形良好。公司之扩张与改善诸务，所需之费均能自盈余中拨付，不必另筹新款。收支对照表所载公积金共九·四三八·八七八元，较一九三五年年底增多一·五九零·二九一元。公司收入至去年年底除去开支等项，计盈余一二·四五四·五七五元。公司资产共值一七七·八三零·二一五元，营业收入共二五·五六六·七三零元，营业开支共一二·八三四·五一六元，两抵净余一二·七三一·二一四元。又上海西区电力公司之利息与股息共得一七二·零六二元，银优先股之股息仍照常按季发给，每股美金七元次

---

① 《上海电力公司京剧部成立》，《申报》1931 年 5 月 21 日第 11 版。
② 《盈余六百余万》，《申报》1935 年 2 月 13 日第 13 版。

优先股之股息，已全付清云。"① 这则材料说明，经过 1935 年和 1936 年的积累，上海电力公司的公积金达到 9438878 元，也就是说这两年共积累公积金 3302517.47 元。其中 1936 年公积金提存为 1590291 元，那么 1935 则为 1712226.47 元。1935 年和 1936 年的公积金提存额度较前几年更大。公积金的巨额提存是企业较强盈利能力的体现，也为企业扩大再生产提供了资本。

（四）股息发放的新变化

股息发放频率的变化是甲午战争后西商企业分配的新特征之一。甲午战争前，西商公司股息发放一般为每年 1 至 2 次，这个时期出现了每年发放 3 次。前文提到的英商惠罗公司，出现了"中期股息"和"后批股息"。由此可推断，这家百货公司应该还存在"前批（期）股息"，也就是说，这家公司一年发放 3 次股息。

二、典型案例：开平矿务公司

1912 年开平煤矿与滦州煤矿合并后组成"开平矿务公司"，名义上为中英合办，实为英商所控制，公司每年盈利可观。据 1920 年《申报》记载："开平矿务公司股东常年大会定于一九一九年十二月三十一日在伦敦举行，关于一九一九年六月底以前一年营业概况之董事报告与账目将交股东年会核议，兹将董事报告择要录下：一年营业净利共为英金七十九万三千八百四十六镑，计开平矿务局分得之利加以中国利息为六三六八四〇镑，欧洲利息三四〇二七镑，经理费四〇〇〇镑，各项收入二八七镑。上届余存（上年账目中未载之费用业已除净）二一五四一三镑，以上数项合为八九〇五六七镑。内中减去欧洲费用九六九五镑，董事费四二〇〇镑，汇兑五四一六镑，所得税七四四四一镑，售去政府债券损失七三一镑，拯救经费二二三八镑，共九六七二一镑，两抵净余七九三八四六镑。此款由董事提议分配如下：半年发息五厘（于一九一九年五月付讫）五〇〇〇〇镑，最后发息一分五厘（合为全年利息百分之二十）一五〇〇〇〇镑，逾额利税（估计）三〇〇〇〇〇镑，移存下届账

---

① 《去年盈余》，《申报》1937 年 3 月 5 日第 9 版。

内二九三八四六镑。"① 这说明，1919 年开平矿务公司年度净利润达 793846 英镑，其中年股息为 2 分，共支出 20 万英镑，占净利润的 25.19%。与同时期的西商企业相比，这家矿务公司的股息在净利润中的占比算是比较高的。如上海煤气公司自 1869 年公布第一次股息为 12% 伊始到 1907 年为止，每年支付的股息平均为 12% 至 16%。② 这已经算是西商公司中的高股息了，但仍不及后起的开平矿务公司。这里需要注意三点：一是开平矿务公司的股息较高；二是股息在开平矿务公司净利润分配中所占比重较高；三是出现了"所得税"74441 镑，在以前西商企业中并不多见，这可能与中外合办有关。

1922 年，开平矿务公司的分配情况如下："本公司订于一千九百二十二年十二月十一日在伦敦开股东常年大会，彼时董事报告及结至一千九百二十二年六月三十日止之帐略一并汇交查核，兹将董事报告摘录如左。查本年营业之盈亏帐项下、收入结数共英金五万八千一百三十镑，兹将所得算式列左。开平矿务总局余利项下所得之成分及在中国之利息计英金三十五万二千二百九十五镑，在欧洲之利息计英金二万五千七百三十五镑，销售政府公债之余利计英金一万零八百零五镑，代理处经费计英金六千镑，杂项进款英金三百三十三镑，上届移来结数（除去杂项英金一千七百五十二镑）计英金一万九千九百八十八镑，以上共计英金四十一万五千一百五十六镑。应除去之数，欧洲经费计英金一万六千六百十三镑，董事规费计英金四千二百镑，汇兑费计英金一万九千六百六十九镑，所得税计英金十五万五千二百四十四镑，公司营业盈余税计英金二万一千三百镑，一千九百二十二年五月十五日预付股利计英金十四万镑，以上共计英金三十五万七千零二十六镑，两相抵除外净于英金五万八千一百三十镑。董事部拟按左开数目分摊，按百分之三分半（免交所得税）付末次股利，共计英金四万九千镑，董事部应得成分计英金一千八百十九镑，关于增加资本之用费计英金一千三百五十一镑，转入

---

① 《开平矿务公司之营业报告》，《申报》1920 年 1 月 4 日第 10 版。

② A. Wright: Twentieth Century Impressions of Hongkong, Shanghai and other Treaty Ports of China, Lloyd's Greater Britain Pub. 1908, p.396.

下届帐内之结数计英金五千九百六十镑，以上共计英金五万八千一百三十镑。"①1922 年，公司支付股息 14 万英镑，较 1920 年下降 6 万英镑，在股本不变的情况下股东收益等于下降五分之二。董事会开销不变，欧洲费用有所提升，新增"营业盈余税"21300 镑。

1923 年，开平矿务公司的盈利以及分配情况如下："开平矿务有限公司将于本年十二月十日在伦敦开股东常会，兹将该公司通告照录于下。为通告事，本公司订于一千九百二十三年十二月十日在伦敦开股东常年大会，彼时董事之报告及结至一千九百二十三年六月三十日止一年之帐略一并汇交查核，兹将董事之报告摘录于下。查本年营业之盈亏帐项下收入结数共英金十三万四千一百九十九镑，所得算式列下。开滦矿务局余利项下所得成分计英金四十二万二千一百零二镑：㊀在欧洲之利息英金五千零四十四镑；㊀代理处经费英金六千镑；㊀杂项进款英金一百四十六镑；㊀上届移来结数英金五千九百四十五镑。以上共计英金四十三万九千二百三十七镑，应除去之数：㊀欧洲经费英金一万五千七百六十八镑；㊀股票及新息票英金三千四百十二镑；㊀董事规费英金四千二百镑；㊀汇兑费、英金一万二千四百四十四镑；㊀所得税英金十四万零一百十四镑；㊀公司盈余捐款英金二万四千一百镑；㊀余付股利（一九二三年五月三十日）英金十万零五千镑，两相抵除外净余英金十三万四千一百九十九镑。董事部拟按下开数目分摊：㊀末次股利百分之八五（免交所得税）英金十一万九千镑。㊀董事应得成分英金四千六百六十二镑；㊀转入下届帐内之结数计英金十三万四千一百九十九镑。"②从这则材料可以看出，公司董事会设在欧洲，欧洲的费用在上升，董事会规费没有变化，但是这里新增了"董事应得成分"4662 镑，可能是分红。作为北方第一大矿务公司，1923 年开平的股本为 200 万英镑，此外发行了债票，债票情况如下："（甲）开平矿务公司现有债票英金四十万镑；（乙）滦州矿务公司新债票一百五十万两；（丙）刘燕谋（即张翼）新债票一百万两；（丁）行本新债票英金五万镑；

（戊）还北洋公款新债票五十万两，（以上系正合同所载）又开滦公司付给滦矿公司新债票五十万两（以上系附件所载），又了结两造一切要求之新债票四十万两（以上系附则所载），综计上列各项债票，以时价估之约在一千万元以内。"①这里的债票相当于债券，发行的目的在于弥补股本之不足。债券的发行无疑有助于增强开平矿务公司的实力。

　　1924年12月，开平矿务公司再次召开股东会，通报公司经营状况以及分配情况，并刊载于《申报》。"开平矿务有限公司昨发通告云，为通告事本公司订于一千九百二十四年十二月八日在伦敦开股东常年大会。彼时董事部之报告及结至一千九百二十四年六月三十日止一年之账略一并汇交查核，兹将董事部之通告摘录于左。查本年营业之盈余账项下，'收入结数'共英金三十四万三千零三十一镑，计开平矿务总局余利项下所得成分，另加在华之利息，计英金四十九万四千六百二十二镑。汇兑项下计英金五千三百八十镑，在欧利息计英金一万四千三百六十一镑，代理处经费计英金六千镑，杂项进款计英金一千二百七十三镑，退还额外余利税计英金十万零零九百五十九镑，上届移来结数（除去杂项）计英金九千九百三十七镑，以上共计英金六十三万二千五百三十二镑。'应除去之数'欧洲经费计英金一万五千六百十一镑，新开单及股票之成本计英金四十五镑，董事规费计英金四千二百镑，救济用途捐款计英金六百三十五镑，家具折旧计英金九百十三镑，营业所得税计英金十一万三千七百四十六镑，公司营业营利税许英金一万四千三百四十五镑，一千九百二十四年五月一日预付股利计英金十四万镑，以上共计英金二十八万九千五百零一镑。两相抵除外，净余英金三十四万三千零三十一镑。董事部拟按下开数目分摊按百分之十（免交所得税）：付末次股利计英金十四万镑，董事部应得成分计英金一万六千六百二十五镑，转入下届账内计英金十八万六千四百零六镑，以上共英金三十四万三千零二十一镑。此项余款含有退还额外，余利税在内统，俟日后本公司在华之营业情形恢复原状时再行处置。"②董事规费没有

---

① 《开平矿务公司营业状况通告》，《申报》1923年12月4日第14版。
② 《开平矿务公司报告本年度账略》，《申报》1924年12月9日第14版。

变动，但是其他费用有所增加。股息总额为 14 万英镑，与上年持平。

1928 年，"开平矿务有限公司通告云，为通告事本公司订于一九二八年十二月十七日在伦敦开股东常年大会，彼时董事之报告及结至一九二八年六月三十日止一年之账，略当众公布，兹将董事之报告摘录于左。查本年营业之盈亏账项下收入结数共英金五十三万四千四百五十七镑，兹将所得算式列左。开滦矿务总局余利项下所得成分另加在华之利息，计英金四十七万七千六百零五镑。在欧利息计英金一万四千八百九十四镑，代理处进款计英金六千镑，零星杂款计英金二百七十九镑，上届移来结数（除零星款项）计英金二十五万五千四百四十七镑，以上共计英金七十五万四千二百二十五镑。应除去之数：欧洲经费计英金一万六千一百十五镑，董事规费计英金四千二百镑，兑换费计英金七十八镑，所得税计英金五万九千三百七十五镑，本年五月一日预付英金十四万镑，以上共计英金二十一万九千七百六十八镑。两相抵除外，净余英金五十三万四千四百五十七镑。董事拟按左列数目分摊，按百分之十五付一次股息（免收所得税）计英金二十一万镑，董事应得成分计英金一万三千九百镑，转入下届账内之数计英金三十一万零五百五十七镑，以上共计英金五十三万四千四百五十七镑"。[1] 由上可知，1928 年该公司股息的比例和总额均有所提升，原因在于企业利润总数增加，故而股本的收益得到提高。

1932 年，开平矿务公司召开股东会公布了当年的营业状况和分配方案，具体内容如下："英商开平矿务有限公司通告云，为通告事本公司订于一九三二年十二月二十日在伦敦开股东常年大会，届时将董事之报告并结至一九三二年六月三十日之全年度帐略当众公布，兹将董事之报告摘录于左。查本年度营业净利共计英金一十一万九千八百三十六镑，其算法如下：应得之开平矿务总局余利加入在华之利息共计英金二十五万六千零三十二镑，在欧洲之利息英金二万一千五百五十二镑，所得之经理费英金六千镑，杂项进款英金一百一十镑，上届结数、（扣去零星款项）英金一千二百零二镑，以上入款共计英金二十八万四千八百九十六镑。扣去以下之出款：在欧

---

① 《开平矿务公司账略》，《申报》1928 年 12 月 18 日第 16 版。

洲之费用英金一万四千二百零九镑，不记名股票之新息票根及新息票统共之价值英金四千五百八十二磅，董事费英金六千九百零五镑，兑换耗水英金一万八千五百六十九镑，所得税英金七万一千七百九十五镑，一九三二年五月四日预付之股息英金四万九千镑，共计英金一十六万五千零六十镑。出入相抵，净余英金一十一万九千八百三十六镑。经董事提议将净余之款分配如下：付最终股息五厘（免所得税）共合英金九万八千镑，移入下届结数英金二万一千八百三十六镑，共英金一十万九千八百三十六镑。"① 这一年的营业收入较往年有所下降，故而股息支付仅为 5 厘，与 1920 年比相差 1.5 分。欧洲的管理费用略有下降，但董事会常规费用有所上升。

开平矿务公司自 1912 年成立伊始，就以西式矿业公司自居，声称要以经济方法取代衙门式的方法来经营企业，因而引进西方新式财务制度以改革旧的财务制度。这一改革的实质就是使各部门成为独立的核算单位。与此同时，公司制定资产负债表清晰反映出公司收入、支出和营业总利润。以 1941 年 6 月 30 日公司的资产负债表为例（见表 6-17），这里负债包括 7 项，归纳起来为两类即各种准备金和资本。在准备金中，折旧准备金比重最高，这是工矿企业的共同特点。从这里还可以看出，前文提到准备金的多种含义，既可能是折旧金、公积金的代名词，也可能只是单纯的准备金。

表 6-17　开平矿务公司资产负债表（1941 年 6 月 30 日）

负　债	1941 年预算（元）	1941 年（元）	1940 年（元）
杂项负债	36000000	40416758	38998096
折旧准备金	36000000	42690307	33221140
呆账准备金	1000000	693981	227268
汇兑平衡准备金	—	3886666	—
出售财产准备金	169000	189447	169447
战争损失准备	—	219973	—
流动资本	1292000	1293024	1275810

① 《将在英京开股东会》，《申报》1932 年 12 月 16 日第 12 版。

（续表）

负　债	1941 年预算（元）	1941 年（元）	1940 年（元）
1913 年新资本	1000000	1000000	1000000
1923 年新资本	3300000	3300000	3300000
1928—1931 年新资本	3300000	3305000	3305000
1939—1940 年新资本	8400000	8520000	8520000
总　计	90466000	105495156	90046761

资料来源：丁长清：《从开滦看中国近代企业经济活动和中外经济关系》，《中国经济史研究》1997 年第 1 期。

表 6-18 更清晰地反映出开平矿务公司分配中各项目的比重。由此表可知，总管理费占总营业收入的 19.28%，这属于成本部分。在利润分配中，先扣除折旧准备金等，这部分支出占营业收入即毛利润的 30.98%，剩下的则是纯利润。

表 6-18　1913—1941 年开滦煤矿营业总收入分配表

（单位：元）

	金　额	总　计
营业总收入		348925545
总管理费等（伦敦经理处、资本更新、福利、借款、医务部、呆账、杂项等开支）		69189269
营业总利润		279736276
折旧准备金等	111200450	
两公司分配的利润	168535826	

资料来源：丁长清：《从开滦看中国近代企业经济活动和中外经济关系》，《中国经济史研究》1997 年第 1 期。

参考文献

一、档案期刊类

各典型企业档案资料

各有关内部印刷品、出版物

《字林西报》

《北华捷报》

《申报》

《汇报》

《沪报》

《上海新报》

《时报》

《中国丛报》

《香港政府公报》

《英国商会杂志》

《工商半月刊》

《行政院公报》

《法令周刊》

《经济周报》

二、辞典类

陈乔之主编：《港澳大百科全书》，花城出版社1993年版。

吴成平主编：《上海名人词典（1840—1998）》，上海辞书出版社2001年版。

夏征农、陈至立主编：《大辞海（中国近现代史卷）》，上海辞书出版社2013年版。

黄光域：《外国在华工商企业辞典》，四川人民出版社 1995 年版。

薛理勇：《上海掌故大辞典》，上海辞书出版社 2015 年版。

三、资料集

姚贤镐编：《中国近代对外贸易史资料》（三册），中华书局 1962 年版。

严中平等编：《中国近代经济史统计资料选辑》，科学出版社 2016 年版。

聂宝璋编：《中国近代航运史资料》（第一辑），上海人民出版社 1983 年版。

《筹办夷务始末》（道光朝）（第七十卷），中华书局 1964 年版。

福建师范大学历史系、福建地方史研究室编：《鸦片战争在闽、台史料选编》，福建人民出版社 1982 年版。

夏东元编著：《盛宣怀年谱长编》（上册），上海交通大学出版社 2004 年版。

孟宪章主编：《中苏贸易史资料》，中国对外经济贸易出版社 1991 年版。

孙毓棠编：《中国近代工业史资料》（第一辑，上下册），科学出版社 1957 年版。

汪敬虞编：《中国近代工业史资料》（第二辑，上下册），科学出版社 1957 年版。

陈真编：《中国近代工业史资料》（四辑），三联书店 1961 年版。

上海社会科学院经济研究所编：《英美烟公司在华企业资料汇编》（四册），中华书局 1983 年版。

中国人民银行金融研究所编：《美国花旗银行在华史料》，中国金融出版社 1990 年版。

王铁崖编：《中外旧约章汇编》，三联书店 1982 年版。

中国人民银行金融研究所编：《美国花旗银行在华史料》，中国金融出版社 1990 年版。

厦门大学经济系财政金融教研室编：《近代中国金融史参考资料》（第

三辑，下册），厦门大学出版社 1980 年版。

　　刘大钧：《外人在华投资统计》，中国太平洋国际学会发行 1932 年版。

　　上海市档案馆、财政部财政科学研究所编：《上海外商档案史料汇编》，内部发行 1987 年。

　　中国人民银行总行参事室编：《中华民国货币史资料》（第一辑，1912—1927），上海人民出版社 1986 年版。

　　徐雪筠等译编：《上海近代社会经济发展概况（1882—1931）——〈海关十所报告〉译编》，上海社会科学院出版社 1985 年版。

　　［苏］B. 阿瓦林：《帝国主义在满洲》，北京对外贸易学院俄语教研室译，商务印书馆 1980 年版。

　　厦门市志编纂委员会、《厦门海关志》编委会编：《近代厦门社会经济概况》，鹭江出版社 1990 年版。

四、论著

龚缨晏：《鸦片的传播与对华贸易》，东方出版社 1999 年版。

谭树林：《英国东印度公司与澳门》，广东人民出版社 2010 年版。

郭德焱：《清代广州的巴斯商人》，中华书局 2005 年版。

严中平：《中国棉纺织史稿》，科学出版社 1955 年版。

颜鹏飞等主编：《中国保险史志（1805—1949）》，上海社会科学院出版社 1989 年版。

汪敬虞：《十九世纪西方资本主义对中国的经济侵略》，人民出版社 1983 年版。

薛理勇：《上海掌故辞典》，上海辞书出版社 1999 年版。

朱盛山等编：《岭南医药文化》，中国中医药出版社 2012 年版。

赵粤：《香港西药业的故事：从跨国鸦片中转站到屈臣氏大药房全球化》，商务印书馆 2017 年版。

张晓辉：《香港近代经济史（1840—1949）》，广东人民出版社 2001 年版。

张晓辉：《香港与近代中国对外贸易》，中国华侨出版社 2000 年版。

余绳武、刘存宽主编：《十九世纪的香港》，中华书局 1994 年版。

李谷城：《香港中文报业发展史》，上海古籍出版社 2005 年版。

叶再生：《中国近代现代出版通史》（四卷），华文出版社 2002 年版。

苏精：《清季同文馆及其师生》，福建教育图书有限公司 2018 年。

宋佩玉：《近代上海外商银行研究（1847—1949）》，上海远东出版社 2016 年版。

汪敬虞：《外国资本在近代中国的金融活动》，人民出版社 1999 年版。

洪葭管编著：《金融话旧》，中国金融出版社 1991 年版。

高黎平：《美国传教士与晚清翻译》，百花文艺出版社 2006 年版。

上海市医药公司等编著：《近代上海西药行业史》，上海社会科学院出版社 1988 年版。

蒯世勋等编著：《上海公共租界史稿》，上海人民出版社 1980 年版。

孙毓棠：《中日甲午战争前外国资本在中国经营的近代工业》，人民出版社 1955 年版。

唐振常：《上海史》，上海人民出版社 1989 年版。

丁名楠等著：《帝国主义侵华史》（二卷），科学出版社 1958 年版。

陈己寰主编：《商贸企业管理学》，广东高等教育出版社 1995 年版。

许涤新、吴承明主编：《中国资本主义发展史》，人民出版社 1990 年版。

丁日初主编：《上海近代经济史》（二卷），上海人民出版社 1994、1997 年版。

《中国经济发展史》编写组编：《中国经济发展史（1840—1949）》（三卷），上海财经大学出版社 2016 年版。

李少鹏：《清末民初洋行老商标鉴赏》，古吴轩出版社 2018 年版。

黄苇：《上海开埠初期对外贸易研究》，上海人民出版社 1979 年版。

孙毓棠：《中日甲午战争前外国资本在中国经营的近代工业》，人民出版社 1955 年版。

漆树芬：《经济侵略下之中国》，光华书局 1925 年版。

洪葭管主编：《上海金融志》，上海社会科学院出版社 2003 年版。

洪葭管:《中国金融通史》(第四卷),中国金融出版社 2008 年版。

赵兰亮:《近代上海保险市场研究(1843—1937)》,复旦大学出版社 2003 年版。

勒维柏主编:《鼓浪屿地下历史遗迹考察》,厦门大学出版社 2014 年版。

汪敬虞主编:《中国近代经济史(1895—1927)》(三册),经济管理出版社 2007 年版。

湖北省百货公司编:《湖北省商业简志》(第 2 册,百货商业志),湖北省商业厅 1991 年发行。

张仲礼、陈曾年:《沙逊集团在旧中国》,人民出版社 1985 年版。

彭连港:《新编中国近代经济史》,吉林教育出版社 2002 年版。

王方中:《中国近代经济史稿(1840—1927)》,北京出版社 1982 年版。

许涤新、吴承明主编:《中国资本主义发展史》(五册),人民出版社 2005 年版。

万启盈编:《近代印刷工业史》,上海人民出版社 2012 年版。

樊百川:《中国近代轮船航运业的兴起》,四川人民出版社 1985 年版。

祝慈寿:《中国近代工业史》,重庆出版社 1989 年版。

薛毅:《英国福公司在中国》,武汉大学出版社 1992 年版。

上海社会科学院经济研究所、上海市国际贸易学术委员会编著:《上海对外贸易》(二册),上海社会科学院出版社 1989 年版。

陆仰渊、方庆秋主编:《民国社会经济史》,中国经济出版社 1991 年版。

吴承明、江泰新主编:《中国企业史》(近代卷),企业管理出版社 2004 年版。

吴承明:《帝国主义在旧中国的投资》,人民出版社 1955 年版。

张晓辉:《民国时期广东社会经济史》,广东人民出版社 2005 年版。

宓汝成:《帝国主义与中国铁路(1847—1949)》,经济管理出版社 2007 年版。

陆仰渊、方庆秋主编：《民国社会经济史》，中国经济出版社 1991
年版。

王渭泉等编著：《外商史》，中国财政经济出版社 1996 年版。

朱伟一：《美国公司法判例解析》，中国法制出版社 2000 年版。

仲继银：《公司治理机制的起源与演进》，中国发展出版社 2015 年版。

崔璨主编：《公司法辞典》，北京工业大学出版社 1994 年版。

张民安、蔡元庆主编：《公司法》，中山大学出版社 2003 年版。

徐新吾、黄汉民主编：《上海近代工业史》，上海社会科学院出版社
1998 年版。

沈祖炜主编：《近代中国企业：制度和发展》，上海社会科学院出版社
1999 年版。

王垂芳：《洋商史：上海：1843 ～ 1956》，上海社会科学院出版社 2007
年版。

徐汤莘、朱正直编选：《马寅初选集》，天津人民出版社 1988 年版。

马洪：《经济法概论》（第七版），上海财经大学出版社 2017 年版。

祝春亭：《香港股市风云录——激荡的百年史》，广州出版社 1997
年版。

刘逖等：《上海证券交易所史（1910—2010）》，上海人民出版社 2010
年版。

《中国近代纺织史》编辑委员会编著：《中国近代纺织史》（下册），中
国纺织出版社 1997 年版。

王韬：《瀛壖杂志》，上海古籍出版社 1989 年版。

张旭梅：《集团企业集约化经营管理》，重庆出版社 2013 年版。

沈桂龙、张晓娣：《贸易强国与跨国公司发展》，上海社会科学院出版
社 2016 年版。

郭焱等：《跨国公司管理理论与案例分析》，中国经济出版社 2007 年版。

吴申元主编：《中国近代经济史》，上海人民出版社 2003 年版。

（清）郑观应著，辛俊玲评注：《盛世危言》（卷五户政，商务二），华
夏出版社 2002 年版。

王玮：《美国对亚太政策的演变（1776—1995）》，山东人民出版社1995年版。

夏正伟编：《全球视域下的美国研究》，商务印书馆2014年版。

陈其钦：《在风雨中成长》，上海三联书店2012年版。

吴翎君：《美孚石油公司在中国（1870—1933）》，上海人民出版社2017年版。

韩业斌：《南京国民政府时期公司法律制度研究》，中国政法大学出版社2016年版。

南京、重庆、北京市工商行政管理局编：《中华民国时期的工商行政管理》，工商出版社1987年版。

张忠民：《艰难的变迁——近代中国公司制度研究》，上海社会科学院出版社2001年版。

周永林、张廷钰编：《马寅初抨官僚资本》，重庆出版社1983年版。

方克编著：《蒋介石卖国真相——美帝国主义侵略下急剧殖民化的中国》，东北书店1947年版。

潘序伦：《美国对华贸易史（1784—1923）》，立信会计出版社2013年版。

吕耀明：《中外合资银行：变迁、反思与前瞻》，中国金融出版社2007年版。

周友光：《两次工业革命概述》，武汉大学出版社1996年版。

徐寄庼：《近代上海金融史》（上册），华丰印刷铸字所印1932年增改第3版。

《经济学消息报》社编：《诺贝尔经济学奖得主专访录》，中国计划经济出版社1995年版。

《广州黄埔造船厂简史》编委会编：《广州黄埔造船厂简史（1851—2001）》，出版社不详2001年版。

张素秋、吕宝海主编：《当代经济新术语》，中国财政经济出版社1990年版。

上海市电力工业局史志编纂委员会编：《上海电力工业志》，上海社会科学院出版社 1994 年版。

　　黑龙江金融历史编写组：《华俄道胜银行在华三十年》，黑龙江人民出版社 1992 年版。

　　徐寄庼：《增改最近上海金融史》，商务印书馆 1929 年版。

　　周葆銮：《中华银行史》，文海出版社 1973 年版。

　　张仲礼等著：《太古集团在旧中国》，上海人民出版社 1991 年版。

　　陈宝云：《中国早期电力工业发展研究——以上海电力公司为基点的考察（1879—1950）》，合肥工业大学出版社 2014 年版。

　　李瞻：《中国新闻史》，台湾学生书局 1979 年版。

　　祝春亭：《香港股市风云录——激荡的百年史》，广州出版社 1997 年版。

　　汪敬虞：《外国资本在近代中国的金融活动》，人民出版社 1999 年版。

　　李端生编著：《内部控制理论与实务》，东北财经大学出版社 2017 年版。

　　武汉市档案馆编：《老房子的述说——武汉近现代建筑精华集萃》，武汉出版社 2016 年版。

　　姜龙飞：《上海租界》，文汇出版社 2014 年版。

　　陈宁生、张学仁编译：《香港与怡和洋行》，武汉大学出版社 1986 年版。

　　徐新吾、黄汉民主编：《近代上海工业史》，上海社会科学院出版社 1998 年版。

　　沈祖炜主编：《近代中国企业：制度和发展》，上海人民出版社 2014 年版。

　　陆文达主编：《上海房地产志》，上海社会科学院出版社 1999 年版。

　　政协天津市文史资料研究委员会编：《天津的洋行与买办》，天津人民出版社 1987 年版。

　　政协广东省委员会文史资料研究委员会编：《广东文史资料第 44 辑：香港一瞥》，广东人民出版社 1985 年版。

　　南开大学经济研究所经济史研究室编：《旧中国开滦煤矿的工资制度和

包工制度》，天津人民出版社 1983 年版。

吴汉民主编：《20 世纪上海文史资料文库》（第四辑，商业贸易），上海书店出版社 1999 年版。

严行方：《会计简史：从结绳记事到信息化》，上海财经大学出版社 2017 年版。

皮明麻等：《武汉近代（辛亥革命前）经济史料》，武汉地方志编纂委员会办公室 1981 年版。

［美］马士：《东印度公司对华贸易编年史（1635—1834 年）》（五卷），区宗华译，广东人民出版社 2016 年版。

［美］马士：《中华帝国对外关系史》（三卷），张汇文等译，商务印书馆 1963 年版。

［美］赖德烈：《早期中美关系史（1784—1844）》，陈郁译，商务印书馆 1963 年版。

［美］泰勒·丹涅特：《美国人在东亚》，姚曾廙译，商务印书馆 1959 年版。

福建省历史学会福州分会编：《外国学者论鸦片战争与林则徐》（二册），福建人民出版社 1991 年版。

［美］刘广京：《英美航运势力在华的竞争（1862—1874）》，邱锡镕、曹铁珊译，上海社会科学院出版社 1988 年版。

［美］雷麦：《外人在华投资》，蒋学楷、赵康节译，商务印书馆 1959 年版。

［美］塞缪尔·埃利奥特·莫里森等：《美利坚共和国的成长》（第一卷），南开大学历史系美国史研究室译，天津人民出版社 1975 年版。

［美］布鲁斯·卡明思（Bruce Cumings）：《海洋上的美国霸权（全球化背景下太平洋支配地位的形成）》，胡敏杰、霍忆湄译，新世界出版社 2018 年版。

［美］约翰·本杰明·鲍威尔：《在中国二十五年——上海〈密勒氏评论报〉主持人鲍威尔回忆录》，尹雪曼等译，上海书店出版社 2010 年版。

［美］斯蒂芬·洛克伍德：《美商琼记洋行在华经商情况的剖（1858—

1862 年）》，章克生、王作求译，上海社会科学院出版社 1992 年版。

　　［美］郝延平：《十九世纪的中国买办——东西间桥梁》，李荣昌等译，上海社会科学院出版社 1988 年版。

　　［美］诺斯：《制度、制度变迁与经济绩效》，刘守英译，三联书店 1994 年版。

　　［美］亨特：《广州番鬼录　旧中国杂记》，冯树铁译，广东人民出版社 2009 年版。

　　［英］毛里斯·柯立斯：《汇丰银行百年史》，李周英等译，中华书局 1979 年版。

　　［英］詹姆士·奥朗奇：《中国通商图：17—19 世纪西方人眼中的中国》，何高济译，北京理工大学出版社 2008 年版。

　　［英］格林堡：《鸦片战争前中英通商史》，康成译，商务印书馆 1961 年版。

　　［英］科大卫：《近代中国商业的发展》，周琳、李旭佳译，浙江大学出版社 2010 年版。

　　［德］施丢克尔：《十九世纪的德国与中国》，乔松译，三联书店 1963 年版。

　　［南］斯韦托扎尔·平乔维奇：《产权经济学——一种关于比较体制的理论》，蒋琳琦译，经济科学出版社 1999 年版。

　　［日］萍叶登：《侵略中国的英美财阀》，李公绰、陈真译，三联书店 1956 年版。

　　［新西兰］彭林顿：《香港的法律》，毛华、叶美媛译，上海翻译出版公司 1985 年版。

　　Josiah Quincy, The Journals of Major Samuel Shaw: the first American consul at Canton. Boston, W. Crosby and H. P. Nichols, 1847.

　　John King Fairbank: Trade and Diplomacy on the China Coast，1842—1954, Vol.1, Cambridge: Harvard University Press, 1953.

　　G. Lanning & S. Couling: The History of Shanghai. Shanghai: Kelly & Walsh, Limited, 1921.

Shanghai almanac and directory, 1856. Shanghai: J. H. De Carvalho.

A. Wright: Twentieth Century Impressions of Hongkong, Shanghai and other Treaty Ports of China, Lloyd's Greater Britain Pub. 1908.

John King Fairbank: Trade and Diplomacy on the China Coast, 1842—1954, Vol.2, Harvard University Press, 1953.

Janet Dine, Company Law, 4th edition, New York: Palgrave, 2001.

B. Cower, The Principles of Modern Company Law, 2nd Edition, London: Stevens & Sons Limited, 1957.

E. J. Eitel, Europe in China, Oxford University Press, 1983.

Norman A. Graebner, Ideas and Diplomacy: Readings in the intellectual Tradition of American Foreign Policy, New York: Oxford University Press, 1964.

Ernest N. Paolino, The foundations of the American Empire: William Henry Seward and U. S. Foreign Policy, New York: Cornel University, 1973.

George E. Baker, ed., The Works of William H. Seward, Boston: Houghton, Mifflin and Company, 1884.

United States. Bureau of Foreign and Domestic Commerce, China trade act, 1922: with regulations and forms. Washington: G.P.O., 1922.

五、论文

吴建雍：《18 世纪的中西贸易》,《清史研究》1995 年第 1 期。

龚高健：《港脚贸易与英国东印度公司对华茶叶贸易》,《福建师范大学学报（哲学社会科学版）》2005 年第 4 期。

张肇元：《论新公司法中之外国公司》, 载张肇元编：《新公司法解释》, 立信会计图书用品社 1946 年版。

哈罗德·德姆塞茨：《关于产权的理论》, 载盛洪主编：《现代制度经济学》（上卷）, 北京大学出版社 2003 年版。

陈尚胜：《英国的"港脚贸易"与广州》, 载《中外关系史论丛》（第 4 辑）, 天津古籍出版社 1992 年版。

林庆元、黄国盛：《鸦片战争前广州英商洋行的起源与演变》，《中国社会经济史研究》1993 年第 1 期。

范岱克：《广州贸易中的模糊面孔：摩尔人、希腊人、亚美尼亚人、巴斯人、犹太人和东南亚人》，载《海交史研究》（第十辑），社会科学文献出版社 2017 年版。

郭小东：《19 世纪 30 年代广州口岸的西方投资》，《中山大学学报（社会科学版）》1998 年第 4 期。

钱华：《近代中国外商保险业研究——以于仁保险公司为考察中心》，载上海中国航海博物馆编：《上海：海与城的交融》，上海古籍出版社 2012 年版。

何思兵：《旗昌洋行与 19 世纪美国对广州贸易》，《学术研究》2005 年第 6 期。

陈文瑜：《上海开埠初期的洋行》，《经济学术资料》1983 年第 1 期。

何兰萍：《晚清时期外商资本与中国近代的船舶修造业》，《上海经济研究》2008 年第 7 期。

罗婧：《开埠初期的上海租地及洋行——基于 1854 年〈上海年鉴〉的研究》，《史林》2016 年第 3 期。

洪卜仁：《厦门洋行初探（一）》，《福建史志》2014 年第 1 期。

贺圣鼎：《三十五年来中国之印刷术》，载张静庐《中国近代出版史料初编》，上海书店出版社 2003 年版。

聂宝璋：《十九世纪六十年代外国在华洋行势力的扩张》，《历史研究》1984 年第 6 期。

聂宝璋：《1870 年至 1895 年在华洋行势力的扩张》，《历史研究》1987 年第 1 期。

汪敬虞：《关于十九世纪外国在华船舶修造工业的史料》（续），《经济研究》1965 年第 5 期。

汪敬虞：《十九世纪外国侵华企业中的华商附股活动》，《历史研究》1965 年第 4 期。

张乃和：《近代英国文明转型与公司制度创新》，《史学集刊》2018 年第 4 期。

张忠民:《思路与方法:中国近代企业制度研究的再思考》,《贵州社会科学》2018 年第 6 期。

苏精:《初期的墨海书馆(1843—1847)》,载日本关西大学文化交涉学教育研究中心、出版博物馆编:《印刷出版与知识环流——十六世纪以后的东亚》,上海人民出版社 2011 年版。

陈谦平:《民国初期英国在华企业制度的建立——以企业注册和英商公会为例》,载中国社会科学院近代史研究所国史研究室、四川师范大学历史文化学院编:《"1910 年代的中国"国际学术研讨会论文集》,社会科学文献出版社 2007 年版。

王静:《威廉·亨利·西沃德"太平洋商业帝国"思想评析》,《历史教学》2013 年第 22 期。

桂裕:《外国公司认许问题之商榷》,载陈志武、李玉主编:《制度寻踪》(公司制度卷),上海财经大学出版社 2009 年版。

张秀莉:《19 世纪上海外商企业中的华董》,《史林》2004 年第 4 期。

张秀莉:《上海外商企业中的华董研究(1895—1927)》,《史林》2006 年第 6 期。

张乃和:《近代英国法人观念的起源》,《世界历史》2005 年第 5 期。

杨琰:《"自上而下":近代上海电力照明产业的兴起与初期发展(1882—1893)》,《兰州学刊》2013 年第 3 期。

张芝林:《上海公共租界办电始末》,《档案与史学》1998 年第 5 期。

王宗培:《中国公司企业资本之构造》,《金融知识》1942 年第 3 期。

杨在军、张岸元:《关于近代中国股份制起源的探讨》,《江西社会科学》2003 年第 1 期。

王中茂、梁凤荣:《清季华商附股外资企业之得失再认识》,《郑州大学学报(哲学社会科学版)》2001 年第 5 期。

李志英:《外商在华股份公司的最初发展——关于近代中国股份公司制度起源的研究》,《北京师范大学学报(社会科学版)》2006 年第 1 期。

郭岩伟:《论近代外商在华企业的优先股制度——兼与华商企业比较》,

《中国经济史研究》2016 年第 1 期。

　　章文钦：《从封建官商到买办商人——清代广东行商伍和家族剖析》（上），《近代史研究》1984 年第 3 期。

　　陈碧舟、张忠民：《近代外商企业的负债经营研究——以美商上海电力公司为例（1933—1937）》，《贵州社会科学》2017 年第 11 期。

　　董枢：《法租界公用事业沿革》，载上海通志馆编：《上海通志馆期刊》，文海出版社 1977 年版。

　　王强：《"拿摩温"与近代外国在华企业工人管理制度本土化——以英美烟公司为中心的考察》，《安徽大学学报（哲学社会科学版）》2012 年第 4 期。

　　丁长清：《从开滦看中国近代企业经济活动和中外经济关系》，《中国经济史研究》1997 年第 1 期。

　　朱翔：《南京英商和记洋行研究》，南京师范大学博士学位论文 2013 年。

　　陈碧舟：《美商上海电力公司经营策略研究（1919—1941）》，上海社会科学院博士学位论文 2018 年。

　　马建标：《TPP 不是美国的阴谋，是 150 年前就有的"帝国梦"》，澎湃新闻：2015 年 11 月 19 日，https://www.thepaper.cn/newsDetail_forward_1398617。

　　U. S. Department of Commerce, Records Related to China Trade Act. P1. https://www.archives.gov/files/records-mgmt/rcs/schedules/departments/department-of-commerce/rg-0151/nc1-151-81-01_sf115.pdf.

图书在版编目(CIP)数据

中国近代企业制度的生成、演变与终结. 外商企业卷
. 西商/张忠民主编;何兰萍著. —上海:上海人民
出版社,2024
ISBN 978 - 7 - 208 - 18312 - 4

Ⅰ. ①中… Ⅱ. ①张… ②何… Ⅲ. ①企业制度-企
业史-中国-近代 ②外资企业-经济史-中国-近代
Ⅳ. ①F279.21 ②F279.275

中国国家版本馆 CIP 数据核字(2023)第 090460 号

中国近代企业制度的生成、演变与终结

外商企业卷·日商

张忠民　主编

朱　婷　著

上海人民出版社

第六章　日商企业的分配制度 ………… **255**

第一章　绪论

中国近代的日商企业作为中国近代企业的组成部分，是中国近代企业史、企业制度史研究的重要对象之一。本书以中国近代日商企业的制度演变为研究对象，目的就是探究在中国近代的社会环境下，日商企业及企业制度生成、演变和终结的全过程。

自19世纪后期到20世纪40年代抗日战争结束，近代中国的日商企业以上海为起点，从无到有，从小到大，向东北、华北、华中、华南各地推移、扩张，行业涉及商贸、工矿、金融、交通、航运等各个方面。其扩张速度之快，发展规模之大，是英美等西商企业所无法比拟的。近年来，对近代中国日商企业的研究虽然不少，但总体上仍集中于企业史、行业史、经营史方面，而对日商企业制度的研究还处于相对薄弱的状态，无论是中国学界还是日本学界，都缺乏对近代日商企业制度的整体研究。本书以企业产权、治理结构以及分配与剩余分配为基本分析视角和分析方法，对这一尚未充分展开的研究领域，做一次尝试性的探索和研究。

第一节　相关研究综述

关于中国近代日商企业的研究，从20世纪20、30年代即已开始，中日学界分别将其置于本国史范畴。中国学界侧重对日本经济侵略的揭露，成果较多集中于日商资本输入的性质、规模、方式、影响等问题；日本学界则多从日商资本海外扩张角度出发，研究成果较多集中于企业的内部经营、发展，以及与日本国内的关系等问题。

一、中国学界的研究

中国学界的研究大体上可以分为一般性研究、专题研究、制度问题研究、资料文献研究四个方面。其中一般性研究包括日商投资研究、日商行业研究；专题研究包括国策会社、财阀会社研究和其他会社研究；制度问题研究包括中国近代企业制度研究和日商企业制度研究；资料文献研究则是对各类资料的搜集和整理，以及相关资料文献的公布和出版。

（一）一般性研究

1. 日商投资

有关近代日商企业的研究，中国经济史研究中存有大量的成果，这些成果对梳理近代日商在华企业生成、演变的总体脉络，以及其发展的阶段性、区域性、行业特性、特点等问题，形成了相当丰富的积累。一般认为，日本帝国主义对中国的经济侵略，最突出的表现就是利用投资控制中国经济命脉，因而日本对中国的经济侵略及对华投资，是经济史研究长期关注的焦点问题。相关研究从 20 世纪 30 年代直到现在始终受到持续关注，30、40 年代已经出现了一些关于日本在华经济侵略和投资问题的资料、论著，[①] 特别是关于投资问题的论著，如张肖梅的《日本对沪投资》，李植泉、刘铁孙、刘大钧的《最近三年来日本在"满"投资》等。[②] 这些论著对日商在华区域性投资作了较深入、系统的研究。另外，诸多民国期刊中，也载有大量日商在华扩张，经济掠夺、侵略及投资问题的相关论文。[③] 这些资料、论著为研究日商企业、企业制度问题打下了基础，尤其是提供了重要的一手数据。1949 年至"文革"前相关研究持续进展，[④] 其中张雁深

---

① 如中国国民党浙江省部编（印）：《日本在中国经济侵略一览》，1931 年版；刘大钧：《外人在华投资统计》，中国太平洋国际学会 1932 年版；高平叔、丁雨山：《外人在华投资之过去与现在》，中华书局 1944 年版等。

② 如张肖梅：《日本对沪投资》，商务印书馆 1937 年版；李植泉、刘铁孙、刘大钧：《最近三年来日本在"满"投资》，出版者不详，1939 年版；中国国民经济研究所译刊：《日本财阀之对满投资》《日本财阀之对华投资》，《中外经济拔萃》第五十四辑，1941 年等。

③ 如《东方杂志》《劝业丛报》《银行周报》《银行月刊》《新创造》《兴业邮乘》《经济旬刊》等。

④ 张雁深：《日本利用所谓"合办事业"侵华历史》，三联书店 1958 年版；吴承明：《帝国主义在旧中国的投资》，人民出版社 1959 年版；蓝以琼：《揭开帝国主义在中国投资的黑幕》，上海人民出版社 1962 年版等。

的《日本利用所谓"合办事业"侵华历史》，开拓了研究的新领域，对"中日合办"这一重要类型企业的性质、特征、成因等问题进行了深入、细致的探讨。80 年代以后，有关日本对中国经济掠夺及对华投资的研究更加深入、广泛，尤其是关于投资问题的研究成果，既有对各时期、各地域日商在华投资的统计，也有对日商投资的系统性介绍及对重要企业的独立介绍，为了解近代日商在华企业的发生、发展，以及在不同阶段的整体及行业规模，包括资本规模、设备规模等情况提供了大量数据。[①] 此阶段较有代表性的研究成果有杜恂诚的《日本在旧中国的投资》，[②] 其以翔实的数据对近代日本在华投资进行了综合性考察，总结概括了日本对华投资在不同阶段、不同行业领域的特点，强调日本对华国策决定了它在华投资的全面性和计划性，其突破性的贡献是把中国台湾和东北纳入研究范围，而在此之前，中日学界的大多数论著是不将中国台湾和东北列入全国投资统计的。

2. 日商行业

日商企业史的相关研究比较集中于行业史。从 20 世纪 20、30 年代开始，工业行业史、金融行业史研究最先引起关注，形成一批研究成果。[③] 80、90 年代以来，行业史研究视角和方法不断发展，资料整理和研究成果

---

① 汪敬虞：《十九世纪西方资本主义对中国的经济侵略》，人民出版社 1983 年版；丁名楠：《帝国主义侵华史》第 1、2 卷，人民出版社 1961 年、1986 年版；刘大可：《日本全面侵华时期在山东的经济掠夺》，《山东社会科学》1991 年第 1 期；伦祥文：《抗战期间日本侵占海南岛及其经济掠夺》，《历史教学》1992 年第 2 期；张莉红：《近代外商在四川的投资活动》，《中国经济史研究》1993 年第 2 期；庄严、赵郎：《日本财阀资本对东北经济的渗透与侵略》，《齐齐哈尔师范学院院报》（哲学社会科学版）1995 年第 5 期；傅清沛：《抗战时期日本侵略者对青岛的殖民统治与掠夺》，《山东社会科学》1995 年第 5 期；居之芬、张利民主编：《日本在华北经济统制掠夺史》，天津古籍出版社 1997 年版；赖正文：《抗战时期日本对华南地区经济掠夺与统制的特点》，《江海学刊》2004 年第 1 期；潘洪岩、刘继媛：《浅析三井物产在中国的投资》，《劳动保障世界》（理论版）2010 年第 11 期；刘亚梅：《1895—1937 年日本在华厂矿投资》，江西师范大学硕士论文，2017 年等。

② 杜恂诚：《日本在旧中国的投资》，上海社会科学院出版社 1986 年版。

③ 周葆銮：《中华银行史》，商务印书馆 1923 年版；王子健：《日本之棉纺织工业》，社会调查所 1933 年版；吴承禧：《中国的银行》，商务印书馆 1934 年版；郭孝先：《上海的银行》，上海通志馆 1935 年版；方显廷：《中国之棉纺织业》，商务印书馆 1934 年版；寿进文：《战时中国的银行业》，1944 年版；严中平：《中国棉纺织史稿》，科学出版社 1955 年版等。

所涉行业及地域不断扩大。① 综观这些成果，不仅传统工业史和金融史研究有所发展，既有对全国性行业状况的梳理，也有对地区性行业发展状况的解析，并且出现了一批航运、商贸领域的研究成果，为研究日商企业的发展全貌提供了更多、更具体的参考。如庄维民、刘大可的《日本工商资本与近代山东》，系统考察了 1876—1945 年日本工商资本在山东扩张活动的历史，大量利用了中日档案文献及一手调查资料，对此时期山东地区各行业的投资和经营状况作了较全面的论述。再如许金生的《近代上海日资工业史 1884—1937》，以近代棉纺织工业以外的民生工业，即所谓"杂工业"为考察对象，着重考察了日商"杂工业"（包括"中日合办"企业）在抗战全面爆发前发生、发展和演变的过程，并对不同阶段上海日商"杂工业"企业的规模、性质和特点展开详细论述，探究其产生、发展所依赖的优势及经营手段。长期以来对上海日商企业的研究的重心是大型纺织企业，故以"杂工业"中小企业为对象的研究具有填补学术空白的意义。

---

① 樊百川：《中国轮船航运业的兴起》，四川人民出版社 1985 年版；上海市粮食局等编：《中国近代面粉工业史》，中华书局 1987 年版；张玉法：《近代中国工业发展史（1860—1916）》，桂冠图书出版社 1992 年版；洪葭管主编：《中国金融史》，西南财经大学出版社 1993 年版；王渭泉、吴征原、张英恩编著：《外商史》，中国财政经济出版社 1996 年版；赵岗、陈钟毅：《中国棉纺织史》，中国农业出版社 1997 年版；徐新吾、黄汉民：《上海近代工业史》，上海社会科学院出版社 1998 年版；庄维民、刘大可：《日本工商资本与近代山东》，社会科学文献出版社 2005 年版；王垂芳主编：《洋商史——上海 1843—1956》，上海社会科学院出版社 2007 年版；龚关：《近代天津金融业研究：1861—1936》，天津人民出版社 2007 年版；许金生：《近代上海日资工业史 1884—1937》，学林出版社 2009 年版；姜建清、蒋立场：《近代中国外资银行史》，中信出版社 2016 年版等。此外还有不少相关论文，如陈文生：《天津的外国银行》，《天津金融研究》1985 年第 7 期；胡永弘：《旧汉口的洋行与买办》，《武汉文史资料》1997 年第 4 期；吴世荣：《早期厦门的外商银行》，《福建金融》1986 年第 2 期；宋玉娥：《外国洋行与烟台的殖民地化》，《世界历史》1987 年第 6 期；赖华辉：《甲午中日战争前的福建近代洋行》，《龙岩师专学报》（社科版）1996 年第 1 期；庞玉洁：《天津开埠时期的洋行与买办》，《天津师大学报》（社会科学版）1998 年第 2 期；汪敬虞：《近代中国金融活动中的中外合办银行》，《历史研究》1998 年第 1 期；朱荫贵：《近代外国在华银行——以二十世纪二三十年代为中心》，《文史知识》2000 年第 1 期；方忠英：《近代广州的外资银行业》，《广东史志》2001 年第 2 期；付蓓：《清末民初中外合资企业的数量统计与分析》，《学术论坛》2001 年第 6 期；周翔鹤：《日据前期在台湾日本人的工商活动》，《台湾研究集刊》2006 年第 2 期；沈世培：《抗战时期日商洋行在安徽的商业垄断经营》，《安徽史学》2011 年第 3 期；朱婷：《1937—1945 在华日资工业企业的扩张及其特点——以战时华中沦陷区为例》，《社会科学》2015 年第 5 期；杨锦銮：《外资保险在近代中国之历史回眸》，《中国外资》2016 年第 9 期；本刊编辑部：《抗战时期日商银行在华机构与业务的扩张》，《中国城市金融》2017 年第 12 期；江林泽：《近代青岛工业发展史论（1891—1937）》，《东方论坛》2017 年第 1 期等。

（二）专题研究

1. 国策、财阀会社

个案与专题研究是对日商企业更为直接的研究成果。个案与专题研究的成果首先集中于"国策会社""财阀会社"方面，这是国内学界长期关注并相对成熟的研究领域。对"满铁""三井""三菱"等著名老牌国策、财阀会社的个案研究，从 20 世纪 20、30 年代已经开始，前文所列诸多民国期刊中，就载有数量可观的相关论文。中华人民共和国成立后关于国策、财阀会社的研究也受到长期、持续关注，这些研究主要将国策、财阀会社视为日本国家意志的代行者，对其表现出的经济统制机关的特性加以探讨，或是注重对这些会社掠夺中国经济本性的批判。90 年代以来，国策、财阀会社个案研究的对象、视野都大为拓展，不仅有关于著名老牌国策、财阀会社的进一步研究，对抗日战争前后的新生国策会社在抗日战争这个特殊历史背景下的发展轨迹的研究，也积累了不少成果。[①] 这些论著以企业个案研究的方式对著名国策、财阀会社发展状态展开深入剖析，不少内容涉及企业形态的演变，为企业制度研究提供了有价值的参考。

2. 其他会社

与上述国策、财阀会社的成果相比，关于其他日商企业的研究成果相对薄弱些，但是 20 世纪 90 年代以来，还是出现了不少以地区、行业、其他

[①]　张利民：《日本华北开发会社资金透析》，《抗日战争研究》1994 年第 1 期；苏崇民：《满铁史》，中华书局 1990 年版；解学诗、宋玉印：《"七七"事变后日本在华北资源的总枢纽——华北开发会社设立及其活动轨迹》，《中国经济史研究》1990 年第 4 期；朱荫贵：《国家干预经济与中日近代化：轮船招商局与三菱、日本邮船会社的比较研究》，东方出版社 1994 年版，陆仰渊：《配合军事侵略的日本华中振兴公司》，《民国春秋》1995 年第 4 期；曹霖华：《抗日战争时期日本政府所设华中振兴株式会社述评》，《档案与史学》2003 年第 1 期；王文英：《三井财阀形成研究》，《苏州大学学报》（哲学社会科学版）2004 年第 4 期；王健：《日本军国主义的支柱——财阀》，《日本学刊》2005 年第 4 期；解学诗：《满铁与华北经济：1935—1945》，社会科学文献出版社 2007 年版；郭予庆：《近代日本银行在华金融活动——横滨正金银行（1894—1919）》，中国人民大学出版社 2007 年版；郑忠、仇松杏：《"国策会社"——日清公司论析（1907—1939）》，《南京师大学报》（社会科学版）2009 年 3 月；王健：《抗战时期台湾拓植株式会社对广东、海南的经济侵略》，《近代史研究》2011 年第 2 期；林玉茹：《国策会社与殖民地边区的改造：台湾拓植株式会社在东台湾的经营（1937—1945）》，文盛彩艺实业有限公司 2012 年版；李力：《浅谈满洲重工业开发株式会社——日本财阀直接控制伪满重工业的代表机构》，《近现代东北》2012 年第 3 期；孙雁：《三菱财阀国策会社性质探析》，《外国问题研究》2016 年第 4 期等。

类型企业为对象的研究成果，如黄诗玉的《论伪满时期东北的特殊会社》、林玉茹的《殖民地边区的企业：日治时期东台湾的会社及其企业家》、蔡小军的《台湾银行广州支店之初探》、张晓辉的《日据时期的台湾银行与广东政府》、蒋立场的《外商银行在近代中国活动区域格局（1845—1937）》、周飞的《二十世纪前期日资在华企业的演变——以本溪湖煤铁公司为例》等。①这些研究在不同程度、从不同侧面，或为深入探讨制度变迁提供了区域性发展规律的参考，或为深入研究治理机制提供了具体的个案参考。

（三）制度问题研究

1. 近代企业制度

相比中国近代企业史研究，有关中国近代企业制度的研究，是近二十多年来逐渐升温的新课题。研究热点主要在公司制度方面，研究对象集中于中国企业，如晚清的官办、官商合办企业，民国时期的国营、民营企业。以外商企业为对象的制度研究成果不多见，尤其缺乏直接研究日商企业制度的内容。20世纪90年代末以来，以"中国近代企业制度"为对象的研究成果，在研究视角及理论范式方面，为本书研究提供了重要参考，如张忠民的《艰难的变迁——近代中国公司制度研究》，以现代企业理论为依据，在翔实的史料基础上，对近代中国公司制度的演进作了历史大跨度的宏观描述，并对公司制度变迁的社会环境、公司形态的逻辑演进及数量与空间分布的纵向发展、公司类型、资本筹集、法人治理结构及公司组织推动企业成长等问题进行了分析；张忠民的《产权、治理结构：近代中国企业制度的历史走向》，论述了关于产权的一般界定和理解、产权制度下股权与债权的共存、企业财产权法律体现的企业登记等理论问题，为研究企业制度史提供了基础理论解析；李玉的《关于中国近代企业制度研究的若干思考》，从研究方法、视角、理论、企业制度史与企业史的异同等多方

---

① 黄诗玉：《论伪满时期东北的特殊会社》，《宜宾师专学报》（综合版）1998年第4期；林玉茹：《殖民地边区的企业：日治时期东台湾的会社及其企业家》，《台大历史学报》2004年第33期；蔡小军：《台湾银行广州支店之初探》，《江苏钱币》2005年第4期；张晓辉：《日据时期的台湾银行与广东政府》，《暨南学报》（哲学社会科学版）2013年第3期；蒋立场：《外商银行在近代中国活动区域格局（1845—1937）》，《金融理论与实践》2013年第3期；周飞：《二十世纪前期日资在华企业的演变——以本溪湖煤铁公司为例》，中国社会科学出版社2016年版等。

面，梳理了企业制度研究的概念；郭岩伟的《近代中国中外企业制度研究对比——以股权分配制度为中心的考察》，在企业制度总体研究的基础上，讨论了股息与红利、优先股制度、红股制度、企业法律制度及企业制度思潮等问题，对近代外商企业制度的构建，尤其是关系到企业资本筹集、资金运作及治理结构的分配制度作了具体分析，为外商企业制度研究作出了贡献。①

2. 日商企业制度

20 世纪 30、40 年代就已有学者涉及日商企业制度研究，前述民国期刊中就有一些论文涉及此问题，但那时的论述对经济学理论的运用还比较欠缺。90 年代前后，有关制度层面的研究越来越受重视，运用经济学理论的意识也越来越强，出现了一些成果。如苏崇民的《关于 1907—1931 年满铁利润问题的探讨》、杨立和柯绛的《1942 年前日本在中国沦陷区掠夺公司工矿业经营及收益调查》、王晓明的《日本垄断企业分配结构及其特点》、李原的《日本近代会社制度的形成和特点》、任朝钢的《战前日本的公司形态与财阀企业的株式会社化》、居之芬的《太平洋战争爆发前日本骗招入满华工的地位与待遇考》、王玉芹的《论伪满特殊会社的资本构成》、刘凤华的《战时日本在华银行对特殊会社和团体的融资——以横滨正金银行北京支行为例》等，② 这些论著涉及资本构成、融资方式、企业股份化、工人待遇、利润分配等诸多制度层面的问题，为对制度演变的深入研究提

① 张忠民：《艰难的变迁——近代中国公司制度研究》，上海社会科学院出版社 2002 年版；张忠民：《产权、治理结构：近代中国企业制度的历史走向》，《成大历史学报》第 47 号，2014 年 12 月；李玉：《关于中国近代企业制度研究的若干思考》，《江海学刊》2015 年第 5 期；郭岩伟：《近代中国中外企业制度研究对比——以股权分配制度为中心的考察》，复旦大学博士论文，2014 年。

② 苏崇民：《关于 1907—1931 年满铁利润问题的探讨》，《现代日本经济》1987 年第 2 期；杨立、柯绛：《1942 年前日本在华工矿业资本之调查统计》，《民国档案史料》1991 年第 2 期；杨立、柯绛：《1942 年前日本在中国沦陷区掠夺公司工矿业经营及收益调查》，《民国档案史料》1992 年第 1 期；王晓明：《日本垄断企业分配结构及其特点》，《日本学刊》1995 年第 3 期；李原：《日本近代会社制度的形成和特点》，《天府新论》1999 年第 3 期；任朝钢：《战前日本的公司形态与财阀企业的株式会社化》，《日本研究》2000 年第 2 期；居之芬：《太平洋战争爆发前日本骗招入满华工的地位与待遇考》，《中国经济史研究》2005 年第 4 期；王玉芹：《论伪满特殊会社的资本构成》，《东北史地》2007 年第 3 期；刘凤华：《战时日本在华银行对特殊会社和团体的融资——以横滨正金银行北京支行为例》，《东北亚学刊》2014 年第 4 期。

供了具体的案例与路径。

（四）资料、档案文献

中华人民共和国成立后，经济史、企业史资料的搜集、整理工作获得很大的成绩，陆续出版了一批有价值的相关统计资料、史料汇编等重要成果，① 还有一些期刊上刊载的地方档案馆的档案数据，进一步补充、扩大了原始数据统计的范围，② 这些资料的编辑、整理、出版，为中国近代企业史、企业制度史研究奠定了坚实的史料基础，也为本书相关研究提供了重要的依据。另外在上海档案馆、天津档案馆、中国第二历史档案馆等档案馆中，还有不少原始档案，有待进一步深入挖掘、整理和利用。

二、日本学界的研究

日本学界的研究总体上与中国学界的研究类似，但关注的问题稍有不同。大体上可以分为一般性研究、专题研究，以及各类资料研究三个方面。其中一般性研究包括日商投资研究、日商企业行业研究、日商企业制度研究；专题研究范围较广，包括国策、财阀会社研究，纺织会社研究以及战

---

① 严中平编：《中国近代经济史统计资料选辑》，科学出版社 1955 年版；汪敬虞编：《中国近代工业史资料（1895—1914）》（第二辑），科学出版社 1957 年版；陈真、姚洛、逄先知合编：《中国近代工业史资料》（第二辑），三联书店 1958 年版；孙毓棠编：《中国近代工业史资料（1840—1895）》（第一辑），中华书局 1962 年版；复旦大学历史系编：《日本帝国主义对外侵略史料选编》，上海人民出版社 1975 年版；解学诗等编：《满铁史数据》，中华书局 1978 年版；武汉大学经济系编：《旧中国汉冶萍公司与日本关系史料选辑》，上海人民出版社 1986 年版；中央档案馆等编：《日本帝国主义侵华档案资料选编》（第 14 卷），中华书局 1991 年版；傅文龄主编：《日本横滨正金银行在华活动史料》，中国金融出版社 1992 年版；黄光域编著：《外国在华工商企业词典》，四川人民出版社 1995 年版；寿充一、寿乐英编：《外商银行在中国》，中国文史出版社 1996 年版；上海市档案馆编：《日本帝国主义侵略上海罪行史料汇编》（上、下），上海人民出版社 1997 年版；辽宁省档案馆编：《满铁与劳工》（第一辑）（影印本），广西师范大学出版社 2003 年版；辽宁省档案馆编：《满铁机构》（第一卷）（影印本），广西师范大学出版社 2004 年版；上海档案馆主编：《日本在华经济掠夺史料（1937—1945）》，上海书店出版社 2005 年版；黑龙江省档案馆编：《满铁调查报告》（第一辑）（影印本），广西师范大学出版社 2005 年等。

② 胡震亚：《日本对华中沦陷区经济侵略史料一组》，《民国档案》1990 年第 1 期；杨立、柯绛：《1942 年前日本在华工矿业资本之调查统计》，《民国档案史料》1991 年第 2 期；《日本帝国主义军管理英美等国资本企业史料》，《档案与史学》1995 年第 4 期；《华中振兴株式会社概况》，《档案与史学》1998 年第 5 期；《华中振兴株式会社交通运输子公司概况》，《档案与史学》1999 年第 6 期；《华中矿业股份有限公司概况》，《档案与史学》2000 年第 5 期等。

时经济与日商企业研究；各类资料研究包括对各种调查资料、会社史以及报纸、旧刊、档案等的收集、整理和研究。

（一）一般性研究

1. 日商投资

早期日本学界对在华日商企业的研究，集中于帝国主义海外扩张及日商投资两方面的问题，从 20 世纪 10 年代至 40 年代中期，相关出版物非常之多。[①] 这些早期出版物的立场带有明显的历史局限性，但是为研究日商企业形成、发展的路径，日商企业的资本总量和行业分布等情况，提供了较翔实的一手数据。20 世纪 80、90 年代以后，日本学界对近代日本的海外扩张和投资问题的学术立场有了很大的改变，在确定其经济侵略性质的基础上，主要从经济史的方面进行考察，作为帝国主义史研究的一般性探讨，出现了一批有价值的学术著作和论文集。如浅田乔二所编《日本帝国主义下的中国——中国沦陷区的经济研究》、高村直助的《日本帝国主义史论》、浅田乔二和小林英夫所编《日本帝国主义对东北的统制》、西川博史的《日本帝国主义与棉业》、松木俊郎的《战前日本对华事业投资额变迁（1900—1930）》、桑原哲也的《企业国际化的历史分析——战争前期日本纺织企业的中国投资》、金子文夫的《近代日本对东北投资研究》等，[②] 这些论著对日本海外扩张和投资问题的论述，已经是在帝国主义外侵的视角下，都较客观地反映了日本对华经济侵略、渗透的事实，同时对日

---

① 如内田嘉吉『国民海外发展策』，拓殖新报社，1915 年；外务省通商局编『支那本邦人进势概览』，1919 年；矢内原忠雄『帝国主义下の台湾』，岩波书店，1929 年；柴田贤一『日本民族海外发展史』，兴亚日本社，1941 年；西村真次『日本海外发展史』，东京堂，1942 年；入江寅次『邦人海外发展史』，井田书店，1942 年；杉村广藏编『昭和十一年末现在列国对支投资概要』，东亚研究所，1937 年；樋口弘『日本の对支投资』，庆应书房，1940 年；铁道省上海办事处编『支那运输机关に对する列国の投资』，1941 年；东亚研究所编印『日本の在支纺绩业投资』，1939 年；东亚研究所编印『日本银行业の对支投资』，1940 年；东亚研究所『各国对华投资と中国国际收支』，实业之日本社，1944 年等。

② 浅田乔二编『日本帝国主义下の中国——中国占领地经济の研究』，乐游书房，1981 年；高村直助『日本帝国主义史论』，ミネルヴァ书房，1983 年；浅田乔二、小林英夫编『日本帝国主义の满洲支配』，时潮社，1986 年；西川博史『日本帝国主义と绵业』，ミネルヴァ书房，1987 年；松木俊郎「战前日本对华事业投资额推移 1900—1930」，『冈山大学经济学会雑誌』第 12 卷第 3 号，1987 年；金子文夫『近代日本における对满投资研究』，近藤书店，1991 年等。

商投资问题亦有更深入的论述。

2. 日商企业、行业

早期日本企业史研究的关注点较集中于工业、金融，此阶段一些由日本政府机构、殖民机关编写的调查报告、资料，[①] 虽然在观点上存在一定的历史局限，但是为了解日商企业早期形成、发展，日商企业中某些行业的发展轨迹和进程，提供了相当数量的原始数据和资料，为研究日商企业早期状况提供了参考。20 世纪 60 年代以后，日本经营史研究开始逐步形成，在企业史、行业史之外，出现了一批企业经营史论著，如小林正彬的《日本经营史读本》，高桥龟吉的《日本企业与经营者的发展史》，由井常彦的《日本的经营发展》，宫本又次、作道洋太郎的《住友的经营史研究》等。[②] 其中对大型企业个案和企业经营理论的研究，虽然都是以日本国内大企业为对象，但因其都在华有分支机构（企业），故在资料和理论范式上提供了良好的借鉴。近年来，出现一批直接研究日商在华企业的论著，[③] 其中富泽芳亚、久保亨、荻原充编著的《在近代中国生存的日系企业》，以多篇论文组成"中国棉业重点在华纺"和"在华的诸相"两部分，全书涉及棉纺织业、煤炭业、骨粉业、制粉业等多个企业、行业，并分别对这些企业、行业战前、战时的状况进行了梳理，对整体研究是一大推进，尤其是对日商纺织企业技术、劳务等制度的深度探讨，是研究治理问题的重要参考。久保文克的《近代制糖业的经营史研究》，以战前日本制糖业在中国台湾的发展为线索，对四大制糖企业（台湾制糖、大日本制糖、明治制糖、盐水港制糖）在台湾的经营与竞争实态作了详细的梳理、论述，并对这些企业的

---

① 濱田峰太郎『支那における紡織業』，日本堂書店，1923 年；『天津に於ける金融機関に就て朝鮮銀行』，天津日本人商業会議所，1925 年；日本商工會議所編『海外に雄飛する日本陶磁器工業』，日本商工會議所，1935 年；東亞同文回覧調査編纂部編『支那之工業』，東亞同文会調査編纂部，1917 年；上海滿鐵事務所調査室編『上海に於ける工業概觀』，1939 年；大日本紡績聯合会編『東亞共荣圏と繊維産業』，文理書院，1941 年。

② 小林正彬『日本の経営史読本』，有斐閣，1976 年；高橋龜吉『日本企業と経営者の発展史』，東洋経済新報社，1977 年；由井常彦『日本の経営発展』，東洋経済新報社，1977 年；宮本又次、作道洋太郎『住友の経営史的研究』，実教出版社，1979 年等。

③ 久保亨『戦時期中国の綿業と企業経営』，汲古書院，2005 年；富澤芳亜、久保亨、荻原充編著『近代中国を生きた日系企業』，大阪大学出版会，2011 年；久保文克『近代制糖業の経営史的研究』，株式会社文真堂，2016 年。

制度层面展开分析，对研究制度的变迁更具有直接而现实的借鉴参考价值。可以说，比起企业史研究，企业经营史在方法上更接近于企业制度研究。

3. 日商企业制度

由于日商企业基本是按照日本本国企业制度模式设立的，所以研究日商企业制度，首先需要对日本近代《商法》（包括企业法）、企业规章、会社理论，及其对制度形成、发展的作用、影响，具有一定的了解和把握，日本国内有大量可以借鉴的文献。① 规章手册、实务参考书、法条汇编等是研究企业形成、演变的基本法律依据。其次依然可以借鉴日本国内关于企业制度演进的研究成果，如西川俊作、阿部武司所编《日本经济史4　产业化时代》（上），以专门章节介绍从德川时代企业的出现到明治前期《商法》的制定与颁布，以及从《商法》颁布到抗日战争爆发前，日本企业制度的发展状况，对日本明治时期以来的企业法、股份有限公司的形成、发展都有较多解读；佐佐木聪、中林真幸编著的《组织与战略的时代（1914—1937）》，集合多篇论文，从不同角度对治理结构进行了分析，研究视角独特，把企业组织结构的形成、发展状态，放到日本对外扩张的时代背景下加以探讨；结城武延的《在日本近代企业的形成与发展——棉纺织企业经营者的自律与他律》，则从法律制度、资本市场、企业治理、组织机构，以及生产组织等方面，对"一战"前日本株式会社制度生成、发展的状态进行了深入剖析，对株式会社生成、发展的法律环境，股东大会的

---

① 早期如高窪喜八郎『商法会社編』，法律評論社，1919 年；橋本良平『会社の組織及設立と経営』，文雅堂，1924 年；竹内恒吉『会計經營及商法の實際問題』，同文館，1925 年；南満州鉄道株式会社『大東公司ノ設置、組織並活動状况』，満鉄経済調査会第一部，1930 年；荒木秀一編輯『本店及支店の決算手続』，大阪銀行集会所，1936 年；山田秀苗『銀行の出張所』，東京文雅堂，1937 年；増地鹿治郎『企業形態論』，同文館，1938 年；田中耕太郎『改正商法及有限会社法概説』，有斐閣，1939 年；大村聖友『合名合資會社實務必携』，東栄堂，1939 年；高田源清『有限会社法・銀行法・信託法』，三笠書房，1939 年；深沢三夫『銀行の支店統制と連絡』，東京文雅堂，1939 年；大藏省主計局編『特殊会社關係法規集』，大藏財務協会，1940 年；大藏財務協会編『会社経理統制令』，大藏財務協會，1941 年；岩崎博編『会社工場社則・職制・内部諸規程集』，銀行信託協会，1941 年；大藏財務協會編『会社経理統制令』，大藏財務協會，1941 年；田中要人編著『會社工場業務規定集工員賃銀及待遇實務篇』，教材社，1942 年；上海日本商工會議所編『上海在留邦人俸給生活者の家計調査に關する中間報告』，上海日本商工會議所，1942 年；荒木秀一編輯『銀行の支店統制方法銀行の資金運用方法』，大阪銀行集会所，出版年代不詳等。

作用，内部治理重心，内部资源配置等细节问题都作了分析、论述。由于日商在华企业在产权、治理和分配方面大多因循日本国内模式，并且日本素来把在华企业视为日本本土企业的一部分，所以日本企业制度相关研究对本书具有重要参考价值。[1]

（二）专题研究

1. 国策、财阀会社

国策会社和财阀会社是日商企业中最为重要的两大类型，20 世纪 30、40 年代，就有各种相关资料、论著出版。[2] 80 、90 年代以来，日本学界对国策会社、财阀会社的研究不断深入，出现一批相关论著，如大仓财阀机关研究会所编《大仓财阀的研究——大仓与大陆》、三岛康雄等合著的《第二次大战与三菱财阀》、河合和男等合著的《国策会社、东拓研究》、木山实的《近代日本与三井物产：综合商社的起源》、谷城秀吉的《政府部门与国策会社的设立：以台湾拓殖为例》等。[3] 此外还有一些已被翻译成中文的论著，如坂本雅子著、徐曼译的《财阀与帝国主义——三井物产与中国》，松浦章著、李海涛译的《日清汽船与中国》，石井宽治著，周建、周亮亮译的《日本的对外战略（1853—1937 年）》。[4] 其研究对象和研究视角与之前的研究相比都有很大拓展。

---

① 西川俊作、阿部武司編『日本経済史 4 産業化の時代』（上），岩波書店，1990 年；佐佐木聡、中林真幸編著『組織と戦略の時代 1914 ～ 1937』，ミネルヴァ書房，2010 年；結城武延「日本における近代企業の展開と発展—綿紡績企業における経営者の自律と他律—」，博士論文，2013 年。

② 岩井良太郎『三井・三菱物語』，千倉位書房，1934 年；中外産業調査会編纂『財閥住友の新研究』，中外産業調査会，1937 年；樋口弘『日本財閥論』，味燈書屋，1940 年；高田源清『満洲国策会社法論』，東洋書館，1941 年；松沢勇雄『国策会社論』，ダイヤモンド社，1941 年；企畫院研究會『国策会社の本質と機能』，同盟通信社，1944 年等。

③ 大倉財閥機関研究会『大倉財閥の研究——大倉と大陸』，近藤書店，1982 年；三島康雄等『第二次大戦と三菱財閥』，日本経済新聞社，1987 年；河合和男他『国策会社、東拓の研究』，不二出版社，1999 年；坂本雅子『財閥と帝国主義：三井物産と中国』，ミネルヴァ書房，2003 年；木山実『近代日本と三井物産：総合商社の起源』，ミネルヴァ書房，2009 年；谷ケ城秀吉「政府部門と国策会社の設立：台湾拓殖を事例に」，『社会科学年報』第 51 号，専修大学社会科学研究所，2017 年。

④ ［日］坂本雅子：《财阀与帝国主义——三井物产与中国》，徐曼译，社会科学文献出版社 2011 年版；［日］松浦章：《日清汽船与中国》，李海涛译，《国家航海》2013 年第 4 期；［日］石井宽治：《日本的对外战略（1853—1937 年）》，周建、周亮亮译，社会科学文献出版社 2018 年版。

2. 纺织会社

纺织企业也是日商企业中的一大类型，日本方面将日商在华纺织企业简称为"在华纺"。有关在华纺的研究是日本学界长期关注且相对成熟的课题，除了前后文中提到的各纺织会社的社史、行业史中有关在华纺的论著，20 世纪 80 年代以来，有关在华纺的研究不断深入。首先是对在华纺的整体研究，如高村直助的《近代日本棉业与中国》，着重探讨了日商在华纺织工业投资状况、行业规模、企业经营业绩等问题，与之前同类研究成果相比，其视角和方法都有新的突破，并为之后的同类研究奠定了良好的基础，之后有关在华纺的全行业研究、个案研究、企业治理研究等各方面的成果不断涌现。① 这些论著中不乏对在华纺自身经营、在华纺与日本国内关系、在华纺对中国的影响等问题的深入探讨，尤其是关于日商企业内部的治理问题，如滦玉玺的《20 世纪 1920—1930 年代青岛日本纺织业劳动者的构成与管理》一文，以青岛劳务管理制度为典型事例，剖析了日商企业的具体劳务治理状况；又如桑原哲也以内外棉会社为考察对象的多篇论文，以充分的史料为基础，对日商企业治理结构问题做了深层次的分析、论述，为日商企业制度研究提供了重要参考。

3. 战时经济与日商企业

抗日战争是个特殊历史时期，此时期日商企业扩张、演变的速度、方式都与战前有很大区别，为了更好地把握特殊历史背景下日商各类企业发

---

① 高村直助『近代日本綿業と中国』，東京大学出版会，1982 年；高綱博文「黎明前の青岛労働運動——一九二五年の青岛中華紡争議について——」，『東洋史研究』第 42 卷第 2 号，1983年；桑原哲也『企業国際化の史的分析——戦前期日本紡績企業の中国投資』，森山書店，1990 年；桑原哲也「日本における近代的工場管理の形成——鐘淵紡績会社における科学管理導入，1910年代——」，神戸大学『国民経済雑誌』第 172 卷第 6 号，1995 年；久保亨「青岛における中国紡——在華紡間の競争と協調」，『社会経済史学』第 56 卷第 5 号，1991 年；樂玉璽「青岛における日本紡績業の労働者構成とその管理——1920—30 年代を中心に」，『経営史学』第 35 卷第 4 号，2000 年；樂玉璽「青岛における近代工業の発展と在華紡績」，関西学院『経営学論究』第 52 卷第 2 号，1998 年；桑原哲也「在華紡の組織能力——両大戦間期の内外綿会社」，竜谷大学『経営学論集』，大貝威芳教授退職記念号，第 44 卷第 1 号，2004 年；森時彦『在華紡と中国社会』，京都大学学術出版会，2005 年；森時彦「日本企業の国際経営に関する歴史的考察——両大戦間期，中国における内外綿会社」，『日本労働研究雑誌』，2006 年；「在華紡の経営——内外綿会社，1911—1945——」，東京大東洋文化研究所『アジア情報学のフロンティア』，2000 年等。

展、演变的规律，单列此项。关于战时经济与日商企业的研究，也是日本学界长期关注且相对成熟的一个课题，20世纪40年代就有大量关于战时经济及日商企业的资料调查和研究论述出现，到80、90年代此专题的调查和研究已形成大量成果，[1] 论著从多方面探讨了日本战时体制与中国的经济关系，以及战时体制下日商企业活动、扩张、演变的实态。其中值得一提的是柴田善雅的研究成果，其相关论著较为集中，[2] 其中《中国沦陷区日系企业的活动》一书在研究范围和理论运用方面都具有一定的开拓性，首先该书涉及的地域广泛，包括"蒙疆"、华北、华中、华南、海南岛以及香港等地，涉及的企业类型广泛，包括各种采用《商法》(会社篇)所规定的株式会社、合名会社、合资会社等有限会社形态，以及采用股份有限公司、两合公司、无限公司的形态所建立的企业，这样对广泛地域和多种企业类型的归纳，在以往成果中几乎未见。其次该书在理论上运用了政策史、企业经营史、企业制度史等领域的多种理论对沦陷区企业加以分析，并以典型案例对企业设立、增资、本店转移、商号变更、解散、经营、干部等制度层面的变迁进行剖析，从而形成对日商中小企业群的整体把握，为研究日商企业治理结构提供了理论、方法及资料方面的重要借鉴。

---

[1] 如太田弘毅「日本軍政下の香港に進出した企業会社」,『政治経済史学』第250号，1987年；谷政弘編『戦時経済と日本企業』，昭和堂，1990年；三日月直之『台湾拓殖会社とその時代1936—1946』，葦書房，1993年；朱徳岚「十五年戦争と日本企業の経済活動」,『社会文化研究紀要』第43号，1999年；高綱博文編『戦時上海——1936—45年』，研文出版社，2005年；庄佐比子編『日本の青島占領と山東の社会経済，1914—22年』，財団法人東洋文庫，2006年；谷ケ城秀吉「戦時経済下における国策会社の企業活動——台湾拓殖の華南占領地経営を事例に」,『東アジア近代史』第10号，2007年；久保亨編著『戦時期中国の経済発展と社会変容』，慶応義塾大学出版会，2014年，还包括一些中国学者发表的日文论著，如許金生「日本の海南島の占領期における鉄道開発活動について」,『立命館言語文化研究』第15巻第3号，2004年（莊維民「占領期における日系商業資本」、劉大可「占領期における日系工業資本」収录其中）等。

[2] 如「戦時会社経理統制の展開」,『社会経済史学』第58巻第3号，1992年；「中華匯業銀行小史——合弁銀行の運命」,『東洋研究』第123号，1997年；「戦時企業整備とその資金措置」,『大東文化大学紀要』第41号（社会科学），2003年；「華北における興中公司の活動」,『東洋研究』第138号，2000年；「日中戦争期在華紡績の活動——政府の支援と介入を中心に」,『大東文化大学紀要』第42号（社会科学），2004年；「陸軍軍命商社の活動——昭和通商株式会社覚書」,『中国研究月報』第675号，2004年；「華中占領地日系企業の活動」,『大東文化大学紀要』第43号（社会科学），2005年；「海南島占領地における日系企業の活動」,『大東文化大学紀要』第44号（社会科学），2006年；『中国占領地日系企業の活動』，日本経済評論社，2008年等。

（三）各类资料

1. 调查资料

日本在对中国实行经济侵略的过程中，非常重视实地、实态调查，早期由政府部门及殖民机构出版的调查报告、调查资料、统计报告、年鉴、年报涉及广泛的地区及行业，形成了大量原始调查数据，为研究日商企业产生背景、早期发展条件，其在中国市场的竞争优劣势，以及行业规模、企业内部经营等问题提供了不少一手资料和数据。①

2. 社史

日本企业界素来非常重视企业"社史"的编纂。从 20 世纪 20、30 年代到现在，企业社史资料可谓汗牛充栋，② 实际上"社史"的编撰直到今天仍在

---

① 如南满洲铁道株式会社庶务部调查课『满洲に於ける硝子工业』，1923 年；上海日报社编『上海年鑑』，1926 年；協调会调查课编『一九二九年海外労働年鑑』，1929、1930 年；满洲经济研究会编『满洲新設会社概覧』，1934 年；南满州铁道株式会社调查部编『支那電気事業调查资料』，1937 年；满洲中央银行调查课『金融经济統計年報』，1937 年；满鉄调查部『日本在華権益一覧』，1939 年；蒙疆银行调查课『蒙疆主要会社法令及定款集』，1939 年；满洲铁道株式会社调查部编『青岛纺績労働调查』，1940 年；大塚令三『製紙工业报告书』『人造絹糸工业报告书』，中支建設资料整備委员会，1940 年；全国经济委员会合作事業委员会编『合作事業工作概況』，中支建設资料整備事務所编譯部，1940 年；南满州铁道株式会社北支经济调查所编『北支那工場实态调查报告书』，1939 年；满鉄上海事務所调查课编『上海工业实态调查资料概括表』，1942 年；中支那振興會社『中支那振興會会社並関係会社事業概況』，1942 年；中支建設资料整備事務所编『長沙の重要工場调查』，1940 年；中支建設资料整備事務所编『廣東经济调查报告』『支那工业调查报告』，1941 年；中支建設资料整備事務所编『山西考察报告书』，1942 年；滿鐵上海事務所调查課编『上海工業實態调查资料概括表』，1942 年；華北綜合调查研究所编『亜細亜火油公司天津支店调查报告』，1944 年；佐々木淳编集、解題『明解企業史研究资料集旧外地企業编第 4 卷（满洲国·中国関内·南洋群島）』，興亜院華中連絡部，1946 年；華中鉄道股份有限公司総務部调查課编『上海地域ニ於ケル非鉄金属工業ノ現況』，出版年代不詳等。

② 此处仅以部分开设在中国或在中国设有分支机构的企业为例，如『住友银行三十年史』，1926 年；『三井银行五十年史』，1926 年；『東洋拓殖株式会社三十年誌』，1929 年；『東亜煙草株式会社小史』，1932 年；『明治製糖株式会社三十年史』，1936 年；『內外綿株式会社五十年史』，1937 年；『支那蚕糸業と華中蚕糸股份有限公司』，1939 年；『大日本纺績五十周年紀要』，1941 年；『日清汽船株式会社三十年史及追補』，1941 年；『明治火灾保险株式会社五十年史』，1942 年；『第一工業制薬株式会社三十年略史』，1943 年；『日本綿花株式会社五十年史』，1943 年；『富士纺績株式会社五十年史』，1947 年；『日華ゴム株式会社八十年史』，1953 年；『三井造船株式会社三十五年史』，1953 年；『東洋纺績七十年史』，1953 年；『日清製粉株式会社史』，1955 年；『日本セメント株式会社七十年史』，1955 年；『三菱重工業株式会社史』，1956 年；『日本郵船株式会社七十年史』，1956 年；『大日本制薬株式会社六十年史』，1957 年；『大日本製糖株式会社六十五年史』，1960 年；『日清纺績六十年史』，1969 年；『三菱鉱業史』，1971 年等。因"社史"的编撰和出版工作都由该"社史"会社承担，故此处只收录出版年份，编撰和出版者皆略。

继续，很多企业不断续写社史，如同一家企业会有十年史、二十年史、三十年史等。这些社史从资本状况到组织机构，从生产经营到销售市场等各个方面，对企业整体发展路径与状况作了概述，包括重要统计、会社大事年表等，都为我们今天企业制度的个案研究提供了非常重要的线索与一手资料。

3. 报纸、旧刊、档案

大量经济类实时调查数据存于当时报纸、期刊之中，非常珍贵。[1] 神户大学附属图书馆电子报纸记事文库即收藏了大量日本大正时期的日文报纸影印件。档案资料主要有亚洲历史资料中心收藏的外交史料馆的大量原始档案。这些报纸、旧刊、档案资料也为本研究提供了丰富而重要的原始依据。[2]

三、借鉴与启示

有关近代日商企业的研究，中日两国学界都已积累了大量成果，在资料和理论方面为本研究打下了坚实的基础。但总体而言，这些研究与本著作的学术目标还是存在较多的差异。

首先，中国学者的研究多为企业史，企业制度研究甚少，日本学者的研究多为企业经营史，涉及企业制度层面的研究相对多些。中日双方都重视运用统计、计量及比较等方法进行研究，但是中国企业史研究比较侧重宏观的企业史、行业史，在方法上更偏重于史的描述，理论性研究尚显欠缺；日本企业经营史研究则侧重从企业组织内部考察企业自身经营、管理，更重视对管理学、经济学及社会学等学科方法的综合运用，理论性研究相对深入一些。或者，从研究视角和理论方法来看，企业经营史比企业史更

---

① 如日本外务省通商局编『通商彙纂』（1894—1913 年）；外务省通商局『通商公报』（1910—1930 年）；博文馆『通商彙报』（1920—1930 年）；東京商工会議所『重要經濟統計月報』（1928—1937 年）；上海週報社『上海週報』（1928—1933 年）；上海日本商工会議所『上海日本商工会議所年報』（20 世纪 10—20 年代、20 世纪 40 年代）；満鉄上海事務所『上海満鉄季刊』（1937 年）；満鉄経済調査会『満鉄調査月報』（1931、1932、1933、1934、1938 年）；満鐵『統計年報』（1916、1917、1930 年）；青島日本商工会議所『青島日本商工会議所所報』『青島経済統計月報』『青島経済旬報』（20 世纪 30 年代）；中日實業興信社『中日實業興信日報』（1926—1934 年）；満鐵『中南支経済統計季報』（1940—1941 年）等旧刊。

② アジア歴史資料センター，即日本国立公文书馆的附属机构——亚洲历史资料中心，该中心通过互联网向国内外公众提供电子档案，主要收藏了国立公文书馆、外务省外交史料馆、防卫厅防卫研究所图书馆等机构从明治初期到太平洋战争结束的相关档案资料。

接近于制度研究。

其次，中国学界从 20 世纪 90 年代起，出现了一批可供参阅的企业制度史研究成果，但其中鲜有以日商企业为对象者，而日本学界对日商企业制度的研究在财阀会社、国策会社以及战时企业等领域已经形成了一定的积累，只是对象、范围都比较局限，整体性研究和长时段追踪研究不多。现有成果中，只有一些对某一阶段或某一企业的产权、治理、剩余问题的个案、专题研究，中日两国都未见以"产权、治理、剩余"三大核心理论为基础的系统研究。虽然近代制度研究还存在着局部性、零散性、孤立性的缺憾，但这些个案、专题研究还是为之后开展整体性、延续性、理论化的深入研究作出了相当大的贡献。

其三，现有文献中存有大量资料，为本书研究提供了重要的线索和案例，尤其是日文文献中的企业社史、调查报告、档案等。有待进一步挖掘利用的史料很多，但是从整体上看，这些史料也存在一定的不足，如史料缺乏系统性，整体统计数据欠缺，不同类型企业的资料不均衡，战前数据和中小企业的数据非常少，战时数据、大型国策会社的数据相对比较多。这给对各时期、各阶段、各类型日商企业进行全面研究带来相当大的困难。另外有关产权、治理、分配的具体资料不足，尤其是总公司设在日本的企业在华分支机构往往没有独立资料，这也给本书的研究增加了很多困难。

第二节　研究方法与框架

一、研究方法及研究对象

（一）研究方法

确定研究方法需要解决两个问题：一是基本路径，二是理论视角。路径也就是纵向交代，大致由对日商在华企业生成、演变、异变的历史概述导入，进而对日商在华企业制度的生成、发展、演变历史展开研究、探讨，其重心在于对"制度演进"的研究。理论视角也就是进行横向把握的关键，是本课题研究的理论依据与框架。本研究从现代企业理论"产权、治理结构、剩余分配"的视角出发，以这三大系统理论为基本依据与框架，在坚持"整体性、系统性和学术性"原则的前提下，对日商在华企业制度的演变、形式、类别、特点、阶段性演进等诸多重大问题展开详尽的分析、论述。其具体方式是：对日商在华企业制度从生成到演变再到终结的整个长时段、大跨度的历史进程，分阶段进行梳理，并以制度的三个剖面——"产权、治理结构、剩余分配"为焦点，分别对每一阶段、每一项制度的具体形态、特性等内容展开论述与分析。

（二）研究对象的范围界定

研究对象包括地域和行业两大范围。长期以来中、日两国关于近代日商在华企业的研究的出发点有所不同，中国方面放在中国经济史、企业史下，日本方面则放在日本经济史、企业经营史下。综观已有文献，两国学界都缺乏对相关问题的全国性研究成果，而全国性研究又往往不把台湾和东北地区纳入其中，这个问题杜恂诚在《日本在旧中国的投资》一书中就已经提出并作出创新尝试[1]。从研究目的出发，我们固然希望做一个全历史跨度、全国范围、全部类型的对近代日商在华企业的深度研究，但是由于主客观条件的限制，难免挂一漏万。对日商在华企业所涉地域范围，本书选择包括东北和台湾在内的全国大部分区域，一是因为日商在华企业制度发生、演变、终结的全过程，带有明显的区域性特征，表现为不同类型的企业在不同阶段向不同地区推移，二是因为台湾和东北是日商企业在华发展的两大重要区域，其企业制度类型极具代表性，是研究日商在华企业制度不可或缺的典型对象。本书将根据日商在华企业阶段性演进、区域性推移的特点，以上海、台湾、营口为三大中心，并分别向华中、华北、华南、东北几大区域推移[2]，考察不同时期在这些地区日商在华企业制度演进的样

---

① 杜恂诚：《日本在旧中国的投资》，上海社会科学院出版社 1986 年版。

② 从日本涉华文献来看，近代日本对中国大区的划分与今天的中国大区划分是有一定区别的。本书在这里对近代日本中国大区划分的历史渊源、发展变化，以及作为划分依据的政治、经济、军事等因素暂不加以探讨，仅因为方便梳理日商在华企业的扩展脉络，而沿用了明治维新至抗日战争结束阶段日本对中国大区的划分方式。近代日本对中国大区的划分，在新疆、西藏等少数民族区域之外，主要是华中、华北、华南、东北、西北、"蒙疆"，其中区域概念和今天一般概念差别最大的是华中地区。华中地区包括江苏、浙江、安徽、江西、湖南、湖北 6 省，主要是指以上海为核心的长江中下游地区，至于华北、华南、东北等地区，与今天的区域划分大致相同。战时沦陷区范围与战前分区有所区别，如华中地区地域比战前缩小，主要是指以上海、南京、武汉等城市为中心的长江中下游地区。

态和特点。至于行业范围，日商在华企业涉及行业极其广泛，本书着重对商贸、工业、航运、金融等多行业的企业类型进行考察，矿业、交通运输等行业的企业类型则未被纳入考察范围。

（三）研究对象的类型界定

企业类型的界定标准有很多。以法定标准分类，就是根据企业法规定所确认和划分的企业类型，涵盖企业的资本构成、企业的责任形式和企业在法律上的地位等三方面的内容。本书在三大系统理论框架下的产权制度相关章节，就是按此分类展开的详细分析、论述。以学理标准分类，依据则林林总总，如企业投资主体、实际控制者、所属经济部门、组织机构、规模等，但是这些现代企业分类的概念与特征很难用来界定近代企业类型，更难以体现出近代日商在华企业类型的特性。

近代日商在华企业、企业制度的最突出特性，就是其与母国的紧密关联。可以说，近代日商在华企业制度生成、演变至终结的过程，几乎与日本国内近代企业制度发生、演变的过程同步，日商在华企业制度的源头是日本国内企业制度，尤其是作为分支机构的在华企业，与作为母体的国内总公司实为一体，直接沿用了日本会社制度，企业机制受国内总公司操控。而在中国设立的企业也大致导入了日本会社制度，基本是遵循日本的"会社法"，按照日本会社制度模式设置的。它们的产权形式，治理结构和剩余分配等制度模式基本与日本国内企业一致。

近代日本资本主义发展起步晚、发展迅速、对外扩张等基本特性，又影响了近代日本企业形态的形成、发展，并形成了强大的"财阀""国策"企业这两类负有国家使命的标志性企业形态。这两大类型的企业，在日本资本主义走上帝国主义对外扩张道路的历史进程中充当了急先锋，并且是近代日商在华企业中持续时间长、扩展区域广、实力最强、影响力最大的两大企业形态，因而成为研究近代日商在华企业制度生成、发展、演变的重要企业类型。

除此之外，日商在华企业还存在着其他类型，所以本书在综合各种分类标准的基础上，结合日商在华企业、企业制度所独具的特性，将日商在华企业类型归纳为四大类："国策"企业、"财阀"企业、"纯民间"企业、"合资、合办"企业。

（四）对四大类型企业的基本界定

一，"国策"企业，通常被称为"国策会社"，也被称为"特殊会社"，指以国家利益为目的，以特别法律为基础设立的半官半民的特殊企业集团。确切地说"国策会社"不是国有企业，而是政府与民间共构资本的官商合办企业，但是被赋予了国家保护及支配特权。

二，"财阀"企业，通常被称为"财阀会社"，指受到政府特殊政策支持，获准经营政府特许的行业，由紧密联系的家族企业构成的封闭统治的垄断资本企业集团。"财阀会社"虽然与政府关系密切，其资本却纯属私人资本，只是其在资本运作过程中得到了政府的种种支持。

三，"纯民间"企业，所谓"纯民间"是日本对那些非财阀私人资本企业的特指性称谓，如日商在华纺织企业（在华纺）就被称为"纯民间"企业。尽管在华纺等很多私人资本企业都有财阀资本渗入，但在这些企业中财阀不具有控股权，财阀企业也不直接参与这些私人资本企业的经营管理，所以这些企业并非财阀企业的子公司，仍属"纯民间"性质。为了有别于"财阀会社"这种与政府关系密切的私人企业，本书把没有政府特殊背景的普通私人资本企业界定为"纯民间"企业，包括所有"财阀会社"之外私人资本的中、小企业和一般大型集团企业。"纯民间"企业在战时亦发生了变异，后文详叙。

四，"合资、合办"企业，专指中、日"合资、合办"企业。"合资、合办"企业的资本形式虽然都是中日共同出资，但"中日合办"企业是指特定性质的企业，即中日双方订立合办合同，并获得中国政府批准的企业。如果没有合办合同，只是一般参与投资，则不算"中日合办"企业，只能归为中日合资企业。

二、章节框架

本书由七章构成，除去第一章"绪论"解决研究目的、视角、方法、理论依据及重要概念等基础问题，第七章"简短的结语"总结、概括全书的论点，将在下述五章正文中展开对日商企业制度生成、发展、演变之具体内容的分析、论述。

　　第二章"日本近代企业的生成、发展与演变"，是以近代日本本国企业为对象的探讨。作为日商企业的源头与根基，日本近代企业生成、发展、演变的历史轨迹直接影响着日商在华企业生成、发展、演变的历史轨迹，研究本课题，有必要对日本近代企业的历史先做一个大致的梳理。从明治维新发生到日本侵华战争结束，按时间推演，本章共分三节，简单勾勒日本近代企业的历史样貌及发展轨迹的三个大阶段：第一节"日本近代企业的生成"，主要通过日本近代企业的生成条件和典型行业生成的过程，探讨其"生成"问题；第二节"近代日本企业发展的三次高潮（1895—20世纪20年代）"，主要通过近代日本几次对外侵略战争背景下形成的企业发展高潮，探讨其"发展"问题；第三节"日本近代企业的发展、演变（1931—1945）"，主要通过日本侵华战争背景下日本近代企业的发展变化，探讨其"演变"问题。

　　第三章"日商在华企业的生成、发展及演变"是对近代日商企业发展的历史概述，较为详细地梳理、论述了日商企业生成、发展、演变的历史轨迹。按时间推演本章共分六节，大致对应四期、六阶段，四期分别是缘起期、生成期、发展期及异变期，其中异变期分为三个阶段。第一节"日商在华企业的发端及早期发展（1840—1894）"是缘起期，第二节"日商在华企业的生成、发展（1895—1913）"是生成期，第三节"日商在华企业的发展、演变（1914—1936）"是发展期，第四节"战争全面爆发后日商在华企业的侵吞和发展（1937—1938）"、第五节"战争中期日商在华企业的扩张和演变（1939—1942）"、第六节"战争最后阶段的企业状况（1943—1945）"是异变期。缘起期是《中日通商条约》签订前后，日商各业先后来上海开设企业的初尝试期，本章主要分析其背景、条件，以及具体设立企业的规模；生成期是日商企业在缘起期初尝试获得成功的基础上大量涌入中国，并以上海为中心，向华中、华北、华南、东北各地迅速推进的时期，本章主要分析该时期日商的四大主体投资类型企业的出现，以及日商企业的行业分布、地区分布格局的基本形成；发展期是日商在华已建企业自身规模扩大，新建企业不断增多的稳步发展期，在梳理各类企业基本发展状况的基础上，本章重点分析该时期大型棉纺企业、"国策"企业和财阀企业的分支机构在各地迅速发展的情况；异变期是战时日商企业由战争前期非正常扩张到战争后期极度萎缩的时期，本章主要梳理、分析该时期的日商企业如何用非正常手段进行迅速扩张，新老"国策"企业、财阀企业在战争机制下的急速膨胀，战时"中日合办"企业的猛增，以及战争中后期日商企业由盛向衰的退变。

第四章"日商在华企业产权制度的本源与演变"主要以四大类型企业为分析对象，探讨不同类别企业的产权形式、制度、特点等问题。首先是对日商企业注册与资本的基本解析，包括其法律依据、注册所在地、注册资本和实缴资本等情况，主要分析不同类型企业在确立产权制度重要环节的资本投入上的异同。其次根据四大类型企业各自特点，对其在不同时期的产权形式及变化情况做具体分析。具体共分四节，第一节"日商在华企业产权制度的本源"包括两方面内容，一是对"本源"，即日本企业相关法律、制度的梳理，二是对在此基础上形成的日商企业产权制度基本形态的梳理。第二节"'纯民间'企业产权制度的演变及特点"，对"纯民间"企业，分普通中、小企业和中、大型企业集团两部分分别展开分析，并对中、大型企业集团的典型——在华纺进行了着重分析。第三节"财阀企业产权制度的演变"，对财阀企业产权制度的特点、资本构成的类型、产权演变以及大型财阀企业的典型案例展开具体分析、论述。第四节"'国策'会社和'中日合办'企业产权制度的特殊性"包括两方面内容：一是"国策"会社，重点考察其资本来源及结构，抛开其政治意义上的"国策"性，对"国策"企业几种资本构成的形式加以分析，通过对不同类型"国策"企业的典型案例的分析、论述，探讨"国策"会社从初始资本的构成，到阶段性增资、融资的演变过程，以及战时"国策"企业的资本组成及特殊融资方式；二是"中日合办"企业产权制度的特点，这类企业实际包括两种类型，即"合办"与"合资"，本节集中探讨对这两种企业的基本界定，两种企业注册情况与资本来源的异同，以及战时发展的特点。

第五章"日商在华企业治理结构的演变"是对日商企业"治理"问题的探讨，共分为三节，第一节"日商企业治理机制的演进"，总体上对日商企业治理机制演变经历的四大阶段作一铺叙，即19世纪70年代—19世纪 90 年代中期的早期企业主治理机制阶段，19 世纪 90 年代中后期的法人制治理机制确立阶段，20 世纪初到日本侵华战争爆发前的法人治理机制的普及发展阶段，整个侵华战争期间的战时统制经济下非正常治理机制阶段，以厘清日商企业治理机制演变的过程。第二节"日商企业的科层治理机制"，是对日商企业治理结构的一般形式的考察，通过对科层制度的构成、科层组织结构、科层管理效能、职业经理人与技术骨干的构成，以及中、下层管理者的构成几方面的具体分析，解析各类型日商企业所普遍采用的干部管理机制。第三节"日商企业的特殊治理机制"，是以四类企业各自特点对日商企业特殊治理机制的考察，如"纯民间"企业"本土化"的治理特点，财阀企业家族封闭式的治理特点，"国策"企业政府拥有支配权的治理特点，"合办"企业日人主导的治理特点，通过对这些特殊治理机制的剖析，了解日商企业治理机制中的独到之处。

第六章"日商企业的分配制度"是对日商在华企业"分配"问题的探讨，共分为三节，第一节"日商企业薪酬分配的一般形态"，一是分别对企业高层经营者、职员、工人的薪酬分配状况进行了考察，具体探讨了日商企业薪酬分配的原则与依据、薪酬的构成、不同级层的薪酬差别；二是对工厂工人及商社、银行底层职工的工资等级差、工资种类、企业间同级工资的考察，以期了解日商企业员工薪资的结构、类别、支付的制度安排。第二节"日商企业剩余分配的一般形态"，对企业利润分配原则、利润分配内容，以及具体分红、奖励及福利的分配状况进行了考察，在解析日商企业利润分配原则、利润分配方式的基础上，通过对公积金及滚存金的占比、奖励及福利的发放情况等各项支出的具体考察，呈现出日商企业剩余分配的基本模式。第三节"不同类型企业的分配特点"，是就剩余分配的特殊形态问题，也就是根据具体案例，分别考察"纯民间"企业、财阀企业、"国策"企业、"合办"企业在剩余利润分配中各自具备的特点。

第七章"简短的结语"，是对本书的研究课题、重点突破和有待深入问题的简单概括。

第二章　日本近代企业的生成、发展与演变

第一节　日本近代企业的生成

一、日本近代企业生成的基本条件
（一）德川幕府的经济遗产

由于德川幕府长期实行"闭关锁国"和"重农抑商"的政策，明治初年，日本的社会经济基础主要还是封建落后的农业经济，直到明治维新后的 19 世纪 80 年代中期，日本的国家税收 80% 以上仍然依靠土地税。但是德川幕府时期商品经济已经有了一定发展，积累了一些具有前资本主义特征的商工、金融机构。

由于农业的发展，农村商品经济得以迅速形成和发展，它不仅进一步促进了整个商业、手工业及金融资本的发展，而且使包括农村商人和城市商人在内的中下层商人普遍兴起，连同固有的豪商和特权商人，形成了一个庞大的商人阶层。商人资本的不断积累，为其转化为农业资本、工业资本提供了可能，也就为新生产关系的产生创造了条件。

与此同时，城乡手工业也有了明显发展，一些缫丝、纺织、造纸等家庭作坊或小型的手工业工场，生产能力十分低下，却已经出现了资本主义萌芽。德川幕府还设立了一系列幕营藩属企业，如水户藩的石川岛造船厂，萨摩藩的鹿儿岛造船所、敷根火药制造所，和歌山藩的弹药制造所，以及关口制作所、横须贺制铁所、横滨制铁所等。这些企业已经开始引进西方的新技术和培养专业技术人才。

早在领主商品经济时期，就已经出现了许多新兴的商业城市，形成了全国范围的商品市场，如著名的"三都"京都、大阪、江户就是这一时期最大的商品集散地，三都的批发商"问屋"层是商人中最富有的阶层。德川幕府中期以后，已经出现了前资本主义形态的金融机构及从事这类金融活动的商人，"两替屋""挂屋""札差"等已普遍存在，金融业务包括贷款、票据和汇兑。为了维持同行业的信用和互相监督，大钱庄之间还成立了同业公会。①

（二）国内统一市场的形成

1868 年明治政府建立后，政治上面临的首要任务就是扫除封建割据势力，实现国家政权的统一。明治政府在 1869 年颁布了"版籍奉还"令，1871 年又颁布了"废藩置县"令，用法律手段将日本划分为 3 府 72 县，以天皇为最高权力者，建立起中央集权式的政治体制，完成了国土和政治上的统一，为发展资本主义所需的统一国内市场奠定了基础。明治政府统一国家政权后，即提出了发展资本主义的三大政策——"富国强兵""殖产兴业""文明开化"，并以此为目标制定、实施了一系列社会、政治、经济举措，以着手进行资本主义的"维新"改革。在政府推动下还陆续颁布了一系列国家法律，如《刑法治罪法》《民法》《商法》《民事诉讼法》《刑事诉讼法》等，为资本主义经济的生存、发展提供了可靠的法律保障。

明治政府对旧身份等级制度的改革，是旧社会体制改革的一大重要措施。明治政府于 1869 年废除原来的公卿诸侯等贵族称谓，将其统称为"华族"，将华族之下的武士一律称为"士族"，1871 年，又将农、工、商、僧及身份更低的"贱民"一律称为"平民"，并宣布"皇族""华族""士族""平民"实现"四民平等"。事实上，所谓"四民平等"是极不充分的，皇族自不待说，华族作为仅次于皇族的贵族阶层，也仍然享有诸多政治、经济特权，但是改革后允许各等级间相互交往、通婚，1872 年又宣布解散幕府或各藩国所认可的工商业行会"株仲间"，解除了中间商人的封建束缚，"四民"皆享有自由迁徙、自由就业、自由契约的平等权利，平民获得了更多的自由，华族和士族也享有可经营工商业和农业的自由，开创了资本主义工商业自由经营、平等交易的宽松社会环境。

明治政府实行的"秩禄处分"也是社会体制改革中的重要举措。当时

---

① "问屋"层，即批发商阶层；"两替屋""挂屋""札差"，即从事存款、贷款、票据和汇兑业务的机构或商人。

士族的各种俸禄、补贴金在政府财政支出中仍占很大比重，如 1871 年度为 31.8%，1873 年度为 21.1%，1874 年上半年为 36.1%，严重影响了政府的财政稳定①。实现"四民平等"后，明治政府对依然享有特殊社会、经济地位的士族群体，施行了取消俸禄的改革。俸禄改革的具体方法大致为：由政府发放禄券，替代原有家禄，然后由政府逐步收买、偿还这些禄券。士族俸禄分为永世继承的"家禄"，以及或终身或有年限的"赏典禄"。俸禄改革经过了几个阶段逐步完成，最初是限定或削减俸禄的数量，士族放弃"禄米"的人数不多；之后是宣布停止发放"禄米"，以半现金支付、半发放"秩禄公债证书"的换算方法，一次性发放相当于若干年份"禄米"量的俸禄，鼓励士族放弃俸禄；最后以发放"金禄公债"的方式，将货币俸禄的现金支付部分亦改为公债，一次付给相当于 5—14 年俸禄金额的公债，30 年内分期偿还，从而彻底买断了士族俸禄，完成了对士族俸禄的赎买。此番改革不仅彻底剥夺了士族的社会特权，同时在经济上为资本原始积累创造了条件。

（三）原始积累的进行

对新生的明治政府而言，发展资本主义经济的基础是极为薄弱的，明治政府充分运用资产阶级国家权力，自上而下推行资本原始积累，主要通过以下几个方式，在较短时间内急速实现了日本的资本原始积累。

1. 发行纸币

德川幕府的通货体系十分混乱，1868 年，明治政府下颁银目废止令，同时开始发行新印纸币"太政官札"，以解决财政困难和推行"殖产兴业"政策。"太政官札"的印制、发行几经增额，共印制、发行了 4800 万两，其中用以"殖产兴业"的"石高贷""劝业贷"总额为 1789.42 万两，占"太政官札"总发行额的 37%。②之后明治政府又多次发行纸币，于 1871年制定了《新货条例》，确定以金为货币的基础，改"两"为"円"（日元），1874 年至 1878 年共发行新制纸币 4000 多万日元。至 1879 年，日本

---

① 楫西光速『日本経済史』，御茶ノ水書房，1975 年，第 135 頁。
② 沢田章『明治財政の基礎研究』，東京保文館，1974 年，第 120 頁。

政府发行纸币流通额已达到了 1.303 亿日元，若加上银行发行的纸币则高达 1.6435 亿日元。至 1880 年 1 月两者合计更是超过了 1.7 亿日元。① 纸币的大量发行，使部分手握充足纸币者有条件投资工、商、金融各业，这为产业革命的发生、发展提供了有利的资金条件。

2. 地税改革

以幕藩领主土地所有制为前提的旧封建贡赋制度，严重阻碍了明治政府资本原始积累的进行，尤其是幕末新兴的地主、富农阶层更为迫切地希望其土地所有权能获得法律保障。明治政府 1873 年发布《地税改革布告》和《地税改革条例》，并正式向全国宣布实行，地税改革的具体内容大致有四方面：（1）以土地的法定价格为全国统一的课税标准；（2）税率统一定为地价的 3%，丰年、荒年不变；（3）交纳地税者成为从国家领取土地执照而拥有土地所有权者；（4）地税一律用货币交纳。通过地税改革，废除了封建领主土地所有制，土地的私有权得到承认，土地自由买卖获得允许，实物形态的贡赋变为统一的货币纳税。地税改革直到 19 世纪 80 年代初才基本完成，改革稳定了政府财政收入，为资本主义的发展扩大了原料、资金和劳动市场。

3. 发放公债

如前所述，取消士族俸禄主要依靠的是大量发行公债，当时发放的公债达 1.7383 亿日元，领取公债的士族达 31 万余人，占士族总数的四分之三。"秩禄处分"后，一方面上层士族借助金禄公债发了大财，在政府的引导、鼓励下，将手中的公债投资于银行及工商业，最典型的事例就是 1877 年国立第十五银行的建立，其资本金完全来源于金禄公债。也有一些人把资金投向了工矿企业，1881 年的"日本铁道会社"、1882 年的"大阪纺织株式会社"等，也是此时期重要的民间集资结果。另一方面，广大中下层士族则依靠公债利息或把公债抵押给高利贷者为生，失去公债的中下层士族，被迫转变为小商业者、自由职业者及文员等，更多则沦为无产者。以公债取代俸禄造成士族阶层的严重两极分化，持有巨额公债者转化为工商、

---

① 米庆余：《明治维新——日本资本主义的起步与形成》，求实出版社 1988 年版，第 103 页。

金融资本家，为第一次产业革命的到来积累了丰富的资本，失去公债的中下层士族则转变为无产者，为资本主义发展提供了丰富的劳动力。

4. 对外掠夺

明治政府首先在 1874 年 5 月对我国台湾出兵，10 月强迫清政府与之签订了《北京专约》，由此获得 50 万两白银的赔款后从台湾撤兵。1876 年 2 月，明治政府武力胁迫朝鲜政府签订了《江华条约》，日本在朝鲜获得了种种特权：日币可自由流通、日货可免税，日本可随意运走朝鲜的金银币等。日本由此从朝鲜进口了大量大米和黄金，正是靠这些黄金，明治政府得以顺利地进行纸币清理和金币储备。1895 年因中国在甲午战争中的失败，明治政府强迫清政府签订《马关条约》，勒索了中国 2 亿两白银的战争赔款以及包括辽东半岛在内的大片领土，在德、法、俄"三国干涉还辽"后，又以《辽南条约》索去 3000 万两白银的所谓赔偿。两个条约使日本从中国掠夺赔款总额达 2 亿 3150 万两白银，约合同期日币 3 亿 5800 万日元，是当年日本国库收入的 4 倍。明治政府正是靠这笔巨款实施了金本位制，也最终完成了资本主义原始积累。

二、日本近代工业企业的生成（1868—1894）

（一）殖产兴业政策

殖产兴业是明治维新初年提出的三大政策之一，是明治政府发展资本主义经济的重大国策，它的本质就是要以国家政权的力量，以西方资本主义为模式，大力扶植资本主义的发展。为了全面推行殖产兴业政策，明治政府陆续成立了若干机构，指导、管理殖产兴业政策的具体落实。1869 年重新设立的大藏省总理民政、财政，并具体操办殖产兴业所需的资金筹募、使用等事宜。同年在北海道设置开拓使作为开发北海道的机构，积极推动北海道农、工产业开发事业。1870 年成立了工部省，负责开展工矿、铁路、电讯、造船等事业。1873 年成立了内务省，负责开展农业、产品加工、海运业等事业。1881 年新设农商省，专事管理中小企业的改造、建设事宜。

殖产兴业的内容包括诸多方面，其中与日本近代企业生成有着直接关系的主要是产业开发，集中于工业及金融两个方面。这是因为发展资本主义，最重要的就是必须彻底改变封建落后的经济形态，必须以工业化实现资本积累和资本扩张，而实现工业化所需的巨额资金保障，只有引进欧美近代金融体制，培养和发展金融市场才能实现。在工部省、内务省和大藏省的领导、操纵下，以"富国"为目标的殖产兴业全面展开。

殖产兴业以 1880 年为界，分为前、后两个时期。前期以国营军工企业为主导，大力兴办官营和半官半民企业，由国家主办"模范工厂"，为私人创办企业提供模式；后期由以国营企业为中心改为以民营企业为中心，积极鼓励和扶植私人资本企业的发展，最大的举措是进行了"官业处理"，将军工、铸币、通讯、铁道、印刷等特殊部门以外的官营企业廉价处理给有实力的商业资本家。这一中心的转变，对日本真正走上资本主义道路和产业革命的兴起起了极其重要的作用。与此同时，明治政府还采取了金融先导的发展战略，迅速构建了庞大的银行体系，制定了一系列经济法规，有力地保障了私人资本企业的快速、健康发展。殖产兴业政策直接促成了日本近代企业的产生，可以说殖产兴业前期是日本出现真正意义上的近代企业的阶段，而后期则是日本近代企业生成的阶段，到 1885 年前后殖产兴业政策告一段落，日本迎来了产业革命的热潮。

（二）近代工业企业的出现

1. 近世企业转化为近代企业

如前所述，德川幕府时期就已经建立一批军事工业及重工业企业，明治政府建立后，施行殖产兴业政策的一大重要举措，就是把从德川幕府继承来的这些近世企业转化成为明治新政权的近代国营企业。明治政府采取了大力兴办国营军工企业的方针，在接管幕府旧企业的基础上，改造建立了资本主义的新军工企业。如于 1868 年接管了火炮制作工厂关口制作所，接管后引进西方先进的军事工业技术和设备，集中各种生产武器的机器，并于 1879 年正式改名为东京炮兵工厂，从事各种武器生产；1870 年接管了长崎制造所，接管后将部分工人、机器设备迁往大阪市内，创办了大阪炮兵工厂；1871 年接管了横须贺制铁所，改建成为横须贺造船厂，该厂1903 年改称横须贺海军工厂，成为日本军事造船业的中心；1871 年还接管了石川岛造船厂，后来经过改造、扩建也形成海军工厂；等等。总之经过一系列的调整、合并、改造、扩充，以及进一步引进西方技术、设备，明治政府将这些幕府官营企业转变成为近代资本主义的官办企业，即国营企业，并在1880年前后，建立起一批近代军事工业企业。其中最著名的两大陆军工厂是东京、大阪炮兵工厂及其附属厂；两大海军工厂是筑地、横须贺海军工厂及其附属厂①。完成了近世企业向近代企业转化的过程，使明治政府拥有了一批近代资本主义军事工业企业，为日本近代军工体系、军事工业的发展奠定了基础。

2. 新生近代企业的产生

在接管军工、矿业企业并将其转变成近代官办企业的同时，明治政府不惜投入大量资本，创办了一批民用生产企业，即所谓的"模范工厂"，其经营方向涉及纺织、水泥、玻璃、火柴等轻工业诸多行业，其中尤以纺织企业最为活跃。首先是内务省接管了幕府藩营的两家纺织厂：1867年创立的鹿儿岛纺绩所和1870年创立的堺纺绩所。两家纺织厂已经是引进西方国家先进技术、设备创建的洋式纱厂，但规模较小，资本和管理方式也还是近世模式。接着内务省利用国家资本创办了富冈制丝所、新町纺绩厂、千住呢绒厂和爱知纺绩厂四大"模范纺织厂"，这些"模范工厂"不仅引进西方国家先进的技术设备，聘用外国专家和技术人员，且都是规模较大，技术水平较高，达到真正近代化程度的企业。此外，明治政府还出资从国外购买了10套棉纺织设备，以长期分年摊还为条件，计划设立10家纺织厂，称为"十基"纺织厂，最终建成9家机械纺织工厂，又通过垫付购置机器设备款项，设立了3家织布厂。这一阶段轻工企业发展较为集中的典型还有北海道，如前所述，明治初年政府在北海道设置了开发机构开拓使，该机构1882年撤销时，北海道已经建立起札幌炼铁厂、机械厂、啤酒厂，函馆煤气厂，厚岸罐头厂，纹鳖制糖厂等39家工厂。明治政府不惜投入大量资本设立民用工业的"模范工厂"，其目的就是以官营的"模范工厂"为典型，为朝野人士作出示范，推动民间产生兴办近代工厂的热潮。由此，

---

① 吴廷璆：《日本史》，南开大学出版社1997年版，第394页。

一些私营工厂向"模范工厂"投资，明治政府采取"示范主义"和"移植主义"的方式，以国家资本为先，建立起一批官办或半官半民民用工业企业，这是为大力发展民间资本企业所做的必要准备，是动用国家力量保护资本主义经济顺利发展的重要环节。

3. 两大工业中心的形成

（1）殖产兴业政策的转变

大批国营企业的兴起，增加了政府的财政负担，"模范工厂"在大量引进外国先进技术、设备的同时，经营、管理能力却远未达到西方先进水平，这些官办、半官半民的企业除少数略有收益外，大多数则连年亏损。财政的困难和企业自身发展的困难，迫使明治政府放弃"示范主义"和"移植主义"，开启了以大力扶植民间资本为中心的殖产兴业的新阶段。1880年，明治政府颁布了《工厂处理、拍卖简则》，决定将产业保护政策由官营民助转为民营官助，对官营企业实行的具体处理措施，是将军工、铸币、通讯、铁道、印刷等特殊部门以外的官营企业，全部低价转卖给私人，为此政府向私人提供补助金、贷款、无息长期分期付款及制定免税条例等优惠条件。事实上这些廉价处理的企业大多由拥有特权的大商人，如三井、三菱、古河、川崎等"政商"所获取。这一举措使日本真正走上资本主义发展的道路，私人资本主义得到飞速发展，并为后来日本近代资本主义迅速走向垄断资本埋下了伏笔。

（2）纺织业中心的形成

官营企业被抛售后，以实现资本主义工业化为目标的产业革命拉开了序幕。私人创办和经营近代企业蔚然成风，其中尤以纺织业的发展最为迅速，出现了一批规模可观的近代企业，如1882年创办、1883年正式投产的大阪纺织会社，拥有资本金28万日元，纱锭10500枚，成为当时日本最大的棉纺织工厂。大阪纺织会社拥有以蒸汽机为单一动力的机械体系和技术体系，是最早实行生产机械化、近代化的大型企业。大阪纺织会社生产规模较大，使用先进技术设备，善于经营管理，从而获得巨大成功。到1886年，大阪纺织会社资本已经扩充到120万日元，纱锭扩充到6万枚，成为日本棉纺织业的龙头企业，也由此引发了日本创办大机器纺织企业的高潮。这一时期全国各地创办、投产了十多家拥有一定资本和规模实力的近代机器纺织工厂，1885—1894年，纱锭增加5.8倍，到19世纪90年代，纺织业已先行一步进入资本主义工业化阶段。纺织业的发展也带动了缫丝、造纸、制糖等其他轻工业的近代化进程，1885年前后，当殖产兴业政策告一段落之时，日本迎来了产业革命的高潮，1884—1893年的十年间，工业公司的资本增加了14.5倍，1893年拥有10个工人以上的工厂已达3019家，其中使用机械动力的675家，职工38万人[①]。产业革命已逐渐扩展到一切主要工业部门，近代企业从过去以官营军事工厂为中心的重工业，拓展到以私营纺织业为中心的轻工业。

（3）军事工业中心

"官业处理"后，军工企业依然是国家工业的核心和基础。日本对中国台湾、朝鲜的侵略战争极大地促进了军事工业资本的增长，军事工业依然保持着相当的规模及生产能力。1880年前后，明治政府把原来分散、小型的兵工厂集合成规模、生产能力都不可小觑的大型军事工业企业，这些企业制造了大量的近代化武器装备，极大地增强了近代日本的军事力量，如东京炮兵工厂在1880年发明了单发式步枪，1889年则已经能批量生产连发式步枪。军事工业是日本工业中机械化程度最高、生产技术最为发达的部门，日本从国外引进的先进技术设备，几乎都是先在军事工业中得到应用。当国家资本有计划地退出民用工业领域后，在军事工业的带动下，重工业发展也有了长足的进步。军工企业本身也为民用工业提供了设备，如大阪炮兵工厂在军用武器之外，也生产制造蒸汽机齿轮和矿山机械等民用生产设备，横须贺海军工厂在造船、修船舰之外，也生产纺织动力机械和矿山机械等非军事设备。可以说，日本的产业革命是在优先发展军事工业的基础上发展起来的。从日后发展的趋势来看，由于日本资本主义发展选择了一条对外扩张的道路，军事工业的中心地位被不断强化。甲午战后军事工业资本更是急剧膨胀，军事工业资本在国家总资本中所占的比重，从1890年的28.5%上升到1895年的47.6%、1905年的50.8%[②]。整个近代日

---

① 《经济大辞典》（上），上海辞书出版社1992年版，第839页。
② 江見康一『長期経済統計1　資本形成』，東洋経済新報社，1971年，第224—225頁。

本的资本主义发展过程中，一直保持着军事工业和纺织工业两大中心。

三、近代金融企业的生成（1868—1894）

（一）"国立银行"的出现

殖产兴业的又一重大举措就是促成近代银行的产生和迅速发展。明治政府成立后即取消了"两替屋""挂屋"等旧政府的御用金融机构，然后启用旧汇兑御用富商三井组、小野组等筹资在东京、横滨等地设立了八家新的汇兑公司。新设立的汇兑公司受政府特别保护，拥有发行银行券、办理汇兑、买卖金钱、兑换钱钞的职权，同时经营存放款等商业金融业务。新汇兑公司已是"具有银行性质拥有纸币发行特权的金融机构"[①]。但是由于币制的不统一，汇兑公司自行发行纸币造成的混乱，以及汇兑公司自身缺乏经营能力，8 家汇兑公司最后只剩下 1 家。而明治初年，政府大量发行纸币造成的严重通货膨胀也到了必须解决的地步，于是，明治政府决定"设立巩固的银行来疏通金融，繁荣殖产贸易"。为了整顿混乱的货币体系，明治政府于 1872 年制定了《国立银行条例》，规定民间自由成立国立银行，开启了日本近代金融史上的国立银行时期。

根据 1872 年制定的《国立银行条例》，仿效西方的银行制度，1873 年成立了 4 家国立银行：东京第一国立银行、横滨第二国立银行、新潟第四国立银行、大阪第五国立银行[②]。所谓国立银行并不是国营或国有银行，而是按国家法律建立的、获得政府特许的"能够发行银行券的民间银行"，也就是按《国立银行条例》规定拥有货币发行权的私人银行。1876 年，明治政府修改《国立银行条例》，放宽国立银行业务范围，最重要的一点是政府允许以秩禄公债和金禄公债直接进行银行投资，并规定银行券不需兑换成正币即可与政府纸币交换，由此吸引了大批华族、士族参与银行投资。1877 年成立的第十五国立银行，其资本金 1782 万日元就以华族、士族持有的巨额公债所构成，尽管大部分国立银行都是资本金不超过 20 万日元

[①]　明治财政史编纂会『明治财政史』第 12 卷，财政经济学会，1927 年，第 330 頁。
[②]　此间还有一个大阪第三国立银行，成立后未开业成功。

的小规模银行，但是华族、士族在国立银行的股金 1880 年已占到全部股金的 76%，显然 1876 年《国立银行条例》的修改，大大促发了国立银行的飞速发展，也由此产生出一批新型资产阶级。大批国立银行相继开设，到 1879 年，按顺序已排列到第一百五十三国立银行，153 家银行的实缴资本共达 4061 万日元，银行券流通量 3404 万日元 [1]，国立银行的总资本基本达到了日本政府预期的目标。

国立银行的出现是日本近代金融企业生成的开端。这一时期的国立银行都是仿照英、美银行制度和经营管理方法建立起来的，1873 年成立的东京第一国立银行，是近代日本最初的股份制银行。这些国立银行是具有现代商业银行性质的私营股份银行，其经营的业务也是典型的商业银行资金存贷和其他信用业务，但此时日本政府与民间对现代银行的认知还很浅显，国立银行作为民间私立银行而拥有货币发行权，说明日本近代金融制度还处在一个不成熟阶段。但是无论如何，国立银行在"那段时期即日本资本主义经济起飞过程中，发挥了很大作用，为日本近代工业的发展奠定了基础"[2]。

（二）中央银行的确立

根据 1876 年 8 月修改的《国立银行条例》，各国立银行资本额的 80% 可以公债券充抵，并因此可获得发行同额纸币的权利，而其余 20% 的资本则以银行券充抵，银行券实际上是一种不兑换纸币，这种不兑换纸币的发行量到 1879 年已经达到 3403 万日元。此外从明治初年开始，因税收来源不稳定，明治政府就采取了大量增发不兑换纸币以筹措资金的办法，之后为筹措西南战争的费用，明治政府更是发行了巨额不兑换纸币，纸币大幅度贬值，纸币回笼能力也越来越弱，通货膨胀日益加深，通货制度也陷入混乱状态。为此，进入 19 世纪 80 年代后，明治政府施行了一系列整顿财政的措施，日本的银行制度发生了重大改变。

首先明治政府停止了新设享有纸币发行权的国立银行，并决定设立一个能够成为"一国金融之心脏""全国各银行之枢纽"的国家中央银行。1882 年 6 月明治政府颁布《日本银行条例》，10 月日本的中央银行——日

---

① 石沢久五『本邦银行发展史』，有明书房，1985 年，第 47 页。

② [日]铃木淑夫：《日本的金融制度》，陈云芳译，中国金融出版社 1987 年版，第 496 页。

本银行正式开业。根据《日本银行条例》，日本银行的资本金为 1000 万日元，由政府和民间各出一半，其组织形式采用股份制，政府与私人金融家各自持有相应的股权，股东以所持股份对银行负责。日本银行虽有民间私人资本注入，却肩负着国家央行的职能。日本银行成立后着手解决纸币发行权问题，1883 年 5 月日本政府修改了《国立银行条例》，规定各国立银行根据已发行银行券数额向日本银行交纳纸币兑换资金，由日本银行统一兑换、销毁银行券，另国立银行成立满二十年者，一律转为无发行银行券特权的普通银行。1885 年日本银行券发行，日本银行逐渐收回了 153 家国立银行的货币发行权，成为全国唯一一家拥有法定货币发行权的银行，实现了其作为中央银行对全国金融的掌控。

日本银行的设立，集中统一了货币发行权，标志着日本以中央银行为核心的近代银行体系和信用制度的确立。日本银行设立后，日本国内金融环境得到很大改善，根据《日本银行条例》，日本银行经理国库业务，作为全国银行业的中枢，对全国的金融业进行宏观指导和监督。早期在日本落户的六大外国银行，除汇丰银行外五家退出日本金融市场，日本金融体系基本由本国金融机构所控制。日本银行的设立整饬了日本金融市场，促进了银行信贷业务不断扩张，使大量资金流入工业体系，对日本经济的全方位发展起到了至关重要的作用。

（三）各类近代银行的形成

首先是特殊银行的产生。所谓特殊银行是指根据特别法律建立、有特殊服务目的、受政府保护并享有政府特殊待遇的银行。最早的特殊银行是 1880 年成立的横滨正金银行。横滨正金银行是民间发起组建的，但此时日本政府亦有建立一个贸易银行的意向，遂批准按《横滨正金银行章程》成立 ①。正金银行为股份制银行，创立资本金 300 万日元，其中日本政府占三分之一，故正金银行在成立之时就具有半官半民的性质，政府按比例参与分红 ②。当时各国立银行的平均资本金为 28.5 万日元，且近一半是资本金不足 10 万

---

① 1880 年横滨正金银行成立时，明治政府已停止设立拥有纸币发行权的国立银行，故正金银行虽获得批准成立，却没有获得发行银行券的许可。

② 政府资本在该行分红时，若当年股息在 6% 以下，同一般股份同等分红；若当年股息超过 6%，超过部分转入公积金。

日元的小银行，所有银行中资本金在 100 万日元以上的仅两家，正金银行成为仅次于国立第十五银行的全国第二大银行①。在政府政策保护和资金支持下，正金银行作为政府经济政策的重要实施者，迅速成为以国际汇兑为中心，主业为国际金融的特殊银行②。资本主义股份制公司的企业性质，是以最大限度地获取利润为原则，正金银行作为股份制银行，股东的三分之二是民间商人，因此正金银行的经营目的首先是追求高额利润，保证民间股东在利润分配上的权益。但是因为政府的资金注入、政府政策的保护和政府官员的监督，正金银行又必须为履行政府经济目的服务。根据《横滨正金银行章程》，"本银行从总经理到诸行员在营业的重要事件上接受大藏大臣选定的管理官指挥"③。由此，横滨正金银行开创了日本近代金融企业的一种模式，即具有资本主义盈利目的和服务于政府经济战略双重本质的特殊银行。甲午战争之后，日本政府按正金银行的模式，根据不同战略方向又扶植设立了若干特殊银行，截至 1909 年，共设立横滨正金银行、日本劝业银行、农工银行、北海道拓殖银行、日本兴业银行、朝鲜银行、台湾银行等七家。这些特殊银行在殖产兴业和对外扩张中发挥了重要作用。

此外，19 世纪 80 年代初，普通银行和储蓄银行就开始出现。1890 年明治政府颁布《银行条例》《储蓄银行条例》后，普通银行和储蓄银行迅速发展起来，早期建立的国立银行，因国立银行券被取代也陆续转为普通银行，各类银行如雨后春笋般蓬勃兴起。此阶段，在日本银行主导下，集聚众多特殊银行、普通银行和储蓄银行，共同构筑起日本近代银行体系和信用制度。这一初步形成的金融体制，在甲午战争爆发前已经成为产业革命发展的资金供给源，对缺乏自身资本积累的众多近代企业而言，能够获得银行的贷款是企业发展的重要依托。从 1893 年年末银行为近代企业提供

①　郭予庆：《近代日本银行在华金融活动——横滨正金银行（1894—1919）》，人民出版社 2007 年版，第 20 页。

②　1880 年 5 月，政府批准将 50 万日元存入正金银行，使之开始了出口贷款、国外汇兑业务。1880 年 8 月，政府从国库存款准备金中拨出 300 万日元纸币存入正金银行，正金银行运用此资金开始了"御用国外押汇"业务。1880 年 6 月末，正金银行的海外押汇贷款从零开始，1881 年 6 月末增长至 121 万日元，占资金运用的 17.8%。这显示了正金银行在经营方针上向以国外汇兑为中心的迅速转变。参见傅文龄：《日本横滨正金银行在华活动史料》，中国金融出版社 1992 年版。

③　横滨正金银行『横滨正金银行史附录』，1921 年。

资金的情况看，各企业为取得贷款而抵押在各国立银行的股份达 3371 万日元，抵押在私立银行的股份达 1418 万日元。充足的资金供给对企业的发展起到了巨大的推动作用，近代企业有了显著发展，1893 年日本全国企业达 5644 家，比 1884 年增加了 1.4 倍，企业资本 2.9 亿日元，比 1884 年增加了 1.9 倍。[①] 近代银行体系的建立为产业革命发展的资金供给提供了保障，为下一阶段产业革命的突飞猛进奠定了基础。

第二节　近代日本企业发展的三次高潮
（1895—20 世纪 20 年代）

一、甲午战争后的企业发展

甲午战争的胜利，推动了日本产业革命的完成。战后日本因《马关条约》从中国攫取了巨额战争赔款和领土等侵略权益，为日本经济发展创造了全方位的机遇，铁路、工厂、航运、金融等各行业都因此获得了显著发展。日本利用战争赔款快速地完成了资本积累和产业革命，形成了日本企业发展的第一次高潮。有关此阶段日本企业发展的统计资料比较丰富，虽然因为资料来源不同，统计年代、统计标准等条件不统一，具体数据可能存在差异，但各类资料都反映了此阶段企业勃兴的势头。表 2-1 是 1894—1898 年日本会社数和资本金的递增情况：

表 2-1　日本会社数量及资本金对照（1894—1898）

年份	会社数（家）	资本金（亿日元）
1894	2104	1384
1895	2458	1740
1896	4595	3975
1897	6113	6113
1898	7004	6217

资料来源：日本银行统計局编『明治以後本邦主要経済統計』，1966 年。

---

① 郭予庆：《试论日本近代金融体系的建立》，《中国社会科学院研究生院学报》1993 年第 6 期。

从明治维新到日俄战争，这期间 85% 的企业是甲午战争后建立的，其中又以工业企业、银行企业和航运企业的兴办最为显著。以工业为例，甲午战争赔款被大量用于工业开发，据统计，1903 年与 1893 年相比，各工业主要发展指标都有大幅度提高：企业总数由 2844 家增加到 8895 家，增长了 2.31 倍；投资金额由 2.45 亿日元增至 9.31 亿日元，增长了 2.8 倍；使用 10 人以上工人的工厂总数由 3740 家增至 8274 家，增长了 1.19 倍；使用原动力的工厂数由 675 家增至 3741 家，增长了 4.54 倍。[①] 军需工业仍是此阶段的发展重心，军事工业资本在国家总资本中所占的比重，从 1890 年的 28.5%，上升到 1895 年的 47.6%，1905 年的 50.8%[②]，与之密切相关的重工业也获得了显著发展。1897 年设立的官办八幡制铁所是此阶段兴建的最富代表性的企业，其 1920 万日元的创立资金大部分来源于战争赔款，在开工第一年 1901 年，其产量就占到全国生铁总产量的 53%、钢总产量的 83%，成为侵华战争爆发前日本最大的钢铁生产基地。八幡制铁所还带动了一批重型工厂的兴建，如东京炼钢厂、福冈矿山机械设备厂、名古屋与大阪的车辆厂等，重工业企业从 1885 年的 84 个增至 1905 年的 500 个。[③] 可以说八幡制铁所的兴建，标志着日本近代重工业的"划时代发展"。

甲午战争后，以军事工业为基础的重工业和交通运输业得到了很大发展，但从工业结构看，棉纺、缥丝、织布等纺织工业依然占主要地位。据 1900 年的工厂调查，纺织工业占工厂总数的 73%、马力总数的 46% 和工人总数的 67%，远远超过其他产业。1890 年棉纺工业生产过剩引发经济危机，甲午战争的胜利则使日本纺织工业开始向海外扩张，同时在国内也获得了新一轮的发展机遇。从甲午战争前后纺织企业的各项数据比较中，可以看出战后纺织企业的发展势头：企业数，1884 年 19 家，1890 年增加到 30 家，1900 年达到 79 家；纱锭数，1884 年不足 5 万枚，1895 年增加到

①　[日] 井上清：《日本历史》(下册)，天津市历史研究所译校，天津人民出版社 1976 年版，第 698 页。

②　江见康一『長期経済統計 1　資本形成』，東洋経済新報社，1971 年，第 224—225 頁。

③　万峰：《日本近代史》，中国社会科学出版社 1978 年版，第 288 页。

58 万枚，1903 年达到 138 万枚；工人数，1886 年 1877 人，1890 年超过 1.4 万人，1899 年达到 7.39 万余人；棉纱产量，1884 年 13221 捆，1890 年增加到 104839 捆，1897 年达到 511236 捆，所有的数据都呈大幅度上升趋势，并且之后仍在继续上升。再从平均规模看，平均一厂的纱锭数，1884 年 2616 枚，1890 年增加到 9263 枚，1897 年达到 15000 枚左右；平均一企业的实缴资本，1891 年为 24.2 万日元，1897 年达到 56.023 万日元。平均规模水平的快速提升，说明总体规模的扩大，不仅因为新建企业增多，原有企业自身规模也在急速扩大，如著名的六大纺织公司"三重纺织""大阪纺织""中原纺织""摄津纺织""日本纺织"和"尾张纺织"，其纱锭数都已达到 3 万枚以上。①

二、日俄战争后的企业发展

以日俄战争为转折点，战后日本社会发生了一系列重大变化。日本通过战争侵占了朝鲜、萨哈林岛（库页岛）南部、中国台湾等地区及其广阔的海外市场。日本在非法取得了俄国在旅顺口、大连湾及其附近领土、领水的租借权和其他特权后，于 1906 年设立了"南满洲铁道株式会社"，这是日本在中国设立的第一家"国策"会社。在国内，日俄战争后资本主义产业的垄断组织形式逐步形成，产业资本和银行资本相融合，并形成了金融资本。由于日本产业革命所需的原始资本积累贫乏，明治政府在成立之初即采取了以金融资本之力推动商业资本和产业资本发展的策略。首先对金融资本实施了保护、扶植，这是日本不同于西方资本主义发展路径的特殊之处，由此，日本的金融资本先于商业资本和产业资本发展起来。金融资本在 1877 年为 2 亿 6500 万日元，1887 年增为 5 亿日元，1897 年达 13 余亿日元，1907 年则达 55 余亿日元，② 从中可以看到金融资本一路迅速发展，而到日俄战后更是大幅上升。再从企业投资情况看，金融业（包括银

---

① 正田健一郎『概说日本经济史』，有斐阁，1981 年，第 234 页；笠原一男『史料日本史』下卷，山川出版社，1982 年，第 251 頁；万峰：《日本资本主义史研究》，湖南人民出版社 1984 年版，第 149—151 页。

② 大石嘉一郎编『日本产业革命の研究』，東京大学出版会，1977 年，第 84 页。

行及类似于银行的企业）、水路交通运输业（包括铁路、海运）、工业三个
主要行业的企业投资额，1894 年，水路交通运输业第一，占 41.3%，金融
第二，占 35.8%，工业第三，占 11.4%；到 1899 年金融已经上升为第一，
占 39.3%，交通运输业下降，占 31.4%，工业上升，占 14.6%，直到 1909
年，金融业企业投资比重始终占据首位。①

　　日俄战后，日本企业迎来又一次发展高峰，仅从 1905 年下半年到
1907 年，新建及扩建企业的投资额就达到 6 亿 7477 万日元，相当于过去
十年投资总额的两倍。工业企业延续甲午战后的势头，无论是轻工业的纺
织工业等，还是重工业的钢铁、机械、造船、电力、煤炭等行业，都获得
了急剧发展。而金融业从甲午战后的勃发，到日俄战后的再次勃发，金融
业本身的发展和对产业发展的作用是这一阶段的显著特点。如前文所述，
甲午战前明治政府已建立起以日本银行为核心的银行体系，开启了为国家
特殊目的服务的特殊银行模式，依据日本政府颁布的《横滨正金银行条
例》《日本劝业银行法》《农工银行法》《北海道拓殖银行法》《兴业银行法》
《台湾银行法》《朝鲜银行法》，共设立了七家特殊银行，除横滨正金银行于
1880 年设立，其余六家都是在甲午、日俄两次战争后设立的：1897 年设
立劝业银行和农工银行，1899 年设立北海道拓殖银行，1900 年设立台湾
银行，1902 年设立兴业银行，1909 年设立朝鲜银行。在这些特殊银行中，
台湾银行和朝鲜银行是为殖民地开发所设，正金银行为国际金融专业银行，
对这三家银行的论述将在后文的海外扩张环节中展开。其他四家都是直接
为日本国内振兴工业发展而设的产业金融机关，对这一阶段日本工业革命
的进程发挥了专司其职的作用。

　　除了特殊银行，日本在日俄战争前后制定了各种银行条例和银行法，
并根据这些法规成立了很多银行。如都市银行，1890 年只有 2 家，即三井
银行和国立第一银行，到 1897 年增为 9 家，1899 年增为 13 家，1905 年
增为 17 家，1910 年增为 22 家。再如地方银行，1890 年为 354 家，1897
年增为 916 家，1899 年增为 1548 家，1905 年增为 1691 家，1910 年略降

---

① 万峰：《日本资本主义史研究》，湖南人民出版社 1984 年版，第 220 页。

为 1596 家。从上述数据可见，从甲午战后到日俄战后，日本的银行企业数呈上升趋势。此时期的又一大特点是大银行的发展。以当时最大的五家银行三井、三菱、住友、安田、第一为例，其准备金额，1890 年为 2612.6 万日元，1897 年增为 3754.4 万日元，1899 年增为 7197.4 万日元，1905 年增为 1 亿 3990.8 万日元，1910 年为 2 亿 5489.3 万日元。与此同时日本政府宣布禁止不满 200 万日元资本的银行建立，促进了大银行下属分行的设立。大银行与分行的格局，使银行企业数的增幅不那么显著，但是从五大银行准备金额的不断扩大来看，银行资本越来越集中于大银行，从中还是可以看到这一阶段银行企业的大发展。[①]

三、第一次世界大战期间的企业发展

1907—1909 年日本爆发了经济危机，政府采取经济紧缩政策，使得日俄战争前后企业兴办高潮中形成的大批中小企业陷入困境，甚至破产。第一次世界大战爆发前国际市场空虚，给日本提供了一个绝好出口机会，从而刺激了日本国内生产，挽救了日本经济，也使普遍处于困境的企业有了转机，日本掀起了又一次企业发展的高潮。比较甲午、日俄战后和"一战"爆发后的企业投资情况，可以清楚地看到三次企业发展潮一次比一次掀得更高：甲午战后的 1896—1898 年企业新增投资额为 14.64 亿日元，日俄战后的 1906—1908 年企业新增投资额为 18.3 亿日元，"一战"期间的 1914—1918 年企业新增投资额达 51.9 亿日元，战争结束后的 1919—1920 年企业新增投资额达 91.8 亿日元。[②]"一战"结束后两年的新增投资额相当于日俄战争结束后三年新增投资额的 5 倍，以年均投资额相比，前者是后者的 7.8 倍。如果把"一战"期间也算入，1914—1920 年企业新增投资额共达 143.7 亿日元，则相当于日俄战后新增投资额的 8 倍。与甲午、日俄战争不同的是，"一战"的企业发展高潮是从战时延续到战后，时间跨度远远超过前两次，据统计，1921 年日本的在册企业中就有 57% 是"一战"期间成立的，数量多达 1.9 万家。[③]

① 大石嘉一郎编『日本产业革命の研究』，東京大学出版会，1977 年，第 84 頁。
② 夏春玉：《日本近代企业的三次发展及其给我们的启示》，《现代日本经济》1998 年第 2 期。
③ 橋本寿郎、大杉由香『近代日本経済史』，岩波书店，2000 年，第 168 頁。

　　第一次世界大战期间及战后的企业发展，不仅表现为新企业的大量增加，原有企业的自身发展也是非常显著的，如1915—1916年的企业投资中，60% 为原有企业自身扩展的投资，40% 为新事业的投资。而从"一战"结束后十年的企业总体发展情况看，无论是企业数还是实缴资本规模都始终呈明显上升趋势：企业数，1919 年为 26280 家，1924 年为 33567 家，1929 年为 46692 家；实缴资本金额，1919 年为 61 亿 2369 万日元，1924 年为 109 亿 9912 万日元，1929 年为 139 亿 5201 万日元；平均企业资本金额，1919 年为 22.3 万日元，1924 年为 32.8 万日元，1929 年为 29.9 万日元。① 从"一战"前后二十年的重点行业企业数及企业投资比重的变化看，早期金融投资居于首位的局面已经被打破，工业企业跃居首位，所占比重不断上升，说明产业革命和工业化的发展趋于成熟。

表 2-2　重点行业企业数及投资的比重（1909—1929）

（单位：%）

年份	金融业		交通运输（水路）		工业		商业	
	企业数	实缴资本	企业数	实缴资本	企业数	实缴资本	企业数	实缴资本
1909	24.8	30.7	7.1	21.3	27.9	20.5	24.9	5.5
1914	23.6	29.5	7.0	15.5	28.1	19.3	25.2	7.4
1919	13.9	21.9	7.0	13.0	36.5	28.8	24.8	9.8
1924	9.5	18.6	7.4	9.4	37.8	26.3	29.0	12.4
1929	5.5	14.2	8.8	10.1	34.2	25.2	35.3	11.5

　　资料来源：万峰：《日本资本主义史研究》，湖南人民出版社 1984 年版，第 221 页。

　　政府创办近代工业企业的重点是在军事工业方面，这一时期在政府的指导与监督下，民间企业也在与军工相关的领域得到迅速发展。民间资本经营的钢铁、机械、造船、化工等工业部门已经占有很大比重，工业企业的增多较集中于新兴工业领域，如染料、药品、烧碱等化学工业及制铁和各种机械工业等重化工业方面，可以说日本重化工业的基础，就是第一次

---

　　① 万峰：《日本资本主义史研究》，湖南人民出版社 1984 年版，第 220 页。

世界大战时期奠定的。民用轻工业企业则开始向精细化方向发展，如棉纺织业，作为民用轻工业的领先行业，从甲午战后起就不断发生着生产品质的提升，纺织制品从粗工制品阶段进入精工制品阶段。甲午战后棉纺织企业的机械化程度迅速提高，这从动力机械纺织机占总纺机数的比例变化中可以看到：1899 年占 4.38%，1910 年占 9.12%，1926 年占 59.83%，超过半数。①

第三节　日本近代企业的发展、演变（1931—1945）

一、20 世纪 30 年代前后企业发展的起伏

第一次世界大战形成的企业发展高潮过后，日本企业进入了一个新的发展时期。由于 1920 年的战后经济危机、1923 年的关东大地震、1927 年的金融恐慌、1929 年的世界经济危机，整个 20 世纪 20 年代日本接连遭受经济危机和自然灾害的打击，社会经济出现反复动荡局面，企业倒闭，银行挤兑，经济萧条，尤其是中小企业，没有倒闭的也出现大量的减员、降低工资。日本企业的生存、发展无疑也受到极大影响，可以说每次危机都极大地造成了对企业经营的冲击。日本政府采取了国家干预的手段挽救危机，首先是政府筹措发放救济金融贷款，1920 年经济危机中发放了 3 亿日元的贷款，1927 年的金融危机中又发放了救急贷款 12 亿日元。其次是政府以行政干涉方式出台各种产业法并建立产业管理机构，扶持垄断企业，对中小企业的生产、销售和价格等方面进行统一管制，1929 年 12 月颁布了《产业合理化纲要》，1930 年 6 月成立了临时产业管理局，1931 年 4 月国家又进一步公布了《重要产业统制法》。整个 20 年代，日本企业总体发展如前文所述，在起伏波动中仍保持着上升趋势，工业企业的投资比重跃居各行业之首，其中最为显著的是电力工业的发展，电力工业的发展既是产业发展的需要，又为产业发展创造了更充分的条件。

---

① 刘天纯：《日本产业革命》，吉林人民出版社 1984 年版，第 101 页。

　　1931 年九一八事变爆发后，为了加紧对外侵略的准备，日本资本主义进入了准战时国家垄断资本主义时期，国内经济统制不断加深，企业发展已经被纳入国家的准战时体制，加强企业管制和扩大军工生产成为此阶段企业发展最重要的特点。以工业为例，工业发展的重心依然是重化工业，尤其是与战争密切相关的一些新兴产业，如石油、汽车轻金属化学合成、精密机械工业得到政府大力扶持，而以纺织工业为主的各类民生工业，在设备、资金、原料等方面都受到种种限制，不断衰退。军工生产的膨胀，使 1931—1935 年陆军所属企业的产值从 4700 万日元增长到 1 亿 2000 万日元，[①] 而私营工业企业开始被纳入军工生产行列，1931—1936 年，日本政府向私营企业发出了 50 多亿日元的军事订单。庞大的军费开支多数支付给民营军工企业，1931—1935 年，陆军兵器费的 73% 和海军军费的 75% 用于私营企业订货。[②] 私营企业在军工领域的发展，使日本的产业结构发生了重大变化，重化工业在工业生产中的比重迅速上升，1936 年，重化工业的产值第一次超过轻工业，占工业产值的一半以上，1937 年该比例上升为57.8%。[③]

　　1931 年九一八事变以后，日本企业的总体发展还是呈上升趋势，企业数和实缴资本规模都比 20 年代明显增加。企业数，1934 年为 78198 家，1939 年为 85122 家，1945 年为 4138 家；实缴资本金额，1934 年为 157 亿404 万日元，1939 年为 251 亿 9385 万日元，1945 年为 318 亿 1339 万日元。[④] 由于战争对军事工业的依赖，从 1919 年"一战"结束后起，工业在国民经济中所占比重上升至首位，金融业和交通运输业的比重就不断下跌，工业比重越来越高，到 1945 年战争结束时，工业在重点行业中，无论是企业总数还是实缴资本总额，所占比重都超过了 60%。

---

　　① 　[日]小山弘健、浅田光辉：《日本帝国主义史》（三），丛山、王敦旭译，三联书店 1961 年版，第 10 页。

　　② 　[日]小山弘健、浅田光辉：《日本帝国主义史》（三），丛山、王敦旭译，三联书店 1961 年版，第 101 页。

　　③ 　アメリカ合衆国戦略爆撃調査団編『日本戦争経済の崩壊』，日本評論社，1972 年，第 19 頁。

　　④ 　万峰：《日本资本主义史研究》，湖南人民出版社 1984 年版，第 220 页。

表 2-3 重点行业企业数及投资的比重（1934—1945）

（单位：%）

年份	金融业		交通运输（水路）		工业		商业	
	企业数	实缴资本	企业数	实缴资本	企业数	实缴资本	企业数	实缴资本
1934	3.6	11.3	7.3	9.6	33.3	28.5	39.9	12.2
1939	2.7	6.6	7.5	7.7	37.5	39.1	36.8	12.0
1945	1.4	3.8	4.3	5.6	62.5	60.3	18.4	6.4

资料来源：万峰：《日本资本主义史研究》，湖南人民出版社 1984 年版，第 221 页。

工业，尤其是军事工业的膨胀，说明一切为战争服务，日本企业的发展已经被纳入日本对外侵略战争的战时统制体制，一步步陷入非正常状态。

二、战时统制机制下的企业运营

1937 年日本侵华战争全面爆发，日本社会经济完全陷入战时统制机制，企业发展的走向亦完全服从于战时统制机制。工业成为国民经济发展的第一重点，与战争紧密相关的军工生产更成为重中之重，国家订货的高额利润及为军工生产提供的各种优惠政策，吸引更多私营企业转向军工生产。1937 年以后，国家预算中军事开支的 70% 都是用来向私营企业订货的。另外国家统治政策也越来越明确地规范了企业发展的方向，1937 年 9 月的战争全面爆发之初，政府即以《临时资金调整法》《输出入品等临时措置法》和《〈军需工业动员法〉适用法》等所谓的"战时三法"，开始了对社会经济的全面控制。其中与企业发展直接相关的首先是《临时资金调整法》，此法规定：设立公司，增加资本，合并企业或变更企业经营范围，企业设备更新、扩充和改良，企业贷款，发行公司债券和购买债券等行为，都必须获得政府许可，另外军需及与军需直接相关的"紧急产业"可无条件通过，与军需无关的产业则全面禁止。其次是《〈军需工业动员法〉适用法》，这是促使企业转向军工生产的重要法规。早在 1918 年日本政府制定的《军需工业动员法》中，就规定了在战争时期，军部可以管理、使用、征用工厂、矿山和其他设备，这一否定所有权与经营权的法律，从 30 年代的准战时状态开始，已在发挥作用，如纺织企业的数百万枚纺锭被征收后融为废铁用以制造军火，很多纺织企业改为制造飞机零件或化工产品，制造染料的企业则改为生产炸药等。战时重设该法的"适用法"，则进一步强化了政府以战争为前提对企业强征、强改的控制力度。

上述以"战时三法"为主的各战时经济法，还只是不具有基本法性质的战时临时立法，1938 年公布的《国家总动员法》，才是战时统制的国家大法。之后日本政府根据《国家总动员法》又制定了一系列的具体法规和条令，使日本的企业经营、管理，与日本整体经济一样，在各类统制法规的制约下，越来越偏离正常轨迹，从局部到全部地转入战时体制。战时统制机制下，工业在国民经济中的占比不断升高（如表 2-3），重工业在整体工业中的比重不断上升，从 1937 年的 57.8% 上升到 1941 年的 73%。而从准战时阶段，工业企业即开始大量转向军工生产，军事工业产值则又位居工业各部门之首，作为战前支柱性产业的轻纺工业，由于资金、设备、原料和劳务等各方面受统制政策的制约而迅速萎缩。20 世纪 30 年代日本曾是世界上棉制品最大出口国，但是随着战事推移，国外市场大部分被切断，棉布出口量在 1937 年到 1944 年之间下跌了 98%。1941 年日本政府颁布了《重要产业团体令》，规定以"以重要产业统制为目的的团体"形式，对企业进行统制组合，如分别设置全国"产业种类别"的"统制会"和"一定地区产业种类别"的"统制组合"。据此政府先后指定设立了 9 个产业部门的 12 个统制会和 6 个产业部门的 9 个统制会。① 在金融方面，1941 年公布《财政金融基本措施纲要》，金融企业进一步合并，由兴亚银行等十大银行组成了"战时共通金融团"，以强化战时银行的作用，并根据此纲要设立了全国金融统制会和战时金融金库。各种统制组合使政府更为直接地控制了各重要产业部门和金融机构，而各类企业的自主权则被进一步剥夺。

太平洋战争爆发后，日本国内经济进入高度战时体制化。一方面，各种统制法令和各类统制组合对从原料分配到生产活动再到利润分配的各方面都进行了全面统制，企业活动已完全被纳入统制机制。另一方面，战争

---

① 楫西光速『昭和経済史』，東洋経済新報社，1951 年，第 181—182 頁。

使日本逐步发展为一个以重工业为主的国家，重化工业的比重不断上升，重工业和轻工业在工业中所占比重在 1937 年分别为 57.8% 和 42.2%，而 1942 年则为 72.7% 和 27.3%，① 在全面战争的条件下，军需生产的急剧发展，势必导致轻工业生产的大范围紧缩。而随着战争的持续，军事工业和军工产品的生产，不仅削减了民生轻工业，也影响到重工业的整体发展。首先是钢铁因原料短缺产量下跌，日本国内原料本就匮乏，原料进口又因战事中断，1943 年钢铁产量还有 880 万吨，到 1945 年已经下降到 100 万吨。钢铁产量的大幅度下降，使造船业、航空机械业、汽车制造业、煤炭业、电力及人造石油等与军事相关的重化工业生产也呈现急剧衰落趋势。战争最后阶段日本国内工业生产陷入深度危机，整个国民经济不可避免地陷入全面崩溃。

三、财阀垄断企业的生成、发展及终结

所谓"财阀"，是指明治维新后因政府扶植而逐步发展形成的，产业资本、商业资本和金融资本相结合的企业垄断集团，早期为纯封闭式家族企业，后逐步发展成具有垄断性质的同族大型控股公司，本质上依然是以家族血缘关系为中心结成的一种特殊形式的"家族康采恩"。财阀垄断企业是日本近代企业发展史上最为重要的企业模式，作为垄断资本主义的代表，财阀资本及其垄断集团与近代日本国家政治、军事的深刻联系，与政府互相依存的关系，在近代日本国内经济发展及对外扩张过程中的作用，使它的意义早已超出了经济范畴。从它形成、发展到终结的路径看，很难以单纯的企业发展规律解析其发展历程，它是日本垄断资本主义历史发展的一种特殊现象。早期财阀资本对近代日本经济发展和企业发展，包括工业体系的建立发挥过重要作用，但随着财阀资本与国家政治、军事势力互相渗透程度的加深，财阀势力不断扩大，它对近代日本国民经济的操控越来越强，同时也越来越深陷日本军国主义对外侵略的战争泥潭，终于随着战争的结束而解体。

---

① 楫西光速等『日本資本主義の発達』，東京大学出版会，1956 年，第 369 页。

　　财阀是由明治初年形成的政商发展演变而来的，而政商可以追溯到江户幕府时代的特权商人。他们是一群以金钱支持政治势力，享有幕府保护的大商人，在倒幕运动中转而支持维新政府，为其提供了军饷和物资援助，从而又成为明治政府依赖并扶持的政商，如住友财阀（1590 年开创）、三井财阀（1673 年开创）等就是其中的典型。三井财阀主要是为政府兑换货币、募集公债、发行钞票，住友则是不断向政府捐款。还有一部分政商则是明治维新初期在政府扶持下，积极为维新政府提供服务，获得政府各种优惠政策而发展起来的新兴商业势力，如安田财阀（1863 年开创）、三菱财阀（1873 年开创）。安田财阀靠承包政府旧币兑换起家，三菱财阀则是在创建之初即为日本军事侵台运输物资，承包政府海运业务，获得明治政府各种优惠政策和资金支持而发展起来的。明治时期的政商无论怎样起家，都是依附政府发展起来的有实力的商人，他们借助和政治家的私人关系与政府发生互利关系，在为政府提供财政支持的同时，获取政府提供的政策扶持和商业资源，从而迅速发展壮大。19 世纪 80 年代明治政府大量廉价出售官营企业时，其售卖对象就主要是三井、三菱、住友等有权势、有实力的大商人家族企业，这些企业各自掌握了钢铁、煤炭、水泥、金属、机械、造船和纺织等重要产业，也由此完成了由特权商人向政商的转变。

　　经过甲午战争、日俄战争和第一次世界大战，明治政商逐步完成了向财阀转变的过程。一方面在国内，财阀企业建立起多元化的家族支配体制。第一次世界大战前后，形成了商业资本、产业资本和金融资本相结合的著名"四大财阀"，即三井、三菱、住友、安田，同时相继出现了大仓、古河、久原、浅野、川崎（松方）、铃木、岩井、鲇川（日产）、野村等新财阀，这些新老财阀控制了国民经济的各部门。另一方面，利用几次战争后签订的不平等条约，财阀企业开始向朝鲜、中国扩张，财阀在日本对外战争和经济扩张过程中，扮演着越来越重要的角色。财阀企业以各种形式在中国发展其经济势力，如大量开设分支机构、参与投资"国策"会社、兴办所谓的"合办企业"等，是日本在华企业中极其重要的类型。1909 年三井财阀率先进行改制设立三井合名公司后，财阀家族企业集团先后进行了改制，到 20 世纪 20 年代前期，新老财阀相继设立了持股公司，基本完成了向康采恩的转变。伴随着家族企业集团转变成同族大型控股公司，财阀企业自身获得了更大发展，财阀势力对日本国内经济的控制也得到进一步强化。到 1928 年年末，全部企业实缴资本中，四大财阀企业集团占 24.5%，其在各行业企业实缴资本中的占比为金融 49.8%、重工业 32.5%、轻工业 10.7%，其他行业 13.0%；十大财阀企业集团资本占全部企业实缴资本的 35.3%，在各行业的占比为金融 53.0%、重工业 49.0%、轻工业 16.8%、其他行业 15.5%。[①]

　　1937 年日本侵华战争全面爆发后，在军国主义的支持下，财阀垄断企业集团已经控制了日本的经济命脉，财阀建立的巨大企业体制成为支持日本对外侵略的经济基础，但是随着战时经济统制的不断加深，财阀垄断企业集团内部发展及管理机能受到政府的直接干预。战时经济体制的核心是集中全国的人力、物力、财力发展军事工业及与其相关的重化工业，军工生产需要不断地增加机械设备和提高生产技术，整个私营重工业、化学工业都得到迅速发展，其中尤以财阀垄断企业集团的扩张最为明显。从重工业投资比率看，财阀企业集团的实缴资本中重工业投资不断上升，就十大财阀而言，由 1937 年的 47% 上升到 1941 年的 65%，到 1946 年则上升到 75.2%，而金融业和轻工业相加的投资比率则从 30% 多下降到 12.5%。[②]由此可见，财阀垄断企业集团在日本侵华战争中获得了极大的利益，"军财抱合"越来越紧密，军方与财阀在对外侵略、经济掠夺方面的目标更趋于一致，这最终导致了战后财阀垄断企业被解体的命运。

---

　　① 持株会社整備委員会『日本財閥の解体資料』，第 468—469 頁，转引自高宇：《日本财阀企业的发展及其社会影响》，《日本学刊》2012 年第 4 期。另，十大财阀指四大财阀加上鲇川、浅野、古河、大仓、野村、中岛六家财阀。

　　② 高宇：《日本财阀企业的发展及其社会影响》，《日本学刊》2012 年第 4 期。

第三章　**日商在华企业的生成、发展及演变**

第一节　日商在华企业的发端及早期发展（1840—1894）

一、日商在华企业的缘起

论及近代日商在华企业的缘起，首先需要追溯外商洋行在中国的发生及进入近代之后的大致发展状况。[①] 鸦片战争爆发前，广州是中国对外贸易的主要基地和外商洋行的聚集地。鸦片战争后，清政府与列强签订了包括开埠通商、承认领事裁判权等条款的《南京条约》和《虎门条约》等，被迫开放广州、厦门、福州、宁波和上海为通商口岸，上海因此成为最早开埠通商的城市之一，并迅速取代广州成为近代中国对外贸易和外商洋行扩张势力的新中心。至此，以上海为主的通商口岸，被纳入所谓"条约口岸制度体系"。各地"租界""租借地"的建立，更为外商商业投资的兴盛创造了条件，外商洋行纷纷涌入这些通商口岸城市。1858年和1860年，因第二次鸦片战争的失败，清政府又与列强签订了《天津条约》和《北京条约》，根据这两个条约中国又增开商埠11处，分别是牛庄（营口）、芝罘（烟台）、台南、淡水、潮州（汕头）、琼州、汉口、九江、江宁（南京）、镇江及天津，并规定外国商船可在长江各口岸往来。两次鸦片战争的结果，开商埠共达16处，西方资本主义列强的"合法"商贸活动投向华中、华北、华南、东北等各大区域，为迅速扩大在中国的经济侵略奠定了基础。直到甲午战争爆发前，外国在华投资半数集中于上海，绝大多数为商业投

---

① 洋行即外商资本在中国所设的商行商号。这些行号有的称为公司，有的称为代理行或贸易行，在习惯上一般又均以洋行为总称。洋行在中国的发生，可以追溯到1715年英国东印度公司在广州设商馆，直至鸦片战争前，洋行主要集中于广州，属于较为单纯的贸易企业。鸦片战争后，洋行扩张至上海等通商口岸，经营范围也逐渐扩大，从经营一般贸易的企业，扩大到兼营银行、保险、船舶修造、码头仓栈以及为贸易服务的加工制造等各种行业的企业，少数大洋行还在兼并中形成兼营多行业的洋行资本集团。近代洋行是指1842年《南京条约》签订后开设的洋行。

资，1843—1850 年上海共开设洋行 30 家，之后不断有新洋行开设，也不断有旧洋行关闭，据统计，1859 年为 74 家，1876 年为 160 家，1884 年为 245 家，1892 年为 579 家 ①。

事实上，在中国 1842 年实现五口通商之时，日本还处于幕末"锁国"状态，在长达两百多年的"锁国"状态下，日本的对外贸易仅限于几个固定关系：幕府直接掌控的长崎与荷兰、中国的贸易，以及对马藩与朝鲜、萨摩藩与琉球、松前藩与虾夷的贸易。直到 1854 年，日美签订《日美亲善条约》，确定开放下田、箱馆（今函馆）两港，日本才被迫"开国"②。而真正意义上的近代日本对外贸易，是 1858 年《日美友好通商条约》签订后才开始的，根据此条约，日本确定增开神奈川、长崎、新潟、兵库等港口等为通商口岸，承认外国人为进行商业活动而在口岸停留，并享有领事裁判权。开港后，为了打开直接对华通商的渠道，日本幕府于 1862 年派遣官员乘"千岁丸号"到上海，经荷兰领事引见拜谒上海道，提出"仿照西洋无约国例"来沪通商，并设领事馆照料完税事，③ 此为近代日本对中国直接贸易通商的开端。作为中日贸易的主要口岸，1894 年上海对日贸易额占中日贸易总值的 81.6%④，但是在甲午战争前，上海的对日贸易主要由西方洋行操纵，当时西方各国与日本没有直接贸易，进出口货物都由上海转运。以 1860 年为例，上海进港报关欧美船只 652 艘中有 127 艘来自日本，结关出口船只 629 艘中有 145 艘开往日本 ⑤。而以 1868 年的明治维新为标志，日本开始走上发展资本主义的道路，通过在政治、经济、文化等领域全方位地学习西方，国力日渐强盛。经过二十多年的发展，到甲午战争爆发时，日本已从一个主权被分割的封建国家，转而成为跻身世界资本主义

---

① 王垂芳主编：《洋商史——上海 1843—1956》，上海社会科学院出版社 2007 年版，第 73 页。

② 所谓"开国"是相对"锁国"而言。17 世纪中叶至 19 世纪中叶日本处于"锁国"状态，直至 1853 年美国军舰驶抵江户湾的浦贺，武力胁迫日本"开国"，史称"黑船事件"。

③ 谯枢铭：《进入上海租界的日本人》，上海地方志办公室编：《上海：通往世界的桥梁》，上海社会科学院出版社 1989 年版，第 45 页。

④ 王垂芳主编：《洋商史——上海 1843—1956》，上海社会科学院出版社 2007 年版，第 55—56 页。

⑤ 王垂芳主编：《洋商史——上海 1843—1956》，上海社会科学院出版社 2007 年版，第 73 页。

列强的亚洲第一强国。可以说，日本在步入资本主义的同时，即踏上了对外扩张的道路。

1871 年中日签订了《中日修好条规》及《中日通商章程》，此为中日近代商贸关系的正式形成。规定两国互相向对方开放，并且"两国既经通好，所有沿海各口岸，彼此均应指定场所，准听商民往来贸易，并另立通商章程，以便两国商民永远遵守"①，允许各自"商民"在对方开放口岸，即"指定场所"旅居经商。而在《中日通商章程》签订之前，已有零星日商来华开设洋行商社。一般认为 1868 年，长崎陶瓷器商行"田代屋"在上海开设分店，是日本人在华商业投资的嚆矢，也是日商在华开设的第一家商贸企业②。之后，日商洋行商社在上海逐渐增多，仅 1870 年，日商在上海开设的洋行商社就有 7 家；《中日通商章程》签订后，1871—1879 年有 14 家，1880—1889 年有 22 家，1890—1895 年有 18 家，总共 62 家③。尽管日商来华投资开设洋行商社的时间远远晚于西方列强，发展速度却非常之快，据统计，1843—1894 年间，共有 11 国商人在上海进行直接投资，投资总额达 289 万美元，其中前三位投资大户分别是：英商 138 万美元，占总额的 47.75%；日商 46 万美元，占总额的 15.92%；美商 45 万美元，占总额的 15.57%④。这些洋行商社就是日商在华投资开设的最早企业形式。

近代西方列强在华企业早期发展的路径，是从洋行这种商贸企业发端，逐渐向航运业、制造业、金融业等各种行业发展，日商的发展路径基本与

---

① 王铁崖编：《中外旧约章汇编》第一册，三联书店 1957 年版，第 318 页。各口岸即之前各自向西方列强开放的口岸，中国为上海、镇江、宁波、九江、汉口、天津、牛庄（营口）、芝罘（烟台）、广州、汕头、琼州、福州、厦门、台湾、淡水等 16 个沿海沿江口岸，日本为横滨、箱馆、大阪、神户、新潟、夷港、长崎、筑地等 8 个沿海口岸。

② 如米沢秀夫『上海史話』，東京宙傍書房，1942 年，第 119 页；杜恂诚：《日本在旧中国的投资》，上海社会科学院出版社 1986 年版，第 371 页；陈祖恩：《寻访东洋人——近代上海的日本居留民（1868—1945）》，上海社会科学院出版社 2007 年版，第 18 页；王垂芳主编：《洋商史——上海 1843—1956》，上海社会科学院出版社 2007 年版，第 463 页等。另据王垂芳主编的《洋商史——上海 1843—1956》一书中"日商企业名录"记载（第 395 页），1862 年有日商在上海开设了一家经营航运业的"中日轮船公司"，本书依据多数文献记载，采用以 1868 年田代屋为开端之说。

③ 王垂芳主编：《洋商史——上海 1843—1956》"日商企业名录"，上海社会科学院出版社 2007 年版，第 395—397 页。

④ 王垂芳主编：《洋商史——上海 1843—1956》"总述"，上海社会科学院出版社 2007 年版，第 2 页。

西方列强一致，只是在时间上大大加以紧缩。19 世纪 70 年代，当西方列强开始向其他各行业发展时，日商在华企业投资才刚刚起步，但是在甲午战争爆发前，日商企业也在商业贸易之外，涉足了工业制造、保险、银行、交通航运等多种行业。日商在华早期企业的发展，不仅体现在投资额的快速增量上，还体现在投资区域和投资行业的迅速扩展上。从 1870 年前后上海出现零星的日商贸易商社开始，到进入 19 世纪 80 年代，日商在华开设的洋行商社即陆续在香港、天津、烟台、汉口、宁波、营口等口岸出现，这就意味着，日商在华企业在发生、发展的初期阶段，已经开始向中国华中、华北、东北等各大区域进行商业资本渗透，这为日后日商企业迅速而广泛的扩张奠定了基础。

二、早期商贸企业的出现

日商在上海最先开设的企业是商贸企业，包括各类商店和贸易洋行。作为日商在中国设立的第一家企业，1868 年在上海开设的"田代屋"，仅仅是长崎一家陶器店的分号，一个规模很小的零售商店。初开时主要经售日本陶器，兼售一些镜子、木梳等生活用品，1885 年转让他人后兼营旅馆业，最后转行为杂货屋①。紧接着 1871 年开设的"荒木屋"、1872 年开设的"木棉屋""崎阳号"、1873 年开设的"开通号"、1877 年开设的"缪源号""永昌号"等，这些 19 世纪 70 年代开设的早期"屋""号"，都是些经营东洋漆器、瓷器、妇女化妆品等杂货生意的零售商铺，由个人经营，且大多维持时间不长，有的店半年、一年，有的店三年、五年，多因生意萧条而倒闭。稍后出现的一些照相馆、小旅馆、饭店、鞋店、药房等服务型商号店铺，有 1882 年开设的日本照相馆，1887 年开设的稻国商店，1888 年开设的东莱酒栈，1889 年开设的入泽商店，1890 年开设的平国靴店和矢野旅馆，1890 年开设的乐善堂分店，1891 年开设的吉田药局等。这些 19 世纪 80 年代和 90 年代上半期开设的商号店铺，其实力较初期进入的商

---

① 陈祖恩：《寻访东洋人——近代上海的日本居留民（1868—1945）》，上海社会科学院出版社 2007 年版，第 18 页。

号要强些，维持经营的时间也长些。①

贸易洋行几乎与零售商店同时出现，而前者的发展势头却比后者强劲。1870 年一年内就开设了吉隆洋行、东莱洋行、东如洋行、内外棉会社办事处②等数家贸易商行。之后，1876 年开设秋马洋行和广业洋行，1877 年开设三井洋行，1878 年开设三德洋行和津枝洋行，1882 年开设立川洋行和松崎洋行，1883 年开设藤井洋行和大仓组，1884 年开设古贺洋行，1885 年开设儿玉洋行和锦芝洋行，1886 年开设岩井洋行、竹下洋行和系川洋行，1887 年开设吉田号、浪川洋行和日本昆布会社，1890 年开设小泉洋行，1891 年开设中桐洋行，1892 年开设日华洋行，1893 年开设东京洋行，在二十多年中共开设 26 家贸易洋行，平均达到每年开设一家的水平。这些贸易洋行分为普通贸易和进出口贸易两类，主要经营火柴、肥皂等轻工业产品和日本土特产等杂货贸易，以及日本棉纱、棉布进口及中国棉花、花衣出口等进出口贸易。与零售商店相比，贸易洋行的经营实力普遍要高于零售商店，进出口贸易洋行的实力又一般在普通贸易洋行之上，而其中实力较强的进出口贸易洋行，仅有 1876 年开设的广业洋行、1877 年开设的三井洋行（三井物产）、1883 年开设的大仓贸易商行（大仓组）三家。真正值得关注的是，如三井洋行和大仓组这样拥有财阀背景的日本综合贸易商社，在日本对华投资的初期，即目标明确地积极加入对华投资的行列，为其日后在中国进行资本扩张，早早地建立起前哨站。③

香港因两次鸦片战争而被英国强租，英国和其他西方列强经济势力在当地迅速得以发展。日商尝试在香港投资经商的时间甚至比上海更早，但是限于各种原因，发展势头不及上海那样强劲。据记载，早在 19 世纪 50 年代就有早期居港的日本人开设的裁缝铺和零星贸易商行出现，但具体开

---

① 王垂芳主编：《洋商史——上海 1843—1956》"日商企业名录"，上海社会科学院出版社 2007 年版，第 395—397 页。

② 早期日商在海外分支机构大致可分为四级：分店（或分公司、分行，日文称支店）、办事处（日文称出张所）、办事员（日文称出张员）、驻外人员（日文称驻在员）。分店常驻职员几十人，办事处常驻职员约十人，办事员常驻二三人，驻外人员则仅为一人。

③ 王垂芳主编：《洋商史——上海 1843—1956》"日商企业名录"，上海社会科学院出版社 2007 年版，第 395—397 页。

设的时间和数量不详。有明确记载的已是 19 世纪 70 年代，1872 年，横滨一家商店在香港开设了名为"骏浦号"的分店，1877 年，三井物产在香港开设了分店，同年还有大阪商人日下部经营的日森洋行在香港开业。日森洋行虽是一家贩卖陶器和杂货品的杂货店，但据说是当时日商在港经营的较具规模的商业企业。1878 年，具有官商背景的广业商会在香港开设了分店，到 1884 年前后，根据日本驻港领事的调查统计，日本在港商人数只有二十余名，和上海同期日商一样，也是开设一些售卖漆器、陶器、妇女用品等杂货的商号，且都是规模不大的私人商店，以及少量的餐馆、旅馆、照相馆等服务型商社。[①]虽然此时期日商在香港开设的商号店铺很少，但拥有财阀背景的日本综合贸易商社，如三井洋行和广业商会已经踏足香港市场。

日本商业资本最早进入的华北地区的城市是天津和烟台。《天津条约》《北京条约》签订后，天津和烟台（芝罘）成为通商口岸，列强纷纷设立了领馆，并迅速在两地发展起各自的经济势力。日本于 1875 年和 1876 年也在天津、烟台分别设立了领事馆，只是烟台日领馆实际要到 1883 年才有日本派驻的正式领事，此前则以西人代理领事之职。因资料不详，难以确定日本侨民开始进入这两地的年份，对日商经营活动的情况也无明确的记载，但随着领事馆的建立，日侨情况逐渐明朗起来。而两地出现有明确记载的日侨商业活动，都是在 19 世纪 80 年代。天津出现了一家名为武斋洋行的日商商行，这是日人记载的最早在天津开设的商号[②]，之后经营进出口贸易的三井洋行、大仓洋行也在天津设立分支机构。而甲午战争前，日商在天津的商业投资并不活跃，据《天津海关 1892—1902 年调查报告书》的记载，到 1892 年，日商在天津的商行仅有 4 家[③]，另有统计称，直到 1897 年，天津日本侨民不过 45 人，其中"从事商业的不过 10 人，且当时的商业只是杂货的小买卖，大都没有从事进出口贸易"[④]。烟台在 19 世纪

---

① 陈湛颐：《日本人与香港——十九世纪见闻录》，香港教育图书公司 1995 年版，第 8、27、41、170、223 页。

② 天津居留民团编『天津居留民团二十年记念誌』，1930 年，第 619 页。

③ ［英］派伦：《天津海关 1892—1902 年调查报告书》，许亦凡译，《天津历史资料》第 4 期，第 88 页。

④ 外务省通商局编『在支那本邦人进势概览』北支那之部—天津管内，1915 年，第 3 页。

80 年代前，并无日商洋行势力进入，1885 年，随着日本邮船会社北洋航线的开辟，开始有日商到烟台开设行号，只是一些经营食品、茶叶、洋酒、妇女用品及日本杂货等商品的小商号，而且维持经营的时间都不长。如 19 世纪 80 年代先后开设的 6 家洋行，到 1891 年倒闭 4 家，只剩 2 家还勉强维持，截至甲午战争前，日商在烟台开设的洋行名义上还剩 2 家，但实际维持经营的只有 1 家。①

在东北地区，日商的经济活动几乎要到 19 世纪 90 年代才开始。营口作为东北最早开埠通商的城市，也是日本最早的东北经商基地。②日本在 1876 年也在营口设立了领事馆，而实际上日本政府并未派驻使馆人员，而是由英国领事代做名誉领事、兼顾日侨事宜。此阶段，日本因自身经济实力有限，在东北的商业活动并不活跃。直到 1891 年，因日本邮船会社的华北航线延长至营口，开通了神户至营口的定期航线，日侨人数才逐渐增多。但总的来说，日商在东北地区的商业活动发展得比其他地区迟缓，直到甲午战争爆发前，在营口的日侨人数不到 40 人，日商在营口开设的商号至多有 10 家左右，且基本属于个人经营的小洋行商号。三井洋行农场此时也规模不大，却意味着日本财阀势力在第一阶段即已进入东北。③

此外，华中地区除上海之外还有武汉、宁波等商埠，也都有零星日商商贸企业出现，且多为在日本或上海开设的洋行商铺的分店，时间亦大致在 19 世纪 80、90 年代，如 1885 年开设的武汉乐善堂分店，是该地区出现的第一家日本商业机构，而同时期宁波也开设了内外棉商社的分支机构秋马洋行。

三、早期金融、航运企业的出现

日商在华开设的金融企业，包括保险业和银行业最早也是出现于上

---

① 町田実一『日清貿易参考表』，東京，1889 年 9 月，转引自庄维民、刘大可：《日本工商资本与近代山东》，社会科学文献出版社 2005 年版，第 13 页。
② 1858 年《天津条约》增开的通商口岸中有一个东北地区的牛庄，但牛庄仅是一个小渔村，港口缺乏拓展空间。1861 年，最先向东北扩张势力的英国选择了在营口设立领事馆，之后其他列强相继在营口设立了领事馆，由此，营口取代牛庄成为东北地区的最早开埠港。
③ 王希亮：《日本在东北的早期经贸活动及人口流入——营口开港到日俄战前》，《近代东北》2013 年第 3 期。

海。关于日商在华开设的第一家银行，一般有两种说法，一是 1893 年横滨正金银行在上海开设的分行①；另一是 19 世纪 70 年代末至 19 世纪 80 年代初，"东京第一国民银行"在上海开设的分行。② 作为日商第一个在华开设的银行，其具体开设年份，以及日本国内总行的情况，是极有必要加以厘清的，这直接影响对日商在华金融企业发生的界定。关于横滨正金银行的史料文献记载是充足而确定的，但是"东京第一国民银行"的情况，却"由于年代久远，记录不详"③ 而难以确定。经笔者查证，这个阶段日本并不存在所谓的"东京第一国民银行"，而有一个名字相近的"东京第一国立银行"④。两个银行名字中的"国民"和"国立"，都源于英文的"national"，是否存在翻译上的偏差，有待进一步核实。可以肯定的是，东京第一国立银行的确是明治时期日本最早成立的四家银行之一，并且是近代日本第一个在华开设分支机构的银行。1878 年，东京第一国立银行委托三井物产株式会社上海、香港分店（三井洋行）为该行的代理商，承接货币兑换等业务，之后该行与三井物产上海、香港分店签订了代理合同以及外汇交易协议，并在三井物产两家分店派驻了工作人员，由此正式形成了该行在上海和香港的分支机构⑤。

接下来的十来年里，没有出现新的日商在华银行，直到 1893 年，日本横滨正金银行在上海开设办事处，这是日商在华开设的第二家银行分支机构。横滨正金银行总行设在横滨，成立于 1880 年，该行虽是股份有限公

---

①　杜恂诚:《日本在旧中国的投资》，上海社会科学院出版社 1986 年版，第 332 页；王渭泉、吴征原、张英恩编著:《外商史》，中国财政经济出版社 1996 年版，第 304 页。

②　蒋立场:《外商银行在近代中国活动的区域格局》，《金融史研究》2013 年第 2 期（总第 148 期）；《上海金融志》第二篇第三章第五节日资银行（http://shtong.gov.cn/node2/node70393/node70403/index.html）；姜建清、蒋立场:《近代中国外商银行史》，中信出版社 2016 年版，第 88、89 页；（株）第一银行『第一银行史（下卷）』，1958 年 7 月（http://d.htaena.ne.jp/20150702/1435801354）。

③　《上海金融志》第二篇第三章第五节日资银行（http://shtong.gov.cn/node2/node70393/node70403/index.html）。

④　1873 年（明治六年）成立的东京第一国立银行，是近代日本最初的股东制银行。1885 年日本银行券发行，国立银行券逐渐被取代，很多国立银行转为普通银行。1896 年，东京第一国立银行改为株式会社第一银行，成为普通商业银行。

⑤　（株）第一银行『第一银行史（下卷）』，1958 年 7 月（http://d.htaena.ne.jp/20150702/1435801354）。

司的组织建构，却并非普通商业银行，而是得到政府直接扶植，享有日本政府特许，以经营国际汇兑业务为创设之宗旨，负有"国策"使命的特殊银行。该行建立之初就有三分之一的政府资本投入，日本政府还存入了数百万日元以帮助该行展开业务。以日本政府的定位，日本银行作为央行主要负责国内金融，横滨正金银行作为特殊银行则主要负责国际金融。值得重视的是，在日本国内近代金融体制的初创期，横滨正金银行这样的特殊银行，即带着日本对外扩张的国策目的来上海设立分支机构，其强大的政府背景和经营实力，不仅为日后日本金融势力在华扩张奠定了基础，也为日商在华金融企业的发展打开了市场。事实上，横滨正金银行在之后的半个多世纪里，因其特殊银行的背景，成为日商在华银行中最有实力的银行。而根据现有资料来看，此阶段日商来华开业的，只有东京第一国立和横滨正金两家银行分别开设的三家分支机构：东京第一国立银行的上海、香港代理店，横滨正金银行上海办事处。严格地讲，这三个分支机构还都不是正式的银行分行，但是日商在华银行的企业雏形已经产生。此外，作为金融企业，这个阶段已陆续出现了几家日商保险公司，其中有独立开业的，也有总公司在日本的。最早出现的是 1870 年在上海开设的中日合资华商保险公司、中日水险公司，两家又都在 1894 年歇业。之后有 1879 年东京火险在上海开设的分店，1891 年东京海上火灾保险株式会社在上海开设的分公司，1895 年明治火灾保险株式会社在上海开设的分公司[①]，而这些总社设在日本的保险公司实力雄厚，日后更跻身近代外商在华百大保险公司之列。

论及近代日本在华航运企业，有必要先对和日本海外扩张相关的航运企业做一个大致梳理。首先，这是因为日商在华航运企业，尤其是早期，几乎全都是日本国内航运企业在华的分支机构，要理清日商在华航运企业发生的源头，有必要对其日本总公司的情况有基本把握。其次，有关早期日商在华航运企业的发生，现有文献资料记载并不完整，以致一些企业的

---

① 王垂芳主编：《洋商史——上海 1843—1956》"日商企业名录"，第 395—397 页；黄光域：《近代来华百大保险公司》，《近代史资料》总第 87 号，近代史资料编辑部编，中国社会科学院出版社 1996 年版，第 10、25 页。

开设情况记录比较纷乱①。理清一个企业是新设企业，还是已有企业更名，又或者是若干企业合并而成，显然是解析日商在华企业发生、演变过程的必要条件。

从整个近代日本航运业发展的过程看，航运企业从无到有，再到大肆扩张，是在政府高度重视和大力扶植下实现的，日本虽于幕末即已开始购买外国汽船、引入航海造船技术，但直到19世纪80年代末，日本对华贸易之出口货物，大抵仍由外国轮船运输。三菱汽船会社是日本政府最早扶植的航运企业，也是最早来华开设分支机构的日商航运企业。三菱汽船会社的前身是幕府时期的土佐藩藩属企业"大阪西长崎商店"。1870年由三菱财阀的创始人岩崎弥太郎个人承办，承办初期称为"土佐开成商店"，同年改称"九十九商船会社"，1872年、1873年又先后改称"三川商店""三菱商会"。1874年8月至12月，三菱商会的船只承担并出色完成了日本侵台战争的运输任务，故此战结束后商会获得了日本政府的大力扶植，从而走上政商企业的道路。1875年三菱商会合并国有企业"日本国邮便蒸气船会社"，以"株式会社"组织形式，正式改名为"邮便汽船三菱会社"，简称三菱汽船会社。②三菱汽船会社建立之初虽是以纯民间资本的商业模式进行运营的，却依然获得了日本政府的特殊关照。1875年日本政府向三菱汽船会社下达了《第一命令书》及附属文件，根据此文件，政府将侵台期间提供的13艘轮船划归三菱汽船会社所有，批准了三菱汽船会社开通上海航线的申请，并承诺每年向三菱汽船会社发放25万日元的海运助成金。1896年又下达《第二命令书》，补充规定25万日元的海运助成金中20万日元必须用于上海航线③，足以说明日本政府对发展海外航线的重视，以及

---

① 如三菱汽船会社与日本邮船会社，在很多文献中被简单地记述为两个在华开设的日商企业，但实际上日本邮船会社是由三菱汽船会社演变而来的，它们是同一个企业。

② 1873年成立的三菱商会，其主要业务包括两大部分——海运和商贸，并入日本邮船会社的只是海运部分。海运部分虽在当时是三菱的核心业务，但商贸部分以"三菱社"名义持续经营，之后不断发展，1893年根据新颁布施行的日本《商法》，三菱社改组为三菱合资会社，三菱财阀即指三菱合资会社。

③ 三菱社誌刊行会『三菱社誌』，東京大学出版会，1981年，第2卷，第203頁；第3卷，第386—387頁。

其与三菱会社之间的密切关系。

在政府的大力支持下，1875 年三菱汽船会社成立当年，即在上海开设了分公司，并开通了横滨与上海间的航线，此为日本开辟日中海上航线之嚆矢。接着三菱汽船会社于 1879 年在香港开设了分公司。三菱汽船会社在政府扶植下规模急剧扩大，19 世纪 80 年代初已拥有 56 艘船。政府先是为牵制其独霸趋势，鼓励其他民营轮船公司发展，于是 1883 年 5 月，由东京风帆船会社、北海道运输会社、越中帆船会社等 3 家海运公司合并成立了"共同运输会社"，与三菱汽船相抗衡。之后，日本政府唯恐新兴民族航运企业鹬蚌相争，又出面斡旋，为进一步增强日本对外航运业的整体实力，1885 年三菱汽船会社与共同运输会社合并成立日本邮船会社，设总社于东京。日本邮船会社是当时日本最大的航运企业，其在成立当年即在上海开设了分公司，1893 年又开设了香港分店，甲午战争后更是在中国极速扩张。此阶段，除了以日本与中国的海上航运为主业的三菱汽船会社和由此发展而来的日本邮船会社在香港和上海开设了分支企业，还有 1882 年创办、1884 年正式开业的大阪商船株式会社，也是在开业当年即来上海开设了分店①，这是日本打入中国内河航运业的第一家企业。

四、早期工业企业的出现

1895 年中日《马关条约》的签订，确立了日人在我国通商口岸设立工厂的权利，西方诸国因援引最惠国待遇，亦享有同等权利，此为外商在华投资建厂获得"合法"地位之始。但是在甲午战争爆发前，西方诸国早已开始在华违规设立工业企业。据统计，1843—1894 年，西方诸国先后在香港、上海、厦门等通商口岸设立的工业企业达 191 个，主要是为商贸经营服务的船舶修造和出口加工类企业，此二类企业即占到总企业数的 60%，另外 40% 的企业涉及行业相当广泛，如食品加工、水、电、煤气等生活服务性企业，火柴、肥皂、制药、造纸等化学工业企业，木材、玻璃、水泥

---

①　王垂芳主编：《洋商史——上海 1843—1956》"大事记"，上海社会科学院出版社 2007 年版，第 467 页；陈祖恩：《寻访东洋人——近代上海的日本居留民（1868—1945）》"大事年表 1868—1945"，上海社会科学院出版社 2007 年版，第 312 页。

等建筑材料工业企业以及若干杂工业企业。[1] 此阶段的外商工业企业除极少数外大都规模很小，只是与早期商贸发展和侨民生活直接相关的一些工业制造企业。而日商在华发展晚于西商，日本国内近代工业也是在 19 世纪 70 年代刚刚起步，其国内工业资本及技术发展并没有对外扩张的紧迫，所以直到 1895 年前后，日商在华工业企业的投资活动仅止于零星尝试。有学者认为："1897 年以前日本在中国的投资事业上等于零"，"制造业项目下唯一的日资企业是上海的与中国人共同拥有的缫棉厂，价值十四万元"[2]。有学者统计：1895 年以前，日商在华工业企业共有 3 个，纺织工业企业有 2 个，印刷工业企业有 1 个。[3] 囿于资料的局限，早期日商在华工业企业到底有多少，以及到底最早出现的是哪家企业等情况是很难下结论的，但是 1895 年之前在华日商工业企业只有零星几家，并且仅出现于上海是基本可以肯定的事实。

日商在华工业企业，与其商贸、银行、航运企业相同，也是最早发生于上海。现有文献多称日商在华工业企业的嚆矢是 1888 年开设的"上海棉花公司"（Cotton Cleaning & Working Co. Ltd），中文名为上海机器轧花局。[4] 伴随日本纺织业的崛起，与日本棉品质大致相同的中国棉的使用，到 1885 年（明治十八年）开始增加，但是因为当时清朝的轧棉主要是手工轧棉，所以品质上存在问题，"其轧棉之法粗劣，使用上不便不少"。19 世纪 80 年代中后期，多家日本在华棉花商社做过开设轧棉工厂的尝试，如 1885 年宁波日本棉花商社秋马商店就曾尝试在华开设机器轧棉工厂，因受清政府阻止而告失败。三井物产（洋行）1877 年在上海设立分店时主要从事煤炭输出业务，1886 年前后开始从事输入中国棉的业务，并产生了在华设立机器轧花工厂的意向。值得注意的是，上海棉花公司并非一家独立的

---

① 汪敬虞：《十九世纪西方资本主义对中国的经济侵略》，人民出版社 1983 年版，第 282—283 页。
② リーマ『列国の対支投資』，東亞経済調査局，1939 年，第 458 页。
③ 陈真、姚洛编：《中国近代工业史资料》第二辑，三联书店 1957 年版，第 421 页。
④ 如高村直助『日本帝国主義史論』，ミネルヴァ書房，1983 年，第 156 页；汪敬虞：《十九世纪西方资本主义对中国的经济侵略》，人民出版社 1983 年版，第 405 页；张玉法：《近代中国工业发展史（1860—1916）》，台北桂冠图书出版社 1992 年版，第 35 页等。这些文献记载的基本内容相同，仅在国家数上有所出入，如高村直助及汪敬虞都称投资者来自 5 国，张玉法称 4 国，少一个法国。

日商企业，而是由日商三井物产上海分店与英、美、德、法商人共同投资设立的企业，该公司在香港行政厅注册，资本金共 75000 两，其中 45000 两由三井物产出资，动力设备是 32 台蒸汽轧棉机（英国制），年生产能力约 50000 担皮棉。[①]上海棉花公司由三井物产上海分店店长负责管理，公司经营从实棉买入到轧棉销路的扩大，悉数由三井物产上海分店承担。从资本比例和经营管理来看，上海棉花公司显然是以日商为主的外商合资企业，而三井物产在华开设机器轧花工厂，之所以联合多国商人共同投资组成合资企业，比起资金上的需求，恐怕更重要的原因是为了对抗清政府的禁令。事实上上海棉花公司在组建过程中，"当中国官员提出异议时，受到了上述 5 国领事的庇护"。[②]

关于上海棉花公司设立于 1888 年，现有文献记载均一致，其是否为第一家日商在华工业企业却并不确定。有多处文献记载，19 世纪 70 年代末，或明确称在 1879 年，日商在上海设立了积善洋行制造厂，[③]果真如此，这应该是日商在华的第一家工业企业。许金生在其《近代上海日资工业史》中对此表示了质疑，其依据 1914 年日本驻上海领事报告的记述，"洗涤肥皂很久以前已生产，而化妆肥皂十年前由积善洋行开始着手生产"，推算积善洋行制造厂是 1900 年左右设立的，许认为："因为始于 70 年代的日本肥皂工业，1877 年前后仍处于家庭作坊状态，而日本肥皂对华出口则是

---

① 中国近代货币流通情况极为复杂、混乱，同一时期同时存在多种流通货币。晚清的流通货币主要为银两，银两是用白银铸成的银元宝、银锭、银饼、碎银（一两以下者）等多种形式的秤量货币，计量单位一般为"两"，还有如"规元""规银"，也是银两的记账单位。外国银元从明朝开始流入中国，到鸦片战争前后市面流行的外国银元，如西班牙、墨西哥、英、美、法、日等国银元不下数十种，还有中国自制银元。晚清政府曾多次铸造银元以期驱逐各种外国银元未成，北洋政府时期我国自铸银元逐渐成为主要流通货币，但是货币流通市场始终是"银两"和"银元"并存，直至南京国民政府时期提出"废两改元"后，银两才逐渐从流通市场消失。各类银元又产生了新的货币单位：圆、员、元等。正因为中国近代货币制度的发展，存在币种繁多、货币名称多样、货币单位不统一、阶段性换算标准不同等诸多问题，本书未能就此问题展开专业而深入的研究，书中涉及资金问题，如投资额、薪资、利润等具体资金时，有两、元、圆、日元、美元、弗等单位，都难以换算统一，只能按原始资料记述原样呈现。以下就此问题不再赘述。

② 高村直助『日本帝国主義史論』，ミネルヴァ書房，1983 年，第 156—157 页。

③ 如徐新吾、黄汉民主编：《上海近代工业史》，第 21 页，陈正书：《近代上海外资工业的起源及其早期发展》，《上海社会科学院学术集刊》1988 年第 1 期；王垂芳主编：《洋商史——上海 1843—1956》，上海社会科学院出版社 2007 年版，第 398 页等。

1880 年以后的事，日本本身处在初创期，无论技术和资金来说，当时都没有来华投资的实力。"[1] 笔者以为确认积善洋行制造厂设立年份的确还有待资料的进一步发掘，但是许的分析也还是值得商榷的。1914 年的领事报告的表述，仅能说明积善洋行制造厂是最早生产化妆肥皂的厂家，而早期肥皂（洗涤肥皂）的生产在技术和资金上并无很高要求，无论是日本还是中国都采取家庭作坊式操作模式，结合早期日商在华商业、金融、航运企业设立的特点看，其初创期几乎都与本国同行业的发生同步，因而积善洋行制造厂在 19 世纪 70 年代末来华开设企业的可能性是存在的。此外，在上海棉花公司设立前后，还有几个日商制造业企业出现过，一是设立于 1884 年的修文馆，从经营内容看，"经销筑地汉字和英文活字，同时经营印刷业和活字铸造业"[2]，应该是一个兼营商、工的小规模企业；设立于 1894 年的精华印刷所，也是一个只有 2 万元资本金的小规模企业[3]。这些小企业，在日本外务省通商局 20 世纪 10 年代的统计中已经查不到，说明处于尝试阶段的日商工业企业，不仅规模有限，即便设立了也很难维持。只有 1893 年三井物产注资，将原华商创设的云龙轧棉厂改为"日中合办"株式会社云龙公司，其经营较为顺利，1914 年之后彻底归三井物产所有。

第二节　日商在华企业的生成、发展（1895—1913）

如果说，甲午战前是日商来华开设企业的缘起阶段，那么本阶段则是日商来华开设企业的生成和初期发展的阶段。其"生成"和"初期发展"，一方面主要表现在已有一定基础的商贸、金融、航运、工业等领域日商企业的迅速扩张，其扩张不仅表现为企业总数量的增加，还表现在区域的扩展。这一阶段华中、华北、东北、华南几大区域都形成了相当规模的日商企业群，形成了日商企业在各大区域集中发展的重镇，如华中的上海、汉

---

① 许金生：《近代上海日资工业史 1884—1937》，学林出版社 2009 年版，第 13—14 页。

② 许金生：《近代上海日资工业史 1884—1937》，学林出版社 2009 年版，第 14 页。

③ 王垂芳主编：《洋商史——上海 1843—1956》，上海社会科学院出版社 2007 年版，第 397 页。

口，华北的天津、青岛，东北的营口、大连、长春、哈尔滨，华南的台湾、香港等，也就构成了日商企业在华发展的基本格局。另一方面，在本阶段，日商在华企业几大类型的基础模式已经明朗："纯民间"资本企业，主要集中于中小企业，在商贸和工业企业中比较突出；财阀企业，如已经进入中国的三井、三菱、大仓等，本阶段开始向中国各地大肆渗透，岩井商社、住友商事、伊藤忠商事、古河公司等中小财阀，也在本阶段开始进入中国（因财阀企业基本是大型商贸或综合性企业，本阶段在中国各地的分支机构主要从事商贸活动，所以在梳理商贸企业发展过程中一并交代了设立年份和地点）；"国策"企业，主要集中于银行、航运业，如日清汽船、台湾银行、朝鲜银行等，还有拓殖性质的"满铁"，都是在本阶段设立或进入各地的；"合办"企业更是在本阶段形成了第一次创设高潮。从上述这几方面来看，日商在华企业在本阶段已经"生成"，并有了一定的发展。

一、"纯民间"企业的生成、发展

（一）商贸企业的生成、发展

甲午战争后，日本因《马关条约》获得了诸多特权，特别是确立了日人在我国通商口岸设立工厂的权利，极大地刺激了日商对中国的资本输出。首先是日商在华商贸企业的发展。商贸企业数量不断增加，有资料显示，1893 年全国各地日商商业企业只有 42 家，甲午战后迅速增加，1898 年已达 114 家。[①]

上海，作为日商在华商贸企业的开创地，迅速成为日商来华设立各类企业的重地。随着日侨人数的增加，日商各类商店和洋行商贸企业在这个时期得到迅速发展，尤其是日俄战争后形成了一次日商商业投资的高潮。据不完全统计，1895—1913 年新增商贸企业近 40 家，其中总公司设在日本的有：1895 年瀛华洋行，1896 年伊藤洋行，1901 年兼松洋行，1902 年古河公司，1903 年日信洋行，1905 年东亚公司，1906 年日比谷洋行、三菱合资会社上海分店，1907 年复和裕洋行，1911 年堀井誊写分店，1912 年

---

① 杜恂诚：《日本在近代中国的投资》，上海社会科学院出版社 1986 年版，第 317 页；［日］织田一：《中国商务志》，上海广智书局 1902 年版，第 51—52 页。

股部洋行、华生烟叶公司，1913 年九三大药房、小林洋行、江商洋行。直接在上海开设的有：1895 年济生堂药房、土桥号，1897 年田边洋行，1904 年千代洋行、北福洋行，1906 年重松大药房，1907 年三和洋行，1908 年华南洋行、瑞丰洋行，1909 年大和号、瑞宝洋行、须藤洋行，1911 年益记洋行，1912 年荣泰洋行、大正洋行、田冈洋行、和兴洋行、东福洋行、达磨洋行，1913 年隆记洋行等。此外还有若干未标明开设地点的商行。① 与甲午战前相比，此阶段商行数的增加是显著的，不仅有资本 1000 万日元以上如日信、伊藤，2000 万日元以上古河等大型商社的进入，还有一半以上的新建商行直接设立于上海，说明甲午战后日商仰仗不平等条约所获特权，到中国直接设立企业的行为已不再是初期尝试，而是带有抢滩性质的一股风潮，不仅上海，日商商贸企业还向华中、华北、华南、东北等各地扩展。

汉口，作为日商在华商贸企业在华中地区又一重地，甲午战前已有零星日侨和日商商贸企业出现，而战后日侨和商店、洋行迅速增加，到 1905 年，在汉口的日本人已超过 1000 人，日商洋行已有 40 多家，其中贸易商行有 12 家，丝绸商 1 家，杂货商 14 家，药行 3 家，煤炭、机械输入商各 1 家。② 此时的商贸企业也大多属于小宗贸易和为侨民服务的商店，如小宗商品的贸易行、丝绸商店、杂货店、药行、食材店，以及理发店、洗衣店、照相馆、旅馆这些服务型商店等。三井、三菱、日棉、大仓等大型商贸企业的分支机构已在此阶段进入了汉口。据不完全统计，1900—1913 年在汉口开设的日商商贸企业有：1900 年设立的三井洋行汉口分店，1901 年设立的前田一二洋行，1902 年设立的吉田洋行，1904 年设立的日本棉花株式会社汉口分店、三菱商事株式会社汉口分店（华名三菱公司），1905 年设立的嘉泰洋行、花月堂，1906 年设立的思明堂书药房、水田漆行，1907 年设立的东京建物株式会社汉口办事处，1908 年设立的高木合名会社（华名高昌公司），1909 年设立的永清写真馆、大仓商事株式会社汉口办事处（华名大仓洋行）、合信洋行，1910 年设立的中村商店，1911 年设立的玉圆洋行，

---

① 张肖梅：《日本对沪投资》，商务印书馆 1937 年版，第 88—100 页；畠山秀樹『三菱合資会社の東アジア海外支店漢口、上海、香港』，追手門学院大学出版会，2014 年，第 10—11 頁。

② 水野幸吉『汉口——中央支那事情』，富山房，1907 年，第 14—17 頁。

1912 年设立的本里洋行等。① 由此，汉口日商商贸企业已经形成一定规模。

在华北地区，日商商贸企业在最早进入的天津和烟台，此阶段有了一定的发展。如前所述，甲午战前，天津已有少量日侨从事商业活动，1900 年前天津日侨不过几十人，1901 年则达到 1053 人，日俄战后因从天津转赴东北（满洲）的日人增多，天津日侨人数一度有所减少，但总的来说日侨和日商商贸企业数量还是呈上升趋势。据统计，直到 1897 年，天津日本侨民不过 45 人，其中"从事商业的不过 10 人，且当时的商业只是杂货的小买卖，大都没有从事进出口贸易"②，1892—1902 年"日本商行的数字从 4 家增加到 21 家"，③ 日商在天津的商店洋行开始增多，到 1911 年年底，日本商社包括会社、银行、商店已有 72 家。④ 再从日侨职业人口的分布看，1903 年和 1907 年的两次调查都称，"日侨中杂货商最多"，"杂货商居首位"，⑤ 直到 1910 年之前，天津主要新增商贸企业，还是以为侨民服务的小型商贸和服务性商业企业为主。若干大商行在天津开设了分支机构，如三井洋行 1896 年在天津开设分店。还有 1901 年本店设在天津的樫村洋行，资本 6 万元，也是规模较大的洋行。天津日商商贸企业的发展虽不如上海、汉口那样显著，但已有稳步发展。在烟台，截至甲午战前，日商商贸企业只有 2 家，战后五年间增加了 10 家，1901—1902 年又增加了 16 家，到 1906 年年底已有 30 家，日俄战后有大批日侨转赴大连等地，日商商贸企业也减少，1911 年只剩 13 家，1912 年又回升到 20 家。⑥ 与天津情况相似，烟台日商商贸企业也以日侨服务的小型商贸和服务性商业企业为主，但此阶段还有几家较大的商贸企业，除 1887 年开设的三井洋行烟台分店始终是烟台最有实力的商行，1897 年设立的经营日本煤炭销售及货币兑换的岩城商会也是实力较强的商贸企业。另外，1897 年设立的泰兴，1898 年

---

① 眞銅政治編輯『漢口日本商工会議所要覧』，漢口日本商工会議所，1943 年。

② 外務省通商局編『在支那本邦人進勢概覧』北支那之部—天津管内，1915 年，第 3 頁。

③ ［英］派伦：《天津海关 1892—1902 年调查报告书》，许亦凡译，《天津历史资料》第 4 期，第 88 页。

④ 外務省通商局編『在支那本邦人進勢概覧』北支那之部—天津管内，1915 年，第 14 頁。

⑤ 博文館『通商彙纂』第 67 卷，不二出版社，第 191 頁；外務省通商局編纂『清国事情』第一輯（上），『明治后期産業発達史資料』第 292 卷，龍溪書舍，1996 年，第 119—121 頁。

⑥ 庄维民、刘大可：《日本工商资本与近代山东》，社会科学文献出版社 2005 年版，第 16—22 页。

设立的华信，1899 年设立的藤田，1903 年设立的白石，以及设立年代不详的山县和华等几家洋行，也都具有一定的规模。

此外，日商商贸企业开始向山东其他地区扩展。因"一战"前山东是德国的势力范围，日商势力很弱。1899 年前后青岛日侨才有 50 多人，1903 年增至 150 多人，商户只有一些杂货店和理发店、裁缝店等服务性小商店。1906 年人口增加到近 200 人，商户也增加到十多家，还是一些杂货店、饮食店和服务型小商店等。1912 年山东省内有日侨 752 人，青岛就有 300 余人，为侨民服务的小商小店如旅馆、照相馆、料理店等随之增多。1907 年三井洋行、1911 年日本棉花、1912 年江商洋行和大文洋行（大仓）分别在青岛开设分店，汤浅洋行、日信洋行、岩城洋行也都在 1913 年前陆续在青岛开设了分店。青岛日商商贸企业不再仅仅是小商小店，这些大商行的分支机构成为青岛日商商贸企业的主体，经营各地往来贸易，之后青岛逐渐成为山东日商商贸业发展的中心。青岛之外，济南 1904 年自主开埠后，三井、大仓、汤浅等的青岛分店就向济南派出驻在员，在济南也陆续开设了一些日商洋行商店。据统计，1912 年济南有经营药材的洋行 3 家，杂货铺 3 家，咖啡店 3 家，钟表店、旅馆各 1 家，其中规模最大的日华洋行资本金不过 5000 元，其他商行店铺则规模更小。此外，三井洋行早在 1910 年就在龙口开设了分店，还有威海，1910 年也有日侨 30 余人经营一些如温泉、理发店、酒楼、照相馆等服务性小店。[①] 由此看来在山东的日商商贸企业已完成了初创。

1895—1913 年，日商商贸企业发展最快的地区是东北。在东北最先开埠的营口，众多日商贸易商行很快涌入当地从事进出口贸易。专营各类进出口贸易的商行，如三井物产办事处、日清洋行、兼松洋行、小寺洋行、日清豆饼会社办事处等先后在营口开设，日商由营口打开了通往东北各地的商贸通道。甲午战后，特别是日俄战后，日商商贸企业在东北各地迅速发展，一些有实力的财阀、大型综合商社纷纷在东北设立分支机构，三井、

---

① 庄维民、刘大可：《日本工商资本与山东》，第 17—28 页；木村雄平编『山东商工案内录』，青岛杏城社，1933 年；吉田丰次郎『山东省视察概要』，关东都府民政部『山东省视察报告文集』，1913 年，第 14—15 页。

大仓财阀自不在话下，还有铃木商店、日清豆粕等实力贸易商行也在此列。但是此阶段值得注意的是中小商贸企业在东北各地的迅速发展。到"一战"前，据不完全统计，东北各地有明确设立年份记载的商贸企业有四五十家，如大连有1906年和盛公司（满洲殖产）、大信洋行、堀内商店、万玉洋行、福田炼瓦、满洲水产、大连起业仓库，1907年富昌公司、原田洋行、新隆洋行，1909年西川商店，1912年西村大正堂；旅顺有1898年大林宅岛回漕店，1905年村上组、华信洋行、西野商行，1908年吉村商店；营口有1905年近江洋行、回天堂大药房、小寺洋行、东和公司；奉天（沈阳）有1906年冈田洋行、大岛洋行，1907年清和公司；公主岭有1906年海江田兄弟商会、福博洋行；铁岭有1904年权太商店；长春有1905年东升公司、高桥商会，1907年和登商店；哈尔滨有1896年西角时计（钟表）店，1897年东亚洋蜡（蜡烛制造），1898年河井商会，1901年朝日旅馆，1906年扶见屋、大信洋行，1907年怡信洋行，1910年三加登商会等。①在哈尔滨、大连、旅顺、奉天（沈阳）、长春、铁岭、安东（今丹东）、满洲里、瑷珲、龙井村、珲春等东北各地，还出现了众多为侨民提供服务的其他杂货及服务业等小型商行店铺。

在华中地区以及华南地区的其他一些城市，也出现了少量的日商商贸企业，主要是大型商社的分支机构，如厦门、香港、长沙、岳州、九江等地纷纷出现已经进入各前述地区的大商社的分支机构。从日商在华商贸企业数量的增加、资本规模的扩大和分布区域的扩展等情况，尤其是财阀势力的大型商贸企业的涌入来看，日商在华商贸企业已完成了其"生成"阶段，并已经得到了显著的发展。

（二）银行、航运

1895—1913年是日商银行在中国生成及迅速发展的阶段，有资料显示：日商在华银行数量，1894年前只有1个总行、1个分行，而1895—1913年已有4个总行、29个分行。②但是从此阶段横滨正金银行、台湾银

---

① 金子文夫『近代日本における対満洲投資の研究』，近藤出版社，1991年，第71—76頁。
② 朱荫贵：《近代外国在华银行——以二十世纪二三十年代为中心》，《"1920年代的中国"国际学术研讨会论文集》，2004年。

行、朝鲜银行、正隆银行四大银行在各地设立分支机构的具体情况看，① 上面的数据应该还是偏保守的，而这一阶段日商在华银行势力的急剧扩张，主要表现就是这几家银行分支机构的迅速增加。除此之外，所谓"纯民间"资本银行只出现了几家，如 1897—1904 年在上海仅存在了几年的上海宝兴银行，以及 1913 年在山东龙口开设的龙口银行等。上海是日商在华银行的发源地，此阶段日商银行在上海的发展却并不像商贸企业那样强劲，上海外商银行依然是英国独占鳌头，其他西方国家的银行势力也很活跃。之前日商在上海开设的两家银行分行中，19 世纪 80 年代初开设的东京第一国立银行分行，因其国内总行的合并变迁，其后在上海的发展情况不明。另一家是 1893 年横滨正金银行在上海设立的办事处，其经营业务直接受总行管辖，1895 年升为上海分行。正金银行系特殊银行，将于后文"国策"会社部分详述。可以说，此阶段日商银行业在上海的发展并不显著，但以上海为基础的日商银行开始向华中、华北、东北、华南各地迅速扩展。在东北，日俄战后日商各类工商企业都迅速发展，为工商企业发展提供服务的民间银行自然也获得了极大发展。除了日商各大银行的分支机构遍布东北各地，一些独立的商业银行也在东北各处出现，如 1900 年设立的大连兴信银行、大连教育银行；1911 年设立的安东满洲商业银行、安东银行、安东储蓄银行；1912 年设立的长春银行、大连银行；1913 年设立的辽阳商工银行、奉天南满银行、辽阳银行等。② 此外东北地区还出现了一批保险公司，从日俄战后日商银行在东北各地的迅速发展趋势看，东北已经成为日商在华企业发展的又一中心。

日商航运企业在甲午战前也已经生成。大阪商船株式会社，以及由三菱汽船会社与共同运输会社合并而成的日本邮船会社，在上海等地设立了分店并开辟了日中航线。甲午战后，日商航运企业的发展集中表现于长江内河航路的扩张方面，根据《马关条约》，清政府向日本开放长江内河航运通航权，这两家日商轮船企业的势力都迅速发展。大阪商船在 1898、1899

①　正金、台湾、朝鲜银行皆为"国策"银行，正隆为"中日合办"银行，因不属于"纯民间"企业，具体情况后文再叙。

②　姜建清、蒋立场：《近代中国外商银行史》，中信出版社 2016 年版，第 91 页。

年先后开通了上海—汉口、汉口—宜昌两条航线。大阪商船在长江航路的投入十分可观，1898 年大阪商船的总资本金由 550 万日元上升到 1100 万日元，其中就有 250 万日元用于长江航运。大阪商船在此阶段先后在沙市、岳州、长沙、九江、芜湖、镇江设立了分支机构，还开通了华南、华北的多条航路，如华南的淡水—香港、安东—香港、福州—三都、香港—福州、福州—兴化，华北的神户—天津—牛庄、神户—芝罘—牛庄等。日本邮船在甲午战前已开通了神户—上海—芝罘—天津及台湾—厦门的航路，1903 年开通了上海—镇江—芜湖—九江—汉口的航路。日本邮船还渗透到湖南省内，1902 年参与了新设立的湖南汽船会社的投资，1903 年开通了湖南内河航路，据称，其"航轮往来于湘汉两埠"。

　　1894—1913 年，在日本政府极力支持下，还有两家规模较小的日商轮船公司——大东汽船会社和湖南汽船会社，也积极加入争夺中国长江内河航路的激烈竞争。1898 年大东汽船合资会社成立，由 1896 年在上海成立的大东新利洋行改组而成，改组后总社迁回日本，资本金 10 万日元全额付清。大东汽船瞄准了当时被大多数外商忽略的江浙内河航路，大东新利洋行成立当年就开通了上海—苏州航路，成为日船在长江航运的发端，1897 年开通上海—杭州航路，改组之后又迅速开通了苏州—杭州、苏州—镇江航路。但是大东汽船毕竟规模小，使用小汽船，经营情况并不理想。湖南汽船会社是继大阪商船之后，日商针对湖南市场专门设立的轮船企业。1902 年在日本政府大力支持下，以注册资本 150 万日元、实缴资本 75 万日元正式成立，资本中有少量华商加入。湖南汽船会社的主要目标是开发汉口—湘潭线路，在长沙、湘潭等地建设了码头、库房、趸船等相应设施，1903 年即开通了汉口—湘潭、汉口—常德两条航路，并在洞庭湖也开通了定期航路。湖南汽船是日商开辟长江航线、攫取内河航运权益的又一实力强劲的企业。

　　上述四家轮船公司在内河长江航运中形成竞争，为避免内耗，以及在与英国在此领域的竞争中加强实力，在政府操纵下，1907 年四家公司共同组建了日清汽船株式会社（简称日清汽船或日清洋行），总社设于东京，其中大阪商船、日本邮船仅长江航线部分并入日清汽船。日清汽船初始资本金为810万日元，日本政府给日清汽船相当于资本金总额约十分之一的80万日元补助金，作为第一阶段五年的补助。日清汽船名义上为"日中合营"，但实际上中国股份占比极低，之后又陆续收买了全部中国股份。日清汽船是日商在华最大的航运业企业，日清汽船成立后，接收了上述四家公司在各地的部分分支机构，接管了四家公司的原有业务，并新增一些分支机构，迅速形成十几个不同级别的分支机构组成的网络。日清汽船在上海、汉口设立了分公司，上海分公司下辖天津、广州、镇江、南京、芜湖、九江六个办事处，汉口分公司下辖宜昌、重庆、长沙、沙市、万县、常德六个办事处。此阶段，日清汽船已经与英国太古、怡和及中国招商局一起，被视为长江航运四大轮船公司。

（三）纺织工业

1894—1913年是日商企业生成、发展的重要阶段。日本先是因甲午战争获利，根据《马关条约》获得了在中国通商口岸开设工厂的权利，继而又因日俄战争获利，取沙俄而代之，获得对东北地区的经济控制权益，这些大大激发了日商来华开设工业企业的热情。上海和东北成为日商两大工业投资重地，其他大城市也不同程度地出现了一些日商工业企业。

上海是日商在华工业企业的发源地，甲午战前已有零星日商工业企业出现，但日商在华工业企业的生成期肯定是甲午战后，其显著标志之一就是之后获得强势发展的"在华纺"[①]，正是在这一阶段正式进入中国市场。1902年，三井物产上海分店联合华商，收买上海华商兴泰纱厂，设立的上海纺织株式会社（简称上海纺织会社、上海纺），揭开了日商在华纺织企业建立、发展的序幕。1907年，三井物产及部分华商联手收买了华商大纯纱厂，改名为三泰纺织株式会社；1908年三泰纺织会社和上海纺织会社合并，成为上海纺织株式会社第二工厂，上海纺织之前收买的兴泰纱厂成为第一工厂。上海纺织会社两工厂从事棉纱布的制造，其设备分别为：第一工厂动力设备有500马力蒸汽机和150马力电气机，机械设备有纺机20392锭、织机376台；第二工厂动力设备有950马力蒸汽机，机械设备

---

① "在华纺"是日本在中国开设的纺织工厂的通俗称谓。

有纺机 25480 锭、织机 510 台。① 上海纺织会社最初的资本组成包括日、华、英、美、意等国资本，三井物产作为日商，所出资本不过占全部资本额的 10%，但上海纺织会社的组建者和实际掌管者是三井物产上海分店，之后日商资本占比迅速上升，华商占比不断下降，西商也逐渐退出，所以上海纺织会社还是被视为日商在华纺织企业的开端。

这一阶段日商在上海纺织企业的发展，更为突出的表现是内外棉纺织株式会社（简称内外棉会社、内外棉）的建立及其强劲的发展势头。内外棉最初是 1887 年在大阪成立的棉花贸易公司，成立当年即在上海开设了分店，开始收购中国棉花，以后长期在中国经营棉花和棉纱贸易。甲午战前，内外棉会社经营状况稳定，与三井物产、日本棉花一起，被称为日本"三大棉花商社"，甲午战后受战后经济萧条的影响，内外棉会社的贸易状况一度陷入困境，便于 1903 年、1905 年，在国内分别收买了两家纺织工厂，由此把经营方针逐渐由棉花、棉纱的商业经营转向纺织企业的经营。日俄战后，日本国内纺织业进入垄断时期，内外棉会社再次受到经济恐慌影响，作为棉花商社的商业活动再次陷入极端困境，到 1910 年左右已完全丧失了"三大棉花商社"之一的地位。在这样的情况下，为了企业的生存，内外棉会社决定避开国内激烈的竞争，寻找新的发展空间。由于已有国内两纺织工厂的成功经验，又有在中国长期经营棉花、棉纱贸易的经验与网络，1909 年通过了在上海开设纺织工厂的董事会决议，并在上海购入厂房用地。1911 年年末内外棉会社第三工厂在上海建成，20000 枚纱锭完全投入生产。1912 年，又购入 30000 枚纱锭及附属机械设备，新建了上海第四工厂并于次年完全投产。②

内外棉会社虽然比上海纺织会社晚进入中国，它的意义却在于首创了日本纺织资本全额出资、在当地直接建厂的模式。正如内外棉会社自称的那样，其在中国所建工厂"全都纯粹是本公司的分工厂，绝对没有混入其他资本，的确是内外棉会社自体的全额投资"。内外棉注册资本 50 万日元，1900 年全部支付，之后经过多次增资，至 1912 年资本总额已经达

---

① 「上海に於ける制革業の現状」，外務省通商局『通商公報』第 182 号，1914 年 6 月；高村直助『近代日本綿業と中国』，東京大学出版会，1982 年，第 77 頁。
② 元木光之『內外綿株式会社五十年史』，木下印刷所，1937 年，第 179—184 頁。

到 218.75 万日元，① 内外棉经营重心已经向中国转移。与上海纺织收买华商纱厂不同，内外棉新建工厂的设备规模都达到了当时的先进水平，两家工厂购入的机器设备，都是建厂前一年才生产出的最新型号进口设备，并从一开始就使用了电动机械设备。内外棉不仅是当时在中国的中外纺织企业中最早引入电动机械设备的工厂，而且同一时期，电动机械设备在日本纺织业界也极少使用，故内外棉上海工厂被中外报纸评论为"沪上最佳之厂"。显然充足的资金和先进的设备，为内外棉在上海的生产经营创造了良好的条件，而内外棉上海两工厂都是建成当年就投入生产，并获得良好成绩。根据内外棉当时各期营业报告记录："当期各工厂运营顺利，特别是上海第三工厂，获得了预期以上的成绩"，"呈现市场少有的盛况同时获得利润"。内外棉半年期结算显示的利润情况是：1911 年上、下两期分别为12%、10%；1912 年上、下两期分别为 15%、20%；1913 年上、下两期分别为 20%、15%。② 内外棉是日商在华企业中，所谓"纯民间"资本企业的典型，相比其他"纯民间"中小企业，纺织企业的后续发展不可小觑。

（四）一般工业

1894—1913 年，随着日侨人数的增多，上海的日商一般工业企业，无论是企业数还是行业种类都有所增加，尤其是日商企业所涉行业的增多，很能说明日商工业企业在这一阶段的发展状况。据当时日本驻上海总领事向本国政府递交的领事报告的统计，日商在上海的工业企业已涉足十多种行业，这些日商企业虽多为小资本企业，并且时有倒闭，但显然上海日商工业企业比上一阶段有了明显发展。由于日商纺织业（包括制丝）在整个近代上海工业中的重要地位已在上文中单独论述，此处仅对其他各业开业情况作一简要概述，③ 据不完全统计，大致有：

---

① 元木光之『内外綿株式会社五十年史』，木下印刷所，1937 年，第 172 页。

② 高村直助『近代日本綿業と中国』，東京大学出版会，1982 年，第 87—91 页；「上海工業上に於ける日本の地位」，外務省通商局『通商公報』第 242 号，1915 年 8 月；内外綿株式会社 1911—1914 年各期営業報告書。

③ 下面所述各行业基本情况，除特别标出者外，皆参考「上海工業上に於ける日本の地位」一文，此为日本驻上海总领事 1914 年 7 月的领事报告，载外務省通商局『通商公報』第 242 号，1915 年 8 月；张玉法：《近代中国工业发展史》，台北桂冠图书公司 1992 年版。

制粉：1896 年三井制粉厂、1907 年立春面粉会社。榨油：1908 年上海油脂工业会社、1910 年华昌榨油厂。轧棉：1902 年、1903 年、1907 年由三井物产上海分店分别设立的云龙轧棉一、二、三厂，以及三和洋行的一家工厂，具体设立年份不详。印刷：1903 年中日合资商务印书馆、1902 年作新社、1910 年东华纸器印刷工厂、1911 年申江堂印刷所、1912 年卢泽印刷所、1913 年中洋印刷局。制革：1906 年江南制革厂。① 肥皂：洗涤肥皂仅祥和一家，具体设立年份不详。② 化妆肥皂三家，1910 年华美皂厂、瑞宝洋行，1912 年伦敦洋行。③ 造船及机器制造：1910 年中日合资东华造船株式会社。④ 制帽：1912 年美华制帽公司、丸山制帽公司。玻璃：1902 年宝山玻璃会社、1912 年中华玻璃厂等。

这一阶段日商在华工业企业的发展，最为突出的非东北莫属。甲午战后已有少量工业企业在东北出现，而到日俄战后，大批移民涌入东北，日商工业企业在东北各地迅速膨胀起来。最受瞩目的是 1906 年设立的"南满洲铁道株式会社"（简称"满铁"），该社作为"国策"会社，将于后文单独论述，但是"满铁"的设立无疑对这一阶段日商工业企业在东北的发展形成了重要影响。根据张玉法《清末民初的外资工业》附表"中国近代外资工业表"的统计，并经笔者参阅其他资料补充修正，这一阶段东北各地日商"纯民间"中小工业企业共 106 家，其中有些是合资企业，有些是分支机构，企业资料大多没有记载资本情况，有所记载的都收入表 3-1。从中可以看出，日商在东北的"纯民间"资本工业企业，资本金几千元、几万元，甚至几十万元的都有，极小资本的企业只是个别，但经营范围基本还是属于民用轻工业类，如点心、饮料、制酒、制冰、制粉、榨油、木材、橡胶制品、印刷、火柴、机械修造等，具体情况如下表：

---

① 「上海に於ける制革業の現状」，外务省通商局『通商公报』第 182 号，1914 年 6 月。
② 「石鹸の輸入及製造（上海）」，外务省通商局『通商公报』第 18 号，1913 年 2 月 6 日。
③ 「石鹸の輸入及製造（上海）」，外务省通商局『通商公报』第 18 号，1913 年 2 月 6 日。
④ 张肖梅：《日本对沪投资》，商务印书馆 1937 年版，第 74 页。该厂系中日合资小规模企业，但因为是日本在上海涉足造船业的开端，受到日本国内军政界的重视，日本海军省曾委托东华造船株式会社建造军舰，故也有资料称之为"国策"会社。

表 3-1　"一战"前东北地区的日商工业企业

资本100万元以下的小型私人企业	长春（24家）	广仁津火柴公司（1906），中日合资 猪口铁公所（1907） 信泰榨油公司、滨木印刷社（以上1909） 日满放热气制作所、久木铁工厂、服部工业株式会社、长春铁公所、满泉酒造厂、新京饮料株式会社、石川酒造厂、长野商会、满洲印刷会社、近泽洋行新京支店印刷工厂（以上1912） 岩间商会制材所、山崎铁公所、宫崎铁工所、皆川铁公所、满洲制粉长春厂、营口制材会社、福田商店精谷部、东亚商会合资会社、福昌炼瓦工厂、村松组炼瓦工厂（以上1913）
	安东（19家）	日陞公司（1903） 横滨堂制果工厂、大有余榨油厂（以上1905） 大山堂制药工厂（1906） 鸭绿江采木会社（1908），中日合资 原田商店造酒工厂（1910），合资公司 安东采木公司（1911） 大塚酒造所、安东制冰株式会社、安东橡胶株式会社、村上酒造合名会社、三共印刷所、安东窑业株式会社（以上1912） 南满胶皮厂、安东火柴株式会社、安东自来水公司、安东煤气公司、太阳胶皮公司、船田铁公所（以上1913）
	沈阳（17家）	鸟合肥皂制造所（500元）、七福屋制药所、三林烟草公司（以上1906） 奉天电气作业所（1907），7万元 沈阳马车铁道会社（1908），19万元 千叶窑业部、芦刈制作所、松记车辆制作所、久保田共无所木工厂（以上1912） 濑口胶皮工厂、奉天胶皮厂、三叶洋行工厂、神保铸铁所（合资公司）、满洲铸物株式会社、塚越窑业部、熊平商会工场、井原工厂（以上1913）
	辽阳（9家）	冈田酱园（1910） 辽阳电灯公司（1911），中日合办，12.5万元 福本装饰店第四工厂、日满印刷社、泷铁工所、林洋行窑业部、辽阳电灯公司（以上1912） 河野木工厂、三谷制所（以上1913）
	旅顺（8家）	旅顺电厂（1902） 旅顺电气作业所（1904） 柏木铁工厂、木村屋制药工厂、吉村商会酱油制造工厂、大日本盐业会社双岛湾盐田（以上1906） 武田炼瓦工厂（1911） 野田铁工厂（1912）

（续表）

资本100万元以下的小型私人企业	大连（8家）	三泰油坊（1907），30万元 畑中制造所（1909），3000元 满洲肥皂制造所（1910），2.8万元 加藤油房（1911），10万元 东洋卖药制剂会社（9000元）、大连炼瓦合资会社（3万元）、大连制冰厂（52.3万元）、满洲福纺株式会社（以上1912）
	哈尔滨（3家）	哈尔滨印刷所（1912） 满洲油漆株式会社哈尔滨支店、北满制粉会社（13.2万元）（以上1913）
	鞍山（3家）	叶井商会炼瓦工厂（1912） 鞍山酱油合资会社、南满机械制冰株式会社（1913）
	延吉（3家）	滨田酒造厂（1912） 中田酒造店、大仓制材所图们制材工厂（1913）
	营口（3家）	日华制药合资会社、万玉洋行（1906） 营口玻璃制造所（1912）
	铁岭（2家）	电灯株式会社（1910） 铁岭电灯公司（1911）
	敦化（2家）	大二商会敦化制材工厂、大敦活版印刷所（1913）
	公主岭（1家）	公主岭炼瓦厂（1897）
	开原（1家）	开原满洲电气会社（1912）
	盖平（1家）	四平街电气会社（1912）
	牡丹江（1家）	近藤横道河子制材工厂（1913）
	抚顺（1家）	山地洋行（1913）
	黑河镇（1家）	恒耀电灯公司（1913）
中小财阀系和资本100万元及以上的大会社（10家）		满洲东亚面粉会社（1906），铁岭，100万元 小寺油坊（1906），牛庄，100万元 日清大日本制盐株式会社（1906），380万元 日清燐寸（火柴）株式会社长春支店（1908） 东亚烟草会社（1908），营口，100万元 小野田洋灰会社（1909），泡子崖，100万元 南满电气会社（1909），安东 满洲东亚烟草会社（1909），营口，300万元 南满电气会社（1911），长春 南满电气株式会社沈阳支店（1911）

资料来源：张玉法：《清末民初的外资工业》附表"中国近代外资工业表，1841—1916"，第168—249页。

此外，在上海和东北之外，其他一些城市也开始出现日商工业企业，如天津以玻璃制造为主，汉口则以制粉为主。在天津大致有：茂泰玻璃厂（1902）、中东印刷厂（1903，14万元）、浪花铅字局印刷工厂（1904，2.2万元）、三井铁工厂（1907，4.5万元）、武斋洋行工厂（1907，50万元）、永信玻璃公司（1908）、天津日租界电灯房（1908，20万元）、永信料器厂（1909，25万元）、仲野印刷所（设立时间不详，50万元）等十来家新增企业。汉口1905年新增三家，有日信榨油厂第一工厂、日信榨油厂第三工厂（10万两）、和丰面粉公司（"中日合办"，10万元）；1906年新增三家，有东亚制粉厂（100万元[100万元]）、日信榨油厂第二工厂（200万两[308万元]）、福华制烟公司（1.5万两[2.3万元]）；1912年新增一家，三合玻璃厂。还有重庆，1901年新增有磷火柴公司（"中日合办"，4万两[6.1万元]）；济南，1911年新增日清火柴厂；汕头，1912年新增东方制冰会社（50万元）；北京，1912年新增利华洋行服仕立工厂（15万元）、1913年新增神山洋行（2万元）；青岛，1913年新增本多善被服工厂（10万元）等。①

二、财阀企业的生成、发展

财阀是日本近代历史上的一个特殊现象，"一战"前后正是日本国内财阀形成的时期，日本财阀在其国内形成垄断势力的同时，即开始向中国扩张势力，可以说国内垄断和对外扩张是日本财阀最本质的两大特征。如前所述，从三井财阀1876年在上海设立分店开始，到1913年"一战"爆发前，三井、三菱、大仓、古河、浅野、野村等大小财阀已经陆续在中国各地设立诸多分支机构。财阀企业作为大型私人资本企业，不同于"国策"会社的是，尽管有政府政策甚至资金支持，其资本构成还是私人资本。当然，在其实现国内垄断和对外扩张的过程中，资本规模不断扩大，但是早期财阀企业在华分支机构的资本规模和经营活动都较有限，与普通日商工商企业即所谓"纯民间"资本企业差距不大，其进入中国的姿态也与普通中小企业相近，所以为了更完整地体现日商工商企业在进入时期的状况，

---

① 张玉法：《清末民初的外资工业》附表"中国近代外资工业表，1841—1916"，第168—249页。

在前述日商"纯民间"工商企业的统计中也包括了财阀企业的分支机构。但财阀企业是日商在华企业生成、发展过程中极为重要的一大类型，在这之后，财阀企业的发展势头之迅猛，却是中小私人资本企业无法相比的。鉴于二者截然不同的发展趋势，为从源头追踪财阀企业，方便后文解析，这里有必要将财阀企业作为独立类型再做一简单归纳。

而对中国影响最大的财阀企业，无论是此阶段还是之后，都无疑是三井、三菱和大仓三大财阀。

（一）三井财阀的初步发展

三井财阀最早打入中国市场的是贸易商社三井物产，此阶段是三井物产打开世界市场的初创期，在美国、中国，以及欧洲、亚洲、澳洲的多个国家，设立了众多的海外分店，而从各国分店数量和贸易额来看，其发展重心是中国。甲午战前，三井物产已经在上海和香港开设分店，甲午战后三井物产的触角迅速向华中、华北、东北、华南各地延伸，分店开设情况：1896 年牛庄（营口）、天津、安东三处，1899 年芝罘、厦门两处，1900 年汉口一处，1902 年北京、广州两处，1903 年台南一处，1904 年大连一处。日俄战后三井物产在中国各地设立分店的速度进一步加快，1905 年只开设了福州一处，1906 年有青岛、奉天、铁岭、汕头、高雄五处，1907 年又有长沙、长春、哈尔滨、吉林四处，1909 年龙口，1912 年台中，1913 年开源（吉林）各一处。到 1913 年，三井物产已经在中国布下了一张大大的分店网，在各地共设有二十多家分店。①

三井各地分店从事贸易项目有所侧重，最重要的出口商品是煤炭和棉纱，另外出口其他矿产品和棉布、水泥等，以及进口中国的农产品和其他杂货。随着各地分店网的设立，三井在中国的贸易额不断上升，1897—1903 年三井在世界各地分店的交易额中，中国分店所占比重一直远超美国、亚洲、欧洲地区的其他分店，在 54%—65% 不等。从具体情况看，如煤炭，19 世纪 80 年代三井物产一开始把日本三池煤矿所产煤炭销往上海和香港，

---

① ［日］坂本雅子：《财阀与帝国主义——三井物产与中国》，徐曼译，社会科学文献出版社 2011 年版，第 36—46 页。

1892 年三井接收官营三池煤矿成立了三井矿山，煤炭出口量更是连年上升，到 20 世纪初，三井销往香港的煤炭在价格和数量上，已经超过之前称霸香港的英国煤炭。再如棉纱，三井在日本国内与几家著名纺织企业签订了独家经销海外棉纱的特约，又在中国与实力雄厚的贸易商联手，在中国形成了广大的棉纱销售市场，三井棉纱出口总量的 60% 左右是面向天津、上海、香港三家分店，特别是销往天津的棉纱打开了华北市场，并在华北市场独占鳌头。据称，日俄战后三井棉纱出口量占日本棉纱出口总额的 30%，1907 年则上升到 52%。三井势力进入东北市场后，主要经营棉布出口和大豆、豆粕进口贸易，日俄战后，借助"满铁"在东北势力的发展，三井在东北各地的分支机构也迅速扩展，其面向东北的棉布出口量激增，日俄战后三井物产的棉布出口量就占到日本棉布出口总量的 40% 以上。1906 年三井又组织五大纺织公司共建日本棉布出口组合，取代美国成为东北棉布市场最大经销商。三井物产在东北的另一重要经营是进口大豆和豆粕，在众多经营东北大豆和豆粕的日本大小商社中，三井物产无疑是最有实力的一家。[①]

三井财阀在中国的分支机构虽以经营商贸为主，但也已开始涉足工业领域，如 1902 年参与并主导经营的上海纺织会社，是三井财阀在华设立工业企业的开端，为后来三井财阀成为在华纺的重要一员奠定了基础。再如为扩大进口东北大豆制品的经营，三井物产参与投资了 1907 年日商在大连设立的三泰油坊，而三井系的三泰油坊生产的大豆油和豆粕，则为三井财阀经营东北大豆制品提供了稳定的货源。[②] 此外，1908 年三井物产在大连郊区设立的小野田水泥工场，成为九一八事变前东北唯一的日商水泥工业企业。[③]

（二）三菱财阀的初步发展

三菱财阀明治时期以航运起家，1885 年在政府授意下分出航运部分单

---

① ［日］坂本雅子：《财阀与帝国主义——三井物产与中国》，徐曼译，社会科学文献出版社 2011 年版，第 36—46 页。

② ［日］坂本雅子：《财阀与帝国主义——三井物产与中国》，徐曼译，社会科学文献出版社 2011 年版，第 36—46 页。

③ 《日本财阀之对满投资》（1940 年 12 月 1 日，日文东洋第四三年第十二号），中国国民经济研究所译刊：《中外经济拔萃》第五十四辑，1941 年 2 月，第 12 页。

独设立日本邮船会社，不过日本邮船依然属于三菱系，三菱持有对它的经营实权。同时期三菱开始涉足其他行业，收购了煤矿、造船、银行、仓库等若干企业，1893 年设立了三菱合资公司，开始在航运之外寻求多方位发展。三菱财阀也是在其形成发展过程中就进入了中国市场，但是与三井财阀相比，本阶段三菱财阀在中国各地设立的分支机构不是很多。三菱财阀1893 年进入上海、香港时是以日本邮船分公司名义，之后很长一段时间没有太多活动，直到日俄战后三菱财阀势力才开始活跃。1902 年，三菱财阀国内门司分店在汉口设立办事处，这是三菱本社在中国设立分支机构的最初尝试；1906 年，三菱合资会社开设上海、香港两家分店，同年汉口办事处亦归三菱合资会社直辖；1907 年，上海分店在南京设置了派驻员；1908年，三菱系汉口菱华公司设立；1909 年，开设北京办事处；1910 年，三菱系上海菱华公司开设，同年汉口办事处升级为分店。三菱财阀进入中国市场虽然起步晚，但分支机构的扩展、升级势头很强。①

　　三菱财阀早期海外贸易，也是主要经营煤炭出口。1893 年三菱依靠日本邮船进入上海、香港煤炭市场，三菱出售的高岛炭和三井出售的三池炭，在日本海外最大煤炭市场上海和香港，形成激烈的竞争。1894 年三菱与日本邮船解约，向海外出售煤炭一直是靠委托其他商店进行代理，直到 1904年，门司分店汉口办事处开始自营煤炭出售，才结束委托代理卖炭的方式，实现了三菱自营煤炭贸易。而 1906 年上海、香港两个分店在设立之初，就实现了自营煤炭销售。三菱自营煤炭销售的意义在于，既免除了不必要的代理费，又为自身发展拓宽了销售渠道，更重要的意义恐怕还在于，海外分店能够真正承担起其功能和效力。三菱合资会社下属两家商贸公司汉口菱华、上海菱华，定位是"杂货"贸易公司，所谓杂货指煤炭、金属、机械以外的一切商品。两家公司的营销商品和销售方式不尽相同，但经营活动都很活跃，如汉口分店不仅销售三菱本系统下属企业的产品，还销售麒麟麦基会社和旭硝子会社的产品。此销售不同于普通代理销售，而是具

---

①　根据畠山秀樹『三菱合資会社の東アジア海外支店漢口、上海、香港』三菱海外支店、代理店関係略表，追手門学院大学出版会，2014 年，第 10—11 頁整理。

有将两家会社产品作为本社产品销售的权限。这一阶段，三菱财阀在中国所设分支机构虽然不多，主要活动也集中于上海、香港、汉口三家，但是从三家分店的发展状况看，三菱在中国的分支体制已经稳固。

此外，本阶段三菱财阀也开始了在中国设立工业企业的尝试，1908年三菱在台湾设立过一个造纸工厂，但因经营不善在1913年关闭，1913年在三菱汉口分店下设立了胡麻工场、桐油工场两家工业企业，这可以说是三菱财阀在华设厂的正式开端。[①]

（三）大仓势力的进入及发展

大仓财阀本社为合名会社大仓组，在华活动机关主要为大仓组、大仓商事、大仓矿业以及大仓土木。[②]大仓组本社内，设有专门的中国部，足见大仓财阀对开发中国市场的重视程度。早在甲午战前，大仓商事就已在上海、天津等地设立了分店，甲午战后大仓组曾在台湾积极展开活动，1896年在台北设立了办事处，1897年与其他日商合组的土木承包企业驿站社在台北设立，并迅速在台湾各地设立了十多个驿站社、分店和办事处。后因台湾反日运动的影响，大仓组很快退出了驿站社，但大仓组台北分店到1902年已设有7个直辖分店和办事处。1909年设立资本金500万日元的新高制糖会社，以强劲姿态进入了台湾主导工业制糖业。

甲午战后，大仓财阀在中国大陆的经营活动也跟着展开，1895年大仓组就曾计划在大连、金州、旅顺设立分店，因三国干涉还辽而中断。日俄战后，大仓在各地的分支机构逐渐增多，如大仓组1905年设立北京、营口办事处，1906年设立奉天（沈阳）办事处，1907年设立汉口办事处；大仓商事1909年在汉口设立办事处（中文名大仓洋行）；1912年大文洋行（大仓商事）在青岛开设分店等，其分支机构的经营网基本形成。大仓财阀在中国经营活动最重要的地区是东北，日本财阀中最早进入东北的即

---

① 畠山秀樹『三菱合資会社の東アジア海外支店漢口、上海、香港』，追手門学院大学出版会，2014年，参考各章节。

② 大仓矿业在中国的经营活动很大一部分是矿山与铁路投资，然因本书研究范围的局限，矿业、铁路交通等方面的内容不在其列，故本书对大仓财阀在中国企业的生成、发展的研究，主要以商贸及一般工业企业为主。

为大仓。1905年大仓财阀设立本溪湖大仓煤矿，这是日本帝国主义侵入东北后建成的第一个大型工矿企业，设立年份比"满铁"还要早一年。直至侵华战争结束，大仓财阀一直是日本财阀在东北的最大投资者，其在东北的势力仅次于"满铁"。1910年本溪湖煤矿改为"中日合办"，改名为本溪湖中日商办煤矿有限公司，资本金200万日元，实际控制权仍在大仓财阀手中。1911年本溪湖煤矿公司进行改组，资本金增加到400万日元。1910年大仓财阀还设立了本溪湖煤铁会社制铁厂，资本金65万元，以及本溪湖煤铁会社善缮厂，资本不详。本溪湖是大仓财阀在东北活动的核心地区，本溪湖煤矿公司之后扩展成为一个具有采煤、洗煤、炼焦、铁矿开采、石灰石开采、炼铁、炼特钢、化工、水泥建材、耐火材料、综合设备制造与维修等厂矿组成的大型现代化联合企业。在此之外，大仓财阀在东北还涉足一些一般工业，如1907年在大连设立日清制油会社，1913年在安东设立大仓制材所等，大仓财阀在东北发展的格局已经形成。

三、"国策"会社的生成、发展

"国策"会社是日本近代企业中一大重要类别，也是日商在华企业的一个重要类型，是一种为特殊政策目的，根据特别立法设立，在一定地域内独占特定事业或担负特殊使命的半官半民的特殊大型垄断股份企业，也被称为"特殊会社"。之所以称之为"国策"会社，是因为它以国家资本为核心，受国家政权严格控制、监督，直接为政府政治、经济政策服务，日本政府在法律上、行政上掌握着对其的支配权。"国策"会社不仅在日本国内垄断资本发展过程中扮演了重要角色，在日本对外扩张、殖民的过程中更是绝对的主力。随着日本垄断经济的发展和对外扩张的加剧，尤其是侵华战争时期，"国策"会社急剧膨胀。据统计，日本"国策"会社在1936年为15家，1945年增加为60家，其资本占全国股份资本的三分之一以上。[1] 日本"国策"会社渗透工业、商业、运输业和银行业等各个领域，

---

[1] 樊亢、宋则行主编：《外国经济史》第3册，人民出版社1982年版，第205页。

并在中国设有众多的总社、分社，充当着日本政府在中国经济扩张的职能机构，是日商企业中具有极强操控力的垄断企业，本阶段进入中国的"国策"会社就有 3 家特殊银行和 1 家拓殖型"国策"会社。

（一）特殊银行

如前文所述，截至 1909 年日本共设立了 7 家特殊银行，而其中正金银行、台湾银行和朝鲜银行 3 家迅速打入了中国市场、建立了在华的分支机构网。其中发展势头最盛的，是最早进入中国的横滨正金银行。继上海之后，横滨正金银行在华中、华北、东北、华南设立了多处分支机构，分别是：1896 年香港办事处；1902 年北京分行；1904 年旅顺口办事处、芝罘（烟台）办事处；1905 年奉天（沈阳）分行、铁岭办事处；1906 年汉口办事处、安东县（丹东）办事处；1907 年长春办事处（1911 年升为分行）；1907 年铁岭办事处开原分店；1912 年哈尔滨办事处；1913 年青岛办事处、长春分行、长春分行头道沟分店等。从其分支机构迅速遍布各大区域，以及分支机构的规格在短时间内迅速提升，可以看到横滨正金银行在中国的强劲发展势头。[①] 正金银行上海分行在 1895 年升格为分行时就获得了独立核算、自由经营权，并成为正金银行在中国各地分行的核心，在正金银行其他各地分行纷纷设立后，其总行即明确了上海分行对其他各地分行资金"调度调剂"的权力，要求除天津、北京两分行资金自用外，其他"应集中于上海分行，由上海分行对中国各分行的资金供给统一调度调剂"。[②] 此外，正金银行在东北的经营活动非常活跃，日俄战争爆发前正金银行是日本在东北唯一的金融机构，正金银行在东北发行日本银行券，发挥了"中央银行"的功能。

朝鲜银行是日本政府 1909 年在汉城（首尔）设立的特殊银行，[③] 开设当年即开始向中国东北渗透，在安东（今丹东）设立办事处，1913 年日本

---

① 姜建清、蒋立场：《近代中国外商银行史》，中信出版社 2016 年版，第 90 页。

② 郭予庆：《近代日本银行在华活动——横滨正金银行（1894—1919）》，人民出版社 2007 年版，第 187 页。

③ 朝鲜银行设立之初名为韩国银行，资本金 1000 万日元，名义上为朝鲜政府主办，实际操控权在日本政府手中，1910 年日本正式吞并朝鲜后，1911 年改名为朝鲜银行，完全转成日本的银行，是日本在朝鲜殖民经济的"中央银行"。

实施所谓"鲜满经济一体化"政策后，在东北的势力迅速扩张，仅 1913 年即设立了奉天（沈阳）分行、大连分行、长春分行三家分行，此阶段朝鲜银行在东北的势力还仅仅是起步，但为其势力的发展和在"一战"后取代正金银行在东北的地位奠定了基础。

台湾银行作为日本侵略台湾后设立的殖民地银行，[①] 其设立目的就是"在台湾确立以台湾银行为中心的货币及金融体制"，并"为工商业及公共事业通融资金，开发台湾的富源"服务。[②] 设立之后不仅在台湾各地遍设分支机构，其势力还很快向大陆各地扩展，在华南、华中地区纷纷设立了分支机构，如 1900 年设立厦门分行；1903 年设立香港分行；1905 年设立福州分行；1907 年设立汕头分行、广州办事处；1909 年广州办事处升为分行；1911 年在上海设立分行等。尤其是在华南地区，台湾银行的经营活动非常活跃，成为日商在华南地区最重要的金融机构。

（二）"南满洲铁道株式会社"

"南满洲铁道株式会社"（简称"满铁"），是日俄战争后，日本在窃取沙俄修建的中东铁路长春至旅顺段经营权的基础上，设立的主业为铁路交通的大型股份有限公司。1906 年 6 月 7 日，根据日本天皇发布的《南满洲铁道株式会社成立之件》敕令，在东京设立总社，1907 年总社迁往大连并正式营业。"满铁"设立之时总资本为 2 亿日元，资本构成为政府股份与民间股份各占一半。"满铁"人事安排，总裁与高层管理者皆为政府派员，实际上"满铁"是由日本政府完全控制的"国策"会社，一切事务被掌握在政府手中。作为日本在中国大陆最早建立的"国策"会社，"满铁"与其他"国策"会社相比，它在企业职能之外所承担的"国策重任"更强，它"经政府之许可"，拥有"铁路及附属事业之用地内之土木、卫生、教育等"行政权，[③] 从这个意义上讲，"满铁"具有国家机关的职能，是日本侵略东北的

---

① 台湾银行是日本在台湾殖民经济的"中央银行"，原为日本银行在台湾办事处，1899 年根据日本政府颁布的《台湾银行法》，升格为台湾银行，总行设在台北市，其势力由中国台湾扩展到中国大陆各地、日本本国及南洋地区。
② 涂照彦：《日本帝国主义下的台湾》，台北人间出版社 1993 年版，第 42—43 页。
③ 汪敬虞：《中国近代工业史资料》第 2 辑上册，中华书局 1962 年版，第 342 页。

大本营，是发挥侵略职能的政府机构。而"满铁"作为股份有限公司，其运营不可能完全依靠行政手段，它同时拥有企业经营、企业治理等诸多特征，"满铁"的形成、发展过程，又体现出企业的机能，是一个更具特点的"国策"企业。

"满铁"的形成与发展对近代东北乃至全中国具有巨大而深远的影响，从1906年设立到1945年结束，"满铁"的实际势力全面渗透于铁路、矿山、森林、钢铁、农业以及各类工业、商业等各个经济领域，分支机构、子公司、参与投资的旁系企业遍布东北各地，也延伸到中国各地。"满铁"作为主营铁路交通的企业，虽然不是本课题研究重心，但作为拓殖型"国策"会社的典型，尤其是"满铁"旗下庞大的直接生产、营销的分支机构、子公司和旁系企业，对研究日商在华企业、企业制度的生成、发展，其阶段性、地域性、企业类型等问题都具有重要意义，所以这里对"满铁"的形成、初步发展有必要做一简单梳理。本阶段是"满铁"初创期，它的形成主要仰靠政府意志，它在日本政府的直接操控和大力支持下迅速得以发展、扩张，从它附属企业的增加速度和资本规模中，可以看到其他企业所不具备的强劲势头。1906年"满铁"总社设立当年，就在大连设立了"满铁"发电所，其资本金200万日元。1907年"满铁"下属工厂有一个急速发展，随着总社迁往大连、东京原总社改为分社，这一年中在东北各地设立的工厂就有6家：大连，"满铁"大连铁道工厂，资本金643.7万日元；瓦房店，"满铁"瓦房店铁道工厂；大石桥，"满铁"大石桥铁道工厂；奉天（沈阳），"满铁"奉天铁道工厂，资本金200.3万日元；四平街，"满铁"四平街铁道工厂；苏家屯，"满铁"苏家屯铁道工厂。之后工厂增加速度有所减缓，1908年在抚顺设立"满铁"抚顺炭矿机械制造所；1909年在大连设立"满铁"电铁课车辆修理厂；1911年在安东设立"满铁"安东铁路工厂；1913年在长春设立"满铁"抚顺炭矿油工业所、在大连设立"满铁"印刷所，后者资本金14.3万元。

拓殖型"国策"会社除了企业自身的经营扩张，还具有推行殖民地开发和土地掠夺政策的特点，"满铁"在成立之初就拥有铁路沿线两侧16.7米至3000米不等的"满铁附属地"，"附属地"总面积达482.9平方公里。

"满铁"还在日本对中国东北移民的活动中，扮演着策划者和执行者的重要角色，大力支持并积极参与日本移民侵略。

四、"中日合办"企业的第一次高潮

"中日合办"企业是指具有特定条件的中日合资企业，即中日双方签订正式"合办"合同，并获得中国政府批准的企业，如果只是互为投资，没有"合办"合同，或合约得不到正常履行，则仅被视为普通中日合资企业。在日本对华投资研究中，"中日合办"企业素来被归为日商在华企业，从总投资额的统计出发，"中日合办"企业中的日方资本无疑必须被纳入日商在华企业总投资。企业史、企业制度史研究也把"中日合办"企业视为日商在华企业的一大类型，除了资本额统计的考量外，还在于"中日合办"企业的实际支配权掌握在日方手里，它虽不同于纯粹的日商企业，但是经营实权足以影响企业内部的经营活动和治理方式。"中日合办"企业的合办者，可以是官方，可以是私人，亦可以是半官半民，创设资本一般规定为中日各半，高层职务安排在合约中也大多表现为中日方平衡，但实际情况却并不尽然。有些中商缴纳的初始资本金就不足规定额，有些中商的资本金由日商垫付，还有的企业后续增资多靠日方筹集；高层人事设置即便表面平衡，具有实权的职务也一定由日方掌控。从甲午战后到抗日战争结束，"中日合办"企业有过几次兴办高潮，其数量在日商企业中占有相当大的比例，"中日合办"企业在中国各地，尤其在东北、华北等地和矿业、电气等领域十分活跃。

一方面，根据《马关条约》的规定，日商只能在中国通商口岸设立工厂，"中日合办"企业显然可以打破这种地域限制。另一方面，清政府在甲午战后陆续颁布的企业相关法律、法规中，逐渐明确了中国人入股外国企业、外国人入股中国企业，享有平等受保护权益的种种规定。日商选择"中日合办"的形式，显然是想获得更多的权益和经营的便利，"中日合办"企业既经中国政府批准，就是受中国法律的保护与约束的企业，而不平等条约的特权则削弱了这种约束力。更有一些"中日合办"企业是直接受到日本胁迫而设立的，如鸭绿江采木公司，本是中商企业，日俄战争时被日商强占，战后中方被迫同意改为"合办"；再如本溪湖煤铁会社，如前所述在由大仓财阀设立并经营

数年后，才由清政府出面改为"合办"；还有营口水道电气株式会社等企业也都是在日俄战争期间被日人强占，战后胁迫中方接受"合办"的。

一般认为日俄战后出现了"中日合办"企业第一个兴办高潮，但是如果和"一战"以后的兴办速度及规模相比，恐怕将此阶段称为开始生成阶段更为恰当。甲午战后已有少量日商采取"合办"方式来华设立企业，而日俄战后随着日本在东北势力的扩大，日商利用军事上的胜利在东北急剧扩大势力，故此阶段"中日合办"企业主要集中于东北地区，在其他地方只有零星出现。直到"一战"爆发以后，才真正形成高潮并走向全国。有资料显示，仅 1906—1910 年设立的"中日合办"企业就有 16 家，[①] 但是日人调查资料显示，此阶段有明确记载的"中日合办"工矿企业有 12 家：1902 年在重庆设立的有邻公司；1906 年在营口设立的水道电气株式会社、在奉天设立的株式会社三林公司、在安东设立的屠兽场；1907 年在奉天设立的沈阳马车铁道有限股份公司；1908 年在安东设立的鸭绿江采木公司、在辽阳设立的辽阳电灯公司、在本溪湖设立的本溪湖煤铁会社；1910 年在佛山设立的巧明光记火柴公司、在铁岭设立的铁岭电灯公司、在奉天设立的鸭绿江修船组合；1913 年在东京设立的中日实业株式会社。[②] 这些"中日合办"企业此阶段虽多为普通企业，但已经开始渗透至矿业和电气领域，如本溪湖煤铁会社、营口水道电气会社等企业，其之后的发展为"中日合办"企业在东北的扩展及向全国的蔓延，提供了一个成功的范式。

另外，有明确记载的还有 1 家"中日合办"银行，即 1906 年在营口设立的正隆银行，1912 年总行迁往大连。该行就是甲午战后日商在东北最早设立的银行，也是日商在华设立"中日合办"银行的开端。开设时资本规模并不大，但之后的发展却非常迅速，分支机构遍布东北各地并延伸到华北，截至 1913 年，正隆银行分别在奉天、旅顺、长春、开原、芝罘（烟台）、抚顺、锦州、安东、哈尔滨、公主岭、四平街、鞍山，以及华北的天津、青岛等地开设了分行或办事处，在东北被认为是"私人银行中最大的银行"。

---

① 杜恂诚：《日本在旧中国的投资》，上海社会科学院出版社 1986 年版，第 348 页。

② 「支那二於ケル本邦人関係合弁事業」，日本外務省外交史料館，1922 年，アジア歴史資料センター，B02130040100-800。

第三节　日商在华企业的发展、演变（1914—1936）

一、"纯民间"企业的发展

（一）商贸企业

第一次世界大战爆发，欧美诸国忙于战事无暇东顾，给日本在中国的经济活动提供了足够的空间。商贸企业作为最先进入中国的势力，在此前已经完成了它的"生成"，此时进入急速发展阶段。从 1914 年到 1937 年侵华战争全面爆发前，日商在华商贸企业的总量有了很大增长，分布区域更加广泛，并在各商埠形成了一定规模，尤其是大型商社各地分支机构的经营日趋成熟。从时间上看，在这个相对跨度较长的阶段，以九一八事变为界，日商商贸企业的发展也有起伏，且各地情况也不尽相同。几乎整个 20 世纪 20 年代是一个高峰，"九一八"之后增长速度下滑，侵华战争全面爆发前两年又有所回升。日本通商局调查显示，1928 年在东北（包括内蒙）、华中、华北、华南，凡设有日本领事馆的区域内，共有日商企业 2342 家，其中会社型企业 256 家、个人企业 2086 家，资本总额约达 3 亿 4775 万日元，全部企业所涉行业有：运输及仓库、金融及信托、进出口及其他一般商业、纤维工业、土木及建筑、电气及煤气、其他一般工业、农牧业、矿业。这中间"进出口及其他一般商业"企业，也就是商贸企业共有 1824 家，资本金总额约 1 亿零 54 万日元，其中会社型企业 95 家，资本金约 3904 万日元，个人企业 1729 家，资本金约 6150 万日元。[①] 这一统计有两点值得注意，一是商贸企业资本额占日商在华企业资本总额的比重达 28.9%，二是商贸企业中虽仍以小型个人企业居多，但是会社型企业与个人企业在全部商贸企业中的占比分别是：会社型企业数量占 5.2%，资本额占 38.8%；个人企业数量占 94.8%，资本额占 61.2%。

从地区上看，上海和东北是最为活跃的两大地区。上海最早开埠且外

---

① 「支那ニオ於ケル本邦人企業ニ関スル件」，日本外務省外交史料館，議会調査書，通商局，第 57 回帝国議会参考資料，1928 年，アジア歴史資料センター，B130815413000。

商云集，整体商贸业市场成熟，给日商商贸企业的发展创造了良好条件；东北因日俄战后日本获得的政治、军事、经济权益，带有强烈殖民色彩的日本移民大量涌入，日商企业的发展呈现全方位大肆扩张之势，尤其是九一八事变后，其扩张之势更为强劲。日商商贸企业在东北虽不及工矿、交通等行业企业的扩张力度，但在全国来看却是绝对占有优势的。此外，"一战"时期及"一战"以后，日商大批涌入中国华北、华中、华南各重要商埠，如天津、青岛、济南、汉口、长沙、香港、广州、厦门等地。总体上，20世纪20年代日商在华商贸企业发展迅猛，20世纪30年代日商商贸企业在关内（山海关内）的发展有所减缓，但在东北，日商商贸企业却因军事庇护而有了更为显著的扩张。只是由于资料的局限，各地发展数据详略不均，且难有统一时段的统计，笔者只能筛选一些主要城市做一概述，以期对日商在华商贸企业的发展多一层直观了解。

　　在华中，作为全国日商商贸企业最发达的城市，上海的日商商贸企业始终保持着上升趋势。进出口贸易作为"日本对沪直接投资最重要部门"，截至1936年其商社已有150家以上，资本额达1亿5000万日元，其中甲午战前只有三井洋行等若干家，甲午战后才开始增多，到"一战"前已增加到30多家，而1914—1936年设立的有120家左右。[①]1914—1936年还设立了其他会社型商行20多家。[②]实际上从各种资料所呈现的情况看，各类杂货商、服务性商业等个人企业至少也有一二百家，而所有财阀及其他日商大型进出口贸易企业几乎无一例外都早已在上海设有分支机构。[③]在东北，日商企业扩张的重点虽然是在工矿、交通方面，但是商贸企业在20、30年代也有了飞速发展，日商商贸企业遍布大连、营口、奉天（沈阳）、铁岭、长春、哈尔滨以及"满铁"沿线的数十个地区，1931年前后，日商在东北各种大小进出口贸易商社共有468家。[④]虽然也是以中小贸易

---

① 张肖梅：《日本对沪投资》，商务印书馆1937年版，第88—100页。

② 张肖梅：《日本对沪投资》，商务印书馆1937年版，第100—101页。

③ 根据王垂芳主编：《洋商史——上海1843—1956》"附表"，上海社会科学院出版社2007年版及张肖梅：《日本对沪投资》"上海日商杂货制造厂调查（表）"，商务印书馆1937年版，第68—76页。

④ 满铁調査部『満鉄調査報』1932年10月号，第74頁。

商社居多，但是财阀企业和"国策"会社的商贸分支机构却占据了重要地位。

在华北，天津是关内仅次于上海的重要商埠，总体上天津日商企业的发生、发展比上海晚，"一战"为日商企业在天津的发展创造了契机。在商贸业方面，天津日商企业还是以杂货商、服务型商业为多，但是进出口贸易发展很快，20世纪20年代后期贸易商社所占比重明显增加，1928年年末天津日商大小进出口贸易商社已有183家，[1]而"天津的日本主要商社也是经营进出口的，其中有：三井、三菱（兼营进口和出口）、泰信洋行、大同公司、王子公司、伊藤忠商事（经营进出口业）等"。[2]进入20世纪20年代，山东日商企业迅速发展，日商企业最早进入的烟台，其地位被青岛和济南所取代。20年代末几乎所有日商商贸业大型商社都在青岛和济南设立了分支机构，如三井、三菱、大仓、伊藤忠、铃木、日信、江商、日棉、东棉等。据统计，1929年前后，青岛日商进出口贸易商社达到398家，其中进口贸易商社246家，经营商品门类27种，出口贸易商社152家，经营商品门类为21种。进出口贸易商社大多为代理店，除少数大型商社的分支机构外，一般资本规模较小。济南大型商社分支机构数略逊于青岛，中小贸易商社数仅为青岛的半数强，1929年前后，济南日商进出口贸易商社共126家，其中进口贸易商社80家，经营商品门类15种，出口贸易商社46家，经营商品门类为14种。[3]30年代青岛、济南日商商贸企业的格局较20年代变化不大，大型商贸企业分支机构还有所增加，资本规模也比20年代有明显扩张。

在华中、华南，日商商贸企业在各地也呈上升发展趋势。汉口是日商企业在华中地区发展重镇，如前文所述，"一战"前日商洋行商社在汉口已经具有一定规模，大型商社在"一战"后发展更为迅速。1932年日商开设于汉口几大租界内的，包括航运业、金融业、商贸业、纺织业、制造业等各业的重要企业，如三井物产、三菱商事、大仓组、伊藤忠洋行、日清邮

①　天津居留民团『天津居留民团三十周年記念誌』，大阪市，1927年，第616页。
②　杜恂诚：《日本在旧中国的投资》，上海社会科学院出版社1986年版，第326页。
③　庄维民、刘大可：《日本工商资本与近代山东》，社会科学文献出版社2005年版，第305页。

船、正金银行等，共 50 家。这些企业除运输公司外几乎全与中日贸易有关，其中 36 家是直接从事或兼营进出口贸易的企业。[①] 华南地区与其他地区相比，日商商贸企业的发展是很微弱的，台湾、香港、厦门、广州等地日商商贸企业的数量、资本规模都不大，如香港，虽然日商也是很早就已进入，如三井物产 1877 年在上海和香港同时设立分店，但是香港英商势力强大，日商没有太大发展空间。除了大宗生意由几家大型商社操办，中小商贸企业一直不多，且起起落落，截至 1936 年，香港日商大小商社只有 76 家，其中进出口贸易商行 28 家，杂货商行 29 家，金融、交通各 3 家，工业 1 家，杂业 10 家。[②]

（二）商业银行

"一战"爆发后，日商在华银行业有了飞速发展。日商在华银行 1894 年之前只有 1 家总行、1 家分行，1895—1913 年有 4 家总行、29 家分行，而 1914—1930 年有总行 28 家、分行 75 家。根据吴承禧的统计，1935 年日商在华银行有总行 32 家、分行 71 家。[③] 另据《财政金融大辞典》的统计，1937 年日商在华银行（包括东北）有 29 家总行、71 家分行，另有 8 家信托公司和 1 家储蓄会。而按所在地统计，100 家银行中，东北 71 家，华北（北平、天津、青岛、烟台）11 家，华中（上海、汉口、厦门、福州）12 家，华南（香港、广东、九龙、汕头、昆明）有 6 家。[④]

此阶段日商银行的发展特点，是以几大特殊银行在各地的继续扩张，及几大财阀系银行分支机构的进入和扩展为主要趋势，这两大块内容将在下文财阀、"国策"会社相关部分统一论述。而在财阀及"国策"银行势力之外，在重要商埠和广大东北地区，日商设立了众多民营资本的中、小普通银行，下面就此阶段出现的地方民间普通银行情况进行概述。

规模较大的地方普通银行多以合资、"合办"形式开设，大致有：上海

---

① 漢口日本商工会議所『会員名簿附漢口商工名録』漢口第三特別区，漢口日本商工会議所，1932 年 11 月 11 日。

② 秀島達雄『香港、海南島の建設』，東京松山房，1943 年，第 88 頁。

③ 根据吴承禧：《中国的银行》"在华外国银行一览表"，商务印书馆 1935 年版统计。

④ 朱荫贵：《近代外国在华银行——以二十世纪二三十年代为中心》，《"1920 年代的中国"国际学术研讨会论文集》，2004 年。

银行，1917 年设立于上海，在汉口、济南、天津等地设有分支结构；龙口银行，1918 年前后成立于山东龙口，随后迁往大连，在青岛及东北多地设有分支机构；华南银行，1919 年设立于广州；中华汇业银行，1918 年设立于北京，之后在上海、天津、奉天（沈阳）设立分支机构；天津银行，1920 年成立于天津，并在北京设分支机构；汉口银行，1920 年在汉口设立，在上海设有分支机构；大东银行，1923 年设立于北京，在天津、上海、青岛、汉口等地设有分支机构；济南银行，1920 年设立于济南，在青岛设有分支机构；等等。另外东北有多家银行，如 1919 年设立于奉天的振兴银行，在营口设分行 1 家；1920 年设于吉林的平和银行，在大连有 1 家分行；1921 年设立的哈尔滨银行，和前文已述的正隆银行一样，也是本阶段普通商业银行中规模较大的 1 家，已在东北的奉天（沈阳）、旅顺、长春等地，华北的天津、青岛等地共设立 15 处分支机构；满洲银行，1923 年成立于大连，在东北各大城市设有 18 处分支机构。此外在 20、30 年代，日商设立过一些有实力的金融组织，如上海有 1922 年设立的汉营号、上海信托公司，1930 年设立的泰和银公司，1931 年设立的上海共益储蓄公司四家。天津也设有天津信托公司和"日中合办"共益储蓄公司。[①]

　　除了上述有一定规模的地方商业银行，1914 年之后的 20 多年里，日商还设立、经营了二三十家中、小商业银行，仅在东北各地就设立了 20 家左右。这些银行大多资本薄弱，经营范围有限，是设于一地的独家银行，偶有设立了三两个异地分支机构的，也并非实力雄厚。实际上，日商普通银行大多设立于 20 世纪 30 年代之前，1929 年的世界经济危机对日本国内经济的打击，以及九一八事变后中国人此起彼伏的抵制日货运动等因素，使日商 30 年代在关内很少再新设这类普通银行。而在"九一八"之后，日本完全占据了东三省，日商普通银行的发展也被纳入日伪发展新经济的格局。这些普通日商银行虽然在 20 年代前后曾有一时之兴，但并没有形成持续发展之势，有些经营若干年就倒闭了，有些则以合并重组等方式继续经

---

　　① 杜恂诚：《日本在旧中国的投资》，上海社会科学院出版社 1986 年版，第 297 页；张肖梅：《日本对沪投资》，商务印书馆 1937 年版，第 33 页；姜建清、蒋立场：《近代中国外商银行史》，中信出版社 2016 年版，第 90—91 页。

营。总体上看，日商财阀及"国策"银行势力之外的普通银行生存、发展
比较艰难，如上海银行、大东银行这样具有一定实力的普通银行，前者开
业几年后一度歇业，后者也曾面临倒闭；再如势力最大的正隆银行，也在
1934 年与其他银行合并。其他规模更小的普通银行的发展更为起伏不定，
存续时间一般都不长。

　　这一阶段日商在华航运企业的发展，根据前文所述日本通商局 1928 年
的调查，全国各业的全部企业中，"运输及仓库"类企业共有 53 家，资本
金为 753.3 万日元。在总共 256 家会社型企业中，该类企业只有 12 家，资本
金为 654.5 万日元，在 2086 家个人企业中，只有 41 家，资本金为 98.8
万日元，远不如商贸、银行类企业发展那么旺盛。[1] 另据太平洋问题调查
会日本理事会报告统计，截至 1936 年，日商对华航运业投资，包括东北在
内，共为 2012.5 万日元，与 1928 年数据相比，日商在华航运企业还是有
明显发展的。其中有 1779.3 万日元是投资于上海的，[2] 从投资额看，上海仍
然是日商航运企业的重要发展之地。除去早年设立的日本邮船和日清汽船，
1915—1934 年，日商航运企业在上海所设总社和分社还有大连汽船、大阪
商船、大同海运、山下汽船、国际运输、上海仓库信托、菱华仓库、上海
运输、昭和海运、平田运输上海等十多家，此外还有一些商贸企业兼营航
运代理，也有经营码头、堆栈和转运业的商行。日商在上海开设的航运企
业总社、分社、代理店约有 25 家，兼营航运业务的洋行如三井、福岛、江
云、江原、清源等也有十多家。[3] 上海之外，日商航运业在东北的发展也十
分显著，不仅有大连汽船这样实力雄厚的企业出现，更有"满铁"对旅顺
港的开发，其名下的港口及码头的投资在 1930 年达到 8300 万日元。

　　这一阶段日商航运企业中最重要的就是日清汽船和大连汽船。日清汽
船在设立之初就完成了整合长江航线原有日商轮船公司的使命，并在上一
阶段已经完成了它在长江沿线各地的分支机构网建设，接办和开辟了长江

---

①　「支那ニ於ケル本邦人企業ニ関スル件」，日本外務省外交史料館，議会調査書，通商局，
第 57 回帝国議会参考資料，27，1928 年，アジア歴史資料センター，B130815413000。
②　张肖梅：《日本对沪投资》，商务印书馆 1937 年版，第 85 页。
③　张肖梅：《日本对沪投资》，商务印书馆 1937 年版，第 86 页。

流域的多条航线。"一战"后日清汽船曾有过两次发展高潮，但是30年代后一直经营不顺，直至1938年被合并于其他企业。大连汽船1915年从"满铁"运输部分离出来，独立设立公司，初始注册资本仅50万日元，但是发展极快，资本极速增长，1931年公称资本已达2570万日元，实缴资本达1445万日元。大连汽船设立当年即在上海开设分社，初创期就开辟了大连—安东—天津、大连—登州—龙口两条航线，20年代后又开辟了大连—青岛—上海航线，其经营的航线从东北直达华北多地和华中的上海，经营状况一直保持良好。

（三）纺织工业

纺织企业是日商在华所谓"纯民间"企业中最具代表性的行业。如前所述，"一战"爆发前已有两家日商纺织企业正式进入中国市场，但是"一战"期间日本国内纺织品对外出口量猛增，国内市场具有充分发展空间，故"一战"期间在华纺并无新的企业出现。已经进入中国的两家纺织会社积极扩建工厂、增加设备，并且经营成绩良好。内外棉会社在大战初期已完成了第五工厂的创建，大战结束后积极扩建工厂，1916年在青岛着手建立第六工厂，1918年在上海着手建立第七、第八工厂，同时收买了裕源纱厂、更名为第九工厂，1916—1918年三年中，通过新建、收买一共建成4家工厂，至1919年第七、第八、第九工厂全部投入运转，至此内外棉会社在上海共有6家工厂，纱锭数达到204284枚。[1]"一战"结束后，上海还增加了一个新的日商纺织企业，即1918年设立的日华纺织株式会社（简称口华纺）。日华纺织会社是在以130万两收买的鸿源纺织公司的基础上建立的，鸿源纺织原为美、德、英等国共同经营，纱锭61000枚，纺机500台，日华纺以注册资本1000万日元（20万股），实付资本400万日元正式设立，创立时向横滨正金银行融资100万日元，1919年增设纱锭30000枚，生产运营顺利展开。1915—1919年的六年时间里，在华纺的工厂数及其设备规模显著增加，纱锭增至3倍，织机增至2.2倍，都超过了欧美纺织企业的设备规模，设备占全部中外纺织企业设备总量的比例，纱

---

① 高村直助『日本帝国主義史論』，ミネルヴァ書房，1983年，第102頁。

锭为 22.7%，织机为 25.0%。[①]

　　上海日商纺织企业设立的真正高潮期，是"一战"结束后的 20 世纪 20 年代初期。1919 年前后，日本根据国际公约禁止女工做夜班，日本国内纺织业的发展受到很大制约。与此同时，中国关税自主运动获得成功，增加了日本纺织品出口中国的负担，日本纺织资本家急于寻找新的发展空间，竞相来华设厂。1919—1922 年，日商在上海新设立了 6 家纺织会社，分别是：东华纺织株式会社（东华纺织）、大日本纺织株式会社（大康纱厂）、株式会社丰田纺织厂（丰田纺织）、上海制造绢丝株式会社（公大纱厂）、同兴纺织株式会社（同兴纱厂）、东洋纺织株式会社（后改为裕丰纺织株式会社、裕丰纱厂）。加上之前设立的上海纺织、内外棉、日华纺 3 家会社，日后称霸中国纺织行业的日商纺织会社九大企业集团在此时业已形成。"一战"结束后的短短几年时间里，上海就已形成这样一个庞大的日商纺织企业体系，这样急速而大规模的海外投资，在世界棉业史上是绝无仅有的，至此日商对华纺织业投资也已具备了坚固的基础。九大系纺织会社在上海的发展速度惊人，1918 年还只有 3 家会社 8 家工厂；1922 年 9 社共有 24 家纱厂，纱锭 640224 枚；1924 年 9 社有 26 家纱厂，纱锭 870136 枚，布机 4821 台；1935 年 9 社有 32 家纱厂，纱锭 1311924 枚，线锭 308456 枚，布机 15208 台，上海 32 家纱厂分别为：大康、裕丰各 1 家，同兴、公大、东华、丰田各 2 家，上海纺织 5 家，日华纺 8 家，内外棉会社 9 家。[②] 这个统计仅为纱厂数，如 1924 年的统计中，内外棉会社 9 家纱厂之外的 2 家织布厂就未列入上面的统计。此外，内外棉、上海绢丝、上海纺织等超大会社，都发展成多种经营的企业集团，如上海制造绢丝株式会社，就因兼营棉纺织厂、绢丝加工厂、缫丝厂和毛纺织厂等，被日人称为"多角经营"的纺织厂。

　　在华纺不仅形成了九大纺织企业集团，而且在发展扩张过程中以上海为依托，向华北、东北等各地急剧扩张势力，如内外棉 1916 年已经开始

---

　　①　高村直助『日本帝国主義史論』，ミネルヴァ書房，1983 年，第 103 頁。
　　②　张肖梅：《日本对沪投资》，商务印书馆 1937 年版，第 38 页。

向青岛扩展势力，到 1923 年在青岛已建成 3 家分厂，此后又把势力扩展
到东北金州，20 世纪 30 年代前后在金州共设立了 4 家分厂。截至 1937 年
侵华战争全面爆发前，内外棉会社在各地所设工厂，上海 15 家，青岛 3
家，金州 4 家，成为在华纺九大会社中实力最强的一家。[①] 此外据不完全
统计，在华纺九大会社中还有公大纱厂在青岛设有 1 家厂，在天津设有 2
家厂；东华纺织会社、日华纺织会社及上海纺织会社在青岛各设有 1 家厂，
在天津设有 1 家厂；裕丰纺织会社在天津设有 1 家厂等。非九大企业集团
系统的日商纺织企业在各地也出现了一些，如日本长崎纺织公司 1923 年
在青岛设宝来纱厂，日本棉花公司 1924 年在汉口设泰安纱厂，"满铁"财
团会同富士煤气公司 1924 年在沈阳设立满洲纺织厂、1925 年在大连设满
洲福纺等。[②]

　　有关在华纺设备的数据，各种资料记载不甚统一，但是从下表中至
少可以看出其逐年增长的态势，以及在华纺居于全国纺织设备中的比重。
1930 年以后，在华纺的纱锭、布机数都已超过全国设备总数的 40%。

表 3-2　全国日商纺织工厂纱锭和布机的数量（1919—1935）

年份	全国纱锭总数（千枚）	华商纱锭（千枚）	日商纱锭（千枚）	日商纱锭在全国占比（%）	全国布机总数（台）	华商布机（台）	日商布机（台）	日商布机在全国占比（%）
1919	1468	889	333	22.68	—	—	—	—
1920	2843	1775	812	28.87	11879	7740	1486	12.50
1921	3232	2124	849	26.26	16224	10645	2988	18.41
1922	3550	2221	1071	30.16	19228	12459	3969	20.64
1923	3581	2176	1218	34.01	—	—	—	—
1924	3570	2049	1332	37.31	22477	13689	5925	26.36
1925	—				22924	13371	7205	31.42
1927	3685	2099	1383	37.53	29788	13459	13981	46.93

　　① 元木光之『内外綿株式会社五十年史』「付録」，木下印刷所，1937 年。
　　② 中国纺织史编委会编著：《中国近代纺织史 1840—1949》下卷，中国纺织出版社 1997 年
版，第 19 页。

（续表）

年份	全国纱锭总数（千枚）	华商纱锭（千枚）	日商纱锭（千枚）	日商纱锭在全国占比（%）	全国布机总数（台）	华商布机（台）	日商布机（台）	日商布机在全国占比（%）
1928	3850	2182	1515	39.35	29582	16787	10896	36.83
1929	4201	2386	1652	39.32	29322	15955	11467	39.10
1930	4498	2499	1821	40.48	—	—	—	—
1931	4904	2730	2003	40.84	42596	20599	19306	45.32
1932	5189	2910	2096	40.39	42739	21559	18289	42.79
1933	5172	2886	2096	40.56	42834	20926	19071	44.52
1934	5382	2951	2243	41.67	47064	22567	21606	45.90
1935	5527	3009	2285	41.34	52009	24861	23127	44.46

资料来源：张肖梅：《日本对沪投资》，商务印书馆 1937 年版，第 42—43 页。

（四）纺织以外的其他工业

总体上看，第一次世界大战开始直到 1936 年年末，是日本在华工业投资的扩张期。日商一般工业企业的发展，在全部日商在华企业中，算不上发达，但是它与日本在华人数的增长和日本对中国侵略的加深紧密相连。日商一般工业企业在有日本侨民居住之地，与普通商贸企业一样始终保持着起伏发展的状态，在诸如上海、青岛、天津、武汉等大商埠，以及日本势力最强的东北地区，其发展趋势还是很显著的。

在上海，日商一般工业和纺织工业相比，在日本对上海投资中所占百分比很低，截至 1936 年，纺织业占在沪总投资的 36.48%，一般工业只占了 3.79%。一般工业企业，虽然没有形成纺织企业那样强劲的发展势头，但是就全国而言，除了东北地区，上海无疑是日商工业企业发展最快的城市。第一次世界大战期间和结束之后的若干年内，也是日商一般工业企业在上海较为活跃的发展阶段。仅 1917 年，上海日商新建一般工业企业就有十五六家。[①] 1916 年、1918 年、1919 年，新建企业仅三四家，1920 年

---

① 「上海に於ける本邦人商業の進展」，外務省通商局『通商公報』第 485 号，1918 年 1 月 1 日；上海日本商業会議所『上海内外商工案内』1926 年 10 月 15 日，第 56、109、137、145 页；[日] 樋口弘：《日本对华投资》，北京翻译社译，商务印书馆 1959 年版，第 139 页。

也是比较集中的一年，这一年新建了5家，1921年后的新建企业数量比较平均，每年都有两三家，势头显然不是那么足了。1926—1937年，日商一般工业企业在上海的发展呈现出一个波浪式起伏不定的状态。1925年五卅运动后，由于中国人民强烈的反日情绪和接连不断的抵制日货运动，日商对上海的工厂投资大为减少，1926—1928年的三年内，日商在上海新建的一般工业企业据称有18家，① 但作为日本上海工业同志会加盟会会员的新设企业只有6家。②1929—1931年九一八事变爆发之前，中国实现关税自主，刺激了日商来沪设立工厂的热情，形成了一个新的小高潮，1929—1931年新设立企业有22家（基本在九一八事变之前）。③ 之后九一八事变和一·二八事变的相继发生，引发出新一轮力度更大的抵制日货运动，抵制日货运动不仅止住了日商来沪设立工厂的热潮，日商原有企业也因抵制日货运动陷入困境而大批倒闭。1933年之后，日商企业的发展逐步得以恢复，新建企业又逐步增多，到1936年，日商在上海日商一般工业企业又形成了一个不小的规模，共新设36家。④1931年日商在上海一般工业企业共有136家，1936年，经过起伏的发展变化，还没有恢复到1931年水平，只有121家，其中还有数家处于停业状态。⑤

在关内，青岛是上海之外日商一般工业企业发展最显著的城市。1914年日本取代德国侵占青岛后，日商商工企业都有迅速发展。日商在青岛开办工厂，最早是接办德国人的工厂，如1915年接办德国人的肥皂工厂设立信昌洋行，1916年大日本麦酒株式会社接收英德合资青岛啤酒公司，改为大日本麦酒株式会社青岛工场等。和上海一样，日商在青岛开设工业企

① 许金生：《近代上海日资工业史1884—1937》，学林出版社2009年版。第16页的统计表表明：1926年至1928年的3年中，日资在上海共建立18家工厂，只是这一统计有数据、没有出处和厂名。

② 「上海工業同志会加盟工場要覧」，1931年12月，『復興資金権全貸下関係』，日本外務省外交史料館，アジア歴史資料センター，B0203244900。

③ 上海工業同志会「上海工業同志会加盟工場要覧」（1931年12月）、「上海工業同志会加盟工場の現状」（1931年10月20日）、「復興資金二関スル件」，『復興資金権全貸下関係』，日本外務省外交史料館，アジア歴史資料センター，B0203244900。

④ 张肖梅：《日本对沪投资》，商务印书馆1937年版，第66—67页。

⑤ 「上海邦人工場調の件」，外務省外交史料館A門政治、外交；张肖梅：《日本对沪投资》，商务印书馆1937年版，第63页。

业的第一个高峰也始于 1917 年，这一年接办、新建的企业有 10 多家，计划、在建的企业有 20 多家。1918 年，青岛日商工业企业中资本金在 50 万—200 万元的大型企业已有 10 家以上，还有 60 多家从事各类加工制造的小型企业，到 1919 年，青岛及胶济铁路沿线城镇已有 139 家日商工业企业。[1] 这三年开设的工业企业中，除 5 家纺织企业外，涉及精制油、烟草加工、面粉加工、火柴、酿酒等十几种民生行业。在青岛，日商工业企业形成了几个较为集中发展的工业行业，首先是承袭自德国人的盐业经营，日商在青岛大肆开发盐田及开办制盐企业，在日本政府支持、鼓励下，日商从 1915 年设立第一家再制盐工厂后，开始兴建大型再制盐工厂，1917 年成立了青岛盐业株式会社，1920 年又建 5 家，到 1922 年共建成 12 家再制盐工厂、7 家精盐工厂，共建有 19 家制盐企业。[2] 其次是榨油业的兴盛，其中完全是日商新开企业，1915—1921 年，日商在青岛共建起机器榨油工厂和精制油工厂 17 家。再次是砖瓦业，这也是日占青岛期间着重开发的工业行业，截至 1919 年，青岛及博山开设的日商砖瓦工场共有 16 家。[3] 1922 年青岛归还中国，日商商工企业的发展受到很大抑制，青岛的日侨人数和商工企业数明显减少，工业企业到 1925 年减至 96 家。[4] 资本雄厚的大企业也受到一定影响，如大仓组 1923 年一度收缩业务，还有多家公司出现缩减开支、亏损等情况。青岛从"一战"后起就是日本在华北扩张的重点地区，九一八事变前后，特别是伪满洲国建立后，青岛日商工商企业的发展，与日本开发华北殖民经济的关系，更重要的是在于配合华北开发政策的推行，而"纯民间"工业企业的发展重点，主要集中于纺织工业方面。

此阶段天津日商一般工业企业的发展，与上海、青岛相比并不显著，

① 庄维民、刘大可：《日本工商资本与近代山东》，社会科学文献出版社 2005 年版，第 125—126 页。

② 庄维民、刘大可：《日本工商资本与近代山东》，社会科学文献出版社 2005 年版，第 230 页。

③ 庄维民、刘大可：《日本工商资本与近代山东》，社会科学文献出版社 2005 年版，第 140、144 页。

④ 亜細亜局第二課　北支地方 / 青島『支那各地本邦人経営工場状況経営工場状況』，1925 年，アジア歴史資料センター，B20021301104。

日商在天津的工业企业起步较晚，"一战"后出现上升趋势，1917 年日商即在天津设立了永信料器厂、寿星制粉株式会社、安部洋行制肥工厂、武斋洋行肥料工厂、天津肥料公司、茂泰硝子厂等若干工业企业，[①] 但随之而来的抵制日货运动又抑制了其发展趋势，直到 20 世纪 30 年代前后，天津日商一般工业的发展还很有限。据统计，1928—1930 年，日商在天津的工业企业有 72 家，资本总额 7414 万日元，分别是：纺织企业 7 家，资本额 1525 万日元；化工企业 20 家，资本 2710 万日元；食品企业 10 家，资本 606 万日元；能源自来水企业 2 家，资本 600 万日元；机械制造修理企业 11 家，资本 853 万日元；金属制品企业 3 家，资本 63 万日元；其他企业 19 家，资本 1057 万日元。[②] 其中规模较大的有东亚烟草株式会社、中华燧寸株式会社、武斋洋行、清喜洋行、内外化学株式会社等几家企业，其余"天津邦人工厂还没有大规模的"。[③] 直到华北"自治"运动开始后，1935 年"满铁"子公司"兴中公司"在天津设立，日本在华北提倡所谓"中日经济提携"，促使大批日商企业涌入天津，具有大财团背景的日商纷纷在天津投资建厂，几大民营纱厂也被日商收购，日商在天津的企业才有了显著发展。侵华战争全面爆发前，天津还出现了一批日商在建工厂。

东北与关内不同，从日俄战后起东北就成为日本政府推行殖民拓殖政策的重要地区，随着大量日本人移民东北，其日商一般工商企业，在日本政府、关东军的直接支持，以及"满铁"的强大扩张力的带动下，也有很大发展。但是东北的日商势力，主要集中于"国策"会社和财阀会社以及其下属企业、旁系企业，一般工业企业在东北算不上实力雄厚，尽管其发展速度及规模都远在关内各地之上。直至九一八事变前，东北各地一般工业企业的发展都还是以"满铁"及所属企业为主，或是由"满铁"注资。东北日商工业企业延续上一阶段的迅速发展，"一战"期间也依然保持着强劲的势头，日商一般工业企业在东北各地继续不断增加，如 1914 年在复县设立的瓦房店电灯公司、在开源设立的南蛮电器会社、在吉林设立的

① 外务省通商局编『在支邦人進勢回覧』第二回，1919 年 7 月，第 14—16 頁。
② 宋美云、张环：《近代天津工业与企业制度》，天津社会科学院出版社 2004 年版，第 77 页。
③ 「北支進出案内」，『実業之資本』第四十一卷第一号附录，1937 年，第 98—99 頁。

吉林燐寸会社，1915 年在大连设立的东洋石碱（肥皂）制造所，1916 年在沈阳设立的南满制糖会社、在公主岭设立的公主岭电灯公司等，日商利用"满铁"在东北强大的经济势力全面扩张。据《中国近代工业资料》的统计，1922—1931 年，日商在东北各地设立的拥有 5 人以上的私人资本工业企业共计 324 家，分别为：纺织业 165 家，金属工业 4 家，机械工业 9 家，窑业 17 家，化学工业 17 家，食品工业 50 家，制材和木制品工业 14 家，印刷工业 15 家，其他杂工业 33 家。[①]九一八事变和紧接着成立的伪满洲国，使日商在东北的工业企业发展进入膨胀阶段，还是据《中国近代工业资料》的统计，1932—1936 年，日商在东北各地设立的拥有 5 人以上的私人资本工厂共计 1228 家，分别为：纺织业 591 家，金属工业 48 家，机械工业 81 家，窑业 59 家，化学工业 36 家，食品工业 193 家，制材和木制品工业 64 家，印刷工业 49 家，其他杂工业 107 家。[②]原资料标明，该统计是不包括旅顺、大连两地的，也不包括官营企业、军工企业和电力工业企业。将行业分布细化的话，金属工业包括金属铸制品、冶炼；窑业包括砖瓦、砂石、水泥等；化学工业包括榨油、皮革、玻璃、油漆燃料、制药等；杂工业包括卷烟火柴、制鞋工业等。陈真、姚洛合编的《中国近代工业资料》的统计中至少有两点值得注意，一是统计行业不包括矿业、电业这两大重要行业，基本属于一般工业行业；二是大连和旅顺是"满铁"势力最强，也是东北日商工商势力最大的两大地区，未包括这两地的统计数据就已如此，更足以说明日商一般工业企业在东北扩张的态势。

二、财阀企业的发展

日本财阀对华活动始于明治初年，1876 年三井物产在上海开设分店可为日本财阀进入中国的开端，之后是 1893 年三菱财阀在上海、香港设立分店，1905 年大仓财阀设立本溪湖煤铁公司，而其他各财阀来华直接经营各种企业已是"一战"爆发以后的事。"一战"爆发到 20 世纪 20 年代初的

---

① 陈真、姚洛编：《中国近代工业史资料》第二辑，三联书店 1957 年版，第 433 页。
② 陈真、姚洛编：《中国近代工业史资料》第二辑，三联书店 1957 年版，第 433 页。

七八年间，是日本财阀势力大举进入中国的时期，除三井、三菱、大仓三大财阀之外，古河、铃木、冈崎、伊藤、片仓等一批中小财阀也纷纷来华投资经营企业。20 年代因日本国内经济的波动和中国的排日运动等原因，日本财阀在华投资经营企业活动明显衰退；九一八事变后日本财阀在华投资经营企业的活动则又乘机迅速发展，并且踊跃参与"特殊会社"的投资。日本财阀在华投资主要有借款和企业投资两种方式，这里仅以企业投资为限。企业投资又可分为几种方式：独立投资经办、两方合资主导经办、共同投资不经办等。日本财阀在华企业活动范围极其广泛，涉及商贸、银行、工业、矿业、林业、农业等方方面面，不同的财阀各有不同的行业侧重，同时又有多种经营、交叉投资等特点，"一战"爆发至抗日战争全面爆发前，日本大财阀企业的在华投资经营活动，主要是以三井物产、三菱商事及三井、三菱、住友财阀总社分支机构的商事活动为中心，还有以大仓及一些中小财阀为中心的在东北的工矿企业活动。这里以三井、三菱及大仓等几大财阀为典型事例作一简单概述。

（一）商贸、金融财阀

三井财阀无论在日本国内还是在华，都是诸财阀中势力最雄厚的一家。三井财阀集团的中央机构是三井合名会社，其名下有着十几个直系企业，又由这些直系企业支配几十个旁系企业，或再由旁系企业操纵其他关系企业，三井财阀的在华企业活动就是由部分直系、旁系、关系企业进行的。三井财阀在中国的企业经营活动从商贸业开始，之后发展到工业、银行、矿山、仓储等各行业，直至 1937 年侵华战争全面爆发前，商贸业始终是三井财阀在中国企业活动中最重要的部分。三井物产作为商贸企业，既是三井财阀也是日本财阀中进入中国最早、发展最快的在华企业，三井物产在日本商贸企业中排名第一，早在 1918 年其资本金就已达到 1 亿日元，如前文所述，截至 1912 年三井物产在中国的分支机构就已经有 23 个，从台湾延伸到东北，遍布中国各地。三井物产在各地的分支机构主要从事进出口贸易，甲午战后三井物产出口总额中 60% 左右是对天津、上海、香港这三个中国分店的，而从历年三井物产国内外分店的社外销售情况看，中国分店、办事处的经营活动在三井物产庞大的销售业绩中占有相当高的比例，具体情况如表 3-3：

表3-3　三井物产中国分店的"社外"销售结算额与占比（1910—1937）

年度	总计（100%）（千日元）	中国分店小计（A）（千日元）	A / 总计（%）	中国关内小计（B）（千日元）	B/A（%）	中国东北小计（C）（千日元）	C/A（%）
1910	277323	70680	25.49	56776	80.33	13904	19.67
1914	452387	36832	8.14	25202	68.42	11630	31.58
1918	1602721	300574	18.75	239925	79.82	60649	20.18
1921 下	365068	61425	16.83	49976	81.36	11449	18.64
1923	882933	122132	13.83	107893	88.34	14239	11.66
1925	1141709	155975	13.66	126362	81.01	29613	18.99
1927	1167520	193473	16.57	159236	82.30	34237	17.70
1929	1323980	228703	17.27	159675	69.82	69028	30.18
1931	841732	142668	16.95	115125	80.69	27543	19.31
1933	1233560	185269	15.02	124373	67.13	60896	32.87
1935	1773548	324645	18.30	208562	64.24	116083	35.76
1937	2345844	357874	15.26	228517	63.85	129357	36.15

注：总计包括三井物产事业本部、国内分店、全部海外分店（欧、美、亚及中国各地分店）。

资料来源：［日］坂本雅子：《财阀与帝国主义：三井物产与中国》，徐曼译，社会科学文献出版社 2011 年版，第 97 页。

从表3-3可以看出，三井物产"社外"销售结算额本身的增长，1937年是1910年的8.5倍，而中国分店占三井物产总计的比重，除1914年低于10%，"一战"爆发后其他年份均保持在13%—18%之间，可见三井物产中国分店的贸易经营始终保持着稳定的发展趋势。

三井财阀子系统中最重要的三大企业是三井物产、三井银行和三井矿山。三井物产"一战"前在华已经建立了庞大的分支系统，而在本阶段获得稳步发展；三井银行则在1917年进入中国，总行资本1亿日元，先后在上海和大连设立分行，三井银行上海分行迅速成为三井财阀在华企业的金融大本营和三井物产商贸经营活动的坚实后盾，并为三井财阀各直系、旁系企业的投资经营活动提供资本。三井物产及诸三井系企业，"一战"前已开始介入其他商、工、矿企业的投资经营，如三泰油坊、上海纺织会社、东洋棉花等都是三井资本主导的企业。1915 年后三井物产参与了兴源公司、山东矿业等企业的设立，对开滦煤矿、"南满"矿业、满洲矿山、大连火柴和革新纺织等企业进行了投资，还增购了上海纺织、满洲制麻等企业的股本，而在上海，三井物产还兼营诸如堆栈、船埠及加工工业等。总之三井财阀资金雄厚，在华企业投资范围极广，其中尤以纺织工业为重点，除三井直系的上海纺织会社外，丰田纺织、钟渊纺织等也与三井有资本关系，可以说在华纺总产额几乎一半归三井系之纺织会社所有。

三菱财阀与三井财阀的经营模式相似，也是集商贸、银行、工矿等各业为一体的综合性财阀，此阶段其在华企业经营也是以商贸业为主，三菱财阀系企业在华活动最活跃者为三菱商事。如前所述，三菱商事"一战"前在中国的企业活动主要是在商贸方面，其时已在上海、汉口、香港等地设有分店，此后又在各地不断增加分支机构，并进而逐步展开其商业活动。1918年三菱银行在上海设立分行，总行资本金 5000 万日元，为三菱商事在华商贸活动提供强大的金融支撑。此外三菱财阀系企业也投资各类工矿企业，如早期在武汉设立胡麻工场、桐油工场，在上海设有菱华仓库，"一战"后在上海收买上海造纸会社并改名为华章造纸厂。直系会社如日本邮船、日清汽船、三菱制纸、日本窒素肥料、旭硝子（玻璃厂）、明治制糖、日清制粉、麒麟麦酒、大日本麦酒、明治制糖、满洲纺织等，或为直接设在中国的企业，或为直系企业在中国所设分厂。三菱财阀在华资本实力仅次于三井财阀，排名第二。

再有住友财阀，在华企业经营模式也如三井、三菱，只是势力要弱一些。住友财阀的最高机构为住友合资，其在上海设有分店经营贸易，而住友财阀在中国的主要经营机构是住友银行。住友银行比三井银行还早一年进入中国，1916 年在上海设立分行，1917 年在汉口设立分行，总行资本7000 万元。住友银行是日本在华六大银行之一，其在华商业、金融势力的发展也很引人注目。此外，住友财阀在华也参与投资了一些工矿企业。

（二）工矿财阀典型

大仓财阀在华企业经营活动十分活跃，早期进入中国的大仓财阀的大仓组、大仓商事，与三井物产、三菱商事、住友合资一样是日商在华贸易企业的重要代表，在中国各地设有诸多分支机构。与三井、三菱、住友不同的是，大仓财阀没有银行资本，其事业重心在矿业、工业。日俄战后以本溪湖为开端，开始向中国的工矿业进军，并以本溪湖煤铁公司为基地，不断扩大该公司规模和在周边设立工厂、仓库、生活设施。九一八事变之前，本溪湖地区已从煤铁公司初建时人口不足三百的小村落，发展成为三万人左右的小城市。"一战"爆发后大仓财阀在华势力迅猛发展，其势力不仅在东北，乃是向华北、华中全面伸展。大仓财阀在华企业投资可分为两大部分，一是出资（借款、债券），一是直接投资，直接投资的企业都是以"合办"形式进行的，其中有与中国地方政府"合办"，与中国私人资本"合办"，与其他财阀合办等。另一特点是大仓财阀在华工矿企业的投资经营活动，涉及地域广、行业种类多、规模大，大仓财阀以直接投资形式控制了数十家工矿企业，尤其矿业资本是同类日商在华企业之首，尤其在东北地区，其是势力仅次于"满铁"的最大日商企业。这里仅对直接投资部分作一概述。

截至九一八事变爆发，大仓财阀在中国大陆直接投资的企业共有 30 家，这中间绝大部分是"一战"爆发后设立的，基本情况如表 3-4：

表 3-4　大仓财阀直接投资企业情况（20 世纪 10 年代—20 年代末）

企业名	所在地	设立年月	企业名	所在地	设立年月
本溪湖煤铁有限公司	本溪湖	1911.1	鸭绿江制纸株式会社	安东	1919.5
顺济矿业有限公司	上海	1913.2	朝鲜肥料	东北	1919.12
钢铁公司	本溪湖	1914.10	本溪湖坑木	本溪湖	1919.12
溪域铁路公司	本溪湖	1914.4	大源矿业株式会社	东京	1920.9
鸭绿江制材无限公司	安东	1915.10	南定炭矿株式会社	青岛	1921.4
华宁公司	上海	1916	兴林造纸有限公司	吉林	1921.10
大同矿业合资会社	大阪	1916.10	华兴公司	奉天	1923.5
裕元纺织有限公司	天津	1917.8	山东矿业株式会社	青岛	1923.5
裕津制革有限公司	天津	1917.8	共荣企业	东北	1923.6
安东制炼所	安东	1917.9	益昌码头	上海	1923.11
中华汇业银行	北京	1918.2	浦口土地共有组合	东京	1925.11
青岛冷藏株式会社	青岛	1918.3	奉天电车株式会社	奉天	1925
兴源公司	东京	1918.4	满洲棉花	东北	1926.10
丰材股份有限公司	长春	1918.11	金福铁路公司	大连	
日支鸡蛋公司	东京	1919.4	华森制材公司	吉林	

资料来源：据大仓财阀机关研究会『大倉財閥の研究——大倉と大陸』，近藤书店，1982 年，第 143、339、391 页整理、制作。

从表 3-4 可以看出，大仓财阀在华企业投资经营的企业，除本溪湖煤铁、溪域铁路和顺济矿业外，全是"一战"爆发后设立的，从行业类别看，30 家企业依次是：矿业 10 家（本溪湖煤铁、顺济矿业公司、钢铁公司、华宁公司、大同矿业、安东制炼、兴源公司、大源矿业、南定炭矿、山东矿业株式会社），林业 7 家（鸭绿江制材、丰材公司、本溪湖坑木、鸭绿江制纸、兴林造纸、共荣企业、华森制材），铁路 2 家（溪域铁路、金福铁路），纺织业 2 家（裕元纺织、裕津制革），电车 1 家（奉天电车），农牧 1 家（华兴公司），银行 1 家（汇业银行），其他 6 家（青岛冷藏株式会社、日支鸡蛋公司、朝鲜肥料、益昌码头、浦口土地共有组合、满洲棉花）。从所在地区看，16 家设在东北。大仓财阀在华企业投资经营活动的重心及势力范围一目了然。①

（三）其他财阀

侵华战争全面爆发前，除了上述几家大财阀，日本一些中小财阀也纷纷前来投资经营，如：古河，系综合财阀，"一战"前已在华布设了分支机构网，经营电气机械等进口贸易及一般商事，之后又在山东省经营矿山企业，是中小财阀在华势力较强的一家；浅野，系产业财阀，在华北经营两江炭矿，旁系资本介入日支炭汽船会社，1933、1934 年在东北投资设立了大同水泥、满洲水泥；安田财阀，系金融财阀，早期主要投资正隆银行，设立了满洲兴业银行，20 世纪 20 年代开始在天津、汉口经营土地、建筑，1936 年在东北设立日吉商会，是日商在华最大的不动产经营者；伊藤忠，系综合财阀，在中国早已设有分店网，除商事外主要经营纺织业，1927 年收买裕大纺织公司，设立大幅公司，又与"东拓"合办天津纺织公司；片仓，系地方财阀，以日化蚕丝会社为起点，在青岛、张店、镇江等地设有蚕丝工场，还在山东设立东恒业株式会社经营盐业，在青岛经营合同烟草会社等。

九一八事变后，东北地区成为日本财阀争相投资企业的重地，各财阀踊跃参与特殊会社的投资。

---

① 大倉財閥機関研究会『大倉財閥の研究——大倉と大陸』，近藤書店，1982 年，第 143、339、391 頁。

三、"国策"会社的发展

（一）特殊银行的扩张

日本在华六大银行中，三家属于财阀，三家是"国策"性质的特殊银行，从银行自身实力或在华势力来看，三家特殊银行都在财阀银行之上，是在华势力最雄厚的日商银行。三家银行仰仗"国策"型特殊银行身份，都具有在中国发行纸币的权力、汇兑权、放款权。两次世界大战之间是日商银行在华迅速扩张时期，但是三家特殊银行在华势力的消长，在时间和区域上都有所不同，其共同特点就是在不同时段、区域，为在华日商的商贸活动和日商企业融资，并由此为日本在华经济势力的膨胀发挥了重要作用。

最早进入中国的横滨正金银行，"一战"前，其海外事业发展已经相当成熟，海外分支机构遍布世界各地，单在中国就已设有 16 家分支机构，除设在上海、香港、天津、北京、芝罘、汉口、青岛等 7 个重要商埠城市外，其余 9 家全部设在东北，彼时已基本完成了其在华分支机构网的设置。"一战"后又增加几家分支机构，如 1915 年设立青岛办事处济南分行，1919 年升为济南分行；1924 年设立广东分行；1935 年设立奉天办事处小西关分行。横滨正金银行设立之初实收资本只有 300 万日元，1913 年增资到 1800 万日元，到 1920 年资本额已经达到 1 亿日元。正金银行在华分支机构的经营活动分为关内和东北两大部分。在关内的经营活动，主要是通过分支机构在各大商埠进行汇兑、存借款及部分地区的货币发行等业务。直到 1916 年，中国关内日商银行仅有正金银行和台湾银行两家，正金银行关内各分支机构对日商在华企业的资金筹措、调拨给予了很大支持。随着日侨人口增加，日商商工企业增多，正金银行的存款额也不断上涨，仅以存款多寡看正金在华的发展，"一战"期间的五年里，正金银行在中国关内分行的存款就增长了 2.2 倍。在东北的经营活动，除了遍布东北各地的分支机构从事的一般商业活动，最重要的是正金银行在 1917 年之前，还肩负"中央银行"的职责，是日本在东北推行殖民金融政策的中枢机关。作为日本政府"统一东北货币"的执行机关，正金银行拥有在东北的货币发行权，该行银行券在东北南部地区广泛流通。随着朝鲜银行的崛起，正金银行在东北的势力大大减弱，但是在特产交易、海关纳税及对上海结汇等方面，仍保留正金银行的流通地位，并且当局在停止正金银行金券流通的同时允许由其收回。

台湾银行除了在台湾执行"中央银行"的职能，"一战"前已经开始向大陆发展，1903—1913年十年间，分别在厦门、上海、广州、福州、汕头、九江、香港等地设立了分支机构。"一战"爆发后，台湾银行又在汉口设立分行，在华南、华中地区形成了该行的分支机构网及势力范围。台湾银行初创时实收资本500万日元，到1919年，资本额已达8000万日元，比初时增加了12倍，存款额达2亿8060万日元，放款额计有5亿2900万日元以上。台湾银行在华南各地也吸收当地的华商股份以拓展资本，台湾银行在华南、华中地区最突出的经营活动，就是利用特殊银行性质，通过各地分行大量发行银行券，台湾银行发行的银行券分为4大种类：银票、番票、汕票、墨银票。只是各地发放种类不同，如上海、九江、汉口等地都是银票和墨银票，汕头是银票和汕票，福州是银票和番票等。20世纪20年代中期，情况出现变化，由于中国反帝爱国运动掀起的抵制日货、拒用日钞等影响，台湾银行逐渐停止了在各地的纸币发行。此外，台湾银行在日本国内最大的贷款对象铃木商店在1927年宣布破产，这使台湾银行陷入严重危机，台湾银行除台湾总行外，所有日本国内分行和中国大陆分行甚至因此一度停业。

朝鲜银行与正金银行、台湾银行不同，是最晚进入中国的特殊银行，如前文所述，朝鲜银行是日本政府1909年在汉城设立的特殊银行，随即开始向中国东北渗透，"一战"前已在安东、奉天、大连、长春等地设立分行、办事处。"一战"期间是朝鲜银行大举进军中国之际，1914—1918年，就在东北增设13家分支机构：1914年四平街办事处；1915年开原办事处；1916年哈尔滨分行、营口分行、傅家甸办事处；1917年龙井村办事处、吉林办事处；1918年旅顺、辽阳、铁岭、郑家屯、满洲里分行、办事处。还有1917年在关内设立的青岛办事处，1918年设立的上海分行、天津分行等。之后还分别在沈阳小西关、齐齐哈尔、海拉尔、牡丹江、图们、锦州、珲春等地设立分支机构，截至1936年北平分行设立，朝鲜银行在中国大陆共设有三十多个分支机构，相比正金银行和台湾银行是后来居上，分支机构数量大大超过前两家银行。更重要的是，日本政府1917年11月发布217号敕令，取消了横滨正金银行券的法定地位，确定以朝鲜银行券为"关东州"及满洲铁路沿线的法定货币，正金银行的金券发行权及日本国库事务均转交朝鲜银行，这使朝鲜银行取代正金银行，成为东北地位第一的银行。九一八事变之后朝鲜银行在东北的势力更大，到抗日战争全面爆发前，朝鲜银行共发行1亿2000万日元以上的纸币，其中除早期在朝鲜发行的5000万日元，其余全部向东北各地发放，朝鲜银行充分发挥了特殊银行的作用。[①]

（二）"满铁"的继续扩张

如前文所述，"满铁"作为日本在华第一家"国策"会社，并不是一个单纯的企业集团，还具有国家机关职能，是日本在东北进行政治、经济、军事等侵略活动的指挥中心。"满铁"初建时总资本为2亿日元，政府资本、私人资本各为1亿日元，1920年和1933年"满铁"两次增资，始终保持着半官半民的资本结构，到1933年"满铁"资本已达8亿日元。"满铁"作为"国策"会社长期充当日本对我国东北资本输出的主力，1906年设立以后，"满铁"对东北的投资额占日本对东北投资额的比重，大体上在最初的几年里达到90%以上，之后到1918年以前，"满铁"占日本对东北投资额的比重至少也在70%以上。1937年以前"满铁"在日本对东北的投资总额中，1932年占67%，1933年占54%，1934年占61%，1935年占65%，1936年占51%，[②]说明在日本对东北的投资中，"满铁"长期保持一半以上的占比。再与其他各国对东北投资相比，全部外资在东北总投资中，日本投资占95.6%，可以说"满铁"在侵华战争全面爆发前的东北经济领域占有压倒一切的优势地位。这个现象直到"满洲重工业开发株式会社"（简称"满业"）建立后才有所改变，1937年以后，开始由"满铁"和"满业"共同承担对东北资本输出的主导任务。

---

① 郑学稼：《日本财阀史论》，上海生活书店1936年版，第560—582页。
② 满铁产业部『满洲经济年报』下册，满铁会社，1937年，第104页。

此外，"满铁"始终以投资经营企业的方式扩大自身势力。本书主要探讨的是"满铁"作为"国策"会社的企业特征，从"满铁"在东北及华北等地的企业投资情况中，可以清楚地看到"满铁"作为"国策"会社所拥有的庞大资本系统。"国策"会社的资本运作方式是母公司下设众多子公司，子公司下面可能也设有众多子公司，由此形成一个庞大的资本系统。按"满铁"自己的企业分类，"凡公司资本全由满铁负担或占九成者，称为'直系'公司，达半数以上，而能统制者则称为'旁系公司'"，[①] 也就是投资额在90%以上为直系企业，50%以上为旁系企业。另外权且将"满铁"投资额占50%以下者称为"出资公司"。从"满铁"资本网看"满铁"系统企业，截至1934年3月的统计，与"满铁"资本相关的企业共有71家，其中直系企业15家，旁系企业25家，出资企业31家，71家企业的总资本达6亿2578万日元，实缴资本4亿4100万日元，其中"满铁"所占股份达2亿4556万日元，即占全部实缴资本额的56%。若以行业区分，71家企业中工业占20家，农业占4家，商业占6家，矿业占8家，运输仓库占10家，电气煤气占4家，土地建筑占6家，交通运输占6家，旅馆占2家，报业占4家，杂业占1家。

（三）拓殖会社和兴业会社

拓殖会社是"国策"会社的一种，"拓殖"即开拓殖民，所以拓殖会社必伴有移民垦殖这一基本特征，是推行殖民地开发和土地掠夺的特殊会社。第二次世界大战前，除了"满铁"，日本还有两家拓殖会社进入中国，即"东洋拓殖株式会社"（简称"东拓"）和"台湾拓殖会社"（简称"台拓"）。

"东洋拓殖株式会社"是1908年日本在朝鲜京城（后汉城，现首尔）设立，设立时资本为1000万日元，设立的目的就是以移民和土地收购活动为主要方式，在朝鲜长期经营固定借款或殖民借款，以及其他种种"拓殖事业"。但实际上"东洋拓殖会社"在其设立之初取名为"东洋"，就已存有不限于朝鲜一隅之意，走出朝鲜走向"东洋"只是时间问题。1916年10月，寺内正毅组阁，将《东洋拓殖会社法》修改案提交日本第三十九届

---

① 郑学稼：《日本财阀史论》，上海生活书店1936年版，第607页。

帝国议会，经讨论通过，确定把"东洋拓殖会社"的经营范围从朝鲜扩大到西伯利亚、中国东北、蒙古等广大地区。1917 年日本政府整顿在中国东北的金融体系时，将原由正金银行办理的殖产金融业务全部移交给了"东拓"。1919 年 6 月"东洋拓殖会社"哈尔滨分店设立，"东拓"在奉天（沈阳）、大连等地设立分店，资本金也由原来的 1000 万日元，增至 2000 万日元，此后日本开拓东北的资本，短期资金为朝鲜银行所经营，长期资金改为"东洋拓殖"出资。"东拓"对"满铁"及其"附属地"内的各事业也有投资，"东拓"在东北的经营直接为日本政府"满鲜经济统一"、侵略满洲政策服务。从 1917 年开始，"东洋拓殖会社"在中国东北和关内先后设立起 10 个分支机构，东北 5 个分店设立在"新京"（长春）、奉天（沈阳）、哈尔滨、大连、"间岛"（延边），关内 5 个分店设在上海、北京、天津、青岛、张家口，事业范围逐渐从农牧业扩大到工业、不动产、城市基建等方面，成为中国大陆继"满铁"后的第二个拓殖型"国策"会社。

"台湾拓殖会社"远远晚于"东洋拓殖"，是 1936 年 11 月，根据《台湾拓殖会社法》而设立，初建时资本金 3000 万日元，其中一半是由台湾总督府以官租地所做的投资，另一半则由制糖会社、财阀会社等民间商人出资，属于半官半民的特殊会社。"台拓"设立的首要目的是解决长期以来的土地垦殖问题，欲将中国台湾土地掌握在日本殖民者手中。其次"台拓"又配合统治者"南进""北进"的"国策"，南面向东南亚进军，北面向中国大陆进军，本店在台北，另在东京、台中、台南、高雄以及广东、海口等地设立了分支机构。"台拓"经营活动的真正展开已是在日本侵华战争全面爆发后，"国策"会社性质决定了战争体制下，其运营机制与战时统制经济体制的高度一致。"台拓"以中国台湾为基地，迅速发展成一个集农、工、矿于一体的庞大企业集团。

此外，九一八事变后，尤其是"满洲国"设立后，日本在东北的势力膨胀，20 世纪 30 年代中期东北还出现了一批以地方振兴、殖产兴业为目的的"国策"会社，如 1935 年设立的"满洲拓殖公社"，1936 年设立的"东北兴业株式会社""东北振兴电力株式会社""鲜满拓殖会社"等，这一类型的"国策"会社也在战时达到了空前的膨胀。

四、"中日合办"企业的第二次高潮

"中日合办"企业的第二次高潮，是指 1914—1921 年间，因其发生在日本的大正时期（1912—1925），也被称为大正高潮。"中日合办"企业是日商在华企业的一大类型，其时间跨度之长，企业数量之大，实属无法忽略的现象。如前所述，"中日合办"企业在日俄战后有过一个兴办的小高潮，但是和"一战"开始后相比实在只是个开始。有关近代"中日合办"企业具体数量的统计，始终是一个难以统一的问题。由于资料的零散、统计标准的不统一等各类原因，各种资料搜集数据不很统一，总体来说缺乏全国性、全时段、全行业的统计资料。而在各类统计资料中，张雁深在《日本利用所谓"合办事业"侵华的历史》一书中的统计，可以说是相对完整的统计，其数据包括除台湾之外的中国各地，行业包括工矿、金融、商业等多行业，时间跨度从 1895 年到 1931 年，比较全面地反映出这个阶段"中日合办"企业的整体状态。故此，本书本阶段总体数据主要参照张雁深的统计。

根据该统计，1895—1931 年，共有 217 家"中日合办"企业设立（台湾不包括在内），分为两大阶段，第一阶段 1895—1913 年是 29 家，第二阶段 1914—1931 年是 188 家，而第二阶段又可以分为 1914—1921 年和 1922—1931 年前后两期，前期即为"中日合办"的第二个高潮期，共设立了 151 家，后期陷入低潮，共设立 37 家。在前期，"中日合办"企业每年设立的数量基本呈上升趋势：1914 年 6 家，1915 年 8 家，1916 年 12 家，1917 年 16 家，1918 年 28 家，1919 年 35 家，1920 年 30 家，1921 年 16 家，平均每年设立 18.8 家，其中 1919 年为最高一年，之后两年开始下滑。但真正陷入停滞状态是从 1922 年开始。1922 年只新设立 2 家，之后每年设立的数量不甚清晰，累积到 1931 年共设有 37 家，平均每年只新设 3.1 家。从地区来看，第二阶段设立的 188 家"中日合办"企业中，东北地区最多，共有 125 家（奉天 42 家、吉林 30 家、长春 22 家、本溪湖 5 家、抚顺 5 家、哈尔滨 4 家、黑龙江 2 家、营口 2 家、开源 2 家、其他 11 家），另外 63 家中从多到少依次为：山东 26 家（其中青岛 9 家），上海 13 家，天津 6 家，河北 4 家，广东 4 家，北京 3 家，内蒙 3 家，江苏 2 家，湖南

1 家，四川 1 家。① 张雁深的统计尽管展现了一个较全面的基本状况，但是从不同资料中还是能找到一些未被统计进去的企业，笔者在分析具体情况时将结合各类资料，而非囿于单一资料提供的信息。

　　从上面的统计数据看，"一战"结束后的确是一个高潮，本阶段之所以掀起"中日合办"企业的持续高潮，是由于"一战"的爆发给日商企业在华发展提供了宽松的经济环境，加上日本政府向中国提出"21 条"，政治上为日商来华投资和开设企业提供了保障。经过前一阶段的试水，日商更清楚地认识到"合办"企业的形式，首先使"日方资本能够输入到日本直接经营的企业所不能达到的地区，能够经营后者所不能经营的企业"②，其次可以使企业取得中国法人资格。日商来华设立独资企业，在资金和申办手续等方面，很多时候不及"合办"企业来得方便，"合办"企业可在日本注册，可在中国注册，也可在两国分别注册，享有"双重国籍"。在日本注册，因其日本国籍而享有不平等条约带来的在中国的特权；在中国注册，可在不平等条约保护之外的中国内地享有开设企业的便利。如 1913年"中日合办"的中日实业有限公司，就是在中、日两国都进行了注册，按照"合办"的合约规定，公司在中国注册完毕时"中国政府则将此公司与其他外国公司区别开来，给以中国公司同样的待遇及权利"。③

　　日商来华设立独资企业肯定是首选，但是日商大肆涌入，存在资金不足和申办条件受限等问题，选择设立"合办"企业显然是缓解各方矛盾而迅速获取利益的良方。本阶段日商踊跃投资组建"合办"企业，的确更多考虑的是享有便利，而在资本份额上，日商总是尽量多占比重。如前文所述，早期"合办"企业表面多以资本各半为标榜，但实际中方可能资金不到位，日商垫资等情况也时有发生。本阶段很多"中日合办"企业从设立之时就明确以日商资本占上风，这样日商即可因资金上的优势，理所当然

---

① 根据张雁深：《日本利用所谓"合办事业"侵华的历史》，生活·读书·新知三联书店 1958年版，附表"中日合办事业一览表（1895—1931）"统计。

② 张雁深：《日本利用所谓"合办事业"侵华的历史》，生活·读书·新知三联书店 1958 年版，第 12 页。

③ 张雁深：《日本利用所谓"合办事业"侵华的历史》，生活·读书·新知三联书店 1958 年版，第 21 页。

地把持企业经营管理的主导权，或在董事会占多数席位，或派员充当总经理。如 1917 年在上海设立的中国电球株式会社，资本金 200 万日元中中方商人只出资 1 万日元，故七名董事中华董只占一位；1920 年"中日合办"凤凰山铁矿的株棱公司资本金 2500 万日元中，日方出资 2000 万日元，中方出资 500 万日元，合办合同明确约定"矿山工作全由日人监察"，① 此"监察"即为控制。

本阶段大批"中日合办"企业的设立，带有抢滩式的获取最大化利益之动机，来势凶猛而去势也快，因而难以维持持续发展的状态。九一八事变后，"中日合办"企业基本进入衰退状态，新增企业极少，已建企业纷纷停办、歇业，"合办"企业几乎有半数以上存续时间不长。以银行业为例，此阶段各地都出现了"中日合办"的银行，如 1918 年 1 月在北京正式开业的中华汇业银行，这是一家由中日官商"合办"的银行，资本金1000 万日元，在上海、青岛、天津等地都设有分行，仅经营了 12 年，就在 1930 年休业。再如"中日合办"企业最为活跃的东北地区，因为关东军和"满铁"的关系，长期以来日商企业的发展比其他地方更为有利，在此阶段"合办"企业的高峰期，东北各地接连出现了十来家"中日合办"银行，如范家屯银行（1917，吉林）、振兴银行（1918，营口）、铁岭商业银行（1919，铁岭）、开原银行（1919，奉天）、日华银行（1919，奉天）、南满银行（1919，鞍山）、鞍山银行（1920，鞍山）、协成银行（1920，安东）、福申银行（1920，营口）、哈尔滨银行（1921，哈尔滨）等。进入 30年代初，这些银行因经营难以为继，基本停业或合并。

此外，东北地区九一八事变后出现了具有殖民统治色彩的新"中日合办"企业，以及抗日战争全面爆发前后，出现了一批以"中日合办"为名的国策会社，这二者在性质上相近，具有直接为殖民战争服务的特性。20世纪 30 年代中期以后，"中日合办"企业出现的新动向，与抗日战争爆发后日商在华企业的走向是紧密相连的，如东北地区日商银行的合并，根据1936 年 12 月伪满政府公布的《满洲兴业银行法》，原"朝鲜银行""正隆

---

① 《矿业杂志》第三卷，第一期，矿业研究会 1917 年。

银行""满洲银行""满洲商业银行""辽东银行"及其所属分行，全部合并于伪"满洲兴业银行"，实际已经进入准战时状态。

第四节　战争全面爆发后日商
在华企业的侵吞和发展（1937—1938）

1937 年 8 月—1945 年 5 月，是日商在华企业战时从膨胀到崩塌的阶段。战争使日本不可避免地逐步发展成为一个以重工业为主的国家，由于战争对资源和生产的依赖，战时日商在华企业发展的轨迹与战前不同，重中之重是直接支撑战争需求的工矿企业，这里仅以工矿企业为主线梳理战时日商在华企业的发展、变化。战争初期日商在华企业发展大致有三方面的活动：一是"复兴"既存企业的生产能力，治理修复受战事影响而停工或毁损的原有日商企业；二是投资新建企业，包括新"国策"会社和一般企业的设立；三是掳掠华商企业窃为己有，即以所谓"军管理"方式把华商企业变为日商企业，所谓"军管理"又以多种面貌出现。总的来说战时日商在华企业的发展活动，都是在战争背景下以军事占领为前提的企业扩张，尤其是以"军管理"名义、以各种方式将华商企业变成的日商企业，更是直接对中国企业加以掠夺、占有的结果，而这类企业的确作为日商在华企业的一部分效力于日本总体战时统制经济。

一、既存企业的生产恢复

"七七"事变后抗日战争全面爆发，日军先向华北地区进军，察哈尔、河北两省和北平、天津两个直辖市先后全境沦陷，绥远、山西两省大部分地区也先后沦陷，绥远省 20 个县（市、旗）沦陷了 16 个，山西省 105 个县沦陷了 103 个。而"八一三"事变后，日军开始从海上进犯华中地区和山东省，上海直辖市、江苏省、浙江省、安徽省和南京、青岛两个直辖市也先后沦陷，其中山东、江苏两省和三个直辖市全境沦陷，浙江省 76 个县（市）沦陷了 64 个，安徽省 62 个县沦陷了 48 个，至 1937 年年底上述地区都相继沦陷。战火使上海、天津、青岛等各商埠的工商业遭到破坏，所以日本占领者在沦陷区要做的第一件事，就是恢复沦陷区日商在华工商企业的生产经营，1937 年 7 月—1938 年 6 月，正是日商在华企业的所谓"复兴"期。获得日本政府积极扶持的"复兴"事业，在关内集中体现于在华纺的企业复工上。日商在关内的工业企业素以上海最为集中，在华纺也是以上海为中心和重心的。日本在上海各业投资中纺织工业规模最大，截至 1936 年纺织业投资约占总投资额的 36.5%，① 说明上海在华纺在所有日商在华企业中具有举足轻重的地位，在华纺的"复兴"、复工，直接影响着战时既存日商在华企业的"复兴"、复工。这里以在华纺为中心、以上海为例，对此时期日商在华企业的损失和恢复状况做一个较直观的分析。

战争全面爆发后，上海在华纺各社都受到了程度不一的破坏，据淞沪会战后日本在上海"居留民团"上报的统计，在上海的日商工商企业共计 1267 家，财产损失合计 4207 余万日元，直接损失 2685 余万日元，间接损失 1521 余万日元。其中属于工业企业损失的有：印刷工厂 175 余万日元；纺织业 1528 万日元；纺织加工业 217 余万日元；窑业 35 余万日元；化妆品、药品制造业 92 余万日元；电灯、电器具制造业 10 余万日元；铁工业 233 余万日元；杂工业 179 余万日元；酿造业 15 余万日元；共 2488 余万日元。② 工业损失 2488 余万日元中，纺织及纺织加工共有 1745 余万日元，占工业总损失的 70%。单以棉纺为例，在华纺上海各社的总损失如下表：

表 3-5　战争初期在华纺上海各社设备损失

	纱锭	线锭	织机
各社原有设备规模总数	1357720	341928	17370
各社被破坏设备规模总数	227556	40920	4341
被破坏规模占原规模之比率（%）	16.7	11.9	24.9

资料来源：大日本纺绩联合会编『東亞共栄圏と纖維産業』，文理書院，1941 年，第 221 頁。

① 截至 1936 年，日本在上海各业投资比率依次为：金融 4.7%；纺织 36.5%；航运业 3.8%；杂货制造业 3.2%；输出入业 32%；地产业 0.4%；文化事业 1.1%；军部财产 1.2%；其他投资 17.1%。张肖梅：《日本对沪投资》，商务印书馆 1937 年版，第 5—6 页。

② 上海"居留民团"创立三十五周年纪念志编纂委员会『上海居留民団三十五周年紀念』，1942 年，第 764—766 頁。

1938 年起，日本在华中沦陷区的诸般经济工作渐次恢复，1938 年 2 月上海日侨以"居留民团"的名义，向日本政府（议会）提出发放针对因战事死伤者和财产损失的"复兴"资金的申请，以帮助上海日侨恢复生产。1938 年 11 月，日本议会通过了《在华日人企业复兴资金融通损失补偿法》，为直接受损失者发放"复兴"资金，政府指定正金银行、朝鲜银行、台湾银行以及东洋拓殖株式会社充当本次"复兴"资金发放的金融机构，发放贷款总额为 2000 万日元，上海被分摊的贷款额为 450 万日元。[①] 战区向西移动后，在本国政府的扶持下，因战事影响一度停业的各日商企业相继复工，1938 年 1、2 月间，棉纺企业率先开始复工，3 月末，精纺机约 77 万枚纺锭已经运转，原设备 135 余万枚，除去因战事损失的近 23 万枚，开工率已达 69%。进入 4 月后复工更为普遍，各纺织会社的运转率迅速提高，5 月底达到 80%，6 月达到 85%，到 8 月底已达 90%，9 月末达到 97%，至年底达到 98%，最终达到 100%。再看被破坏工厂的恢复状态，受损失最大的丰田第一、第二工厂，日华浦东、吴淞两工厂的恢复，因需要大量的材料及资金，日军当局给予与青岛相同的限制，禁止 100% 恢复，由此丰田第二工厂及日华吴淞工厂的织机 1492 台转移到曹家渡工厂复工。[②] 此外，其他工业企业亦在 1938 年 2、3 月后逐渐复工，战争全面爆发前日本上海工业同志会的会员企业，除去纺织业的其他一般工业企业有 42 家，经过企业恢复及新设，1938 年 11 月，日本上海工业同志会所属一般工业企业达48 家，开工运营的会员企业只有 26 家，另 22 家未能开工，而复工企业的情况也不及纺织企业，平均复工率在战前的 80% 左右。[③]

其他各地日商在华企业的复工情况都不及上海。如青岛，战争全面爆发后青岛在华纺九大会社的全部工厂被中国军队炸毁，其他还有橡胶、榨油、面粉、火柴、酿酒等众多企业被炸毁，全部损失达 2 亿日元，其中在华纺损失达 1.3 亿日元。对于日商企业在青岛的复工，日本军政当局实施了

---

① 上海"居留民团"创立三十五周年纪念志编纂委员会『上海居留民团三十五周年纪念』，1942 年，第 764、767 页。
② 杉村広蔵『上海要覧』増改補訂版，1939 年，第 144 页。
③ 经济部秘书厅：《敌伪经济情报》第 2 期，1939 年 6 月。

各种"复兴"计划和方案。以纺织业为例,青岛在华纺也向日本政府提出"复兴资金请愿",各社获得了不同程度的政府资助、银行贷款。1938年,几经周折,日本政府原则上同意青岛在华纺恢复到抗战全面爆发前水平,但是进一步扩张、新增企业受到限制。青岛在华纺虽将华商纺织企业收为"合办"企业,而遭到破坏的部分亦未获得修复的允许。青岛在华纺各社恢复主要靠各会社自身力量,到1939年上半年,各社相继复工,机械设备逐渐得以恢复,生产能力达到战前的六成,1939年年底才全部恢复运转,生产水平恢复至抗战全面爆发前水平。[①] 此外,战时日商在青岛、在整个山东和华北既存企业的复工,或多或少都得到日本政府的资助和大银行的贷款支持,而一般商业和小型杂工业与日本侵华战争的利益关联不甚紧密,少有日本政府给予的扶持,所以在抗战全面爆发后也就没有显著的发展。

二、"军管理"攫夺华商企业

日本在华企业的"复兴",除了迅速恢复既存企业的生产能力,更重要的手段则是攫夺华商企业以充当日商企业,为此,日军在占领区对几乎所有华商企业实行了所谓的"军管理"。"军管理"方式很多,首先就是直接"军管理",那些与军工事生产直接挂钩的工业企业,如造船业和机器工业企业,部分直接由陆军或海军出面管理,部分由日军抢夺后整合组成新企业,交由财阀企业经营。被攫夺的华商企业"军管理"方式在不同地域、不同阶段的表现方式也有所不同,如在华北沦陷区,在直接"军管理"外,由于日军不便经营企业,军方就以"委托经营"的方式把攫夺来的华商企业交由日商企业代管,而被侵占企业的归属权仍在军方手里。在华中沦陷区,为了更有效地经营被侵占企业,日军当局采用"委任经营"的方式,把攫夺来的企业直接交予日商企业代为经营,其经营权和利益分配权皆由该受委任之企业掌握,也就是经日军占领当局指定,由日商企业自行经营管理,被"委任经营"之华商企业就此变为日商企业的一部分。华北沦陷区的"委托经营"与华中沦陷区的"委任经营"的最大不同在于,受"委

---

① 刘大可:《抗战时期日本工业在青岛的扩张》,《理论学刊》2008年第8期。

托经营"的企业仅有经营权，而受"委任经营"的企业，则无论自主权、经营权，均直接归于企业之手。之后，日军当局又采取了"中日合办""租赁""买收"等方式抢夺和控制华商企业，而这些所谓的"中日合办""租赁"都是有名无实的幌子，"买收"更是直接抢夺的便利手段。日本军政当局正是以"军管理"的方式，把华商企业变为日商企业的一部分，使沦陷区的日商工矿企业得到了极大的扩充。

日本在华攫夺的工矿企业，除归"国策"会社独占的事业外[1]，一般工业在不同地区即以上述几种方式被日商窃为己有。在华北沦陷区，直接"军管理"和"委托经营"工厂共达82家，其地区分布：山西38家，河北12家，河南11家，山东18家，安徽2家，绥远1家。从行业分布看，这82家工厂中，面粉厂30家，纺织厂15家，毛织、火药、制酸、火柴、水泥、冶炼等工厂各3家，机器翻砂厂8家，其他如造纸、制革、精盐、制糖、印刷、烟草工厂等共11家。在华中沦陷区，"委任经营"工厂共达137家，多集中于上海，从行业分布看，137家工厂中，纺织厂40家，面粉厂18家，造船厂11家，造纸厂9家，树胶厂9家，烟草厂8家，染织厂6家，金属制品厂5家，机器厂4家，其他如毛织、丝织、制革、榨油、绒布、制纸、织帽、纽扣、电器、肥皂、油漆、制酸、酒精、制药、水泥、制糖等则各被掠1家至3家不等，共计27家。

此外，以"中日合办"形式掠夺的工厂，除去"国策"会社，被日人称为"自由企业"的一般工厂共有70余家，其中化学工业27家，金属机械厂10家，食料品工厂9家，其他杂工业工厂约26家；以租赁形式掠夺的工厂，华北沦陷区数据不详，华中沦陷区有31家，其中金属机械9家，纤维业7家，化学工业6家，窑业5家，其他4家；以收买形式掠夺的工厂有20余家，华中16家，华北沦陷区有六七家。[2]

在华中沦陷区，"以上海为据点，确立帝国向华中方面经济发展的基

---

① "国策"会社经营之"独占事业"（企业）包括沦陷区一切电灯电力厂、电报电话局、铁路、机车厂、轮船公司、码头仓库、公路、汽车公司、煤矿、铁矿、炼丝厂、炼铁厂、盐场，以及水产公司和缲丝厂，这些企业均被迫与日人合组一独占经营公司，隶属于"国策"会社。

② 郑克伦：《沦陷区的工矿业》，《经济建设季刊》第1卷第4期，1943年，第255页。

础"①，在一般工业企业的掠夺过程中，华中沦陷区纺织企业的运作较有代表性。怎样的华商企业，委任给怎样的日商企业，日军当局在委任之前已先作调查并确定。这与受委任企业的资本、利益分摊有关，如棉纺织企业全都被日军当局分配给日商在华的 10 家纺织会社，包括上海 9 家、汉口 1 家，其中上海 9 家日商纺织会社受委任经营 39 家华商企业，② 归属情况如表 3-6：

表 3-6　上海日商纺织企业受委任经营华商企业关系

日商受委任会社名	简称	被委任经营华商企业名
上海制造绢丝株式会社	公大公司	申新第七、大生、大通、富安
同兴纺织株式会社	同兴纱厂	大丰、大华、崇信
上海纺织株式会社	上海纱厂	申新第三、振新、广勤
东华纺织株式会社	东华纱厂	鼎鑫、仁德
丰田纺织厂	丰田纺厂	嘉丰、纬通、振泰、达丰、申新第一、申新第八、民丰、大成
裕丰纺织株式会社	裕丰纱厂	永安第二、永安第四、申新第五、上海印染、中一、三友
日华纺织株式会社	日华纱厂	永安第一、恒大
大日本纺织株式会社	大康纱厂	恒丰、振华、丽新、庆丰、予康、振业、利用、维新、华澄
内外棉纺织株式会社	内外棉纺厂	苏伦、利泰

资料来源：大日本纺绩联合会编『東亞共栄圏と纖維産業』，文理书院，1941 年，第 228—229 頁。

　　加上汉口的 1 家，截至 1938 年年底，华中沦陷区华资纺织企业被日商纺织会社所夺者共计 40 家，共有纱锭 1310824 枚、线锭 93066 枚、织机 13762 台。③ 但是"委任经营"企业的复工情况并不如日商企业那般理想，"委任经营"企业运作开始于 1938 年 1 月末，1938 年 5 月华中沦陷区获得日军当局运营许可，10 月开始运营，而到年底真正得以恢复运营的只有

　　① 复旦大学历史系编：《日本帝国主义对外侵略史料选编》，上海人民出版社 1975 年版，第 253 页。
　　② 大日本纺绩联合会编『東亞共栄圏と纖維産業』，文理书院，1941 年，第 228—229 頁。
　　③ 吴永福：《抗战前后日本在华纺织业的投资》，《经济建设季刊》第一期第二卷，1942 年。

12 家企业，运转纱锭 336000 枚，比预计的 600000 枚少了近一半。①

三、设立新"国策"会社，发挥战时统制机能

战时日商在华企业的最大发展，毫无疑问，集中体现于"华中振兴株式会社"（简称"华中振兴""华中振兴会社"）、"华北开发株式会社"（简称"华北开发""华北开发会社"）与"满洲重工业开发株式会社"，以及以这三大会社为核心的"国策"会社的大肆扩张。"国策"会社是日本战时统制经济的基础企业体制，战时日商在华新建的"国策"会社，其规模、能量都大大超过之前设立的"国策"会社，它是日本战时统制经济在中国实施经济掠夺、控制的巨大实体企业和经济枢纽。1938 年 3 月日本政府召开第七十三届国会，会上通过了标志日本经济全面过渡至战时体制的《国家总动员法》及其他一系列战时法令，其中包括讨论、通过了《华北开发株式会社法》和《华中振兴株式会社法》，并于 1938 年 4 月 30 日正式公布。根据这两个法案，以及大东亚大臣的命令书，1938 年 11 月 7 日 "华北开发会社"在东京、"华中振兴会社"在上海分别设立。新设的两大"国策"会社，属于完全的特殊会社性质，两大"国策"会社构筑起对沦陷区直接投资的庞大企业体制。"华北开发"和"华中振兴"两大"国策"会社的设立，暴露了日本战时对中国进行经济统制的直接目的，就是要保证凡日本所需资源必须由日商独占经营，与日本国内产业存在直接竞争可能的企业也必须置于日商控制下。为适应日本的生产力扩充，在中国的沦陷区内亦推行生产力扩充，而所谓生产力扩充，就是以补充"日满"重要资源（煤铁盐）为目标的"开发"，和以维持日本在华企业生产为目标的"振兴"。

"华北开发株式会社"设立之前，华北地区已设有"国策"会社兴中公司，"华北开发会社"可以说是继承了兴中公司在华北地区的使命，或者说兴中公司是从华北"自治"到战时统制经济体制确立的过程中，日本军政当局实施对华北地区统制、掠夺的先遣队。1935 年"满铁"在天津设立华北子公司兴中公司时，日本已经彰显出对华北地区资源的觊觎之心，彼时

---

① 大日本紡績聯合会编『東亞共栄圏と繊維産業』，文理書院，1941 年，第 242 頁。

日本统制华北经济的方针政策和计划，以及为"日满华经济区"掠夺和输送华北资源的"开发"使命，已经由兴中公司承担并开始实施。兴中公司设立资本 1000 万元，肩负着统制华北主要国防产业的重任。兴中公司的计划是统制和垄断华北的金融、交通、通讯、发电、矿产冶金、盐业等各重要行业，但实际上在抗日战争全面爆发前，其计划只得到部分落实。兴中公司于 1936 年 8 月设立了当时华北最大的电力公司天津电业公司，资本金 80 万日元，1937 年 2 月设立了塘沽运输公司，1937 年 2 月又设立了冀东采金公司，此外 1936 年日军政当局即确定将长芦盐对日输出和洗涤加工盐事宜"交由兴中公司办理"，1937 年年初，兴中公司与伪冀察政务委员会签订了统制和向日本输出长芦盐的协定，1936—1939 年经兴中公司输往日本的长芦盐超过 100 万吨。① 抗日战争全面爆发后，兴中公司还设立了洗涤加工盐工场、冀东电业股份有限公司、华北棉花公司等几家企业，但是其真正的扩张是仰仗"军管理"实现的。兴中公司与三井矿山、三菱矿山、大仓矿业和贝岛几大财阀合作，接受"委托经营"的企业达五十多家，其中有：河北省井陉、正丰、六河沟、磁县、中和、永安以及山西省、山东省、河南省等地共 20 家煤矿；龙烟铁矿、石景山炼铁厂、阳泉铁厂、太原炼铁厂和太原铸造厂等 5 家铁矿；石家庄、保定、彰德、太原、济南、开封等地的 25 家发电厂及电灯厂。抗日战争全面爆发前后，兴中公司是日本在华北最大的经济机构，控制了包括河北在内的华北的重要工矿企业。

1937 年年底，日本政府在《华北经济开发方针》中决定，"为了开发和统制华北经济，设立一个国策会社，它是以体现举国一致的精神和动员全国产业的宗旨而建立的组织"，由此日本军政当局动员朝野力量开始组建"华北开发公司"。经过日本军政当局筹划，1938 年 11 月 7 日，"华北开发株式会社"在东京正式成立，在北平及张家口设有分社，在天津、太原、济南、青岛设有事务所，北平分社成为实际上的业务总社。"华北开发会

---

① 居之芬等主编：《日本在华北经济统制掠夺史》，天津古籍出版社 1997 年版，第 126—127 页。

社"注册资本 35 亿日元,实缴资本 9932 万日元。政府出资 5557 万日元,占实际投资 56%,其中实物资本 3059 万日元,现金资本 2498 万日元,而所谓日本政府的半额出资,实际上是将攫夺的中国铁路矿山及其他企业直接折成的股本。民间资本 4375 万日元,占实际投资 44%,则由三井、三菱、大仓等大财阀承担。"华北开发会社"不是一个经营企业,而是一个投资公司,根据战争需要在华北组建并监督有关战略资源的企业。它以投资、融资方式组建各行业的专门企业,并指导、协调这些企业实现各行业的垄断和跨行业联合,通过这些企业来掠夺华北沦陷区的农业、矿业资源并向日本输送,由此把华北经济纳入日本战时统制经济体制,控制华北经济的命脉。"华北开发会社"在初设期即建立起 17 个子公司(直系会社),这些企业都是通过直接接管兴中公司既存企业而来。兴中公司在"华北开发会社"设立之前,已经初步建立起日本在华北沦陷区工矿企业的垄断局面,待"华北开发会社"设立后,兴中公司逐步将其操控的资本、企业转让于"华北开发会社",转而成为"华北开发会社"的直系会社,至 1940 年才彻底退出历史舞台。

　　1938 年 11 月 7 日"华中振兴株式会社"正式成立,总社设在上海,在东京设有分社,在南京、浙江等地设有办事处。"华中振兴会社"的注册资本达 1 亿日元,实缴资本 3138 万日元。日本政府共出资 1888 万日元,占实际投资的 60%,其中 764 万日元为实物资本,也是由日军侵占的中国资产折算而来,现金投资 1124 万日元。民间资本 1250 万日元,占实际投资 40%,系"满铁"及三井、三菱、住友等大财阀出资。"华中振兴会社"是计划以上海为中心,在华中地区建立的"复兴""开发"华中沦陷区经济的经营公司,但实际上总社并不直接进行产业经营,也是以投资融资方式形成子公司、孙公司,并通过这些专业行业企业具体进行经营、实现其统制。"华中振兴"设立之初即已接收"满铁"、兴中公司,及其他日商企业受托管的"军管理"企业为其子公司。这些都是 1938 年 11 月"华中振兴会社"成立之前新设立的企业,包括 4 月设立的"华中铁矿股份有限会社",6 月设立的"华中水电股份有限会社",7 月设立的"上海内河轮船会社""中华电气通信株式会社",8 月设立的"华中蚕丝股份有限会社",

9 月设立的"上海恒产会社"等 6 家"国策"企业。根据《华中振兴株式会社法》的规定，其"事业目标"就是对"交通、运输业、通讯业、水、电、煤气业、矿产业、水产业"等"事业进行投资或融资"，[①] 从"华中振兴会社"子公司的行业类别看，完全与该会社创设意图相吻合。首先，从根本上讲华中的"振兴"与华北的"开发"都是以掠夺资源为首要目的，华北是煤矿，华中是铁矿；其次战前华中地区日商企业主要经营的是商贸业与一般民用工业，战时则通过"华中振兴会社"把企业经营范畴扩大到各类资源、交通运输、公用事业等重要经济领域。此后"华中振兴会社"按照会社设立的既定目标发展，又先后设立起十来家企业及组合，实现了其对整个华中沦陷区的经济统制与垄断。"华中振兴会社"虽没有"华北开发会社"那般庞大，但它在华中沦陷区的地位与作用，与"华北开发会社"在华北沦陷区的地位与作用相当。

在东北，伪满洲国成立后，日伪当局就按"一业一社"原则，陆续设立了一批"特殊""国策"会社，以对特定行业进行统制和垄断。在总体上"满铁"依然是高于这些"国策"会社的总"国策"会社，"满铁"几乎参与了所有这些会社的筹设和投资。日本侵华战争全面爆发后，为了更有力地实行经济统制政策，发挥统制经济的效能，日本军政当局决定在东北筹划组建一个比"满铁"更为强大的"国策"会社。1937 年 12 月"满洲重工业开发株式会社"（简称"满业"）在长春正式设立，注册资本达 4.5 亿日元，组织为日中（伪）"合办"，由"日本产业株式会社"（简称"日产"）与伪满政府各出一半资本金。日产系日本新兴财阀，1937 年年末其在日本军部支持下迁至中国东北地区。伪满政府以伪满洲国名义发布命令，将原由"满铁"和伪满管辖的重工业企业强行转归于"满业"旗下。根据《满洲重工业开发株式会社管理法》，"满业"对钢铁、轻金属、煤炭、其他重工业和军工生产有"支配性投资和经营指导"之权力，从此，"满业"这个综合经营重工业的超大型"国策"会社，在东北逐渐取代了"满铁"的地位。此外"台拓"在台湾、华南的"国策"活动也随战事推移而大为扩展。

① 中支那振興会社『中支那振興会社並關係会社事業概况』，1942 年。

第五节 战争中期日商在华企业的扩张和演变（1939—1942）

一、新设企业的猛增

战时日商在华企业的迅猛扩张，突出反映于企业数量的不断增加上，以华北沦陷区和华中沦陷区的统计数据为例，从下面两表，不仅可以清晰地看到抗日战争全面爆发后，日商企业的数量始终呈增长态势，还可见新增企业的基本情况，也是从头至尾年年都有新增。为了更明了地呈现战时日商在华企业的扩张情况，这里将九个年份新增企业数一并列出：

表 3-7　华北沦陷区日商新设企业（1937 年 7 月—1945 年 5 月）

类　　别	1937	1938	1939	1940	1941	1942	1943	1944	1945
当年全部新旧企业	199	257	327	367	398	427	441	451	445
当年新设企业	4	57	71	39	32	28	15	11	4
当年新设株式会社	4	48	58	34	28	26	15	11	4
当年新设其他会社	—	9	13	5	4	2	—	—	—

注：1. 其他会社包括三种：合名会社、合资会社、有限会社；2. 统计对象为天津、青岛、北平。

资料来源：柴田善雅『中国占領区日系企業の活動』，日本経済評論社，2008 年，第 73 頁。

表 3-8　华中沦陷区日商新设企业（1937 年 7 月—1945 年 5 月）

类　　别	1937	1938	1939	1940	1941	1942	1943	1944	1945
当年全部新旧企业	175	206	305	368	433	520	619	720	751
当年新增企业	1	35	107	69	68	100	109	117	59
当年新增株式会社	—	19	87	46	37	52	63	76	45
当年新增其他会社	1	15	17	19	28	40	39	38	13
当年上海新旧企业	159	190	275	317	370	445	533	625	651
当年上海新增企业	1	35	93	47	56	87	95	105	50
当年上海新增株式会社	—	19	75	36	29	48	58	70	38
当年上海新增其他会社	1	15	15	10	25	32	31	32	11

注：1. 其他会社包括两种：合资会社、有限会社；2. 统计对象：上海、武汉。

资料来源：柴田善雅『中国占領区日系企業の活動』，日本経済評論社，2008 年，第 95 頁。

　　华北沦陷区新旧企业累计 1937 年年底 199 家，1941 年年底 398 家，1941 年是 1937 年的 2 倍；华中沦陷区新旧企业累计 1937 年年底 175 家，1941 年年底 433 家，1941 年是 1937 年的 2.5 倍。从增长倍数看，华中沦陷区的新增企业比华北沦陷区更多，但根据上述两表得出的下表，可以看出华中沦陷区旧企业折损也远多于华北沦陷区：

表 3-9　华北、华中沦陷区日商新设企业比较（1937 年 7 月—1945 年 5 月）

地　　区	（A）1941 年年底新旧企业累计数	（B）1938—1941 年新增企业累计数	（C）1937 年年底的企业累计数	（A）－（B）
华北沦陷区	398	199	199	199
华中沦陷区	433	279	175	154

　　注：1. 根据表 3-7、表 3-8 制作；2. 华北沦陷区（A）－（B）等于（C），这一阶段华北沦陷区日商企业有增无减的大趋势还是清晰的，华中沦陷区（A）－（B）远小于（C），说明华中沦陷区日商企业在不断新增的同时还有不少折损（歇业、倒闭等）。

　　从资本状态看，华北沦陷区日商新增企业的实力，比华中沦陷区日商新增企业的实力强。以 1942 年年底为例，华北沦陷区新增 231 家企业中，株式会社 198 家，其中在驻华领事馆注册，注册资本金在 50 万日元以上的株式会社 105 家，其他会社（合资、"合办"、有限）共 33 家；华中沦陷区新增 380 家企业中，株式会社有 241 家，其中在驻华领事馆注册，注册资本在 20 万日元以上的株式会社 105 家，其他会社（合资、有限）120 家。[①] 华北沦陷区 105 家注册资本在 50 万日元以上的企业中，实缴资本在 100 万日元以上的企业有三十多家；华中沦陷区 105 家注册资本在 20 万日元以上的株式会社，号称所谓"纯粹"的日商企业，由日人充当法人，在中国当地日本领事馆注册。华北沦陷区规模大的企业基本都是"华北开发"的关系企业，这些企业多数没有在领事馆注册，"华北开发株式会社"也不在表 3-7 中，而表 3-7 新加入法人企业也有规模较大的，数家实缴资本达千万日元以上，如 1937 年 10 月在北京设立的华北东亚烟草株式会社，实缴资本高达 2182 万日元；再如 1938 年 3 月在青岛设立的青岛埠头株式会

---

　　① "其他"中没有"合办"企业，株式会社和合资会社、有限会社相加仅有 361 家，与全部新增企业数 380 家相差 19 家，此 19 家可能是未统计的"合办"企业。

社，实缴资本也达到了 1400 万日元；1940 年 6 月在北京设立的华北车辆株式会社，实缴资本 1600 万日元。华北沦陷区实缴资本在 100 万日元以上的企业有三十多家，其中不乏"华北开发会社"的直系会社，如华北产金、华北棉花、华北重石矿业等。华中 105 家注册资本在 20 万日元以上的株式会社，"华中振兴会社"也在其中，① 在华中沦陷区，除"华中振兴"实缴资本达 4500 万日元之外，就没有实缴资本达千万日元的企业了。100 万日元以上的也有二十多家，除了"华中振兴"，规模较大的还有 1941 年 9 月设立的亚细亚铜业株式会社、1941 年 3 月设立的明治制糖会社、明治制菓株式会社的制菓部门 1940 年 3 月设立的明华产业株式会社等。华中沦陷区战时新增日商企业，整体上资本规模就不及华北沦陷区，作为两大"国策"会社，"华北开发"和"华中振兴"的资本规模也有明显的差距，这是因为华北沦陷区以矿业为主，华中沦陷区则以普通工商业为主。

　　这里仅是战时以日本法人面目出现的日商"新增"企业。日本法人激增，也就是以日商形式注册的企业增加，但是这种企业看似新建，实则包含两种方式，一是日商自建企业，一是强占原华商企业。这些新建的规模庞大的株式会社，完全由日商新设的不少，基本是由在华日商组成的股份企业，是在华日商已有企业的再投资，而非由日本国内转移资金而设立。这中间，在华"国策"会社、财阀会社以及实力雄厚的日商企业，都积极成为"新增"企业的股东。② 华中沦陷区新增日商企业的规模不及华北沦陷区，但在数量上占绝对优势，尤其是上海一地，保持着居高不下的增长速度及数量。华中沦陷区的新增企业主要集中在上海，从表 3-8 可以看到，1937—1942 年年底华中沦陷区全部新增企业 380 家，株式会社有 241 家，其他会社 120 家，其中上海全部新增企业 319 家，占华中沦陷区全部新增企业的 84%，新增株式会社 207 家，占华中沦陷区新增株式会社的 86%，其他会社 98 家，占华中沦陷区新增其他会社的 82%。上海在战前就是华中地区日商企业最为集中的地方，战时"新建"企业除了部分为投资兴建，更多是靠"军管理"接收华商企业而改造成为日商企业的。战争初期上海华商全部造船厂及机器

---

　　① 关于"华北开发"和"华中振兴"，及其直系会社的相关问题，将在后文"国策"会社部分再述。

　　② 柴田善雅『中国占領区日系企業の活動』，日本経済評論社，2008 年，第 74—76、97—99 頁。

工厂被日军占领，成为军部直接"军管理"企业。[1] 被强占的造船厂和机器工厂，不仅迅速投入生产日军军需，且陆续被改为日办企业，如江南造船所被改为"朝日工作部江南工场"，成为日本海军所辖的军用船只修造企业，再如"三菱造船所""日清造船所"，都是日军当局将华商若干机器工厂合并重组后形成的。军工企业之外，民生工业企业也有相同情况，上海在华纺九大会社在沦陷区不仅经营既存企业，也仰仗"军管理"强占了不少华商的企业，如钟渊纺织的江南制纸株式会社，东洋纺织的株式会社武昌制炼所，大日本纺织株式会社的振华纺织株式会社，上海纺织、东洋棉花系的株式会社美华印染厂等，都成了日商所谓的"新增"企业。[2]

二、"军管理"的演变

本阶段的"军管理"出现了两大变化，一是"返还""军管理"企业，一是"军管理"英、美、荷等协约国的在华企业。1938 年下半年，抗日战争进入相持阶段，日军当局为了应对战争的长期化，推出"以战养战""现地自活"的方针，加强了对各沦陷区的工业投资。如上文所述，整个战时日商"新设"企业不断增加，其中真正由日商出资新设的只是一部分，更多的是强占华商企业重组或改名而成。除了与军工相关的华商企业从一开始就以直接"军管理"的方式被强行霸占，更多的是当局以"委任经营""日中合办""租赁""买收"等方式，实际变华商企业为日商企业。为了扶植汪伪政权，笼络沦陷区的民心，更为了稳定战时经济局面、加强"日满华经济圈"合作，日军当局决定将抗战全面爆发以来所夺占的沦陷区华商企业中那些与增强日军战力无关的"军管理"工厂"返还"华商。1940 年年初至 1942 年年中，日军当局在华北沦陷区和华中沦陷区分别进行了多次"返还"，有资料显示，1941 年 7 月和 1942 年 3 月，华北沦陷区日军就曾两次"返还""军管理"工厂共 54 家；华中沦陷区日军曾于 1940 年 2 月后三次"返还""军管理"工厂共 61 家。[3] 这里仅以华中沦陷区的上

① 金城银行上海总行调查科编印：《事变后之上海工业》，1939 年版，第 38 页。

② 柴田善雅『中国占領区日系企業の活動』，日本经济评论社，2008 年，第 75、95、133 页。

③ 《事业部接收日军管理工场委员会办理经过总报告》，南京市档案馆编：《审讯汪伪汉奸笔录》上，江苏古籍出版社 1992 年版，第 326—340 页。

海为例，从日军"返还"的具体情况中，可以清晰地看到"返还"不过是一种姿态，实际"返还"的企业比例极低。

1940 年 11 月底，日军当局与汪伪政权在南京"正式"签订了所谓"中日两国基本关系条约"，宣布"现在日本国军管理中之公营工厂矿山及商店，除有敌性者及有关军事上必要等不得已之特殊理由者外，根据合理之方法，速行讲求必要之措置，以移归华方管理"。自八一三淞沪战役爆发后，上海除遭战火毁损不能运营者外，华商企业悉数为日军所霸占，总数约有 140 家，其中纺织相关企业 67 家，其他企业 73 家。[①] 上海华商企业的"返还"经历前后两个阶段，第一阶段日伪达成"返还"协议后，经过前后 7 次的解除"军管理"签字式，第一次在 1940 年 10 月 31 日；第二次在 1940 年 11 月 20 日；第三次在 1941 年 2 月 28 日；第四次在 1941 年 5 月 31 日；第五次在 1941 年 7 月 31 日；第六次在 1941 年 10 月 31 日；第七次在 1942 年 5 月 9 日，只有第七次是在太平洋战事爆发后。[②] 140 家"军管理"企业中，至 1942 年 5 月底解除"军管理"的只有 66 家，74 家并未作处理，而在 66 家解除"军管理"的企业中，真正单纯解除"军管理"并返还华商原业主的只有 21 家，还有 45 家以"合办"、买收、租赁等形式依然为日商所占有，具体情况如表 3-10：

表 3-10　上海"军管理"华商工厂返还处理情况（1942 年 5 月底）

业别	总厂数	处理纲要出台前以不同方式处理工厂数					处理纲要出台后以不同方式处理工厂数					单纯解除军管理工厂数	总计解除工厂数	未处理工厂数
		合办	买收	租赁	返还	合计	合办	买收	租赁	返还	合计			
纺织类	67	2	2		4	8	5		1	14	20	10	38	29
纺织以外	73	1	3	1		5	1	5	3	3	12	11	28	45
合计	140	3	5	1	4	13	6	5	4	17	32	21	66	74

資料来源：「中支軍管理工場の現状」(一一三)，『中外商業新報』1942.6.30—1942.7.2，神户大学新聞記事文庫，中国（19-013）。

---

① 王逸宗：《八年来上海工业的总清算》，《经济周报》第 1 卷第 6 号，1945 年 12 月 6 日。
② 《日本帝国主义军管理英美等国资本企业史料》，《档案与史学》1995 年第 4 期。

从上表数据可以看出，日军当局的所谓"返还"，不仅过程缓慢，数量有限，而且"合办""租赁"或"买收"依然是"处置"被解除"军管理"华商企业的手段。故解除"军管理"只不过是名义上的事，实际大多数企业依然被强制性地"合办""租赁"或"买收"。用了近两年时间处置"军管理"企业的"返还"，还有一半以上的74家企业未作处理。

此外，在所谓"返还"的同时日军当局又开始了新一轮的掠夺。还是以上海为例。1941年12月8日太平洋战事爆发，日军进入公共租界，对英、美、荷等协约国在租界的企业实行了"军管理"。12日，日本大藏省即颁布了《敌产管理法》，其中规定"政府在必要时，得选任敌产管理人，使其管理地产"。①事实上从日军进入租界时起即开始了所谓"敌国"企业的"军管理"，第一批"军管理"工业企业有：纺织18家，羊毛3家，机械7家，火柴1家，制纸2家，酒精1家，玻璃1家，皮革1家，制材2家，印刷2家，卷烟1家。除了日本军方直接接管的这些企业，其余64家"敌国"企业均委托兴亚院华中联络部管理，兴亚院华中联络部遂于1942年3月28日发表处理方法，或委任日商企业经营，或令日商企业设置管理人，64家企业中"委任经营"27家，设置"管理人"26家，5家经调查属华商"借英美籍名义经营"的企业发还业主，还有6家"另定"。此次"军管理"企业中，如上海电力公司、上海电话、上海自来水、上海煤气、上海电车等租界之公用事业，即委托"华中振兴关系会社"经营，而英美籍纺织企业由在华日本纺织同业会派遣管理人管理。5月28日，兴亚院中联部发表第二批委任"军管理"企业，与第一批不同，此次处理的企业不仅包括工厂，还有营业所、贸易公司、海运、地产、影院等工商企业共100家，其中有3家"委任经营"，97家设置"管理人"。②9月4日作为第三批，又追加37家，此与兴亚院委第一、第二批处理的153家企业相加，③共为190家，而在3月末兴亚院两次处理之前，作为直接"军管理"

---

① 傅文龄主编：《日本横滨正金银行在华活动史料》，中国金融出版社1992年版，第788—789页。
② 《日本帝国主义军管理英美等国资本企业史料》，上海档案馆译，《档案与史学》1995年第4期。
③ 另有资料显示，太平洋战事爆发后，依据上海方面陆海军最高指挥官的名义发布"军管理"宣言：上海地区的"敌国"企业中，由日军当局兴亚院担任管理事务的工厂、事业单位共160家。

工厂转而委托民间经营的有 15 家，所以上海公共租界被"军管理"的西商企事业单位总数共达到 205 家。[①]

此外，日军进占上海公共租界后，还接管了英、美、荷、比四国 15 家银行。1942 年 1 月 7 日，上海日本陆海军最高司令部宣布，现由日本当局管理之英国、美国、荷兰、比利时银行将接受"清理"，具体由日商银行负责：横滨正金银行负责"清理"英国的汇丰、沙逊、通济、达商，美国的运通、美丰、汇众，比利时的华比；三井银行负责美国麦加利银行；三菱银行负责美国花旗银行；住友银行负责美国大通银行；台湾银行负责美国友邦银行，荷兰安达银行、荷兰银行；朝鲜银行负责美国有利银行。[②] 在平津等华北沦陷区，1941 年 12 月 8 日，即太平洋战争爆发当天，横滨正金银行北平分行等银行代表召开金融紧急会议，确定由日军接收属于"敌国"的金融机构，北平、天津、济南、青岛等地协约国所属租界，亦由"中国派遣军"开始接收在华敌性权益财产。

战时日军当局的"军管理"不断变化，1942 年 6 月中途岛战役后，又进行了第二阶段的"返还"工作。这一时期战局已经出现逆转，日军开始陷入战时困境，为了进一步拉拢汪伪政权，也为了更好地利用华商工业企业的生产，日军当局不得不实行新的对华政策，改变经济统制的手法，更加注重促进华商企业的生产运营，因而加快了对"军管理"华商企业所谓"返还"的步伐。此阶段"返还"的"军管理"企业包括两部分：一是淞沪战争爆发后被置于"军管理"之下的华商企业，一是在太平洋战争爆发后被置于"军管理"之下的英、美、荷等国企业。前者被称为"旧敌产"，后者被称为"新敌产"，所谓"返还"主要限于"旧敌产"。1942 年 6 月到 1943 年 7 月，日军当局又先后 7 次将第一阶段未作处理的 74 家企业，全部作了"返还"处理，并且将上述"新敌产"中 5 家挂英美牌子的华商纺织企业，也在 1942 年 5 月返还给原业主。至此日军当局一共"返还"新

---

① 「三十七企業を民間へ更に上海地区で経営を委託」，『大阪朝日新聞』1942 年 9 月 5 日，神戸大学新聞記事文庫，"中国"（19-037）。

② 萧观耀：《太平洋战事爆发后上海金融动态》，《银行周报》1942 年 5 月 31 日；《日方清理英美在沪银行》，《银行周报》1942 年 1 月 13 日。

旧"敌产"达 145 家。但实际上"返还"后仍然以各种名目为日军所占，如 1942 年 6—9 月"返还"的 25 家企业中，实际"返还"的只有 8 家，此外"委任经营"1 家，租赁 6 家，买收 6 家，"合办"4 家。[①] 另外，"华中振兴会社"及其直系会社被指定为管理人或受托者所经营的"军管理"英美等国企业，包括水、电、煤、电话、电车、公共汽车、冷冻、分析鉴定业、火柴、地产等行业共 57 家，在 1944 年 6 月后也解除了"军管理"。

三、"中日合办"企业的又一次高潮

（一）战时"合办"的特点

"中日合办"企业素来是日商在华企业扩张的重要方式，如前文所述，"中日合办"企业兴办曾几度掀起热潮，而战时"中日合办"企业形成了又一次高潮。重要的是"中日合办"企业的设立，在战时与战前有很大区别，战前设立"合办"企业的目的主要是通过"合办"在中国的内地获得经营权，战时则是对华商企业经营权和产业的直接占有，故战时"合办"企业绝大部分是靠直接抢掠或强势压迫形成的，主要方式有两种。一种是所谓"统制企业"，即由日军将占领的华商企业直接交由日商组建"新"企业，将华商企业作为"华方投资"，使之成为"中日合办"企业。这种"中日合办"企业包括沦陷区一切水电、通信、公路、铁路、轮船、码头、机械、水产、盐业、缫丝等交通运输及资源控制型企业，"军管理"第一阶段形成的"国策"会社子公司都属于此类，例如作为"华中振兴株式会社"子公司的华中水电株式会社，即是强占了华中沦陷区 17 家相关企业而组成的，包括上海的闸北、南市、浦东、松江等 4 家，南京、常州（2 家）、苏州、嘉兴、碛石、镇江、扬州、芜湖、安庆、九江、汉口、武昌等 13 家华商企业。另一种是所谓"自由企业"，由民间日商出面迫使受委任经营企业的原业主同意"合办"，华商产业被迫转为"现物"资本。这种"中日合办"企业多为普通纺织、面粉、火柴、烟草、啤酒、水泥等民用工业型企业，较集中地出现在"军管理"企业"返还"阶段，日商对受委任经营的华商企

[①] 《日伪上海特别市商会调查工厂未复工原因》，1943 年，上海档案馆馆藏档案，R47-1-80。

业作"返还"处理时，又以"合办"、租赁、买收等形式继续进行霸占。但是民用企业"返还"处理中，"中日合办"形式比例并不高，如1942年6—9月，华中沦陷区日军当局"返还"25家军管理华商企业中，只有4家直接变成"中日合办"企业，分别是：恒源兴记轧花厂（与恒大和计公司"合办"）、鼎鑫纱厂（由鼎新公司出面与华东纺织株式会社"合办"）、顺余油厂（与日华制油株式会社"合办"）、上海纺织印染公司（与裕丰纺织株式会社"合办"）。其他21家中有8家返还原业主、6家租赁、6家买收，1家继续"委任经营"。①

实际上，战时兴办"中日合办"企业的最高峰是1939年，以华北沦陷区为例，先看下表：

表3-11　华北沦陷区部分地区日商企业及"中日合办"企业情况（1939—1942）

年份	日商企业（家）	"中日合办"企业（家）	"中日合办"企业占日商总企业数（%）	日商企业资本（千元）	"中日合办"企业资本（千元）	"中日合办"企业资本占日商总企业资本数（%）
1939	189	91	48	237221	162684	69
1940	356	132	37	—	—	
1941	438	155	35	1123508	307058	3
1942	653	197	30	1143013	434582	4

资料来源：陈真、姚洛编：《中国近代工业史资料》第二辑，三联书店1957年版，第430—431页。

1939年"中日合办"企业有91家，1942年增加到197家，从企业数上看，三年时间增加了一倍多，但是从"中日合办"企业占日商企业的百分比看，最高的年份是1939年，之后逐年递减，从48%下降到30%，"中日合办"企业资本占日商企业资本的百分比，更是出现了断崖式下跌，从1939年的69%下跌到1941年的3%、1942年的4%。造成这一现象的原因应该是"统制企业"在战争前期就抢先被日军当局纳入"国策"会社系统，而"自由企业"是在整个"军管理"及其"返还"过程中逐步形成

① 《日伪上海特别市商会调查工厂未复工原因》，1943年，上海档案馆馆藏档案，R47-1-80。

的，并且只是日商抢夺华商企业的方式之一，所以没有像 1939 年那样集中出现。从原资料的说明来看，"统计的对象仅限于雇用职工 30 人以上并使用动力的工厂，而雇用工人 30 人以下和不使用动力的工厂则没有包括在内"，"多数是规模较大的工厂"，并且"大都是抗日战争全面爆发后，日本帝国主义强迫中国人合办掠夺自中国人的"。①

（二）"国策"会社与"中日合办"

战时两大"国策"会社"华北开发株式会社"和"华中振兴株式会社"，作为日本在华北、华中沦陷区的经济统制机关，都不直接进行产业经营，而是以投资融资方式形成子公司、孙公司，并通过这些直系、旁系企业具体进行经营实现统制。战时除了"华北开发"和"华中振兴"两大"国策"会社本身的法人是日本政府外，其他在关内占领区设立的绝大部分日商企业，包括两大"国策"会社的子公司，都是所谓"中日合办"企业。"华北开发会社"从 1938 年设立到 1945 年战争结束，投资融资开设的新的子公司共达 50 余家，会社设立之初即制定了基本方针："这些事业（其投资融资的企业）将作为中日合办事业，拟分别制定会社的设立计划。"② 截至 1942 年，"华北开发会社"设立的子公司有 35 家，其中 3 家为"基于日本民法之组合"，13 家为日本普通法人，14 家为中国普通法人，5 家为"蒙疆"特殊法人。③"华北开发会社"是在全盘继承兴中公司的基础上，经过统合调整形成系列子公司的，故原有企业保持着日本法人格。④"华中振兴会社"从头至尾一共设有 16 家子公司，10 家组合，截至 1942 年，本阶段"华中振兴会社"设立的子公司有 11 家，但是即便以全部 16 家而言，也只有"振兴住宅组合"一家是日本普通法人，其余 15 家全是中国普通法人或中国特殊法人。"华中振兴会社"的子公司也有部分是继承自原有"国策"会社的，如 1938 年 4 月设立的华中铁矿股份有限公司、6 月设立的华中水

---

① 陈真、姚洛编：《中国近代工业史资料》第二辑，三联书店 1957 年版，第 430—431 页（第二表注释）。

② 解学诗：《满铁与华北经济 1935—1945》，社会科学文献出版社 2007 年版，第 140 页。

③ "蒙疆联合自治政府"是日本侵略者于战时在今内蒙古中部（当时中华民国的察哈尔省和绥远省等地）操纵成立的一个伪政权，1939 年在张家口宣布成立。

④ 解学诗：《满铁与华北经济 1935—1945》，社会科学文献出版社 2007 年版，第 140 页。

电股份有限公司、7 月设立的上海内河轮船公司和华中电气通信株式会社、8 月设立的华中蚕丝股份有限公司、9 月设立的上海恒产公司等。这些企业都是战争全面爆发后，日军当局直接"军管理"抢占的华商企业。

战时"国策"会社及其各子公司的建立有几种方式，第一是"军管理"企业的直接重组，如前文所述华中水电株式会社，由华中各地 17 家企业组成，再如山西产业株式会社，系 1941 年以 39 家"军管理"企业包括山西实业公司全部工厂组建而成。第二是"国策"会社之间的互相转让，如兴中公司转让给"华北开发会社"。第三是原日商在华企业的改组，如本溪湖煤矿改组为满洲制铁株式会社本溪湖支社。第四就是与伪政权"合办"的企业。"中日合办"可以说是战时"国策"会社子公司形成的最普遍的手段，如"满铁""满业""华北开发""华中振兴"等"国策"会社的子公司，很多都是通过与伪政权"合办"的形式建立起来的，尤其是"华北开发"和"华中振兴"两大"国策"会社的子公司，绝大部分以掠夺中国原有企业为基础。最重要的是战时"国策"会社采用的"合办事业"与战前有所不同，首先就是"合办"对象发生了变化，"国策"会社这时主要与日本扶植的伪政权进行"合办"，日军当局就是通过与伪中华民国维新政府、伪中华民国临时政府的"合办"，将中国原有企业资产进行"折资"，作为"现物资本"入股。如华北交通公司的实收资本 2.4 亿日元中，中国原油铁道器材设备折资即达 1.5 亿日元；华北电讯电话公司的实收资本 2000 万日元中，中国原有设备器材折资 1200 万日元；再如"华中振兴"原有设备折资而成的"现物资本"，在各子公司实收资本中所占比率为上海恒产公司 100%，华中铁道公司 80%，华中水电公司 75%，华中矿业、华中电气通讯两公司 67%，华中蚕丝公司 57%，淮南煤矿公司 54% 等，合计"华中振兴公司"各子公司所掠夺的中国原有企业折资总额约占各子公司实收资本总额的 66%。[①] 尽管初建时中方资本在各子公司中占有半数上下的比例，但现金资本皆由日方所出，企业真正的经营实权完全在日方手中。

东北九一八事变后被日本帝国主义占领，1932 年伪满洲国成立，1933

---

① 　郑伯彬：《日本侵占区之经济》，资源委员会经济研究室 1945 年版。

年日本关东军当局通过伪满政府公布了《满洲国经济建设纲要》，以"日满共存共荣"为目标施行经济统制，其具体途径就是利用与伪政权的"合办"形式，以"一业一社"的统制原则组建一批"特殊会社""准特殊会社"。这些"特殊会社"是追随日本"国策"行动的经济机构，其一切活动都是在关东军指挥下进行，并为日本侵华"国策"服务，所以实质上是日本"国策"会社的一种。日军当局是通过这些"特殊会社"控制东北地区的企业和资源的，因而"国策"会社作为日本经济特别是战时统制经济的基本企业体制，在伪满洲国设立后就迅速形成了。重要的是，这些"特殊会社"都是由伪满洲国政府、日本政府、"国策"会社和财阀会社共同出资组办的，属于典型的"中日合办"企业，如满洲电信电话、同和汽车、满洲石油、满洲铁矿、满洲采金、满洲矿业开发、满洲火药、满洲拓殖、满洲林业、满洲电业、满洲航空、奉天工业等，截至1937年已经成立了35家。1937年抗日战争全面爆发后，"特殊会社""准特殊会社"更是不断增多。伪满时期的"中日合办"企业，是日本侵略者利用傀儡政权最大化地攫夺、控制东北的重要方式，这些"特殊会社"与"满铁"及之后的"满业"一起，在伪满经济发展中起到了特殊作用。

（三）财阀在"中日合办"企业中的作为

财阀作为近代日本经济的支柱，在近代日本经济发展的各个时期，都与日本政府保持着密切关系。首先在日本国内，财阀与日本政府和军部的关系比战前更为密切，随着战争的深入发展，三井、三菱、住友、安田四大财阀有了更稳固的地位，鲇川、浅野、古河、大仓、中岛和野村等势力稍逊的财阀也有很大的发展，还有因军需工业获得发展的日产、日本氮肥、森、日本烧碱、理研等新型财阀，这些新老财阀共同形成了财阀与军部的"军财抱合"。财阀在整个抗日战争中支撑了日本经济，并在日本的侵略扩张中发挥了重要作用。日本财阀势力战前已经广布中国各地，战时在沦陷区的企业扩张更为深入且活跃。各财阀在华企业渗透活动的最突出方式，就是在各种类型的"中日合办"企业中投入资本，甚而直接参与经营，如"国策"会社众多"中日合办"子公司都有财阀的投资、融资，再如直接经营管理日本政府交付"军管理"转换的"中日合办"企业等。

日本国家资本与财阀资本结合形成产业统制是这一阶段的主要特色，而财阀与"国策"会社的密切关系则由来已久。远的不说，1935 年成立的兴中公司，虽然"满铁"是主要投资者，但是三井、三菱、住友等财阀也都参与了投资，战时两大"国策"会社"华北开发株式会社"和"华中振兴株式会社"，也都是以日本政府和日本民间资本共同出资组成的日本特殊法人会社，其中"民间资本"就主要来源于财阀资本。以股份来看，三井、三菱、住友三大财阀各拥有 40.5 万股，安田财阀拥有 9 万股，古河财阀拥有 4.5 万股。而"华中振兴"的资本构成，明确 1 亿日元的资本中，由政府和三井、住友、三菱等财阀各出一半。[①] 作为日本特殊法人企业，"华北开发"和"华中振兴"本身是纯粹日本资本的"国策"会社，但是两大"国策"会社的众多子公司却多为"中日合办"，而从这些子公司的资本结构来看，财阀投资是十分踊跃的。以华北开发子公司为例，1940 年设立的华北运输股份有限公司，2000 万日元总资本中有 400 万日元是安田财阀出资；1940 年设立的华北石炭贩卖股份有限公司，2000 万日元总资本中，三井、三菱、明治、大仓各出资 132.5 万日元，还有贝岛出资 50 万日元；1938 年设立的华北产金株式会社，400 万日元总资本中 200 万日元由住友财阀出资；山西产业除"华北开发"外最大的股东是大仓财阀，华北氮肥和山东电化的最大股东是新型财阀日窒的日本氮肥和三井物产；等等。[②] 实际上，"华北开发"和"华中振兴"各子公司中，日本政府之外的"民间"资本大都由财阀承担，财阀是各子公司的重要股东。

在东北，九一八事变之后设立的大批"特殊会社""准特殊会社"，就都是日伪"合办"企业，伪满政府以"现物"出资，日本政府以现金出资，而日方资本中一定存在"民间"招股，这些"民间"股份基本全由财阀认购。七七事变后"满洲重工业开发株式会社"设立，旗下设有一批重工业子公司，其设立方式也如战前"特殊会社""准特殊会社"，是日本政

---

① 王光清：《抗战期间在华日本财阀研究》，人民出版社 2019 年版，第 126—127 页。

② 谢学诗：《满铁与华北经济 1935—1945》，社会科学文献出版社 2007 年版，第 141—144 页；王光清：《抗战期间在华日本财阀研究》，人民出版社 2019 年版，第 1257 页。

府同伪满洲国政府的"合办"企业，"合办"的日方资本也与之前相同，部分由日本政府出，部分由各大财阀出。而之前设立的"特殊会社""准特殊会社"，在战时随着"满业"的成立移交、归入"满业"名下，成了"满业"的子公司，财阀对这些会社的投资也自然转成对"满业"子公司的投资。如前文所述，"满业"的主要投资者是新兴财阀日本产业株式会社，在其他子公司和"特殊会社""准特殊会社"设立过程中，作为老财阀的三井、三菱、大仓、浅野、日室等也都积极地参与。由财阀共同出资的部分特殊会社有：奉天造兵所（由三井、大仓出资）；伪满拓殖会社（由三井、三菱、住友出资）；伪满石油会社（由三井、三菱出资）；伪满航空会社（由三井、三菱、住友出资）；伪满合成燃料会社（由三井出资）；本溪湖煤铁公司（由大仓出资）。截至 1938 年年底，上述 6 家"特殊会社"中财阀实际出资共有约 2500 万日元，其中三井 987 万日元，大仓 715 万日元，三菱 531 万日元，住友 298 万日元①。总之，在工矿、交通部门的"特殊会社"和"准特殊会社"中，财阀资本均占有相当高比例。

　　战时财阀不仅直接、间接地参与了"国策"会社"中日合办"企业的投资，还在日本政府的授权下，接收经管了不少"统制企业"。如在华北沦陷区，有关铁路、港口、通信、电力、煤矿等与战争密切相关部门的企业，都在"华北开发会社"监督下被委托给兴中公司或三井、三菱等财阀公司；在华南沦陷区，如铁、钨、锰、锑等各类金属矿产的贸易事宜全部交由三井物产、三菱商事、杉原产业三家企业专营②。而在所谓"自由企业"中，在"军管理""返还"开始后，日军当局以"合办""租赁""买收"等方式继续大量强占华商私营企业，这个过程中财阀和在华纺扮演了重要角色。需要强调的是，战时日本"纯民间"私人企业中的一般中小企业并没有显著的发展，只有在华纺因始终受到日本军政当局的重视，在"军管理"过程中获得了明显扩张。各沦陷区大批煤炭、纺织、面粉、火柴、机械等部门的华商私

　　① 菊地主計『満洲重要産業の構成』，東洋経済出版部，1939 年，第 101、104 頁。转引自王玉芹：《论伪满特殊会社资本构成》，《东北史地》2008 年第 6 期。

　　② 王光清：《抗战期间在华日本财阀研究》，人民出版社 2019 年版，第 130、132 页。

营企业，在解除"军管理"后又沦为"合办""租赁""买收"企业，财阀和在华纺则根据日军当局的指派，成为这些企业的日方代表，并实际成为这些企业的真正经营管理者。如在山东济南，成大、仁丰、成通等几家纺织企业，1941年结束"军管理"后，被迫与东洋纺、钟渊纺、丰田纺等在华纺实现所谓的"合办"；成丰、成记、宝丰等几家面粉企业，1941—1942年年底结束"军管理"后，也被迫与三井、三菱系的企业形成所谓的"中日合办"，战时各财阀在日军当局的支配下深度融入日本的战争机器。

第六节　战争最后阶段的企业状况（1943—1945）

一、新设企业持续增加

太平洋战争爆发后，日本迅速陷入侵华战争的泥潭，在军需不断膨胀的巨大压力之下，国内工业生产陷入萎缩，而日商在华企业，即便在战局不断恶化、企业生产经营不断恶化的情况下，不仅作为统制企业的"国策"会社不断扩张，而且作为"自由企业"的民间资本中小企业，因有日军当局的庇护和统制经济的支撑，也有一定的发展。日商在华企业的新设始终没有停歇过。如前文所述，战争前期日商新设企业以各种方式不断增加，归结起来也就是两大类，一是纯日商经营的工矿企业，二是日人掠夺中国沦陷区工矿业加以改组而成的企业。后者情形和前文所述各种"中日合办"企业如出一辙，尤其是"军管理"撤销"委任经营"而"返还"部分企业后，除去那些以"日中合办""租赁"强占的企业，剩下的企业基本都转而成为日商企业。例如在华中沦陷区，资料显示，日军"军管理"所占企业有300多家，但是日军当局承认的仅有140家，这140家分几次被"返还"给华商，[①]其他未列入的企业，部分遭战事毁坏实际废置，部分则直接转成了日商企业。下面是根据前文表3-7及表3-8制作的1937年7月—1945年5月华中、华北沦陷区日商新设企业的情况简表：

---

① 参看本书第三章第五节第二目"'军管理'的演变"。

表3-12　华中、华北沦陷区日商新设企业数（1937年7月—1945年5月）

地区	1937	1938	1939	1940	1941	1942	1943	1944	1945
华北	4	57	71	39	32	28	15	11	4
华中	1	35	107	69	68	100	109	117	59
上海	1	35	93	47	56	87	95	105	50

注：根据表3-7及表3-8制作。

上表统计的企业都是以日本法人形式在中国驻日使馆注册的企业，应该包括商工全部。从上表数据看，华北沦陷区1940年新增企业数开始下滑，1942年至1945年5月共设立58家。而在华中沦陷区，1940、1941年两年新增企业数也有明显减少，但1942年回升并接近1939年水平，1943、1944年两年新增企业数甚至超过1939年，1942年至1945年5月共设385家。实际上整个战争期间，华北、华中沦陷区日商新增企业大多集中于上海、青岛、天津三处，并以上海一地为最多。

在上海、青岛、天津之外，东北地区因日商开发早，除"满铁"、本溪湖及后来的"满业"等"国策"、财阀企业外，亦形成了一定规模的民间资本新增企业。高平叔、丁雨山的《外人在华投资之过去与现在》中，有一张截至1943年的统计表，为战时日商在上海、天津、青岛、东北之工矿业投资情况，见表3-13：

表3-13　战时日商在上海、天津、青岛、东北之工矿业投资

（单位：厂数：家，资本：千日元）

上海		天津		青岛		东北		合计	
厂数	资本	厂数	资本	厂数	资本	厂数	资本	厂数	资本
197	358496	53	184590	23	323480	192	1687941	456	2564480

注：企业行业包括矿冶、机械、金属、电器、木材、土石材料、化学、纺织、服饰、饮食、榨油、文化杂项等各类工业，由于统计数据不全，其中青岛的资本只是部分企业的数据，而非全部企业，东北各地企业仅为10万日元资本以上者，其他地区则为1万日元以上者，东北地区行业未包括榨油业。

资料来源：高平叔、丁雨山：《外人在华投资之过去与现在》，中华书局1947年版，第48—49页。

表 3-13 数据与表 3-12 数据相距甚远，因不知二者的统计参数为何，只能如实抄录。但是从地区数据的比例看，华中沦陷区日商新增企业大大多于华北沦陷区，以及上海是最为集中的地区是一致的，作为"自由企业"的"纯民间"资本企业，在战时依然保持发展势头也是可以肯定的。其中日商在华"纯民间"资本企业，当以纺织工业最典型、历史最久，据统计，到 1943 年为止，战时全部在华纺的纱厂投资在 3.6 亿日元左右，比起战前在华纺经营的纱厂，其总投资额增加 5000 万日元左右。华中沦陷区尤其是上海的工矿企业多为提供生活资料的轻工业企业，虽然企业规模不大，却在企业数量上占有优势，而华北地区则主要是提供生产资料的重工业企业，如矿业及和矿业相关的工业企业。华北沦陷区规模大些的企业基本都是"华北开发会社"的子公司，这些企业多数为"中日合办"企业，以中国法人形式隶属于华北伪临时政府，没有在日本驻华领事馆注册，故表 3-12 华北新增企业的统计数据应该不包括"华北开发会社"子公司。此外，华北沦陷区新增企业在数量上虽不及华中沦陷区，但总的来说战时华中沦陷区与华北沦陷区的企业相比，前者多为"自由企业"，后者多为统制企业，以中小企业为主的"自由企业"，终究不是战时日商在华企业发展的代表企业，战时日商在华企业真正的代表企业始终是"国策"会社。

二、"国策"会社是战时日商企业的重中之重

"国策"会社在整个战时始终是日商在华企业的重中之重。从"华北开发"和"华中振兴"两大战时设立的"国策"会社在两大沦陷区日本总投资额中所占比重，可以清晰地看到两大"国策"会社在战时的资本地位。首先，1938—1945 年，日本在中国关内投资累计 467803.8 万日元，其中华北沦陷区的投资额为 332677.6 万日元，占总投资额的 71.1%；华中沦陷区投资额为 104402.2 万日元，占总投资额的 22.3%，华南沦陷区投资额为 30724 万日元，占总投资额的 6.6%。其次，"华北开发会社"的投资额为 284399.4 万日元，占关内总投资额的 60.8%，占华北沦陷区投资额的 85.5%；"华中振兴会社"的投资额为 54706.2 万日元，占关内总投资额的 11.7%，占华中地区投资额的 52.4%；其他企业（包括华南和两大会社之外

的华北、华中地区其他企业）投资额 128698.2 万日元，占关内总投资额的
27.5%。① 华北沦陷区"国策"会社的实力在华中、华南之上，不仅"华北
开发会社"旗下各企业资金雄厚，规模可观，获得极好的待遇，其他华北
企业如华北车辆株式会社、华北房产股份有限公司、"蒙疆"电气通信设备
株式会社等，作为占领地的"特殊会社"也都在资金上获得充分重视，所
以华北地区的投资比重才远远胜过其他地区。

　　两大"国策"会社的子公司的设立也贯穿了整个战时。如前所述，"华
中振兴会社"在前一阶段设立了 11 家子公司，"华北开发会社"前一阶段
设立了 23 家子公司，截至 1945 年战败之时，"华中振兴会社"共设立 16
家子公司，"华北开发会社"则以投、融资开设了 50 余家子公司。"华中
振兴会社"的子公司多数设立于战争前期，而"华北开发会社"的子公司
则一半以上设立于战争后半期，说明"国策"会社在战事恶化情况下，依
然保持着扩张势头。战时两大"国策"会社及其各子公司的设立方式，如
前文所述都是在所谓"军管理"的基础上重组企业，而日本国内对中国沦
陷区日商企业的投资主要集中于"国策"会社。以华北沦陷区为例，1940
年日本对华北投资 3.5 亿日元中，经由"华北开发会社"投资的有 2.8 亿
日元，其投资的七成是"华北开发"经手的。"华北开发会社"旗下企业
在资金上得到了极其优厚的待遇，其他在华北的企业中，华北车辆株式会
社、华北房产股份有限公司、"蒙疆"电气通信设备株式会社等"特殊会
社"受到了资金上的特别的重视，而众多非特殊性"自由企业"和"蒙疆"
的企业也有资金分配，并且一直持续到 1944 年。至少到 1943 年为止，日
本国内的汇款还是顺利的。② "华中振兴会社"子公司形态除 1 家为日本普
通法人，其余 15 家全为中国普通或特殊法人，"华北开发会社"在上一阶
段共设立子公司 23 家，亦只有 8 家为日本普通法人，其余 15 家都是各种
中国法人，而在 1942—1944 年 4 月"华北开发会社"又设立的 24 家子公
司中，日本普通法人 7 家，"基于日本民法之组合" 7 家，中国普通法人 8

---

① 柴田善雅『中国占領区日系企業の活動』，日本経済評論社，2008 年，第 71、72 頁。
② 柴田善雅『中国占領区日系企業の活動』，日本経済評論社，2008 年，第 71 頁。

家，"蒙疆"特殊法人1家，"中日合办"1家。① "华中振兴会社"子公司自始至终以中国法人为主，"华北开发会社"子公司在前一阶段也尽量采取非特殊会社和民间企业的模式，其目的是吸引更多日本民间资本和中国当地资本参与投资、为战争经济服务。但是由于战事的恶化，日本国内及其占领区战时经济逐步陷入绝境，随着战事进入所谓"决战经济"阶段，新设子公司不仅中国法人大为减少，而且出现了所谓"基于日本民法之组合"的企业形态。这一企业形态是应对战时紧急状态下生活资料、生产资料严重短缺困难局面的权宜之计。但是不管"国策"会社子公司是什么形态，它们都是不折不扣的统制企业，不仅要受母公司的统制、监督，同时还要受制于日本政府的专管机构。

三、最后阶段日商企业的衰败

从企业和"国策"会社的新增情况看，在战争的最后阶段，日商在华企业总体上还在持续发展，这只能说明战争背景下的"统制"和"强占"的加强，而并不能说明日商在华企业发展的顺利。实际上，本阶段随着日军战情的不断恶化，日商工矿企业的生产情形与上述扩张情形越来越不相称。1942年6月中途岛战役改变了战局，日军战线越拉越长，工业原料的缺乏、销路的不畅，使各沦陷区日商企业的生产经营越来越受到阻碍。对生产资料的统制不断加强，企业开工率不断下降，工业用电限制不断加重，企业经营从各个方面呈现出不断下衰之势，直至战争结束之时，日商在华企业大多陷入了僵局。这里以在"自由企业"发展最为活跃的上海，1943年后日商企业生产每况愈下的情形为例，梳理日商在华企业在战争最后阶段陷入的困局和最后衰败的脉络，虽然各地日商企业的发展不尽相同，但是最后阶段因战事影响而面临的问题和困境是一致的。

首先是战时统制的不断加强、原料缺乏加之电力不足，使上海工业企业普遍开工率日减，产量日趋衰落。素来日本在上海最重要的工业行业纺

---

① 北支那開発株式会社編『昭和十四年北支那開発株式会社並北支那開発株式会社ノ関係会社概況』，1941年。

织业，时有停工、减产、减员的事情发生，实际上在太平洋战争爆发前的 1941 年 10 月，上海在华纺企业也就是"日商纱厂"就"因原棉存量之减少及电力使用限制之增强，自 1941 年 10 月先停工 45% 至 50%，嗣后至 1942 年 2 月再停 20%。10 月再停，其开工率仅为年初之 25%，与太平洋战争前夕的开工情形相较，则其开工率不过为 10%"。[1] 到 1943 年年底，上海在华纺（自属企业，不包括"委任经营"企业）的纺锭运转率不超过 15.2%，开工率仅有 6.5% 及 10%，日商在上海的纺织企业大大萎缩。[2]1944 年棉花购入更困难，销路也几乎全部断绝，上海在华纺企业基本不能开工。而太平洋战争爆发后日军强占的租界中的英美等国企业，在被接管之时就按其性质之不同，分别予以限制营业或停止生产，其中 18 家纺织企业在接管时即宣布封闭停产，其他被日军没收、"军管理"的英美企业只能勉强维持开工。

随着原料采购与产品销售越来越困难，日商工业企业及"军管理"企业的生产状况不断恶化，尤其是原煤采购的困难，造成上海发电量的急剧下滑，对日商工业企业的生产造成严重削弱。这里以 1936 年为基期，以工业用电量的数字为工业生产指数，统计 1937—1943 年上海以工业用电量为基调的工业生产指数的变化情况，如下表：

表 3-14　上海以工业用电量为基调的工业生产指数（1937—1943）

年份	1936	1937	1938	1939	1940	1941	1942	1943
指数	100	82.4	72.5	102.9	105.5	80.0	50.0	40.0

资料来源：上海经济研究所编『上海经济年鑑』，1943 年，第 297—298 页。

根据上表数据可知，若以工业用电量为工业生产指数显示工业生产状况，1939 年和 1940 年生产状况最好，而从 1941 年起，工业生产状况是一年不如一年，1943 年甚至不到全面开战的 1937 年的一半。1943 年日军战况急剧恶化后，上海工业企业纷纷陷入停业、关闭的状态，日军当局

---

① 郑伯彬：《日本侵占区之经济》，资源委员会经济研究室 1945 年版，第 262 页。
② 高村直助『日本帝国主義史論』，ミネルヴァ書房，1983 年，第 298 页。

因难以维持企业生产，遂加紧"返还"战时强占的华商企业，连英美等国企业也陆续被归还原主或移交汪伪政府。水电资源不足造成的停水、停电却越来越频繁，1943 年 12 月 1 日日伪当局宣布因煤炭缺乏实行限量供电，其办法是一般厂商日供电减少 30%，超过限电配制者加收 3 至 20 倍赔款，再次超出限额即停止供电。1944 年 2 月又因本市煤荒严重，工业动力及电力供给发生恐慌，华商工厂停工、减工者不计其数。1944 年 5 月 21 日，日伪华中水电公司决定，用电限量一律再减二成。1944 年 8 月 19 日当局宣布，今日起本市自来水公司供水量减半，自早晨 9 点至下午 4 点止。1944 年 11 月 21 日，上海电力公司决定将供电量再减少二分之一。①

　　此外，战时经济统制的程度不断加深，严重制约了在华日商企业的正常运营。事实上在日本国内，1941 年 8 月 30 日就发布了金属类回收令，此后日本国内对金属回收给定的范围越来越广，② 很快日本海外工商企业也被卷入回收金属、支持战争的行列。1942 年 3 月 27 日，日本陆海空驻沪当局宣布：从 4 月 1 日起，凡在沪使用、制造及出售的一切重要物资，全部由日本兴亚院华中联络部统制。③ 上海日军当局于 1942 年 6 月 8 日，为征集铜铁等重要金属与其制成品，成立金属特别回收总部，1943 年 3 月 24 日发布金属回收本部管制令，上海市伪政府于 1944 年 6 月 8 日发布《收集各工厂商号废金属办法》，规定金属业工厂商号每家至少捐献废金属 5 至 30 斤，其他工厂商号至少捐献 1 至 15 斤。1944 年 8 月 10 日伪市献机运动委员会将征集的 1000 万圆交给汪伪政府。④ 出于战争的需要，在华纺各

---

　　① 任建树：《现代上海大事记》，上海辞书出版社 1996 年版，第 877—888 页。

　　② 岩波书店编集部『近代日本総合年表』第三版，岩波书店，1991 年，第 328 页；西井一夫编集『昭和史全記録 1926—1989』，每日新闻社，1989 年，第 254、276、278 页。具体表现为从一开始规定大工厂、商店、银行保险会社、剧场、电影院、旅馆、饭店等安装品、铁制品（珐琅器除外）、看板、广告板、栅栏、门柱、门扉等 46 个品目回收，到规定"人用"的四楼以下建筑物的电梯全部回收，五楼以上建筑物的电梯六成回收，再到规定官厅、公共团体及指定设施的所有铜铁类包括火炉、风扇机等（整体机器部件除外）的铁箱，栅栏，火钵，保险柜，桥梁的栏杆，照明物金属，铁窗等一系列铜铁制品全部回收。

　　③ 统制物资共计 18 类：钢铁、非铁金属、矿石、棉花及棉织品、羊毛及羊毛制品、麻及麻制品、皮革属、橡胶及橡胶制品、木材、矿油及煤炭、工业药品、颜料及油漆、油脂及树胶、医药及其附属品、机器及其附属品、米及粮食、铁桶、纸类。

　　④ 任建树：《现代上海大事记》，上海辞书出版社 1996 年版，第 840 页；岩波书店编集部『近代日本総合年表』第三版，岩波书店，1991 年，第 328 页。

会社被日本政府以设备过剩为由，要求供出纺织机充当"废铁"，从 1944 年 3 月起，根据军需省、大东亚省的协议，由北京、上海两大领馆事务所发出指示，决定各地日商纺织企业供出纺织机的具体分配比率为：华北 40 万锭，华中 60 万锭，合计 100 万锭，约合铁 3 万吨。此决定 1944 年正式实施，上海在华纺的自属企业减少了 45 万锭的纺机设备。[①] 不仅如此，日军当局还直接征用上海在华纺工厂作为军指定工厂生产军需品，1944 年 3 月被十三军指定组成上海军用棉丝布制造并纳入组合的，共有 5 家会社的 11 个工厂、纱锭 379776 枚；4 月被海军指定组成海军纤维制品协力会的，共有 5 社 10 工厂、纱锭 234132 枚，合起来上海在华纺（自属工厂）的 41.7% 成为军指定工厂，[②] 上海在华纺进一步受到重创。

　　在这种大势下，日商工业难以避免其衰退命运。纺织工业素来是日商在华"自由企业"的龙头老大，整个战时也受到日军当局的特别重视，在"军管理"阶段，在华纺各会社都有很大扩张，然而到战争最后阶段，也未逃脱迅速衰落的结局。战时纺织业以外一般工业企业的发展状况几乎没有资料可循，不过从上海在华纺的状态也可以推断，纺织以外的日商工业企业的情况不可能比纺织企业更好。这些企业本来大都为资本单薄的小企业，战时虽然受日军当局庇护一度积极扩张，但随战事推移，受原料、能源供给困难和销路被堵的种种影响，以及统制经济的范围越来越扩大，这些纺织以外的日商工业企业更早陷入困境。以 1944 年《上海内外商工案内》记载，在上海纺织业以外的日商工业企业仅有 31 家；[③] 另黄光域《外国在华工商企业辞典》收入的上海日商工业企业，也以 1944 年为节点，包括在华纺几大会社在内共有 52 家。[④] 两份资料的统计基本相符，说明到战争结束之时，上海纺织业以外的一般日商工业企业数量与战前、战争前期相比大为减少，上海工业几乎整体陷入瘫痪，战争的末期，尤其是所谓"决战经济"阶段，日商在华工矿企业的发展终于走到了尽头。

---

① 高村直助『近代日本綿業と中国』，東京大学出版会，1982 年，第 299、300 頁。
② 高村直助『近代日本綿業と中国』，東京大学出版会，1982 年，第 299 頁。
③ 根据上海日本商工會議所编『上海内外商工案内』昭和十九年统计，1944 年。
④ 参见黄光域编著：《外国在华工商企业辞典》，四川人民出版社 1995 年版。

第四章　日商在华企业产权制度的本源与演变

第一节　日商在华企业产权制度的本源

一、日本企业法制的基本依据——《商法》

如前所述，近代日商在华企业、企业制度最突出的特性，就是与其母国间千丝万缕的联系。近代日商在华企业、企业制度发生、演变的过程几乎与日本国内同步，作为分支机构的在华企业与作为母体的国内总公司实为一体，企业治理机制受国内总公司操控，基本上直接沿用日本的公司制度（会社制度，后同），而在中国设立的企业也大致导入了日本公司制度，基本遵从日本公司法（会社法，后同）。制度基础与日本国内相一致，与日本国内企业制度发展"同源"和"同步"，应该是近代日商在华企业制度发展、演变的最大特征，所以在解析日商在华企业产权制度形态之前，有必要先对近代日本企业法律制度形成、发展的过程，作一简单概述。

近代日本企业发展的基础法典是《商法》。明治维新以后，随着近代资本主义经济的形成、发展，制定一部相适应的经济大法成为时代的诉求。明治政府在成立初期就着手起草商法典，经过向西方先进国家的学习和长时间的论争、修改，终于在 1890 年颁布了日本历史上第一部近代商法典，史称"旧《商法》"。旧《商法》共有 1064 条法规，由总则、第一编"商的通则"、第二编"海商"、第三编"破产"等四大部分构成。旧《商法》由于基本以法国商法为蓝本制成，与日本实际国情相距甚远，很难适应当时日本工商业发展需要，因此遭到工商界的普遍反对。又经过长时间的论争和修改，最终确定在 1893 年 7 月 1 日正式实施旧《商法》，此次实施的内容仅是公司、票据、破产三部分及与商社相关的商业登记、商业账簿部分的条款 [1]，

---

① 橋本寿郎、大杉由香『近代日本経済史』，岩波書店，2000 年，第 65 頁。

其他部分的条款则延期至 1896 年实施。

实际上旧《商法》公布后，日本政府仍然未停止对其进行修改，又经过若干年间的大幅度修改和议会多次审议，于 1899 年 3 月公布了一部新《商法》，并确定同年 6 月 1 日开始实施，史称"新《商法》"，也被称为明治《商法》。新《商法》共有 689 条法规，由第一编"总则"、第二编"公司"、第三编"商行为"、第四编"票据"、第五编"海商"等五大部分构成。新《商法》改为以与日本国情更相仿的德国商法为蓝本，并且注入了不少尊重日本商业习惯的要素，获得了工商界的普遍认可。新《商法》诞生的同时，旧《商法》失去效力，仅保存了第三编"破产"的效力。新《商法》比旧《商法》更贴近日本的国情、商情，法律界定、规范更符合日本经济近代化的要求，整体上更加顺应了日本资本主义经济发展的要求。

旧《商法》的内容虽然大部分被新《商法》所取代，但是它的意义在于将明治维新以来陆续制定的孤立的商业、经济法规，加以系统化、法典化，并形成了统一法典，为日本商品经济、贸易秩序的正常化作了初步尝试。而新《商法》在旧《商法》的尝试基础上，其框架和内容都有很大改变。如旧《商法》将商习惯与民法置于并列地位，旧《商法》规定，对于商事中本法未作规定的，适用民法之相关规定及商习惯，而新《商法》将商习惯置于民法之前，新《商法》规定：对于商事中本法未作规定的适用商习惯法，商习惯法中也未作规定的适用民法。两者相比，显然后者更强调商习惯在具体商事中的重要性，确定商习惯优先于民法，对日本商习惯的存在给予了充分重视。总之，新《商法》形成了日本经济商事、产业法的基本框架和规范，具有相当的权威性和稳定性。新《商法》一直沿用到战后，其间有过若干次修改，但没有像旧《商法》那样被废止。比较大的修改主要有 1911 年和 1938 年的两次。新《商法》对旧《商法》的修改，很大一部分是针对公司法的修改，而 1911 年和 1938 年新《商法》的两次较大修改的重点也是公司法，相关内容待后文再叙。

二、日本公司法的诞生

近代日本并无独立的公司法，1890 年旧《商法》中第一编第六章有关公司的法规内容，一般被视为日本历史上的第一部公司法。旧《商法》第六章的内容基本相当于公司法，对近代公司制度作了基本的法律规范，如承认公司制企业是拥有独立财产、独立权利及义务，能够成为诉讼原告或被告的主体，规定公司制企业有合名公司、合资公司、股份公司（株式会社）三种形式，规定公司设立采用"许可主义"原则，即一般公司设立必须取得地方官吏许可，并经主管官厅的批准取得许可才能开业等。只是随着 1899 年新《商法》的出台、实施和旧《商法》的废止，原有公司立法的相关内容也失去效力，或是被新《商法》进行了重新定义。新《商法》的第一编"总则"中有关公司的法规，以及整个第二编"公司"，被视为近代日本的系统公司法，新《商法》奠定了近代日本公司法基础，新《商法》的实施标志着日本公司法的正式诞生。

新《商法》的总则和第二编对日本公司制度作了更为全面的法律规范，如公司种类由三种变为四种：在合名公司、合资公司及股份公司之外，增加了两合公司（株式与合资）。旧《商法》的"许可主义"，也被新《商法》的"准则主义"所取代，所谓准则主义就是允许自由设立公司，只要符合相关规定条件就可以获准设立公司，无需再受行政部门的审批。由"许可主义"转换为"准则主义"，显然为日本近代企业的发展提供了更加宽松的环境、条件。新《商法》对一些与民法重复或相抵触的部分进行了相关调整，取消了一些旧《商法》中单纯学习西方制度而不符合日本国情的条规，如必须制作完全符合标准的资产明细表和借贷对照表，必须雇用具有相关专业学历的人承担会计工作；并规定传统简易会计账簿具有法律效力。这为大多数小资本中小企业的发展，提供了切合实际的法律规范。新《商法》增加了一些旧《商法》没有的公司法规，如关于"仓库营业"的法规，从经营层面上更为细致、全面地加强了法律规范，更增加了诸多旧《商法》中未曾涉及的公司权责方面的法规。

新《商法》公司法部分增加了关于公司合并的法规，包括公司合并手续、合并效力，以及合并无效等具体条规，解除了公司解体重组必须履行设立新公司手续的繁琐过程，对合并公司的合法效力作出了法律规范，为企业设立提供了更加便捷、多样的法律依据；增加了关于股东有限责任的规定，取消了合资公司组织形态中董事无限责任的规定，明确了有限责任制度的法律规范，降低了出资人、股东个人财产用于偿还公司债务的无限责任风险；增加了股份转让的相关规定，确定股份自由转让的原则，允许发行不记名股票，部分废除股份转让需经董事会同意等规定。新《商法》调整、增加了有关公司内部治理的规定，对出资者、经营者的权限和关系作了基本界定，新《商法》确定以股东大会为最高权力机构，下面平行设立董事会、监察会，形成三权分立的公司组织机构，规定股东大会拥有公司事务的决定权、财务审核权，董事会拥有执行权，监事会拥有监督权。新《商法》突出了股东大会的权力，从而使近代日本公司发展进入股东大会中心主义治理模式阶段。①

新《商法》公布、施行后，在实施过程中一直不断进行着修改，内容改动较大的两次是在 1911 年、1938 年。有关公司发展的部分，因后一次修改正值战时，实际实施又一拖再拖，对在华日商企业发展的影响相对薄弱，而 1911 年修改条款超过 200 条，对之后进入中国的日商企业有着直接影响。公司制企业的迅速发展，暴露了公司制度法规的不足，1911 年的修改针对性地补充了一些限制性条款，如对股东、董事、监事等的权责有更细化的规定，规定董事必须由股东大会委任，董事和董事长对本公司和第三者损害赔偿应承担的民事、刑事责任，规定监事对股东大会负责，独立于董事，以及监事的民事、刑事责任等。此次修改后整个大正年间（1912—1925 年）未曾再修改，说明日本企业发展的法律规范相对稳定，这为企业的稳步发展提供了有利的大环境。

三、日本股份公司主导地位的确立

近代日本股份公司的形成远远早于公司法的公布，明治初年成立的一

---

① 宫岛英昭『産業政策と企業統制の経済史——日本経済発展のミクロ分析——』，有斐閣，2004 年，第 168、169 頁。

系列"通商公司""汇兑公司"等就初显股份公司的形态，1872年《国家银行法》公布后设立的第一家银行东京国立银行开创了股份制银行形式，此后日本进入银行大规模形成的时期，直到1890年设立的各类银行，基本都依法采用了股份制。[①] 从银行开始，股份公司制迅速扩大到金融领域的其他行业，如1879年开业的东京股票交易所（株式取引所）和大阪股票交易所，也都采用了股份制形态。以日本当时企业发展状况看，占主导地位的是共同企业，共同企业几乎都以血缘或地缘为纽带组合起来，多为一次性出资的无限责任企业，资本也没有证券化。而《国家银行法》规定股份公司为"有限责任制"，之后1878年公布的《株式取引所条例》（股票交易所条例）规定，公司设立许可证书必须写明是"有限责任制"或"无限责任制"，这些对近代股份制企业、公司制企业的发展有重要意义。如前所述，日本政府在近代日本银行形成初期发挥了重要作用，银行股份制企业形态得到了政府的认可，1887年日本政府对公司做了初步分类，一类是"将资本分割为股票者"的公司，一类是作为"组合"的公司，前者相当于股份公司，后者相当于合名公司，这说明日本政府已经正式认可股份公司制的企业形态。

从1893年旧《商法》公司法规部分的出台，到1899年新《商法》公司法规部分的全面实施，近代日本公司制度开始进入一个新时期。公司法的法律规范与保障，促成了近代日本的第二次企业勃兴，促进了近代日本企业法人化进程。明治前期的企业多为非法人家族企业或个人企业，新《商法》规定的公司种类虽然增加了两合公司，但实际发展中这类公司并未形成气候，此阶段日本近代企业类型的发展仍主要集中于合资公司、合办公司和股份公司三种类型，公司制企业获得迅猛发展，符合三种类型的企业数从1896年的4596家，增加到1910年的12308家，其中各类型所占比例如表4-1：

---

① 关于近代日本银行制度形成过程，参阅本书第二章第一节第三目"近代金融企业的生成（1868—1894）"。

表 4-1　日本主要公司形态的企业情况（1896—1910）

年份	公司总数（家）	组织构成比（%）		
		合名	合资	股份
1896	4596	7.5	36.3	56.2
1900	8588	9.1	41.4	49.5
1905	9006	14.2	39	46.8
1910	12308	20.3	38.9	40.8

资料来源：根据農商務省『農商務統計表』各年数据制成，转引自李原：《日本近代社会制度的形成和特点》，《天府新论》1999 年第 3 期。

从表 4-1 企业数的发展看，法人公司形态企业的猛增，反映出日本公司制度的确立和强劲发展。法人化企业的猛增，说明近代日本经济法制建设对企业制度发展产生了直接而重要的作用，此外税制的修改也起了推手的作用。1897 年规定向法人征收所得税 2.5%，向个人征收 1%—5.5% 的累进税，致使个人非法人企业纷纷改为法人企业，在之后日本企业发展过程中，选择采用合名、合资公司形式的企业又有所增多。1920—1939 年间公司总数增长了 2.8 倍，其中合名、合资公司分别增加了 3.5 倍和 4.9 倍，而股份公司仅增长 1.4 倍，[①] 这是因为 1920 年的税制修改，向所有法人征收累进税，合名、合资公司和股份公司税收同等，这两类公司不用公开决算内容、不限制投资者人数，而股份公司必须公开决算内容和限制投资者人数。另外合资公司与股份公司的比例很接近，一方面是因为近代日本企业发展过程中始终存在着大量中小企业，而具有一定企业历史的大型家族企业，在法人化过程中采取了逐步改制的策略，如大型财阀企业在法人化改制初期都没有选择股份制。另一方面，股份制企业的大型化趋势逐渐增强和规范化，又自然淘汰了一些不规范的小型股份公司。这些的确都是股份制企业数量下降的原因，但是股份公司通过合并和资本积累，平均规模增大，虽然在企业数上增长倍数不及另两类企业，实际上却始终保持着主导地位。

---

① ［日］西川俊作、阿部武司编：《日本经济史 4　产业化的时代》（上），杨宁一、曹杰译，三联书店 1998 年版，第 410 页。

四、日商在华企业产权制度的基本形态

（一）日商在华企业产权制度演变的基本分期

日商在华企业产权制度的演变大致经历了三个阶段，第一阶段是明治维新至甲午战争前后，即 19 世纪 70 年代初至 19 世纪 90 年代中期，此阶段日本国内企业的法人制度还未建立，在华日商企业也处于非法人企业阶段；第二阶段是甲午战后至抗日战争爆发前，即 19 世纪 90 年代后期至 20 世纪 30 年代初，此阶段日本国内经历了企业法人化改革，股份制企业制度的主导地位得到确立，在华日商企业的法人化和股份制形态，也呈现出稳定、成熟发展的状态；第三阶段是日本侵略东北、建立"满洲国"至抗日战争结束，即 20 世纪 30 年代初至 1945 年中期，此阶段日本对东北的殖民侵略和进入全面战争后的战时体制，使部分在华日商企业的产权形式产生了一些变异，如东北地区的众多"特殊会社"、战时设立的"国策"会社，以及以"军管"名义侵占的华商企业。其产权主体的界定已超出已有企业法规所规定的范围，这类企业的所有者、管理者及各利益相关者的关系，也不能以普通企业法律为依据来处理。

（二）日商在华企业的法定形态

日商在华企业绝大多数与日本国内企业一样，是依据日本法律设立的，日本近代公司法规定的法定形态主要是三种：合资公司、合名公司、股份公司。这些法定形态对各类企业的资本构成、责任形式作了基本规范，确定了各类企业在法律上的地位。在华日商企业也是以前三种形态的企业为主流，而三种形态企业数量的比例变化，也与日本国内基本同步，如合资公司和股份公司的比例远高于合名公司，并随时间推移，股份公司比例逐渐上升，相应地有限责任制、无限责任制、有限责任及无限责任的两合制企业的比例也发生变化，越来越多的企业开始采用有限责任制的股份有限公司（有限株式会社）形态。有限责任或无限责任在公司章程中的明文规定，也在一定程度上反映出在华日商企业制度发展的阶段性。明治初年来华商社洋行的资本形式基本属个人资本，或是个人与个人间的组合资本，组织形式则多为无限公司，大多数企业没有对责任作明文规定。日本公司法公布后，来华企业对责任制类型的规定趋于明朗，甲午战争前后已出现

股份公司，组织形式也开始多样化，无限公司、有限公司，以及无限与有限两合公司，各种资本形式都有。"一战"前后随着日本国内财阀企业改制的普及与发展，日商在华企业中股份有限制公司也得以显著发展。进入 20 世纪 20 年代后，股份有限制企业迅速成为公司资本形态的主导类型，无论"国策"会社、财阀企业，还是民间资本企业中的大型企业集团，无一例外采取了股份有限公司形式，中小工商企业、普通商业银行中采取了股份有限公司形态的企业也大为增多，如 20 世纪 30 年代至整个战时在华设立的"国策"会社基本采用了股份有限制。另外，与普通在华日侨生活、生存需要息息相关的小规模工商企业，始终占有相当大的比重，虽然在资本规模上无法与那些大型的合资公司、股份公司相比，但在数量上，小规模个人企业、合伙企业（合名即是其中一种，有的称为合伙公司，有的称为合名公司）不仅是日本公司法公布之前早期在华日商企业的主要形态，而且在整个近代日商在华企业发展过程中始终保持着发展势头，这种个人或合伙制企业形态的小规模企业，始终是日商在华企业形态中不可忽视的一种类型。

（三）日商在华企业的资本与组织形态

一般来说，日商在华企业的资本构成主要分为两大类：一是全日资的企业，一是中日合资的企业，此处的"中日合资"，特指由中、日共同出资的合资、"合办"企业。从日商在华企业的组织形态看，主要也分为两大类：一是总部设在日本的股份、合资、个人等各类企业在华设立的分支机构，如分店、分号、分行、分公司、分工厂等；一是直接在华设立的股份、合资、个人等各类企业，其中既有独家企业，也有总、分多重机构的企业。日商在华企业的注册与初始资本状况比较复杂，总公司在日本的企业分支机构没有注册问题，初始资本完全来源于国内总公司；直接在华设立的企业一般都在当地日本领事馆进行注册登记以获取法律认可，也有在异地注册登记的，如早期在香港注册的现象较为普遍。直接在华设立的企业，初始资本有来自日本国内的，有来自在华日侨、日商的，而中日合资、"合办"企业，基本在中国注册。"中日合办"企业还有在日本和中国两国注册的，即形成所谓的"双重国籍"，①其初始资本中的日资部分既有来自日本国内的，也有来自在华日侨、日商的，中日双方的资本都既有来自政府的资本，也有来自民间的资本。以在华日商企业的存在形态而言，大致可以区分为"纯民间"、财阀、"国策"及"合办"四类，虽然这一基本形态的归类未必是最合理、最科学的，却是最能体现近代日商在华企业经营活动特性的，因此本书即采用此企业形态分类，本章即以这四种形态为中心，具体考察日商在华企业的产权制度。

第二节　"纯民间"企业产权制度的演变及特点

一、"纯民间"中小企业的产权

（一）非公司制企业形态自然生成阶段

甲午战争之前的日商在华企业，除了三井物产、横滨正金银行等若干大型企业的分支机构，绝大多数是开设在通商口岸的小型商店、贸易洋行。与日本国内同步，此时日商在华企业还处于非法人企业发展阶段，注册情况也不甚明了。从散落的资料看，此时期在通商口岸开设的工、商、银行、航运企业，已有一些注册登记的记载，如设立于1888年的上海棉花公司，很多文献都提到是在中国香港注册的。但因为当时法人企业制度还未确立，囿于资料的缺乏，这些企业是在日本国内注册登记，是在香港注册登记，是在当地领事馆注册登记，还是在哪里都未注册登记，大多很难得到证实，并且当时注册手续及注册内容也不规范。例如，本阶段在华日商企业注册资本情况只能从分散的、局部的、阶段性的资料中找到一些，而全盘统计的资料、数据极少，一般资料中的统计数据都是从甲午战后开始，②为本阶段的研究增添了难度。

《洋商史——上海（1843—1956）》是少有的从上海开埠开始统计日商企业数据的文献，但是从其统计结果看，1895年之前在上海开设的63

---

① 关于日商在华企业的"双重国籍"问题，参阅张雁深《日本利用所谓"合办事业"侵华的历史》中的论述。

② 如张肖梅的《日本对沪投资》，陈真、姚洛、彭先知的《中国近代工业史资料》。

家日商企业中，仅有4家企业有注册资本记录，其中1875年开设的日本邮船公司和1893年开设的横滨正金银行两家分支机构记录的是日本总公司资本。在上海开设的企业，有资本记录的只有1888年开设的上海机器轧花局（上海棉花公司），资本额为7.5万两，1894年设立的精华印刷所，资本额为2万日元。① 而在日本外务省通商局20世纪10年代的统计中，许多本阶段出现过的小企业已经查不到，说明处于尝试阶段的日商工业企业，多为个人企业或多人组合企业，不仅规模有限，也缺乏规范性的注册登记。据统计，1843—1894年间日商在上海投资额共为46万美元，② 若以《洋商史》统计的63家企业推算，每家企业平均只有7300余美元资本额。这当然说明本阶段日商这些分支机构和小型商店、贸易洋行的资本规模的确非常有限。即便是作为日本国内大型企业集团的财阀企业，其本阶段在华设立的分支机构也还处于投资尝试阶段，所以多为代理店、办事处，分店的规模也很小，而这些分支机构的资本因与国内总公司共同计算，极少有单独的资本情况可供分析，其经营者都是由总公司直接派驻。一般纯日资的个人、合伙形式的小规模商店、洋行，资本规模不大，资本结构也不复杂，出资者和经营者合二为一的情况非常普遍，但值得注意的是影响产权结构的多元资本形式在零星的工业企业中已经出现。

如上文所述，1888年设立的上海机器轧花局是为数不多注册情况明晰的企业。日商在华企业上海机器轧花局是由日商三井物产上海分店与英、美、德、法商人共同出资的股份公司，设立当年在香港行政厅注册，注册资本共7.5万两（115500元），分为1500股，每股50两（77元），其中，三井物产上海分店出资4.5万两（69300元），合900股，占总股本的60%。以产权结构决定产权安排的原则，三井物产上海分店店长成为公司实际负责人，公司从原料购入到产品外销的全部经营管理，皆由三井物产

① 王垂芳主编：《洋商史——上海（1843—1956）》，上海社会科学院出版社2007年版，第397页。

② 王垂芳主编：《洋商史——上海（1843—1956）》，总述，上海社会科学院出版社2007年版，第2页。

上海分店承担，从资本比例到经营管理权来看，该公司无疑是一家以日商为主的多国合资股份公司。上海机器轧花局设立初期经营情况良好，1891年股息分配占到纯利润的 10%，但是甲午战后，公司经营陷入了持续萧条，1897 年 5 月三井物产上海分店召开理事会，决议"解散"上海机器轧花局。上海机器轧花局实际歇业是在 1902 年，三井物产上海分店则于 1898 年不惜以降低返还股本的方式单方面退股，投资股份时 1 股缴纳 50两，退出股份时 1 股仅返回 37 两，三井物产上海分店最终以损失投资额的约四分之一股金完成退股。[①] 上海机器轧花局的事例，是日商在华企业早期资本构成、发展、变化的一个典型，很多企业初创时由合资开始，之后才逐渐转变为独资，也有一些企业资本成分中始终保持部分其他资本，但是控制权绝对掌握在日商手里。

（二）公司制企业形态阶段

甲午战后，随着日本国内企业法人化制度的形成，在现存资料中日商在华企业的注册资本已大多有记录，这是本阶段各通商口岸商店、贸易洋行的资料记载较上一阶段的显著变化。以上海为例，1895—1913 年上海39 家商贸洋行的资本情况已有记录，其中三分之一是总店、行开在日本的商店、洋行，其资本金都与总公司资本为一体，上海分店、行资本大多不明，只有堀井誊写 1 家记录了上海分店资本为 20 万日元。近三分之二直接在上海开设的商店、洋行，注册资本都在 0.5 万日元—50 万日元，其中以1 万—5 万日元为多，还有几家以墨西哥元（弗）为计算单位，[②] 也是 0.5万日元—1 万日元，只有 1 家为 10 万日元。[③] 本阶段武汉的情况与上海相同，设立的商社、洋行已有明确的名称、地点、年份及注册资本记载，从

---

① 张玉法：《近代中国工业发展史（1860—1916）》，台北桂冠图书出版社 1992 年版，第 35页；高村直助『日本帝国主義史論』，ミネルヴァ書房，1983 年，第 156—157 頁。

② 根据上海日报社编『上海年鑑』，1926 年，第 188—189 頁整理。1919 年之前，在上海市场普通流通的货币大部分是墨西哥弗（元），大体上这就成了本位货币。如果和上海两相比较的话，根据汇兑行市的 100 元兑换，摆幅在 72 两至 75 两之间，与日元相比，100 日元约在 90 至 120 元（墨西哥元）之间变动。

③ 张肖梅：《日本对沪投资》，商务印书馆 1937 年版，第 88—100 页；黄光域编著：《外国在华工商企业辞典》，四川人民出版社 1995 年版；王垂芳主编：《洋商史——上海（1843—1956）》附表，上海社会科学院出版社 2007 年版。

资本情况看，1901—1913 年在汉口开设的十多家日商商社、洋行，资本金从 2.5 万日元到 20 万日元不等，只有一家总行设在上海的吉田洋行，注册资本为 100 万日元，估计武汉分店的资本有限。本阶段继上海之后，各地通商口岸日商商贸企业都有发展，但是从口岸情况看其资本规模应该比上海更小。①

同时段留存资料中呈现出更详细的注册内容的是青岛，以集中于 1914 年一年内设立的一组企业为例，可以看到注册信息中，增加了有关组织形态、员工人数等的内容，如：吉米组，个人经营，注册资本 30 万日元；山东药房，个人经营；花月炉馆，个人经营，注册资本 1 万日元，员工日人 5 名、华人 4 名；山田泰祥药房，个人经营，注册资本 1 万日元，员工日人 2 名、华人 2 名；大和旅馆，个人经营，注册资本 10 万日元，员工日人 8 名、华人 10 名；有长洋行，个人经营，注册资本 150 万日元，员工日人 2 名、华人 12 名（在济南设有分店）；铁谷商店，个人经营，员工日人 3 名、华人 4 名；下江洋行，总行青岛，分行东京，个人经营，注册资本 2 万日元。②上述青岛的事例至少说明几个问题：一是资本基本仍是小额，这是"纯民间"资本中小企业的基本特点，而且在商贸领域各阶段的变化不大，始终存在相当数量的小资本企业；二是随着日本国内企业法人制度的确立，本阶段起在华日商企业的法人化进程也进入正规阶段，故企业注册手续开始逐步建立、完善。

甲午战争结束后，日商在华"纯民间"工业企业逐渐增多。如前文所述，本阶段日商在华工业企业还处于尝试期，集中于纺织、制粉、榨油、玻璃、火柴等民生工业，从后续发展脉络看，"纯民间"工业企业可分为两大类，即棉纺织工业企业（在华纺）和棉纺织工业以外的所有与民生相关的一般工业企业（杂工业企业）。本阶段，一般工业企业和中小商贸企业一样，大多属于小资本规模的个人、合名、合资等形态的企业，也出现了一些股份公司。这些企业主要集中于上海与东北两地，天津、武汉等通商口

① 眞銅政治編輯『漢口日本商工会議所要覧』，漢口日本商工会議所，1943 年。
② 木村雄平編『山東商工案内録』，杏城社，1933 年。

岸也有零星企业出现，本书第三章第二节有较详细的介绍。东北因"满铁"的设立，很多民生工业企业中加入了"满铁"的投资，所以就"纯民间"性而言，以上海地区更为典型。在各种组织形态的企业中，个人企业一般都是小资本且资本变化不大，合名、合资、股份企业的资本规模大小不一，有几万日元的小企业，也有几十万日元的大中企业，而本阶段合资、股份公司中不乏中日共同出资者，与后文所述的"中日合办"企业不同，这里的中日合资的目的主要在吸收资本，而非获取条约保护之外的便利。

1895—1913 年，本阶段这些中日合资企业的特点是资本和产权归属的变化异常活跃，都经历了频繁的资本变化。很多企业最初是华商企业或其他外商企业，参入日商资本后成为合资企业，而后日商资本逐渐增大，最后转变为全日商资本企业。如江南制革公司，1906 年由华商创办，经历了中日合资，在 1912 年成为完全日资的日本制革株式会社上海工厂，资本为 15 万日元，在短短几年时间里彻底转变了所有权归属；[1] 再如增裕机器面粉厂，原名增裕机器面粉有限公司，1896 年 8 月由英人创立，在香港注册，1911 年 6 月转入德国人之手，由于经营不善，同年 7 月三井物产代理店借予其流动资金，故掌握了实际经营权，接替德国人代理经营，1916 年德国人将全部资产转让给三井物产，公司改名为增裕机器面粉厂，成为日商企业，并在日本官厅注册登记。[2] 也有少数转为全华商的企业，如商务印书馆最初为中美合资企业，1903 年由中、日商人共同出资 60 万元，改为"中日合办"企业，华商与日商占股各半。因防日商控权以及在日注册手续过烦，故在香港行政厅和清农工商部两处注册，名义上为华商企业。1913 年增资到 150 万元，日商占四分之一，华商占四分之三。1914 年，华商收回所有日商股份，商务印书馆成为全华资企业。[3] 总之本阶段大多数新兴工业如食品、绢丝、制革等的新建企业，组织形态上都采用了中日

---

① 「上海工業上における日本の地位」，外務省通商局『通商公報』第 706 号，1919 年，第 27 頁；東亜同文会編『対支回顧録』(下卷)，原書房，1967 年复刻，第 683 頁。

② 「楊子江沿岸制粉工場」，『通商公報』第 177 号，1914 年；上海日本商業会議所『上海内外商工案内』，上海日本商業会議所，1926 年，第 130 頁。

③ 「上海に於ける印刷業状況」，『通商公報』第 82 号，1914 年 1 月 22 日。

合资，而在后续发展中又有很多逐渐转换成纯日资企业，这反映出早期在华日商工业企业资本构成和组织变化的特点。

（三）股份公司制企业形态主导地位确立阶段

第一次世界大战结束时，日商在华企业已进入股份公司占主导地位的阶段。一方面企业法人化后，各类企业的产权规范趋于清晰，以上海为例，1916—1918 年间新设企业的注册情况全部有案可查，公司制企业（合资、合名、股份）迅速增加，据记载，"1917 年新设百数十家新企业"[①]。另一方面股份公司在这几年中大幅度增加，迅速确立了股份公司在各种企业组织形态中的主导地位，从 1916—1918 年间新设企业的注册资料中，可以看出公司，特别是股份公司在数量上迅速增加的具体变化。这里先来看一下 1918 年上海日商企业的总体状况，截至 1918 年，上海日商企业包括小买卖商在内约有 300 多家，当年在上海总领事馆注册登记的企业中，主要的个人企业有 35 家（非全部）。虽然个人企业在数量上超过其他任何一种形态，但是个人企业仍大多为小商店、输入业洋行，因资本规模的局限，不可能成为日商在华企业的主力，而作为主流形态的合名企业、合资企业、股份公司数量逐年上升，说明在华日商企业的法人企业形态已趋于稳定成熟。表 4-2 是 1916—1918 年三种主流形态企业数量的增减变化：

表 4-2　在上海总领事馆注册登记的合资、合名、股份企业数（1916—1918）

类　　型	合资	合名	股份	两合（股份、合资）	共计
1916 年既存	8	20	21	1	50
1917 年新增	8	1	12	—	21
1918 年新增	3	1	18	—	22
各年关闭、取消注册	3	1	—	—	4
1918 年年末合计	16	21	51	1	89

注：在上海总领事馆注册登记的企业，包括在上海设立的本店、分店。

资料来源：「上海における本邦人商業の進展」，『通商公報』第 485 号，1917 年；「上海における日本商工業の進展状況」，『通商公報』第 591 号，1918 年。

---

① 「上海における本邦人商業の進展」，『通商公報』第 485 号，1917 年。

　　表4-2包括各年总公司、分公司在上海总领事馆注册登记的合资、合名、股份企业数，截至1916年年末上海登记的企业合资8家、合名20家、股份21家、两合（股份、合资）1家，合计50家；1917年新设合资8家、合名1家、股份12家，合计21家，1917年一年内增加了四成。截至1917年年末已经注册登记的合资16家、合名21家、股份33家、两合1家，合计71家。1918年新设合名1家、合资3家、股份18家，合计22家。各年因分店废止注册除名的合名1家、合资3家，合计4家，所以截至1918年年末所有注册登记的有合资16家、合名21家、股份51家、两合1家，合计89家。股份公司在两年内增加30家，约是1916年之前全部股份公司的150%。本阶段在华日商企业中股份公司数量的迅速增加，是在日本国内股份公司主导地位确立的直接影响下形成的，而从表4-3可以看到在华日商企业产权制度的组织形态变化。

表4-3　在上海日本总领事馆注册登记的新设企业（1918）

公司名	总公司所在地	注册资本（万日元）	组织形式	备　注
东亚淀粉株式会社	上海	50	股份	新设公司
株式会社川北电气企业社	大阪	300	股份	办事处变更
江商株式会社	大阪	500	股份	办事处变更
株式会社和商店	东京	100	股份	个人变更股份
朝鲜银行	汉城	2000	股份	新设
三菱商事株式会社	东京	1500	股份	新设
株式会社阿部市商店	大阪	150	股份	个人变更股份
申阳汽船株式会社	神户	120	股份	新设
株式会社武林洋行	大阪	100	股份	合资变更股份
日华纺织株式会社	上海	1000	股份	收买英商企业
株式会社安部幸兵卫商店	横滨	500	股份	个人变更股份
日华贸易株式会社	函馆	30	股份	新设（"中日合办"）
北洋贸易株式会社	函馆	20	股份	新设
内天商事株式会社	神户	500	股份	原和信洋行更名

（续表）

公司名	总公司所在地	注册资本（万日元）	组织形式	备　注
汤浅贸易株式会社	神户	500	股份	合名、办事处双变更
株式会社上海银行	上海	20	股份	原上海储蓄组合
株式会社上海取引所（交易所）	大阪	1000	股份	新设
伊藤忠商事株式会社	大阪	1000	股份	合名变更股份
合资会社日支公司	上海	3000（弗）	合资	新设
日本贸易公司	上海	1.5	合资	新设
合资会社海洋社	上海	50000（弗）	合资	合名变更合资
合名会社土桥	上海		合名	

注：表中标明资本单位"弗"者，指墨西哥元。
资料来源：「上海における日本商工業の進展状況」,『通商公報』第591号，1918年。

　　表4-3的22家企业中，企业组织形态变更的有7家，其中3家由个人变更为股份，2家由合名变更为股份，1家由合资变更为股份，还有1家由合名变更为合资，这些企业组织形态的变更可以视为日商在华企业产权制度的进化、提升。22家企业中有18家为股份公司，说明股份公司形态已经是在华日商企业的主导类型，但是从公司所在地可以看到，22家中有15家是日本公司在华设立的分支机构，其中3家是由办事处升级为分公司。日商在华的分公司也必须在当地领事馆注册，绝大多数资本金额不做单独注册，所以基本无法了解分支机构的资本规模。在上海直接设立的企业有7家，除了日华纺织株式会社，其余都是资本规模相对较小的企业，说明本阶段日商在华企业的主力还是日本企业在华的分支机构，而非直接设立的企业。

二、"纯民间"纺织企业初建时的组织与资本

　　作为"纯民间"资本的日商在华企业重要代表，在华纺以其持续强劲的发展势头，以及在中国形成的巨大规模，毋庸置疑成为"纯民间"资本企业中发展最为成功的范例。而在华纺在形成、发展过程中，各公司设立

方式与资本构成却不尽相同，其筹资方式、资本结构也存在着异同。这当然是在总体发展趋势一致的情况下，所呈现的企业筹资方式多样化和资本结构变化。直到抗日战争爆发之前，这种"纯民间"资本的共性没变，而战时在华纺因被纳入战时经济体制，接收了诸多"军管理"华商纺织企业，其所谓"纯民间"资本性质已经变质，之后在华纺虽返还了华商企业，但其资本增殖中受战时政府支持与支配的影响依然很深。这里先考察"纯民间"资本阶段在华纺的资本构成、组织形态，可以从早期设立的几大在华纺——上海纺织株式会社、内外棉株式会社和上海制造绢丝株式会社不同的设立方式中，了解在华纺早期资本来源、资本结构和组织形态的多样性。

（一）第一家多国资本的在华纺——上海纺织株式会社

作为日商在华纺织工业企业的嚆矢，1902 年设立的上海纺织株式会社，其前身是 1895 年华商设立的裕晋纱厂，1897 年欧美资本注入，改为协隆纺织公司，由欧美人主持经营，因连年亏损，1901 年向华俄道胜银行（日称露清银行）借贷 38 万两而无力偿还，遂被华俄道胜银行拍卖，被兴泰号收购接办，改名为兴泰纱厂。三井物产上海分店店长山本条太郎协同华商棉布商行公信、吴仲记、大丰等，共同出资 30 万两收买了兴泰纱厂，1902 年 12 月在香港行政厅注册，依据英国公司法设立，命名为上海纺织有限公司（简称上海纺织会社）。上海纺织会社的注册资本为 50 万两（合 1 万股），三井物产上海分店占 10%，股东中除中国商人外，还包括欧美、印度商人。此外上海纺织向华俄道胜银行借款 22.5 万两，偿还期五年。直到 1903 年 3 月，三井营业店董事会才认可三井物产向上海纺织部分出资和承办该公司代理店（Agent），董事会的认可范围是："代理店事务为单纯的棉纱、棉花买卖的代理，仅限技师以下的用人推举权，不负营业上更大的责任。"另外，董事会确定"代理店收取纺织会社纯利润的 10% 为报酬"，三井物产在上海纺织会社的全部股份为 10%，相当于 1000 股，1 股为 35 两（实缴资本），也就是出资额为 3.5 万两。从资本结构看，上海纺织会社实际上是一家多国籍股东共同投资的合资企业。①

---

① 高村直助『日本帝国主義史論』，ミネルヴァ書房，1983 年，第 166 頁。

1906 年，作为上海纺织会社股东的三井物产和前述华商棉纱布商行，又把华商大纯纱厂纳入其控制下。该纱厂是 1895 年设立的官商合办企业，1905 年 4 月起，该纱厂向三井物产上海代理店及前述华商棉纱布商行借贷，借金每年 5 万两，以此为由，1906 年三井物产及华商债主租借了大纯纱厂，并在 1907 年 4 月以 40 万两正式收买了大纯纱厂，改名为三泰纺织株式会社。三泰纺织株式会社在香港行政厅注册，注册资本 50 万两，实缴资本 40 万两（合 8000 股，每股 50 两），其中三井物产依然出资 10%，拟定获利也占 10%，并成为其代理店。1908 年 12 月三泰纺织会社并入上海纺织会社，成为上海纺织会社第二工厂，上海纺织会社之前收买的兴泰纱厂称为第一工厂。合并后上海纺织有限公司更名为上海纺织股份有限公司，资本金达 100 万两。其债务情况是第二工厂（原三泰）设立时向横滨正金银行借贷 20 万两，而第一工厂设立时向华俄道胜银行借贷五年期的借款已经还完。1914 年，上海纺织会社计划设立第三工厂，为此又扩充资本金到 200 万两。[①] 上海纺织会社以多国合资、棉纱布贸易商行转型、收买既存工厂的模式，开了日商在华纺织企业的先河，尽管三井物产的股份在上海纺织会社全部股份中只占 10%，但是上海纺织会社的实际掌管者是代理店的小野兼基，在之后发展过程中日商股份占比不断上升，并成为最大的股东。

（二）第一家全日资的在华纺——内外棉株式会社

作为首创日本纺织资本全额出资、在当地直接建厂的成功模式者，内外棉株式会社（简称内外棉会社）的总公司设在日本大阪，是日本著名的"三大棉花商社"之一。内外棉会社 1887 年设立，注册资本 50 万日元，实缴资本 12.5 万日元，公司组织形态为股份公司。内外棉会社来华投资建厂前，于 1903 年、1905 年，已在国内分别收买了两家纺织工厂，公司经营方针已由棉花、纱的商业转向纺织工业。1909 年开始酝酿到上海设立纺织工厂，1910—1911 年内外棉会社第三工厂在上海建成，2 万枚纱锭完全投入生产，1912—1913 年第四工厂在上海完成并投产，1913—1914 年第

---

① 「上海に於ける制革業の現状」，『通商公報』第 182 号，1914 年 1 月 22 日，第 667 页；高村直助『近代日本綿業と中国』，東京大学出版会，1982 年，第 77 頁。

五工厂在上海完成并投产，至此，内外棉会社完成了它在中国投资事业的第一步，仅用六年时间就建成三家工厂，11 万余枚纱锭投入生产，成为日商在上海规模最大的纺织企业。[①] 从内外棉会社各期"营业报告书"的资产估算表中可以看到，1912 年之前固定的"商业活动"项目彻底消失，而从上海第三工厂设立开始，内外棉会社的经营重心转到中国，到第五工厂建成，在华三家工厂的规模已经是日本国内两家工厂的 2 倍，此后在日本国内没有再设工厂。内外棉会社虽然总公司设在日本，但企业发展的真正天地在中国。

内外棉会社虽然比上海纺织会社晚进入中国，但是与上海纺织收买华商纱厂不同，内外棉会社首创了日本纺织资本全额出资、在当地直接建厂的模式。正如内外棉会社自称的那样，其在中国所建工厂"全都纯粹是本公司的分工厂，绝对没有混入其他资本，的确是内外棉会社自体的全额投资"。内外棉会社注册资本是 50 万日元，至 1900 年，分七次支付股金，完成资本金 50 万日元的全部支付，同年临时股东大会通过增资决议，增加资本 75 万日元，总资本升为 125 万日元；1905 年临时股东大会再次决议增资 125 万日元，总资本达到 250 万日元；1912 年临时股东大会第三次决议增资 250 万日元，总资本再次翻倍，达到 500 万日元。在上海最初三家工厂设立期间，内外棉会社两次成倍增资，此外还有社债[②]、银行借款、出售有价证券等资金活动，到 1914 年共借入社债 200 万日元，其他借款共达 114 万日元。[③] 由此可见，内外棉会社资本的迅速扩大，主要是靠增加资本金和大量发行社债的方式完成的，此外还有部分是缩小商业活动和处理有价证券所得的补偿。另有资料显示，在内外棉会社早期三家工厂的资金筹措过程中，总公司资金筹集十分活跃：从决定到上海设厂的 1909 年 6 月末，到第四工厂建成开工的 1913 年 12 月底，其间内外棉会社实缴资本

---

① 元木光之『内外綿株式会社五十年史』，木下印刷所，1937 年，第 179—184 頁。
② 社债，即股份公司为筹集长期资金而发行的定息债务证券，同股份不同，债券持有者没有议决权。
③ 元木光之『内外綿株式会社五十年史』，木下印刷所，1937 年，第 71—74 頁，第 180—182 頁附表 -1，第 180—182 頁统计表 -1。

增加了 156 万日元，借入金 ① 增加了 114 万日元，足见内外棉会社具有相当强的集资能力。② 内外棉会社以全额独资、棉纱布贸易商行转型、国内已有工业企业之基础、来华直接设立工厂的模式，开创了日商在华纺织企业的一种形式。

（三）第一家中日合资的在华纺——上海制造绢丝株式会社

上海制造绢丝株式会社（简称上海绢丝会社），中国名上海制造绢丝股份有限公司。1906 年，上海绢丝会社在北京农商部及上海日本总领事馆两地进行了注册，同时明确规定以日本《商法》为法律依据，公司组织为中日合资，注册资本规银 40 万两，董事长由中国人出任，副董事长由日本人出任，董事华人、日人各若干。上海绢丝会社初创资本中日各半，日商出资者为京都市绢纺织株式会社，但是日商是以价值相当于 20 万两的绢丝纺织机械抵作资本，另外由华商募集股东交付 20 万两现金股本。该公司以实物股份和现金股份的组合方式，实缴资本全额完成注册资本。公司开设当年，工厂即开工投产，之后上海绢丝会社于 1909 年、1910 年两次收购一家倒闭企业的绢丝纺机以扩大生产规模，1911 年 3 月，日本国内实力雄厚的钟渊纺织株式会社收购了京都市绢纺织株式会社，取而代之成为上海绢丝会社的股东，至此开启了钟渊（公大）纺织集团向中国的资本扩张。③

钟渊纺织会社在日本历史悠久，创立于 1888 年，总公司设在东京，历经了钟渊实业、钟渊产业、钟渊工业株式会社阶段，最后发展为钟渊纺织株式会社，其资本系统初始为三井财阀，后转为生命保险系统。钟渊纺织会社成为上海绢丝会社股东后一度收买了全部中方股份，1918 年第 18 期股东大会通过如下决议：（甲）中方持有的所有股份以每股上海规银 20 两转让给日方股东；（乙）中方股东转让其股份后，如果想买回，日方股东

---

① 借入金，公司资金不足时，向其他机构借的资金。特指企业或政府等向金融机构或其他企业立借条、期票等借得的资金。

② 高村直助『近代日本綿業と中国』，東京大学出版会，1982 年，第 90 页。

③ 「上海生糸の現状」，『通商公報』第 188 号，1914 年；陈真、姚洛编：《中国近代工业史资料》第二辑，三联书店 1957 年版，第 595 页。

则按照原价再转让给中方股东，同时对原价支付相当的利息；（丙）中方股东可以买回转让股份的时间，自转让之日起两年为期。① 由此中方股东转让所有股份，由中国人担任的董事长和监察人也都就此退任，上海绢丝会社成为以钟渊纺织会社为主，有日商个人股份的纯日商资本企业。但是两年后有部分华商股东重新买回股份，上海绢丝会社重又转变为中日合资企业，只是华商股份比例大减，公司资本实际上以日商占绝对优势。虽然直到抗战胜利，公司始终保持着少量的华商股份，但公司性质已发生了改变。1922 年上海绢丝会社资本增至 300 万两，设立第一家棉纺织工厂，称为公大一厂，1923 年公司资本又一次大幅度增加，达到 1000 万两，1925 年钟渊纺织会社正式接办上海绢丝会社（钟渊公大实业株式会社），之后钟渊系统的在华工厂全部以"公大"命名，"上海绢丝"之名被"钟渊纺织""公大纱厂"所取代。所以在各类资料中"上海绢丝""钟渊纺织""公大公司"几个名称都有出现，从资本系统考虑，以"钟渊纺织"称之恐怕更妥。

严格地说，公大公司作为在华纺九大系统的重要一员，其真正设立是在 20 世纪 20 年代接办上海绢丝会社之后，一般专著将其放在后一阶段再论。但是笔者以为，公大公司不是简单收购兼并华商的既存企业，作为其前身的上海绢丝会社的设立及钟渊纺织会社通过股权变更成为股东的过程发生在这一阶段，公司初始资本的筹集也是上海绢丝会社完成的，故应该把上海绢丝会社和公大公司的资本变更过程放在在华纺起步阶段作为典型事例列出。

从上述三个在华纺企业的创设过程看，日商在华"纯民间"资本企业的组织形态和资本构成，既有共性又有多样性，三家企业都采用了股份制形式，但股本构成和注册机构有很大不同：上海纺织会社的股本由多国籍股东共同出资，日商股本比例实际很小，上海纺织会社在香港行政厅注册，这是本阶段各类日商在华企业较为普遍的一种选择；内外棉会社股本全部来源于日本总公司，是一个完全独资的日商企业，总公司在大阪注册，还

---

① 许金生：《近代上海日资工业史 1884—1937》，学林出版社 2009 年版，第 129、130 页。

在棉花商社阶段就已在上海设有分公司（分店），之后所有设立的上海工厂都从属于上海分公司；上海绢丝会社的股本由中、日两国股东各出一半，上海绢丝会社在北京农商部及上海日本总领事馆两地注册，其出资和注册方式都与后来的"中日合办"企业非常相近，与一般中小合资企业相比，可能更为注重资本比例和权力操控的平等。

三、在华纺的资本结构与资本增殖

（一）1920 年前后在华纺资本集团的形成

所谓"纯民间"企业，也就是私人资本企业，资本中完全不掺杂政府资本，一般中小工商企业除特殊情况都属于这一类。在航运、银行等行业中"纯民间"资本企业相对比较少，因为这类行业的代表企业多为财阀企业、"国策"企业，中小企业的资料相对有限，很难以其为典型案例加以分析。在华纺在所有"纯民间"资本企业中，发展势头最强劲且形成规模最大，可以说是"纯民间"资本企业中最为成功的范例。在华纺相较"纯民间"中小企业留存资料也更完整，所以本阶段的典型企业分析仍以在华纺为重心。自 1902 年上海纺织会社开日商在华纺织企业的先河，上海绢丝会社、内外棉会社相继成立，直到 1920 年前后在华纺才真正掀起创立高潮。此间，在华纺的资本发展主要还是上述已建企业的扩展，上海绢丝会社在变更为钟渊纺织会社之前资本扩大情况不详，上海纺织会社和内外棉会社则都有很大的发展。上海纺织会社 1916 年新增了第三工厂，1920 年资本由 200 万两增至 400 万两，并在法律上弃英国公司法、改依日本公司法，由此公司改为日本国籍。[1] 内外棉会社在 1916—1918 年三年中通过新建、收买共建四家工厂，1920 年总公司资本由 500 万日元增至 1600 万日元。[2]

如第三章所述，上海纺织会社和内外棉会社之后，直到 1918 年日商才在上海新设了一家日华纺织株式会社（日华纺织会社），但是 1920—1923 年，日商在上海又新设立了东华纺织会社、大日本纺织会社（大康纱厂会

---

[1] 上海日本商業會議所『上海日本商業會議所年報』第四期，1922 年。

[2] 高村直助『近代日本綿業と中国』，東京大学出版会，1982 年，第 102 頁；元木光之『內外綿株式会社五十年史』，木下印刷所，1937 年，附表 -1。

社）、丰田纺织会社、钟渊纺织会社（公大纱厂）、同兴纺织会社、东洋纺织会社（后改为裕丰纺织株式会社、裕丰纱厂）等六家纺织企业，从而在1920年前后迅速形成了日商纺织九大集团企业。此外日商在其他各地也新设了其他纺织厂，如1923年日本长崎纺织公司在青岛设立宝来纱厂，1924年日本棉花公司在汉口设立泰安纱厂、"满铁"财团会同富士煤气公司在沈阳设立满洲纺织厂等。这些也都是在华纺的一部分，但是规模和影响都不及上述九大集团。在华纺九大集团在组织形态上都采用了股份制，然而在公司组织机构、公司资本构成及变动、公司所有权变更等诸多方面，都存在着很大的差异，如组织机构有总公司形态和分公司形态的区别；资本构成有有财阀背景和无财阀背景的区别；公司所有者有的从始至终未改变过，有的中途发生变更等。因为各公司存在的各种不同，我们对日商在华"纯民间"资本企业产权形式的多样化，以及发展路径的多样化可以多一分认识。

（二）在华纺的组织分类与资本来源

在华纺九大纺织集团按组织机构大致可以分为两类：一是在中国设立总公司的，具体有上海纺织会社、公大纱厂、同兴纺织会社、东华纺织会社、丰田纺织会社、裕丰纱厂、日华纺织会社等七家；二是在中国设立分公司的，具体有内外棉会社和大日本纺织会社两家。以总公司和分公司进行分类，只是一个大致框定，其内部组织机构又各有一些不能简单归类的，如以总公司形态设在中国的东华纺织会社并不是完全在华企业，其在日本兵库县今津也设有纺织工厂，再如以分公司形态设在中国的内外棉会社，其所经营的企业绝大部分在中国，日本学者也认为"也许称为'海外纺织公司'反而更适当"[①]，所以在分类中虽然归为在华分公司，但实际上，内外棉资本和利润变化所反映出的主要是其在华发展的结果。而在资本构成方面，也可分为最基本的两类，一是有财阀资本背景的，如七家总公司在华的企业，一是无财阀资本背景的，如两家以分公司在华的企业。图4-1是1931年全部在华纺的资本来源情况。

---

① ［日］樋口弘：《日本对华投资》，北京编译社译，商务印书馆1960年版，第33页。

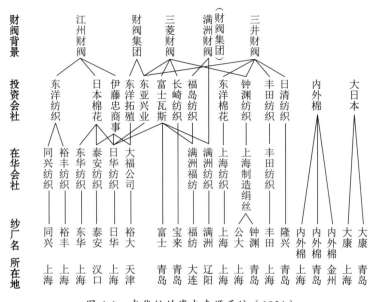

图 4-1　在华纺的资本来源系统（1931）

资料来源：严中平：《中国棉纺织史稿》附录一"中国纱厂沿革表"（1890—1937），商务印书馆 1955 年版；樋口弘『日本対支の投資研究』，生活社，1939 年，第 266 頁。

从图 4-1 可以看出，就资本构成而言，除了内外棉和大日本纺织两家在华分公司是百分之百由日本母公司独家出资，其他总公司在华企业都有财阀资本背景，并且还有着财阀资本互相交错，或几家企业有同一家财阀背景的特点。

除了作为分公司的内外棉会社和大日本纺织会社，其他企业中也有日本国内企业独家投资的子公司，如 1921 年在上海设立的丰田纺织会社，注册资本 1000 万两，实缴 500 万两，就是由日本丰田纺织会社全额出资设立的子公司；有日本国内多家企业共同出资的新组企业，如 1918 年设立的日华纺织会社，注册资本 1000 万日元，分为 20 万股，实缴资本 400 万日元，公司设立基础是日本商人河崎以 130 万两收买的欧美商办鸿源纺织，公司设立之时河崎投 1 万股、日本棉花商社投 1 万股、伊藤忠合名会社 1 万股，另外出资者还有富士瓦斯（煤气）会社、东亚兴业会社等企业，日华纺织会社初设时还向横滨正金银行融资了 100 万日元。[1] 在华纺资本

① 高村直助『近代日本綿業と中国』，東京大学出版会，1982 年，第 103、121 頁。

筹措方式多样，各公司资本形成过程也各有特殊方式，如 1920 年在上海设立的同兴纺织会社，资本 1500 万日元，分为 30 万股，实缴资本 375 万日元。同兴纺织会社的资本系统属于东洋纺织会社（如图 4-1），但是追溯东洋纺织的历史，其是由三重纺织会社和大阪纺织会社在 1914 年合并而成，东洋纺织会社注册资本 1425 万日元，实缴资本 1300 余万日元，之后在 1930 年又合并了大阪合同纺织会社，所以同兴纺织会社设立时，实际上还是大阪合同纺织会社时期。同兴纺织会社资本筹集采取股东优先政策，30 万股中 25 万股划拨给合同纺织会社股东，3.5 万股以一股 20 日元以上的溢价公开招股，收入了 106 万余日元，结果是在当初实缴资本 375 万日元之外，获得 100 万日元的准备公积金。① 裕丰纺织会社也属于东洋纺织会社资本系统，1922 年在原三重纺织会社购置的土地上，设立了上海工厂，资本和总公司共同计算。1929 年东洋纺织会社上海工厂从总公司独立出来，即裕丰纺织株式会社，注册资本 500 万日元，实缴资本全额支付。

还有所有权的变更。在华纺中既有如内外棉会社、大日本纺织会社这样自始至终独资的企业，也有如上海纺织、钟渊纺织这样从部分出资到拥有绝大部分股份的企业。上海纺织初设时是多国合资，日商资本只占全部资本的 10%，钟渊纺织会社（公大）的前身上海绢丝会社设立时，资本是中日各出一半，二者都是在发展过程中不断增加日方资本，使公司转变成为日商企业，还有东华纺织会社也是后来完全转为日商资本的。不过上海纺织会社、钟渊纺织会社（公大）等公司中，也始终保持着少量欧美商人及华商的股份，并且公司股票在上海进行买卖。②

四、在华纺的资本变动及特点

（一）在华纺的资本变化

在华纺在 20 世纪 20 年代初蓬勃兴起后，九大系统企业集团整体上得到迅速扩展，形成了内外棉会社、上海绢丝会社、上海纺织会社等超大企业集团，并且实行多种经营，如钟渊纺织会社兼营棉纺织厂、绢丝加工厂、

---

① 東洋紡績株式会社『東洋紡績株式会社要覧』，1934 年，第 26 頁；高村直助『近代日本綿業と中国』，東京大学出版会，1982 年，第 122 頁。

② ［日］樋口弘:《日本对华投资》，北京编译社译，商务印书馆 1960 年版；高村直助『近代日本綿業と中国』，東京大学出版会，1982 年，第 121 頁。

缫丝厂和毛纺织厂等工厂，被日人称为"多角经营"的纺织企业集团。九大系统企业集团的资本规模也发生了很大变化。

表4-4　九大纺织集团企业的资本及工厂数（1922、1937）

类型	名称	开业年份	1922年资本		1937年资本			工厂数（家）	
			注册（万日元）	实缴（万日元）	注册（万日元）	实缴（万日元）	实缴占注册百分比（%）	1924	1937
总公司在华的	上海纺织株式会社*	1902	400*		1200*	915*	76	3	6
	日华纺织株式会社	1918	1000	400	1100	880	80	3	4
	株式会社丰田纺织厂	1920	500		900	500	56	1	3
	东华纺织株式会社	1921	900	500	240	240	100	3	2
	钟渊纺织株式会社	1922			1500	1500	100	2	11
	裕丰纺织株式会社	1923			1000	1000	100	1	3
	同兴纺织株式会社	1923	600		1500	1050	67	2	3
分公司在华的	内外棉纺织株式会社	1911	1000		3300	2450	74	11	13
	大日本纺织株式会社	1921			11000	6650	60	2	4

注：1.内外棉会社和大日本纺织会社两家分公司的资本系总公司资本。2.工厂数包括上海、青岛、天津等地，不包括东北地区。3.资本单位除上海纺织会社用银元"万两"计算（标注"*"）外，其余公司全部以日元计算。

资料来源：1922年数据摘自滨田奉太郎『支那における纺织业』，卢泽印刷所，1923年，第29—31页；高村直助『近代日本綿業と中国』，東京大学出版会，1982年，第116—122頁。1937年数据摘自［日］樋口弘：《日本对华投资》，北京编译社译，商务印书馆1960年版，第34页，参考张肖梅：《日本对沪投资》，商务印书馆1937年版，第35、45—56页。

从表4-4简单的对比中，至少可以看出几个特点：一是1937年的资本基本比1922年有大幅度提高，除日华纺织会社和东华纺织会社外，资本规模扩大程度显而易见，反映出在华纺整体资产实力和经营规模的扩大；

二是 1937 年各公司实缴资本的比例很高，最低的一家丰田纺织会社也在55% 以上，多家公司更是达到 100%，其中日华纺织会社虽然注册资本只有少量增加，但是 1937 年实缴资本与 1922 年相比翻了一倍多，反映出在华纺整体资本雄厚，负债能力增强。但是表 4-4 呈现的在华纺资本情况也有差异，如东华纺织会社的资本额大幅度下降。

表 4-4 中东华纺织会社 1937 年的资本为 240 万日元，1922 年资本则为 900 万日元，而根据高村直助《近代日本棉纺织业和中国》(『近代日本綿業と中国』) 记载，东华纺织会社的初始资本甚至达到 2000 万日元，分为 40 万股，实缴资本 500 万日元。该公司 1920 年设立，1921 年运转，最大的股东是伊藤忠合名株式会社，此为日本著名的贸易商社，拥有 6000 股，其他股份则广泛分散在各大阪商人和中国商人名下。从 1921 年公司设立到 1937 年抗战全面爆发前，东华纺织会社的注册资本不断降低。注册资本大幅度削减是较少出现的情况，尤其是如在华纺这样发展势头如此强劲行业中的企业，故东华纺织会社的案例值得关注。东华纺织会社设立之初就有弱点：股份比较分散，没有特别强有力的股东，工厂又是收买华商旧厂而非新建，机器设备相对陈旧。还因预订机械设备解约，支付了近90 万日元的违约金，使公司经营更进一步陷入窘境。之后一直经营不顺，表 4-5 是东华纺织会社 1922—1937 年每半年一期的利润率结算表：

表 4-5　东华纺织会社利润率情况（1922—1937 年 6 月）

（单位：%）

1922		1923		1924		1925		1926		1927	
上	下	上	下	上	下	上	下	上	下	上	下
38.2	4.7	−18.4	2.9	5.2	−3.1	−2.9	−4.5	−8.1	10.7	3.6	−5.8
1928		1929		1930		1931		1932		1933	
上	下	上	下	上	下	上	下	上	下	上	下
0.1	0.4	5.9	14.9	15.0	12.8	13.2	12.8	−13.8	−12.8	−4.9	−4.8
1934		1935		1936		1937					
上	下	上	下	上	下	上					
1.0	2.6	−5.8	−3.8	−16.2	0.4	22.6					

注：上、下，表示上半年和下半年。

资料来源：高村直助『近代日本綿業と中国』，東京大学出版会，1982 年，第 81、125 頁。

从表 4-5 可以看到，1922 年至 1937 年上半年共 31 期中有 13 期利润率是负数，这种经营情况下减资也就在所难免。事实上，1922 年、1923 年，东华纺织会社设立初期就已经两度进行过减资了。[①]

（二）在华纺资本构成的主要方式

在华纺资本的迅速增加，与其投资基础和融资能力有很大关系。一方面是实际资本的拥有，在九大纺织企业集团中，总公司在华企业大都由国内实力雄厚的大纺织企业或大贸易商社直接出资，如日本三大纺织公司东洋纺织会社、大日本纺织会社、钟渊纺织会社都是在华纺的直接投资者，而其背后又有财阀资本为背景，所以实缴资本能力较强。另一方面在华纺资本运作注重公司内部的积蓄和外债介入，各种公积金、流动资金等的基数都很高，还有社债、股票、银行借款等。归结起来在华纺的资本构成大致有三大类：实缴资本、公司内部积蓄和借入金。表 4-6 是东亚研究所统计的 1937 年前后在华纺七家总公司设在中国的企业的资本构成情况：

表 4-6　日本在华纺的资本构成（1934—1938）

年份	实缴资本		社内积蓄		借入资本		合计	
	金额（万日元）	占比（%）	金额（万日元）	占比（%）	金额（万日元）	占比（%）	金额（万日元）	占比（%）
1934	5070.0	52.3	3009.5	31.0	1621.2	16.7	9700.7	100.0
1935	5570.0	51.3	3172.2	29.2	2130.9	19.5	10873.1	100.0
1936	6070.0	49.2	3759.3	30.4	2520.8	20.4	12350.1	100.0
1937	6370.0	43.1	4015.4	27.2	4402.8	29.7	14788.2	100.0
1938	6820.0	40.5	4149.3	24.6	5904.4	34.9	16873.7	100.0

注：社内积蓄指公司内部余款，包括实缴资本、各种公积金、前期留存金、当期纯利润的合计。

资料来源：東亞研究所編『日本の対支投資』（上），原書房，1974 年复刻，第 242—243 頁。

从实缴资本看，1934—1936 年基本都保持在 50%，1937、1938 年实缴资本比例下降，应该是受到抗日战争全面爆发的影响。从社内积蓄看，除

---

① 高村直助『近代日本綿業と中国』，東京大学出版会，1982 年，第 123 頁。

1938 年略低，其他年份都保持在 30% 上下，高公积金、高准备金向来是在华纺的普遍特点。借入金则是逐年增加，这不仅显示了在华纺自身的信贷能力的逐年增强，还和日本银行与工业企业间长期保持的密切关系分不开。在华纺普遍拥有固定的"往来银行"，如内外棉会社往来银行有三井、三菱、正金、台湾、朝鲜、汇丰；丰田纺织会社往来银行有正金、朝鲜、三井、三菱；钟渊纺织会社往来银行有三菱、三井、正金、住友；裕丰纺织会社的往来银行有住友、三菱；东华纺织会社往来银行有正金银行等。这些固定的往来银行使在华纺出现资金周转需求时，能够及时获得相应帮助，有资料显示日华纺织会社初设时就获得过横滨正金银行 100 万日元的融资 ①。

　　与上述七大公司不同，内外棉会社和大日本纺织会社的资本都是百分之百来自日本国内母公司，既没有财阀资本背景，也没有其他日商企业或他国企业的参股，正是基于无财阀背景、无其他股东的特点，可能更集中反映出"纯民间"资本企业自身筹集资金的过程，其资本系统就完全是本公司独家资本。虽然两个公司的资本核算都与总公司为一体且大日本纺织会社的本国比重较大，但内外棉会社因其经营发展大多集中于中国，基本可以视其为在华企业，表 4-7 即是内外棉会社资本构成和变化的情况：

表 4-7　内外棉会社的资本构成（1887—1937）

（单位：万日元）

年份	注册资本	实缴资本	实缴资本占注册资本（%）	公积金	利润率（%）	借入金	流动资金
1887	50	12.5	25	—	0.82	—	1.5
1900	125	68.8	55	17	5.16	166.9	28.3
1905	250	156.3	62.5	125.7	4.00	75	51.4
1913	500	312.5	62.5	193.3	3.15	205.6	57.6
1920	1600	775	48.4	764.3	41.54	90	1607
1932	3300	2025	61.4	1774.3	1.83	—	726.8
1937	3300	2450	74.2	1804.3	3.24	—	1226.8

　　资料来源：元木光之『内外綿株式会社五十年史』，木下印刷所，1937 年，附表 -1。

---

① 高村直助『近代日本綿業と中国』，東京大学出版会，1982 年，第 103 頁。

　　表 4-7 选择的年份，包括几次增资年份，以及公司设立的 1887 年和抗战全面爆发前的 1937 年上期，都是本段内容所涉及的重要年份。内外棉会社筹集资金的方式主要有四种。一是增资，到 1937 年为止总共增资五次，分别是：1900 年 1 月 16 日临时股东大会决议第一次增资至 125 万日元；1905 年 2 月 20 日临时股东大会决议第二次增资至 250 万日元；1912 年 12 月 18 日临时股东大会决议第三次增资至 500 万日元；1920 年 3 月 25 日临时股东大会决议第四次增资至 1600 万日元；1932 年第五次增资至 3300 万日元。二是发行社债（公司债券），如内外棉在第一次在沪投资高峰期的 1914—1917 年四次发行社债，总金额 500 万日元，分别是：1913 年 12 月 2 日临时股东大会决议招募 200 万日元；1914 年 2 月 10 日临时股东大会决议招募 100 万日元；1916 年 7 月 1 日临时股东大会决议招募 100 万日元；1917 年 4 月 2 日临时股东大会决议招募 100 万日元。三是借入金，表 4-7 显示，内外棉并非每年有借款，据统计，约一半年份没有借入金，但是如前文所述，内外棉有多家固定往来银行，因此当需要时银行融资是较通畅的。1913—1916 年内外棉在华设厂第一个高峰期是借入金相对集中且数额较大的时期，分别是：1913 年上期 91.6 万余日元、下期 114 万余日元，1914 年上期 312 万余日元、下期 282 万日元，1915 年上期 200 万日元、下期 97.8 万日元，1916 年上期 126.4 万余日元、下期 47 万余日元。四是股票上市，1915 年内外棉在大阪证券交易所上市，开始公开募股。从内外棉资本构成的变化看，公司资本不断扩大，实缴资本和公司内部积蓄也呈稳步上升状态。①

　　内外棉会社具有较强的内部资本运作能力，从实缴资本的情况看，除了 1920 年，实缴资本在增资后仍都超过了 50%，实际可使用资本还算充足。社债偿还能力也很强。1914—1917 年四次借入 500 万日元社债，1916—1923 年分七次全部还完，表 4-8 为社债借入、偿还的具体情况：

---

　　① 根据元木光之『内外綿株式会社五十年史』年谱，木下印刷所，1937 年；内外棉会社各期「营业报告书」整理。

表 4-8　内外棉会社社债情况（1913—1923）

招募社债情况		偿还社债情况	
时　　间	金额（万日元）	时　　间	金额（万日元）
1913 年 12 月 2 日	200	1916 年 6 月 1 日	40（1）
1914 年 2 月 10 日	100	1916 年 9 月 1 日	110（1）
1916 年 7 月 1 日	100	1919 年 12 月 1 日	10（2）、10（3）
1917 年 4 月 2 日	100	1920 年 12 月 1 日	20（2）、20（3）、10（4）
		1921 年 12 月 1 日	70（2）、70（3）、90（4）
		1923 年 3 月 7 日	49.98（1）
		1923 年 8 月 23 日	0.02（1）

　　注：偿还金额后括号内数字表示对应的借款次数，如"40（1）"代表偿还第一次所借社债中的 40 万日元。

　　资料来源：元木光之『内外綿株式会社五十年史』年譜，木下印刷所，1937 年。

（三）日商在华企业战时资本性质的变异

　　"纯民间"中小工商企业在侵华战争全面爆发后有了很大发展，如第三章第四节所述，据 1941 年的统计，1938—1941 年华中、华北新增企业数超过了 1937 年的既存企业数，这些新增企业大都是经过"军管理""委托经营""委任经营"后，以买收、"合办"等方式被强占的华商企业。中小企业担不起"委任经营"，而在华纺经营能力和资金能力都能承担，所以"委任经营"工厂主要给了在华纺，也有部分被日商中小企业买收、"合办"。在日本军事当局庇护下形成的这些新日商企业，表面上仍是私人资本的"纯民间"企业，却是在军事当局用军事手段强占的基础上或买收或"合办"而形成的新日商企业，所谓"纯民间"的性质已经发生改变。与战前设立的日商企业相比，它不是受市场机制规范，其资本投入的多寡与企业规模的大小未必匹配。另外战时日商中小企业的激增，也是在日军占领的前提下，日人的激增使沦陷区出现大量杂货、纤维等进出口贸易商行，战前一些个人经营的商店趁机转化为法人企业所致，所以说战时日商企业的资本扩张或多或少得益于这种强权支持，而非"纯民间"资本自身的运作。从现有资料看，战时私人资本的中小企业与之前一样也多进行规范注册，这为统计战时日商企业的数量、资本等情况提供了较完整的数据。但是缺乏中小企业的资料数据，很难找到反映具体资本变化的典型资料。不过战时"纯民间"资本企业资本变化情况，通过在华纺的情况是可以找到基本共性的。

与"纯民间"中小企业一样，战时在华纺资本的变化，是以日本军事侵略为前提、在日本军事当局庇护下发生的，它的资本及规模的扩张，并非正常市场机制下的正常发展，但是各企业的资本变化程度又有差别。仍然以在华纺九大系统企业为例，将1937年与1945年的注册资本相比较，除内外棉和同兴纺织两家没有增减，其他企业都有所增加，但是大多数企业增量不大，资本大幅增加的只有裕丰纺织会社和钟渊纺织会社。若再对比各企业工厂数量的增加情况和对外投资企业数、资本额等项目，可以对在华纺各企业资本运作能力有更全面的认识，具体情况可先看表4-9：

表4-9　在华纺资本对比（1937、1945）

名　　称	1937年资本（万日元）		1945年资本（万日元）		注册资本增加（%）	1937年自属工厂数（家）	1945年自属工厂数（家）	截至1945年本公司外企业投资	
	注册	实缴	注册	实缴				厂数（家）	资本（万日元）
上海纺织株式会社	1200	915	2500		2.1	6	8	4	3300
日华纺织株式会社	1100	880	2200	2025	2	4	4	2	103
株式会社丰田纺织厂	900	500	1000	500	1.1	3	3	5	233
钟渊纺织株式会社	1500	1500	6000	6000	4	11	12	2	840
裕丰纺织株式会社	1000	1000	3000	1500	3	3	11	18	1173
同兴纺织株式会社	1500	1050	1500	1500	1	3	8	—	—
内外棉纺织株式会社	3300	2450	3300	2450	1	13	14	8	1665.8
大日本纺织株式会社	11000	6650	14717	11049	1.3	4	3	6	1015

注：1.工厂数包括上海、青岛、天津，东北不在其中。2.1937年上海纺织的资本额单位为银元（万两），1945年根据1943年标准，原资料中一些成立较早的企业的资本额以银元和规银作单位的，一律折合成日元，折合率：0.715两规银=1银元；100银元=101.4日元（杜恂诚：《日本在旧中国的投资》，上海社会科学院出版社1986年版，第59页）。3.东华纺织会社1944年被上海纺织会社兼并，故九大系统企业在1945年变为八家（柴田善雅『中国占領区日系企業の活動』，日本経済評論社，2008年，第141页）。4.裕丰纺织会社表内"本公司外"投资额只包括日元投资额，另有已备份中储券未计入。

资料来源：据陈真、姚洛编：《中国近代工业史资料》第二辑，三联书店1957年版，第589—617页整理。

战时在华纺的资本增长，首先是靠"军管理""委托经营"华商纺织厂获得的资产扩充。日本军事当局在华北以"军管理"方式占有的华商纺织厂共为 12 家，委托给裕丰纺织会社 3 家，上海纺织会社 3 家，大日本纺织会社 1 家，丰田纺织会社 1 家，钟渊纺织会社 4 家；在华中沦陷区以"委任经营"方式占有的华商纺织厂共为 40 家，相当于战前华商纱厂的 72.9%，其中大日本纺织会社 8 家，裕丰纺织会社 6 家，丰田纺织会社 8 家，钟渊纺织会社 7 家，上海纺织会社 4 家，内外棉会社 2 家，日华纺织会社 2 家，东华纺织会社 2 家，同兴纺织会社 1 家。其结果，在华北、华中沦陷区，63.7% 的华商纺织厂所有权和经营权皆被置于日商控制下。[①]解除"军管理"之后，这些工厂又多以低价收买、"合办"等方式变为在华纺的企业，如上海华商恒丰纱厂，1938 年由日本占领当局实行"军管理"，然后交给大日本纺织会社（大康纱厂）"委任经营"，1940 年上海大康纱厂出资 500 万日元，收买了恒丰纱厂，以合资方式成立了日本国籍的恒丰纱厂株式会社；[②]钟渊纺织会社收买了"委任经营"的 3 家工厂，变其为公大二厂、公大八厂、公大九厂，收买了"军管理"开成硫酸厂并改为公大造酸厂；同兴纺织收买了"委任经营"的无缝染色厂，变为同兴印染工厂；丰田纺织会社收买了"委任经营"的申新第一厂和第八厂等。战时在华纺依靠大量强占华商企业扩大资产，是通过非正当融资手段实现的资本扩充，其"纯民间"资本性质无疑发生了变异。

战时靠强占华商企业扩大资产的在华纺中，钟渊纺织会社和裕丰纺织会社两家资本增加得最多，强占华商企业也最多，钟渊纺织会社共占有 11 家，裕丰纺织会社共占有 9 家。从表 4-9 显示的自属工厂数看，钟渊纺织会社 1945 年与 1937 年相比只增加 1 家工厂，这与战争全面爆发后的损毁和公司内的调整有关，但可以肯定的是公大五、六、七、八、九厂是战时相继创办的，而裕丰纺织会社 1945 年与 1937 年相比增加了 7 家工厂。另外上海纺织会社也是强占华商企业较多的一家，几乎控制了相当于自身设

---

① 高村直助『近代日本綿業と中国』，東京大学出版会，1982 年，第 254、237 页。

② 陈真、姚洛编：《中国近代工业史资料》第二辑，三联书店 1957 年版，第 603 页；杜恂诚：《日本在旧中国的投资》，上海社会科学院出版社 1986 年版，第 210 页。

备规模 64.4% 的华商企业，但是上海纺织会社与其他在华纺不同之处，就是它始终是一个"合资"企业，其资本变化有两个特点：一是规模的变化，初建时采用银两，1936 年改为法币，1945 年又改为日元，1908—1920 年上海纺织会社资本从 100 万两增加到 400 万两，12 年内资本增加了 3 倍，1937 年资本增加到法币 1200 万元，以 1 两等于 1.4 元换算，合银两 857 万两；二是始终存在西商股东和华商股东，战争结束时总资本 2500 万日元，共分 50 万股，日本人持有股份占 76.25%，合 381450 股；中国股东持有 50963 股（107 位股东），占 10.19%，其中 1937 年之前持有 10500 股，七七事变后收购的为 40463 股；西商股东持有 67632 股（70 名股东），占 13.52%，太平洋战争爆发前持有 61922 股，太平洋战争开始后又收购的为 5710 股，西商股东中英国人占绝大多数。从上海纺织会社的股权构成来看，战时上海纺织会社并没有侵吞西商和华商的股权，即便在战时资本扩大过程中，西商和华商的股份也在增加，直至战争结束西商和华商的股份还约占总资本四分之一。在把持企业操控权的前提下，日商对西商、华商资本加以充分利用。[①]

对华商企业的强占和支配给在华纺带来了高额利润，从 1939 年下期至 1940 年下期每半年一次的利润率表中可以看到，除 1937 年下期至 1938 年下期四家企业利润率为负数（这是因为机器设备受损），其他年份的各期，各企业都获得了高利润率，具体情况如表 4-10：

表 4-10　在华纺 7 家企业的利润率

（单位：%）

年期	上海纺	钟渊纺	内外棉	日华纺	同兴纺	东华纺	裕丰纺	平均
1937 下	22.9	28.2	25.5	−92.9	35.4	−3.4	21.8	11.4
1938 上		−258.1	28.3	2.4	7.6	−21.8	23.8	−40.4
1938 下	−15.7	47.0	37.0	73.2	28.3	14.5	40.5	51.8
1939 上	74.9	59.3	81.3	29.4	37.8	29.7	37.7	38.9

---

① 杜恂诚：《日本在旧中国的投资》，上海社会科学院出版社 1986 年版，第 213 页。

（续表）

年期	上海纺	钟渊纺	内外棉	日华纺	同兴纺	东华纺	裕丰纺	平均
1939 下	111.6	83.7	57.3	101.6	44.4	26.0	43.0	61.1
1940 上	164.4	133.7	57.2	103.7	51.5	31.4	45.4	72.5
1940 下	185.1	261.0	56.1	84.3	52.9	35.0	139.2	124.0
1941 上	278.1	124.5	54.1	62.8	42.3	31.7	68.5	67.2
1941 下	431.4	141.7	44.5	69.2	43.4	35.1	65.7	68.5
1942 上	404.9	149.9	44.5	45.3	43.9	27.0	63.0	64.7
1942 下	557.1	80.1	53.0	34.8	41.7	31.4	62.7	53.1
1943 上	1013.2	77.5	37.2	34.4	42.8	26.4	35.4	43.7
1943 下	1133.1	84.1	47.8	30.5	47.6	27.1	55.3	53.6
1944 上	2243.4		48.3	29.7	53.7		55.4	46.3
1944 下	60.0		50.4	26.9	32.5			44.5

注：上海纺织以银两计算，"－"号表示负利润率。"平均"是以日元为单位的公司数据的加权平均。

资料来源：高村直助『近代日本綿業と中国』，東京大学出版会，1982 年，第 267 页。

利润率反映的是企业内部资本运作的能力，表 4-10 中利润率最高的两家企业是钟渊纺织和上海纺织，除了自身经营能力，强占、控制大量华商企业与其高利润率也是密切相关的。此外战时在华纺本企业外投资活跃，也使资产扩大，为资本运作提供了条件。从表 4-9 最后一列"截至 1945 年本公司外企业投资"情况看，裕丰纺织会社投资 18 家企业中有 11 家使用的是中储券，共 14290 万元，说明至少这 11 家企业是战时创办的，又如钟渊纺织会社，表 4-9 内只记载在上海投资的 2 家工厂，但据记载其实际参与投资企业有十多家，天津、北京、台湾等地办事处下属的投资企业都没有具体资本数据。[1]

---

[1]　根据陈真、姚洛编：《中国近代工业史资料》第二辑，三联书店 1957 年版，第 589—617 页整理。

第三节 财阀企业产权制度的演变

财阀是近代日本特有的经济组织，并在日本对华经济侵略史上扮演了重要角色。作为日本在华企业的一大类型，本书第三章对其在华各阶段的发展、扩张作了基本概述。财阀企业在中国的经济活动，主要由几方面构成：借款（未纳入本书研究范畴）；分支机构的经营活动；投资经营的全资企业；投资参股的"合办"企业。而不论哪种形式，其组织与资本的构成都与日本国内上级单位无法分割，探讨财阀企业在华产权制度的发展变化，首先要对日本财阀系统的庞大组织结构和资本构成有一个基本了解，只有在此基础上，才能对财阀在华企业的组织脉络和资本运作加以剖析。

一、财阀企业的基本特征
（一）组织结构的家族封闭性

日本财阀企业发生于明治前期，形成于甲午战后到第一次世界大战前后，全盛于第二次世界大战前后，主要财阀有三井、三菱、住友、安田、大仓、古河、久原、浅野、川崎（松方）、铃木、岩井、鲇川（日产）、野村等十几家，其中三井、三菱、住友和安田是最著名的"四大财阀"。若以在华经营活动而论，大仓财阀虽然在日本国内势力不及四大财阀，但它在中国的经济活动却非常活跃。日本财阀最大的在华势力应该是三井、三菱和大仓，这三家进入中国时间最早、经营活动的范围最广，住友和安田次之，其他中小财阀更为局限。财阀在家族关联的基础上，有跨地区、跨行业的综合性大型垄断集团，如三井、三菱、住友；也有以掌控某个产业部门为中心获得垄断地位的行业性财阀垄断集团，如以金融为中心的安田，以工矿业为中心的大仓；还有掌控某个地区的中小规模垄断集团，它们控制了当地生产、流通、金融三个部门，一般被称为地方财阀集团。财阀企业集团无论规模大小，所具有的共同特点就是以家族为纽带，通过各种经营机构实现经济垄断。日本财阀企业集团一般采取"家族总公司—直系公司—旁系公司"的家族组织结构，家族总公司也称为"本社"，是居于整个企业集团顶端的控股公司，总公司下设主营各业的直系公司及其子公司，再往下还设有众多的旁系公司及其子公司。各级公司层层下设垂直相连，实行自上而下的内部控制，总公司为最高权力机关，所有直系公司的资金、人事及经营等重要决策，都必经过总公司审批。

财阀企业集团是在家族经营基础上产生、发展起来的，它是由血缘或地缘关系集结而成的豪门一族，更确切地说是以家族支配企业经营乃至形成垄断的一个或数个经济部门的大企业集团，"家族垄断"就是它最基本的特征，其具体表现为全封闭的组织结构和单一的家族资本。"家族"包括本家、分家，但绝对属于同一宗族，实行的是同族经营、管理。日本家族企业历史悠久，如三井、住友的历史可以追溯到江户时期。明治维新爆发后，产业革命促生了财阀这种经济组织，明治新生的三菱、安田等企业集团也沿袭了日本近世形成的封闭式家族企业集团的方式，之后各阶段出现的新兴财阀也毫无例外地保留了这一基本的特征。日本的财阀依赖这种家族式的结合，随着时间的推移其规模也越来越大，逐渐形成了庞大的康采恩。以三井、三菱为例，三井财阀旗下设立的直系公司、旁系公司，在1909年将总公司改制为三井合名公司之时仅有8家，20世纪10年代中期发展到12家，到20世纪20年代中期已经发展到130家，20世纪30年代末期则更是借助战时扩张，所有直系公司、旁系公司、子公司及关联公司竟达到1100多家。三菱财阀在明治时期才开始创业，而到昭和初期的20世纪20年代中期，已经形成了119家直系公司、旁系公司、子公司及关联公司组成的庞大家族垄断集团，到20世纪30年代末期的战时，三菱垄断集团在企业数目上甚至超过三井集团，旗下控股及关联公司共达1400多家。[①]

（二）独家拥有的资本构成

财阀资本构成也与家族企业的基本特征完全一致，财阀企业在明治时期逐渐形成过程中就是因循江户时期的家族商行模式，采取了全封闭家族资本形式。财阀资本的私有性不仅表现在没有政府资本参入，还表现为本集团独有，同族不得私自分割共有财产，只允许同族内部自由运用自己的

---

① 玉城肇『日本財閥史』，社会思想社，1976年，第84、88、178页。

财产，或转让自己与同族共有的那份财产。财阀集团的资本机构和组织结构一样，都呈金字塔式，作为本家的总公司资本百分之百是由家族成员共同出资，三井出资者为三井家族 11 家成员，三菱财阀出资者全为岩崎家族成员，住友、安田也都是同族出资。以三井、三菱两大集团的总公司资本构成为例，20 世纪 30 年代初如表 4-11：

表 4-11　三井、三菱两大财阀总公司资本构成（20 世纪 30 年代初）

（单位：万日元）

三井合名（共 30000 万日元）					
三井一族	出资额	三井一族	出资额	三井一族	出资额
八郎右卫门	6900	寿大朗	3450	高昶	1170
元之助	3450	高修	3450	办藏	1170
源右卫门	3450	高达	1170	高光	1170
高精	3450	守之助	1170		
三菱合资（共 12000 万日元）					
岩崎一族	出资额	岩崎一族	出资额	岩崎一族	出资额
久弥	4000	彦弥太	5000	小弥太	3000

资料来源：《日本资本王国三井三菱两大势力之争霸战》，《新创造》1932 年第 1 卷第 1 期。

从表 4-11 看，三井家族 11 家中，仅总领家、总经理八郎右卫门一人就占 23% 的股份，另有五人占 11.5% 的股份，五人占 3.9% 的股份，三菱家族只有三家，各占 33.3%、41.7%、25%，而未列入上表的住友财阀总公司（合资）15000 万日元资本的所有者，仅为大家长吉左卫门一人，不仅如此，吉左卫门还拥有住友旗下主要企业的 90%—100% 的股份[1]。财阀总公司不仅资本构成百分之百为同族所有，而且高度集中于少数掌控者手中，总公司资本高度集中。财阀总公司的股份制改革直到"二战"前才完成，在股份制改革后也收入了极少部分的其他股份，如 1937 年三菱总公司由三菱

---

[1]　玉城肇『日本財閥史』，社会思想社，1976 年，第 285 頁。

合资公司改组为株式会社三菱社时，1亿多日元资本中，岩崎家族保持了99.5%，还有0.5%的归属情况不详①。在战前财阀总公司之所以一直保持着合资公司、合名公司的样态，是为了极力维持家族企业的封闭性根基，并利用总公司的集中控制机能，缓解持股比例下降对直系公司控制权的减弱。

总公司下第一层主营业务的直系公司，本身也是持股公司，其资本在很长一段时间中也都在财阀集团内部筹集，资本来源为控股总公司或财阀同族成员，由总公司和家族成员共同出资。财阀直系企业在法律上拥有独立法人资格，拥有独立的名称、公司章程、组织结构和独立财产，经营上能够自负盈亏、独立核算，每个直系公司都是在单一的资本之下，独立支配着名下的各种产业。但同时直系公司在组织和资本上还是受总公司的支配和控制，不仅资本中有相当大的比重来自总公司，上层经营者也基本由总公司选任，这种情况在企业法人化改制后开始发生变化，很多财阀直系公司在改制后组织结构和资本构成独立性有所增强。

二、财阀企业的制度演变
（一）早期家族企业的法人化改制——早期合资企业

财阀企业集团在日本近代公司制度建立前，是以私人家族企业形态生存的。1893年旧《商法》公布，规定公司制企业有合名公司、合资公司、股份公司等形态，由此日本企业进入法人化时代，各财阀企业顺应时代潮流也纷纷实行了法人化改制。从初建企业法人制的注册情况看，绝大多数财阀企业集团都选择了合资公司、合名公司的形式。实际上这一时期各财阀无论选择合名公司，还是选择合资公司，都是为了在组织和资本上最大化地保持"个人企业之特色"这一家族企业的根基。正如《三菱银行史》所述："三菱社选择合资会社组织，主要在于获得企业法人资格。利益、财产、责任虽与个人企业有所区别，然而就事业所有与经营相一致而言，毕竟保持个人企业之特色，合资会社组织乃最为合适之结果。"所以各财阀企业选择合名还是合资本质上是一样的，仍然"完全为一家之事业，而与募

---

① 旗手勳『日本の財閥と三菱』，樂游書房，1978年，第317頁。

集其他资金结社者大异也"。① 合名公司、合资公司还有一点与股份公司不同，前二者没有必要公开决算内容，投资者人数也不受限制，这种维持同族财产非公开的统一共同所有、总公司下设若干独立的合名公司或合资公司的形式，既保持了财产的"总有"，又形成了实质上的有限责任，即便一个公司破产也不会牵涉到其他公司。

以三井、三菱、住友、安田四大财阀为例，在个人企业、家族企业法人化过程中，普遍选择的是前二者，而三井、安田选择了合名制，三菱、住友选择了合资公司制。以历史顺序而言三井和住友是江户时代就已形成的老家族企业，三菱和安田是明治初年形成的新家族企业；以资本规模排序，三井第一、三菱第二，住友和安田相对更小；以所涉行业领域排序，三井、三菱、住友都是综合企业集团，安田是金融企业集团，无论从哪个角度看三井家族都是第一。三井家族作为江户时代的豪商，明治维新后受到政府的大力扶持，因承购政府官办产业而成为实力雄厚的"政商"，1876—1892 年正式创办了"三井组"，旗下改组、设立了三井物产、三井银行、三井矿山、三井绸缎等四个独立部门，形成了三井财阀系统多角经营的各行业企业的雏形。1893 年，三井系统辖机构"三井组"改为"三井本店"即三井总公司，解散了原有的"三井家评议会"，改设"三井家同族会"。统辖三井同族的资本与经营的"同族会"由 11 家同族共同组成，作为三井家族产业和人事经营管理的最高机构，制约个人财产的自由处理，固守"总有"传统。② 三井本社将原有四个部门改为合名公司，分别是：三井银行合名、三井物产合名、三井矿山合名、三井吴服店合名（1904 年与三井家脱钩，另改为三越吴服店）。之外另设 2 个部门——三井工业部和三井地产部，正式形成了一个跨金融、贸易、矿业、制造业等多种行业的综合企业集团。这种合名公司和实业部相结合的制度，使三井系的企业组织在近代化演进过程中向前跨出了一大步。三井家族法人化企业体制建立的最初组织形态如图 4-2。

---

① 三岛康夫『三菱・財閥史』(明治編)，教育社，1979 年，第 228 页。
② 安冈重明『財閥形成史の研究』，ミネルヴァ書房，1971 年，第 404—410 页。

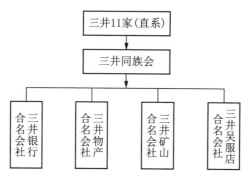

图 4-2　三井财阀组织图（1893）

资料来源：任朝钢：《战前日本的公司形态与财阀企业的株式会社化》，《日本研究》2000 年第 4 期。

　　旧《商法》颁布后企业法人化成为时代潮流，不仅三井财阀家族，其他财阀家族企业也纷纷采取了法人化改制。住友家族在江户时期以开采铜矿为主，兼营钱庄和高利贷，明治维新后逐步形成以重化学工业为重点的多种经营企业集团，拥有住友别子铜矿山、住友电线制造所、住友银行等多家大型企业，1893 年住友家族的直系企业全部改为合资公司。三菱家族兴起的历史较短，三菱财阀则是在明治维新后起家的，因为政府承担侵台战争的运输任务，受政府政策和资金的大力支持而立足于船舶运输界，并因此获得暴利、迅速发展起来。1873 年正式成立三菱商会、1877 年成立三菱汽船会社，在短期内形成了包罗万象的各种企业部门，开启了多元化经营的模式，1893 年三菱总公司与直系公司同时完成了合资公司的改制。安田家族在江户末年起家，经营一家从事钱庄和高利贷交易的商店，1886 年在明治国立银行设立高潮中，以持股率 40% 成为第三国立银行大股东。1890 年成立合名会社安田银行，1893 年改组为合资会社安田银行，1900 年再次改组为合名会社安田银行，成为当时颇具实力的金融企业。20 世纪 10 年代初，安田家族开始向其他产业投资，到 1920 年，安田财阀已是拥有 20 家银行、29 家公司的康采恩。这一时期三井和住友总公司保持家族掌控，没有实行法人化改制，三菱和安田则连同总公司一起实现了法人化改制。1893 年还有大仓组、藤田组等财阀也都实现了合名公司化，到 20 世纪初，一些小财阀陆续完成了合名公司或合资公司的法人化建制。

（二）20 世纪 10 年代—20 世纪 20 年代的股份制改革

20 世纪 10 年代前后，几大财阀经过几十年的发展已经具备康采恩特征，为了进一步学习欧美大企业的经验，更为了进一步增强企业资本筹集能力，各财阀集团在法人化改制后不久，又开始了股份制改革，率先进行股份制改革的是实力最为雄厚的三井财阀。1909 年，三井集团的最高权力机构"同族会"的总管理处实现了法人化，改为"三井合名公司"，采用无限责任制，注册资本为 5000 万日元。三井合名公司依然是以"同族会" 11 家为成员组成的持股总公司，对直系所辖公司负有限责任。同年，旗下第一层直系公司三井银行合名公司和三井物产合名公司分别改为股份公司，资本各为 2000 万日元，又将原为三井银行兼营的仓库业独立组成东神仓库股份公司，资本为 200 万日元。三井矿山合名公司则于稍后的 1911 年改组为股份公司，资本为 2000 万日元，总公司和四大直系公司共同资本达 1.1 亿日元以上。[①] 之后三井财阀系的其他直系和旁系企业陆续改为股份制，就这样三井财阀通过设立持股总公司和改组直属公司为股份制，正式形成了康采恩体制。三井康采恩保持着家族资本封闭性的特点，持股总公司三井合名所持资本全部来源于三井家族，四个直系公司三井银行股份公司、三井物产股份公司、三井矿山股份公司、东神仓库股份公司之间存在不公开的互相持股。

紧随三井财阀，安田财阀也进行了股份制改革，1911 年和 1912 年成立了安田商事股份公司，以及将其总公司安田银行合名公司正式改组为安田银行股份公司。接着三菱财阀于 1917—1919 年，将旗下的三菱制铁合资公司、三菱矿业合资公司、三菱银行合资公司等大型直系企业也先后改组为股份公司，三菱合资公司及其直属企业的资本约为 3300 万日元。住友旗下企业的股份制改制经历的时间跨度较长，1912 年住友银行改为股份公司，1915 年住友铸钢所改为股份公司，1920 年住友电线制造所改为股份公司，1927 年住友别子铜矿山改为股份公司。此外，中小财阀也纷纷进行了股份制改革，1917 年和 1918 年古河商事股份公司成立、古河矿业股

---

① 安冈重明『財閥形成史の研究』，ミネルヴァ書房，1971 年，第 213—236 頁。

份公司成立，1918 年浅野同族股份公司成立，1919 年鸿池银行由合名公司改为股份公司。还有大仓财阀、久原财阀、铃木财阀等，也都是在这一时期或者成立股份公司，或者完成了现有企业的股份公司化。[①] 从组织结构上看，通过股份制改革，形成了在财阀控股公司支配下的金字塔式垂直型股份公司体系，并且以三井、三菱为首的大财阀尤为典型。

以三井、三菱、住友三大财阀为例，在股份制改革过程中改组、成立了一系列股份公司，现将三大财阀在这一时期设立的主要股份公司列表如下：

表 4-12　股份公司改制时期三大财阀拥有的主要股份公司（1909—1921）

公司名	创立时间	前身	公司名	创立时间	前身
三井银行	1909	独立的合名公司	三菱制铁	1917	三菱合资的一部分
三井物产	1909	独立的合名公司	三菱制纸	1917	独立的合资公司
东神仓库	1909	三井银行的一部分	三菱矿业	1918	三菱合资的一部分
三井矿山	1911	三井合名的一部分	三菱商事	1918	三菱合资的一部分
住友银行	1912	个人经营	三菱仓库	1918	东京仓库公司（股份公司）
住友制钢所	1915	住友总本店直接经营	三菱海上火灾保险	1919	三菱合资的一部分
大阪北港	1919	新成立（住友系）	三菱银行	1919	三菱合资的一部分
吉野川水力电气	1919	新成立（住友系）	三菱内燃机制造	1920	三菱造船的一部分
住友电线制造所	1920	住友总本店直接经营	三菱电机	1921	三菱造船的一部分
三菱造船	1917	三菱合资的一部分			

资料来源：住友银行『住友银行 80 年史』，1979 年，第 195—196 页；安冈重明『三井财阀の人びと：家族と経営者』，同文馆，2004 年，第 235—236 页；三岛康雄『三菱财阀　日本财阀经营史』，日本经济新闻社，1981 年，第 275—277 页。

而在资本构成方面，实际上从财阀企业法人化开始，到股份制改革后更为显著的一种变化，就是在不放弃家族对企业绝对控制权的前提下，开

---

① 森川英正『日本财阀史』，教育社，1978 年，第 166—174 页。

始吸收外部股权以缓解企业不断扩大过程中的融资压力。但外部融资不是完全开放的，表现在几个方面：一是公开发行部分股票的，仅限于直系公司，统辖企业集团的总公司即便在改组为合名公司或合资公司之后，依然依靠持股公司的集中控制机能，维持总公司资本的家族纯粹性，其股票并不公开；二是家族以外的融资对象，仅局限于本家族的亲友或往来密切的合作伙伴，而不是从社会广泛招募；三是公开招募的外股占比远远低于家族内部股份。如住友银行1916年增资1倍，新增资本为15万股，其中12万股由25名老股东承购，3万股公开发行；三井银行1919年增资5倍，新增资本为80万股，其中50万股由老股东承购，30万股公开发行。由此可见，财阀企业集团虽然开始引进外部资本，仍努力保持着家族所有的根基。但是吸收外股对原有封闭式资本构成毕竟造成了很大的改变，如住友财阀1916年增资时的新股募集，使股东人数大为增加，1917年年末股东人数由增资前的25人增加到896人，不仅股权分散了，住友家的持股比例也由原来的97.5%下降到76.4%。再如三菱矿业股份公司，1920年实缴资本从3000万日元增加到6250万日元时，岩崎家持有股份的比例下降到60.8%。这样的情况不一而足，说明财阀集团在改组企业组织形式的过程中，采取了引进外部资本、公开发行部分股票的方式，其资本的扩充及股东范围的扩大，不仅使原本集中的股权趋于分散，而且使所有权结构发生了变化。[①]

三、战时财阀资本机构的变异

（一）战时财阀总公司的股份化

日本战时体系将财阀企业的运营全部纳入统制经济轨道，财阀集团的生产计划和资本扩张与战时经济政策的规范紧密相连，财阀总公司对企业系统内部的统辖力受到极大削弱，主营业务的直系公司成为实际生产与投资的实施者，但是在组织机构和资本构成方面，财阀总公司依然是整个集

---

① 住友銀行『住友銀行80年史』，1979年，第195—196頁；安岡重明『三井財閥の人びと：家族と経営者』，同文館，2004年，第235—236頁；三島康雄『三菱財閥　日本財閥経営史』，日本経済新聞社，1981年，第275—277頁。

团的所有者和支配者。为了适应战时资本扩张的需要，增加社会融资的便利，各大财阀集团的总公司也纷纷实行了股份制改革。在财阀直系公司股份制改革后，财阀总公司对所属公司的控股份额就开始下降，在直系公司施行股份制后，财阀系统的组织与资本，实际上已经从绝对的集权制自动进入程度性分权状态，统辖财阀集团的总公司依然保持合资或合名的组织形式，很难发挥对下属企业的控制、干预，于是财阀总公司也开始实行股份公司化。1937 年三菱合资会社以资本 1.2 亿日元率先改组为株式会社三菱社，同年，住友合资会社以 1.5 亿日元改组为株式会社住友本社。之后一些中小财阀总公司也相继进行改组。三井总公司股份制改组要晚几年，形式上也与其他财阀有所不同，1940 年，以三井合名合并于其子公司三井物产的形式，成立了三井物产股份公司，合并后的三井物产股份公司的资本达到近 3.5 亿日元，它既是控股总公司也是经营公司。1944 年三井物产的贸易实业以新三井物产股份公司的形式又分离出来，本社的其他部门改为三井本社。财阀总公司在组织形式改变的同时公开了部分股票的招募，如三菱总公司 1940 年新增资本 1 倍，所增新股全部向岩崎家族以外发行，购买者达 2 万人，虽然发行对象仅限于三菱系统的大股东和从业人员，但岩崎两家拥有的三菱总公司资本比例下降到 50%；住友总公司增资的新股票中，六分之一分给了住友银行、住友信托和住友生命；而三井物产改为三井本社时 3 亿日元资本的 25% 是向社会公开招募的[1]。财阀总公司的股份化和部分股票的公开，说明财阀的组织结构和资本系统有了进一步改变。

（二）战时军需生产影响财阀企业资本扩张的主要方式

战时军需生产则是财阀集团资本迅速膨胀的最大因素。战时军需生产深刻地影响了财阀企业的资本规模和投资范围。先来看一下财阀企业集团战时资本总额的增长。以三大财阀为例，1944 年，三大财阀各自对下属所有公司的实交资本总额，排名第一的三井财阀达 30 亿日元，第二位三菱财

---

[1]　［日］西川俊作、阿部武司编：《日本经济史 4　产业化的时代》（上），杨宁一、曹杰译，三联书店 1998 年版，第 413 页。

阀为 27 亿日元，第三位住友财阀也有 16 亿日元。[①] 战时财阀资本迅速膨胀的原因，主要是重化工业的发展和为日本政府提供军需生产服务。以三井、三菱、住友三大财阀战时产业结构的变化为例，可以清晰地看到战时财阀企业的重化工业比重大幅度上升。

表 4-13　战时三大财阀的产业构成比重

（单位：%）

行业	三　井			三　菱			住　友		
	1937	1941	1946	1937	1941	1946	1937	1941	1946
金融	11.5	5.8	5.6	22.1	10.7	5.9	15.1	10.1	3.9
重化工业	48.7	72.6	72.6	45.7	57.7	69.0	44.0	70.3	88.1
轻工业	13.8	13.0	9.2	11.5	6.5	2.7	9.5	3.2	1.8
其他	26.0	8.6	12.6	20.7	25.1	22.4	31.4	16.4	6.2
合计	100	100	100	100	100	100	100	100	100

注：金融包括银行、信托、保险，重化工业包括矿业、金属、机械造船、化学，轻工业包括制纸、窑业、纤维、农、水产、食品、杂业，其他包括电力、煤气、陆运、海运、土建、仓库、商业、贸易。

资料来源：特殊会社整备委员会编『日本财阀とその解体』，1951 年，第 344—473 頁。

实际上 1931 年九一八事变、东北沦陷后，各财阀企业的经营方向从原来侧重的商业、金融、轻工业，开始逐步转向与军事工业紧密相关的重工业和化学工业。重化工业的发展和军需生产的扩大，极大地促发了财阀企业集团的资本膨胀，如三井财阀对重化工业和三井财阀在军需工业方面的投资，在其资本总额中的占比，1931 年为 31%，1937 年上升到 46.3%，1945 年战败时则达到 72.3%；[②] 三菱财阀对重化工业和三菱在军需工业方面的投资，在其资本总额中的占比，1937 年为 49.9%，1945 年战败时上升到 68.9%；[③] 住友财阀在冶金、电气化学和机器制造工业的资本，1937 年为

①　森川英正『日本财阀史』，教育社，1978 年，第 216—217 頁。

②　朱明：《日本经济的盛衰》，中国科学技术大学出版社 2004 年版，第 26 页；武寅：《三十年代日本财阀与法西斯势力的关系》，《世界历史》1985 年第 11 期。

③　朱明：《日本经济的盛衰》，中国科学技术大学出版社 2004 年版，第 20 页。

2亿日元，1942年上升到12亿日元；① 安田财阀在战时对军需工业的投资，1939年占其总投资的52.8%，1945年战败时则上升到61.7%。② 财阀企业集团战时资本扩张的主要来源是承接政府的军需生产任务。

作为对承接军需生产任务的准备，九一八事变后，各财阀企业集团就通过新建工厂和对原企业增资，加强了对重化工业的投资，为此新建了一批重化工业企业。如三井财阀在1933—1937年五年中新增了8家相关厂矿，分别是：1933年设立生产合成氨的东洋高压、日满制铅两家；1934年设立人造丝、苛性钠两家；1935年设立高速汽车和石川岛芝浦发动机两家；1936年设立玉造船厂，为仅次于三菱长崎造船厂、川崎造船厂的日本第三大造船厂；1937年设立南洋铝矿③。三菱财阀1934年将三菱造船厂与三菱飞机制造厂合并为三菱重工业公司（简称三菱重工），同年设立日本焦油工业股份公司，不久改名为日本化成工业股份公司，生产人造丝和人造纤维，1937年设立了三菱煤炭石油化工股份公司，1942年日本化成工业股份公司又改名为新兴人绢（人造丝）股份公司。④ 战时为了扩大军需生产，三井、三菱等财阀对原有重化工业企业也进行了大量的增资。如三井旗下的芝浦机器制造厂，资本由1000万日元增至1500万日元；日本制粉厂，资本由400万日元增至1200万日元；东洋人造丝厂，资本由1000万日元增至3000万日元；大日本赛璐珞（人造塑料），资本由1000万日元增至2000万日元；三菱旗下的东京钢材厂，资本由40万日元增至200万日元；三菱重工，资本由5500万日元增至1亿2000万日元。⑤ 重化工业部门的企业新建和原有企业增资，使财阀企业集团的资产规模和资本规模都有了显著的扩张。

承接军需生产任务、获得政府大量预付款，是财阀企业扩大生产规模

---

① ［苏］马·伊·卢基杨诺娃：《第二次世界大战期间的日本垄断资本》，林林译，商务印书馆1959年版，第214页。

② ［苏］马·伊·卢基杨诺娃：《第二次世界大战期间的日本垄断资本》，林林译，商务印书馆1959年版，第200页。

③ 武寅：《三十年代日本财阀与法西斯势力的关系》，《世界历史》1985年第11期。

④ 王文英：《三菱财阀史》，中国社会科学出版社2002年版，第181—182页。

⑤ 万峰：《日本资本主义史研究》，湖南人民出版社1984年版，第24页；王文英：《三菱财阀史》，中国社会科学出版社2002年版，第182页。

和资本规模的重要来源。为了保证订货顺利，在进行军需订货时，日本政府用临时军事费向生产企业支付一定的预付款，而且为了保证军需订货的生产，政府预付款的比例也不断升高，1937 年政府支付军工生产订单的预付款为订货额的 31%，1938 年上升到 42%，1940 年进一步上升到 60%。因为军需订货的不断追加，生产企业所收入的预付款额也在不断增加，如在机械工业、造船工业、飞机制造业中，不断积累的预付款甚至达到企业所有资金的 55%—70%。[①] 随着战争的扩大和升级，军需生产也不断地扩大，庞大的军费开支中，有 80% 以上用于军需生产，而财阀企业是军需生产的主力。1943 年时任总理大臣的东条英机下令成立军需省，财阀所属企业大都被指定为军需工厂，故军需生产支付的军费开支，实际上绝大部分被财阀企业揽入。此外军需生产获得的巨额利润，成为财阀企业扩大生产规模和资本规模的又一重要来源，如三井财阀所属的三井矿山、北海道煤矿、芝浦机器制造厂和日本制钢等四家重工业厂矿，1932—1936 年五年间所获巨额利润达 3908 万日元，相当于三井财阀系统总红利的 34%；三菱财阀所属的三菱重工、三菱矿业和三菱电机三家厂矿，同期所获利润达 2996 万日元，相当于三菱财阀系统总红利的 50%。[②] 三井财阀和三菱财阀在 1936 年之前的五年间，利润率增加了 2 倍，住友财阀的利润率更是增长了 4 倍，[③] 住友财阀集团的资本，在 1935—1939 年五年中，从 4000 万日元增加到 2 亿日元。[④] 可见军需生产大大加速了财阀企业的资本的膨胀。

四、财阀在华企业的组织形式与资金运作的特点

日本财阀企业在华的组织与资本活动的最大特点，是它不存在独立的组织与资本系统。财阀企业集团在日本国内已经形成庞大组织与资本系统，在华企业活动只是财阀企业集团经营活动中对外扩张的一部分。一般日商在华民间资本企业即便总公司设在日本国内，其企业经营活动的重心也会放在中

---

① 木村隆俊『日本戦時国家独占資本主義』，御茶ノ水書房，1983 年，第 105 页。
② 吴廷璆：《日本史》，南开大学出版社 1994 年版，第 714 页。
③ 日本历史学会研究会编：《太平洋战争史》（第 1 卷），金锋等译，商务印书馆 1959 年版，第 158 页。
④ 作道洋太郎『住友財閥史』，教育社，1979 年，第 24 页。

国，而财阀企业集团则不同，其经营活动的重心是在日本国内，在华经营活动大致可以分为两部分，一是作为分支机构的直接经营活动，其在组织与资本方面都与财阀总公司一体，二是作为财阀资本扩张在中国的企业投资活动，即日本财阀通过各种直接、间接投资，将其资本广泛渗透到日商在华企业中，这些企业在组织与资本方面与财阀投资公司之间，形成了直系企业、准直系企业、旁系企业、子公司、孙公司、关联公司等各种或近或远的关系。财阀企业集团所进行的在华企业投资，主要的目的是资本扩张。

（一）财阀在华分支机构在组织结构上直属总公司

财阀企业集团在华的直接经营活动是通过各分支机构进行的。实际上本书第三章第二节"财阀企业的生成、发展"部分，对战前财阀在华分支机构的形成、发展已作了较详细的记述，对三井、三菱、大仓等财阀进入中国的时间，以及分支机构的地区分布等情况都已有所交代。故本部分仅对财阀在华分支机构的组织形式及资金运作特点作一些探讨。财阀集团在华分支机构一般都包括好几个公司，有控股总公司直接设置的分支机构，也有各直系子公司作为独立法人直接设置的分支机构，如三井财阀在华分支机构，就分为三井合名的分店、三井物产的分店、三井矿山的分店、三井银行的分行。单以三井物产为例，自1876年在上海设立分店开始，到1913年"一战"爆发前，在中国各地已经设立了23个分支机构。其他如三菱、大仓、古河、浅野、野村等大小财阀也已经陆续在中国各地设立诸多分支机构。财阀在华分支机构的组织结构一般分为四个等级：职员在20—30人及以上的设为分店（分公司）、职员在8—10人的设为办事处、派2—3人常驻的设为办事员、仅派1人常驻的设为驻外人员。在华分支机构早期由于业务不发达，各种层级的形式都有，在发达地区或业务量大的地方多直接设立分店（分公司），在小地方或业务量不大的地区开始多设办事处或派驻人员，随着业务的扩大，低规格的分支机构会升级。财阀在华分支机构的经营活动以分店（分公司）为主。财阀在华的分支机构在法律上、经济上都不具备独立性，没有企业法人资格，没有独立的名称、章程或资产，分支机构的债务亦由总公司承担法律责任。分支机构在国外从事的生产经营活动，其生产、销售、财务和人事等方方面面，都受总公司的直接支配和控制，组织结构完全与本国公司一体。

还是以三井物产为例，作为日本最大的贸易商社，三井旗下拥有众多的直属经营部门，包括事业本部，国内分店，欧洲、美洲、亚洲及中国各地的海外分店，其在华分支机构数量超出其他海外分支机构的总和。在华分支机构与国内分支机构并无区别，也是三井物产的直属部门，各分店长、办事员由三井物产直接委派，各分店长直接向三井物产负责。这种直属组织关系通过"分店长会议"记录得到充分证实。如 1915 年 7 月三井物产第三次分店长会议上，因"二十一条"的缔结，三井物产确定了迅速打入中国市场的基本方针，会上三井物产公司营业课长（科长）发言，明确此方针具体包括"一、进一步发展日中间买卖；二、活跃中国与外国间买卖；三、加强'满蒙'及山东方面经营"三点。三井合名公司的理事长团琢磨也作了发言，支持物产的决策并表示合名公司也要积极投入对中国的投资活动[①]。再如 1926 年第九次分店长会议和 1931 年第十次分店长会议，分别推出了"地方进出""组合组织"的经营方针，二者互为依存，所谓"地方进出"不光针对日本国内市场的开拓，更是以对中国东北、中国腹地、东南亚市场的开拓为目的，"组合组织"则是"将生产者和需要者团结在一起，组织组合，本社为盟主，一手承担产品的销售、必需品的推销"，以利"地方进出"。为此，三井物产对各分店的指示是："（日本）内地市场不看经济萧条的打击，需要以扩大发展海外买卖来补充，增进中国出口买卖是最佳捷径。"[②] 在三井物产存留的档案资料中，以不同名目出现的分店长会议相关记录，如《明治 × 年，分店长咨文会议事录》《大正 × 年度分店长会议报告》《第 × 次分店长会议议事录》《第 × 年分店长会议资料》等资料，从明治年间到大正年间，再到昭和时期而从无间断，会议密集，留存的会议记录、会议报告、会议决策等资料非常丰富。三井物产通过分店长

①　三井物产《第三次（大正四年）分店长会议议事录》，1915 年，第 182、183、264 页，转引自〔日〕坂本雅子：《财阀与帝国主义：三井物产与中国》，徐曼译，社会科学文献出版社 2011 年版，第 100 页。

②　三井物产业务课《关于买卖开拓方针对各分店的信件提要》，昭和 5 年 7 月 17 日；三井物产《第九次（大正十五年）分店长会议议事录》，1926 年；三井物产《第十次（昭和六年）分店长会议议事录》，1931 年，转引自〔日〕坂本雅子：《财阀与帝国主义：三井物产与中国》，徐曼译，社会科学文献出版社 2011 年版，第 300、301、302 页。

会议，讨论、决定在华分支机构的经营方向、经营决策。分店长会议由三井物产营业课主持，各分店长在分店长会议上拥有平等权利，很多重大决定是由分店长会议达成共识或形成决议的。这足以证明分店长会议是一种常设组织机制，而这一组织机制是财阀总、分机构之间所特有的从属形式。

（二）财阀企业在华分支机构的资金筹措依靠本系统内部运作

在资金运作方面，由于财阀在华分支机构的资本和总公司一体，没有单独资本变化情况的记录，资金运作也多与投资主体公司共同核算，少有详细资料。畠山秀树的《三菱合资会社的东亚海外分店汉口、上海、香港》（『三菱合資会社の東アジア海外支店漢口、上海、香港』）一书，对三菱合资公司早期在华三家分店——汉口分店、上海分店、香港分店单独会计核算的情况有详细解析。这是财阀及一般总公司设于日本的日商企业所极为少见的资金运作案例，这一案例反映的是财阀在华分支机构带有普遍性的资金运作模式，这一模式就是资金筹集靠财阀系统内部的自体运作机制来完成，在财阀在华分支机构资金运作的过程中，极少有本系统之外的资金加入。这里就以三菱合资在华三家分店为例，看一下财阀在华分支机构的资金运作模式。如前文所述，1902 年三菱合资公司的门司分店在汉口设立了办事处，1906 年在上海、香港两地开设直辖分店，由此形成了三菱合资在华三家直辖分店的体制。之后在汉口和上海分别设立菱华公司，汉口办事处升格为分店，其他地方的分支机构暂且不论，汉口、上海、香港三家分店作为直辖分店，固定资产来源于总公司投资，三家分店 1907—1911年固定资产的变化情况如表 4-14：

表 4-14　三菱合资公司汉口、上海、香港分店固定资产（1907—1911）

（单位：两）

分店	1907 年度	1908 年度	1909 年度	1910 年度	1911 年度
汉口	168116	255166	296006	287643	307678
上海	111985	109140	107650	106092	104444
香港		298668	297252	296456	297069

资料来源：畠山秀樹『三菱合資会社の東アジア海外支店漢口、上海、香港』，追手門学院大学出版会，2014 年，第 61、143、204 页。

从表 4-14 三家分店固定资产的变化看，总公司对汉口分店固定资产的投入，1907 年为 16.8 万两，到 1911 年达到 30.8 万两，是明显逐年增长的，而上海和香港分店的固定资产只是维持在一定水平上。上海分店 1911 年的固定资产 10.4 万两甚至低于 1907 年的 11.2 万两，香港分店则基本没有变化。说明独立会计体制下，对海外分店的运营，总公司是无法做统一指令的，投入也有所不同。会计独立造成各分店之间存在着一定的差异，但是各分店的资金运作、资金来源模式仍是一致的，除了固定资产来源于总公司，流动资金部分也基本依靠财阀系统内部的借贷。表 4-15 是汉口、上海、香港三家分店在 1907—1911 年的资产负债表，三家分店资金来源的相同与不同一目了然，直辖分店的资金运作模式则无疑是一致的。

表 4-15 三菱合资公司汉口、上海、香港分店资产负债一览（贷方）

分店	贷方（资金来源）	1907 年度	1908 年度	1909 年度	1910 年度	1911 年度
汉口分店	三菱合资总公司	168826	255166			
	三菱合资总公司透支	89245	192681			
	总公司矿业部			296006	287643	
	总公司矿业部透支			113456	101029	
	固定资金					307678
	总公司营业部交易					118000
	三菱制纸所	357				
	神户分店透支		13886	321		
	菱华公司透支			298		
	雇员扶助基金	14	47			
	雇员退役基金			106	173	138
	雇员疾病共济基金			1	16	32
	临时存款	1039	3417	2671	1329	11397
	勤俭存款	56	362	1771	577	4188
	未付金			292		113
	正金银行透支				7997	
	纯利润	5099	16267			
	合计	264636	465559	431189	398764	441546

（续表）

分店	贷方（资金来源）	1907 年度	1908 年度	1909 年度	1910 年度	1911 年度
上海分店	三菱合资总公司	111701	109140	107650		
	三菱合资总公司透支	75364	57178	65261		
	总公司矿业部				106092	
	总公司矿业部透支				39690	
	固定资金					104444
	总公司营业部交易					189774
	雇员扶助基金	13	32			
	雇员退役基金				22	155
	雇员疾病共济基金			1		
	临时存款			1500	1111	4055
	勤俭存款			3680		689
	未付金					850
	合计	187078	166350	178690	146917	299917
香港分店	三菱合资总公司		298668			
	三菱合资总公司透支		61587			
	总公司矿业部			297252	296456	
	总公司矿业部透支			6783	24449	
	固定资金					297069
	总公司营业部交易					120073
	雇员退役基金			87	104	
	雇员疾病共济基金			0.4	0.4	
	临时存款		14714	3955	8748	3652
	勤俭存款			367		
	纯利润			2569		
	合计		374968	311014	329758	420794

注：1. 汉口和上海两分店以银两计算，单位两，香港分店使用美元计算，单位元。2. 汉口分店的年度计算，1907 年度为 4 月 1 日—9 月 30 日，1908 年度、1909 年度、1910 年度，为前一年的 10 月 1 日至当年的 9 月 30 日，1911 年度为 1910 年 10 月 1 日—1911 年 12 月 31 日。3. 上海分店的年度计算，1907 年度为 1907 年 6 月 1 日—9 月 30 日，1908—1911 年度与汉口分店同。4. 香港分店的年度计算，1908 年度为 4 月 1 日—9 月 30 日，1909 年度、1910 年度，为前一年的 10 月 1 日至当年的 9 月 30 日，1911 年度为 1910 年 10 月 1 日—1911 年 12 月 31 日。

资料来源：畠山秀樹『三菱合資会社の東アジア海外支店漢口、上海、香港』，追手門学院大学出版会，2014 年，第 59、141、202 頁。

从表4-15所列项目看，三家分店共有项目中的"三菱合资总公司""总公司矿业部""固定资产"实质上是一回事，都属于三菱合资总公司对三家分店固定资产的投资。其他资金来源，除了汉口分店"正金银行透支"一项超出三菱系统，三家分店的借贷对象都是三菱系统内部的分支机构或资金来自本、分店的内部调拨。正金银行是三菱财阀的固定"往来银行"，与三菱财阀之间存在着长期业务往来。总之，财阀在华分支机构的融资，基本依靠本财阀集团内部的自体运作，部分依靠"往来银行"。之后各财阀自家银行在华分支机构建立，财阀在华分支机构的融资活动则转而由本系统银行操控，如三井银行、三菱银行、住友银行等财阀银行进入中国后，都成为该财阀系统在华分支机构的实际融资中心。①

第四节　"国策"会社和"中日合办"企业产权制度的特殊性

比起民间资本、财阀资本，"国策"会社才是日本在华资本的主角，前二者与之相比只是很少一部分。"国策"会社是由日本政府为"强国"目的所设立的对内垄断、对外扩张的企业，其最大的特征就是从建立开始，一切活动都以政府操控为前提，这一前提首先表现在产权结构上。由于日本政府设立"国策"企业的资金不足，"国策"会社大多采用"官商"共同出资的方式，在产权结构上体现了资本多源的特征，包括政府资本、民间资本，民间资本中又分财阀资本、一般民间资本，还有中国资本，中国资本也分官方资本和民间资本。但是日本政府为了保证控股权，一般在初设章程中就都规定占股官民各半，在实际操作中更有很大变化，有的企业政府资本达到50%，有的超过50%，也有的不足50%。"国策"会社因其特殊的"国策"性，企业大权始终牢牢控制在政府手中，在"国策"会社的章程中，政府对该企业的控制权一般都有明确规定。战前和战时，"国策"会社的资本构成、

---

① 住友银行1895年设立于大阪，初始资本100万日元，1936年年底实收5000万日元，1916年来华，在上海、武汉设有分行；三菱银行1885年设立于东京，初始资本3000万日元，1934年实收6259万日元，1917年来华，在上海、大连设有分行；三井银行1873年设立于东京，初始资本200万日元，1919年实收6000万日元，1917年来华，在上海、大连设有分行。

政府和民间的出资方式和出资比例多有变化，如正金银行规定海航股票限于日本人持有、"满铁"早期限制民间资本，而到战时"华北开发"和"华中振兴"创设时，不仅大量招募日本民间资本，尤其是"华北开发"和"华中振兴"的众多直系企业，以及数量可观的"满洲特殊会社"，还大力招募中国官、民资本。这里列举几个具体事例，可以大致理清日本在"国策"会社中政府的控股权和行政控制权情况。

一、战前"国策"会社的政府控股及资金筹措

（一）横滨正金银行

正金银行最初是由民间发起，作为民间商业银行组建的，但是在集资过程中获得了日本政府的大力支持，因而创立之时其资本结构已经掺入政府资本。1880 年横滨正金银行创立资本为 300 万日元，1 股 100 日元，共 3 万股。政府出资 1/3，共计 100 万日元，合 1 万股全部以银币形式交齐。2/3 由民间集资，民间资本中的大股东为 23 个发起人，共出资 80.5 万日元，合 8051 股，占总资本的 26.8%，其中最高出资者 1 人出资 13.75 万日元，拥有 1375 股，占总资本的 4.5%。其余民间股东 187 人，持有 10 股以下的小股东有 70 多人。民间股东以银币缴纳的资本为 40 万日元，另 160 万日元则以纸币缴纳，当时银币与纸币的比价为 1 : 1.7。正金银行是因政府经济政策所需而建立的对外汇兑银行，作为"从未有过的先例"，政府以直接出资表明了对该银行的大力支持，也由此确定了正金银行官商合办的性质。[1] 此后政府股份不断增加，以 1933 年为例，该年主要股东名单中，皇室宫内府股份 224912 股，其他股份共 83777 股。[2] 正金银行创立之初，日本金融市场处于变动中，银价下落而纸币需求增加，正金银行因得到政府"特别保护"，获政府存款 50 万日元纸币，开始经营国际汇兑业务，确定了以国际汇兑为中心的经营方向，并因此向大藏大臣提出国外汇兑资金贷款申请。经太政大臣批准，政府

---

[1]　郭予庆：《近代日本银行在华金融活动——横滨正金银行（1894—1919）》，人民出版社 2007 年版，第 18 页。

[2]　傅文龄主编：《日本横滨银行在华活动史料》附录，中国金融出版社 1992 年版。其他主要股东具体为：三菱银行、三菱信托、岩崎小弥太、三井合名会社、三井生命保险、三井信托、三井高雄、池田成彬、毛利元昭（贵族）、日本生命保险、川崎储蓄银行、东京储蓄银行、前田利为（贵族）、十五银行。

从国库准备金中拨出 300 万日元纸币存入正金银行。政府存款占正金银行运用资金的 40%，加上占资本额的 1/3，实际上政府资金占正金银行运营资金的 50% 以上。正金银行成为日本政府的"御用国外押汇"银行，成为受政府保护、监督、控制的，以服务国家需要为首要任务的"国策"会社。

作为"国策"会社，正金银行在受到政府支持与保护的同时，也受到政府的严格监督和控制，这在该行的组织设置、人员安排和经营管理等诸方面都展现无遗。正金银行直接受大藏省领导，如大藏省在正金银行设有专职管理官，由大藏少辅出任，管理官拥有的职责、权力为：监护银行一切业务；参加银行一切重要业务的例会及临时会议；向大藏大臣呈报银行实况等。《横滨正金银行章程》规定，从总经理到诸行员在营业的重要事件上接受大藏省选定的管理官指挥。再如为对上文所述政府 300 万日元存款的使用进行严格限制，政府连续制定了《特别存款运转规程》《押汇资金还款手续》《特别存款还款手续》等规定，严令该项资金必须用于奖励直接出口，不得用于其他。1887 年以明治天皇第 29 号敕令批准的《横滨正金银行条例》中，更详细地列出了多项大藏大臣对正金银行的管理、制约条规，《横滨正金银行章程》中增加了更详细的规范条款：如由大藏大臣命令，责成日本银行副总裁兼任银行总经理；又如增资，减资，停业，总经理、副总经理任免等事项，或经股东总会，或经董事会商讨，然最终全部须经大藏大臣批准。这些条例凸显出由大藏大臣代表的日本政府对正金银行拥有的绝对操控权，这正是"国策"会社组织机制上特有的"国策"性。[1]

（二）"满铁"资本构成及资金筹措

"满铁"创立时额定资本为 2 亿日元，此后四次增资，额定资本成倍扩大，1920 年为 4.4 亿日元，1933 年为 8 亿日元，1940 年为 14 亿日元，1945 年达到 24 亿日元，同时"满铁"资产也成正比上升，总资产最初为 1 亿日元，1910 年 2 亿日元，1917 年 3 亿日元，1920 年 6 亿日元，1929 年 10 亿日元，1937 年 21 亿日元，1943 年达到 42 亿日元。[2]"满铁"的资

---

[1]　傅文龄主编：《日本横滨银行在华活动史料》，中国金融出版社 1992 年版，第 7、8、11 页。

[2]　金子文夫『近代日本における対満洲投資の研究』，近藤出版社，1991 年，第 104、231、394 頁；安富歩『"満洲国"の金融』，第 122—123 頁，转引自佐々木聡、中林真幸編著『組織と戦略の時代 1914—1937』，ミネルヴァ書房，2010 年，第 308 頁。

金筹措主要是靠招股和发行社债两种方式，正金银行作为最早设立的"国策"会社，其初始资本构成中政府资本只占1/3，而"满铁"在创立之初就明确规定了政府资本和民间资本各占1/2。实缴资本构成中，则基本保持以国家资本为主导，初始资本2亿日元中，政府以日俄战争后侵占的铁路及其附属财产充当实物资本，出资1亿日元，达到额定资本的50%，此时民间实缴资本则仅有2000万日元，政府从一开始就牢牢掌握了控股权。但是政府资本为实物资本，民间资本有限，"满铁"资金运作在很长时期内是靠社债填补，扩大资本和发行社债是"满铁"运营资金的主要来源，其中政府始终把握着控制权。

表4-16是"满铁"1914—1944年若干年份的资本构成及资金筹措情况：

表4-16　若干年份"满铁"资本构成及资金筹措情况（1914—1944）

年份	资金形态	金额（万日元）/占总额（%）	政府出资方式	社债（万日元）	备　注
1914	政府出资	10000/80.64	实物	11700	国外市场发行
	民间出资	2400/19.35			
1919	政府出资	10000/55.55	现金	19300	国内市场发行（400.5万日元由存款部承担）
	民间出资	8000/44.44			
1930	政府出资	21700/56.07	增资支付11700万日元由外债转换	29700	主要依靠国内市场（3900万日元依靠国外市场）
	民间出资	17000/43.92			
1936	政府出资	25600/41.29	增资3900万日元由外债转换	296	主要依靠国内市场（5500万日元依靠国外市场）
	民间出资	36400/58.70			
1944	政府出资	700/50	5000万日元由伪满政府出资	2552	主要靠国内市场（9600万日元简易保险局，29000万日元由伪满政府承担）
	民间出资	700/50			

注：金额为每年年末余额。

资料来源：金子文夫『近代日本における対満洲投資の研究』，近藤出版社，1991年，第94、219、372頁；松本豊三『南満洲鉄道株式会社三十年略史』，満鉄調査部，1937年，第2677—2722頁，安富步『"満洲国"の金融』，創文社，1997年，第112—113頁，转引自佐々木聡、中林真幸編著『組織と戦略の時代1914～1937』，ミネルヴァ書房，2010年，第314頁。

从上表可以看出，各年资本结构变化，以 1914 年年末为节点，日本政府占 80% 强，民间不足 20%；1919 年政府资本没有增加，民间资本大幅提高，二者资本比变为 55.55% 比 44.44%；之后 1930 年为 56.07% 比 43.92%；1936 年为 41.29% 比 58.70%；1944 年为 50% 比 50%。其间除 1936 年政府资本低于 50%，其他年份都达到或超过 50%，1914 年甚至超过 80%。可以说"满铁"控股权始终掌握在政府手中。

但在资本扩充过程中，政府实际出资是有限的，如 1920 年度资本从 2 亿日元增加到 4 亿 4000 万日元时，政府没有出资，政府出资是继续支付所承担外币社债 1200 万英镑（约 1 亿 1700 万日元）本利偿还义务的部分，又如 1933 年年末第二次增资至 8 亿日元，政府出资依然是继续支付 1923 年度发行的外币社债 400 万英镑（约 3900 万日元）所承担的本利偿还义务的部分，两次都是以偿还社债本利来充当股本。直到 1936 年后期，以储蓄部从金融机关购入"满铁"社债的形式，政府开始出资，1940 年度资本金增至 14 亿日元，其中股金的支付从 1937 年到 1944 年增加了 7.8 亿日元，63% 是政府资金，这中间还包括"满洲国"当局的资金。[①] 政府更大的作用在于调动各方资金，使之最大化地为"满铁"服务。从"满铁"资金构成走向看，初建阶段是以政府资本和在国外市场发行的社债为主，在国内市场筹措的民间股份、社债很少。此时真正的运作资金靠的是在国外市场发行的债券，而外债发行由大藏省等官方机构出面保证还本付息，是获得政府保障的。1919 年起"满铁"的社债开始由联合银行团共同承担，该年年底，"满铁"资金筹措规模已经达到 5 年前的 2 倍，而这阶段所增加的部分，已是来源于在国内市场发行的社债和支付的股金，这既有第一次世界大战为"满铁"经营带来的高收益，更是政府担保社债利息的结果。1930 年度末，"满铁"实缴资本和社债结余的合计约达到了 6 亿 8400 万日元，1936 年度末，"满铁"的

---

① 金子文夫『近代日本における対満洲投資の研究』，近藤出版社，1991 年，第 93—97 頁；满铁『第 67 回帝国議会説明資料』，1934 年，第 31—35 頁、35—40 頁；松本豊三『南満洲鉄道株式会社三十年略史』，满铁调查部，1937 年，2685—2686 頁，转引自佐々木聡、中林真幸编著『組織と戦略の時代 1914 ～ 1937』，ミネルヴァ書房，2010 年，第 313—314 頁。

实缴资本和社债合计已达 14 亿日元，其中大半也由国内金融市场筹措。"满铁"资金筹措过程中民间资金的不断增多，和后期"满洲国"当局资金的加入，说明在"国策"会社资本扩充和资金筹措过程中，政府和民间的出资方式和出资比例在不断变化，不变的只是政府始终保持着支配权。①

二、战时"国策"会社的政府控股及资金筹措

战时产生了大量"国策"会社，"华北开发"和"华中振兴"两大集团性"国策"会社以众多直系下属企业共同构成地区性垄断"国策"会社集团，"满洲国"数十个"一业一社"的"特殊会社"分布于东北各工矿行业，其产权结构的共同特点，是以日本政府为主导，大型"国策"会社基本上额定资本以政府与民间各占 50% 为原则，如"华北开发""华中振兴""满洲重工"等，甚至有政府资本占比更高的，如"满洲拓殖"，政府占比 60%。② 但在众多"华北开发""华中振兴"的直系会社中，民间资本和中国资本的占比也往往超过了日本政府，众多"满洲特殊会社"资本构成与大型"国策"会社不同，政府与民间资本相比，往往民间资本更胜一筹，中方资本的加入更为普遍，并且以伪满当局资本为主。这里以"华北开发"及其直系企业为例，通过分析华北开发本身和直系企业的不同资本构成，可以对此阶段大型"国策"会社和"一业一社""国策"会社之资本结构的不同有所认识。

战时日本在关内最大的企业"华北开发株式会社"，是日本根据特殊公司法设立的"国策"会社，额定资本 3.5 亿日元，官民各半，而其实际资本构成中政府资本从一开始就超过了民间，牢牢掌握了控股权。究其原因，日本政府的实缴资本大部分是实物资本及侵占自中国的财产，这是战时"国策"会社的一大特点，此阶段绝大多数"国策"会社都以侵占中国财产充当实物资本，但是这确保了日本政府的控股权。

---

① 佐々木聡、中林真幸編著『組織と戦略の時代 1914～1937』，ミネルヴァ書房，2010 年，第 314—315 頁。

② 小島精一『満鉄コンツエルソ読本』，春秋社，1936 年，第 31、32 頁；移民史研究会編『日本帝国主義下の満洲移民』，龍溪書舎，1984 年，第 157 頁。

表 4-17 "华北开发株式会社"初建时的资本结构（1938）

类别	额定资本（日元）	应付股数	每股金额（日元）	实缴资本（日元）	实收金额占总额（%）	备考
政府	175000000	2888280	8.65	24983622	25.16	现金
		611720	50	30586000	30.80	实物
民间	175000000	3500000	12.5	43750000	44.04	现金
合计	350000000	700000		99319622	100	

资料来源：根据闭鎖機関整理委員会『日本財閥とその解体』，1951 年；『閉鎖機関とその特殊清算』，1954 年，第 319 頁整理。

如表 4-17 所示，政府实缴资本占 55.96%，民间资本占 44.04%，政府拥有绝对的控股权。而在民间资本中大财阀和"国策"会社的比重较大，1939 年 2 月 1 日公布的"华北开发公司"股东名簿中，持有 3 万股以上的企业有"满铁"、三井、三菱、住友、日本制铁、旭硝子等财阀和日本生命、第一生命、明治生命等金融保险机构，共占民间股总额的 30.43%，另外安田、鲇川、浅野、大仓、野村、川崎等财阀也持有相当数额的股票。[1] 相比"满铁"初建时对财阀资本加以限制，则说明战时"国策"会社的资本构成有了很大改变。

之后"华北开发"的总资本额迅速上升，到 1941 年已达到 21846.1 万元。

表 4-18 "华北开发株式会社"的资本结构（1941）

	额定资本（日元）	实缴资本（日元）	政府资本（日元）/占总资本（%）	民间资本（日元）/占总资本（%）
华北开发	3.5 亿	218461172	174711172/80	43750000/20

资料来源：根据闭鎖機関整理委員会『日本財閥とその解体』，1951 年；『閉鎖機関とその特殊清算』，1954 年，第 319 頁整理。

1938 年和 1941 年相比，政府资本大大增加了，政府资本由最初的占

---

[1] 参见日本国家资本输出委员会『日本の資本輸出』，多賀出版社，1964 年，第 160—170 頁；张利民：《日本华北开发公司资金透析》，《抗日战争研究》1994 年第 1 期。

56%，上升到占 80%，民间资本却没有增加，占比降到 20%。这个事实证明政府对"国策"会社决不懈怠的掌控。而这种绝对掌控还在延伸，"华北开发"作为融资公司，本身不是经营性企业，它通过对大量的直系企业的控制，统制华北地区的交通、电讯、重工业等具有战略价值的行业。就"华北开发"的"国策"性质和政府资本的绝对比重而言，其直系会社也间接地含有政府资本，当然我们不可以把它视为政府资本，但是作为"国策"会社的一种，其资本构成也在一定程度上反映出战时"国策"会社广招民间资本的情况。以 1938—1941 年"华北开发"的第一批 30 家子公司为例，可以看到"华北开发"的出资占资本总额的 49.5%，与其他日股、华股相比占有绝对的优势，保持了"国策"会社母公司的控股权。表 4-19 是1941 年"华北开发"子公司的实缴资本情况：

表 4-19 "华北开发株式会社"直系会社资本（实缴）结构（1941）

企业资本额（日元）分类	企业业数（家）	实缴资本总额（日元）	"华北开发"出资（日元）/占总额（%）	日民间出资（日元）/占总额（%）	中方出资（日元）/占总额（%）	"华北开发"出资：日民间出资	日方出资：中方出资
2.4 亿	1	239700000	149700000/62.5	72000000/30.0	18000000/7.5	2.08：1	12.33：1
1000 万—5000 万	9	188545000	65576875/34.8	31534375/16.7	91433750/48.5	2.08：1	1.06：1
300 万—1000 万	6	36244000	17213000/47.5	14952400/41.25	4078600/11.25	1.15：1	7.89：1
100 万—300 万	9	15780000	5470000/34.7	8710000/55.2	1600000/10.1	0.63：1	8.90：1
100 万以下	4	2880000	1390000/48.26	1090000/37.84	400000/13.9	1.28：1	22.08：1
无实缴资本	1	—	—	—	—	—	—
总计	30	483149000	239349875/49.5	128286775/26.6	115512350/23.9	1.86：1	3.18：1

资料来源：根据依田憙家编『日中戦争史資料 4』附表；大倉財閥研究会『大倉財閥の研究大倉と大陸』，近藤出版社，1982 年，第 270—275 页整理。

上述 30 家 6 类直系会社按实缴资本额分，实缴资本超过 2 亿日元的有：华北交通株式会社。1000 万—5000 万日元：株式会社兴中公司、华北电信电话株式会社、华北电业股份有限公司、"蒙疆"电业株式会社、龙烟铁矿株式会社、大同煤矿株式会社、井陉煤矿股份有限公司、华北煤炭贩卖股份有限公司、华北盐业股份有限公司。300万—1000万日元：株式会社塘沽运输公司、胶澳电气股份有限公司、华北矾土矿业有限公司、华北产业株式会社、石景山制铁矿业所、山西制铁矿业所。100万—300万日元：青岛埠头株式会社、济南电力股份有限公司、芝罘电气股份有限公司、山东矿业株式会社、华北棉花株式会社、中兴煤矿矿业所、焦作煤矿矿业所、山西煤矿矿业所、磁县煤矿矿业所。100万日元以下：山东电化株式会社、"蒙疆"矿业贩卖股份有限公司、柳泉煤矿矿业所、大汶口煤矿矿业所。无实缴资本：华北新港临时建设事务局株式会社兴中公司的外局，该企业资本构成为全融资。也有必要梳理一下30家直系会社的法人情况，其中日本普通法人8家，中国普通法人8家，中国特殊法人2家，"蒙疆"准特殊法人4家，"根据日本民法的组合"8家。大小财阀对30家子公司出资踊跃，仅三井、三菱、大仓三大财阀出资的即有9家，而以"组合"形式设立的8家企业全部由日方出资，每家出资比例都是"华北开发"和民间各占1/2。"华北开发会社"的直系会社不但受母社的统制监督，而且几乎是直接地受制于日本政府的派出机关。"华北开发会社"的直系会社多采用非特殊会社或民间企业的模式，那些以日本和中国普通法人形式组建的企业，只需受中国（伪临时政府）或日本的一般商法或民法制约，目的就是尽可能地招揽日本民间资本和中国当地资本。当然铁路交通、通讯、电业等命脉性产业以及属于"蒙疆"地区的企业，还是采用特殊法人形式以便于统制。说到底，所有"华北开发"的直系企业（包括子公司、孙公司），无论企业形态如何，都还是受制于母公司，也就是受制于日本政府。

三、"中日合办"企业产权制度的特点

（一）双重注册

"中日合办"企业是日商在华企业的一个重要形式，这里所说的"中日合办"是单指"中日双方当事人，依据明示的意思表示，共同出资，共同经营的企业"。也就是"双方明白地签订了合办的'条约''专约''协

定'‘契约’之类或交换文书，并在关系文件上明确地规定了资本、企业种类、地区、人事、经营等各方面的‘合办’条件"的企业，而不包括那些仅仅是"合资""公司投资"的企业。① "中日合办"企业的资本一定是中方与日方资本的结合，但是出资者是谁，各家出资比例如何，是官方出资还是民间出资，中、日双方出资多寡对企业经营权的影响如何等诸多问题，是"中日合办"企业需要理清的。如前文所述，近代中国历史上曾经掀起几次"中日合办"企业高潮，基本属于日本民间资本与中国资本的"合办"，这中间中方出资或是地方政府资本，或是民间企业资本，或是个人资本。又如前文所述，"国策"会社的众多直系企业和"满洲特殊会社"，则多有日本政府和中国地方政府的资本加入。关于"国策"会社类型的"中日合办"企业，在上一部分已作一定的陈述，这里主要列举"中日合办"企业中普通民间资本企业的资本构成。

　　"中日合办"企业的注册与法人情况大致可以分为三种类型：（1）根据中国法律在中国当地政府机构注册，如按清朝的《公司律》及其他法规，在清政府农工商部注册，使用中国法人；（2）根据日本商法或民法在中国日本领事馆登记，使用日本法人；（3）双向注册，既在中国当地相关机构注册，又在日本注册，如1913年在日本东京设立的中日实业有限公司，其章程第四条就明确规定在中、日两国同时注册②，又如1914年在湖南长沙设立的东邦兴业株式会社，资本金100万日元，中日各半，会社章程的第一条称，本会社是根据日本法律在长沙日领馆注册登记，并向中华民国行政机关申报而成立③，两公司都是在两国注册，获取了"双重国籍"。双重注册是"中日合办"企业产权制度的特点之一，比之前二种在一国注册的方式，可获得更多便利——遵从日本商法，在经营、治理上保持日本方式，同时又在获取中国税务保护等方面可获得与中国企业同等权益，所

　　① 张雁深：《日本利用所谓"合办事业"侵华的历史》，生活·读书·新知三联书店1958年版，第10页。

　　② 张雁深：《日本利用所谓"合办事业"侵华的历史》，生活·读书·新知三联书店1958年版，第15页。

　　③ 『日支合弁事業関係雑件』第一巻20，アジア歴史資料センター，B04010848500。

以在民间资本的"中日合办"企业中非常普遍。即便是早期的"中日合办"中小企业，其注册规范也是比较完善的，以 1921 年 9 月中旬外务省亚细亚局两份吉林省"中日合办"企业调查卷为例，1915—1920 年被调查的 18 家"中日合办"企业中，组织形式采取股份制的有 12 家，"合办"的有 5 家，匿名组合的有 1 家；资本 100 万—500 万日元的 5 家，10 万—55 万日元的 9 家，1 万—5 万日元的 4 家；存续期 10 年的 5 家，20 年的 6 家，30 年的 4 家，50 年的 1 家，未定年限的 1 家，无期限的 1 家。此外还具体列出了设立年限和主要经营内容，5 家"合办"企业都标明资本为中日各半。①

（二）日方的实际资本

"中日合办"企业产权制度的又一特点是，资本比例存在着章程规范与实际操作间的差异。"中日合办"企业合约、章程中最为普遍的是规定出资比例为"中日各半"，但也有直接规定企业全部现金资本由日方负担，中方则以权利股出资或承担其他义务的，如 1918 年"中日合办"铁岭铁矿无限公司，其合约第四条规定：公司总资本 100 万日元全部由日方出资，日方以现金股占六成，中方则以权利股（即铁岭等处的矿业权）占四成②。也有规定以日方资本为主的，如 1920 年"中日合办"凤凰山铁矿的株棱公司，其合约第三款规定：总资本 2500 万日元，以 500 万日元归华人招集，2000 万日元归日人招集③。还有以中方资本为主的。但以实际资本比例看，大多数"中日合办"企业都是日方资本占上风。张雁深先生所著《日本利用所谓"合办事业"侵华的历史》一书中，对建于 1897—1927 年间的 99 家"中日合办"企业的实际出资比例做过一个统计，在 99 家企业中，日方出资大于中方的有 39 家，完全为日方出资的有 19 家，日方实际出资大于中方的企业共达 58 家，占总数的 59% 弱，而中方出资超过日方的有 7

---

① 『支那における本邦人合弁関係事業』第一卷，アジア歴史資料センター，B30046100；第二卷，アジア歴史資料センター，B02130046300。

② "中央研究院近代研究所"编：《中国近代史资料汇编·中日关系史料》（路矿交涉），1976 年版，第 556 页。

③ 王铁崖：《中外旧约章汇编》第二册，生活·读书·新知三联书店 1959 年版，第 1475 页。

家，占总数的 7% 强，中、日出资各半的企业有 34 家，占 34% 强。另外也有特殊情况下中方出资高于日方的现象，如九一八事变之后的"满洲特殊会社"，伪满"国家资本"在这些企业中的出资比例甚高，其中伪满矿业开发会社最高，占 95%，其次是伪满棉花会社，占 90%，伪满畜产会社占 85%，伪满电气化学工业会社占 67%，伪满粮谷会社占 65%，伪满林业会社占 58%，伪满广报协会占 52%。伪满"特殊会社"中，伪满"国家资本"占 50% 以上的有 19 个。①

产权结构决定企业治理权，"合办"企业中哪一方出资比例高，哪一方就掌握了企业的控股权，企业经营、治理权自然也归于其手中，这是不言而喻的。所以"中日合办"企业为了"体现公平"，往往明文规定资本各出一半，但在实际操作中因中方资本不足由日方垫付、中方向日方借贷、中方实际未缴资等情况非常普遍，日方资本实际占比往往上升。以大正年间东北各地"中日合办"企业为例，明确规定资本由中日双方各出一半的企业中，中方资本系向日方借款支付的企业如 1915 年设立的富宁造纸股份有限公司（股份制，实缴资本 100 万日元）、1918 年设立的丰材股份有限公司（"合办"，额定资本 500 万日元，实付资本 125 万日元）、正志农场（组合，额定资本 200 万日元，实缴资本 25 万日元）等；中方资本由日方出资垫付的企业如 1919 年设立的中东海林事业公司（股份制，实缴资本 300 万日元）、1919 年设立的庆兴制材株式会社（股份制，实缴 200 万日元）、1921 年设立的吉林兴林造纸公司（实缴资本 500 万日元）等。还有股东表面上全部为中国人，实际实缴资本全部由日方出资的情况，如 1918 年设立的黄川采木公司（股份制，额定资本 400 万日元，实缴资本 100 万日元）等。总之上述几种情况，实缴资本实际上全部由日方支付。②

这里以企业持续时间最久，资料比较完整的本溪湖煤铁公司的事例，进一步考察"中日合办"企业中日方资本保持优势的具体方式。本溪湖是大仓组 1905 年抢夺中国矿权而独立成立的，后因中国政府要求变为"中

---

① 王玉芹：《论伪满特殊会社资本构成》，《东北史地》2008 年第 6 期。
② 『日支合弁事业关系杂件』第一表—第八表，外务省外交史料馆档案，アジア历史资料センター，B2130046000。

日合办"企业。这中间，大仓组在日本政府的指示下，与清政府就出资额、租税负担、利润分配等诸多问题进行了交涉，最后在 1910 年签订"中日合办"契约。"中日合办"本溪湖煤铁公司，额定资本 200 万日元，实缴资本 200 万日元，其中大仓组以实物出资全额支付了 100 万日元，东三省（奉天政府）以矿权评估 35 万日元和现金 65 万日元组合出资，中日双方同额，践行了中日各半的约定。1911 年增资至 400 万日元，1914 年又增资到 700 万日元，但实际上 1914 年实缴资本只达到 490 万日元，次年开始运营。增资原则上也是中日各半，但在实际操作中，中方增资部分，是以公司股票为担保，由大仓组借予中方的。1911 年 10 月大仓组以本公司资本全额作为担保，贷款 100 万日元予奉天政府，1914 年又以本公司资本作担保，八分利，作为借贷和新增资的准备金。① 因此，本溪湖两次增资的实际出资人都是大仓组，大仓组实际拥有绝对的控股权。这再次证明，"合办"只是为了取得在华经营的便利，本溪湖煤铁公司本质上还是日商企业，在公司实权掌握者和治理机制方面，这种资本结构上的优势都得到了充分印证。这一方面的论证有待后文"治理"部分展开。

---

① 高村直助『日本帝国主義史論』，ミネルヴァ書房 1983 年版，第 148—149 頁。

第五章　日商在华企业治理结构的演变

本章是对日商在华企业"治理"问题的探讨，由于日商在华企业与母国密不可分的关系，其治理机制与日本国内企业基本是相同的，总公司设在日本的更是从组织体系上就一脉相承。所以分析日商在华治理机制的一般情况，并不特别强调"在华"，而是大致以日本模式为对象。首先是对日本企业治理机制演进的一个铺叙，以厘清日本企业治理机制演变的过程，按其推演进程大致经历了四个阶段，分别是 19 世纪 70 年代初—19 世纪 90 年代中期的早期企业主治理阶段；19 世纪 90 年代中后期的法人治理机制确立阶段；20 世纪初期—20 世纪 30 年代中期的法人治理机制普及发展阶段；侵华战争全面爆发后至战争结束，则是法人治理机制被战时统制经济全面覆盖的阶段。其次是对日商企业治理机制中普遍采用的科层治理机制的考察，通过对日商企业科层制度的构成、科层组织体系的构成及科层干部的构成等方面的具体考察，解析日商企业普遍采用的科层制管理效能，以及科层管理者和技术人员的基本素养。再次是对日商四大类型企业治理机制的具体考察，分别考察每一类型企业独具特点的治理机制。在日商企业法人制、科层管理等基本共性基础上，不同类型企业各具特点，如"纯民间"企业注重"本土化"；财阀企业偏重家族封闭；"国策"会社强调政府操控；"中日合办"企业实际由日人主导。通过这些不同的特点，可以更深刻地了解日商企业治理机制的多元性。

第一节　日商企业治理机制的演进

一、非法人治理机制阶段（19 世纪 70 年代—19 世纪 90 年代中期）

（一）企业主治理机制

明治维新后的 19 世纪 70 年代初—19 世纪 90 年代中期，是日本近代企业的起步阶段，明治政府大力鼓励民间商工企业的发展，19世纪70年代最初出现的大批小型商、贸企业，小型作坊式工场，是日本近代企业的雏形，这类企业最大的特征就是企业所有权和经营权是不分离的，企业主既是所有者也是经营者。这类企业包括个人、合资、合名、合伙、匿名组合等各种形式，是企业主出资、经营的自营体，规模稍大的企业也会招募若干店员、徒工。从治理层面看，这种由企业主全权包揽的小型企业，属于典型的企业主治理模式。19世纪80年代后，在明治政府投资设立的"模范工厂"带动下，日本建立了大批私营纺织工厂，这些工厂引进国外先进的技术、设备，开启规模性机器大生产，建立起真正意义上的近代企业。然而这些纺织企业，虽然资产规模、人员数量都有了很大的提升，但是企业所有权和经营权依然为一体，工厂主既是投资者也是经营者，这些企业在管理层级上比小型业主企业复杂些，但在本质上依然没有脱离企业主治理模式。

企业主治理模式普遍存在于明治早期，在同一时期的日本也有其他类型的企业治理模式存在，如国家资本的军工企业或私营股份制的"国家银行"等都采用其他治理模式，但是在日本近代企业治理机制演变过程中，企业主治理模式是最初出现的带有典型性、普遍性的非法人治理机制的一种代表模式，而且在法人治理机制建立、普及后，这种企业主既是投资者亦是经营者的模式，在体量不大的小型个人企业或合伙制企业中依然被沿用。如前文所述，甲午战争前早期来华的日商企业，都是这种小型商、贸门店或前店后工场的手工作坊式的自营体企业，而且日商在华"纯民间"资本企业中的大多数小型商工企业，基本上始终采用这种模式。日商在华企业中这种企业主治理式的小型企业，在"纯民间"资本企业中一直维持着相当的数量，但是因其规模有限，在日本近代企业治理模式的演变过程中，企业主治理机制仅是日本企业早期的主要形态，在日本近代企业治理机制未建立、发展的非法人治理阶段，有过短暂的重要地位。

（二）家族治理机制（19世纪70年代—20世纪00年代末）

在明治前期非法人企业治理阶段，还有一种治理形态，即家族企业治理形态占有重要地位。作为财阀企业前身的政商企业，部分来源于江户豪商企业，部分是在明治政府支持下形成的新型政商企业。这种由家族、同族全额出资并共同支配的企业，是拥有雄厚的资本与企业规模、在本地区甚至全国设有众多分支机构的庞大家族企业。与业主企业相同的是，家族企业也是投资者和经营者为一体，不同的是其体量大大超过个人企业或合伙企业，其组织结构是以一个家族或以同族中的若干"家"共同结成并维系的全封闭企业体制，如三井家族是由江户时代即已形成的同族11家成员组成，三菱家族是由岩崎一家持续控权。家族治理机制的最大特点就是以血缘相连的"家"为核心，建立在家族、同族共有基础上，实现企业全封闭组织管理和运作。"家"的成员是指被认定拥有财产继承资格的家族成员，并不包括其他同姓、同族者。资格一经认定便代代相传，以长子继承制为基础，分为"本家""分家"并由此形成直系、旁系企业的家族内部的组织分布。以家宪、家规等不同称谓构成的"家法"，则是维系家族封闭组织的精神依托和确保家族财产、资格的组织准则，"家法"对所谓的"家"设有各种规定，起到对家族封闭企业治理机制的最高指导和约束作用。

家族企业治理机制早在江户时代就已经形成，它作为江户遗产，伴随着由江户豪商企业到明治政商企业，再到大正财阀企业的转变。家族企业治理机制得到不断的发展和强化，家族企业治理机制与企业主治理机制同样，是日本近代企业治理机制中最早出现的重要形态之一，但它在日本近代企业治理机制演变过程中始终没有消退。在日本近代公司法出台，企业法人制建立、普及的过程中，财阀企业在最初大都选择了以合资企业、合名企业的组织形式获取企业法人资格，而非更接近现代化企业制度的股份制企业，其目的就是最大化地保留"个人企业之特色"的家族企业治理形态。如三菱财阀虽然改制为合资企业，但以家族最高领导者岩崎弥太郎的理解，"其实完全为一家之事业，而与募集其他资金结社者大异也"[1]，因为所有权和经营权依然完全掌控于岩崎家族之手。甚至到20世纪20年代初财阀企业先后完成了股份制改革后，财阀企业虽然已经成为具有垄断性质

---

[1]　三島康雄『三菱財閥　日本財閥経営史』，日本経済新聞社，1981年，第228頁。

的同族大型控股公司，家族治理机制受到一定削弱，但是本质上财阀企业依然是以家族血缘关系为中心的特殊家族康采恩，其企业治理机制中依然保持着强大的家族血缘封闭式特性。关于这一点后文将再作分析。重要的是财阀企业固有的家族治理模式在日本近代企业治理机制演变过程中，作为一种特有形态始终保持着相当重要的地位，甚至一直延续到第二次世界大战结束。

二、法人治理机制阶段（19 世纪 90 年代中期—20 世纪 30 年代中期）

（一）法人治理机制的建立及普及

近代日本并无独立的公司法，1890 年公布的明治旧《商法》第一编第六章有关公司的法规内容，被视为日本近代公司法的诞生，其中明确地规定了合名公司（无限公司）、合资公司（两合公司）、股份公司三种企业组织形态，以法律形式确定了这三种形态企业的法人地位，是拥有独立财产、独立权利和义务、能够成为诉讼的原告或被告的主体，日本近代企业由此开始进入法人化建制阶段。经过 1893 年旧《商法》修订，1899 年新《商法》实施，新《商法》的第一编"总则"、第二编"公司"中有关公司的法规内容更为规范、系统，成为近代日本的实际公司法，加速了近代日本企业制度法人化进程，而法人企业制度的形成则带动了企业治理机制的改变。法人企业治理机制最显著的特征，就是确定了企业所有权和经营权的分离，新《商法》对"公司"进行了重新定义，调整并增加了有关公司内部治理的相关规定，对出资者、经营者的权限和关系作了基本界定。新《商法》规定，股东大会为最高权力机构，下面平行设立董事会、监事会，股东大会、董事会、监事会的具体权力为：股东大会拥有企业事务的决定权和财务审核权；董事会拥有企业事务的执行权；监事会拥有企业的监督权。根据规定，股东大会的权力高于董事会、监事会。由此，日本确立了股东大会居于最高地位的三权分立的公司组织机构，日本近代企业开始进入"股东大会中心主义"的治理机制阶段。

法人治理机制确立后，由于税收等政策原因，在法人化过程中，原来的很多非法人的家族或个人企业采用了合名公司或合资公司的形式。如大型家族企业集团，在法人化改制初期阶段，三井选择了"合名"形式，三菱选择了"合资"形式。如前文所述，单以企业数量看，合名企业、合资企业之和与股份制企业数量不相上下，股份制企业占企业总数的比例直到抗日战争爆发前基本保持在 50% 上下，这说明日本近代企业法人制度的建立过程中，三类企业呈平衡发展，日本近代企业法人制改革完成了平稳过渡，日本法人化企业制度进入了稳定、有序的发展阶段。而股份制在三种企业形态中，不仅数量上分别高于其他两种企业形态，其企业治理结构也更加符合法人治理结构三权分立的基本准则，在资金筹集、责任制度等方面也比其他两种形态更具优势，所以股份制成为日本近代企业制度的主导形态。此外新、旧两部《商法》中的"公司法"，在奠定了日本近代企业治理机制的基础后，《商法》进行过多次修改，公司法内容也随之不断修改、日臻完善。在侵华战争爆发前，最重要的一次修改是 1911 年的修改，这次修改进一步规范了董事会、监事会的权责，对董事和监事的权限进行了分离，如在股东大会与董事会的法律关系上，规定董事须由股东大会任命并应持有部分公司股份，董事和董事长因失职造成企业损失的，须承担民事、刑事责任，以防范企业所有权与经营权分离造成的董事会权力泛滥；规定监事会仅对股东大会负责，且独立于董事会，并规范了监事的民事、刑事责任等。经过修改的公司法进一步强调了股东的主体地位，使"股东至上"成为战前日本法人治理机制的最大特征。

（二）股份制为主导形态的治理机制

以 1872 年《国立银行条例》的颁布为标志，在政府主导下银行企业开始率先实行股份制。该条例确定了国立银行是以盈利为目的的金融企业机构，由投资者自愿发起，采取集资入股方式，股份经总裁董事会认可可以转让，股东对盈亏承担的责任以所持股份数量为限度，董事由股东一股一票选举产生，总裁由董事会选举产生。这些规定已经具备了股份制的基本要素，明治初期的"国立银行"成为日本最初的股份制企业。1878 年《株式取引所条例》（股份交易所条例）的制定，促进了股票交易市场的形成和股票交易的繁荣，股票可以自由转让、买卖，为更多民间资本拥有者参与企业投资提供了可能，形成了近代日本的"第一次企业勃兴"。在此期间日本政府为规范企业发展，对日本企业形态进行了两大分类，一类是"将资本分割为股票者"即相当于股份公司的企业，一类是相当于合名公司的"组合会社"。由此，股份制企业成为日本政府正式推广的企业形式，这推进了股份制企业的发展。而在实际发展中，东京海上保险（1879年），大阪纺纱、日本铁道（1883年），大阪水泥、大阪商船（1884年）等股份制企业的建立，也为股份制企业的发展树立了榜样。

19世纪90年代《商法》的出台、生效对股份制企业的发展起到了极大的促进作用，《商法》规定了股份公司的有限责任、组织机构、股东大会的作用，股份制企业制度的普及随之进入了一个新的阶段。"一战"前后股份制企业形态开始普及，其突出表现为之前采用合名形式或合资形式的财阀企业集团，纷纷进行了股份制改革，股份制成为日本企业治理机制的主体模式，到20世纪二三十年代其发展则更为稳定、成熟。公司法对股份企业的规定比合资企业、合办企业更加严格、要求更高，中小企业要符合要求，实力上会有一定局限，所以股份制形态更为适合大型、公开的企业。所有权和经营权分离的原则落实到管理层面，在股东大会、董事会、监事会之外，还需要一个执行决策的机构——职业经理人，股份制企业所拥有的职业经理人团队及科层管理机制，使其能够比其他形态的企业更充分地贯彻、落实所有权和经营权分离的准则。不仅日本国内企业发展遵循这一规律，日商在华四大类型企业的治理机制也与日本国内企业治理机制的发展同步，只有"纯民间"企业中存在非股份制的个体制、合伙制，大、中型"纯民间"企业基本采用了股份制，如整个在华纺系统都是从一开始就采用了股份制，财阀企业也在20世纪10年代—20世纪20年代初陆续完成股份制改制，而"国策"会社和"中日合办"企业也都是一开始就采用了股份制。从整体而言股份制是日商在华企业治理机制的主流模式。

三、战时统制经济下的非正常治理机制

（一）战时统制经济对企业走向的制约

在日本侵华战争爆发后，表面上企业内部的组织结构基本保持战前状

态，但是股东大会和监事会的机能与作用，在战事发展、变化影响下是否依然能够维持是令人质疑的。董事会的决策权也受到统制经济政策制约。企业生产经营必须服从政府指令，首先满足军需生产，如战前已开始形成的军需生产在战时不断升级、扩大，政府在主要生产部门强制建立卡特尔以淘汰中小企业，中小企业的生存因战事发展而起伏、变化，财阀、"国策"企业的经营走向也随之发生了深刻的变化。军需工业及与之相关的投资、生产成为战时发展的主要方向，企业经营走向的被规范说明经营权力的被制约，这实际上是从根本上破坏了正常的企业治理机制。统制经济和军需生产不断升级，政府对商工企业运营、发展方向的控制不断升级，不仅企业决策权被政府操控，而且企业职工工作时间的延长、工作强度的加大、工资待遇的下降等，也说明日商企业治理机制在整体上遭到了破坏。日商在华企业与日本国内企业一样被捆绑在战争机器上，如前文所述，此阶段部分日商在华企业的产权形式产生了一些变异，其治理机制也受到统制经济的深度干扰。

（二）战时改善企业治理机制的努力

即使如此，战时日本企业建设治理机制的努力并没有停止，1938 年《商法》再次修改，修改依然集中在公司法规部分，同时颁布了《有限公司法》。《商法》的公司法规主要是针对股份制公司，《有限公司法》更适用于中小企业，二者结合，形成了更为完善的公司法。新增内容包括调整对企业权力机构的职能规定，放大股份、股票的自由控制度，以及企业财务清算等，扩大了股东大会的监督权而削弱了股东大会的操控权，如废除了董事会由股东选举产生的制度，为企业广收人才创造了条件；加强了董事的责任，强化了对董事渎职的处罚措施；新增了关于成立要件、章程认证、虚拟人或他人名义认股的责任的规定，完善了企业注册的规范要求；增加了发行"无表决权股票""可转换股票"及"可转换公司债券"的规定以促进企业的融资能力提升；改善资产评估与清算制度，把股份制企业特别清算制度引入全体企业中等。企业治理的根本就在于明确产权关系的契约，企业治理的功能就是在企业的利益相关者之间配置控制权与收益权。1938年修改、补充的公司法更接近现代公司法，对企业所有权、经营权的分离的规范更加细致，对企业治理机制的改善、发展是一次显著的推进，但是战时各种经济统制法规的束缚，阻碍了日本近代企业治理机制的正常发展，所以 1938 年的公司法真正发挥作用是在战后。

第二节　日商企业的科层治理机制

一、科层制度的基本构成

（一）科层制的四大要素

科层制是日本近代企业组织结构最重要的形态，它既是一种组织结构，又是一种管理方式，概括而言就是以规则为管理主体的组织体系和管理方式。科层制是通过层层委托的代理关系，遵照命令完成企业内部交易的组织形式，科层组织内部设置各级机构，从高层到低层构成一个权力序列。权力集中于科层组织的顶层，即资本所有者拥有最高权力，然后自上而下逐级递减，由组织上层控制下层，完成上级对下级的委托。科层的组织控制是通过权力实现的，是通过对持续一致的程序化命令的下达和服从实现的，其中包括各类规则、指令、习俗和监督机制的作用。科层制度是规模化企业组织维持高效集中行政管理的有力方式，尤其适合大型企业的组织结构和管理。财阀企业、"国策"会社这样的大型企业集团，"纯民间"资本大企业在华纺等，都采用了科层治理机制。再放大之，科层治理机制是股份制企业普遍采用的基本形态，无论日本国内企业还是日商在华企业，采用的主流治理模式都是科层制，只是企业科层组织设置和具体规程有所不同。

科层治理机制至少有四个基本要素：规章程序、组织系统、监督机制、非人格化特征。这四个要素是一个相互联系、相互影响的有机整体，缺一不可，四个要素在企业治理机制的不同作用表现为：规章程序是根据法律或行政以书面形式制定并实施的制度管理；组织系统是以权力等级设置的职业化、专业化组织管理；监督机制是在权力基础上设立的由上至下的监督管理；非人格化是排除私人情感、遵循规章制度的精神管理。如果说规章程序、组织系统、监督机制在科层治理机制中是具体可见的，那么非人格化特征则是从意识上、精神上蕴含在前三者之中发挥其功能作用的。企业决策的形成、执行，章程、规则的制定、实施，管理机构的设置、运转，各种程序的运作和各种机构的协作，要保证其客观性、高效性，就离不开排除个人偏见的非人格化精神内核，或者说规章制度和管理机制本身就体现出广泛的非人格化规则和不变的程序。作为日本企业主导形态的股份制企业，科层治理机制是其标准治理模式，但是在大型企业和小型企业间是存在差别的，一般说来大企业比小企业科层治理机制更为健全，企业规模越大、人员越多、组织结构越复杂，就越是要求规章和程序周全、规范，层级管理和分工就越细致、专业化，对决策的产生和执行的监督就越强，以建立标准化制度体系，控制庞大的组织成员和众多部门，实现企业目标。

（二）企业章程和监督机制

企业章程简单地说就是规定企业法人的目的、组织、业务等根本的规则，它是企业内部的最高准则、规范。作为科层治理的一大特征，日商企业在遵从《民法》《商法》、公司法之外，还拥有被称为"社章""社规""契约""条例"等的企业章程。此处所言"条例"并非指具体的技术条例、管理规则，而是以"条例"命名的企业最高章程。可以说企业章程是在国家法律规范下被细化的企业内部治理"法规"。日商企业的章程一般都比较规范，基本内容包括企业的性质及设立、资本金及股票、股东大会、组织机构、高层人事、经营范围、决算及分红等，实际涉及了企业产权、治理、利润分配和经营方向等各个方面的重要问题。企业章程是具有权威性、导向性、规范性、保障性的企业法规，大型企业因规范的条款更详尽、细化，往往采用总则分章形式，内容相对较少的中小型企业多采用分列条目形式，有些大型企业可能还同时拥有"章程"和"条例"。每个企业章程的具体内容不尽相同，如对于企业经理人选资格，有的章程明确规定必须是董事，有的却没有明文规定；此外各类型企业针对自身特质设有专门条款，如"国策"会社的章程必有关于政府控制权的规定，"中日合办"企业的章程必规定注册国家、遵循哪国法律。总之就科层治理的组织规范而言，一般大型企业的章程更具典型示范效能。

以"国策"会社横滨正金银行为例，该行同时设有《正金银行条例》和《正金银行章程》两份重要规程。"条例"为银行设立的时间、地点、年限、资本金、股票、股份、营业范围等常规要素设立了条规，最重要的一点是"条例"充分反映出日本政府对"国策"会社所具有的操控权，"条例"中多次出现须向大藏大臣报请批准的事项条款（此问题后文详述）。"章程"则反映的是治理机制中企业普遍属性的那一部分，其中与科层组织结构相关的条款，清楚明了地规范了科层组织机构、人事的设置与权责。《正金银行章程》共有102条，其中有关股东总会的规定19条，有关总经理、副总经理、董事及监事的规定22条，涉及具体权责的"条"下还设有若干"款"以进一步细化权责，详细、具体地界定了科层组织上层管理机构的权力等级和职责范围。如确定"股东总会代表全体股东"；确定股东总会分为两种，一种称为定期总会，另一种称为临时总会，定期总会主要负责议决财产目录、资产负债表、营业报告书、损益计算书及相关检查人报告等，临时总会主要负责议决资本金增减、章程的变更与修改、分支机构的设置或撤销及根据规定解除董事或监事职务等；确定董事、监事的人数、被选资格、任期，在"遵照横滨正金银行条例、章程、内部规定"的前提下，董事会遵照股东总会决议，管理本银行的所有营业，主要职权包括招集股东总会，互选总经理、副总经理，对经理以下各职能负责人员以及雇用人员的任免、升黜、职务的分配，或向国内外派遣以及决定其身份保证事宜，决定其工资、津贴、日薪、旅费、奖金等，制定各总行及各级分支机构的内部规章制度，以及设置或撤销各分支机构各项事宜等；总经理遵照董事会及股东总会决议，代表本银行处理营业上的一切事务，主要职权包括在董事会上具有作为董事的表决权并应为该会会长和股东总会会长，以总经理名义执行董事会或股东总会议定事项，指挥经理以下负责人员执行其职务等；监事的职权主要是监督新增资本后第一次新股缴交情况，随时得以要求董事提交营业报告或调查业务及财产状况，必要时得招集股东总会等。此外还规定董事和总经理在违背条例、章程、股东总会议决，或故意使本银行蒙受损失时，须承担个人赔偿义务。①

　　章程条规的细致、全面，无疑是健全企业治理机制的基础。科层组织高层机构及责任人按章程规范行使职权、发挥自身功能，同时也受章程规范，被严格监督。权责分明，相互制约，有效协作，才能最大化地发挥科层组织的效能。

二、科层组织结构
（一）科层上层设置

　　本质上科层制高层机构的设置与法人治理机制的原则一致，就是企业经营管理的决策权、执行权、监督权彼此分开、制约又相互连接、协调。由投资者、决策者、监督者、经营者共同形成组织机构，具体机构设置为股东大会、董事会、监事会、总经理（室）或经理（室），权力层的构成反映的是权力与责任在各高层中的分配与安排状况，也就是权力是如何进行划分，并确定各者之间的权利、责任和利益，形成相互制衡的关系。权力层各机构的权、责、利及相互关系，与前文正金银行的"章程"规范基本相同，这里不再铺叙，以下着重考察一下直接对科层下级管理发挥作用的董事会、经理人设置。

　　关于董事，日本法律规定董事必须是股东，很多企业还规定持股最低限度。董事虽负有经营的指挥及统制责任，但是就总体而言，对其任务没有统一规定。董事分常勤和非常勤两种，常勤董事是名实相符的执行机关成员或事务重役，如社长、副社长，但是"国策"会社除外，没有法定名称，且董事的种类、人数各社不一；非常勤董事每周或每月若干次参加董事会，参与企业重要事宜的决定，具有决议机关成员的性质，但只能参加决定事务，实施决定则由常勤董事执行。作为最高行政机关的董事会的成员设置，各企业不尽相同。在华纺的设置较有普遍性，以内外棉会社和东洋纺织会社为例，内外棉的设置从高到低依次是董事长（头取）、专务董事

---

　　① 参见傅文龄主编：《日本横滨正金银行在华活动史料》，中国人民金融出版社1992年版，第6—18页。

（專務取締役）、董事（取締役）、监事（監査役）、顾问（商議係）、经理人（支配人）；东洋纺织的设置从高到低依次是社长（大股东、董事）、副社长（大股东、董事）、专务及常务董事（專務取締役、常務取締役）、董事（取締役）、监事（監査役）、顾问（商議係）。[1] 两个例子说明，普遍的现象是：董事长、董事是董事会的基本成员，在董事长和董事之间，各企业自由选择设置专务董事、常务董事，小型企业可能都不设置，监事也是必设职务，而顾问则基本只存在于大型企业。

真正掌握经营实权的应该是经理人，在内外棉会社和东洋纺织会社的两个例子中，最大的区别就是经理人的设置。内外棉会社的经理人存在于董事会中，东洋纺织会社的经理人不在董事会内，代表了日商企业中普遍存在的两种方式，总经理可以是董事，可以是职业经理人，可以由董事长兼任，也可以是独立经理人。总经理必须对董事会负责，其任免一般由董事会掌控。财阀企业在完全家族治理期间已经开始引入决策阶层与职业经理层的分工，如三井财阀在家族企业时代，"大元方"为家族治理机构，另设经理人负责具体经营事务。但是直到法人化改革后，财阀企业的董事会普遍并没有经理人的专门设置，如三井合名董事会成员设置为董事长、副董事长、常务理事、理事、监事，掌握实权的是常务理事；三菱合资董事会成员设置为董事长、副董事长、总务理事、常务理事、理事，大权集中于董事长一人；大仓组董事会成员设置也是只有董事长、专务董事、常务董事、董事。而在"国策"会社，其总裁、副总裁必须由政府任命，任命理事和顾问要报请政府批准，监理官也须由政府委派。"中日合办"企业因存在"国策"会社和普通私人企业两种，其董事会结构由资本形态决定，按比例由日、华人共同组成董事会，但握有实权的职务及经理人中，日人更多。

（二）科层中层设置

科层制是一整套持续一致的程序化的命令—服从关系，表现在组织结构中就是一整套分工明确、职级分明、由上至下的经营管理机制。科层组

---

[1]　参见元木光之『內外綿株式会社五十年史』，木下印刷所，1937 年；東洋紡績株式会社『東洋紡績株式会社要覽』，1934 年。

织结构大致可以分为上、中、下三层，所有层级的组织和人员遵循等级制度原则，受到高一级组织和人员的控制、监督。法人治理机制已确定了决策阶层与职业经理层的分离，职业经理人作为权力层的一员，同时也是科层经营管理组织结构的最上层。科层组织结构中的中层是由经营管理人构成，由上层的职业经理率领的经营管理团队构成完整的科层中层组织，从高到低依次设置经理（社长、行长、厂长）、部长（部门经理）、课长（科长）三层级。一般企业与设有总公司、分公司的大型企业间有一定区别，主要在于每一层级机构的大小，人员设置的多寡和因此产生的职务编制的多寡，再就是各企业对具体职务的称谓可能不同。如大型企业总公司上层，在总经理、副总经理之外，由于分公司与总公司的部同级，所以部长一级包括分公司经理，部长之下可能还设有次长（副部长），然后是课长（科长），课长之下可能还设有主任，而分公司之下设有自己独立的部、课，以此类推。

科层的上、中层干部属于管理阶层，以工厂为例，一般分为工务管理（包括技术）、事务管理（包括人事）两部分，职业经理人或经营者即为社长、厂长，部长级包括车间主任、工程师，课长级包括工务长、技术员与事务员，以及车间级工长、大工头（"那摩温""特选工"）。日商在华企业包括分支机构的上中层干部多为日本人，少量为中国职员，表 5-1 是内外棉株式会社上海分店（公司）的干部设置，由此可以大致了解日商在华企业科层管理结构的中层设置情况：

表 5-1　内外棉上海分店日本职员的职务和地位（1929）

（单位：人）

部门	职务	社长	厂长	科长	主任	科员	各职务小计	各部门小计
上海分店主管者	工务	1					1	2
	销售、人事、事务	1					1	
秘书科						1	1	1
工务科	工务			1	2	20	23	30
	人事				1	6	7	

（续表）

部门	职务	社长	厂长	科长	主任	科员	各职务小计	各部门小计
工厂	工务		6（技术人员）		11	163	180	264
	人事				6	78	84	
原动科					1	6	7	7
营业科					1	4	5	5
销售科					1	6	7	8
原棉科					1	5	6	6
会计科					1	3	4	4
会计科					1	3	4	4
庶务科					1	7	8	8
计算科					1	4	5	5
要品科					1	9	10	10
	社宅				1	14	15	21
	商店					4	5	
福利科	水月幼儿园					1	1	
合计		2	6（技术人员）	2	29	331	370	370

注：厂长和科长同级，厂长皆由技术人员担任，福利科中"社宅担当"（属总务、后勤）科员 14 人中有 7 人为中国人。

资料来源：佐々木聡、中林真幸编著『組織と戦略の時代 1914～1937』，ミネルヴァ書房，2010 年，第 280 頁。

表 5-1 提供的两个信息值得注意，其反映的是日商在华企业科层组织设置的普遍特点：一是工厂厂长的专业化，一是中国人只能担任事务管理职务。还有表 5-1 主要统计的是科室职员而不包括车间现场管理的工长、工头，在这个群体中很多在华企业较多任用中国人，下文有详述。

（三）科层下层设置

科层下层是指课以下的管理部门和管理者，直至被管理的末端底层员工。还是以工厂为例，科层下层管理者是课长（车间主任）以下的班组长、工头（"那摩温""役付工"）、技术工人，被管理者则是数量庞大的工人，这中间当然还会有细化的分层。不同企业间有差别，同一企业中不同工种、人数的管理者也会有工资待遇上的不同。总的来说日商在华企业科层下层设置比较简单，技术含量不高，多数企业普遍任用日本人为班组长、工头，采取日本人直接管理工人的方式，但日本人直接对中国工人进行管理存在一定困难，所以在下层管理者中，使用中国人的比例有所提高。部分工厂任用经过培训有一定技能的中国"役付工"，仅具备有限职权和责任，如在华纺下层工头"役付工"普遍任用的是中国人（此点后文详述）。此外，科层管理末端的管理者和操作者的劳动分工和专业化，在日商企业科层制管理机制中是比较规范的，这里以本溪湖煤铁公司为例，表 5-2 是其下层职员与工人的分布情况：

表 5-2　本溪湖煤铁公司下属工厂各工种部门下层职员与工人的构成（1929）

工种部门		职员		工人		合计
		技术	事务	长期雇工	短工	
全部		37	7	136	1810	1990
制铁系	铁山	6	3	21	766	796
	选矿厂	1		6	10	17
	团矿厂	3		7	155	165
	焦化厂	5		25	182	212
	溶矿厂	14	3	37	385	439
	焦油厂				5	5
	硫安厂			4	8	12
	硫酸厂	1		4	20	25
耐火砖厂		2		5	160	167
矿渣砖厂					50	50
原动力厂		5	1	27	69	102

资料来源：大倉財閥機関研究会『大倉財閥の研究——大倉と大陸』，近藤書店，1982 年，第 538 頁。

表 5-2 只是本溪湖煤铁公司 1929 年部分下属工厂各部门的情况，但反映的是本溪湖煤铁公司的整体状况，也是日商在华企业有代表性的治理方式。日商在华企业普遍劳动分工和专业化程度较高，这在在华纺的各企

业中也有相似的表现。还有从表 5-2 数据看，职员在各科层下层中占比很低，全部 1990 名职工中，职员 44 人，占总人数的 2.21%，工人 1946 人，占 97.78%。还是以本溪湖为例，下层职员与工人的比例，1918 年职员 278 人，占总人数的 4%，其中国籍情况不详；工人 7451 人，占总人数的 96%，其中日本人 644 人，中国人 6807 人。1930 年职员 208 人，占总人数的 2%，其中日本人 110 人，中国人 98 人；工人 8416 人，占总人数的 98%，其中日本人 212 人，中国人 8204 人。[①]1930 年作为下层管理者的职员占比较 1918 年下降 2%，说明下层管理层的管理效能的增强，而职员中中国人的比重接近日本人，说明"中日合办"企业任用中国人为下层管理者的现象更为普遍。

三、科层治理的专业化

科层治理的专业化主要表现在对学历和经验的要求上。学历在日商企业的科层治理机制中是一个十分重要的标志，从最高决策者到各层级的经营者、管理者，高学历是普遍的基本条件。日本在明治初年教育水平十分低下，经过明治政府的努力，这个现象逐年得以改善，义务教育和中等教育都有了较大发展，也出现了少量的高等学府。但企业极少有能力雇用受过高等教育的人在经营管理层任职，到 1900 年，在企业就职的专科毕业生还不过 30%，1903 年之后才开始设立高等工业学校培养专业技术人才。真正的改变是在 1919 年日本颁布"大学令"后，高等教育快速发展，日本设立了一大批以理工科为主的国、公立实业大学，私立大学也大量发展。1910—1930 年，日本的大学由 3 所增加到 146 所，高等专科学校由 8 所增加到 32 所，普通专科学校由 60 所增加到 111 所，实业专门学校由 11 所增加到 51 所，高等师范学校由 8 所增加到 24 所。[②]高等教育的发展和专业学校的大量涌现，为日本企业输送了大批专业人才，大企业普遍雇用大学或各类专科学校的毕业生为经营管理者，引进高校毕业生并在实践中培养、

---

① 大倉財閥機関研究会『大倉財閥の研究——大倉と大陸』，近藤書店，1982 年，第 535 頁。
② 夏春红：《日本近代企业经营的形成与学历教育》，《现代日本经济》1996 年第 1 期。

锻炼和提拔、晋升，逐渐形成日本企业经营层的主流。到侵华战争爆发前，日本企业经营层中具有各类高等学历的人已达70%以上。

这一时期，日商在华企业经营层的主流也是高学历者。以"满铁"为例，作为"国策"会社，其高层经营者的任用首先注重的是官方背景，而高层经营者的高学历背景则是日商企业普遍的特征。"满铁"高层经营者系统有90人，由具有董事身份的总裁、副总裁、理事组成，总裁有16名，副总裁15名（除去升为总裁的还剩10名），理事72名（除去升为总裁、副总裁的还有64名）。高层经营者中官僚出身者、高等文官考试合格者、东京帝国大学出身者的比例，可以视为"满铁"的"国策性指标"。从表5-3可以看出不同时期这一"国策性指标"的变化。①

表5-3　"满铁"官员学历背景统计

（单位：人）

最初任职年份	官员	候补官员	非官员	公司培养	合计
1906—1913	7（2）[5]	3（1）[1]	4（0）[1]	1（0）[1]	15（3）[8]
1914—1919	8（3）[6]	2（0）[0]	4（0）[1]	1（0）[1]	13（4）[6]
1920—1931	12（5）[9]	5（3）[4]	3（0）[0]	9（3）[4]	29（11）[17]
1932—1936	5（2）[4]	1（0）[0]	1（0）[1]	7（3）[6]	14（5）[11]
1937—1945	8（5）[8]	0（0）[0]	1（1）[1]	10（2）[6]	19（8）[15]
合　计	40（17）[32]	11（4）[5]	9（1）[3]	30（9）[17]	90（31）[57]

注："（　）"内数据为高等文官试验合格者，"[　]"内数据为东京帝国大学出身者。

资料来源：佐々木聡、中林真幸編著『組織と戦略の時代 1914～1937』，ミネルヴァ書房，2010年，第309頁。

"满铁"是"国策"会社的典型，对于高层经营者，官僚背景是首要条件，而对于出任企业高管的官僚，高学历亦重要，表5-3中，"东京帝国大学出身"的高管，无论在官僚中还是非官僚中都占有绝对的优势，达63.3%，而34.4%的高等文官试验合格者也是拥有专业资格文凭的人。

---

① 佐々木聡、中林真幸編著『組織と戦略の時代 1914～1937』，ミネルヴァ書房，2010年，第309—310頁。

这一时期日商在华中小企业经营者的素质也普遍提高，虽然不能大量任用高学历者，但在日常经营者岗位普遍任用技术人员。技术人员有两种，即高学历者和有经验者，高学历者指在专业学校受过教育者，有经验者指长期从事相关行业有丰富经验者，随着时间推移，高学历者越来越多，董事中具有高学历和经验者增多。以上海杂工业企业为例，如前文所述，这些企业大都是规模有限的小型企业，很多企业的所有者同时是经营者，但不管是所有者兼经营者，还是单纯的经营者，都一定具备足够技术能力，所以技术人员负责经营的工厂比创办者经营的工厂多。根据许金生的统计，1888—1936 年上海设立的 250 家杂工业企业中，可以判明经营者的共93 家，其中 42 家的经营者为商人出身，为数最多，占 45%；22 家由技术人员出身者经营，居第二位，占 23.7%；再次为工业家经营，有 21 家，占22.6%；同文书院出身者经营的有 8 家，占 8%。① 这中间纯粹的技术人员就占 23.3%，工业家中也有相当数量的技术人员出身者，而同文书院作为日本培养中国通的专门学校，留在中国从事商贸、工业工作的毕业生也都是专门人才。由此可见日商在华企业重视高学历、有经验的技术人才是科层治理机制的一大特点。

四、科层结构的其他职能
（一）职务分工

科层治理机制中，职务分工是专业化的重要表现。明晰的职位分工是贯彻科层组织等级制度原则的必要方式，可以把控制、监督落实到每个人，并最大化地发挥员工的职务特长和能力。日商在华企业在科层组织的中下层环节非常注重分工，技术人员和事务人员的职务分工、职员和工人的等级分工、日本人和中国人的层次分工等，构成了科层中下层组织管理的基本框架，这种治理模式在大型企业中规范性更高。这里还是以"满铁"为例，"满铁"初建时设有秘书役（职员）、调查役、书记、技师、技手、雇员等一众职位，没有归类分工，经过几次调整于 1924 年正式制定了定员

---

① 许金生：《近代上海日资工业史 1884—1937》，学林出版社 2009 年版，第 262 页。

制规程，根据定员制规程首先分为两大类："职员"和"慵员"。职员为技术、事务等各部门的管理者，其中又分为普通职员和嘱托（特聘）职员，慵员为普通员工，包括低职位办事员和工人等，分为日本人和中国人两档。1925 年 8 月，职员中之高级者改称为参事，之后还有人事变动和职务分类变动。这里仅以 1924 年"满铁"定员制规程正式形成时的统计为参考，以了解日商企业科层中下层的职务分工情况：

表 5-4　"满铁"定员制规程制定时中下层定员统计（1924）

（单位：人）

部门	职员		慵员（普通员工）		总计
	普通职员	嘱托（特聘）	日本人	中国人	
社长室	197	15	71	1	284
事庶务部	274	32	156	68	530
铁道部	4682	15	6476	6602	17775
地方部	2032	71	1741	1281	5125
兴业部	318	8	146	111	583
经理部	277		214	236	727
东京支社	66	4	40		110
抚顺煤矿	698	3	2006	4333	7040
鞍山制铁事务所	223	2	711	1738	2674
哈尔滨事务所	53	1	27	14	95
其他	21		21		42
合计	8841	151	11609	14384	34985

资料来源：吴英华编：《二十年来的南满洲铁道株式会社》，商务印书馆 1930 年版，第 17 页。

　　表 5-4 虽然没有技术人员与事务人员的具体数据，但是表 5-2 中技术人员 37 和事务人员 7 的比例可以作为参考。从其他资料中也可看到，日商企业的职员结构都是技术人员远远多于事务人员。还有一个重要的现象，即日商企业尽可能雇用日本人为技术人员，表 5-4 只有慵员项中分列了日本人和中国人的数量，职员项中没有分，说明技术人员和级别稍高的

事务人员都是由日本人担任的。关于这一点许多日商企业是有明确规定的，如"中日合办"的中国矿业公司，其章程就明确规定：第五条为办事员由本公司派遣日本组合成员担任，名义会计由中国人担任；第六条为执行业务必须聘用日本技师。[①] 另一份"满铁"资料也证明了这一点，表5-5是1910—1940年历年"满铁"日、中职员人数统计，直到1935年才有中国职员出现，中国职员大增则是侵华战争全面爆发后的情况了。

表 5-5　若干年份"满铁"日、中职员人数统计（1910—1940）

国籍	1910	1915	1920	1925	1930	1935	1940
日本	3801	4678	9244	9064	11086	18877	43231
中国	0	0	0	0	0	84	12156

资料来源：佐々木聡、中林真幸编著『組織と戦略の時代 1914〜1937』，ミネルヴァ書房，2010 年，第 312 頁。

（二）技术培训

可以确定日商企业普遍重视学历和技术能力，而这一点还体现在日商企业普遍重视员工技能培训方面。很多大公司设有不同层次、满足不同需要的培训机构，如"满铁"设立了各种员工培训机构：铁道教习所教授普通及铁道专门知识技能；教习所分本科、别科及讲习科，学制6个月至1年；育成学校培训合格的员工，实行日间见习、夜间授课，学制4年6个月，其中4年学习主科及进行实务训练；此外还设有一些短期养成所、速成所等。在普通员工培训之外"满铁"还设有外国留学制度，为出国留学者提供助学金，一般助学金领取者需要任职一年以上，受过专门学校教育或有同等学历，高一级的助学金领取者需要任职两年以上，由从事车务、技术、教育、事务等有经验者中选拔，对同文书院、日俄协会、北欧等地的专派留学生都设置了相应的资格条件。[②]

其他企业也有各种技术训练的举措。三井财阀实施了一系列培训中国

---

① 『日支合弁事業関係雑件』第一卷 20　中国興業公司，外務省外交史料館档案，アジア歴史资料センター，B04010850200。

② 吴英华编：《二十年来的南满洲铁道株式会社》，商务印书馆 1930 年版，第 19 页。

通的计划，如建立"实习生""修习生"制度，招募日本人，将他们培养成中国通，作为公司的领薪职员派往中国。1898—1915 年，每年选派一批初高中学生赴中国进行三年的全职学习，1899 年开始又每年派送 10 名具有经营经验的公司雇员，作为"修习生"赴中国各分支机构，进行为期三年的全职训练。实习生选拔注重年龄，都是 15—20 岁的日本人，修习生选拔注重教育程度，至少有初中毕业文凭。要求实习生和修习生学习"中国人的思维方式，中国商人之间相互信任的基础，以及商品在中国流通的详细状况"，以达到培养不同层次、满足不同需要的专业人才的目的。[①] 再如内外棉会社特别注意培养技术骨干力量，以求达到利用核心力量带动全体的目的。第三工厂还在筹建中，内外棉便已在招募的第一批工人中选拔 30 人前往日本国内两厂接受培训长达一年之久，[②] 这些工人在后来的生产过程中，无论就接受纯日本式的管理方式，还是就发挥生产技能而言，都起到了这种核心作用。

第三节　日商企业的特殊治理机制

一、"纯民间"企业的"本土化"治理模式

如前文所述，日商在华企业科层中下层管理者是以日本人为主导，但是随着日商在华企业扩张活动的发展，日方管理人员的缺乏和日本职员直接管理中国员工存在的种种不便，使日商企业不可能完全使用日本人直接管理中国工人的方式，所以一些企业打破了只用日人管理的限制，决定在中下层管理者中培植中国人作为中间管理者，辅助日本人进行管理。内外棉株式会社设立的"特选工""役付工"制度，就是反映日商在华企业这种"本土化"治理的典型事例。"特选工""役付工"的设置，形成了日本职员—"特选工"—"役付工"—普通工人这样一种科层中下层组织管理模式。

---

① 高家龙、程麟荪：《大公司与关系网：中国境内的西方、日本和华商大企业（1880 ～ 1937）》，上海社会科学院出版社 2002 年版，第 95 页。

② 上海日本人实业协会『上海日本人实业协会报告』，1915 年，第 92 页。

（一）"特选工"

所谓"特选工"是科层制中层管理末端的一个职务，内外棉于在华工厂设立初期，就实行技术和人事完全分开的管理模式，但在技术工人和事务管理人员中已有部分中国人，此时这些人还算不上中层管理者。1916 年内外棉正式在技术工人中设置了"特选工"的职级，这是在负责工程的组长和一般工人间的一个职位。内外棉中层技术管理者分为 5 级，1—3 级由日本人担任，4、5 两级即"特选工"，由中国技术工人担任。1920 年后"特选工"真正以中层管理者姿态进入工厂管理组织机构，由此一个低级别的中国人管理层正式形成。"特选工"阶层在日本职员之下被普遍使用，1925 年内外棉上海分店各厂的日本职员有 190 人，"特选工"有 235 人。"特选工"的选拔非常严格，职务涉及范围很广，业务操作方面如纺织的"巡回"、机械的"保全"、产品的"检验"等，一个"特选工"可能同时兼职两三个工种，但是主要任务在于辅助日本职员而非独立执掌事务。人事方面如工人出勤、工资的统计等，在生产以外的劳务管理中发挥较重要的作用。"特选工"的工资（包括奖金、津贴等），根据职务规定，不采用职能工资体系，发放方法是"非正式男技工"和"特选工"为月薪制，"候补特选工"为日薪月付制，与日本职员一样，根据个人情况，工资有所浮动，相同职级的工资可能有明显差异，工资高的人可以和日本职员同等，甚至有超过日本职员的。1927 年建立了"特选工"考核制度，根据成绩、出勤、等级等多项评估确定最后工资、奖金的支付额，1928 年后，废止其中以慰劳和业绩建立为名目每月分派的"待遇津贴"。[1]

（二）"役付工"

"特选工"阶层作为日本职员的辅佐成为中层管理者，但是随着任职时间的增加，高龄者占了多数，其他问题也层出不穷，而整体工资成本不断提高，在中国人中形成一个特权阶层，造成企业人工成本的增加和效率的降低。为了改变这一状况，内外棉上层决定削减"特选工"的数量，设置了一个新的管理职务以替代"特选工"。1925 年后比"特选工"更低阶层的管理者"役

---

[1]　富澤芳亞、久保亨、荻原充編著『近代中国を生きた日系企業』，大阪大学出版会，2011 年，第 37、47 頁。

付工"应运而生，从而形成了一个新的监督普通工人的层级。但是"役付工"并不属于管理阶层，一方面"役付工"依然在普通工人登记簿中，地位和一般工人无异，身份和待遇都没有被纳入中层管理阶层，另一方面担任"役付工"的条件也没有"特选工"那么严格，却与"特选工"一样被部署于各部门行管理之责，起着替代"特选工"职责的作用。"役付工"居于"特选工"和普通工人之间，其工资基本与普通工人相同，但是根据所在部门的标准，有一定的职务奖励。"役付工"具体分为4层若干级：A层4级——翻译、一等书记、一等巡回、仓库管理；B层3级——二等巡回、班长、加油；C层4级——副长、浆料场监工、次品检验、机修；D层——其他。工资根据职务层、级递减。"役付工"出身普通工人，在下层管理中比"特选工"更接近底层工人，形成了更为严密的生产末端管理。削减"特选工"，增加"役付工"，使内外棉在20世纪30年代已经完整地建立起独特的科层制中下层组织结构，日本职员—"特选工"—"役付工"—普通工人这样一个系统，实际上是日商在华企业"本土化"科层治理机制的合理调整，大量起用中国人参与管理，既节省了人力成本，又达到了管理沟通上的便利。

（三）把头制

日本人利用中国人充当科层末端的管理者，还有一种形式是把头制。以山西煤矿股份有限公司为例，战前山西诸煤矿由于机械化程度很低，原始劳动力大量聚集，矿工管理一直沿用把头制。日本人"军管理"山西诸煤矿并组成山西煤矿股份有限公司后，面对这种大量聚集的劳动力，日本管理者的缺乏和日人与中国劳动者之间交流的困难，使得日方必须依靠一定的中国管理者进行组织、管理，所以日本人在接收山西诸矿山、工厂时沿用了把头制，由日人现场管理技术问题，劳务管理则完全依靠中国大小把头。山西煤矿的把头制是由把头集团，即大把头—中把头—小把头—先生（事务会计）—劳动者形成的一个被称为"帮子"的封闭集团，把持日本管理者和现场劳动者之间一切直接交流、控制的体制。把头的设置，一个大把头大约控制2000名劳动者，中、小把头具体控制人数在此基础上往下类推。整个集团的工资是由大把头把持的，各层级人员的工资，是整体将把头、劳动者全部拢入一起支付的，把头根据一定比例抽头。以1914年阳泉煤矿为例，劳动者的平均工资 0.94—1.3 日元（1944 年 6 月—8 月是 1.69—2.15 日元，1945 年因为罢工工资急剧上升，为 7—10 日元）。大把头对劳动者工资的 15%—20% 抽头，一天可以收到 300—400 日元。此外还有很多方法剥削劳动者，如饭食由煤矿配给食材自己制作，因此不少食材被中间榨取。①

二、财阀企业的家族封闭治理
（一）"金字塔"式组织结构

财阀企业在股份制改革前都是 100% 的家族企业，股份制改革后，一些财阀总公司的股份中加入了第一层下属企业和财阀系之外的股份，但还是由财阀家族持有绝大多数的股权，如三井家族持有三井合名的 63.6% 股份，加上第一层下属企业，共持有三井系 64.5% 的股份；岩崎家族持有三菱合资 47.8% 的股份，加上第一层下属企业，共持有三菱系 58.6% 的股份；住友家族持有住友合资 83.3% 的股份，第一层企业持有另外的 16.7%；安田家族持有安田保善社 100% 股份。住友和安田保持了家族全封闭股权。家族持有绝大多数的股权决定了财阀企业组织结构呈金字塔形，金字塔最上层是家族控股的财阀总公司（本社），下面是第一层直系企业（控股）、旁系企业（参股），向下又可形成新一轮直系、旁系公司，如是延绵、伸展，形成以本社（母公司）为塔尖，直系、旁系层层扩大的金字塔。如图 5-1：

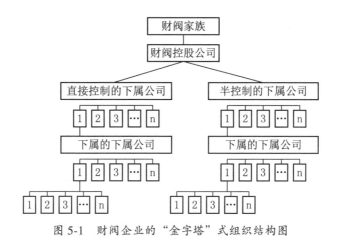

图 5-1　财阀企业的"金字塔"式组织结构图

①　参见大倉財閥機関研究会『大倉財閥の研究——大倉と大陸』，近藤書店，1982 年，第 292 頁。

　　财阀金字塔形的组织机构在系统上分为直系和旁系，层级上分子公司、孙公司等，原则上直系上一层企业对下一层企业拥有 50% 以上的股份，旁系则在 50% 以下。财阀企业封闭式、直辖式管理机制主要是指直系企业，即把所有直系企业都作为直属部门来经营，总公司并不直接参与直系子公司管理，但对其拥有高层任免权，拥有合并、调配下属公司的权力；直系子公司独立经营，但其重大事宜需要获得母公司的审批，母公司一般不直接发布指令，只是对子公司的决议拥有否定权。总公司对旁系公司并不直接参与管理，而仅以商业关系对其经营管理加以影响、制约。财阀企业的组织关系呈金字塔形由上至下封闭式直辖的关系，控股总公司逐层向下构成了层层控股，这种金字塔形组织结构具有层层紧扣、结构严谨、等级森严、分工明确、监控得力等特点。

（二）在华分支机构

　　财阀企业的总公司下设若干部门，与第一层直系企业同级，财阀在华经营活动是由分支机构进行的，财阀在华分支机构则如前述，一般设有四个等级。最上一级在华分公司（分店、分工厂），或从属总公司或从属直系子公司，并非独立法人企业，与国内所属公司下设第一层部门同级，经营、人事都在所属公司董事会直接领导下，主管人员由所属公司委派。前文"财阀在华企业的组织形式与资金运作的特点"部分，分析了财阀在华分支机构的组织形式，其中三井财阀分店长会议制度的事例，较详细地说明了三井物产分店长完全由总社三井物产指派、指挥、领导，各分店的经营内容、经营方向都在总社直接领导下进行，三井物产各地包括海外分店的诸多重大事宜都通过分店长会议讨论、决议得以实施等具体情况，是一个解释财阀企业在华分支机构从属财阀总公司科层组织结构的典型事例。

　　财阀在华各级分支机构根据不同级别，被纳入财阀企业科层治理机制的总体范畴，是作为所属总公司科层治理结构的一部分而存在的。财阀企业在华分支机构遍布中国各地，直接派遣的分支机构不论等级高低，都作为下属部门直属于派遣公司。而财阀在中国设有大型分支机构网络的，同级分支机构的地位也会有差异，在众多分店中会产生一个中心，这种情况在其他大型企业集团也很普遍，如三井上海分店就是三井财阀在中国各分店的中枢，受东京总部领导，具有在华总部性质。战时三井在华分支机构网络进一步扩大后，各地分支机构大增，东北（"满洲"）、华北、华中和华南分别形成了地区性的中心分店——东北为大连分店，华北为北平分店，华中为上海分店，华南为厦门分店、香港分店——控制地区业务的局面。在华设有多层级分支机构的企业，组织关系上低层级分支机构由上一层级机构管理，随业务扩大，低层级的分支机构也可以升级。

（三）财阀企业的家族治理模式

从历史发展的角度看，财阀企业就是以代代继承维持"家"为基本性质的垄断企业集团。财阀家族内部分为"本家"和"分家"，这起源于中国的长子继承制，继承绝大部分财产的长子成为本家，成为直系家族成员，而继承少量财产另设新家的次子、三子等，就成为分家，成为旁系家族成员。财阀企业制度最重要的特征是家督继承制，财阀企业"家"的基础，一是物质，一是精神。物质基础就是本家、分家共同拥有的家族产业，其中以本家财产为大，本家因拥有雄厚的经济实力，对分家具有控制、约束力，从而确保整个家族的财产利益。按照家督继承制，家产是不可分割的，只能以本家、分家的序列往下传，分家以各种形式依赖于本家，同时也要为本家服务，接受本家的约束。精神上，财阀企业需要一个能够维系家族共同意识的依托，一般财阀家族企业都拥有"家宪""家法""家训"等形式的最高法则，以宗族观念控制由复数日益扩大的同族组成的"家"。从早期纯封闭式家族企业，到逐步发展成具有垄断性质的同族大型控股公司，这种本质上以家族血缘关系为中心形成的"家"的理念，始终是财阀企业治理模式中不可或缺的重要特征。总公司的社长，对系列企业集团来说就是"家"制度下的家长，服从总公司的领导就是服从"家"。

即便在财阀企业实行法人治理机制，形成大小不等的系列企业垄断集团后，作为集团核心的总公司与众多下属子公司之间以父子关系的原理形成的阶层性结构依然未变，除了子公司在资本、经营等方面依附于总公司，严格的"家宪""家法""家训"，也是财阀企业保持封闭式管理体制的重要因素。正如三井家宪所明文："定严正家法及不可侵犯之家格，以固同族之基础……制定此家宪……将来小大皆遵守此家宪之条章，传家门之荣光以致无穷。"①家族式管理强调效忠意识，"家"的理念不仅在家族成员中形成精神上的共识，对职业经理人也构成了无形的制约。财阀高层与职业经理人之间的关系也还存有"主仆"关系的烙印，无论是家宪还是传统习俗，都要求作为雇员的职业经理人对财阀家族保持忠诚。职业经理人拥有企业高层管理位置，具备财阀家族成员所缺乏的管理知识和技术能力，拥有企业的实际经营、管理大权，但是归根结底他们做的每件事都是在为所属家族提供服务。以"家"的理念影响、约束他们，提醒他们始终保持对企业的忠诚，是财阀家族控制，也是更好利用职业经理人的治理手段。

三、"国策"会社的政府支配权

（一）法律规范

"国策"会社虽然在形式上都是独立的股份公司，本质上却完全处于日本政府控制之下。政府支配权是"国策"会社企业治理机制最重要的特点，这种支配权表现于企业人事、行政等各个方面，通过法律的确定，在实际企业活动中得以落实、执行。"国策"会社在筹建中一般会设立以政府官员为主组成的"会社设立委员会"，之后这些官员基本就是该会社的高层管理者，成为政府对该会社行政支配权的执行者。在"国策"会社成立之际，一般都有政府制定、颁发的正式法令"敕令""命令书"等，以法律形式确认并公布国家政权对该会社的批准，彰显出国家政权在法律上对其拥有的支配权。有些企业还同时发布两份法令，如"满铁"设立时，政府同时发放了"第 142 号敕令"和"命令书"两份法令，"敕令"以对外公布的方式大致规定了"满铁"的轮廓，"命令书"则秘密发给设立委员，将凡"公之于世反而不利的事项"规定于其中。这之外"国策"会社都会制定、颁布"会社法""会社章程""会社条规"等企业规章细则，与政府法令共同构成"国策"会社的法律依据。

"会社法""会社章程""会社条规"等细则更为具体地规范了政府对"国策"会社的支配权，这些权力包括企业的增资、投资、融资、存续期、高层

---

① 李卓：《日本近代财阀家族式结构剖析》，《世界历史》1992 年第 5 期。

任免、监督官员、下属单位等方方面面。横滨正金银行作为最早设立的"国策"会社，其会社章程《横滨正金银行条例》就详尽、具体地展现出日本政府（大藏省）在法律上对正金银行所拥有的支配权。如条例规定：在国内外通商口岸要地设置分店或办事处，与其他银行订立通汇契约或废除契约时，"必须将其理由通报大藏大臣核准"（第2条）；"总经理须由董事互选，经大藏大臣批准"，"大藏大臣认为必要时，可特令日本银行总裁兼任横滨正金银行总经理或责令横滨正金银行总经理兼任日本银行理事"（第16条）；横滨正金银行每半年分红时"须于事前将其比率报请大藏大臣核批"（第18条）；横滨正金银行亏损超过资本金半额以上，或有违背本条例的行为，"大藏大臣认为必要时，得令其停止营业或解散"（第21条）；横滨正金银行有违背本条例、章程的行为，或大藏大臣认为有危险行为事宜时，"大藏大臣得予以制止或命令改选董事"（第22条）；"大藏大臣应特派监理官，令其监事横滨正金银行的各事项"（第23条）等。① 凡此种种，以企业最高规章彰显出"国策"会社的本质属性，或者说"国策"会社的企业治理机制中除具有普遍意义上的企业属性外，首先具有特殊的政治属性。总之，"国策"会社的重要业务事宜，按照法律都必须在国家政权支配之下。

（二）行政落实

日本国家政权在行政上对"国策"会社有支配权。所谓行政上的支配权，大致可以从两个方面来看：一是"国策"会社与国家行政机构的隶属关系；二是"国策"会社的主要官员由国家委派。尽管在不同时期、不同地区，"国策"会社隶属的行政机构会有变化，但是无论哪一个"国策"会社都必须隶属于一个政府机构，如《横滨正金银行条例》显示正金银行隶属于大藏省，但是像"满铁"这样在中国东北（伪满洲国）直接设立的"国策"会社，受各种原因制约，其隶属关系要更为复杂，除直接隶属机构，还存在复杂的关联机构。图5-2是"满铁"从属政府管理机构情况示意图，从图上看，"满铁"的纵向从属关系为内阁总理大臣—全权大使—事务局长（"满铁事务管理局"）—监理部长（"满铁事务管理局"）—"满铁"；横向牵连关系有关东军司令官、宪兵司令官、交通监督部长。纵向关系直

---

① 傅文龄主编：《日本横滨正金银行在华活动史料》，中国金融出版社1992年版，第4—5页。

接反映了日本政府对"满铁"拥有的行政支配权，横向关系进一步揭示了"国策"会社除了受到直属政府机构控制，还会受到其他政府机构甚至军事机构的制约。

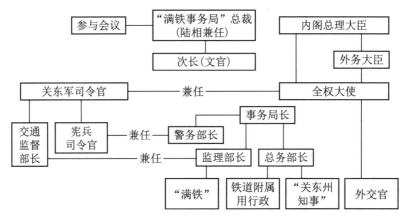

图 5-2　"满铁"总裁与所属上级机构系统图

资料来源：郑学稼：《日本财阀史论》，上海生活书店 1936 年版，第 595 页。

　　行政支配权的又一个表现是"国策"会社高层人事的任免权完全在政府手中。按照"敕令""命令书""会社法"等特殊法令规定，"国策"会社的总裁、副总裁皆由政府任命，一般筹备期设有委员会的，均由筹备委员会原政府官员担任。出任总裁、副总裁的不是现任高官，就是曾经居于高位的前官员。甚至整个"国策"会社的上、中层骨干人员，也由政府出面在现有官员中选拔。如"满铁"正副总裁、理事和干部均由日本政府任免，"满铁"的经营方针即由日本政府决定和监督，政府专门派遣现任官员充任"满铁"的监督官，整个"满铁"上、中层干部中，246 人是由政府从内务、陆军、海军、大藏、文部、递信等省（部）中挑选出来的。[①]国家政权对"国策"会社的行政支配权通过人事任免、选拔得到保证。

　　（三）高官背景

　　日本政府为更好地掌控"国策"会社高层的人事支配权，其聘任的高

① 满铁资料调查部『南满洲铁道株式会社十年略史』，南满洲铁道株式会社，1919 年，第 119—126 页。

层领导大多是现任官员和前官员，还有拥有财阀企业高管或其他"国策"会社高管经历者，以"华北开发""华中振兴"为例，这种配置是十分典型的。

表5-6　"华北开发株式会社"和"华中振兴株式会社"之高层领导身份背景

职位	"华北开发"：人名及身份背景	"华中振兴"：人名及身份背景
总裁	大谷尊由（前任拓殖大臣）	儿玉谦次（前任正金银行总经理）
副总裁	山西恒郎（前任"满洲铁业开发会社"理事长）、神鞭长孝（"满铁"理事）	平泽要（前任递信省次官）
理事	大久保贞次（大藏省银行局长）、三云胜次郎（神户海上常务董事）、吉田浩（朝鲜总督府铁道局长）、森口繁治（法学博士）、龙宫谷清松（三菱商事庶务课长）	金井清（前任"满铁"会社专员）、园田三郎（前任正金银行外国课长）、油谷恭一（前任日化事业协会理事长）
监事	中村应（大阪税务督监局长）、野村益三（帝国水产会会长）、小仓正恒（住友本社总理事）	川田万藏（三菱会社顾问）、南条金雄（三井合名常务理事）

资料来源：张肖梅编纂：《中外经济年报》，中国国民经济研究所1939年版，第105—107页。

尤为突出的是"国策"会社高层领导的官员背景。还是以"满铁"为例，从筹备委员会开始，委员会成员就几乎是清一色的政府官员。1906年日本天皇下令设立"满铁"，其筹备委员会委员长一职就由当时的陆军参谋总长儿玉源太郎出任，不久换由陆军大臣寺内正毅继任。1907年"满铁"正式成立，第一任总裁由男爵后藤新平出任，而后藤曾出任台湾总督府民政长官。还有"华北开发"的总裁大谷尊由是前任拓殖大臣，"东拓"总裁宫尾舜治曾任台湾总督府殖产局长等，最高领导者是身居高位的现任或前官员的例子很多，此处暂且不逐一列举。日本政府在任用"国策"会社高层领导时注重官员背景，是一个非常普遍的现象，就是在伪满洲国规模远小于"满铁""东拓""华北开发"这些超大型"国策"会社、以"一业一社"原则设立的众多"特殊会社"中，官员背景，甚至是军人背景的最高领导者也比比皆是。如"满洲航空株式会社"的社长是前航空本部总务部长、陆军中将；"株式会社奉天造兵所"的理事长是前陆军兵器本厂厂长；"满洲电信电话株式会社"的总裁是陆军中将，副总裁是前参议府参议，常任理事是前厚生省保险局长官；"满洲拓殖公社"总裁是陆军中将、前第五师团长。[①]

四、"中日合办"企业的日人主导治理

（一）日人为主

"中日合办"企业与普通中日合资企业的不同，在于需要获得官方认可，并签有正规的"合办"合同。中日双方的出资比例多为各占一半，至于私下里，华商资本可能是向日方借贷的，可能是由日方垫付的，日方实际为主要出资方。若在合同中没有反映，依然视为中日双方的所有权和利益相同，但实际上"中日合办"企业的经营、管理实权大都在日方手中，企业治理模式也是以日本企业为准的，因而企业科层组织的中日人员配比也是以日方为主的。

形式上，"中日合办"企业的合同中，对于科层组织机构人员设置会有较"平等"的条款，如本溪湖煤铁公司合同规定："公司总办，中日各任一员，其他各员由两总办协商，各期平均委派"，"凡有应行事务均由中日两总办办理或委员办理"，"所有该矿务各项新旧工程，以及支付款项须由两总办商妥签字后，方可举行，并须随时报告督办"。[②]从"合办"合同规定来看，本溪湖煤铁公司高层人事设置的中日人员比例和权利是平等的，甚至由于该公司督办系中国官方派任，由奉天省政府委派的"交涉使"充当，中方的权限应该说更胜一筹。实际情况是公司成立之时设想将来引入中国民间资本，奉天省政府出资只是暂时的权宜之计，但是直到九一八事变前，这个现象一直没有改变，所以公司既是"官商合办"企业，又有"官督商办"企业的特征。这就决定了本溪湖煤铁公司必须设立督办制，连带确定了上缴报效金的义务（此点后文再议）。尽管如此，中方的总办人选由东三省总督掌握决定权，并无明确的对任职要求的规定，故中方总办频繁更换，在公司设立的前三四年中七次换人，日方总办在十年中始终只有岛冈亮太

---

①　根据佐佐木淳『明解企业史研究资料—旧外地企业编』第 4 卷（满洲、中国、南洋群岛）（有限会社クロスカルチャ，2012 年）各"特殊会社"情况整理。

②　王铁崖：《中外旧约章汇编》第二册，三联书店 1959 年版，第 1457 页。

郎一人。中方总办在经营和人事上都极为不稳定，而日方总办保持了经营和人事的一贯性，这是公司实权一直在日方手里的重要原因之一。

更多的"中日合办"企业，甚至在合同中就明确了以日人为主的科层组织高层领导设置。如中日溪城铁路公所的章程就规定，公司"设置监督、理事各一人，监督为义务职，由中国委任，理事总理业务及代表公所，由'南满铁路会社'选任"，"内部职员，由理事任命之。但采用中国人为职员时，须经监督同意"；[①] 又如中日凤凰山铁矿株式公司合同第六款规定"矿山工作全由日人监察"，[②] 此处的监察实指公司的管理权。事实上这样的例子还很多，这里以20世纪20年代前后东北设立的一批"中日合办"企业为例："满洲企业株式会社"的社长、专务董事都是日本人，满洲材木株式会社的六名董事、三名监察全都是日本人，范家屯银行的六名董事中只有一名中国人，开源浅野株式会社的五名董事中两名是中国人，"东北事业株式会社"的行政上社长、专务董事全为日本人等。另外"中日合办"企业人事安排很大程度上受出资比例左右，如四平街电灯株式会社、公主岭电灯株式会社、溪城铁路公司等因为"满铁"出资一半或一半以上，所以"满铁""保有选任董事的权利"，或监督由"满铁"总裁选派。[③]

也有表面上以中方为主的，如中日汇业银行第一任总理是大股东陆宗舆，汇业银行的"约规"规定本银行"总理为中华民国人，专务理事为日本人"，"专务理事辅佐总理，专管本银行之日常业务"，"约规"的"附则"补充说明"各行经理，原则以华人为正，日人为副；但有时亦得以日人为正，华人为副"。[④] 中方资本决定了人事上的设置以中方为主，但其真正的业务实权由日本人控制，并且原定中日的正、副职位可以调整。

（二）双重职员制

"中日合办"企业的科层人员配置在本质上也以日人为主，这可以通过科层职员的设置进一步得到证明。很多"中日合办"企业，如本溪湖煤铁

---

① 邹鲁：《日本对华经济侵略》，国立中山大学出版部1935年版，第101页。
② 中华矿业研究会：《矿业杂志》第三卷第一期，年代不详，第6页。
③ 张雁深：《日本利用所谓"合办事业"侵华的历史》，生活·读书·新知三联书店1958年版，第65—75页。
④ 魏振民：《中华汇业银行的资本结构及其营业概况》，《历史档案》1981年第1期。

公司、沈阳马车铁道公司、鸭绿江采木公司等，在"合办"合同中明确约定了采用双重干部制。所谓双重干部制或者双重职员制，就是规定"合办"企业各科层级的同一职务，都必须同时采用中、日两国人，从上至下，连候补职员也一样，以达到中日双方相互监督、牵制的目的，这种双重职员制可以说是"中日合办"企业治理机制的一大特点。以本溪湖煤铁公司为例，根据"合办"合同的约定，作为公司最高领导的总办中日各设一名，下面的职员由两总办商议，尽可能平均设置，合同还约定作为日方投资者的大仓组可以设"一到二名"，但实际情况是科长以下各职级中的中方职员数都远远低于日方职员数。表 5-7 是 1923—1936 年职员数及工资情况表，从表中不仅可以看到中日职员比例，还可看到中日职员的待遇差别。

表 5-7　若干年份本溪湖煤铁公司的职员数及工资总额（1923—1936）

（单位：人、元）

职级	1923 年 1 月 30 日		1928 年 5 月 31 日		1931 年 9 月 1 日		1932 年 1 月 1 日		1936 年 1 月 1 日	
	日人	华人	日人	华人	日人	华人	日人	华人	日人	华人
总办	1	1	1	1	1	1	1	—		
科长	6	7	3	4	4	3	4	—	5	—
职员										
一级	10	8	11	9	10	11	10	—	13	—
二级	33	17	48	24	52	43	54	3	56	5
三级	28	32	29	32	30	36	32	3	44	2
临时	8	2	17	6	12	2	11	—	18	—
合计	79	57	105	71	104	92	107	6	131	7
	136		176		196		113		138	
本薪					12220	8025	12570	335		
人均					117.5	87.2	117.5	55.8		
					20245		10925		14755	

注：1. 第一次改组（1935 年）后，总办制改为理事制。1936 年 1 月，理事长、常务理事由日本人担任，副理事长由中国人担任。2. 机构改革后原 11 科改为 1 处 4 科（1936 年只有 5 科）。3.1931 年 9 月，作为科长代理设中国人 1 名（上表省略）。

资料来源：「本溪湖煤铁公司职员录及其他」「大仓资料」，大仓财阀机关研究会『大仓财阀の研究——大仓と大陆』，近藤书店，1982 年。

本溪湖煤铁公司的情况实际是带有普遍性的典型事例。在"中日合办"企业的科层组织结构中，日人的绝对优势不仅表现在人数、待遇方面，还表现在职务的重要性上。如前述的汇业银行虽以中国人出任总理，但"专务理事辅佐总理，专管本银行之日常业务"，实际业务掌握在日人手里。而那些本以日人占多数高层职位的企业，更是都以日方掌握要职，中方多为虚职。尤其在技术、业务职位上，很多"中日合办"企业都明确规定由日人担任关键职务。如"中日合办"顺吉矿业公司的合同约定：三名理事中由日本理事一名作为专务理事，"负责一切事务计划的执行"，技师长由日方选定日本人出任，其任务是矿质调查、确定采矿地点。① 再如，根据资料显示，1940、1941 年本溪湖煤铁公司现有技术人员包括高、中级技术人员基本全是日本人，技术工人中也是日本人占到 90%，中国人只占了10%。② 这类合同约定和日本技术人员的绝对占比现象，在"中日合办"企业中绝非偶然，而是具有极大市场的现象。

---

① 大倉財閥機関研究会『大倉財閥の研究——大倉と大陸』，近藤書店，1982 年，第 151 頁。
② 大倉財閥機関研究会『大倉財閥の研究——大倉と大陸』，近藤書店，1982 年，第 651 頁。

第六章　日商企业的分配制度

本章是对日商企业"分配"问题的探讨。首先是薪资分配问题，分管理阶层的薪酬和工人工资两部分考察。一是管理阶层，考察其薪酬分配的原则与依据、薪酬的构成、不同层级的薪酬差别；二是工厂工人及商社、银行底层职工，考察其工资的等级差、工资的种类、企业间同级工资的比较，以期了解日商企业员工薪资的结构、类别、支付的制度安排。其次是日商企业剩余分配问题，在解析日商企业利润分配原则、利润分配方式的基础上，通过对公积金及滚存金的占比，官利、红利及股利的发放情况，奖励及福利的发放情况等各项支出的具体考察，呈现日商企业剩余分配的基本模式。其三是剩余分配的特殊形态问题，也就是根据具体案例，分别考察"纯民间"企业、财阀企业、"国策"企业、"中日合办"企业，在剩余利润分配中各自具备的特点。

第一节　日商企业薪酬分配的一般形态

日商企业"社员"报酬的发放大致分为三大阶层：第一阶层是最高经营者，即科层组织中最上层的人员，如总裁、社长、董事、经理等，第二阶层是职员，即科层组织中的上、中层管理干部和技术干部，第三阶层是科层组织的底层管理者、技术工人和全体作业工人。在三大阶层中，根据具体职务的不同，其具体待遇又各有若干级别的差异。总体上企业报酬制度由上至下呈倒"金字塔"形，在企业中所处地位越高报酬越高，各层级的报酬形式多有不同，各阶层之间的报酬相差悬殊，每一阶层内各级间的报酬存在着十分细化的区别。高层经营者的报酬是经股东大会决定，由当期决算的利润中提取，职员和工人的薪酬是本薪加津贴的组合，本薪为固定月收入，津贴由各企业根据具体情况而定，职员的津贴种类和金额都很多，工人津贴极少，大多数甚至没有津贴。

一、企业高层经营者的报酬

最高经营层如总裁、社长、董事等"重役"（重要职务者）的报酬，不是作为固定薪酬处理而是放在利润分配中，是根据章程规定，由临时股东大会决议通过，按当期利润的一定比例发放的，即"赏与"（奖励金）、"慰劳金"等不同称谓的奖励金，在很多企业的章程、契约中都可以看到类似内容。一般来说，"赏与""慰劳金"是根据当期利润的多寡决定的，企业章程仅规定"重役的报酬由股东大会决定"，并不具体规定占纯利比例的多少，也未注明其在利润分配中的排序。不过有个别企业规定：重役的报酬属于每决算期的营业纯利在分红之前必须扣除的部分，这一部分包括公积金、其他准备金和重役赏与金。[①] 这意味着该企业对重役报酬的重视度较高，在章程规定中确定了重役报酬先于股东分红。最高经营层的奖励金是在企业净利润分配中单独列项的，同一般工人的奖金分开计算，相差悬殊。除了狭义利润分配流向中的这份奖励金，是否另有固定工资的发放，现有资料中没有反映。职员奖金在利润分配中也偶有记载，但是与最高经营层的"赏与""慰劳金"的比例相差悬殊。职员与工人的报酬主要来源于薪资、津贴，但可以肯定的一点是，最高经营层凭借其经营权介入利润分配，其报酬远远高于普通年薪。一些企业利润分配项目中设置的"交际费"，虽然不是作为个人收入的项目，但是带有奖金的性质，实际上只有最高经营层才可能产生所谓的交际费用。

而在实际分配中，大多数企业的重役报酬是视当期利润多寡而定的，当期利润高则分配比例高，反之则分配比例低，甚至还有不分报酬的情况。以 1924、1925 年度几家上海在华纺的营业报告书的利润分配项为例，可以对上层经营者的报酬有个直观印象。日华纺织会社第十三回营业报告显示，可分利润共 750074 圆，董事奖励金 30000 圆，占利润分配的 4%；内外棉七十四回营业报告显示，可分利润共 4012322 圆，董事奖励金 150000 圆，占利润分配的 3.7%；同期的东华纺织第八回营业报告书和丰田纺织会社第六回报告书的利润分配项目中，都没有呈现重役报酬项。[②] 说明高层

---

① 「日支合弁制鋼株式会社設立契約」，『日支合弁事業関係雑件』第一巻 8，外務省外交史料館档案，アジア歴史資料センター，B04010849000。

② 上海日本商業会議所『上海日本商業会議所年報』，1926 年。

奖励并非每期都有，还是要视利润获取情况而定。再以本溪湖煤铁公司为例，重役奖励金在利润分配中的占比也是起伏不定的，根据股东总会讨论的议题，1913 年度第三次会议规定督办的奖励金为纯利的 1%，总办及其他职员的奖励金为纯利的 5%，1915 年度第五次会议则改为督办占 1%，总办 1.5%。[①] 而从实际发放情况看，1931—1943 年重役奖励金在利润中的占比为年平均 0.93%—5%。[②]

二、职员薪酬

（一）薪酬的构成

职员包括高、中层管理者，技术人员和事务员。职员报酬主要是工资，工资由本薪和津贴两部分构成，也会有一些奖励金、退职慰劳金等工资以外的收入，这在一些企业的利润分配表中偶有看到，但在数额上和最高经营层的奖金相距甚远。日商企业职员的薪酬发放一般是月薪制，薪酬的本薪部分也就是固定工资，其标准主要是根据职务级别设定的，每个企业职员职级不同，一般企业的高、中层管理者设置有：部长（高级技术人员）、课长（中级技术人员）、工段长或主任（普通技术人员）、普通职员（事务员）、准职员。薪资级层至少四至五层，以职务高低为据，从上至下递减，工资有显著差距，同一级层还会设有若干分段。职员固定工资的定级不仅要看职务，还另有一些参数，如学历、就职年限、工种、年龄等。不同的人薪酬有所浮动，相同职级的工资可能有明显差异，根据薪酬诸规程形成细密的本薪级、段标准，本薪大致包括基础薪资、职务薪资、工龄薪资、学历薪资等若干部分。在本薪之外有诸多的津贴，这是日商企业薪酬制度的一大特点，职员的报酬往往是津贴高于本薪，职员薪酬中的津贴项目繁多，各个企业的津贴内容也不尽相同，但是本质上津贴是薪酬的重要组成部分。本薪不高，报酬的很大一部分来源于津贴，却是日商企业的共同特点。归总起来津贴有十数种之多，如职务津贴、常勤津贴、驻外津贴、出差津贴、住宅津贴、生计津贴、加班津贴、交通津贴、伙食津贴、教育津贴等。

[①] 大倉財閥機関研究会『大倉財閥の研究——大倉と大陸』，近藤書店，1982 年，500—501 頁。

[②] 大倉財閥機関研究会『大倉財閥の研究——大倉と大陸』，近藤書店，1982 年，第 597 頁。1939 年后每年分为上下两期，其中 1941 年没有数据。

（二）津贴的地位

津贴作为薪酬的重要组成部分，也是拉开职员薪酬差距的重要原因。很多津贴的发放条件是有特殊规定的，比如有的津贴发放与本薪一样有级、段的差别，有的津贴日本职员有而中国职员没有，有的津贴只给带有家属的职员。这里有一个实例，是 1944 年上海瓦斯（煤气）公司的"职员报酬规程"，职员报酬是工资加津贴，其中关于津贴还有物价指数（暂定物价指数为 160 圆）的规定。职员报酬规程的诸津贴加给率：有家属者——（1）本薪（本薪 × 指数），（2）出差补助（本薪 ×18%× 指数）（华人不支给），（3）生活津贴（本薪 ×14%× 指数），共计 {本薪 +（本薪 ×32%）}× 指数；独身者——（1）本薪（本薪 × 指数），（2）出差补助（本薪 ×14%× 指数），（3）生活补助（本薪 ×10%× 指数），共计 {本薪 +（本薪 ×24%）}× 指数。规程备注标明：只有日本社员有出差补助；物价指数只适用本薪 140 圆为止的部分；物价指数以上海日本商工会议所的调查，以在华日人生活必需品物价指数为基础确定。[①] 这份战时规程项目不多，但所反映出的津贴发放原则和战前是一致的。中国人不设出差补助，有家属者和独身者各津贴标准有高低，这些在日商企业中是非常普遍并且被一直沿用的发放原则。再看 1939 年芝罘电业股份有限公司日本职员和中国职员的薪酬待遇情况。

表 6-1 芝罘电业股份有限公司业务人员月平均报酬（1939）

（单位：元）

职位	日本人			中国人		
	本薪	诸津贴	计	本薪	诸津贴	计
职员	96.00	196.70	292.70	89.10	10.00	99.10
准职员	58.00	49.00	107.00	45.00	5.00	50.00
办事员	—	—	—	22.20（日薪 0.74）	14.10（日薪 0.47）	36.30（日薪 1.21）
特聘人员	—	—	—	500.00	100.00	600.00
总平均	—	—	275.80	—	—	88.83

资料来源：興亞院華北聯絡部『北支那電気事業實態調査』，1939 年，第 238 頁。

[①] 「上海におけるガス株式社員報酬規程改正件」1944 年，外務省外交史料館档案，アジア歴史資料センター，B08061283400。

如表 6-1 所示，日、中职员的本薪差异不是很大，但是日本人的津贴显然远远高于中国人，最终形成日、中职员报酬的巨大差异。

（三）薪酬等级

关于职员的等级，以及日本职员和中国职员薪酬待遇的差距，前文内外棉的"特选工"一节已有较清晰的记述。"特选工"作为中层管理者的最下层，属于"职员"范畴，内外棉中层管理者共分五级，1—3 级为日本职员，4—5 级为中国"特选工"，中国人的级别、工资都低于日本人。但是日本职员中也有职务级别较低的技术工人，这一部分日本人属于哪一级不详，但是这部分人的工资也并非全都高于中国"特选工"。日本职员中技术工人分为"候补工务""办事员""男技工""女技工"，中国"特选工"分为"准男技工"和"特选工""候补特选工"，具体工资如表 6-2：

表 6-2　日本技术工人、"特选工"的工资状况（1925、1926）

（单位：元）

等级	日本技术工人				特选工			一般工人（平均）
	候补工务	男技工	办事员	女技工	准男技工	特选工	候补特选工	
最低	34.0	24.0	20.0	23.0	22.5	15.5	0.550	0.330
最高	60.0	41.0	29.0	30.0	44.5	37.5	0.990	0.767
平均	44.5	32.0	22.0	26.0	35.7	25.2	0.742	0.505

注："日本技术工人""一般工人"是 1925 年的记录，"特选工"是 1926 年的记录。"日本技术工人""特选工"为月薪，"候补特选工""一般工人"为日薪。

资料来源：内外棉会社上海分店"特选工升薪升级细表"，1931 年（上海档案馆档案：Q192-17-831）；同"日本技术工、特选工工资一览表"，1925 年（上海档案馆档案：Q192017-837）。转引自富澤芳亞、久保亨、荻原充编著『近代中国を生きた日系企業』，大阪大学出版会，2011 年，第 52 页。

表 6-2 "日本技术人员""特选工"中，没有根据职务规定工资的具体级差，一般情况下日本职员的级别、工资高于中国"特选工"，但是从上表平均水平看工资的差别，其顺序是，日本人"候补工务"的工资最高，为 44.5 元，第二高则是中国人"准男技工"，为 35.7 元，日本人"男技工"排在第三，为32.0 元，第四是日本"女技工"，为 26.0 元，第五是中国"特选工"，为 25.2

元，最后是"候补特选工"，为 22.26 元（0.742 元 ×30 天）。此外，"特选工"不在职能工资体系内，所以应该不享受职员津贴，而是有独立的奖金、津贴发放体系，在基本工资外主要有三种："半季奖""勤续奖"和"待遇津贴"。

三、工人薪酬

（一）薪酬的一般情况

工人大致包括工厂作业工人，商贸、金融企业底层职工，其薪酬也是根据不同行业、企业、工种、性别、工龄等因素标准不一。囿于资料，这里仅以工厂工人的工资状况为分析对象，虽不能以点概面，不能对各行业、企业做归类性分析，但对日商企业工人薪酬发放的基本原则、方式还是可以有一个基本了解。工厂工人的薪酬一般是与技术能力、工种、工作年限、性别、年龄等挂钩的，不同企业的工资水平存在差异，同一企业或同一工种也有若干级差，工人工资没有统一标准。细分起来林林总总自成体系，大的区别如技术工和非技术工，男工和女工，常年工和临时工，熟练工和非熟练工，其工资水平都有所不同。还有一些企业存在的特殊身份工人，如纺织工厂的包身工、养成工、童工没有正式的薪酬。包身工的工资由包工头统一领取，工人只能从工头手里领取一些零花钱；养成工基本属于学徒状态，工资只有正式工的一半。包身工和养成工都是包食宿的。还有童工，年龄在 16 岁以下，工资由厂方交予父母，本人领取少量零用钱。这三类人实际工作的强度都与正式工人无异，但是薪酬不能与正式工人相提并论，薪酬发放标准不能代表大多数普通工人。

工人的工资标准，不仅有行业、企业、工种等差别，还有年代的差别。由于缺乏资料，比较各企业、行业工人工资的差别比较难做到，只有将同年代、同企业内的职员进行比较，才能较为准确地把握工人工资的整体水平。这里还是以在华纺为例，先来看一下普通纺织工人的平均工资水平。如上文表 6-2 所示，同是 1925、1926 年，普通工人的平均工资与作为中层管理者的日本技术工人、中国人"特选工"相比，科层级别的差距是非常悬殊的，普通工人的平均工资 15.15 元（0.505 元 ×30 天）是日本技术工人中最高的候补工务平均工资 44.5 元的 34%，只达到最低的"候补特选工”平均日薪 0.742 元的 68%。① 另外在同行业的各企业之间也存在差别，以在华纺 20 世纪 20 年代各企业的情况为例，各企业的平均水平是一天 45 美分，也有达到 50 美分的。以 1925 年为时点，日本男工一日收入相当于米 3 升，中国男工相当于米 2.8 升，差距不很大，中国人技术优秀者和日本人待遇相同。东亚同文会调查 1925 年工人报酬（工资）平均值，在华纺各企业间，在华纺与英国人纺织工厂、中国民营纺织厂，都存在一定差别，内外棉 50.5 美分（=0.66 日元，1 元 =1 美元 =100 美分 =0.72 上海两，0.55 上海两 =1 日元），东华纺织 41.9 美分（=0.51 日元，换算方式同上），英国工厂平均只有 40.0 美分，中国工厂 39.0 美分（=0.52 日元）②。日商内外棉和东华纺织拉开了相当距离，而东华纺织会社和英、华工厂差距并不大，但总的来说日商纺织厂的平均工资高于其他国籍的工厂。

（二）薪酬内容与分级

这里不清楚上文所述的平均工资也就是工人薪酬，是否包含津贴、奖金等，可以明确的一点则是，工人薪酬也多有本薪和津贴奖金两部分，只是津贴或奖金在下层工人中较少，有些甚至没有，但在上层工人中是普遍存在的，并且有比较明确的分级制度。如前文所述，“役付工”“地位和一般工人一样，注册属于普通工人登记簿”，名分和待遇都没有被纳入中层管理阶层，其工资基本与普通工人相同。但是根据所在部门的标准，有一定的职务奖励，具体情况如表 6-3：

表 6-3　内外棉“役付工”奖金支付细则（1939）

（单位：元）

阶层	职务	资格		工作年限			成绩	
		等级	金额	等级	年限	金额	等级	金额
A	翻译	1	9.0	1	10 年以上	4.5	特级	1.5
	一等书记	2	7.5	2	5 年以上	3.0	普通	1.0
	一等巡回	3	6.0	3	1 年以上	1.5	下级	0.5
	仓库管理	4	4.0	4	半年以上	无		

---

① 富澤芳亞、久保亨、荻原充編著『近代中国を生きた日系企業』，大阪大学出版会，2011 年，第 52 頁。

② 桑原哲也「在華紡の組織能力——両大戦間期の内外綿会社」，竜谷大学『経営学論集』，大貝威芳教授退職記念号，第 44 巻第 1 号，2004 年，第 25 頁。

（续表）

阶层	职务	资　格		工作年限			成　绩	
		等级	金额	等级	年限	金额	等级	金额
B	二等巡回 班长 加油	1 2 3 4	6.0 5.0 4.0 3.0	1 2 3 4	10 年以上 5 年以上 1 年以上 半年以上	3.0 2.0 1.0 无	特级 普通 下级	1.0 0.5 无
C	副长 浆料场监工 次品检验 机修	1 2	3.0 2.0	1 2 3 4	2 年以上 1 年以上 半年以上 半年以下	1.5 1.0 0.5 无	特级 普通	0.5 无
D	其他	1 2	2.0 1.0	1 2	半年以上 半年以下	0.5 无	特级 普通	0.5 无

资料来源：富澤芳亞、久保亨、荻原充编著『近代中国を生きた日系企業』，大阪大学出版会，2011 年，第 58 頁。

　　"役付工"在科层设置中不属于中层管理者，而是属于工人编制，显然，作为底层管理者，虽然工资待遇属于工人一类，薪酬待遇却又高于普通工人，根据表 6-3 内外棉会社"役付工"的奖金情况，虽然没有本薪发放的数据，但通过奖金的分设级别，大致已可确定上层工人薪酬中不仅存在津贴或奖金，发放方式也是有严格级别依据的，而这种按工种、就职年限、工作成绩分级发放奖金的模式，很大程度上反映出工人工资制度的规范性。

　　另外，同一时期本溪湖煤铁公司的一张工人工资发放情况表，也表明日本下层职员是指工人阶层中，工段长、组长等下层管理者，归类于工人，与在华纺内外棉会社的"役付工"相当，其工资分类属于工人档。表 6-4 更加直观地反映出各级别工人薪酬的级差、本薪和津贴的比例、津贴发放的名目等情况，从表的内容中，也进一步确定了津贴与奖金始终是工人薪酬的一部分，依据职务、年限、工种等条件分级发放，津贴的种类也与职员相近，包括普通津贴、加班津贴、出勤津贴、伙食津贴等。此外薪酬高低不仅从数额上，还可以从货币的种类中看出，虽然不清楚该时期几种货币的币值比例，但是大洋银的币值比奉天票币值过硬是不争的事实。

表6-4　本溪湖工人的工资和支付方法（1926—1930）

（单位：元）

时间	准雇员（下层职员）	长期雇工（工人）	采矿、坑道工	承包工	长期临时工
1926.2	日人大洋1.97，华人大洋1.04；普通津贴月薪2%；加班津贴为基本工资1小时的1%；出勤津贴为基本工资的12%。支付方法：日薪，支付大洋银，以当月市价换算为日元月末支付，加工资一年两次	奉天票0.7，（内）机械见习工3.5，长期工1.5，勤杂工0.4—0.5，普通津贴1工0.4—0.6；加班津贴为基本工资1小时的1%。支付方法：日薪，支付奉天票，每月1次，当月25日—下月3日内，加工资一年两次	奉天票1；伙食津贴不详	不详	奉天票0.7
1927.7	日本人大洋银1.98，华人大洋银1.06，各种待遇同上	奉天票1.12（7月），普通津贴同上，加班津贴基本工资1小时的1%	采矿工奉天票1.6，坑道工奉天票1.63；伙食津贴3.40（7月）	不详	不详
1928初	熔矿炉大洋银1.54，铁山大洋银1.546，煤矿大洋银1.69，津贴为工资的4.4%	熔矿炉小洋银0.49，铁山小洋银0.624，煤矿小洋银0.6	采煤工小洋银0.63坑道工小洋银0.40	熔矿炉小洋银0.5	不详
1930初	熔矿炉大洋银1.52，铁山大洋银1.565，煤矿大洋银1.75，津贴为工资的4.4%	熔矿炉小洋银0.536，铁山小洋银0.68，煤矿小洋银0.62	采煤工小洋银0.71，坑道工小洋银0.75	熔矿炉小洋银0.5	熔矿炉小洋银0.536

注：1. 大洋银1元=1.2日元；2.1930年准雇工包括长期雇工；3.奉天票和大洋银的比例不明（原资料没有标明）。

资料来源：大倉財閥機関研究会『大倉財閥の研究——大倉と大陸』，近藤書店，1982年，第359頁。

（三）工资与福利

工资类型也很多，有计时工资、日结工资、月结工资和计件工资等，不同行业的工资发放形式都不一样。就工厂工资而言也要看具体情况，纺织工厂主要采用日结制和计件制，但根据不同工种，也有无法计件，不适合计时、日结的。也有采用月结工资的，计时一般适合小工、杂工等工种。

一般以日结、计件方式为多。日结制和计件制各有优劣，否定计件制的表面理由是担心劳动者粗制滥造，实际上是怕技术能力达不到水平而减少收入，而计件制的采用就是针对日结制工人偷懒混时间，生产效能没有最大化的情况。日商纺织工厂在 1920 年前后采用计件制已经很普及，计件工包括各种可以数量计算工作量的工种工人，还分为单纯计件制、复合计件制、半日结半计件制、团体计件制（团队中以在职年数、熟练程度等因素发放给个人）、包工头制，而日结制发放对象主要是见习工、杂工、临时工、役付工等，[1] 还是在很大范围中被采用。表 6-5 是日商纺织厂两种薪酬制的具体比较：

表 6-5　日商纺织厂日结工与计件工占比的比较

（单位：%）

工资形态	上海		青岛（某工厂）			天津（某工厂）		
	A 工厂	B 工厂	纺织	织布	合计	纺织	织布	合计
日结工	35.7	48.0	48.1	62.4	52.6	76.1	41.1	58.1
男日结工	21.6	35.0	30.0	26.9	29.0	42.2	14.1	28.1
女日结工	14.1	13.0	18.0	35.5	23.6	33.9	26.4	30.0
计件工	64.3	52.0	51.9	37.6	47.4	23.9	58.9	41.9
男计件工	0	2.0	2.5	0	1.7	13.2	46.7	30.4
女计件工	64.3	50.0	49.4	37.6	45.7	10.7	12.2	11.5
合计	100.0	100.0	100.0	100.0	100	100.0	100.0	100.0

注：1941 年调查，根据抽样对象提供的资料制作，上海两工厂同时包括纺织和织布。

资料来源：冈部利良『旧中国の纺绩劳働研究—旧中国の近代工业劳働の分析—』，九州大学出版会，1992 年，第 413 页。

从表 6-5 数据看，上海日商工厂采用计件制的比例高，青岛和天津工厂日结制很有市场，但是无论日结制还是计件制，薪酬实际支付都是一个月一次，因为日商纺织工厂的工人大多数寄宿在厂里，生活上必须自己应对的每日开销相对少一些，当然也有例外。日商企业也有月内少额预支的

---

[1]　冈部利良『旧中国の纺绩劳働研究—旧中国の近代工业劳働の分析—』，九州大学出版会，1992 年，第 402、406、413 页。

情况，如职工家中有婚丧大事时可以预支部分工资。①

　　还有一些工资以外与工人生活水平密切相关的问题，也有必要在这里做一个粗略的梳理，如作业时间、食宿情况、节假休息日等，这些对工人实际收入产生直接影响。日商企业一般工人每日作业时间在 10 小时以上，在华纺工人就业规程规定工时 12 小时，日夜两班制，休日包括星期天，按惯例还有若干节假日。日商纺织厂一般设有食堂、职工宿舍，伙食费征收男工 15 钱，女工 10 钱，也有根据情况的增减。因工伤休息者，全额支付日薪，津贴减少；职工连续五年以上工作成绩优良者退职时有奖励金。碰上因厂方原因强制休息的情况，若厂方事先通知，工人可取日薪的 10%；事先没有通知的临时停工，工人到厂后才接到通知的可取日薪的 20%。但这只是规定，实际上也有完全不支付工资的情况。② 总的来说在华纺的工人工资各地区别不大，工作时间、食宿和休假情况都比较规律，工人工资和福利待遇比同时期的其他日商工厂要好。正如大康纱厂招募广告中自称的 "本厂制特别优点"："本厂工价向称较高，赏额特别"，"本厂优待，远近工人，自建公房，有数百幢，格式精致房屋高大，电灯水道一应俱全，租金极廉"，还设有医务室，"本厂工人，来诊治者，分文不取"等。③

　　这里还有一组在华纺以外一般日商工厂 20 世纪 20 年代平均工资、作业时间、休假等情况的资料，由此可以更大范围地了解日商在华企业工资、福利待遇的基本情况。中国樟脑株式会社，日本人平均日薪 4 弗 20 仙，中国人平均日薪 60 仙，工时规定 8 小时，实际往往 10—12 小时，月休二日；燧生火柴有限公司，工资日 40 仙，工时 12 小时；④ 上海坩埚合资会社，平均日薪华工 70 仙，日人 4 弗；川北电气公司，工资平均日 80 仙，工时 9 小时，周日及中国公休日休息；东方制冰株式会社平均工资 20 弗，

---

　　①　岡部利良『旧中国の紡績労働研究—旧中国の近代工業労働の分析—』，九州大学出版会，1992 年，第 422—423 頁。

　　②　岡部利良『旧中国の紡績労働研究—旧中国の近代工業労働の分析—』，九州大学出版会，1992 年，第 320、369、335 頁。

　　③　岡部利良『旧中国の紡績労働研究—旧中国の近代工業労働の分析—』，九州大学出版会，1992 年，第 187 頁。

　　④　上海日本商業会議所『上海内外商工案内』，1926 年 10 月 15 日，第 132、53、55、151 頁。

工时 12 小时；瑞和毛巾公司平均工资大洋 45 仙，工时每日 10 小时，周日休息；中华电气制作所上海分店职工工资平均日给 48 仙，9 小时工作，1 小时休息，周日休息；明治制糖上海工厂明华糖厂工资中国人 33 仙，日本人 1 弗 84 仙或 4 弗，工时 10 小时，另有 2 小时加班。①日本人平均工资是中国工人的好几倍，但也可能这里的日本人是管理者，而非普通工人。一般工厂与在华纺相比工时并未更长，节假日也基本都有。从这些简单的情况看，日商一般工厂与在华纺的情况很相近，说明日商在华企业普遍建立了比较规律、稳定的工资、福利制度。

第二节　日商企业剩余分配的一般形态

一、利润分配原则

日商企业在利润分配中几乎全都采用高积蓄、少分红的原则，将利润按用途分为两大部分，一部分称"社内留存"，一部分称"社外分配"。社内留存部分大致包括各种公积金、各种准备金、固定资产折旧费、后期滚存金等，社外分配部分大致包括各类奖励金（重役、职员和工人）、特殊奖励（如企业开创者纪念奖励或分红）、股东分红等。留存部分是资本积累的重要方式，它的意义在于保障企业资本结构的稳定性及便于进行再投资，分配部分意义在于保障股东个人利益，鼓励股东、员工继续为企业发展作贡献。留存与分配都是为了顺利筹措资金，使企业得到持久、协调的发展。所以高积蓄、低分红或者称为"先积蓄、后分红"更确切些，它只是强调利润的充分留存，且先满足留存部分，后考虑分红部分。在企业盈余正常的情况下，社内留存与社外分配都可获得满足，在企业盈余不充分的情况下，首先考虑的是满足社内留存部分。这与现代经济学理论的剩余股利政

---

① 　上海日本商業会議所『上海内外商工案内』，1926 年 10 月 15 日，第 141、77、62、152、65、128 頁。这里"弗"为墨西哥银的计量单位，"仙"为北洋政府货币龙洋（也称小洋银）的计量单位，龙洋 1 角为 10 仙，以《上海年鉴》1926 年的换算标准，龙洋对墨西哥银一弗为十一角四五仙至八九仙的浮动。中国人和日本人工资差异很大，中国人的工资多为 40 仙，最高达到 80 仙，最低只有 20 仙，而日本人基本都在 4 弗，个别低至 1.84 弗。上海日报社编『上海年鑑』，上海日报社出版部，1926 年。

策相吻合，① 优先保证留存收益有助于降低再投资的资金成本，保持最佳的资本结构，实现企业价值的长期最大化。

企业资金的增加，除了靠负债及增加资本来解决，相当一部分是靠留存利润，也就是资本积累来提供的，它反映的是资本积累在利润分配中，特别是纯利润分配中的重要地位，直接影响企业资本的再投入。在高积蓄、少分红的原则下，各类企业社外分配和社内留存的情况还是有所不同，这里仅以发展较成熟而规模适中的在华纺为例，通过在华纺各家企业的数据，对日商企业利润分配中社内留存与社外分配的情况有一个具体了解。

表 6-6　在华纺六大会社利润分配情况（1936）

企业名	利润金（日元）	利润率（%）	分红率（%）	社内保留（日元）	社外分配（日元）	保留率（%）	分配率（%）
东洋纺织	10809537	37.5	18	5334287	5475250	49.3	50.7
钟渊纺织	8804507	45.1	25	3721529	5082978	42.3	57.7
大日本纺织	9791612	29.4	12	652612	3265000	66.6	33.4
富士瓦斯	2899386	15.5	8	1299417	1599969	44.8	55.2
内外棉	3235628	26.4	12	1665528	1570000	51.5	48.5
日清纺织	2439518	25.7	12	1194518	1245000	49.0	51.0

注：社内保留＝各种公积金＋各种基金＋固定资产折旧费＋后期滚存金；社外分配＝"役员"奖励金＋纪念分红（企业名人纪念）＋股东分红。

资料来源：元木光之『内外綿株式会社五十年史』附表，木下印刷所，1937 年。

从表 6-6 可以看到，在华纺六家企业当年都获得了高额利润，最低的富士瓦斯会社的利润率也达到了 15.5%，分红率达到了 8%，社内留存率最低的钟渊纺织达到 42.3%，最高的大日本纺织会社达到 66.6%，多数企业的社内留存率与社外分配率都各在 50% 上下。值得注意的是表 6-6 显示的各社的情况是在盈利充裕的条件下，而盈利不佳的条件下社外分配是可能

---

① 剩余股利政策的理论依据是 MM 理论即股利无关论。该理论是由美国财务专家米勒（Miller）和莫迪格莱尼（Modigliani）于 1961 年在他们的著名论文《股利政策，增长和股票价值》中首先提出的，因此被称为 MM 理论。剩余股利政策是指公司生产经营所获得的净收益首先应满足公司的资金需求，如果还有剩余，则派发股利；如果没有剩余，则不派发股利。

受影响的。如前文所述，高层奖金受当年利润影响，会有不发放的情况，分红也是如此。有资料显示，同一时期在华纺另外两家企业日华纺织会社和东华纺织会社因历届成绩不佳没有分红，1933—1936 年每年上下两期共 8 期中，日华纺织会社有 4 期没有分红，东华纺织会社有 7 期没有分红。实际上"除 1935 年下期以东华及日华两家亏蚀过巨以致总利益锐减外"，① 这个时期在华纺除上述两家企业经营状况不佳，大多数企业的盈利状况都非常可观，但是总体上在华纺利润分配显示的原则是充分保留内部各种留存资金，利润不佳时可以不分红，说明"各公司可能是为了准备不时之需，尽可能把利润储存在公司内部"了。②

二、利润分配内容

关于利润分配，先要看利润分配的来源，或者说每一期可分利润包括哪些内容。一是当期利润，一是"滚存金"，也就是上一期利润分配中留存的"后期滚存金"，这是每一期利润分配中的固定项目。所谓"滚存"顾名思义就是具有持续性，循环往复的运作模式，每一期都有上期留存的"滚存金"，又有留给下一期的"后期滚存金"即滚存利润。固定资产折旧费和滚存金的作用，首先在于对企业资金运作的保障，是公积金之外保障企业资金充足的又一手段，其次滚存金作为可分利润的一部分与当期利润一起进行分配。如上文所述，日商企业利润分配的基本原则是高积蓄、低分红，分配内容划为社内留存和社外分配两部分，根据这个原则和分类，各企业具体分配内容不尽相同，有的企业分配项目只有简单的几项，有的企业则多达十几项。一般来说小企业分配项目简单些，大企业的分配项目会繁复些。但是无论哪种企业都具备最基本的分配内容，社内留存部分至少有三项，法定公积金、固定资产折旧费、后期滚存金；外部分配的主要项目至少也有两项，股东分红和职员奖金。各企业还存在各自的偏重，一般在企业章程、合同中，对主要分配项目是有规定的，下面是一组企业章程中的

---

① 张肖梅：《日本对沪投资》，商务印书馆 1937 年版，第 57 页。

② ［日］樋口弘：《日本对华投资》，北京编译社译，商务印书馆 1960 年版，第 45 页。

具体规定：

1. 合资会社广东实业公司章程规定，根据每期总利润除去固定资产折旧费，作为剩余利润的标准处分，具体分配如后：公积金 10% 以上、救济基金若干、役员奖金若干、后期滚存金若干（对分红比例没有明确规定）；①

2. 株式会社铁岭商业银行章程规定，根据本社损益计算的每期总利润，除去总支出，所剩利润部分按下面比例分配：法定准备金（公积金）为纯利润的 10% 以上，职员（役员）奖金为纯利润的 10% 以上，前项金额扣除后，再适当分配股东的股息、后期滚存金，最后剩余作其他公积金用；②

3. 中日实业株式会社章程（大正十三年四月三十日）第五章第三十六条规定，本会社每决算期的纯利润中，公积金 5% 以上，其他准备金 5% 以上，董事奖励金 20% 以上，三笔扣除后剩余金额作为分红及后期滚动金；③

4. 东邦兴业株式会社章程规定，本会社从每决算期的营业纯利润中除去该支付部分，法定公积金 5% 以上，各准备金 10% 以上，"役员"奖金 20% 以上，其余为分红和后期滚存金；④

5. 日华贸易株式会社章程规定，本会社根据每年度总收入扣除总支出后利润分配如后：法定准备公积金 5% 以上，其他公积金 5% 以上，"役员"奖金及交际费 10% 以内，职员"恩给"及退职基金 5% 以内，股东分红（无比例），留存适当的后期滚存金，法定准备公积金达资本金的四分之一时其他公积金停止留存；⑤

---

① 「合資会社広東実業定款対支借款関係雑件」広省東ノ部第二巻，日本外務省外交史料館档案，アジア歴史資料センター，B04010744200。
② 「鉄嶺商業銀行定款」，『支那に於ける合弁事業調査件』第一册、満洲ノ部第二巻，日本外務省外交史料館档案，アジア歴史資料センター，B04010880700。
③ 「中日実業株式会社定款」，1924 年 4 月 30 日，日本外務省外交史料館档案，アジア歴史資料センター，A18110123300。
④ 「東邦興業株式会社定款」，『日支合弁事業関係雑件』第一巻 3，日本外務省外交史料館档案，アジア歴史資料センター，B0401084500。
⑤ 「日華貿易株式会社定款」，『日支合弁事業関係雑件』第一巻 4，日本外務省外交史料館档案，アジア歴史資料センター，B04010848600。

　　6. 中国矿业公司"合办"合同约定，纯利润中公积金 5% 以上，其他准备金 5% 以上，技师及其他职员"赏与"金 10% 以内，至于分红比例没有具体设定。[①]

　　从上面这组资料里，基本能看出日商企业利润分配中的侧重面，受到特别重视的是公积金和"役员"奖金两项。可以说公积金是日商企业利润分配中最为重要的项目，六家企业对公积金留存的重视是一致的，留存充足公积金的目的在于，一是补资本金之损失，二是补股利之不足，所以各企业会以章程为保障，明确规定法定公积金的百分比。大型企业如财阀企业、"国策"会社也都如此，法定公积金一般都设在留存利润的 5%—10%，少数企业达 15%。法定公积金之外还设有各种特殊公积金，公积金之外还设有各项准备金，其作用与公积金相仿，都是用以保障企业具有充分的运作资金。日华贸易株式会社规定中特别强调了"法定准备公积金达资本金的四分之一时其他公积金停止留存"，这恰好说明日商企业公积金留存的目标值很高，凸显出利润分配中的高积蓄原则。关于"役员"奖金，先要说明一下，这里所说的"役员""办事人"主要指高层管理者，有些包括职员。高层人员也就是"重役"的奖金，是按企业章程规定，在每期利润分配时，由临时股东大会确定分配额度，作为高层管理者非工资制的报酬，是明文规定由利润中分发的项目。而普通职员、工人的奖金，则是工资之外的奖励，并非利润中必须分配的项目，所以很多企业的利润分配项目中没有这一项，尤其是工人奖金，很少出现在利润分配项目中。上面六家企业对"役员"奖金的规定，只有一家不明，设为"若干"，两家 10% 以内，一家 10% 以上，还有两家是 20% 以上。纯利润的 10%—20% 的"役员"奖金，不能不说是十分高的标准，尤其是上述六家企业的章程中都没有设定股东分红的比例，可见对"役员"奖金的重视。这反映出日商企业在管理机制上对企业员工的重视，对管理人才、技术人才的重视。

　　日商企业的利润分配，在原则上固然是基本一致的，但是在实际分配中，无论是分配项目的多寡，还是各种项目的比例，章程规定和实际分配、

---

　　① 「中国鉱業公司章程」，『日支合弁事業関係雑件』第一巻 8，日本外務省外交史料館档案，アジア歴史資料センター，B04010849000。

大型企业和中小型企业，都存在不少差别。以上面所说的"役员"奖金为例，大型企业就可能没有那么高的比例，如本溪湖煤铁公司 1913、1914 年度股东总会关于"役员"奖励处分，分别是：1913 年度，督办为纯利的 1%，总办和职员 5%；1914 年度，督办为纯利的 1%，总办 1.5%，职员 2%。[①] 还有分红比率，上数几家企业都没有明确规定，但是在"国策"会社的章程中几乎毫无例外，都规定在 6%—8%，关于这个问题后文"国策"会社特点部分再述。这里以本溪湖煤铁公司的实际利润分配情况为例，可以看到日商大企业利润分配具体涉及的项目包含哪些内容，以及各类分配项目在利润分配中所占比例。

表 6-7　本溪湖煤铁公司利润分配（1931—1937）

项　目	1931	1932	1933	1934	1935	1936	1937
当期利润	357955	934504	2054858	3215946	3211488	2989056	3547489
固定资产折旧及创业公积金	359496	719793	743252	787610	846206	955113	871000
矿务学堂公积金	0	0	37863				
"役员"慰问金	10440	27256	59933	93798	109615	149000	150000
分红金	0	0	1000000	560000	680000	800000	800000
扩张资金准备公积金及其他公积金	0	0	300000	1650000	1000000	600000	1150000
探矿费及一般研究费公积金	0	0	50000	50000	50000	50000	50000
社员退职慰劳基金	0	0	50000	50000	200000	150000	150000
法定公积金					321148	300000	360000
后期滚存金	13028	200483	14291	38829	43347	28291	44780
其他	前期滚存金 25009	"役员"慰问金支付 74289	"役员"慰问金支付 42149				

资料来源：大倉財閥機関研究会『大倉財閥の研究——大倉と大陸』，近藤書店，1982 年，第 597 頁。

[①]　大倉財閥機関研究会『大倉財閥の研究——大倉と大陸』，近藤書店，1982 年，第 501 頁。

表 6-7 中，1931、1932 年两年没有公积金和分红，1931—1937 年共七期，具体利润金分配的各项百分比是，社内留存项目，固定资产折旧费分别达到 100.4%、77.0%、36.2%、24.5%、26.3%、32.0%、24.6%；后期滚存金分配率分别是 3.64%、21.5%、0.7%、1.2%、1.35%、0.95%、1.26%；法定公积金前四年没有，后三年都是 10%；但是扩张资金准备公积金及其他公积金的比例很高，1933—1937 年分别为 14.6%、51.3%、31.1%、20.1%、32.4%，还有各年 1%—2% 的探矿费及一般研究费公积金等。整个社内留存部分中固定资产折旧费是利润分配中最大的一项，"折旧本是固定资本的转移，但由于其特别折旧制度，使特别折旧费用侵蚀了一部分短期利润，而成为广义利润的构成部分"，其次是扩张、准备、其他公积金。社外分配项，分红在利润分配中是占比最高的，除去 1931、1932 年两年无分红，1933—1937 年分别是 48.67%、17.41%、21.17%、26.76%、22.55%；"役员"慰问金分配率 1931—1937 年分别是 2.92%、2.92%、2.92%、2.92%、3.41%、4.98%、4.23%；社员退职基金 1933—1937 年分别是 2.43%、1.55%、6.22%、5.02%、4.23%。可以看到在分红的年份里，分红率是相当高的，虽然两年无分红，但是以七年平均分红率看，也达到了 19.5%，"役员"奖金达到年平均 3.5% 左右。关键是退职基金，若以五年平均 3.9%，七年平均 2.8% 来看，其水平也是很高。本溪湖煤铁公司对固定资产折旧费的重视和科研基金的设立，在大型企业，甚至中型企业中都很普遍，这是日商企业利润分配中值得注意的特点，说明日商企业利润分配不仅重积累，而且重技术发展。

三、分红、奖励及福利

（一）分红

企业分红是股东投资的基本目的，纯利润中社外分配部分最重要的一项就是分红。分红只是企业纯利润的一部分，它在利润分配中的比率也就是分红率的高低，反映出企业股利发放的实际情况。股利政策作为利润分配政策的一部分，与整个利润发放各项目的设定和比例关系紧密，所以为了股利政策的稳定性，日商企业一般倾向于把分红率长期稳定作为股利政策的目标。这反映在日商企业的章程、契约中，绝大多数企业对股东分红是有所规定的，比较普遍的规定为年分红率是实缴资本的 6% 或 8%。很多较早设立或规模不大的企业，章程中分红率只以"若干"为准，并没有明确的百分比。尽管实际分红率基本是由当期利润多寡而定的，但将分红纳入章程规定，仍然反映出日商企业在股利政策上保障股东利益的规范意识。此外如上文所述，日商企业利润分配一般采取高积蓄、低分红，先积蓄、后分红的原则，但也偶有一些企业在分配中更重视分红。如"中日合办"沈阳马车铁道有限公司章程的规定："结账既有盈余，先仅六厘股息分派股息，分竣剩存之款方为余利，如盈余之款仅足分给股息，即仅股息分派以昭公允"，"于余利内应提二成作为公积之款，此款积有股本金四分之一数即召集各股东会议决定可否停止分劈"，但是"公司记账必有盈余方能分派六厘股息，若无盈余不得挪股本以作余利分派，亦不得因无盈余请抽股本"。[①]"中日合办"振兴铁光无限公司契约书规定："一、利润金是采矿经费扣除后，对应出资额获分八分红利，如果公司利润过少，八分以内不妨碍分红；二、前项利润金分配后剩余部分的三成作为公积金，一成五分作为从业人员慰劳金，再有剩余部分，分于出资者。"[②]"日华合办事业"契约书规定：本公司每年结算之期所获纯利，除去股东年息红利外，尤当提出后期之滚存金，公积金 5% 以上，准备金 5% 以上，资产折旧公积金（无比例），办事人奖金 20% 以上。

以官利制即股份制企业中按股定期支取固定利息的制度而言，日商企业是否存在官利制，限于笔者目前接触的资料，并不能得出结论，有待于今后继续研究。尽管有文献明确记载三井洋行有"官利（常年八厘）"，[③]

① 「瀋陽馬車鐵道有限股份公司」，『支那に於ける合弁事業』，日本外務省外交史料館档案，アジア歴史資料センター，B0401087900。

② 「瀋陽馬車鐵道有限股份公司」，『支那に於ける合弁事業』，日本外務省外交史料館档案，アジア歴史資料センター，B0401087900。

③ 徐铣：《三井洋行第二十一届半年度账略报告》，《劝业丛报》1920 年第 1 期，1919 年 11 月 1 日—1920 年 4 月 30 日，"净利计金（币）11323213.89 元，上年结存 295077.57 元，共计日金 11618291.46 元，上款应分配如下：法定公积计日币 700000 元，特别公积 5000000 元，员工养老金 1000000 元，奖励金等 400000 元，官利（常年八厘）3400000 元，特别余利 732000 元，结余 386391.46 元"。

但此处"官利"是当时对红利、股利、官利等概念界定不够明确所致，还是可以肯定就是现代意义上的官利，仅凭这份记载很难下结论。然而"常年八厘"是符合"按股定期支取固定利息"定义的，只是目前没有看到三井洋行连续的利润分配资料，不便下结论。另从现有资料看，实际利润分配中，普遍存在企业在盈余不佳时当期不分红的事例，似乎并不存在无条件发放红利的情况。还存在像沈阳马车铁道会社这样在章程中明确规定"若无盈余不得挪股本以作余利分派，亦不得因无盈余请抽股本"的企业，或许说明官利制在日商企业中并不典型，当然由于资料局限，这只是一种推测。关于日商企业是否有优先股，与官股问题大致一样，笔者接触到的资料有限，所阅企业章程，基本都有股东拥有一股一票议决权的规定，但没有看到股东对公司资产、利润分配等享有优先权，或股东没有选举及被选举权等的规定。日商企业是否有优先股，也有待进一步深入研究。当然日商企业在分红问题上还是有一些自身特点的，比如"国策"会社政府对民间股优先分红的政策，"中日合办"企业中华人股和日人股分红的区别等问题，将在本章第三节展开分析。

（二）奖励与福利

日商企业的奖励制度是较明确的，在利润分配中一般都有奖励金一项，这主要是给上层管理者的报酬，上文已作解析。一般比率较高，占利润分配的10%—20%，此外利润分配中往往设有"交际费"一项，这基本也是高层的福利，如"满铁"1907—1925年在利润分配中的高层交际费，占比1.2%—7.4%，19年平均为每年3.4%。中层管理者及技术人员的奖金也从利润分配中发放，其具体比例不明，一般都笼统地包含在"役员"奖金中。因其有基本工资和各种津贴，估计其在利润分配中获得奖金的数额不会很高，但是日商企业职员的津贴作为福利是很丰富的，前面工资部分已有较详细的记述，此处不再列举。至于底层工人，有些企业在利润分配中的奖金项写明给予全体员工，应该是包括工人的，前面工资部分也提到了有些企业工人有奖金，但大多数企业利润分配中的奖金应该是不包括底层工人的。甚至有企业在章程中明确规定了这一点，如沈阳马车铁道有限公司章程规定："除中日执业人等应得二成余利分作花红……雇工人不与分劈。"①
福利工资以外的津贴，底层工人肯定没有职员拥有的种类、金额那么多，
却也会有一些。当然不同日商企业的奖金和福利待遇应该是存在很大差距
的，一些大型企业制度相对健全，尤其在经营顺利的年代，奖金和福利待
遇很充分。如"满铁"作为巨大"国策"会社，员工奖金和福利是首屈一
指的，有资料显示，"满铁""社员的待遇，一定的工资之外，支付职务津
贴和社宅，更给一年二期的奖金，欧战以来，物价上涨社员生活困难，会
社临时职务津贴增加数次，以安定其生活。1919 年对于全体社员，于本来
基础工资外加在勤津贴和职务特别津贴，一分五厘至五分的增给"，"1912
年制定语学奖励规程，中文、俄语及日语，每年施行鉴定考试，合格者予
以奖金"，"会社创建开始就制定了退职慰劳金制度"，此外"设特别休假
内规，职员一年十二日，女性职员还有出产前后规程、社员守制规程等
内规制定，予以相当休假"，还有"于职务伤病死亡时，予以一定之吊慰
金"等。②

　　日商企业的奖金和福利待遇并非都如"满铁"这般，而是视企业大
小，经营好坏而定。日商小型企业与大型企业间有很大差别，一般来说大
型企业重视员工的奖金和福利待遇，而小型企业更偏重于股东利益，这一
点将在后文民间企业利润分配的特点中再议。像在华纺这样经营较成熟也
有一定规模的日商企业，对员工的福利待遇也十分重视，有关员工奖金、
津贴等问题，前文工资部分中已有所介绍，而在公共福利方面，在华纺
普遍设有宿舍、学校、医院、工人学校等公共设施。单以员工宿舍为例，
内外棉上海部分有职员宿舍 337 幢、工人公房 1509 幢；上海纺织上海部
分，有职员宿舍 226 幢、工人公房 320 幢；同兴纺织职员宿舍共计 115
幢等。③

<hr>

① 「瀋陽馬車鐵道有限股份公司」，『支那に於ける合弁事業』，日本外務省外交史料館档案，アジア歴史資料センター，B0401087900。

② 吴英华编：《二十年来的南满洲铁道株式会社》，商务印书馆 1930 年版。

③ 陈真、姚洛编：《中国近代工业史资料》第二辑，三联书店 1957 年版，第 591 页。

第三节 不同类型企业的分配特点

一、"纯民间"企业——高积蓄、低分红

"纯民间"企业的利润分配没有什么特别之处，与大多数日商企业一样，"纯民间"企业利润分配也是遵循高积蓄、低分红的基本原则，可以说重积累其实就是"纯民间"企业利润分配的特点。因为相比于财阀企业、"国策"会社这些背景强大、规模巨大的企业，"纯民间"企业没有雄厚的财力支撑、没有特殊的政策支持，其发展更需要在资本积累方面作持续性的努力。从这个层面来看，"纯民间"资本企业的资本积累主要靠自身的努力，重积累原则的确可以视为"纯民间"资本企业利润分配的一大特点。首先需要说明的是，由于资料的欠缺，日商在华"纯民间"资本系统的大多数中小企业，很难找到企业章程或利润分配的具体资料。其次很多日商在华企业总公司设在日本国内，这些企业的利润分配是与国内总公司共同核算的，在华利润分配少有独立核算表，而直接设立于中国的企业的资产负债表也缺乏完整性和延续性，很难做全面的研究、估算。现有资料和前人研究成果积累较多的"纯民间"资本企业只有在华纺，虽不能涵盖各类"纯民间"企业的状态，但作为"纯民间"资本企业中发展较成熟的企业，在华纺的利润分配方式，在一定程度上反映出"纯民间"企业利润分配的倾向。前文介绍日商企业一般情况时，对日商企业高积蓄、低分红的基本原则已有概述，这里仅以在华纺利润分配的具体情况，进一步说明"纯民间"企业实际利润分配情况和其基本分配原则的一致性。

在华纺九大企业集团总体上经营状况良好，长期保持着高利润水平，在很多文献中可以看到在华纺高分红率的记录。而在华纺是在满足社内高积蓄，内部资金充足的情况下实现高分红率的，高分红率一定出现在当期获得高利润率的年份。如果我们把分红率和利润率对比一下，就会发现在华纺的分红率一般都在当期利润率的三分之一上下。分红是社外分配的主要部分，其他如职员奖金等社外分配金额实际比重不大，所以利润分配中

除去股东分红，大部分利润都是社内留存金，因而从利润率和分红率的比例上，可以大致了解社内留存金是否充足。仅以樋口弘在《日本对华投资》一书中的估计，"公大、同兴、上海、东华、丰田、裕丰、日华纺织会社等几家公司之中，除了日华纺织会社外，其他各公司 1936 年的决算都获得了高额利润"，根据这些企业营业报告的统计，七家公司合计 6070 万日元的平均实缴资本，在当年获得了 1210 万日元的利润，"与实缴资本相比，利润率达到了 29.4%"，而"七家公司对于实缴资本的股红分配率是年9.4% 强"。[①] 虽然这里仅是以 1936 年为例，但实际上反映了在华纺利润分配的基本样态。从其他单独企业的利润分配表中，也可以得出同样的结论，即高分红率基本保持在当期利润率的三分之一上下。而在利润不佳的年份，如前文所述，一些企业是完全不分红的。可以说在华纺的持续高分红率，是在利润丰厚的年份，在满足社内高积蓄，内部资金充足的情况下实现的。正如樋口弘所言，"各公司可能是为了准备不时之需，尽可能把利润储存在公司内部"，通过努力增加利润的内部留存，依靠自有资金（资本金＋积累金）保证内部积蓄的稳固，所以"纯民间"资本企业利润分配的突出特点，就在于坚持高积蓄、低分红的原则。

二、财阀企业——贡纳金

现有财阀企业在华企业活动的研究成果，多集中于投资、资本扩张、经营状况、利润水平等问题，关于财阀企业在华利润分配情况的成果却很少。财阀企业利润分配的特点，最突出的就是直系子公司对国内母公司存在上缴"贡纳金"的情况。所谓贡纳金是利润分配中的专门立项，即直系企业须向总公司上缴一定数额的利润。有文献记载："三菱合资谢绝了三菱矿业的红利，可是三井则反向三井矿山强索利润"，"据说以自直营会社来的股份利润以外的贡纳金——三井取纯益之一成"。[②] 虽然缺乏进一步说明

---

① ［日］樋口弘：《日本对华投资》，北京编译社译，商务印书馆 1960 年版，第 45 页。

② ［日］铃木茂三郎：《日本资本王国三井三菱两大势力之争霸战》，《新创造》1932 年第 1 卷第 1 期，第 126—134 页。

此问题的详细资料，但类似的记载在其他文献中也能看到一些。财阀企业在华分支机构基本和国内总公司一体核算，而财阀企业直系下属企业应该是有单独利润分配情况表的。直系子公司和母公司之间由于资本的牵扯，利润分配受到母公司直接约束，如三菱财阀在1918年出台《关于处理分系会社与合资会社的关系之规定》和《关于分系会社资金筹措及运用之规定》两份文件，对二者间的诸多关系都作了具体规定，其中利润分配方面规定：分系会社预定资金收支及损益向总社提出，年度预算利润金额的处理需得到总社社长的认可。①

财阀企业在华直系子公司的利润分配与日本国内总公司关系密切，很难单独总结出财阀企业在中国所获利润的分配情况。虽然大多数企业利润分配的具体情况不甚明了，但是从一些文献中，还是可以看到零星的利润分配情况。如三井银行上海分行的一份档案，没有当期实缴资本金额作对照，故具体的利润率和分红率不详，但是从利润金的具体分配情况中，还是可以看到财阀企业重视高积蓄、低分红，充分保证社内留存原则的体现。从三井银行上海分行第26—28期利润分配情况看，在可分利润金中，三期分红占比都在40%以下，加上董事奖金也都不足50%，而作为社内留存的诸公积金及后期滚存金占比则在50%以上。

表6-8　三井银行上海分行1922—1924年三期利润分配情况

决算期	当期利润前期滚动金合计（元）	法定公积金		分红准备公积金		退职慰问公积金		董事奖励金		分红金额		后期滚动金	
		合计（元）	占比（%）	合计（元）	占比（%）	合计（元）	占比（%）	合计（元）	占比（%）	合计（元）	占比（%）	合计（元）	占比（%）
26期	9680473	2400000	24.8	100000	10.3	159000	1.6	538000	5.6	3600000	37.2	1983373	23
27期	9051965	1700000	18.8	100000	11	172000	1.9	494800	5.5	3600000	39.8	2085165	20.5
28期	9680473	2400000	24.8	100000	10.3	159000	1.6	538100	5.6	3600000	37.2	1983713.8	20.5

资料来源：株式会社三井銀行上海支店営業報告26—28期，『本邦銀行関係雑件/三井銀行』，日本外務省外交史料館，アジア歴史資料センター，B08061408100。

---

① 王尤清：《抗战期间在华日本财阀研究》，人民出版社2019年版，第91页。

三、"国策"会社——民间股优先分配

"国策"会社利润分配有一个特点是其他几类企业所不具备的，这就是保证民间股股东每年六分红利，即股东年分红所得的金额必须是实缴资本的6%，利润不足分红时，由政府补贴。这是日本政府为鼓励民间资本参与"国策"会社投资，所实施的民间投资保护政策，是"国策"会社优待民间资本在利润分配中特有的表现。在早期的"国策"会社利润分配中，保证民间股6%分红率的规定还不甚明确，但是政府股分红后于民间股分红，或政府股分红少于民间股分红，以鼓励民间资本的做法已经出现。如正金银行的规定是政府在一定条件下参与分红，政府在该行分红时，若年股息在6%以下，同一般股份同等分红；若年股息超过6%，超过部分转入公积金。① 再如"满铁"在1907—1930年间，政府股的利润率为0—5.3%，而民间股的利润率则为6%—11%，② 以"满铁"1907—1925年实际分红情况看，每年政府分红一次，18年总共分红金额为52813124元，民间股分红多为两次，18年总共分红金额为70351215元，民间股分红金额比政府分红金额多17538091元。③ "满铁"成立之初，资本金2亿日元是政府和民间各为1亿日元，之后在1920年和1933年两次增资中，一直保持着半官半民的资本结构，由此可见日本政府在利润分配中，对民间股股东红利优先的政策性倾向是始终存在的。

实际上，"满铁""满重""华北开发""华中振兴""满拓公社"等"国策"会社都明文规定民间股在利润分配中具有优先权，这在江上照彦的《"满铁"王国兴亡的四十年》、小林英夫的《日本帝国主义的华北占领政策》(载《日本史研究》)、中村隆英的《战时帝国主义的华北经济支配》等文献中都有论述。基本上都纳入章程规定，如"华中振兴株式会社"规定：每营业年度可分得的利润金额，政府拥有股份不需分配红利，政府以外股东每年可得其所纳股金的6%，其不足部分金额由政府补给。"华北开发株式会社"也有相同规定：民间分红未达年利六分时，政府谢绝分红，为巩

---

① 傅文龄主编：《日本横滨正金银行在华活动史料》，中国金融出版社1992年版，第7、89、19、12页。

② 小島精一『満鉄コンツェルン読本』，春秋社，1936年，第37頁。

③ 吴英华编：《二十年来的南满洲铁道株式会社》，商务印书馆1930年版，附表。

固民间股分红，从第一年度开始，五年期间政府给予一定金额的补助。为了保证民间股东在利润不佳的年份至少可以获得 6% 的分红，政府就减少甚至免除国家资本的股息，依然达不到这个标准时，政府以补助金的方式保证民间资本的股息支付，这种民间股股东分红优先的政策，不仅体现在企业章程的规定中，在实际操作中也被落到了实处。

这里可以看一下"华中振兴株式会社"1940 年度利润分配中政府补贴的具体情况：

表 6-9　"华中振兴株式会社"1940 年度政府补贴金计算

（单位：日元）

分配				收入、支出			
法定公积准备金（10%）	从业人员退职与准备金（1%）	分红（6%）	合计	收益（利润）	支出（总损益）	政府补贴金	合计
21067	2107	187500	210674	747542	−922064	385196	210674

资料来源：「本邦会社関係雑件 / 北支開発及中支振興 / 収支計算書」第九卷，日本外務省外交史料館，アジア歴史資料センター，B08061249200。

如表 6-9 所示，"华中振兴株式会社"1940 年利润分配基本三项为法定公积金、职员退职公积金、分红，共需 210674 日元，收支平衡后差额 385196 日元是由政府补贴金填补的，政府补贴金发放的计算式是：747542+X−922064=210674，X=385196。根据民间股东股年纯利润 6% 的分红规定，政府具体补足年利润金不足的部分。日本政府设立"国策"会社的根本目的是经济扩张、经济侵略，"国策"会社并不像一般民间企业那样追求利润，而是需要保持日本对外扩张"国策"的稳固性，实行鼓励民间资本的利润分配方法。所以它仅保证民间股股东每年六分红利的优先权。这并不是无条件发放的官股，也不是其他权益上受到约束的优先股。这是"国策"会社利润分配的一个特点。

四、"中日合办"企业分配特点

"中日合办"企业的利润分配有一个特点，就是在利润分配项目中，列有向中国政府方面上缴的"报效金"一项。这在"中日合办"企业的章程和实际利润分配表中时有出现，如"中日合办"沈阳马车铁道有限公司章程第四十条规定"股息派定后，剩存余利即提出十成之一报效奉天巡警局，若无余利，应由公司据实声明"，这是"纯民间""合办"企业的情况。[①] 而本溪湖煤铁公司"合办"合同约定，报效金占纯利润的 25%。本溪湖煤铁公司"合办"资本中，中方出资者为奉天政府，所以不是普通的民间"合办"企业，而是带有官商合办或官督商办性质，所以报效金设置的比例相当高，具体情况如表 6-10：

表 6-10　本溪湖煤铁公司"合办"合同利润分配预案（1910）

（单位：元）

	第 1—3 年度	第 4 年度以后
出井税	1 吨库平银 10 分的 1.25 两　95000	1 吨库平银 10 分的 1.6 两　121000
分红大仓	100 万元的 8%　80000	100 万元的 8%　80000
清政府	65 万元的 8%　52000（银股）	65 万元的 8%　52000（银股）
	35 万元的 8%　28000（矿股）	35 万元的 8%　28000（矿股）
（净利）	（120000）	（94000）
报效金、公积金	公积金：净利的 10%　12000	公积金：净利的 10%　9400
	报效金：净利的 25%　30000	报效金：净利的 25%　23500
交涉司上缴金	0	0
（差额）	（78000）	（61100）
再分红：大仓	39000	30000
清政府银股	25350	19857
清国矿股	13650	10692
分配大仓	119000（38%）= 两次分红	110550（29%）
清政府	244000（57%）	255050（68%）
（内）中央政府	125000	144500
奉天省	119000	110550
公积金	12000（3%）	9400（3%）
总利润	375000（100%）	375000（100%）

注：1. 假定年出煤量 50 万吨，总利润（包括出井税）是 375000 元。2. 库平银 1 两约合北洋银 1.5 元。3. 净利 = 利润 − 出井税 − 第一次分红，差额 = 净利 − 报效金 − 公积金 − 交涉司上缴金。4. 银股即现金出资的股份。

资料来源：据大仓财阀机关研究会『大倉財閥の研究——大倉と大陸』，近藤书店，1982 年，第 440 页制作。

① 「瀋陽馬車鐵道有限股份公司」，『支那に於ける合弁事業』，日本外務省外交史料館档案，アジア歴史資料センター，B0401087900。

　　如表 6-10 所示，根据合同约定的利润分配内容是：第一次分红的利润为 8%，另外净利的 10% 为公积金、25% 为报效金，剩余金额再进行第二次分红。在第一次分红的三个固定项目中，报效金是金额最大的一项。中日双方的分红比率一致，第 1—3 年度日方分红所得 119000 元，占分配利润的 38%，中方分红加报效金、出井税共得 244000 元，占利润分配的 57%，第 4 年度日方分红所得 110550 元，占分配利润的 29%，中方分红加报效金、出井税共得 255050 元，占利润分配的 68%，中日双方分红比率一致，但因报效金与税金两项，实际收益不同。在"中日合办"企业中还有一些企业存在同股不同权现象，如"中日合办"沈阳马车铁道有限公司章程第四十二条规定："除中日执业人等应得二成余利分作花红，中日股本四六成之比重分劈，中国股劈六成分给董事暨执事人等，日本劈四成分给董事暨执业人等，雇工人不与分劈。"[①] 这种同股不同权的现象仅在极少数"中日合办"企业中才能够看到。

---

　　① 「瀋陽馬車鐵道有限股份公司」，『支那に於ける合弁事業』，日本外務省外交史料館档案，アジア歴史資料センター，B0401087900。

第七章　简短的结语

一、整体性评述

（一）研究目标的达成

近代日商在华企业作为中国近代企业的组成部分，是中国近代企业史、企业制度史研究的重要对象，故本书的研究对象是近代"日商在华企业"，是"日商在华企业的制度"，更具体地说，是近代日商在华企业制度生成、演变和终结的全貌。作为"近代中国企业制度生成、演变及终结"课题中"日商企业"部分的专门研究，本书可以说是基本达到了既定目标的。这个目标大致可以从两方面来看，一是研究视野，二是研究视角。从研究视野看，这是一个涉及近代日商在华企业制度生成、演变、终结的总体研究，所谓"总体"即全方位，也就是将近代日商在华企业作为一个完整体系纳入研究视野，这个视野包括日商在华企业在华生存、活动的时间跨度、空间范围、行业分布、企业类别等诸多方面。从时间跨度看，自1870年至1945年历时大半个世纪；从空间范围看，按近代区域划分包括华中、华北、华南、东北等各大地区；从企业的行业分类看，涉及商贸、工矿、银行金融、交通航运等多个重要行业，基本做到了把近代日商在华企业全部纳入视野。从研究视角看，这是一个以现代企业理论为依据，有关近代日商在华企业产权、治理、利润分配三大制度的生成、演变、终结的独立研究，所谓"独立"，是指对产权、治理、利润三大制度的演进，分别进行独立的、系统的研究，而视角就是现代企业理论。对三大制度的独立研究做到了始终在这一视角下，始终以历史阶段的推移为脉络。从这两个方面看，本书基本达到了预定研究目标。

（二）结构设置的逻辑

本书既是对近代日商在华企业制度的一个全貌性研究，其核心问题又在于"制度演变"，即研究日商在华企业制度生成、演变的历史进程，是在时间跨度的全"近代"，空间广度的全"在华"，企业范围的多"行业"这一视野下展开的。首先就需要对日商在华企业的历史脉络、日商在华企业制度的历史渊源有一个基本把握，所以本研究是由日商在华企业生成、演变的历史概述，以及对产权、治理、利润分配三大制度的本源、演变的理论分析两大部分组成。在概述部分，以历史阶段的推移、企业及行业的发展、地理区域的扩张等为线索，交代了日商在华企业从无到有，企业规模从小到大发展的历史轨迹，研究的整体性或历史的连续性始终是本课题所重视的基础。作为中国近代企业的组成部分，日商在华企业有独立的渊源和发展轨迹，梳理历史线索可以说是开展理论分析的必要准备，而理论分析是对历史剖面的研究，它以问题为出发点，分析过程中难免会有衔接不够充分的问题。相对详尽的历史铺叙，即可弥补这些不足，完善理论分析的历史逻辑。

（三）研究视野的补充

该方面主要涉及两个问题，其一是第二章"日本近代企业的生成、发展与演变"的设置。日商在华企业的一大特殊性就是其源头在日本，从某种意义上讲可以把日商在华企业、企业制度，视为日本国内企业、企业制度的延伸和衍生。同样，基于日商在华企业制度的源头在日本、日商在华企业与母国之间存在长期密切联系的考量，本书将日本本国企业、企业制度的生成、演变单独加以研究、分析，故设置这一章是十分必要的。研究日商在华企业制度有两个基本问题必须解决，一是其制度的来源，二是制度的实际样态。日商在华企业制度的基础模式来源于日本国内企业，可以说是基本沿用了日本国内模式，若不把日本国内企业制度发生、发展、变化的基本情况捋顺，是很难清晰把握在华企业制度的生成、演变的路径和样态的。从以往相关的研究成果看，近代日本企业制度一般归在日本史研究范畴，在华日商企业、企业制度研究属于中国史范畴，二者之间缺乏连贯性。本书的观点是，厘清日本近代企业制度生成、演变的过程，是研究日商在华企业制度生成、演变的重要基础，在逻辑上补充了日商在华企业制度生成、发展的源头问题，打破了日本企业制度为日本史研究的局限，为厘清日商在华企业制度的发展脉络补充了逻辑依据。其二，根据总课题要求，对日商在华企业制度的研究应该是一个包括"生成、演变、终结"的整体研究，而本书并没有设置关于"终结"研究的专门章节。这不是一个疏漏，日商在华企业制度的终结，并不是制度自身演变的一个过程。随着抗日战争的结束，日商企业全部被作为敌产接收，其制度的发展也随之终结。而抗战结束前的一段时间里，日商在华企业已经陷入衰势，企业制度也已经被日本战时机制所打乱，这个问题作为日商在华企业制度的"战时变异"，已纳入正文论述，所以对于日商在华企业制度的终结，在此仅作为特殊历史节点作一补充交代。

二、研究的重点突破
（一）三大理论框架

本书对日商在华企业制度的分析、研究，是以现代企业理论的"产权、治理、分配"三大系统理论为框架展开的。这是总课题设定的理论框架。在实际研究中，循着产权、治理结构、剩余分配制度各自的历史演进路径，对日商在华企业制度的基本样态和特点展开了历史剖面分析、论述，而理论框架的设定和运用，很好地保证了企业制度史研究的合理、规范、深入，为分析各制度的阶段性演进、制度重点、制度特点提供了必要的支点和视角。如产权制度方面重点探讨了日商在华企业的初始资本来源、后期资金筹集、企业注册国籍等问题；治理结构方面重点探讨了股东大会及董事会职权的演变、组织结构中的科层治理、高层管理者身份背景等问题；利润分配方面重点探讨了员工薪酬分配的等级差异、薪酬中的津贴制、利润分配的项目和比例、留存资金和分红的关系、企业及员工福利等问题。很显然，在三大企业理论框架下，线索清晰、问题明确地解析了日商在华企业制度演变的路径和特点。这一框架超出了单纯企业史研究铺叙、分析基本史实的传统方法，带着问题意识和理论意识，将企业制度演变过程中的重点、特点、节点问题——列出，查找相关史料进行解析，从而更接近企业制度史研究的要求。以理论为支点研究日商在华企业制度的缘起和演进，使对日商在华企业制度的全貌及特点的解析也更深透。整体上说，日商在华企业制度的演变与日本国内企业制度高度一致，表现在制度模式基本遵循日本国内企业模式，制度演变的节点与日本国内基本同步，日商在华企业在资本来源和利润走向方面与日本国内紧密相连。那些总公司在日本的自不待说，本身就从属于总公司，一切都服从总公司统筹；大多数直接在华投资设立的企业，初始资本来自日本，利润也有部分送回日本国内。日商在华企业全都遵循日本国内企业利润分配制度重积累、弱分红的原则。还有更多细部分析在各章节中已有评述，此处只谈一个简单的结论：近代日商在华企业虽然是近代中国企业的组成部分，但是它缘起、演变的路径和模式，与日本国内企业的关系更深、更紧密。

（二）四大企业分类

本书对日商在华企业"产权、治理结构、剩余分配"三大制度体系的具体分析，是以"纯民间"、财阀、"国策"、"中日合办"四大类型企业为线索展开的。不进行分类、笼统地一言概之不可取，但是分类不当，研究就难以保持一致性。我们需要更细致、准确地了解日商在华企业制度的演变。实际上，不同类型的企业在总制度限定下，是各具独立特点的，各自的特点和企业性质、规模、经营方向等诸多因素相关，而这些因素有一定规律性，这种规律性就需要通过企业分类来区分。在绪论部分，对四大分类的理由、依据、方法和具体划分等问题已作了较详细的交代，这个专门针对日商在华企业独具的特性而设定的研究思路，带有一定的尝试性，在实际研究过程中获得了较理想的效果。笔者的研究目标是做一个全历史跨度、全国范围、全部类型的近代日商在华企业制度研究，然而是否能做到这三"全"却难以确定，其难点就在"全部类型"上。关于全历史跨度和全国范围，主要问题是资料的多寡，现有文献资料对梳理近代日商在华企业的生成、演变全貌而言是比较充分的。但是全部类型的关键在于类型界定应更有助于"制度"的研究。最终在综合各种分类标准的基础上，结合日商在华企业、企业制度所独具的特性设定了这四大分类，并以四大分类为历史概述和理论分析的具体线索，对日商在华企业的历史演进过程，产权、治理、分配三大制度的演进，逐一进行了梳理，这对把握每一条主线演进的阶段性规律和制度性特点起了重要作用。虽然四大类型并不能涵盖所有日商在华企业，但是抓住了日商在华企业的重点和主要对象。"纯民间"企业虽然多为中小企业，却因最早来华、存续最久、分布最广，具有深远影响，它从早期个人企业逐渐发展到以股份制企业为主导的演变历程，还有纺织企业治理模式中的"特选工"制度和"役付工"制度，都是具有代表性的。财阀企业以分支机构的形式渗入中国，极大地保留着日本家族封闭式企业制度形态的特点。"国策"会社产权制度中的资本筹集方式、利润分配中的政府分红比例等在战前和战时两大阶段所呈现的不同状态，以及"中日合办"企业资本的形式比例和实际比例间存在的差异等问题，都在企业分类基础上得以清晰展现。分类推演，使不同类型企业制度演变过程中的共性得到更深刻认识，如战前各大类型企业的产权形式明显不同，而战时，因共同享有日本政治、军事侵略的"红利"，各类企业瓜分"军管理"强占的华商企业，并改为所谓"日商企业"，这种产权不明晰的状况是一致的。这种掺杂战争因素而形成的新产权模式，是战时产权制度变异的结果。

（三）充分的史料运用

本书的特点之一是在史料运用方面。无论企业史还是企业制度史，都注重史料的挖掘和运用，充分占有史料是研究深入推进的基础条件。本研究使用了一定数量的中、日文原始档案，日商企业的社史，营业报告书，以及1949年以前出版的中、日文著作、论文等，涉及的史料范围较广。在设定的理论框架下，具有说服力的史料为解决细致的理论问题提供了依据。诸多问题都是以第一手史料为具体分析的基础而逐步推演、展开的。充足的史料为本书研究提供了重要依据，也为之后对相关问题的深入研究提供了进一步挖掘史料的路径。

三、有待深入的问题

（一）理论研究的尝试性

日商在华企业的制度研究总体上还处于企业史、行业史、经营史研究阶段，本书尝试以产权、治理、分配三大企业理论为基本分析视角和分析方法展开研究。这种以企业理论为框架展开企业制度研究的方法，比之单纯沿用企业史、行业史、经营史研究方法，对诸多制度问题的解析，确实得以展开得更深入、更具体，并获得更清晰、更客观的历史认知，但是依然有不少问题有待进一步理论探析。应该说本研究还只是带着理论的指导意识，循着理论的框架规范所作的努力，远未达到自如运用企业理论解剖制度本质的层面。在今后的企业制度史研究中，要进一步尝试将理论性作为研究的核心和目标，提高研究的理论水平。

（二）企业分类把握

本书的企业分类，虽然顾及不同规模、不同资本特性、不同政府背景等多种因素，但还是"宜粗不宜细"的分法，也不能涵盖所有企业。对四大类型企业本身的研究也有欠缺，处理各种类型时不够平衡，由于史料的局限，按照三大理论框架平行展开对现有四大类型企业的分析，也很难做到面面俱到，有些问题只能取一两个类型做典型分析，不能完整地满足设定的目标。如"纯民间"类型企业，因多为中小企业，能够收集的史料有限，就比财阀企业、"国策"会社分析、研究得少，但"纯民间"企业实际上是最早来华、存续最久、分布最广的企业，其中各企业的规模、产权形式、分配制度也有很大不同。在本书中，对这一类型企业的讨论显然是不足的，也是有待进一步深入研究的。

（三）史料挖掘的局限性

日商在华企业的史料的数量非常庞大，本书研究所涉及的史料仍相对有限，还存在继续深入挖掘利用的很大空间。尤其是具有连续性的企业档案、营业报告书等重要史料，对进一步深入研究日商企业制度极具价值。大部分史料存于日本，遗憾的是限于各种原因，笔者未能接触到大部分存于日本的史料，在国内可以依赖的史料则主要是旧文献，很难找到连续性的企业档案、企业营业报告书等重要史料。能够收集到的史料呈现出内容分散、详略不均等问题。这也是研究不够深入的原因之一。这一遗憾在今后的研究中是必须加以弥补，也是应该可以做到的。

参考文献

中文文献

一、著作（1949 年之后）

1. 吴承明编：《帝国主义在旧中国的投资》，人民出版社 1955 年版。

2. 严中平：《中国棉纺织史稿》，商务印书馆 1955 年版。

3. 陈真、姚洛编：《中国近代工业史资料》第二辑，三联书店 1957 年版。

4. 杜恂诚：《日本在旧中国的投资》，上海社会科学院出版社 1986 年版。

5. 居之芬、张利民主编：《日本在华北经济统制掠夺史》，天津古籍出版社 1997 年版。

6. 张雁深：《日本利用所谓"合办事业"侵华的历史》，生活·读书·新知三联书店 1958 年版。

7. 解学诗：《满铁与华北经济（1935—1945）》，社会科学文献出版社 2007 年版。

8. 徐新吾、黄汉民：《上海近代工业史》，上海社会科学院出版社 1998 年版。

9. 涂照彦：《日本帝国主义下的台湾》，台北人间出版社 1993 年版。

10. 高纲博文、陈祖恩：《日本侨民在上海：1820—1945》，上海辞书出版社 2000 年版。

11. 许金生：《近代上海日资工业史 1884—1937》，学林出版社 2009 年版。

12. 王文英：《三菱财阀史》，中国社会科学出版社 2002 年版。

13. 曹大臣：《近代日本在华领事制度：以华北地区为中心》，社会科学文献出版社 2009 年版。

14. 王尤清:《抗战期间在华日本财阀研究》,人民出版社 2019 年版。

15. 周飞:《二十世纪前期日资在华企业的演变:以本溪湖煤铁公司为例》,中国社会科学出版社 2016 年版。

16. 周颂伦:《近代日本社会转型期研究:1905—1936 年》,东北师范大学出版社 1998 年版。

17. 王希亮:《近代中国东北日本人早期活动研究》,社会科学文献出版社 2017 年版。

18. 姜建清、蒋立场:《近代中国外商银行史》,中信出版社 2016 年版。

19. 刘大钧:《上海工业化研究》,商务印书馆 2015 年版。

20. 寿充一、寿乐英:《外商银行在中国》,中国文史出版社 1996 年版。

21. 汪敬虞:《十九世纪西方资本主义对中国的经济侵略》,人民出版社 1983 年版。

22. 张玉法:《近代中国工业发展史(1860—1916)》,台北桂冠图书出版社 1992 年版。

23. 王铁崖:《中外旧约章汇编》,生活·读书·新知三联书店 1959 年版。

24. 汪敬虞:《中国近代工业史资料》第 2 辑上册,中华书局 1962 年版。

25. 朱荫贵:《国家干预经济与中日近代化:轮船招商局与三菱、日本邮船会社的比较研究》,东方出版社 1994 年版。

26. 庄维民、刘大可:《日本工商资本与近代山东》,社会科学文献出版社 2005 年版。

27. 洪葭管主编:《中国金融史》,西南财经大学出版社 1993 年版。

28. 中央档案馆、中国第二理事档案馆、吉林省社会科学院编:《华北经济掠夺》,中华书局 2004 年版。

29. 丁名楠:《帝国主义侵华史》第 1、2 卷,人民出版社 1961 年、

1986 年版。

30. 居之芬：《日本对华北经济的掠夺和统制——华北沦陷区资料选编》，北京出版社 1995 年版。

31. 姚会元：《日本对华金融掠夺（1931—1945）》，武汉出版社 2008 年版。

32. 张全盛等：《日本侵晋纪实》，山西人民出版社 1992 年版。

33. 中央档案馆等编：《日本帝国主义侵华档案资料选编》第 14 卷，中华书局 1991 年版。

34. 万峰：《日本资本主义史研究》，湖南人民出版社 1984 年版。

35. 傅文龄主编：《日本横滨正金银行在华活动史料》，中国金融出版社 1992 年版。

36. 王垂芳主编：《洋商史——上海（1843—1956）》，上海科学技术文献出版社 2007 年版。

37. 黑龙江省档案馆编：《满铁调查报告》第一辑（影印本），广西师范大学出版社 2005 年版。

38. 辽宁省档案馆编：《满铁机构》第一卷（影印本），广西师范大学出版社 2004 年版。

39. 陈湛颐：《日本人与香港——十九世纪见闻录》，香港教育图书公司 1995 年版。

40. 赵立新：《日本法制史》，北京知识产权出版社 2010 年版。

41. 平力群：《公司法变革与日本公司治理结构演变研究》，南开大学博士论文，2015 年。

42. 宋美云、张环：《近代天津工业与企业制度》，天津社会科学院出版社 2005 年版。

43. 周见：《中日经营史比较研究》，社会科学文献出版社 2017 年版。

44. 上海市粮食局、上海市工商行政管理局、上海社会科学院经济研究所经济史研究室编：《中国近代面粉工业史》，中华书局 1987 年版。

45. 中央档案馆等编：《日本帝国主义侵华档案资料选编》"河本大作与日军山西残留"卷，中华书局 1995 年版。

46. 王渭泉、吴征原、张英恩编著：《外商史》，中国财政经济出版社1996年版。

47. 阎志主编：《汉口商业简史》，湖北人民出版社2017年版。

48. 武汉港史委员会：《武汉港史》，人民交通出版社1994年版。

49. 汉口租界志编纂委员会编：《汉口租界志》，武汉出版社2003年版。

50. 上海档案馆：《日本帝国主义侵略上海罪行史料汇编》（下），上海人民出版社1997年版。

51. 上海档案馆编：《日本在华中经济掠夺史料1937—1945》，上海书店出版社2005年版。

二、译著

1.［日］坂本雅子：《财阀与帝国主义：三井物产与中国》，徐曼译，社会科学文献出版社2011年版。

2.［日］浅田乔二等：《1937—1945日本在中国沦陷区的经济掠夺》，袁愈佺译，复旦大学出版社1997年版。

3.［日］楫西光速等：《日本资本主义的发展》，阎静先译，商务印书馆1963年版。

4.［日］樋口弘：《日本对华投资》，北京编译社译，商务印书馆1960年版。

5.［美］雷麦：《外人在华投资》，蒋学楷、赵康节译，商务印书馆1959年版。

6.［美］高家龙：《大公司与关系网：中国境内的西方、日本和华商大企业（1880—1937）》，程麟荪译，上海社会科学院出版社2002年版。

7.［日］依田憙家：《日本帝国主义的本质及其对中国的侵略》，卞立强编译，中国国际广播出版社1993年版。

8.［英］G.C.艾伦：《近代日本经济简史1867—1937》，蔡谦译，商务印书馆1959年版。

9.［日］石井宽治：《日本帝国主义的对外战略（1853—1937年）》，

周见、周亮亮译，社会科学文献出版社 2018 年版。

10.〔日〕松浦章：《日清汽船与中国》，李海涛译，上海中国航海博物馆主办《国家航海》第七辑，上海古籍出版社 2014 年版。

11.《日本公司法典》，吴建斌、刘惠明、李涛译，中国法制出版社 2006 年版。

12.〔美〕科斯、阿尔钦、诺斯等：《财产权利与制度变迁：产权学派与新制度学派译文集》，刘守英等译，上海人民出版社 2014 年版。

13.〔美〕迈克尔·詹森：《企业理论——治理、剩余索取权和组织形式》，童英译，上海财经大学出版社 2008 年版。

14.〔日〕满史会编著：《满洲开发四十年史》（上、下），王文石等译，东北师范大学出版社 1988 年版。

15.〔日〕井上清：《日本历史（下册）》，天津市历史研究所译校，天津人民出版社 1976 年版。

16.〔苏〕马·伊·卢基杨诺娃：《第二次世界大战期间的日本垄断资本》，林林译，商务印书馆 1959 年版。

17.〔日〕铃木淑夫：《日本的金融制度》，陈云芳译，中国金融出版社 1987 年版。

18.〔日〕西川俊作、阿部武司编：《日本经济史 4 产业化的时代》（上），杨宁一、曹杰译，三联书店 1998 年版。

三、论文

1. 张祖国：《二十世纪上半叶日本在中国大陆的国策会社》，《历史研究》1986 年第 6 期。

2. 单冠初：《日本侵华的"以战养战"政策》，《历史研究》1991 年第 4 期。

3. 李卓：《试论近代日本企业家族主义经营的形成》，《天津社会科学》1994 年第 5 期。

4. 李幸：《家族制度与日本的近代化》，《南开学报》1994 年第 2 期。

5. 陈景彦：《论一战至"九一八"前日本对中国的经济侵略及其特

征》,《日本研究》1994 年第 2 期。

6. 徐成安:《日本政策性金融组织机构职能及其发展趋势》,《农金纵横》1996 年第 2 期。

7. 王玉芹:《论伪满特殊会社的资本构成》,《东北史地》2007 年第 3 期。

8. 王世权:《日本家族企业成长的理论解析及其影响因素分析——基于三井财阀的案例》,《产业经济评论》2008 年 6 月,第 7 卷第 2 辑。

9. 周石峰:《抵制日货的计量检视:1931—1934 年》,《中国经济史研究》2009 年第 1 期。

10. 朱荫贵:《抗战时期日本对中国轮船航运业的入侵与垄断》,《历史研究》2011 年第 2 期。

11. 仲继银:《日本财阀治理文化的变迁》,《董事会》2007 年第 3 期。

12. 李卓:《日本近代财阀家族式结构剖析》,《世界历史》1992 年第 5 期。

13. 李原:《日本近代会社制度的形成和特点》,《天府新论》1999 年第 5 期。

14. 夏春玉:《日本近代企业经营层的形成与学历教育》,《现代日本经济》1996 年第 1 期。

15. 王世权、杨斌:《所有权控制与家族企业成长——基于日本三井的案例分析》,《管理学报》2009 年第 6 期。

16. 王鹏远、朱颖妮:《日本财阀式家族制企业向现代法人企业形态变迁的启示》,《企业研究》2010 年第 18 期。

17. 任朝钢:《战前日本的公司形态与财阀企业的株式会社化》,《日本研究》2000 年第 4 期。

18. 高宇:《日本财阀企业的发展及其社会影响》,《日本学刊》2012 年第 4 期。

19. 李超:《日本公司法的历史变革(1898—2005)》,《沈阳大学学报》(社会科学版)2014 年第 6 期。

20. 熊达云:《七七事变前帝国主义对华北的经济扩张》,《近代史研究》1985 年第 5 期。

21. 解学诗：《兴中公司与"七七事变"》,《社会科学战线》1987 年第 3 期。

22. 朱婷：《一战前日本"内外棉"在沪企业经营状况考察》,《学术季刊》1996 年第 3 期。

23. 上海档案馆曹林华翻译：《华中振兴株式会社概况》《中支那振兴株式会社并关系事业会社概况》(1944 年),《档案与史学》1998 年第 5 期。

24. 井志忠：《"满洲"电业株式会社始末》,《外国问题研究》2011 年第 2 期。

25. 郑忠、仇松杏：《"国策会社"日清公司论析（1907—1939）》,《南京师大学报》(社会科学版) 2009 年第 2 期。

26. 刘凤华：《战时日本在华银行对特殊会社和团体的融资——以横滨正金银行北京支行为例》,《东北亚季刊》2014 年第 7 期。

27. 张梦梅、乔克裕：《研究日本近代经济立法为我国经济法制建设提供历史借鉴》,《中南政法学院学报法制与改革论坛》1986 年第 3 期。

28. 李原：《日本近代会社制度的形成和特点》,《天府新论》1999 年第 3 期。

29. 李若虹：《论日本近代商法的演变》,《山阴学刊》2013 年第 4 期。

30. 杨丽英：《日本公司立法的历史考察》,《现代法学》, 1998 年版。

31. 何勤华：《日本商法学的历史与现状》,《法律科学》1991 年第 1 期。

32. 刘毅：《日本株式会社的缘起与草创期的特征》,《日本研究》2004 年第 4 期。

33. 崔朝东：《中日两国近代企业成长的比较研究》,《北京理工大学学报》(社会科学版) 2003 年第 4 期。

34. 葛卫民：《试论日本近代经济立法及对我国的启示》,《关东商学院学报》2001 年第 2 期。

35. 朱婷：《1937—1945 年在华日资工业企业的扩张及其特点——以战时华中沦陷区为例》,《社会科学》2015 年第 5 期。

36. 王世权、杨斌:《所有权控制与家族企业成长——基于日本三井的案例分析》,《管理学报》2009 年第 12 期。

37. 松浦章、李海涛:《日清汽船会社与中国》,《国家航海》2014 年第 3 期。

38. 本刊编辑部:《抗战时期日商银行在华机构与业务的扩张》,《中国城市金融》2017 年第 12 期。

39. 周翔鹤:《日据前期在台湾日本人的工商业活动》,《台湾研究集刊》2006 年第 2 期。

40. 张晓辉:《日据时期的台湾银行与广东》,台湾光复六十五周年暨抗战史实学术研讨会论文集,2010 年 11 月。

41. 蔡小军:《台湾银行广州支店之初探》,《江苏钱币》2005 年第 4 期。

42. 江林泽:《近代青岛工业发展史论（1891—1937）》,《东方论坛》2017 年第 1 期。

43. 崔再尚:《日本殖民时期旅顺工业发展述略》,《大连近代史研究》2017 年第 1 期。

44. 平力群:《公司法变革与日本公司治理结构演变研究》,南开大学博士论文,2015 年。

45. 张利民:《日本华北开发公司资金透析》,《抗日战争研究》1994 年第 1 期。

46. 刘凤华:《战时日本在华银行对特殊会社和团体的融资——以横滨正金银行北京支行为例》,《东北亚学刊》2014 年第 4 期。

47. 方忠英:《近代广州的外资银行业》,《广东史志》2001 年第 2 期。

48. 张玉法:《清末民初的外资工业》,《中央研究院近代研究所集刊》1987 年 6 月第 16 期。

49. 张晓辉:《日据时期的台湾银行与广东政府》,《暨南学报》(哲学社会科学版)2013 年第 3 期。

50. 杨君厚:《日本侵华企业台湾银行广州支行》,《广州文史资料》第 12 辑,1964 年版。

51. 刘毅:《日本株式会社的缘起与草创期的特征》,《日本研究》2000年第 4 期。

52. 朱荫贵:《抗战爆发的外国在华银行——以二十世纪二三十年代为中心》,《中国经济史研究》2004 年第 4 期。

53. 李俊熙、赵显镐:《1914 年以前日本人在山东》,《东方论坛》2000 年第 4 期。

54. 彭雨新:《抗日战争前汉口的洋行和买办》,《理论战线》1959 年第 2 期。

55. 孙雁:《三菱财阀国策会社性质探析》,《外国问题研究》2016 年第 4 期。

56. 王晓明:《日本垄断企业分配结构及其特点》,《日本学刊》1995 年第 3 期。

57. 王玉芹:《论伪满特殊会社资本构成》,《东北史地》2008 年第 6 期。

58. 解学诗、宋玉印:《"七七"事变后日本掠夺华北资源的总枢纽——华北开发会社的设立及其活动轨迹》,《中国经济史研究》1990 年第 4 期。

59. 兰静:《近代香港外籍移民与香港生活环境（1841—1941）》,《暨南学报》(哲学社会科学版) 2013 年第 11 期。

60. 张莉红:《近代外商在四川的投资活动》,《中国经济史研究》1993 年第 2 期。

61. 杨立、柯绛:《1942 年前日本在华工矿业资本之调查统计》,《民国档案》1991 年第 2 期。

62. 杨立、柯绛:《1942 年前日本在中国沦陷区掠夺公司工矿业经营及收益调查》,《民国档案》1992 年第 1 期。

63. 沈世培:《抗战时期日商洋行在安徽的商业垄断经营》,《安徽史学》2011 年第 3 期。

64. 孙建:《近代东北地区银行合并的变迁及其影响》,《内蒙古民族大学学报》(社会科学版) 2010 年第 1 期。

65. 蒋立场:《外商银行在近代中国活动的区域格局》,《金融史研究》2013 年第 2 期。

四、旧著、旧刊（1949 年之前）

1. 雷雨：《东北经济概况》，北平西北书局 1932 年版。

2. 郑学稼：《日本财阀史论》，上海生活书店 1936 年版。

3. 郑伯彬：《日本侵占区之经济》，资源委员会经济研究室 1945 年版。

4. 王子健：《日本之棉纺织业》社会调查所 1933 年版。

5. 钱承绪：《战后上海之工商各业》，民益书局 1940 年版。

6. 金城银行上海总行调查科编印：《事变后之上海工业》1939 年版。

7. 上海社会局编：《上海之机制工业》，上海中华书局 1933 年版。

8. 赵兰萍：《日本对华商业》王云五主编，商务印书馆 1933 年版。

9. 龚骏编：《中国新工业发展史大纲》，商务印书馆 1933 年版。

10. 高平叔、丁雨山：《外人在华投资之过去与现在》，中华书局 1944年版。

11.《日本财阀之对满投资》，1940 年 12 月 1 日日文东洋第四三年第十二号，中国国民经济研究所译刊《中外经济拔萃》第五十四辑，1941 年 2 月版。

12.《日本财阀之对华投资》，中国国民经济研究所译刊《中外经济拔萃》第五十四辑，1941 年 2 月版。

13. 张肖梅编纂：《中外经济年报》，中国国民经济研究所 1939 年版。

14. 张肖梅：《日本对沪投资》，商务印书馆 1937 年版。

15. 吴承禧：《中国的银行》，商务印书馆 1934 年版。

16.《日本财阀三型》，《读者文摘》1946 年 3 月第 3 期。

17.《日本最大百货商三井物产公司概况》，《国防论坛》1934 年 2 月第 4 期。

18.《日本三菱三井财阀之阵容》，《兴业邮乘》1936 年第 46 期。

19. 铃木茂三郎：《日本资本王国三井三菱两大势力之争霸战》，《新创造》1932 年 1 月第 1 期。

20.《三井洋行第二十一届半年度账略报告》，《劝业丛报》1920 年第 1 期。

21.《日本三井公司减薪》，《银行周报》1930 年第 15 期。

22.《日商上海大东两银行停业后之所闻》，《银行周报》1927 年 7 月第 5 期。

23.《上海两日商银行同时停业》,《银行治理》1927 年 11 月第 14 期。

24.《日本三井银行 1939 年 6 月底营业报告》,《银行周报》1939 年 7 月第 1 期。

25.《日商投资华北工业》,《经济旬刊》1936 年 7 月第 2 期。

26.《日本三井会社改组》,《银行周报》1940 年 11 月第 34 期。

27.《华中振兴会社之开发计划》,《中外经济拔萃》1938 年第 2 卷第 12 期。

28.《民国二十三年在华日商纱厂统计》,《棉业》1935 年 8 月第 1 卷第 7 期。

29. 沧水:《论今日在华之外国银行》,《银行周报》1917 年 9 月 25 日第 1 期。

30. 萧观耀:《太平洋战事爆发后上海金融动态》,《银行周报》1942 年 5 月 31 日第 26 期。

31.《日方清理英美在沪银行》,《银行周报》1942 年 1 月 13 日第 26 期。

32.《横滨正金银行访问录》(二),《银行周报》1918 年 7 月 2 日第 2 期。

33.《日本银行沿革概要》(上),《银行周报》1921 年 5 月 10 日第 5 期。

34. 子明:《日本对华经济侵略概观》(一),《银行周报》1927 年 7 月 5 日第 11 期。

35.《天津之外商银行》,《银行周报》1935 年 7 月 30 日第 19 卷第 29 期。

36. 郑克伦:《沦陷区的工矿业》,《经济建设季刊》1943 年第 1 卷第 4 期。

37. 王逸宗:《八年来上海工业的总清算》,《经济周报》1945 年 12 月 6 日第 1 卷第 6 期。

38.《日本住友银行之历史及现状》,《银行周报》1918 年 2 月第 4 期。

39. 满洲劳工协会:《劳工协会报》(1940—1943 年)。

40.《三菱住友两银行营业之比较》,《银行月刊》1922 年 2 月第 5 期。

41.《日本邮船会社今昔观》,《银行周报》1927 年 11 月第 46 期。

五、档案

上海档案馆馆藏档案:

1.《日伪工商部事业部接受日军管理工厂委员会关于请无条件发还军管理纱厂的批复》1943 年,S30-1-286-16。

2.《中华民国纱厂联合会关于中纺、信和、崇信、统益四厂在日军管理期内的损失请保留继续交涉的函》,S30-1-286-1。

3.《日伪上海特别市商会调查工厂未复工原因》,1943 年,R47-1-80。

4.《日伪工商部事业部关于发还日军管理工厂规则令》1940 年,R18-1-70-21。

5.《民 29 年 6 月日伪工商部布告:发还军管理工厂申请规则》,R18-1-70-38。

6.《民 29 年 8 月日伪工商部布告:案查发还军管理申请规则》,R18-1-70-55。

7.《在华日本纺织同业会有关在华日本人纺织体制问题和以在华日人纺织为决战做准备》,Q192-6-406。

8.《在华日本纺织同业转发大阪本部　北京大日本帝国大使馆有关征购纺机作为战争需要的通知(日文)》1944 年,Q192-6-190。

9.《济南沦陷后茂新面粉四厂给日商山东恒产株式会社的经过函》1939 年,Q193-1-32。

10.《上海商业储蓄银行有关满洲事变后排日货运动和上海经济界的变动图表　上海经济统计图(日商上海兴信所编制)》1931 年,Q275-1-2205。

11.《上海商业储蓄银行有关日商行号调查资料》1933 年,Q275-1-1853。

12.《金城银行关于日寇侵华期间日商在上海经营之厂商行号调查资料》1938 年,Q264-1-803。

13.《日伪上海特别市沪西区公署转发工商部关于发还日军管理工厂规则令》1940 年 6 月 12 日，R18-1-70-21。

14.《日伪上海特别市商会调查工厂未复业原因日军管理各工厂名称地址及现状　纱业公会请求恢复现货买卖市场等的报告和有关文书》1943 年，R47-1-80。

天津档案馆馆藏档案：

1.《为送本会印鉴两纸请查照事与横滨正金银行天津支行来往函》，401206800-J0128-3-008307-002。

2.《为抄送朝鲜银行意见书事致吉林总商会训令（附意见书）》，401206800-J0128-3-005999-038。

3.《为华北开发分设天津济南两事务所事致天津特别市公署咨（附表）》，401206800-J0025-2-001027-001。

4.《为大生火柴厂转移营业情形事致中华燐寸株式会社的函》，401206800-J0128-3-007990-015。

5.《为送转运业公会会员名册致南满铁道株式会社北支事务局调查班函》，401206800-J0128-2-001864-011。

6.《为查华北机织工业株式会社解雇工人要求发给退职金事致胡局长签呈》，401206800-J0025-3-005770-046。

7.《为裕大纺织股份有限公司解散与日商合组新公司备案事致天津特别市公署咨》，401206800-J0025-2-001030-029。

8.《天津市银行业纺织工厂日人经营仓库烟草工业骨粉工业等统计》，401206800-J0025-2-000738-017。

中国第二历史档案馆馆藏档案：

《青岛工业工厂调查统计表·纺织业》，全宗号 28 目录（2）案卷号 72。

日文文献

一、著作

1. 西川博史『日本帝国主義と綿業』，ミネルヴァ書房，1987 年。

2. 小林正彬『日本の経営史読本』，有斐閣，1976 年。

3. 由井常彦『日本の経営発展』，東洋経済新報社，1977 年。

4. 高橋亀吉『日本企業と経営者の発展史』，東洋経済新報社，1977 年。

5. 間マクロ編『日本の企業と社会』，日本経済新聞社，1977 年。

6. 高村直助『日本帝国主義史論』，ミネルヴァ書房，1983 年。

7. 森時彦『在華紡と中国社会』，京都大学学術出版会，2005 年。

8. 武田晴人編著『日本産業発展のダイナミズム』，東京大学出版会，1995 年。

9. 桑原哲也『企業国際化の史的分析――戦前期日本紡績企業の中国投資』，森山書房，1996 年。

10. 佐々木聡、中林真幸編著『組織と戦略の時代 1914 ～ 1937』，ミネルヴァ書房，2010 年。

11. 岡部利良『旧中国の紡績労働研究―旧中国の近代工業労働の分析―』，九州大学出版会，1992 年。

12. 柴田善雅『中国占領区日系企業の活動』，日本経済評論社，2008 年。

13. 結城武延「日本における近代企業の展開と発展――綿紡績企業における経営者の自律と他律――」，博士論文，2013 年。

14. 西川俊作、阿部武司『日本経済史 4　産業化の時代』(上)，岩波新書，1990 年。

15. 河合和男他『国策会社、東拓の研究』，不二出版社，1999 年。

16. 玉城肇『日本財閥史』，社会思想社，1976 年。

17. 福島正夫『日本資本主義と "家" 制度』，東京大学出版会，1967 年。

18. 宮島英昭『産業政策と企業統制の経済史――日本経済発展のミクロ分析――』，有斐閣，2004 年。

19. 長岡新吉『近代日本経済史』，日本経済評論社，1980 年。

20. 野村兼太郎『日本経済史』，有斐閣，1957 年。

21. 中村隆英、史作政『近代日本経済発展史』，知識出版社，1987 年。

22. 牧英正、藤原明久『日本法制史』，青林書院，1993 年。

23. 川口由彦『日本近代法制史』，新世社，1997 年。

24. 神保文夫、植田信広、伊藤孝夫、淺古弘編『日本法制史』，青林書院，2010 年。

25. 岩波書店編集部『近代日本総合年表』第三版，岩波書店，1991 年。

26. 西井一夫編集『昭和史全記録 1926—1989』，毎日新聞社，1989 年。

27. 久保文克『近代製糖業の経営史的研究』，株式会社文真堂，2016 年。

28. 高村直助『近代日本綿業と中国』，東京大学出版会，1982 年。

29. 三和良一『概説日本経済史近現代』，東京大学出版会，2007 年。

30. 老川慶喜『日本経済史』，税務経理協会，2006 年。

31. 牧英正、藤原明久『日本法制史』，青林書院，1993 年。

32. 中村隆一『戦時日本の華北経済支配』，山川出版社，1983 年。

33. 富澤芳亞、久保亨、荻原充編著『近代中国を生きた日系企業』，大阪大学出版会，2011 年。

34. 武田晴人編著『日本产业発展のダイナミズム』，東京大学出版会，1995 年。

35. 本庄佐比子編『日本の青島占領と山東の社会経済，1914—22 年』，財団法人東洋文庫，2006 年。

36. 三島康雄『三菱財閥　日本財閥経営史』，日本経済新聞社，1981 年。

37. 谷政弘編『戦時経済と日本企業』，昭和堂，1990 年。

38. 河合和男他『国策会社、東拓の研究』，不二出版社，1999 年。

39. 高綱博文編『戦時上海——1936—45』，研文出版，2005 年。

40. 小林英夫編『日本帝国主義の満洲支配』，時潮社，1986 年。

41. 畠山秀樹『三菱合資会社の東アジア海外支店漢口、上海、香港』，追手門学院大学出版会，2014 年。

42. 久保亨『戦時期中国の綿業と企業経営』，汲古書院，2005 年。

43. 森川英正『地方財閥経営史』，日本経済新聞社，1985 年。

44. 大倉財閥機関研究会『大倉財閥の研究——大倉と大陸』，近藤書店，1982 年。

45. 淺田喬二、小林英夫編『日本帝国主義の満洲支配』，時潮社，

1986 年。

　46. 作道洋太郎『住友財閥史』，教育社，1979 年。

　47. 真銅政治編輯『漢口日本商工會議所要覧』，日本商工會議所，1942 年。

　48. 浅田喬二編『日本帝国主義下の中国——中国占領地経済の研究』，楽游書房，1981 年。

　49. 金子文夫『近代日本における対満洲投資の研究』，近藤出版社，1991 年。

　50. 石井寛治『日本の産業革命——日清・日露戦争から考える』，朝日新聞社，1997 年。

　51. 橋本寿郎、大杉由香『近代日本経済史』，岩波書店，2000 年。

　52. 楫西光速『昭和経済史』，東洋経済新報社，1951 年。

　53. 楫西光速等『日本資本主義の発達』，東京大学出版会，1956 年。

　54. 楫西光速『日本経済史』，御茶ノ水書房，1975 年。

　55. 作道洋太郎『住友財閥史』，教育出版，1979 年。

　56. 安岡重明『財閥形成史の研究』，ミネルヴァ書房，1971 年。

二、论文

　1. 欒玉璽「青島における日本紡績業の労働者構成とその管理——1920—30 年代を中心に」，『経営史学』第 35 巻第 4 号，2000 年。

　2. 欒玉璽「青島における近代工業の発展と在華紡績」，関西学院『経営学論究』第 52 巻第 2 号，1998 年。

　3. 柴田善雅「中華匯業銀行小史——合弁銀行の運命」，『東洋研究』第 123 号，1997 年。

　4. 柴田善雅「華北における興中公司の活動」，『東洋研究』第 138 号，2000 年。

　5. 柴田善雅「戦時企業整備とその資金措置」，『大東文化大学紀要』第 41 号（社会科学）2003 年。

　6. 高綱博文「"中支那振興株式会社" 研究の成果及び課題」，研究紀要第 27 号，2014 年。

7. 谷ケ城秀吉「政府部門と国策会社の設立：台湾拓殖を事例に」，専修大学社会科学研究所『社会科学年報』第 51 号，2017 年。

8. 桑原哲也「在華紡の組織能力——両大戦間期の内外綿会社」，竜谷大学『経営学論集』，大貝威芳教授退職記念号，第 44 巻第 1 号，2004 年。

9. 阿部武司、桑園哲也「在華紡の経営動向に関する基礎資料」，神戸大学『国民経営雑誌』第 182 巻第 3 号，2000 年。

10. 桑原哲也「在華紡の経営——内外綿会社，1911—1945——」東京大東洋文化研究所『アジア情報学のフロンティア』，2000 年。

11. 桑原哲也「日本における近代的工場管理の形成——鐘淵紡績会社武藤山治の組織革新 1900—1907」（上、下），京都産業大学『経済経営論集』第 27 巻第 4 号、第 28 号，1992 年。

12. 桑原哲也「日本における近代的工場管理の形成——鐘淵紡績会社における科学管理導入，1910 年代——」，神戸大学『国民経済雑誌』第 172 巻第 6 号，1995 年。

13. 桑原哲也、阿部武司「在華紡の経営動向にかんする基礎資料」，神戸大学『国民経済雑誌』第 182 巻第 3 号，2009 年。

14. 谷ケ城秀吉「戦時経済下における国策会社の企業行動——台湾拓殖の華南占領地経営を事例に」，『東アジア近代史』第 10 号，2007 年。

15. 朱徳岚「十五年戦争と日本企業の経営活動」，『社会文化研究紀要』第 43 号，1999 年。

16. 松木俊郎「戦前日本対華事業投資額推移，1900—1930」，『冈山大学経済学会雑志』第 12 巻第 3 号。

17. 高綱博文「黎明前の青島労働運動——一九二五年の青島中華紡争議について——」，『東洋史研究』第 42 巻第 2 号，1983 年。

18. 久保亨「青島における中国紡——在華紡間の競争と協調」，『社会経済史学』第 56 巻第 5 号，1991 年。

19. 森時彦「日本企業の国際経営に関する歴史的考察——両大戦間期，中国における内外綿会社」，『日本労働研究雑誌』，2006 年。

三、旧著、旧刊

1. 内田嘉吉『国民海外発展策』，拓殖新報社，1915 年。

2. 東亞同文回覧調査編纂部編『支那之工業』，東亞同文会調査編纂部，1917 年。

3. 大日本文明協会編『日本人の海外發展』，大日本文明協會事務所，1917 年。

4. 濱田峰太郎『支那における紡織業』，日本堂書店，1923 年。

5. 東洋拓殖株式會社編纂『東洋拓殖株式會社三十年誌』，東洋拓殖株式會社，1929 年。

6. 及川朝雄『上海外商株式市場論』，三通書局，1931 年。

7. 日本商工會議所編『海外に雄飛する日本陶磁器工業』，日本商工會議所，1935 年。

8. 渡辺武『北支開發企業の現勢』，對滿支時局史編纂所，1940 年。

9. 南満洲鉄道株式会社天津事務所調査課『山東紡績業の概況』，南満洲鉄道天津事務所，1936 年。

10. 満鉄産業部編『日本とその海外市場・其他』，南満洲鐵道株式會社，1937 年。

11. 北支經濟調査所編『北支主要工場及事業場生産実績一覧表』，南満洲鉄道調査部，1940 年。

12. 上海滿鐵事務所調査室編『上海に於ける工業概觀』，1939 年。

13. 大日本紡績聯合会編『東亞共栄圏と繊維産業』，文理書院，1941 年。

14. 満鉄上海事務所調査課編『上海工業實態調査資料概括表』，1942 年。

15. 根岸榮之編輯『第一工業製藥株式會社三十年略史』，第一工業製藥株式會社，1943 年。

16. 西村眞次『日本海外發展史』，東京堂，1942 年。

17. 上海日本総領事館経済部『上海ノ工業資本及生産力』，上海日本総領事館経済部，1943 年。

18. 村上莞爾『日本人の海外発展』，宋榮堂，1943 年。

19. 柴田賢一『日本民族海外発展史』，興亞日本社，1941 年。

20. 入江寅次『邦人海外発展史』，井田書店，1942 年。

21. 満鉄上海事務所調査課編『上海工業實態調査資料概括表』，1942 年。

22. 宇佐美誠次郎『危機における日本資本主義の構造』，岩波書店，1951 年。

23. 華中鉄道股份有限公司總務部調査課編『上海地域ニ於ケル非鉄金属工業ノ現況及工場實態調査報告』，出版地址、年月不詳。

24. 上海日本商業会議所『上海内外商工案内』，上海日本商業会議所，1926 年。

25. 上海日本商業会議所『上海日本商業會議所年報』(20 世纪 10—20 年代)，上海日本商業会議所出版。

26. 上海日報社編『上海年鑑』，1926 年。

27. 上海日本商工会議所編『上海要覽』増改補訂版，1939 年。

28. 満鉄産業部『満洲経済年報』，東京改造社，1937 年。

29. 中島国雄『満洲に於ける苦力管理の要訣』，満洲文化協会，1935 年。

30. 上海日本商工會議所『上海経済提要』，1941 年。

31. 上海毎日新聞社『上海経済年鑑（第一回）』，1924 年。

32. 上海日本商工会議所『上海日本商工会議所年報』，1922、1925、1940、1941、1942、1943 年。

33. 上海日本商工會議所編『上海在留邦人俸給生活者の家計調査に關する中間報告』，1942 年。

34. 中支那振興会社『中支那振興会社並關係会社事業概況』，1942 年。

35. 満鉄上海事務所調査課『上海工業実態調査實資料概括表』，1942 年。

36. 南満洲鉄道株式会社北支経済調査所編『北支那工場実态調査報告書——芝罘之部』，南満洲鉄道調査部，1939 年。

37. 南満洲鉄道株式会社北支経済調査所編『北支那工場実态調査報告書——山西之部』，南満洲鉄道調査部，1940 年。

38. 南満洲鉄道株式会社北支経済調査所編『北支那工場実态調査報告書——天津之部』，南満洲鉄道調査部，1941 年。

39. 南満洲鉄道東亜経済調査局『上海の金融機関』，南満洲鉄道株式会社，1927 年。

　　40. 満鉄会社『中支那工業立地条件調査一般報告（中間報告）：中支那工業地帯編成ニ就テ』，南満州鉄道株式会社満鉄上海事務所，1940 年。

　　41. 満鉄会社『南満主要八業種別（五十四工場）実態調査報告：第 1回』，南満洲鉄道株式会社，1941 年。

　　42. 東亞研究所編『昭和十一年末現在列國對華投資概要』，東亞研究所，1937 年。

　　43. 東亞研究所『戰時下の上海經濟』，東亞研究所，1942 年。

　　44. 東亞研究所編『日本の対支投資』（上）原書房，1974 年复刻。

　　45. 東亞研究所編『日本対華投資』（下），原書房，1947 年。

　　46. 上海“居留民団”創立三十五周年記念誌編纂委員会『上海居留民団三十五周年紀念』，1942 年。

　　47. 高窪喜八郎『商法会社編』，法律評論社，1927 年。

　　48. 白柳秀湖『岩崎彌太郎傳』（偉人傳全集　第 12 卷），改造社，1932 年。

　　49. 上海日本商工會議所『上海における邦商組合事情』，1940 年。

　　50. 野々垣一雄編輯『上海経済年鑑』，上海経済研究所，1943 年。

　　51. 上海日本商業会議所『上海内外商工案内』，1926 年 10 月 15 日。

　　52. 上海日本商業会議所『上海日本商業会議所年報』，1919—1926 年。

　　53. 外務省通商局編『支那本邦人進勢概覧』，1919 年。

　　54. 木村雄平編『山東商工案内録』，杏城社，1933 年。

　　55. 植田捷雄『支那に於ける租界の研究』，嚴松堂書店，1941 年。

　　56. 天津居留民団『天津居留民団三十周年記念誌』，大阪市，1927 年。

　　57. 天津興信所編『京津在留邦人官商録』，天津興信所，1925 年。

　　58. 青島日本商業會議所『青島邦人商工案内』，青島日本商業會議所，1923 年。

　　59.『満洲開發十五年誌：附在支邦人事業録』，海外經濟通信社 1920 年。

　　60.『済南に於ける製造工業』，南満洲鉄道株式会社天津事務所，1936 年。

61. 朝鮮銀行京城総裁席調査課編『山西省に於ける金融経済概況と金融機関の内容』，朝鮮銀行調査課，1930 年。

62. 朝鮮銀行調査課『山西省に於ける金融経済概況と金融機関の内容』，朝鮮銀行調査課，1937 年。

63. 南満洲鉄道株式会社『大東公司ノ設置、組織並活動状況』，満鉄経済調査会第一部，1930 年。

64. 眞銅政治編輯『漢口日本商工会議所要覧』，漢口日本商工会議所，1943 年。

65. 野田経済研究所『戦時下の国策会社』，野田経済研究所出版部，1940 年。

66.「中支軍管理工塲の現状」(一—三)，『中外商業新報』1942 年 6 月 30 日—7 月 2 日。

67.『大日本紡績聯合会月刊』第 555、556、571 期，1939 年。

68. 支那問題研究所『支那統計月報』，1938—1943 年 (昭和十三—十八)。

69. 満鉄上海事務所『上海滿鉄季刊』，内山書店，1937 年 4 月、7 月。

70. 上海週報社『上海週報』，1928—1933 年 (昭和三—八)。

71. 博文館『通商彙纂』，1903—1915 年 (明治三十六—大正三)。

72. 外務省通商局『通商公報』，1913—1924 年 (大正二—十三)。

73. 上海日本商工会議所『経済月報』，1927—1936 年 (昭和二—十一)。

74. 東京商工会議所『重要経済統計月報』，1928—1937 年。

75. 天津居留民団編『天津居留民団二十年記念誌』，1930 年。

76. 満鉄調査部『満鉄調査報』，1931—1941 年。

77. 佐々木淳編集、解題『明解企業史研究資料集旧外地企業編第 4 卷 (満洲国・中国関内・南洋群島)』，興亜院華中連絡部，1946 年。

四、神户大学附属图书馆数据库日文报纸报道资料影印件

1.「邦人の上海紡績業」，新聞記事文庫綿糸紡績業 (01-035)，『大阪毎日新聞』1912 年 6 月 15 日。

2.「邦人の支那紡績経営」，新聞記事文庫綿糸紡績業（01-113），『大阪毎日新聞』1913 年 7 月 5 日。

3.「支那紡績発展の趨勢」（一―四），新聞記事文庫綿糸紡績業（09-007），『奉天新聞』1922 年 1 月 6 日―11 日。

4.「南満邦人会社」（上・下），新聞記事文庫会社（1-042），『満州日日新聞』1916 年 4 月 25 日―27 日。

5.「邦人の支那紡績経営」，新聞記事文庫会社（10-071），『大阪毎日新聞』1936 年 1 月 30 日。

6.「中支軍管理工場の現状」（一―三），新聞記事文庫中国（19-013），『中外商業新報』1942 年 6 月 30 日―7 月 2 日。

7.「対支邦人企業の勃興」，新聞記事文庫綿糸紡績業（06-003）-3，『大阪朝日新聞』1920 年 3 月 3 日。

8.「東洋紡績の成立」，新聞記事文庫綿糸紡績業（02-103），『大阪毎日新聞』1914 年 6 月 27 日。

9.「支那紡績業の発達」（上・下），新聞記事文庫綿糸紡績業（06-153），『大阪朝日新聞』1920 年 2 月 18 日―19 日。

10.「対支本邦紡績」（上・下），新聞記事文庫綿糸紡績業（03-013），『中外商業新報』1915 年 7 月 18 日―19 日。

11.「本邦紡績業と支那市場」（一―九），新聞記事文庫綿糸紡績業（03-081），『中外商業新報』1917 年 4 月 6 日―14 日。

12.「満州の工業」（一），新聞記事文庫工業（07-084），『満州日日新聞』1930 年 9 月 9 日―14 日。

13.「揚子江流域の工業、本邦工業発展の新天地」（一―十），新聞記事文庫工業（03-081），『中外商業新報』1917 年 10 月 19 日。

14.「各種小工業が支那へ移動」，新聞記事文庫工業（07-096），『国民新聞』1931 年 5 月 12 日。

15.「大阪メリヤス紡織全設備を支那へ移転」，新聞記事文庫工業（07-100），『中外商業新報』1931 年 6 月 13 日。

16.「日本工業の上海進出」，新聞記事文庫工業（07-104），『台湾日日新報』1931 年 7 月 1 日。

17.「邦人の企業工場支那内地に進出」，新聞記事文庫工業（07-107），『満州日報』1931 年 9 月 9 日。

18.「本邦製造工場の海外移動続出」，新聞記事文庫工業（07-126），『神戸又新日報』1933 年 2 月 17 日。

19.「大東亜戦争と上海経済」（1—2），新聞記事文庫中国（19-016），『満州日日新聞』1942 年 7 月 5 日—6 日。

五、社史

1. 東洋拓殖株式会社編纂『東洋拓殖株式会社三十年誌』，1929 年。

2. 東亜煙草株式会社『東亜煙草株式会社小史』，1932 年。

3. 東洋紡績株式会社『東洋紡績株式会社要覧』，1934 年。

4. 元木光之『内外綿株式会社五十年史』，木下印刷所，1937 年。

5. 華中蚕糸股份有限公司『支那蚕糸業と華中蚕糸股份有限公司』，1939 年。

6. 大日本紡績株式会社『大日本紡績五十周年紀要』，1941 年。

7. 日綿実業株式会社『日本綿花株式会社五十年史』，1943 年。

8. 日清汽船株式会社『日清汽船株式会社三十年史及追補』，1941 年。

9. 富士紡績株式会社『富士紡績株式会社五十年史』，1947 年。

10. 三井造船株式会社『三十五年史』，1953 年。

11. 日清制粉株式会社『日清制粉株式会社史』，1955 年。

12. 日本セメント株式会社『七十年史』本編，1955 年。

13. 三菱重工業株式会社『三菱重工業株式会社史』，1956 年。

14. 日本邮船株式会社『日本邮船七十年史』，1956 年。

15. 三菱倉庫株式会社『三菱倉庫七十年史』，1962 年。

16. 三菱工業セメント株式会社『三菱工業誌』，1976 年。

17. 日本製粉株式会社『日本製粉株式会社七十年史』，1968 年。

18. 三井造船『三井造船株式会社 50 年史』，1968 年。

19. 日清紡績株式会社『日清紡績六十年史』，1969 年。

20. 満史会『満洲開発四十年史』，東京謙光社，1964 年。

21. 松本豊三『南満洲鉄道株式会社三十年略史』，満鉄調査部，1937 年。

22. 三菱商事株式会社『三菱商事社史』上巻，資料編，1987 年。

23. 住友銀行『住友銀行 80 年史』，1979 年。

六、亚洲历史资料中心外务省外交资料馆档案

1.『東邦興業株式会社』，B04010848500。

2.『日支合弁事業関係雑件』第一巻 1，湖南ニ於ケル日支合弁事業，B04010848300。

3.『日支合弁事業関係雑件』第一巻 2，江西、浙江両省ノ鉱山合弁契約締結ノ要，B04010848400。

4.『日支合弁事業関係雑件』第一巻 7，支那政府ノ内密ニ東部内蒙古地方官ニ交付シタル《日支合弁事業規則写ノ件》，B04010848900。

5.『日支合弁事業関係雑件』第一巻 8，日支合弁製鋼会社，B04010849000。

6.『日支合弁事業関係雑件』第一巻 12，奉天ニ製鉄所放置ノ件，B04010849400。

7.『日支合弁事業関係雑件』第一巻 16，中日合弁興業有限公司，B04010849800。

8.『日支合弁事業関係雑件』第一巻 20，中国鉱公司，B04010850200。

9.『日支合弁事業関係雑件』第二巻 8，支那ニ於ケル合弁事業調査書 2，B04010879100。

10.『日支合弁事業関係雑件』第二巻 8，支那ニ於ケル合弁事業調査書 3，B04010879200。

11.『日支合弁事業関係雑件』第二巻 9，中日合弁鴨緑江水力電気会社，B04010879300。

12.『支那ニ於ケル合弁事業調査一件』第一回北清、中清、南清ノ部 1，B04010879500。

13.『支那ニ於ケル合弁事業調査一件』第一回北清、中清、南清ノ部 2，B04010879600。

14.『支那ニ於ケル合弁事業調査一件』第一回北清、中清、南清ノ部 3，B04010879700。

15.『支那ニ於ケル合弁事業調査一件』第一回北清、中清、南清ノ部 4，B04010879800。

16.『支那ニ於ケル合弁事業調査一件』第一回北清、中清、南清ノ部 5，B04010879900。

17.『支那ニ於ケル合弁事業調査一件』第一回北清、中清、南清ノ部 6，B04010880000。

18.『支那ニ於ケル合弁事業調査一件』第一回満州ノ部第二巻 1，B04010880700。

19.『支那ニ於ケル合弁事業調査一件』第一回満州ノ部第二巻 2，B04010880800。

20.『支那ニ於ケル合弁事業調査一件』第一回満州ノ部第二巻 3，B04010880900。

21.『支那ニ於ケル合弁事業調査一件』第一回満州ノ部第二巻 4，B04010881000。

22.『支那ニ於ケル合弁事業調査一件』第一回満州ノ部第二巻 5，B04010881100。

23.『支那ニ於ケル電気事業関係雑件』第一巻 1，長沙ニ於ケル電燈会社自明治三十八年七月，B04011199800。

24.『支那ニ於ケル電気事業関係雑件』第一巻 41，日清合弁遼陽電燈公司自明治四十四年九月，B04011200100。

25.『支那ニ於ケル電気事業関係雑件』第一巻 17，中華電業株式会社自大正八年三月，B04011201500。

26.『支那ニ於ケル電気事業関係雑件』第一巻 11，満州里電燈会社自大正七年四月，B04011200800。

27.『支那ニ於ケル電気事業関係雑件』第一巻 9，日米支合弁「支那

電気会社」自大正六年九月，B04011200600。

　28.『支那ニ於ケル電気事業関係雑件』第一巻61 九江電燈公司自大正五年七月，B04011200300。

　29.『支那ニ於ケル電気事業関係雑件』第一巻5，武昌電燈会社自大正二年十二月，B04011200200。

　30.『東亜興業株式会社関係雑纂』分割1，B04011207400。

　31.『東亜興業株式会社関係雑纂』分割2，B04011207500。

　32.『東亜興業株式会社関係雑纂』分割3，B04011207600。

　33.『東亜興業株式会社関係雑纂』分割4，B04011207700。

　34.『東亜興業株式会社関係雑纂』分割5，B04011207800。

　35.『東亜興業株式会社関係雑纂』分割6，B04011207800。

　36.『東亜興業株式会社関係雑纂』営業報告分割1，B04011208000。

　37.『東亜興業株式会社関係雑纂』営業報告分割2，B0401120810。

　38.『東亜興業株式会社関係雑纂』営業報告分割3，B04011208200。

　39.『中日実業会社関係雑纂』第一巻分割2，B04011208900。

　40.『中日実業会社関係雑纂』第一巻分割3，B04011209000。

　41.『中日実業会社関係雑纂』第一巻分割4，B04011209100。

　42.『商法第六章ノ規定ヲ現在ノ外国商事会社支店ニ適用ノ義意見問合ノ件』，明治三十二年，B10074014100。

　43.『福州ニ三井物産会社支店若クハ出張所設置計画一件』，B10074020200。

　44.『日清合同上海絹糸製造株式会社設立一件』，B10074021100。

　45.『商務印書館特別株主総会ニ関スル報告ノ件大正三年二月』，B10074034700。

　46.『漢口ニ於ケル紡績会社設立計画ニ関シ報告ノ件（第一紡織株式会社）』，大正四年八月，B10074035100。

　47.『裕華紡織株式会社設立計画ニ関スル件大正八年八月』，B10074036800。

　48.『九江製粉会社設立報告ノ件大正十年四月』，B10074037200。

49.『三菱商事株式会社』，B08061138700。

50.『東亜興業株式会社』，B08061138800。

51.『南満州会社』，B08061139000。

52.『隆和公司』，B08061139400。

53.『山東煙草株式会社』，B08061140700。

54.『西北商務公司』，B08061140900。

55.『東興洋行』，B08061141200。

56.『満州紡績会社』，B08061141300。

57.『中華滙業銀行定款』，A18110181600。

58.『南満鉄道会社ノ労働政策ニ関スル意見書』，B03030230600。

59.『合資会社の部』分割 2，B10074113000。

60.『株式合資会社の部』，B10074113200。

61.『合名会社登記簿／在上海総領事館扱ノ部』第一巻，B08061319300。

62.『合名会社登記簿／在上海総領事館扱ノ部』第二巻，B08061319600。

63.『合名会社登記簿／在上海総領事館扱ノ部』第三巻，B08061319900。

64.『法人登記簿／在上海総領事館扱ノ部』，B08061324700。

65.『横浜正金銀行取締役月給等準備金ノ収支ニ取計方』，A15110188000。

66.『南満鉄道会社ノ労働政策ニ関スル意見書』，B03030230600。

67.『在天津日本総領事館／／株式会社正隆銀行／／株式会社正隆銀行取締役頭取安田善兵衛』，B10074245500。

68.『中支那振興株式会社法ヲ定ム』，A14100679300。

69.『中支那振興株式会社法』，A15060365500。

70.『中支那振興株式会社職制（試案）立案方針』，A15060381500。

71.『中支那振興株式会社設立準備に要する経費』，A15060382600。

72.『中支那振興株式会社株式募集要項』，A15060432000。

73.『中支那振興株式会社社員給与規程改正ノ件』，B06050406400。

74.『支那製鉄株式会社設立要綱ヲ定ム』，A03010061000。

75.『北支那開発株式会社法』，A15060365400。

76.『北支那開発株式会社株主募集要綱（昭和一三.六.一七）』，A15060385200。

77.『華中電業株式会社設立要綱ニ関スル件』，A04018466400。

78.『中水産株式会社設立要綱ニ関スル件』，A04018468500。

79.『華北葉煙草株式会社設立要綱ニ関スル件』，A04018469100。

80.『支那ニ対スル金融機関ノ件』，B03030229800。

81.『第四巻製造工業上／第一編工業』8，B03050521600。

82.『支那ニ於ケル合弁事業調査書』1，B04010879000。

83.『支那ニ於ケル本邦人企業ニ関スル雑件』，B04011222400。

84.『在支那本邦人発展状況調査書印刷ノ件』，B11090750900。

85.『天津地方ニ於ケル邦人企業ノ勃興ニ関スル件大正九年三月』，B11090753900。

86.『在支邦人企業統計大正十一年十二月末現在／1922年』，B10070555300。

87.『支那ニ於ケル本邦人企業ニ関スル件』，B13081502300。

88.『在支本邦人企業ニ関スル件』，B13081520300。

89.『上海に於ける日本及日本人の地位／1915年』，B10070517200。

90.『上海邦人工業救済ニ関スル請願書』，B02030244400。

91.『在上海本邦紡績会社操業現状ニ関スル件』，B11100888300。

92.『支那ニ於ケル紡績工場所在地ニ関スル件』，B11100997900。

93.『支那ニ於ケル本邦商事会社支店設立登記ニ関シ支店ノ意義ニツキ伺』，B08060777700。

94.『満鉄発展ニ関スル満鉄ノ事業企図』，B03030293800。

95.『南満洲鉄道株式会社ニ関スル件』，B03030302900。

96.『南満洲鉄道株式会社ニ関スル事務主管ノ件』，B03030303000。

97.『日中合弁事業第一表吉林省（其一）』，B02130046100。

98.『日中合弁事業第二表吉林省（其二）』，B02130046200。

99.『日中合弁事業第三表奉天省（其一）』，B02130046300。

100.『日中合弁事業第四表奉天省（其二）』，B02130046400。

101.『日中合弁事業第五表奉天省（其三）』，B02130046500。

102.『日中合弁事業第六表奉天省（其四）』黒龍江省並蒙古，B0213
0046600。

103.『日中合弁事業第七表山東省並江蘇省』，B02130046700。

104.『日中合弁事業第八表其他』，B02130046800。

105.『上海邦人工業救済に関する請願書』，B02030244400。

106.『上海工業同志会加盟工場要覧』，B02030244300。

107.『支那労働事情観察報告』，B02130111600。

108.『邦人会社企業貿易調之件』，B11090775000。

109.『邦人会社及商社組合調査』，B11090775200。

110.『支那労働争議に関する件』，B13081503200。

111.『支那における邦人会社法制定に関する件』，B10074134100。

112.『在支本邦人銀行に関する件』，B13081541400。

113.『大正十一年在支邦人企業統計』，B10070555300。

图书在版编目(CIP)数据

中国近代企业制度的生成、演变与终结. 外商企业卷
. 日商/张忠民主编;朱婷著. —上海:上海人民出
版社,2024
ISBN 978 - 7 - 208 - 18312 - 4

Ⅰ. ①中… Ⅱ. ①张… ②朱… Ⅲ. ①企业制度-企
业史-中国-近代 ②外资企业-经济史-中国-近代
Ⅳ. ①F279.21 ②F279.275

中国国家版本馆 CIP 数据核字(2024)第 058225 号

策划编辑 曹培雷
责任编辑 史尚华　张晓婷
装帧设计 杜宝星

中国近代企业制度的生成、演变与终结·外商企业卷
张忠民　主编
西商　何兰萍　著
日商　朱　婷　著

出　　版　上海人 人 出版社
　　　　　(201101　上海市闵行区号景路 159 弄 C 座)
发　　行　上海人民出版社发行中心
印　　刷　苏州工业园区美柯乐制版印务有限责任公司
开　　本　720×1000　1/16
印　　张　47.25
插　　页　8
字　　数　676,000
版　　次　2024 年 10 月第 1 版
印　　次　2024 年 10 月第 1 次印刷
ISBN 978 - 7 - 208 - 18312 - 4/F·2809
定　　价　198.00 元(全二册)